아리스토텔레스(BC 384~BC 322)　　고대 그리스 철학자. 플라톤은 왼손에 《티마이오스》를 들고 오른손으로 하늘을 가리키고, 그의 제자 아리스토텔레스는 왼손에 《니코마스 윤리학》을 들고 오른손은 땅을 향하며 걸어나오는 장면 부분. 라파엘로의 프레스코화 〈아테네 학당〉(1509~10) 일부.

아리스토텔레스 출생지에 있는 동상 그리스 칼키디케 반도 스타게이라의 아리스토텔레스 공원. 테마파크로 조성된 이 공원에는 나침반·해시계·반사경·프리즘 등의 실험장치들이 설치되어 있다.

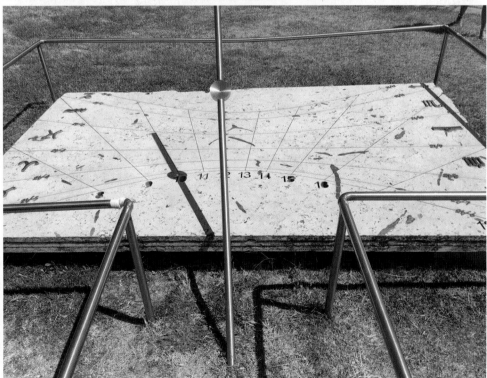

아리스토텔레스 공원에 설치된 실험장치들 중 나침반(위)과 해시계(아래)

아크로폴리스 종교·정치적 중심이 되는 장소로, 전쟁 때는 최후의 보루 역할을 했다.

아고라 시민들의 일상생활이 이루어지던 공공의 광장으로 경제와 예술 활동이 이루어졌던 곳이다.

아테네 아카데미 앞의 플라톤 동상　아리스토텔레스는 17세 되던 BC 367년 무렵 플라톤의 아카데메이아(아카데미)에 입학했다.

테오프라스토스(BC 373~BC 287) 아리스토텔레스의 제자. 리케이온 학원 후계자가 되었다.

베이컨(1561~1626)　형이상학적이 아니었으나 새로운 형이상학을 확립하려 했다.

콩트(1798~1857) 자기가 속한 시대는 과학적, 실증적 단계에 있다고 하여 형이상학을 되살리려는 움직임을 보였다.

엥겔스(1820~1895) 동상   독일 라인주 부페르탈(바르멘) 엥겔스공원.. 엥겔스는 형이상학이, 발전을 부정하고 존재를 전체로서 보지 않는 것이라고 생각했다.

베르그송(1859~1941) '형이상학'을 다시 세우는 데 공헌했다.

하이데거(1889~1976) 존재 자체를 온전히 회복하기 위한 탐구를 '형이상학'이라 정의했다.

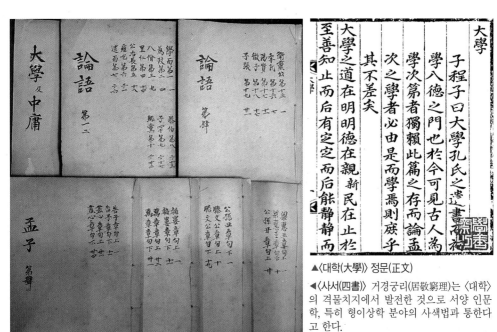

▲〈대학(大學)〉정문(正文)

◀〈사서(四書)〉거경궁리(居敬窮理)는 〈대학〉의 격물치지에서 발전한 것으로 서양 인문학, 특히 형이상학 분야의 사색법과 통한다고 한다.

▼거경궁리 〈퇴계집〉천명신도 부분

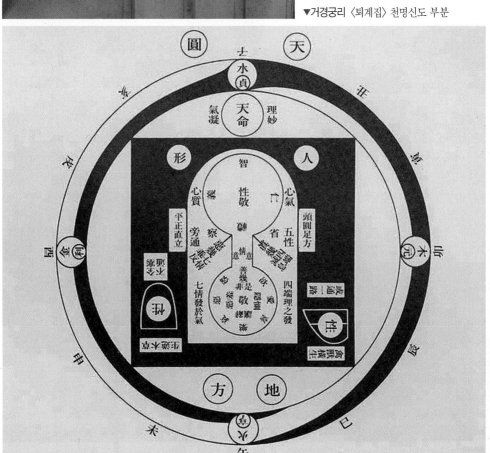

로댕의 조각 〈생각하는 사람〉 마음을 경건하게 하여 이치를 추구하는 거경궁리는 형이상학의 사색법과 통한다.

《형이상학》 제7권 내용의 일부

▲노자(老子, ?~?)

◀《노자 도덕경》 5천여 자의 시 속에 도(道)와 덕(德), 그리고 무위의 철학을 담고 있어 동양 형이상학의 실마리를 보여준다.

아리스토텔레스 기념상   프라이부르크대학교

《형이상학》 시작 페이지   인큐네블러판(1500년 이전 고판본). 발코니에서 철학자들과 대머리원숭이들이 대화를 나누는 장면의 장식화로 화려하게 꾸며졌다.

World Book 3
Aristoteles
METAPHYSICA
형이상학
아리스토텔레스/이종훈 옮김

동서문화사

디자인 : 동서랑 미술팀

형이상학

차례

일러두기

Γ^{감마}[제4권]

실은, 옳고 그름을 가려 논박함으로써 증명된다. 모순율을 부정하는 사람에 대한 일곱 가지 논박.

모든 훌륭한 말들이 참이지도 않고 거짓이지도 않다. 모든 사물들이 멈춰 있지도 않고 운동하고 있지도 않다.

⊿델타[제5권]＝철학 용어 사전

E 엡실론[제6권]

우리가 추구하는 바는, 존재로서의 여러 존재의 원리나 원인이다. 이론과 실천과 제작. 이론학 세 부문. 자연학이나 수학에 비해서 우리 학문은 제1의 철학이다.

존재의 네 가지 뜻. [1]부대적 존재, [2]참으로서의 존재, [3]술어 형태로서의 존재, ⑷가능적 존재와 현실적 존재―먼저 부대적 존재에 대해서. 이 부대적 존재에 대해서만의 인식(학)은 있을 수 없다.

Z^{제타}[제7권]

Θ세타[제9권]

K^{카파}[제11권]

Λ람다[제12권]—실체에 대하여

수 있는 근거는 유비적(類比的) 관계에 의해서이지 일의적(一義的)으로서가 아니다.

다음으로는 영원적이고 부동한 비감각적 실체에 대해서. 이러한 부동한 실체는 존재해야 한다. 또 운동이 영원적인 한에서는, 영원히 움직이는 사물이 존재해야 하고, 이 영원한 운동의 움직이는 사물은 그 본질에 가능태를 포함하지 않는 전적인 현실태여야 하며, 세상에 똑같은 운동이 존재하기 위해서는 영원히 똑같이 작용하는 어떤 영원적 원리로서 있어야 한다.

영원적인 운동을 일으키는 영원적인 동자(動者)는 전적인 현실태이기 때문에, 그 자체는 전적으로 변하지 않고 움직이지 않는 실체로서, 마치 사유의 대상이나 욕구의 대상이 사유자나 욕구자를(또는 애인이 사랑하는 사람을) 움직이듯이, 자신은 움직이지 않고 다른 모든 사물들을 움직인다. 이 제1의 움직이지 않는 동자에게 세계의 모든 존재들은 의존한다. 이것은 선이며, 생명이며, 끊임없이 자신을 사유·관조하는 순수이성이며, 이것이 신이다. 그 관조의 생활은 전적으로 완전하다.

여러 천체(천구)의 운행을 다스리는 여러 운동을 위해서는, 이중에서도 제1의 천구를 움직이는 제1의 움직이지 않는 동자(動者 : 神) 말고, 그만큼 많은 동자가 존재해야 한다. 에우독소스와 칼리포스가 여러 천구들을 설정한 일, 아리스토텔레스 자신이 설정한 일, 그 수는 대략 합계 55 또는 47이다. 제1의 움직이지 않는 동자는 단 하나이고 세계도 하나이다.

신의 이성에 대한 문제. 사유 대상은 그 자신이어야 한다. 신의 사유는 사유의 사유이다. 비질료적이고 비물질적인 존재에 대한 사유와 사유 대상은 같다.

선은 세상의 여러 사물들에게 어떤 존재인가? 선은 이 사물들 모두에게 내재하는 질서의 원리임과 동시에, 이들을 초월하는 통일적 지배의 원리이다. 이에 대한 자연학자나 철학자들의 여러 견해와 그 곤란한 점들

M^{μ}[제13권]

이도스적인 수는 있을 수 없다.

스페우시포스나 피타고라스학파 등의 실체로서의 수 이론에도 플라톤 학설과 똑같은 문제점이 있다. 다시 에이도스적 수의 설에 대한 반론—어떻게 해서 수의 여러 단위들이 부정(不定)의 2에서 생성될 수 있는가, 수의 계열은 무한한가, 유한한가, 1 그 자체가 어떠한 실체일 수 있을까?

수학적 여러 대상들, 특히 점·선·면·입체 등(기하학적 여러 대상)의 생성 원리에 대한 여러 견해의 검토. 수가 하나와 많음으로부터 생성된다는 주장, 크기가 하나와 많음으로부터 생성된다는 주장 등의 비판. 에이도스적인 수에 대한 비판의 총괄. 다시 이데아론에 대해서. 이데아 논자는 결국, 이데아를 보편적인 동시에 개별적인 것이라고 보는 사람들이다.

$N^{\dagger}$[제14권]

원리는 반대적 대립일 수 없다는 것. 플라톤학파는 그 원리를 반대적 대립으로 하여, 그 한쪽을 질료[부정(不定)]한 2라고 했다. 이 학설의 여러 형태. 하나와 많음의 대립에 의한 수 원리의 해명.

영원한 실체는 구성 요소로 이루어지지 않는다는 것. 플라톤의 임무는 파르메니데스가 존재의 유일성을 주장한 데 반해서, 그 존재는 사실상 다수성(多數性)임을 설명하는 데에 있었으나, 1과 부정의 2로는 그 설명을 할 수 없었다. 에이도스적인 수도 수학적인 수도 떨어져서 존재하는 실체일 수는 없다는 주장에 대해서.

수를 실체라고 하는 온갖 견해에 포함된 여러 문제점에 대하여. 피타고라스학파는 수학적 여러 대상들을 영원하다고 하면서, 이 대상들을 생성하는 사물로 보고 있다.

아리스토텔레스 생애 사상 저작

일러두기

1. 이 책은 "ARISTOTELOYS TA META TA PHYSIKA"로 전해지는 아리스토텔레스의 제1철학(이른바 형이상학)에 대한 논문 14권(숫자 대신 그리스 자모 순서대로 ΑαΒΓΔΕΖΗΘΙΚΛΜΝ으로 불리는 14권)을 우리말로 옮긴 것으로, 로스 교수의 주석이 붙은 원전(Aristotle's Metaphysics, a revised text with introduction and commentary by William David Ross, 2 vols., oxford, 1924)을 기준으로 삼았다. 단 개인적 의견을 따라 로스 교수가 해석한 방법과 차이가 있을 때는 일반 독자를 헤아려 조금 더 쉽게 풀이하고자 애썼다.

2. 본문 안의 숫자나 알파벳은 베커판(I. Bekker)이라 부르는 아리스토텔레스 전집의 페이지를 표시한 것이다. 오늘날 학계에서는 아리스토텔레스에서 인용할 경우 그 책이름과 권장 번호를 적는 한편 더 나아가 베커판의 페이지를 따른다.

3. 부호의 쓰임새

그리스 원문에는 구두점은 물론 장과 절의 구분도 없었기에 오늘날의 원전 출판이나 번역서에서 볼 수 있는 구분이나 부호는 나중 세대의 편집자, 교정자, 번역자 등이 원문 이해를 돕고자 덧붙인 것이다. 이 책에서 ( )와 ―는 원문의 문장 의미 및 문맥을 이해하기 쉽도록 보충한 것이며, 마찬가지로 ( ) 안에 있는 글이라도 그것이 번호 숫자나 로마 자모일 경우에는 옮긴이가 넣은 것이다. [ ] 안의 글자와 문구는 그 앞뒤에 있는 번역어 또는 번역문의 의미를 한정하거나 보충해 훨씬 원문의 의미에 가깝게 만들고, 아니면 그 앞과 뒤 사이에 숨겨진 것을 들춰내 원문의 문장 의미, 문맥(논의의 절차 등)을 더 바르게 전하고자 설명을 덧붙였다.

A^{알파}[제1권]

제1장

사람들은 앎의 즐거움을 원한다. 인간의 지능은 감각에서 기억, 경험, 기술 지식을 거쳐 지혜(이론적 인식·학문·철학)로 나아간다. 지혜 또는 철학은 제1의 원인과 원리를 대상으로 하는 대들보적인 학문이다.

모든 인간은 태어나면서부터 앎을 원한다. 그 증거로 감관(感官 : 감각기관과 그 지각 작용)을 좋아한다는 사실을 들 수 있다. 왜냐하면 감각은, 그 쓸모를 빼더라도 감각된다는 그 자체로 사랑받기 때문이다. 그런데 그중에서도 가장 사랑받는 감각은 눈으로 보는 감각, 즉 시각(視覺)이다. 생각건대 우리는 행동을 위해서 필요할 때뿐만 아니라 전혀 행위를 하려고 하지 않는 경우에도 보는 것, 즉 시각을 다른 모든 감각보다 더 좋아한다. 그 까닭은 눈으로 보는 일이 다른 어느 감각보다도 우리에게 사물을 가장 잘 알게 하고, 여러 형상을 더 또렷하게 해주기 때문이다.

그런데 동물은 (1)자연적으로 감각을 지닌 존재로 태어난다. (2)이 감각으로부터 기억력이, 어떤 동물에게는 생기지 않으나 어떤 동물에는 생긴다. 그리고 이 때문에 기억력이 있는 동물 쪽이 기억하는 능력이 없는 동물보다 한결 영리하고 학습하기에 알맞다. 단, 이들 가운데에서도 소리를 듣는 능력이 없는 동물은 영리하기는 하지만 가르치거나 배울 수는 없다. 예를 들어 꿀벌 같은, 또 그 밖에 그와 같은 종류의 동물들이 그러하다. 그러나 기억력 말고도 청각까지 아울러 가진 동물은 가르치거나 배울 수가 있다.

이처럼 다른 여러 동물들은 표상(表象)이나 기억으로 살아가지만, 구체적인 경험을 지니고 사는 동물은 매우 드물다. 그런데 인간이라는 동물은, 여기서 더 나아가 기술이나 추리력으로 살아간다. (3)인간에게 경험이 생기는 이유는 기억 덕분이다. 왜냐하면 같은 사물에 대한 많은 기억들이 이윽고 하나의 경험적 힘을 가져오기 때문이다. 경험은 학문이나 기술과 거의 같다고 여겨지는

데, 사실 (4)학문이나 기술은 경험을 매개로 인간에게 주어진다. "경험은 기술을 만들었으나 무경험은 우연을" 포로스가 한 말 그대로이다. 따라서 기술은, 경험이 주는 많은 심상(心象)들 가운데 몇 가지 같은 사항에 대해 하나의 보편적인 판단이 형성될 때 생겨난다. 칼리아스가 이러이러한 병에 걸렸을 때는 이러이러한 처방이 효과가 있고, 소크라테스나 그 밖의 많은 경우에도 저마다 그렇다고 판단하는 건 경험이 하는 일이다. 그러므로 같은 체질을 가진 사람들이 이러이러한 병에 걸렸을 때는, 이를테면 점액질(粘液質), 또는 담즙질(膽汁質)인 사람이 열병에 걸렸을 경우에는 그 환자 모두에게는 이러이러한 처방이 효과가 있다는 보편적 판단을 하는 건 기술이 하는 일이다.

물론 실제 행동에서 경험은 기술에 비해 아무런 손색없이 일을 이루게 해주는 듯이 보일 뿐만 아니라, 오히려 경험자 쪽이 경험이 없고 개념적인 원칙만을 아는 사람보다도 한결 일을 잘 처리한다. 왜냐하면 경험은 저마다의 사물에 대한 지식이며 기술(이론)은 보편적인 지식이지만, 행위(실천)나 생성(생산)은 모두 개별적이고 특수한 사물에 대한 일이기 때문이다. 예를 들어 의사는 결코 인간 모두(인간 일반)를 건강하게 만드는 사람이 아니고, 건강하게 한다고 해도 그것은 단지 곁가지에 지나지 않는다. 즉 의사가 건강하게 만드는 존재는 칼리아스나 소크라테스와 같이 고유한 저마다의 이름으로 불리는 누군가이며, 우연히 그 누군가에게 인간이라는 일반적 술어를 붙일 수도 있는(그렇기 때문에 부수적으로는 인간을 건강하게 한다고도 말한다) 존재일 뿐이다. 만약에 누군가가 개별적인 경우에 대한 경험 없이 그저 개념적 원칙만을 알고 있다면, 따라서 보편적으로 전체를 알기는 하지만 거기에 포함된 저마다의 특수성을 모른다면 그는 치료에 자주 실패한다. 왜냐하면 치료할 대상은 개인, 즉 이 사람이거나 저 사람이기 때문이다. 그렇다고는 하지만 알거나 이해하는 일은 경험보다 기술에 훨씬 많이 속한다고 우리는 생각하며, 따라서 경험자보다도 기술자(이론가) 쪽이 보다 더 많은 지혜—이것은 '지혜'가 어떤 경우에도 '아는 일' 쪽에 보다 많이 관여하고 있다는 의미이지만—를 가진 사람들이라고 우리는 판단한다. 그 까닭은 기술자는 사물의 원인을 알고 있는데 경험자는 그렇지 않기 때문이다. 경험자는 사물이 그러그러하다는 현상을 알고는 있지만, 그 현상이 왜 일어나는지는 모른다. 그런데 기술자는 '왜 그런가'를, 즉 그 원인을 알고 있다. 그러므로 우리는 건축의 경우, 일꾼들보다도 그 설계자를 한결 더 존중해야 한다.

　설계자는 훨씬 많은 지식을 쌓고 있으며, 따라서 한결 더 지혜가 있는 사람이라고 생각하기도 한다. 왜냐하면 그는 자기가 하는 일 전체의 원인을 알고 있기 때문이다. 따라서 그 아래에서 일하는 사람들은 마치 많은 무생물들이 그렇듯이, 무언가 일은 하지만 자신들이 하는 일의 전체는 잘 모른다. 이를테면 불이 타오르는 일처럼 무생물은 오로지 스스로가 하는 일 하나하나를 어떤 자연적 경향에 따라서 하지만 일꾼들은 그것을 습성으로 한다. 따라서 설계자 쪽이 지혜가 더 많다고 여겨지는 이유는, 그가 실천적인 사람이기 때문이 아니라 오히려 그 자신이 원칙을 파악하고 원인을 인지하고 있기 때문이다. 또 일반적으로 어떤 사람이 일을 아는지 모르는지를 알려면, 그 사람이 그것을 다른 사람에게 가르칠 수 있는가를 확인하면 된다. 그리고 이런 이유로도 기술 쪽이 경험보다 더 많이 학문적(학문적 인식)이라고 여겨진다. 기술자는 가르칠 수 있지만, 경험만 가진 사람은 그 원리를 가르칠 수가 없기 때문이다.

　또 우리는 모든 감각을 지혜로 여기지 않는다. 물론 감각은 저마다의 특수한 사물에 대해서는 매우 믿을 수 있는 지식이지만, 이것은 그 어떤 현상에 대해서도 왜 그러한지를 말해 주지는 않는다. 예를 들어 불이 왜 뜨거운지를 설명하지 않고 다만 그것이 뜨겁다는 사실을 알릴 뿐이다.

　따라서 맨 처음에 보편적이고 일반적인 사람들의 공통된 감각을 넘어서 어떤 기술을 발명한 자가 세상 사람들의 놀라움을 샀다면, 그것은 마땅한 일이다. 게다가 그의 발명품 속에 무엇인가 실생활에 이로운 기능이 있다는 사실뿐만 아니라 오히려 그 기술을 발명할 정도의 사람이라면, 지혜가 있는 사람이며 남들보다 훨씬 뛰어난 사람이라는 이유로 놀란다. 그리고 더 나아가 여러 기술이 발명되어, 그 가운데 어떤 기술은 실생활에 필요하지만 어떤 기술은 즐거운 여가(오락)에 대한 기술이라면, 이 경우 사람들은 이 오락적인 기술을 발명한 사람이 실질적 기술의 발명자보다도 실제적 효용을 노리고 있지 않다는 이유로 더 지혜로운 사람이라고 여긴다. 그리하여 이미 이러한 기술들이 나름대로 모두 갖추어졌을 때, 쾌락이나 생활의 필요 때문이 아닌 인식학문이 발견되었으며 더욱이 가장 빨리 여가 생활을 시작한 사람들이 사는 지방에서 처음으로 발견되었다. 바로 이집트 근처이며, 그곳에서 처음으로 수학적인 기술들이 탄생했다. 거기에서는 사제(司祭)들이 한가한 생활을 할 수 있는 여유가 있었기 때문이다.

그런데 기술이나 인식, 그 밖에 이와 같은 종류의 능력들이 서로 어떻게 다른지 이미 《윤리학》에서 다루었지만, 오늘 여기서 우리가 말하고자 하는 요점은 이러하다. 즉 지혜라고 부를 수 있는 인식은 제1의 원인이나 원리를 대상으로 삼는다는 사실이 모든 사람들의 통념(通念)이라는 점이다. 따라서 앞에서 말한 바와 같이 경험자도 단순한 감각만 가진 사람과 비교하면 더 지혜롭지만 경험자보다도 기술자가, 또 일꾼보다도 설계자가, 그리고 제작적(생산적)인 지식보다도 관조적(이론적)인 지식이 더욱더 지혜롭다고 여겨진다. 이상으로 미루어 지혜란 어떤 원인이나 원리를 대상으로 하는 학문(인식)임이 분명하다.

제2장
지혜로운 사람에 대한 일반적인 견해로 미루어 알 수 있는 지혜의 여러 특징.
우리가 추구하는 최고 지혜(신적인 학문)의 본성과 목표

바로 이 학문(근본적 원인이나 원리를 대상으로 하는 학문)을 우리는 바라므로, 이것이 지혜가 되기 위해서는 어떤 원인이나 원리를 대상으로 하는 인식이어야 하는가를 먼저 연구하지 않으면 안 된다. 그런데 이 학문은 만약에 누군가가 '지혜로운 사람'에 대해서 우리가 품고 있는 여러 견해를 조사한다면 아마도 더욱 뚜렷해질 것이다. 그래서 먼저 (1)우리는 '지혜로운 사람'은 모든 사물을 인식하고 있는 사람으로 해석한다. 그러나 그가 모든 사물 하나하나에 대한 개별적 인식을 가지고 있다는 뜻이 아니라, 그저 가능한 모든 사물에 대한 인식들을 지녔음을 뜻한다. 다음에는 (2)인간으로서는 쉽사리 알 수 없는 사물을 아는 능력이 있는 사람을 지혜로운 사람이라고 해야 한다는 견해이다. 감각적으로 사물을 아는 일은 모든 사람에게 속하며, 따라서 손쉬운 일이라서 조금도 지혜롭다고 할 수 없기 때문이다. 더 나아가 어느 부문의 학문(인식)에서나 (3)더 정확하고 또 (4)사물의 원인을 더 잘 가르칠 수 있는 사람이 그만큼 많은 지혜를 가진 사람이라고 여겨진다. 그리고 (5)학문 자체를 가진 바람직하고, 또 아는 것 자체가 바람직한 학문이 가져오는 효과 때문에 바람직한 학문보다도 더 지혜롭다. 또 (6)훨씬 많은 뛰어난 학문들이, 이에 예속된 학문보다도 더 지혜롭다고 여겨진다. '지혜로운 사람'은 남의 명령을 받는 사람이 아니라 명령을 내리는 사람이어야 하고, 지혜로운 사람은 다른 사람에게 복종하기보다는 반대로 그 사람보다 지혜가 모자란 사람이 그에게 복종해야 하기 때문이다.

거의 이런 종류, 이런 정도의 견해를 우리는 '지혜'나 '지혜로운 사람'에 대해서 가지고 있다. 그런데 이러한 견해를 살펴보면 먼저 (1)모든 사물을 인식하는 일은, 보편적 인식을 가장 높은 수준으로 지닌 사람에게 속하는 특징임이 틀림없다. 이런 사람은 보편적 인식 아래(기본)에 있는 개별적인 모든 인식들을 그 어떤 방법으로든 알고 있기 때문이다. 그런데 (2)이런 가장 보편적 인식은 인간에게 아마도 가장 어려운 일이다. 왜냐하면 보편적인 것은 감각으로부터 가장 먼 곳에 있기 때문이다. 또한 (3)여러 부문의 학문들 가운데에서 가장 정확한 학문은 제1의 여러 원인들을 대상으로 삼는 학문이다. 그 이유는, 보다 더 작은 원리에서 출발하는 학문 쪽이 파생적이고 보조적인 여러 원리로부터 출발하는 학문보다도, 예를 들어 산술학(算術學) 쪽이 기하학보다도 더 정확하기 때문이다. 그리고 (4)가르칠 수 있다는 특징도 제1의 원인들을 연구하는 이론적인 학문에서 가장 두드러지게 나타난다. 무엇인가를 가르치는 사람은 그가 가르치는 하나하나에 대해서 그 원인을 말할 수 있는 사람이기 때문이다. 그러나 또 (5)그저 아는 것 자체 때문에 알고, 그저 인식하기 위해 인식한다는 특징이 가장 뚜렷하게 갖추어져 있는 학문은 무엇보다 인식하기 쉬운 사물들을 대상으로 하는 학문(인식)이다. 단지 인식 자체 때문에 인식하는 일을 선택하는 사람이야말로 가장 순수한 학문(인식)을 누구보다 진지하게 바라는 사람이며, 이와 같은 인식이야말로 가장 인식하기 쉬운 사물들을 연구하는 학문이기 때문이다. 제1의 것들, 그러니까 제1의 원인들이야말로 가장 인식하기 쉽다. 그 까닭은 이 제1원인들에 의해서, 또 여기서 출발해 다른 모든 탐구의 대상을 인식할 수 있게 되는데, 이들 제1의 원인들은 (가장 인식하기 쉬운 원인이어서) 이들에게 종속된 원인들에 의해 알 수 있는 성질이 아니기 때문이다. 또한 (6)여러 학문 가운데 가장 권위적이고, 그 어떤 예속적인 학문보다도 더욱 권위적인 것은 각 사물이 무엇 때문에(무엇을 목적으로 해서) 이루어져야 하는가를 알고 있는 학문이다. 그리고 이 목적은 저마다에게 선(善)이며, 전반적으로는 자연 전체에서 최고선(最高善)이다. 위에서 말한 모든 점으로 보아 우리가 추구하는 지혜의 이름은 바로 이 학문에 주어진다. 즉 그것은 제1의 원리나 원인을 연구하는 이론적 학문이어야 한다. 선이나 목적도 원인의 하나이기 때문이다.

그런데 이 지혜는 생산적 학문이 아니다. 이는 처음으로 지혜를 사랑한 사람(철학자)들의 경우를 보아도 뚜렷이 알 수 있다. 인간은 경탄함으로써, 오늘날도 그렇고 그 처음의 경우에도 그러했듯이 지혜를 철학적으로 이야기하기 시작했다. 그러나 그 초기에는 매우 가까이에서 일어나는 불가사의한 사물에 경이로운 마음을 품다가, 조금씩 범위를 넓혀 훨씬 큰 사상(事象)에 대해서도 궁금증을 품게 되었다. 예를 들어 달이 받는 온갖 형상, 태양이나 별의 여러 상태, 또는 온 우주의 생성에 대해서 알기를 바랐다. 그런데 이와 같이 무언가를 신기해하고 궁금해하는 사람은 자기를 무지(無知)한 사람이라고 생각한다. 그러므로 신화를 좋아하는 사람도 어떤 의미에서는 지혜를 사랑하는 사람이다. 신화는 경이로운 일들로 이루어졌기 때문이다. 따라서 바로 이 무지로부터 벗어나기 위해 지혜를 간절히 바랐으므로, 그들의 이러한 인식 추구는 오직 알기 위해서이지 어떤 쓸모를 바라서가 아니었다. 그리고 이것은 그 무렵의 사정이 증명해 준다. 즉 (단순히 생활을 위해서가 아니라) 편안한 생활이나 즐거운 여가를 보내는 데 필요한 모든 조건이 거의 다 갖추어졌을 때, 비로소 그와 같은 지혜를 찾기 시작했기 때문이다. 따라서 분명히 우리는 이러한 지혜의 탐구를 다른 그 어떤 쓸모를 위해서 하지 않는다. 또한 남을 위해서가 아니라 자기 자신을 위해 살아가는 사람을 우리가 자유인이라고 말하듯이, 이것만을 여러 학문 가운데 오로지 하나의 자유학(自由學)으로 추구하고 있다. 왜냐하면 이 지혜만이 그 자체를 위해 존재하는 단 하나의 학문이기 때문이다.

따라서 이 지혜의 학문을 얻어서 자기 것으로 만드는 일은 인간의 능력을 넘어선다고 보는 견해가 있는 것도 마땅한 일이다. 인간의 자연(본성)은 많은 점에서 노예적이고, 그러므로 시인 시모니데스가 "오직 신만이 이 지혜의 특권을 가지고 있다" 말했듯이 인간이 스스로의 분수에 맞는 인식을 구하는 일만으로 만족하지 않는다면 그것은 자기 권한 밖의 일이라고도 여길 수 있다. 따라서 만약 시인들이 하는 말에 그 어떤 진리가 있어서, 신적(神的)인 본성이 (시인들의 말처럼) 본디 질투가 많다고 한다면, 틀림없이 그 질투는 인간의 월권에 가장 심하게 질투를 할 것이고, 그리하여 그 지혜를 인식하는 점에 뛰어난 사람들은 모두 불운하다고 할 수 있다. 그러나 신적인 본성이 질투 따위를 할 수는 없는 일인지라, 그것은 속담에서도 말하듯 '노래하는 사람이 새빨간 거짓말을 하고 있다'고 생각하는 일과 같다. 뿐만 아니라 다른 어떠한 학문(인식)도 이 학문보다 더 존중받아야 한다고는 생각할 수 없다. 가장 신적인 학문은 가장 존중받을 만한 학문이지만, 이 지혜의 학문만은 이중의 의미로 신적이기 때문이다. 즉 어떠한 학문이라도 신의 소유가 되기에 가장 마땅한 학문이라면 그것은 신적이며, 그것이 신적인 것을 대상으로 하는 학문이라면 이 또한 신적이다. 그런데 지금 우리가 추구하는 이 학문만이 두 가지 조건을 다 갖추고 있다. 다시 말해 신은 모든 사물에 있어 그 원인의 하나이고, 어떤 종류의 원리[작용인(作用因)]라 여겨지고 있으며(그리고 이 학문은 바로 이러한 신적인 원리를 대상으로 삼기 때문에), 또 이와 같은 학문(지혜)은 오직 신만이, 그 무엇보다도 특히 신만이 지닐 수 있는 성질의 학문이다. 또 생활의 필요라는 점에서 보면 다른 학문들이 이 학문보다 더 뛰어나지만, 거룩한 학문은 이것 말고는 하나도 없다.

뿐만 아니라 우리가 이 학문을 획득해 소유하게 되면, 우리는 처음에 그것을 추구했을 때와는 다른 상태로 바꾸어 놓지 않고는 견디지 못한다. 이 학문을 구하기 시작한 동기는 앞에서 말한 바와 같이, 누구나가 경이로워하는 일에서 출발한다. 사물이 실제로 그렇게 있는 형상을 보고 무엇 때문에 그러한가에 경이의 마음을 품기 때문이다. 이를테면 진기한 자동기계를 보고, 또는 하지(夏至)와 동지(冬至)에 대해서, 또는 정사각형의 대각선은 변으로 잴 수 없다는 사실에 대해서 아직 그 원인을 연구하지 않은 사람은 그러한 현상들을 단지 놀랄 일이라고만 여기니 말이다. 그런데 그 끝에는, 추구하기 시작했을 때와는 반대의 상태로, 더욱이 속담이 말하듯 '보다 더 좋은' 상태로 바뀔 수밖에 없게 된다. 이와 같이 학문이 진보하는 일은, 위에서 말한 예에서나 이를 이미 터득한 사람들에게서 볼 수 있는 현상이다. 즉 이미 기하학적 인식을 터득해 소유한 사람이 만약에 대각선을 변으로 측정할 수 있게 되기라도 한다면 이 사실이야말로 오히려 가장 놀랄 만한 일이 되기 때문이다.

이로써 우리는 무엇이 우리가 추구하는 학문의 본성이며, 또 무엇이 우리의 탐구나 연구 전체의 목표인가를 알게 되었다.

제3장

우리가 주장하는 네 가지 원인 본질, 즉 형상인(形相因)과 질료인(質料因), 작용인(作用因), 목적인(目的因). 최초의 철학자들은 먼저 질료를 원인으로 들고, 이어 작용인의 필요를 인정하며, 아낙사고라스는 목적인도 알아챘다.

분명히 우리는 근원적 원인에 대한 인식을 얻지 않으면 안 된다. 우리는 어떤 사물의 제1원인을 인식하고 있다고 믿고 있을 때 그 사물에 대해 알고 있었다고 말하지만, 그 원인에도 네 가지 뜻이 있다. 즉 우리 주장에 따르면 그 가운데 하나는 (1)사물의 실체, 곧 사물이 무엇인가 하는 본질이다. 그것이 어째서 그런가는 결국 정의(定義) 내림으로써 귀결되며, '무엇 때문에'라고 물을 때의 그 무엇은 궁극적으로 그 원인이자 원리이다. 다음으로 (2)사물의 질료(質料)이자 기체(基體)이다. 그리고 세 번째는 (3)사물의 운동이 시작되는 그 시초(작용인으로서의 원리)이며, 네 번째는 (4)세 번째와는 반대쪽 끝에 있는 원인으로, 사물이 '그것 때문에 있는 것', 즉 '선(善)'이다.

선은 사물의 생성이나 모든 운동이 목표로 하는 끝(목적)이기 때문이다. 그런데 이 네 가지 원인에 대해서는 이미 자연에 대한 저술에서 충분히 연구했지만, 참고 삼아 우리보다 먼저 모든 존재의 탐구에 전념해 그 진리에 대해서 지혜를 좇은 사람들(철학자들)의 경우를 보기로 하자. 왜냐하면 그들도 분명히 어떤 종류의 원리나 원인을 말하고 있기 때문이며 그들의 말을 자세히 살펴보면 우리가 마주한 연구에 어떤 도움이 되리라 생각되기 때문이다. 즉 그것으로 다른 종류의 원인을 발견할지도 모르고, 그렇지 않다면 오늘 여기에서 우리가 말하는 네 가지 원인에 더욱더 확신을 가질 수 있으리라 생각하기 때문이다.

(1)처음으로 철학을 한 사람들 가운데 대부분은 질료적 뜻에서의 원리만이 모든 사물의 바탕이 되는 원리라고 생각했다. 즉 모든 존재들이 그렇게 존재하는 건 질료적 원리에서이고, 이들 모두가 거기서부터 생성되며, 끝에는 다시 그 질료적 원리로까지 소멸되어 가는—거기에서 실체는 그대로 모든 사물의 바탕(기체)으로 머물고 다만 그 수동상(受動相 : 수동적 속성과 양태)에만 전화(轉化), 즉 생멸 변화(生滅變化)가 나타나는—그러한 존재들은 모든 존재의 구성 요소(원소)이자 그 바탕이 되는 원리라고 말한다. 따라서 그들의 생각에 따르면 그 무엇도 (그 자체로서는) 생성되는 일은 없고 사라지는 일도 없다. 왜냐

하면 그 자연은 늘 스스로의 몫을 가지고 있기 때문이다. 예를 들어 우리는 소크라테스가 멋있어지고 음악적 교양을 갖추게 되었다(생성했다)고 해서 이를 가지고 바로 소크라테스가 태어났다(생성되었다)고는 말하지 않으며 또 소크라테스로부터 이들 속성이 사라졌다(멋스러움이나 음악적 교양을 잃게 되었다)고 해서 이를 두고 바로 소크라테스가 죽었다(사멸했다)고는 말하지 않듯이 (왜냐하면 소크라테스 자체는 이들 속성의 기본체로서 언제나 이들의 바탕에 머물러 있기 때문에), 그 밖의 무엇에도 완전한 생성이나 완전한 소멸은 존재하지 않는다. 늘 어떤 자연물이 하나 또는 하나 이상 존재하고 있어서 이로부터 다른 모든 존재들이 생성되지만, 그 자체는 어디까지나 자신의 몫을 지니고 있기 때문이다.

그러나 이러한 원리의 수나 종류에 대해서 그들 모두가 반드시 같은 말을 하지는 않았다. 탈레스는 지혜 추구(철학)의 시조이지만 '물'이 그 최초의 질료적 원리라고 말했다(그렇기 때문에 대지도 물 위에 있다고 주장했다). 그리고 그가 이러한 견해를 가지게 된 까닭은, 아마도 모든 양분에는 물기가 있고 열 자체까지도 여기에서 생겼으며 이 물로써 생존하는 걸 보았기 때문이리라. 그런데 모든 존재들이 비롯되는 그 시원물(始原物)이야말로 모든 존재의 원리(시초, 바탕)라고 했다. 분명히 이러한 이유로 이런 견해를 품게 되었겠지만, 더 나아가서 모든 존재의 씨앗은 물기가 있는 자연성을 가지며, 물이야말로 물기 있는 존재의 자연 원리라고 보았기 때문에 그는 그렇게 생각했다.

어떤 사람들의 생각에 따르면 지금 시대보다 훨씬 먼 옛날에, 처음으로 신에 대해서 말을 꺼낸 사람들 또한 자연에 대해서 이와 같은 견해를 가지고 있었다. 즉 이 시인들은 오케아노스와 테티스를 만물 생성의 부모로 보고, 신들의 서약에는 그 시인들이 스틱스(Styx)라 부른 물이 쓰인다고 말했다. 가장 오래된 질료는 가장 고귀한 원리이며, 가장 고귀한 가치는 서약에 쓰이기 때문이라고 그들은 말한다. 그런데 이 견해가 자연에 대한 가설(假說)로서 과연 원시적이며 오래전부터 있었는가 아닌가는 분명치 않은 듯하지만, 어쨌든 탈레스는 제1의 원인을 이렇게 주장했다고 전해진다. 또 히폰*¹을 그들(물을 원리라고 본 사람들)에게 포함할 만하다고 보는 사람은 하나도 없다. 그의 사상은 너무

---

*1 Hippon. BC 470~400. 탈레스의 이론을 발전시킨 철학자.

도 하찮기 때문이다.

아낙시메네스와 디오게네스도 '공기'를 물보다 먼저인 시원물이며, 단순 물체 가운데에서 가장 참된 바탕이 되는 원리라 보았다. 그러나 메타폰티온 출신의 히파소스나 에페소스 출신의 헤라클레이토스는 '불'을 시원물로 보았으며 엠페도클레스는 앞에서 말한 세 가지 말고도 제4의 단순 물체, 즉 '흙'을 여기에 덧붙여 네 가지를 그러한 원리라 했다. 그에 따르면 이들 네 가지는 어느 것이나 늘 그 자체에 머물러 생성되는 일이 없고, 다만 그들이 하나로 결합하거나 하나에서 분리됨으로써 많아지거나 적어질 뿐이었다. 하지만 클라조메나이 출신의 아낙사고라스는 엠페도클레스보다 나이는 많지만 철학 활동은 늦게 시작한 사람으로, 그는 원리가 무한하다고 주장했다. 그에 따르면 원리로 삼은 '동질 부분적인 물질들'은 거의 모두, 물이나 불이 그러했듯이, 즉 그저 결합하거나 분리된다는 뜻으로서만 생성되거나 사라지는 것이며 그 밖의 뜻으로는 생성도 사라짐도 없고 늘 저마다 그 자체에 머물러 존재한다.

이렇게 보면 단지 질료 면에서의 원인만이 오로지 하나의 원인이라고 생각하는 사람도 있겠다. 하지만 그렇지 않고 (2)그들이 이 생각에까지 이르자 사태 자체가 그들에게 길을 열어, 새로운 문제의 탐구로 몰아세웠다. 비록 모든 생성이나 소멸이 어느 한 가지 또는 하나보다도 많은 시원물로부터 일어난다는 건 마땅하다 해도, 그 전화(轉化)가 무엇에 의해 일어나는가, 무엇이 그 전화의 원인인가는 별개의 문제이다. 왜냐하면 기체(基體) 자체만으로는 스스로를 변화시킬 수 없다고 생각되기 때문이다. 예를 들어 재목이나 청동은 둘 다 자신의 전화 원인이 아니다. 즉 재목이 스스로 침대를 만들지 않고 청동 자체가 동상을 만들지도 않는다. 오히려 무엇인가 다른 것이 변화의 원인이다. 그리고 이 원인을 탐구하는 일은 이윽고 다른 또 하나의 원인을 탐구하는, 그러니까 우리의 말을 빌리면 '운동이 시작되는 처음'(작용인으로서의 원리)을 탐구하는 일이다. 그런데 맨 먼저 그것을 연구해서, 모든 존재들의 기체(질료)를 하나라고 주창한 사람들은 아직까지 그들 자신의 가설에 대해 아무런 난점도 인정하지 않았지만, 마찬가지로 하나라 주장한 사람들 가운데에서도 몇몇은 이 새로운 뜻의 원인 탐구에 실패한 것처럼 그 일자(一者)를, 또 자연 전체를 부동의 존재라고 주장했다. 더욱이 단순한 생성과 소멸의 뜻으로서의 운동을 부정했을 뿐만 아니라―이런 뜻에서의 운동의 부정(예를 들면 불변 또는 불로 불사의 신앙)은 옛날부터 있었고, 또 모든 사람들이 다 같이 인정하고 있는 바이지만—더 나아가 다른 모든 뜻의 전화도 모조리 부정했다. 그리고 이것은 그들의 특징이기도 하다. 어쨌든 모두가 하나의 시원에서 비롯된다고 말한 사람들 가운데에는, 누구 하나 그 새로운 종류의 원인도 아울러 인정하게 된 사람은 없었다. 다만 여기서 제외된 사람, 즉 기체(질료)가 변화한다고 말할 수 있는 사람은 파르메니데스뿐이다. 그것도 단지 하나만을 가정하지 않고, 어떤 두 가지 원인을 가정한 듯이 보이는 한에 있어서이다. 그러나 변화의 원인이 하나보다 더 많이 있다고 한 사람들은, 그 하나의 원인을 잘 설명할 수 있었다. 예를 들어 뜨거운 물질과 차가운 물질 또는 불과 흙 등을 원리로 생각한 사람들로, 이들은 불까지도 사물을 움직이는 자연성을 지닌 물질로 쓰며 물이나 흙, 그 밖의 물질들은 그 반대의 성질을 가지는 것으로 쓸 수가 있었기 때문이다.

하지만 이런 사람들이나, 이런 종류의 원리가 나타난 뒤에 아직 이것만으로는 모든 존재의 자연을 낳기에는 불충분하다고, 여기서 다시 사람들은 앞에서 우리가 말한 바와 같이 진리 자체에 자극을 받아 다음과 같은 원리를 찾아냈다. 존재하는 물질들이 선하며 아름답고 또는 선해지고 아름다워지는 물질이 설마 불이나 흙, 그 밖의 물질일 리는 없고, 또 앞선 사람들도 설마 그렇게 생각하고 있을 것 같지가 않다. 그렇다고 해서 이토록 뚜렷한 사실을 다시 자발성이나 우연의 손에 맡기는 것도 이치에 맞지 않다. 그래서 어떤 사람이 이성은 동물 안에 존재하듯이 자연 속에도 내재한다 보고 이성을 이 세계의 모든 질서와 배열의 원인이라고 말했을 때, 이 사람만이 눈을 뜬 사람이고, 이에 비하면 이제까지의 모든 사람들은 마치 헛소리를 했다고 여겨질 정도였다. 분명히 아낙사고라스는, 우리가 알기로는 이러한 가설을 취한 사람이다. 단, 그보다 이전에도 이미 클라조메나이의 헤르모티모스가 이 가설을 가지고 있었다고도 믿을 수 있다.

그런데 이와 같은 견해(이성이 세계 질서의 원인이라는 견해)를 가진 사람들은, 사물이 아름답게 존재하는 원인(목적인)인 동시에, 또 그로부터 모든 존재에게 운동이 주어지는 원인(작용인)이기도 한 어떤 원리가 있다고 생각했다.

그러나 이들 원인을 사용하는 방법은 서툴렀다. 엠페도클레스가 주장한 상반된 두 개의 작용인. 그의 사원소(四元素)와 데모크리토스의 원자.

이러한 작용인적 원리를 구한 최초의 사람은 헤시오도스가 아닌가 한다. 만약에 그 밖에 누군가가, 예를 들면 파르메니데스와 같은 사람이 있어서 사랑이나 욕망을 여러 존재 가운데 그들의 원리로서 세웠다면, 이 사람 또한 모든 사물의 생성을 구상하면서

'모든 신들 가운데 맨 먼저 사랑(에로스)이 만들어졌다'

말했기 때문이다. 그리고 헤시오도스는

'모든 것 가운데 맨 먼저 혼돈(카오스)이 생기고

그다음에 가슴팍이 넓은 대지……

그러고 나서 죽지 않는 신들, 누구보다도 뛰어난 사랑이 생겨났다'

말하고 있는데, 이것은 존재하는 사물 안에 이 사물을 움직이고 이 사물을 결합하는 어떤 원인이 내재해야 한다고 생각해 한 말이다. 그러나 이러한 원인을 말한 사람들 가운데 누가 맨 먼저인지, 그 순위는 나중에 결정해도 좋다. 그런데 선한 원인뿐만 아니라 그 반대의 원인도 분명히 자연 속에 존재하므로, 즉 단순히 질서 배열이 바르거나 아름다운 것뿐만 아니라 무질서한 자연이나 추악한 자연도 있으며 더욱이 선함보다도 악함 쪽이, 고상함보다 천함 쪽이 더 많으니 이에 따라 어떤 사람은 이 상반되는 저마다의 원인으로서 우애와 증오를 끌어들였다. 왜냐하면 만약에 엠페도클레스를 따라가서 그의 유창한 말의 꼬리가 아니라 그 사상의 참뜻을 파악한다면, 그가 말하는 '우정'은 선함의 원인이고 '증오'는 악함의 원인임을 발견하게 되기 때문이다. 따라서 만일 누군가가 엠페도클레스는 어떤 뜻에서 악과 선을 원리라고 말한 사람인 동시에, 더욱이 처음으로 그렇게 말한 사람이라고 주장해도 반드시 부당하다고 할 수 없다. 특히 모든 선한 사물의 원인이 선 자체이니 그가 선악의 원리를 언급한 첫 사람임이 틀림없다.

그런데 우리가 말한 바와 같이, 이들은 적어도 이 정도까지는 앞서 우리가 자연에 대한 저술에서 구별한 원인들 가운데 두 가지 질료로서의 원인과 운동 출발점으로서의 원인을 언급했다고 여겨진다. 하지만 그것은 아직 애매해서 조금도 뚜렷하지가 않아, 예를 들자면 전투에 서툰 사람들이 전쟁터에서

행동하는 경우와 같다. 그들도 전투가 벌어진 동안에 가끔 적에게 훌륭한 타격을 입히는 때도 있겠지만, 그들이 이때 인식에 바탕을 두고 타격을 가했다고는 생각되지 않는다. 또한 그들이 자신들이 말하는 일을 인식하고 있었다고 생각되지 않는다. 왜냐하면 분명히 그들은 그들이 말하는 원인을 얼마 되지 않는 좁은 범위에만 적용하는 것 같기 때문이다. 예를 들어 아낙사고라스를 보아도, 그는 우주 창조의 설명을 위해서 이성(理性)마저 기계를 장치한 신(神)으로서 사용하며, 사물이 어떠한 원인으로 필연적으로 그러한가라는 어려운 질문으로 막다른 골목에 이르렀을 때에야 그 이성을 꺼내었다. 그 밖의 경우에 생성하는 사물의 원인을 모두 이성 밖의 원인에 귀결시켰다.

또 엠페도클레스의 경우를 보아도, 그가 아낙사고라스보다도 더 넓은 범위에 이 두 가지 원인(이성적 원인과 이성 이외의 원인)을 적용하기는 했지만 아직은 불충분하고, 또 그것을 사용한 방법에 일관성이 부족하다. 어쨌든 엠페도클레스에 따르면, 많은 경우 우애는 사물을 분리하고 증오는 오히려 결합한다. 왜냐하면 증오에 의해 전체가 그 구성 요소(즉 원소)로 분해될 때에는 언제나 불은 불끼리 결합해서 하나가 되고, 마찬가지로 그 밖의 원소들도 저마다 같은 종류의 원소끼리 하나로 결합되는 성질이 있으므로 다시 우애에 따라서 원소들이 결합되어 하나가 될 때에는, 저마다의 부분은 기존에 결합한 원소 무리로부터 분리되어 새 결합을 이룬다.

이렇게 해서 엠페도클레스는 그 이전 사람들과는 달리, 이렇게 원인을 두 가지(결합과 분리)로 구별하는 생각을 처음 제시한 사람으로, 운동의 시작을 이루는 원리로서의 이 원인을 하나로만 단정하지 않고, 서로 다르고 상반되는 원인성으로 여겼는데, 더 나아가서 그는 질료적 뜻의 원인으로서 네 개의 '원소'를 말한 최초의 사람이다. 그는 이들 네 가지를 네 가지로는 사용하지 않고 단지 둘인 것처럼, 즉 둘로 사용할 때는 불을 불로서만 단독으로 쓰고, 네 가지로 사용할 때는 불에 대립하는 원소로 흙과 공기와 물을 같은 자연성을 갖는 원소처럼 다뤘다. 이것은 누구나 그의 시를 연구하면 알 수 있다.

그런데 이 사람은, 지금 우리가 말한 바와 같이, 원리는 이와 같고 이것뿐이라고 말했다. 레우키포스와 그의 동료인 데모크리토스는 '충실체(充實體)'와 '공허(空虛)'가 모든 구성 요소라고 주장하며, 충실체를 있는 '존재'라고 말하고, 공허를 있지 않는 '비존재'라고 말했다. 즉 이들 가운데 가득하고 단단히 굳어진 충실체, 즉 원자는 있는 존재이고 공허(희박)는 있지 않은 비존재라고 말했다. 따라서 그는 '있지 않은 비존재는 있는 존재에 못지않게 있다'라고도 했다. 공허의 존재는 물체(충실체)의 존재에 못지않다는 뜻이다. 그리고 이들을 모든 사물의 질료로서의 원인이라고 본다. 또 앞서 기체(基體)로서의 실체를 하나라고 본 사람들이 다른 모든 사물들의 생성을 그 기체가 수동적 작용을 받아 이루어진다 여기고, 이 수동적 작용의 원리로 희박(稀薄)과 농후(濃厚)를 들었듯이, 같은 방법으로 그들(충실체와 공허가 사물의 구성 요소라고 주장한 레우키포스와 데모크리토스) 또한 그 (충실체 상호 간의) 차별(또는 차이)을 다른 모든 수동 작용의 원인이라 말했다. 그들의 가설에 따르면 그 차별에는 형태와 배열과 위치의 세 가지가 있다. 그들은 그 어느 존재(충실체)도 다만 그 모양과 나열 상태와 방향만으로 차별화된다고 말하는데, 여기서 모양은 형태, 나열 상태는 배열, 방향은 위치를 말하기 때문이다. 예를 들어 A와 N은 형태에 따라서, AN과 NA는 배열에 의해서, M과 W는 놓임새에 의해 차별화된다. 그런데 운동에 대해서는 그것이 무엇으로부터 시작해 여러 존재 가운데에서 어떻게 일어나는가? 그는 다른 사람들과 거의 마찬가지로 이 문제는 돌아보지 않고 내버려 두었다.

이들 두 원인(질료인과 작용인)에 대해서는 우리가 말한 대로 거의 이 정도까지 앞선 사람들 사이에서 탐구된 듯하다.

제5장
피타고라스학파와 엘레아학파의 원인에 대한 견해. 피타고라스학파들 사이에서는 본질(형상인)이 넌지시 탐구되고 있었다.

그런데 (1)이 사람들과 같은 무렵에, 또는 그 이전에 이른바 '피타고라스학파'는 수학 연구에 몸담은 최초의 사람들이었다. 그들은 이 연구를 더욱 진척시키면서 수학 속에서 자란 사람들이기 때문에, 이 수학의 원리를 모든 존재의 원리라고 생각했다. 수학의 여러 원리 가운데 제1의 요소는 수(數)이며, 그들은 이 수 안에 불이나 흙, 물보다도 훨씬 많이 존재들이나 생성들과 비슷한 점이 있다는 사실을 알 수 있다고 생각했다. 그러므로 수의 이러이러한 수동상(수동적 생성의 속성)은 정의이며, 이러이러한 생성의 속성은 영혼이자 이성이고,

다시 다른 이러이러한 생성의 속성은 좋은 기회이며, 그 밖에 온 사물이 저마다 이처럼 수의 어떤 생성의 속성이라 이해했는데, 더 나아가 그들은 음계(音階)의 속성이나 비율도 수로 나타낼 수 있음을 인정했기 때문에, 다른 모든 존재의 자연적 본성이 저마다 수를 본떠 만들어졌으며 수 그 자체는 이들 자연에서 제1요소로서, 그들은 수의 구성 요소를 모든 존재의 구성 요소라고 판단해 천계(天界) 전체도 음계(조화)이며 수라고 생각했다.

그러므로 적어도 각 수나 음계마다, 천계의 현상들이나 부분들, 우주의 체제와 어딘가 일치하는 점이 있다고 인정할 수 있는 속성이 있으면, 그들은 이 속성들을 모두 모아 틀에 맞추었다. 그러다가 그 어딘가에 모자란 곳이 남아 있으면 이를 메우기 위해 억지로 계산을 맞추어서라도 그들의 모든 체계를 처음부터 끝까지 변함없는 구성으로 만들려고 한다. 이는 다음과 같은 예에서도 알 수가 있다. 즉 그들은 10이라는 숫자가 완전한 수이며, 모든 수들의 자연을 포함한 완전체로 여겼기 때문에, 천계에서 운행하는 여러 천체들의 수도 10이라고 주장하지만, 이 경우 현재 알려진 천체들은 아홉 개뿐이었으므로 하나 더, 즉 제10의 천체로 대(對)지구라는 별세계를 생각해 냈다. 이에 대해 우리는 다른 곳《천체론》제2권 제13장)에서 자세하게 논했다.

그럼에도 우리가 여기서 이만큼 말해 온 까닭은, 그들이 무엇을 원리로 삼았는지, 또 그것을 우리가 말한 네 가지 원인 가운데 어디에 포함할 수 있는지를 알고 싶었기 때문이었다. 그런데 분명히 그들도 수를 원리라 여기고, 모든 존재의 질료로서의 원리라고 생각함과 동시에 여러 속성이나 상태를 형성하는 원리라고도 생각했다. 그들에 따르면 수의 구성 요소는 짝수와 홀수이며, 홀수는 한정되었고 짝수는 무한하다. 그리고 일(一)은 이들 둘로 이루어진 합일체로―왜냐하면 일은 홀수이기도 하고 짝수이기도 하므로―그 밖의 수들은 이 일로부터 파생된다. 그리고 천계 전체도, 앞서 말한 바와 같이 수이다.

같은 피타고라스학파 가운데에서도 어떤 사람들은 원리를 10쌍 있다고 하며 그것을 두 열로 된 표(表)에 열거했다. 즉 한계와 무한, 홀수와 짝수, 하나와 다수, 오른쪽과 왼쪽, 남자와 여자, 정지와 운동, 직선과 곡선, 밝음과 어둠, 선과 악, 정사각형과 직사각형이 10쌍이다. 이와 같은 생각을 크로토네 출신의 알크마이온도 지니고 있었던 듯한데, 그가 피타고라스학파들로부터 이 가설을 받았는지, 또는 그들이 그로부터 받았는지 둘 가운데 하나이다. 알크마이온은 그들과 비슷한 모양으로 그의 생각을 나타냈기 때문이다. 즉 그는 인간적인 일은 거의 다 쌍을 이룬다고 말했다. 그러나 그가 말한 대립은 피타고라스학파들의 주장처럼 확정적이지 않고, 예를 들면 흰색과 검은색, 단맛과 쓴맛, 선과 악, 큰 것과 작은 것과 같이 임의적이었다. 어쨌든 그는 나머지 대립에 대해서는 미확정인 채 내팽개쳤지만 피타고라스학파들은 그 대립이 몇 개가 있고 그 내용은 무엇인가를 뚜렷이 했다.

어쨌든 그와 그들에게서 다음과 같은 일만은 알 수가 있다. 즉 둘 다 대립하는 쌍들을 여러 존재의 원리라고 삼은 점이다. 그리고 이러한 대립적인 여러 원리가 몇 개 있고, 그 원리들이 무엇인가에 대해서는 둘 가운데 특히 피타고라스학파들에 의해서 알 수 있다. 그러나 이러한 여러 원리들이 우리가 말하는 사물의 (네 가지, 즉 불·물·흙·공기) 원인 가운데 어디에 속하는지에 대한 구체적 문제는 둘 모두가 인정할 만한 뚜렷한 서술을 찾아볼 수가 없다. 하지만 생각건대 그들은 질료로서의 의미에서 그 구성 요소를 열거했을 것이다. 왜냐하면 그들에 의하면 실체(實體)는 그 자체에 내재하는 이 여러 요소들로 조립되어 형성된 것처럼 말했기 때문이다.

자연의 구성 요소가 하나보다 많다고 말한, 옛사람들에 대해서는 이상으로써 그들의 사상을 알기에 충분하리라. 그러나 (2)그 밖에 또 다음과 같은 사람들이 있다. 이들은 세계 전체가 전적으로 하나의 자연(실재)이라고 말한다. 더욱이 이 사람들은 그 가설들이 우열의 점에서나, 또 그것이 과연 자연의 진실에 합당한가 그렇지 않은가의 점에서나 상관없이 모두 같다고 한 말은 아니다. 하지만 어쨌든 우리 눈앞에 닥친 연구에서 그들에 대해 옳다 그르다 하는 일은 알맞지 않다. 왜냐하면 이들도 앞서 말한 자연과학자들의 어떤 사람들처럼 '있는 존재'를 하나라고 여기기는 하지만, 그 자연학자들은 이 하나를 질료로 보고 이 질료에서 모든 사물이 생성된다고 했는데 이들은 그렇지 않고 다른 방법으로, 즉 자연학자들은 거기에 운동을 더해 온 우주를 생성 변화하도록 했지만 이 사람들은 그것을 변하지 않고 움직이지 않는다고 말했기 때문이다. 그러나 다음과 같은 일은 우리가 마주한 연구와 관계가 있다. 파르메니데스는 그 가운데 하나, 즉 일자(一者)를 설명 방식(형상)으로서의 뜻으로 파악한 듯하지만 멜리소스는 이것을 질료의 뜻으로 파악하고 있었던 듯하다. 따라서 파르메니데스는 그 일자를 한정이라고 말하며, 멜리소스는 무한자라고 말한 셈이다. 그렇지만 크세노파네스의 말은 조금도 뚜렷하지 않고, 또 그 두 개의 자연(두 원인) 가운데 그 어느 쪽도 언급하지 않은 듯하며, 오직 세계 전체를 돌아보면서 일자(一者)는 신이라고 말했을 뿐이다.

크세노파네스는 일자를 맨 먼저 주창한 사람이라 생각된다. 왜냐하면 파르메니데스는 이 사람의 제자라고 일컬어지기 때문이다. 따라서 이들은, 오늘 우리가 말한 바와 같이, 마주한 탐구에서 빼놓아야 마땅하다. 특히 그중에서도 크세노파네스와 멜리소스, 이 두 사람은 좀 엉성하므로 완전히 제외해도 좋다. 그러나 파르메니데스는 때때로 더욱 깊은 통찰을 가지고 이야기한 대목도 있는 듯하다. 그는 존재(있음) 말고도 비존재(있지 않음)가 존재하지 않음은 자명한 일이라 보고, 거기에서 필연적으로 있는 존재는 단 하나, 즉 존재만이 있을 뿐 그 밖에는 아무것도 없다고 생각했다. 이에 대해서 우리는 자연에 대한 저술에서 더 뚜렷하게 말해 둔 바 있다. 하지만 그도 형상의 사실에는 싫어도 따를 수밖에 없었으므로, 존재(있음)를 설명하는 방식에서 (개념적으로는) 하나이지만 감각적인 면에서는 많이 있다고 생각해 여기서 또다시 두 개의 원인, 두 개의 원리를 세웠다. 즉 뜨거운 사물과 차가운 사물을, 그의 말에 따르면 불과 흙을 말이다. 그리고 이들 가운데 뜨거운 것을 있는 존재 쪽에, 차가운 것을 있지 않은 비존재 쪽에 놓았다.

그런데 (3)우리가 이제까지 말해 온 사실로 미루어, 또는 이제까지 우리와 논의 자리를 함께한 지식인들로부터 우리는 다음과 같은 점을 배웠다. 즉 먼저 최초의 철학자들로부터는, 그들이 원리를 물체적으로 이해했다는 것을 배웠다. 왜냐하면 물이나 불, 그 밖의 존재는 물체이기 때문이다. 그리고 그들 가운데에서도 어떤 사람은 그 물체적인 원리를 하나라 했고, 다른 사람들은 하나보다 많다고 했는데, 둘 모두 자신들이 세운 원리를 질료적 의미에서 원인으로 이해했다는 사실을 알았다. 그러나 그다음에 어떤 철학자들로부터 알게 된 사실은, 그들이 이런 뜻에서의 원인을 세움과 동시에 더 나아가 그 밖에 운동의 출발점(작용인)으로서의 원인을 덧붙였으며, 그리고 어떤 이는 시원(始原)을 하나라 했고, 또 어떤 사람은 둘이라고 했다는 점이다.

이렇게 해서 이탈리아학파에 이르기까지의 사람들을 제외한 다른 철학자들은 지금도 여전히 원인이나 원리에 대해 꽤 모호하게만 말했을 뿐 다만 소극적으로, 우리가 말했듯이 우연히 두 가지 원인을 사용하는 데에 그치고 그 한쪽, 즉 운동의 출발점으로서의 원인을 어떤 사람은 하나라 하고 어떤 사람은 둘이라 했을 뿐이었다. (이 이탈리아의) 피타고라스학파는 이 두 가지 원인에 대해서는 같은 방법으로 말했으나, 다음만은 그들이 새로 덧붙인 원리로서 그들의 독특한 생각이다. 그 생각에 따르면 그들이 한정되었다거나 무한하다거나 말하는 것은 어떤 다른 자연(실재), 예를 들면 불이나 흙, 그 밖에 그와 같은 것(기체)에 대해서 서술한 속성이 아니라 오히려 무한 자체이고 '일(一)' 자체로서의 다른 실체이며, 다른 식으로 서술되는 기체(基體)였다. 그렇기 때문에 수가 모든 존재의 실체라 일컬었다. 그런데 이런 뜻에서의 원인(사물의 원인적 요소들)에 대해서 그들은 그 생각을 이와 같이 표현했는데, 동시에 그들은 또 사물이 무엇인가(본질)에 대해서도 대답을 하고 정의하기 시작했다. 더욱이 이 문제는 그들로서는 매우 간단하게 처리했다. 그들의 정의 방법은 피상적이고, 또 그들은 어떤 일에 대한 정의에서 맨 먼저 말한 시원적 요소를 바로 그 실체라고 여긴다. 예를 들어 둘이라는 수의 정의에서 두 배라는 말이 먼저 나왔다는 이유로, 바로 두 배(二倍)를 둘 그 자체와 같다고 생각하는 일과 같은 이치이다. 그러나 두 배라는 의미(두 배의 본질)와 둘이라는 의미(둘의 본질)는 같다고 할 수 없다. 만약에 같다고 한다면 하나 있는 사물이 많이 있는 사물들로 잘못 생각될 수도 있기 때문이다. 더욱이 그들 사이에서는(이 두 배라는 말로써) 그와 같이 더욱 많은 사물들로 생각하기도 한다.

대충 이상이 최초의 철학자들이나, 그 계승자들로부터 우리가 배울 수 있는 점이다.

제6장

플라톤 철학의 기원. 플라톤이 설정한 세 가지 존재(여러 이데아들과 감각적 사물과 그 중간자). 이 철학에서는 형상과 질료 두 가지만이 원인으로서 사용되었다.

지혜의 탐구에 이어 플라톤 철학이 생겨났다. 플라톤은 많은 점에서 그들의 철학을 따르고 있었지만, 이탈리아학파의 철학과는 다른, 독특한 점을 지니고 있었다. 젊었을 때부터 플라톤은, 처음에 크라틸로스를 만남으로 이 사람의 헤라클레이토스적인 견해와 가까이했다. 따라서 이 견해에서는, 모든 감각적 사물들이 끊임없이 변하기(유동적이기) 때문에 이들 사물에 대해서는 참다운 인식이 존재하지 않는다. 이 견해를, 그는 만년에 이르러서도 여전히 그대로 지킬 만큼 깊이 믿었기 때문이다. 그런데 소크라테스는 윤리적인 부문의 일은 본격적으로 다루었으나 자연 전체에 대해서는 아무런 고려도 하지 않았다. 그러나 윤리적 부분의 일에서 보편적인 문제를 미루어 답을 찾고 정의하는 일에 처음으로 생각을 동원한 사람인데, 이 보편성의 논리를 플라톤은 소크라테스로부터 이어받았으나 다음과 같은 이유로 이것(윤리적 보편성)은 다른 종류의 존재에서 적용될 일이지 감각적인 존재에 대해서는 적용이 불가능한 일이라는 사실을 인정했다.

그 이유는, 감각적인 사물이 끊임없이 변화하고 있으므로 공통적이고 보편적인 정의는 그 어떤 감각적 사물에 있어서도 불가능하다는 데에 있었다. 그래서 플라톤은 다른 종류의 존재를 '이데아'라 부르고, 감각적 사물들 저마다 그 이름의 이데아에 따라 그 이데아의 관계에서 그렇게 불린다고 말했다. 어떤 이데아와 같은 이름을 갖는 많은 감각적 사물들은, 그 하나의 어떤 이데아에 관여함으로써 그와 같이 존재하기 때문이다. 그런데 여기에서 '관여한다'는 말만은 의미가 다른 말이다. 왜냐하면 피타고라스학파는, 존재하는 사물이 그와 같이 존재하는 까닭이 수의 '모방'에 있다 말하고 있는데, 이것을 플라톤은 어법만 바꾸어 '관여하는 것'에 의한다는 말을 하고 있기 때문이다. 그런데 에이도스(이데아)에 관여한다거나 모방한다는 일은 도대체 무엇을 말하는 것인가? 이에 대한 문제를 그들은 공동 연구 과제로서 우리에게 남겼다.

그러나 플라톤은 다시 감각적 사물과 에이도스 말고, 이 둘 사이에 수학의 대상이 되는 사물이 존재한다 주장하고, 이 수학적 여러 대상이 영원하고 불변한다는 점에서는 감각적 사물과는 다르다고 했다. 에이도스와 수학적 대상의 차이는, 수학적 여러 대상들에는 비슷한 요소들이 많은데, 에이도스는 어느 것이나 저마다 그 자체로 유일하다는 점에 있다고 보았다.

또한 에이도스는 다른 모든 존재의 원인이므로, 각 에이도스의 구성 요소는 모든 존재의 구성 요소이기도 하다고 그는 생각했다. 즉 질료로서는 '대(大)와 소(小)'가, 실체(형상)로서는 '일(一)'이 그러한 원리라고 했다. '일'에 관여함으로써 '대와 소'로부터 수가 존재하게 된다는 이유에서였다.

그러나 이 '일'은 그 자체가 실체(기체)이며, 다른 어떤 존재의 술어가 되는

'일'은 아니라고 말한 점에서는 그 또한 피타고라스학파와 마찬가지였고, 또 수가 다른 모든 존재들의 실체적 원인(구성 요소)이라고 한 점에서도 마찬가지였다. 다만 피타고라스학파들이 무한자를 '일(一)'이라고 한 데에 반해, 플라톤은 '이(二)'를 세워 무한자는 이 '대와 소'로 이루어진다고 했다. 이것이 플라톤의 독특한 점이다. 플라톤은 수를 감각적 사물과는 별도로 존재한다고 했다. 새로운 논법들은 이러한 감각적 사물들 자체를 '수'라 말하고, 또 이 둘 사이에 따로 수학적 여러 대상을 세우려고도 하지 않았다. 그런데 이와 같이 그가 피타고라스학파처럼 생각지 않고 '일'과 '수'를 이 사물과는 별도의 존재로 여겼다는 것, 그리고 에이도스를 도입했다는 것은 여러 개념 규정에 있어서의 그의 사고법에 의한 새로운 논법이다. 플라톤 이전의 사람들은 개념문답법(변증론)을 알고 있지 않았기 때문이다. 또 플라톤이 이 '일(一)' 말고도 다른 하나의 실재로서 '이(二)'(대와 소)를 세운 까닭은, 홀수 이외의 모든 수가 깨끗하게 이 '이'에서, 그 어떤 한 쌍의 가형적(可型的) 소재로부터 나온다고 인정했기 때문이다.

하지만 사실은 이와는 반대이며, 그의 가설은 논거가 불충분하다. 그에 따르면 질료로부터 많은 사물이 만들어지지만, 형상은 단 한 번밖에 생기지 않는다. 그러나 실제로는, 실제 현상에서 보는 바와 같이 하나의 질료로부터는 하나의 책상이 만들어질 뿐이지만, 책상의 형상을 적용하는 목공은 한 사람이면서도 여기에서 수많은 책상들을 만들어 내고 있다. 마찬가지의 예를 암수 관계에서도 볼 수가 있다. 암컷은 단 한 번의 교접으로 수태를 하는데, 수컷은 많은 암컷에게 수태시킬 수가 있다. 더욱이 (그 설에 의하면) 수컷과 암컷은 그 두 원리(일과 이)의 모방이다.

플라톤이 우리의 탐구 사항(원리·원인)에 대해 뚜렷이 한 바는 앞선 이야기와 같다. 그리고 위에서 말한 대로 분명히 그는 두 종류의 원인만을 썼다. 즉 사물이 무엇인가를 나타내는 원인과 질료로서의 원인이다. 틀림없이 그의 에이도스는 다른 모든 사물이 무엇인가(본질·형상)를 나타내는 원인이며, 각 에이도스에게는 다시 '일(一)'이 그 유일의 원인이었다. 그리고 그 질료는 무엇이었는가—즉 감각적 사물의 경우에는 에이도스에 의해 그 사물의 본질이 언급되었는데, 이와 같이 에이도스의 경우에 '일'에 의해 언급된 에이도스 자체의 기체인 질료는 무엇이었던가? 그것(일의 에이도스의 질료)은 분명히 '이(二)'였다. 즉 '대와 소'였다. 또한 그는 선한 존재의 원인과 악한 존재의 원인을 이들 두 구성 요소(즉 일과 이)에 저마다 적용했는데, 이것은 앞서 우리가 말한 바와 같이 그보다 앞선 철학자 가운데 어떤 사람들, 예를 들어 엠페도클레스나 아낙사고라스 같은 사람들이 이미 시도했던 바이다.

제7장
네 가지 원인에 대한 이제까지의 여러 철학자들의 태도는 어떠했을까.

앞에서 우리는 누가 어떻게 사물의 원리에 따라서 진리에 대해 말했는가를 간략하게 그 요점만 보아왔다. 이로써 우리는 다음 같은 사실을 알 수 있다. 원리나 원인에 대해 말한 사람들 가운데 그 누구도, 우리가 자연에 대한 저술에서 구별한 네 가지 원인(물·불·흙·공기) 이외의 원리나 원인에 대해서는 말하고 있지 않다. 그들 모두가 이 네 원인에 대해서 애매하기는 하지만 그 어떤 방법으로든지 언급했음은 분명하다. 즉 (1)그들 가운데 어떤 사람은 '질료'적 뜻으로의 원리를 말하고 있다. 하기야 이 사람들 사이에서도, 어떤 사람은 이 질료적 원리를 '하나'라 하고 어떤 사람은 '하나보다도 많다'고 하며, 또 어떤 사람은 이것을 '물체'로 이해하고 있고, 어떤 사람들은 '비물체적'이라고 이해하는 점에서 차이가 있다. 예를 들어 플라톤은 '대와 소'를 말하고, 이탈리아 사람들은 '무한자'를, 엠페도클레스는 '불·흙·물·공기'를, 그리고 아낙사고라스는 '물질 부분적인 것'이 무한히 많이 있다고 말했다. 따라서 이들은 모두 이런 종류의 원인(질료로서의 원인)을 파악하고 있었다 볼 수 있는데, 공기나 불이나 물, 또는 불보다 진하고 공기보다는 희박한 물질들 가운데 하나를 말한 사람들도 마찬가지이다(불과 공기의 중간적인 물질, 즉 중간자를 말했다고 하는 까닭은 실제로 어떤 사람들은 제1원소가 이와 같은 '중간자'를 이야기하고 있기 때문이다).

이 사람들은 단지 이런 종류의 원리만을 파악하고 있었지만, (2)다른 사람들은 운동이 시작되는 시적 원리(작용인)를 밀고 있다. 예를 들어 '우애·증오·이성·사랑'을 그 시작이라고 한다.

그러나 (3)사물이란 '무엇인가'(본질), 즉 그런 뜻에서의 '실체'에 대해서는 그 누구도 뚜렷하게 예를 들어 설명하고 있지는 않지만, 그 가운데에서도 이를 가장 잘 말하고 있는 이들은 에이도스를 내세우는 사람들이다. 왜냐하면 이 사람들은 감각적 사물들 저마다에 맞는 에이도스를 내세운다거나, 에이도스에게 '일(一)'을 질료로서 세우지 않았고, 또 이들을 운동이 시작되는 원리로 생각지도 않고 있으며 오히려 에이도스를 사물이 움직이지 않고 멈추고 있게 하는 원인이라고 말하기 때문이다. 또 오히려 그들은 에이도스를 저마다 다른 사물들의 본질로서 들고, '일'을 각 에이도스의 본질로서 들고 있다.

하지만 (4)저마다의 행위나 전화(轉化) 또는 운동의, '그것 때문인 그것(끝·목적)'에 대해서 그들은 어떤 뜻으로는 원인으로서 말하고 있지만, 결코 그 본디 뜻으로서의 원인으로 보고 있다고는 할 수 없다. '이성'이나 '우애'를 말하고 있는 사람들도 이들 원인을 선한 본성으로 들고는 있지만, 존재하는 사물의 존재 또는 생성되는 원인이 이 선한 본성이라는 뜻으로가 아니라 오히려 사물에 운동이 존재하는 원인이 이 선한 본성으로부터 시작된다는 뜻으로(즉 작용인으로서) 들고 있기 때문이다. 이와 마찬가지로 '일(一)'이나 '존재'를 선(善)한 본성이라고 말한 사람들도 선이 실체의 원인(형상인)이라 말하고는 있지만, 실체가 이 선 때문에(이것을 목적으로 해서) 존재 또는 생성된다고는 말하지 않았다. 그들은 선 자체를 그대로 원인이라 말하고 있지 않으며, 다만 부수적인 (즉 원인이 되는 일(一)이나 존재에 선이 뒤따르고 있기 때문에) 원인이라고 말할 뿐이다.

이런 점으로 보아 원인이 몇 가지가 있고, 또 어떤 성질의 원인이냐에 대한 우리 결정의 정당성에 대해, 위에서 말한 사람들도 우리에게 이로운 증언을 해 주리라고 생각된다. 왜냐하면 그들은 어떠한 종류의 원인에 대해서도 달리 언급하지 않고 있으니까 말이다. 더욱이 원리나 원인의 탐구에서, 그 네 종류(물·불·흙·공기) 모두가 그렇게 탐구되었다거나 그 어느 뜻으로 탐구되어야 한다는 점 또한 여기서 명백하게 되었다. 그래서 우리는 그들 저마다가 이들 원리를 어떻게 말하고 어떻게 대처했는가를, 그리고 여기서 일어날 수 있는 풀기 어려운 문제들을 다음 장에서 살펴보기로 한다.

제8장
소크라테스 이전 철학자들의 원인 사용은 어떠했을까. 그리고 그에 대한 비판.

그래서 먼저 (1)세계 전체를 하나로 보고, 어느 하나의 자연을 질료적 뜻에서의 원리로서 든다. 더욱이 이 자연의 질료가 물체적인 동시에 크기 또한 있다고 생각한 사람들은 분명히 모든 점에서 착각을 일으키고 있다.

첫째, 소크라테스 이전의 철학자들은 단지 물체의 구성 요소만을 이야기하면서, 비물체적인 존재는 그것이 존재하는데도 거론하고 있지 않다. 다음으로, 그들은 생성과 소멸의 원인을 이야기하기 위해 모든 면에서 그 자연을 연구하는 사람들이면서도 운동의 원인을 간과하고 있다. 또 그들은 어떤 일에 대해서도 그 원인으로서 물질이 실체를, 즉 그 본질을 들지 않은 점에서 과오를 저지르고 있는데, 이에 더해 단순 물체들 가운데서도 흙이 아닌 그 어느 하나를 거론해 모든 사물의 원인이라고 말하면서도, 이들 가운데 어느 물질(불이나 흙, 공기)이 서로 다른 물질들로부터 어떻게 해서 생성되는가에 대해서는 전혀 고려하지 않는다는 점에서 잘못을 저지르고 있다. 왜냐하면 사물들이 서로 다른 물질들로부터 생성될 때 어떤 물질은 결합으로, 어떤 물질은 분리에 의해서 차이가 생기는데, 이 차이는 이들 가운데 어느 물질이 먼저(원리적)이고 어느 물질이 나중(파생적)인가를 결정하는 데에 중요하기 때문이다. 따라서 ⓐ 어떤 의미에서는, 모든 물질의 결합으로 성립되는 제1물질이 모든 물질들 중에서 가장 원소적(구성 요소적)이라 여겨지고 있으며, 이런 의미에서 가장 원소적인 물질은 여러 물체들 가운데서 가장 작은 물질(미립자)일 것이다. 그러므로 이런 의미에서 볼 때 불을 원리로 하는 사람들이 가장 이치에 닿는 말을 하고 있다고 할 수 있다. 그러나 그 밖의 사람들도 물체적 사물의 원소를 이와 같은 미립자라고 한다는 점에서 일치한다. 원소를 하나라고 말하는 사람들 중에는 흙을 원소라고 한 사람은 하나도 없는데, 그 까닭은 흙이 너무나도 조립적(粗粒的)이라고 여겨졌기 때문이다.

이와 달리 다른 세 가지는 어느 물질이나 원소로서 저마다 누군가에 의해 지지되고 승인되고 있다. 어떤 사람들은 불을, 어떤 사람들은 물을, 또 어떤 사람들은 공기를 원소라고 주장한다. 그러나 도대체 왜 이들은 세상의 많은 사람들이 그렇게 생각하고 있듯이, 흙도 미립적 원소라고 말하지 않았을까? 모든 물질의 원소는 흙이라고 많은 사람들이 주장하고 있으며, 헤시오도스 또한 흙(대지)이 모든 물체들 중에서 가장 처음에 태어났다고 말한다. 그만큼 이 생각은 옛날부터 있었고, 민간의 공통된 생각이 되어 있는데도 말이다. 따라서 이런 이치로 보면, 이 여러 원소들 가운데 불 이외의 어느 하나를 원리라고 말하는 사람들은, 또는 공기보다 진하고 물보다는 희박한 어떤 물질이 질료적 원리라고 보는 사람들은 모두 정당한 말을 하고 있지 않다고 하겠다. 그러나 (b)만일 보다 더 뒤에 생성된 물질이 자연에서는 보다 더 먼저 생성된 물질이라고 한다면, 따라서 조합(調合)되고 결합되어 생긴 물질 쪽이 그 생성에 있어서는 보다 더 뒤에 생성된 물질이라고 한다면, 이런 뜻에서는 오히려 앞서 말한 역(逆)이 정당하게 되어 물이 공기보다 먼저이고, 또 흙이 물보다도 먼저가 되기도 할 것이다.

우리가 말한 뜻에서의 (질료로서의) 원인을 '하나'라고 말하는 사람들에 대한 언급은 이쯤 해두기로 한다. 하지만 (2)지금 말한 대로와 같은 일은, 사람들이 원인이 하나보다 더 많이 있다고 할 경우, 예를 들어 엠페도클레스가 질료를 네 종류의 물체라고 주장하는 경우에서도 적용해 볼 수 있다. 왜냐하면 그의 주장에도 어떤 면으로 보자면, 위에서 말한 사람들과 마찬가지로 난점(難點)이 있기 때문이다. 다른 한편으로는 그에게 그 나름대로 특유한 난점이 존재하는 일 또한 마땅하다. 그런데 우리가 보는 바로는 이 난점은, 이들 물체가 저마다 서로 다른 물체로부터 생성되는데, 만약에 그렇다고 한다면 불이나 흙도 결코 늘 같은 물체로서 그 자체에 머물러 있지 않았었다는 뜻이 되기 때문이다(이 일에 대해서 우리는 자연에 대한 저작에서 이미 말해 두었다).

다음으로 물체의 운동 원인에서도, 이 원인이 하나인가 둘인가에 대해서 그가 하는 말은 정당하다거나 진실성이 있다고 여겨지지가 않는다. 또 일반적으로 그와 같은 주장을 하는 사람들의 관점에서 보자면 성질의 변화를 무시할 수밖에 없었다. 왜냐하면 그들이 말하는 가설에 따르면 열(熱)에서 한(寒)이 생기는 일도 없고, 한에서 열이 생기는 일 또한 없기 때문이다. 만약에 그와 같은 일이 생긴다고 한다면, 바로 이들과 반대되는 성질을 스스로 받아들이는 어떤 한 가지 물질이 있어서 스스로 불이 되기도 하고 물이 되기도 하는 어떤 하나의 자연이 있다는 이야기가 되는데, 이는 그가 인정을 하지 않는 바이기 때문이다.

아낙사고라스에 대해서는, 만약에 누군가가 아낙사고라스에게 두 가지 요소가 있다 말했다고 판정한다면, 이 판정이야말로 그가 말하는 가설을 가장 잘 파악했다고 할 수 있다. 그 자신은 자기 가설을 두 요소의 존재에까지 분명히 발전시키고 있지는 않았으나, 만약에 누군가가 그를 거기까지 이끌었다면 그는 마땅히 이 귀결을 승인했을 것이다. 생각해 보면 확실히 '처음에 모든 물질이 잘 혼합되어 있었다'고 하는 그의 주장은 여러 이유로 보아서 불합리하다.

특히 다음과 같은 이유로 그러하다. 만약에 그렇다고 한다면, 이들은 그 시작 이전에는 혼합되지 않은 상태로 존재하고 있었다 해야 하고, 또 임의의 어떤 물질이 일정한 기준 없이 다른 어떤 물질과 혼합된다고 하는 일 또한 자연스럽지 않기 때문이다. 더 나아가 혼합 존재는 분리되어도 존재할 수 있으므로, 그 속성이나 덧붙여지는 성질도 그 실체로부터 떨어져서 존재할 수 있다는 (불합리한) 일이 되기 때문이다. 그러나 그럼에도 만약에 누군가가, 그를 따라서 그가 하고자 한 말을 종합해 본다면 아마도 거기에는 더 새로운 일이 언급되어 있음을 발견할 것이다. 왜냐하면 분리되어 존재하는 물질이 아무것도 없었다고 한다면, 분명히 그 첫 실체에 대해서 서술될 말이 하나도 존재할 수 없었다고 해야 하기 때문이다.

이 말의 뜻은, 이와 같은 실체가 예를 들어 하얗다고도 검다고도 말할 수 없고, 또 회색도 아니며 그 밖의 그 어떤 색도 아닌, 오히려 색이 아예 없었다고 해야 한다는 말이다. 왜냐하면 만일 색이 있었다고 한다면 이들 색 가운데 어느 것인가를 소유하고 있었기 때문이다. 마찬가지 이유로, 그 물질은 맛이 없는 물질이었어야 하고, 그 밖에 그와 같은 어떠한 속성도 가지고 있지 않았던 물질이라고 해야만 한다. 요컨대 그렇다면 그것은 '어떠한'이라고 말할 수 있는 (성질적으로 서술되는) 물질도, '어느 만큼'이라고 말할 수 있는 (양적인) 물질도 되지 못하고, 또 '무엇'이라고 물을 수 있는 (실체적인) 물질도 되지 못했다. 또한 그렇다면, 이 특수한 형상의 어느 물질이 이전에 거기에 속해 있었다고 해야 하지만, 이 또한 모두가 아주 혼합되어 있다 했으니 있을 수 없는 일이다.

왜냐하면 만약에 그 어느 물질이 거기에 속해 있었다면 그 어느 물질은 이미 그때까지 분리되어 있었어야 했는데, 그의 말에 따르면 모두가 혼합되어 있고 오로지 하나, 즉 이성만이 비혼합적이며 순수하다고 했기 때문이다. 그래서 이상으로 미루어 볼 때, 아낙사고라스는 원리를 '일(一)'과 '타(他)'라고 말했어야 옳았다. '일'이라고 함은 그것이 단순하고 비혼합적이기 때문이며, '타'라고 함은 마치 우리가 상정하고 있는 무규정(無規定)한 사물처럼 아직 무어라 규정되지 않고, 또 그 어떤 특정한 형상에도 관여하지 않는 그 이전의 물질이기 때문이다. 그리하여 그의 말은 정당하지도 또렷하지도 않으나, 그가 하고자 했던 말은 그 뒷날 사람들에 의해 해석되어 오늘에 이르러서는 한결 또렷해진 가설과 그 어떤 유사한 점을 지니고 있다.

그러나 뒷날 사람들은 그저 우연히 생성과 소멸과 운동에 대한 논의에 가까이 처해 있었을 뿐이다. 즉 그들은 거의 이처럼 태어나서 사라지고 변화하는 실체에 대해서만 그 원리나 근원을 탐구하고 있었다. 그런데 (3)다른 사람들은 모든 존재에 대해 연구를 했다. 그리하여 이 모든 존재 안에는 감각적인 존재뿐만 아니라 감각적이지 않은 존재도 있으리라 보았기 때문에 이런 사람들은 마땅히 이들 두 종류의 존재에 대해서도 연구를 하고 있다. 따라서 우리는 한결 많은 짬을 내어, 우리가 맞닥뜨린 탐구에서 보아 그들이 어느 만큼 정당하게 또는 얼마나 부당하게 가설을 구성했는가를 살펴보아야 한다.

그래서 먼저 이른바 피타고라스를 따르는 사람들은 자연학자들보다도 훨씬 이상한 원리나 요소를 취하고 있다. 자연학자들 원리에 따른 감각적 존재 안에는 피타고라스학파들의 이 원리가 들어 있지 않았기 때문이다. 바꾸어 말하면 피타고라스학파들의 수학적 여러 대상은, 천문학 대상 말고는 모두 운동이 없는 존재의 부류에 속한다는 것이다. 그럼에도 실제로 그들이 토의하고 탐구하는 대상은 모두 자연에 대해서이다. 즉 피타고라스학파들은 천계를 생성하고, 저마다 부분이나 그 속성 및 작용에 따라서 일어나는 현상을 관찰하며, 이들의 설명을 위해 그 원리나 원인을 최대한으로 사용하고 있는데, 이와 같은 일들의 의미로 그들이 이야기하는 일반적인 존재는 감각적인 존재이며, 또한 존재는 이른바 천계에 둘러싸인 존재들뿐이라고 주장했다는 점에서 다른 자연학자들과 똑같은 견해를 가지고 있었다.

그러나 그들이 말하고 있는 원인이나 원리는, 지금 우리가 이야기했듯이 한결 높은 존재로 올라가는 데에 충분히 쓸모가 있으며 자연에 대한 설명으로 알맞은 원리가 된다는 말이다. 하지만 그와 같이 다만 '한도'와 '무한', '홀수'와 '짝수'로 상정되는 질료적 원리만으로 어떻게 운동이 일어날 수 있는지 그 운동 방법에 대해서 그들은 조금도 설명하고 있지 않다. 또 운동의 변화도 없이 어떻게 생성이나 소멸이, 또는 천계를 운행하는 여러 천체의 그 작용이 가능할 것인가에 대해서도 설명이 잘 이루어지지 않고 있다.

예를 들어 그들에게 한 발 양보해서, 상정된 여러 요소들로부터 공간적인 크기를 갖는 존재를 얻어낸다고 해도 또 누군가가 이를 증명할 수 있다고 해도, 어찌하여 어떤 물체는 가볍고 다른 물체는 무게를 갖는가는 여전히 의문이다. 이는 피타고라스학파들의 상정과 설명으로부터 생각해 보건대, 그들은 수학적 대상을 감각적 물체 이상으로는 생각지 않았기 때문이다. 그래서 그들은 불이나 흙에 대해서도, 그 밖에 이런 종류의 어느 물체에 대해서조차 아무 말도 하지 않았다. 이 감각적 물체들에 대해서는 특히 달리 (수학적 대상과는 별도로) 말해야 할 그 어떤 특유한 점을 인정치 않았기 때문이었을 것이다.

또 그들은 한편으로는 수의 여러 속성이나 수 자체를, 처음부터 이제까지 천계에서 존재하며 생성되고 있는 사물의 원인임을 이해하면서도, 다른 한편으로는 수는 단지 세계의 이런저런 부문들이 합성되는 수만 있을 뿐 그 밖에는 그 어떤 수도 존재하지 않는다고 이해하는데, 어떻게 이와 같이 이해할 수 있을까? 그들은 세계 곳곳의 영역에는 '의견'과 '기회'가 있고, 그 세계 조금 위쪽 또는 아래쪽에 '부정'과 '결단' 또는 '혼합'이 있다고 하면서, 그 논거로서 이 모든 존재들은 저마다 수라 생각하고, 더욱이 이미 그 장소에는 수로부터 합성된 많은 크기의 물체가 있어야 한다고(왜냐하면 이 수들의 여러 속성이 각 장소에 배치되어 있기 때문이다) 보는데, 그렇다고 한다면 이들 저마다의 속성이, 즉 각각 '수'라고 이해되는 이 수들이 과연 여러 천체를 합성하는 수와 같은 본성인가, 아니면 그와는 다른 본성인가? 플라톤은 다른 본성이라고 말했다. 그 또한 그것(천체의 감각적 물질)들과 이들(천체의 그것과 다른 본성) 원인이 다 같은 '수'라고 생각하지만, 무엇보다도 원인으로서의 수는 '사유적(思惟的)인 수'이고 또 하나는 '감각적인 수'라고 본다.

제9장
플라톤의 이데아설에 대한 비판 23개.

피타고라스학파에 대한 이야기는 이쯤 해두기로 하자. 이만큼 그들을 살펴보았으면 충분할 테니까. 그러나 이데아를 원인으로서 추정하는 사람들에 대해, 먼저 [1]이 사람들은, 이 세상에 존재하는 사물의 원인 파악을 위해 탐구하다가 이들 사물과 똑같은 수(數)의 다른 사물들을 끌어들였다. 그것은 마치 물건을 세려고 할 때, 수가 적으면 셀 수 없으리라 생각해 그 수를 늘려서 세려고 하는 사람과 같다. 왜냐하면 그들이 여러 사물로부터 출발해 이들의 원인으로서 찾아낸 여러 에이도스의 수는 이들 여러 사물과 거의 같은 수만큼 있었을 뿐, 그보다 적지는 않았기 때문이다. 즉 이들 저마다의 사물에 따라서 이들과 같은 이름을 가진 어떤 실체적 사물이 그 실물과는 분리되어 따로 존재하고, 또 그 밖의 다른 사물에 대해서도—이 세상의 많은 사물이나 영원한 존재(여러 천체)의 대부분에 대해서도—많은 존재들 위에 서게 되는 하나의 존재가 있다고 했으니 말이다.

또 ⑵우리(플라톤학파)는 에이도스의 존재성을 여러 방법으로 밝히고 있는데, 그 어느 증명도 진실인 것 같지가 않다. 왜냐하면 그 방법으로부터는 필연적인 결론도 나오지 않고, 또 다른 어떤 방법으로는 우리가 그 대응 에이도스가 없다고 여기는 사물에도 에이도스가 있는 셈이 되기 때문이다. 즉 ⒜학문적 인식의 존재로부터 추론하는 논의에 따르면, 학문적 인식의 대상이 되는 모든 사물에 저마다 에이도스가 존재하는 셈이 되고, 또 ⒝저 '많은 존재들 위에 세워지는 하나의 존재'라는 가설을 보면 부정적으로 말하는 사물에도 에이도스가 존재하는 셈이 된다. 그리고 ⒞소멸한 존재에 대해서 또한 사유(思惟)가 있다는 논의에서 보자면, 소멸하는 사물에도 에이도스가 있다고 해야 한다. 소멸한 사물에도 여전히 어떤 심상(心象)이 존재하기 때문이다. 그러나 이들보다 더욱더 정밀한 증명을 보아도, ⒟어떤 논의에서는 사물의 상호관계에 있어서도 에이도스를 조정(措定)하게 된다. 우리 주장에 따르면 사물의 관계에서는 자체적으로만 존재하는 사물들은 없을 텐데 말이다. 또 ⒠어떤 논의에서는 저 '제3의 인간'을 언급하게 된다.

일반적으로 ⑶에이도스설(說)에서는, 우리가 이데아의 존재 이상으로 바라는 그런 존재들은 없다고 처리되어 버린다. 왜냐하면 이 가설에서는 저 '이(二)'가 제1의 질료적 원리가 아니라 수(數)가 제1의 원리가 되고, 따라서 관계적인 존재가 자체적인 존재보다도 먼저가 되기 때문이다. 그 밖에도 이 이데아에 대한 의견을 따르면, 다른 모든 존재(이데아의 존재 이외의 존재)들은 이 가설의 여러 전제와 모순이 되기 때문이다.

또한 ⑷이데아가 존재한다고 주장하는 근거의 예상에 따르면, 실체(기체)

에뿐만 아니라 다른 많은 사물(속성)들에도 저마다 이데아가 있다고 해야 된다. 왜냐하면 사상(개념)은 단지 많은 실체에 대해서 하나일 뿐만 아니라, 다른 많은 사물들에도 존재하기 때문이다. 그 밖에도 이와 같은 어려운 문제들이 수없이 나오게 된다. 더욱이 이 가설의 논리적 필연성으로 보나, 실제로 에이도스에 대해 우리가 품고 있는 견해로 보아도 에이도스가 관여되는 가설이란, 필연적으로 그저 실체적 이데아 존재를 말할 뿐이라는 이야기가 된다. (a) 그것은 부수적으로 사물들에 관여되는 이데아가 아니라, 오히려 저마다의 사물이 그 에이도스에 관여한다. 즉 어떤 기체에 있어서의 서술어적 성질이 아닌 에이도스(그 자체가 기체인 에이도스)에 관여되어야 하기 때문이다. 여기서 '부수적으로 관여된다'의 뜻은, 예를 들어 어떤 사물이 두 배 자체(두 배라는 에이도스)에 관여된다고 할 때, 그 자체가 부수적이라면 그것은 영원히 그 자체에 관여된다는 뜻과도 같다. 여기서 부수적이라 함은, 두 배 자체에도 (에이도스이므로) 영원이라는 속성이 뒤따르고 있기 때문이다. 영원하다는 이유로 에이도스는 모두 (실재가 아닌) 실체라는 이야기가 성립될 수 있다. 그러나 이리하여 (b)이 세상 실체(감각적 개체)의 질료를 가리키는 이데아적 존재와 같은 어떤 존재가, 저편의 그것(영원한 실체)을 가리키는 이데아적 존재로도 쓰여야만 했다. 그렇지 않으면 이들 개체로부터 떨어져서 다른 그 어떤 존재가, 즉 저 '많은 존재들 위에서는 하나'의 존재가 존재한다고 주장하게 된 뜻을 모르게 될 수도 있다.

또 만약에 어떤 이데아와 이에 관여하는 개체의 형상이 일치한다면, 이 둘 사이에 공통된 어떤(제3의) 그 무엇이 있을 것이다. 왜냐하면 이(二)에 대해 생각할 때, 소멸적인 이(二 : 감각적 개체 두 개)의 경우와, 많기는 하지만 영원한 이(二 : 산술학에서 말하는 두 개)의 경우와는, 하나이자 같은 이(二)이면서도 이 그 자체의 (형상의) 경우와, 여기에 관여되는 두 개체의 경우가 왜 같지 않는지 그 까닭마저 알 수가 없게 되기 때문이다. 만약에 형상이 같지 않다면, 둘은 단순히 이름만 같은 서로 다른 물질이 된다. 그것은 마치 누군가가 칼리아스와 그의 목상(木像)을, 같은 '인간'이라는 말로 부르면서 이 둘 사이에 아무런 공통점을 인정치 않는 일과 같다.

특히 [5]가장 의문시된다고 해도 좋은 점은, 본디 에이도스가 감각적인 사물에 대해서 (영원한 사물들, 곧 여러 천체이나 생성되고 소멸하는 사물들에 대해서도) 어느 만큼 쓸모가 있느냐 하는 점이다. 왜냐하면 에이도스는 (a)이들 사물에 있어서 그 어떤 운동이나 전화(轉化)의 원인이 아니기 때문이다. 뿐만 아니라 에이도스는 (b)다른 사물을 인식하는 데에 있어서 아무런 소용도 없다. 에이도스는 이들 사물의 실체가 아니기 때문이다. 만약 에이도스가 실체(기체)라고 한다면 그것은 이미 이들 사물에 내재하고 있을 것이다. 또 (c)만약에 에이도스가 관여되는 사물에 내재하고 있지 않더라도, 이들 사물의 존재는 쓸모가 없다. 비록 그렇다 하더라도 그것은 아마, 예를 들어 흰색 자체가 어떤 다른 색과 혼합됨으로써 그 다른 색을 하얗게 한다는 뜻으로서의 원인이라고 여겨질 뿐이다. 그런데 이 생각은 처음에 아낙사고라스가 주창하고, 뒷날 에우독소스와 그 밖의 사람들이 주장했는데, 이는 간단히 뒤집혀 버리고 만다. 왜냐하면 이와 같은 생각에 대해서는 쉽사리 그 불합리한 점을 많이 지적할 수 있기 때문이다.

그러나 〔6〕다른 사물이 에이도스로부터라는 말도, 이 말을 '……로부터'라는 보통 쓰이는 뜻으로 여기기에는 아무리 보아도 불가능하다. 흔히 에이도스는 원형이며, 다른 사물들은 이 에이도스에 관여된다고 말하지만, 이는 공허한 말로서 시적 비유밖에 되지 않는다. (a)예를 들어 이데아를 보고서 이데아를 만들어 낸다고 하는 사람은 어떤 사람인가? 또 (b)사물이 어떤 다른 사물의 모사(模寫)일 수 없다고 하더라도 이 다른 사물과 비슷하게 존재하며 생성될 수가 있다. 이렇게 해서 비록 소크라테스 자체가 존재하건 존재하지 않건 소크라테스와 같은 인간은 생겨날 수가 있다. 그리고 이는 분명히 소크라테스라는 인간이 영원한 존재이건 아니건 마찬가지이다. 또 (c)같은 하나의 사물에 있어서 많은 원형이 있고, 따라서 많은 에이도스가 있게 된다. 이를테면 같은 한 인간(즉 두 다리의 동물)에 대해서는 '동물'도 '두 다리'도 그 원형이며, 더 나아가서 '인간 그 자체'도 그렇다. 또 (d)에이도스는 단순히 감각적 사물의 원형일 뿐만 아니라, 에이도스 자체의 원형이라는 이야기도 된다. 예를 들어 어떠한 유(類)가 여러 종(種)의 유라고 할 경우처럼 그러하다. 따라서 같은 이데아가 원형이기도 하고 모상(模像)이기도 하다.

다음으로 또 〔7〕어떤 사물의 실체가 그 실체 자체의 사물을 떠나서는 존재할 수 없는 일이라고 여겨진다. 그렇다고 한다면 어찌해 어떤 사물의 에이도스가 이 사물의 실체이면서도, 이 사물로부터 떨어져 따로 존재할 수 있는가?

《파이돈》*²에서, 에이도스는 사물의 존재와 생성의 원인인 듯이 여겨지고 있다. 그러나 비록 거기에 에이도스가 현존해 있다 해도, 이 에이도스를 움직이는 작용인이 없으면 그 관련 사물은 생성되지 않을 것이다. 그런데 다른 많은 사물들, 예를 들어 집이나 반지 등의 사물들에는 에이도스가 존재하지 않는다고 우리(플라톤학파)는 주장하는데도, 이 사물들은 오늘날 생성되고 있다. 따라서 분명히 그 밖의 사물들 또한 앞서 예를 든 사물과 마찬가지 원인으로 존재하고, 또 생성할 수 있으리라고 여겨진다.

또 〔8〕만약에 에이도스가 수(數)라고 한다면, 어떻게 해서 이 수가 여러 사물의 원인일 수 있는가? 그것은 ⓐ예를 들어 어떤 수는 인간이고, 어떤 수는 소크라테스이며, 또 어떤 수는 칼리아스라는 식으로 여러 사물들이 저마다 어떤(에이도스 수와는 다른) 특정한 수이기 때문이라는 것인가? 그러나 그렇다고 하더라도, 어떻게 그 에이도스적 수가 이 사물적 수의 원인일 수 있는가? 비록 에이도스적 수는 영원하고 사물적 수는 영원하지 않더라도, 이 구별은 여기서는 무의미하기 때문이다. 하지만 ⓑ만약에 그 수가, 예를 들어 화음(和音)이 그러하듯이 수의 비율이므로 에이도스적 수라고 한다면, 바로 이들 사이의 비율인 이 수의 비(比)는 하나의 비율임에 틀림없다. 그런데 적어도 이 하나의 비율, 즉 질료로서의 수가 그 어떤 실재적 무엇이라고 한다면 분명히 수 자체(에이도스로서의 수) 또한 어떤 수와 다른 수 사이의 수적인 비율이라는 이야기가 된다. 그 뜻은 이러하다. 예를 들어 칼리아스를 불·흙·물·공기 사이의 어떤 수적인 비율이라고 한다면, 그의 이데아도 다른(에이도스적인) 여러 기체 사이의 수적인 비율이라는 말이 될 것이다. 이와 같이 '인간 자체'도 그것이 어떤 수이건 아니건, 어떤 인간적 요소들의 수적인 비율로서의 수이지 단순한 수는 아닐 것이다. 또 수적인 비율이라는 이유만으로는 그 비율을 그 어떤 수로서 처리할 수가 없다.

더 나아가서, 〔9〕많은 수로부터 하나의 수가 생긴다고 하지만, 수많은 에이도스로부터 하나의 에이도스가 생기는 일은 왜 그런가? 그러나 또 만약에 수가, 이러한 많은 수로부터가 아니라 이러한 수—예를 들면 1만—를 이루는 저마다의 단위 요소들로 성립된다고 한다면, 이 일(一)을 이루는 단위 요소들 하나

---

*2 《Paidon》(BC 388~387). 플라톤의 저서로, 소크라테스가 죽기 직전 동료들과 나눈 대화이다.

하나는 어떻게 되는가? 만약에 이들 단위가 서로 동종적(同種的)이라면 거기에는 많은 불편이 생길 것이고, 또 예를 들어 동종적이 아니라 해도(즉 어떤 수의 단위와 단위가 서로 같지 않다고 해도, 또는 다른 수의 모든 단위들과 같지 않다고 해도) 결과는 마찬가지일 것이다. 이러한 단위들에는 아무런 속성이 없는데 단위와 단위 사이에 무슨 구별이 가능하겠는가? 그것은 매우 불합리한 일이며, 또 단위에 대한 보편적인 사유법과도 일치하지 않는 일이다.

게다가 〔10〕이를 위해서는 산술학의 대상인 수, 즉 다른 종류의 수가 상정되어야만 했고, 또 어떤 사람들의 이른바 '중간자'가 상정되지 않을 수 없었는데, 이와 같은 요소들이 도대체 어떻게 존재할 수 있을까? 또 어떤 원리에서 생성할 수 있는가? 그리고 어떤 이유로 이 요소들이 이 세상(감각계)의 에이도스(이데아)와 그 자체로서의 에이도스들 사이의 중간자가 되는가?

더 나아가 〔11〕이(二) 속에 포함되는 단위 요소들 하나하나가 어떠한 근원적인 '이'로부터 생긴다고 했는데 그것은 불가능한 일이다.

또한 〔12〕수를 전체적인 한 덩어리로 보았을 때 (그 수 덩어리 속이) 저마다 하나라고 함은 무슨 이유에서인가?

그러나 위에서 말한 이유 말고 〔13〕만약에 그 단위 요소들 하나하나가 서로 종(種)을 달리한다면, 그것은 마치 앞서 네 가지(물·불·공기·흙) 또는 두 가지 원소를 말한 사람들이 이름을 붙인 방법으로 불렸어야 했다. 왜냐하면 그 사람들은 누구나 그 여러 원소들을 공통된 이름—예를 들어 '물체'라는 이름—으로 부르지 않고, 오히려 그 원소들에게 공통된 물체가 존재하든 안 하든 상관없이 따로따로 불이나 흙과 같은 이름으로 부르고 있기 때문이다. 그런데 여기에서는 '일(一)'이 마치 불이나 흙처럼 동질 부분적인 물질로 불리고 있다. 그렇다고 한다면 여러 수들은 실체가 아니라 물질이라는 말이 된다. 따라서 만약에 '일 그 자체'라는 존재가 있어서 그것이 원리라고 한다면, 분명히 이 원리에서는 일이 다의적(多義的) 의미로 쓰인다. 더욱이 그렇게 하지 않고서는 이 가설은 성립되지 않는다.

〔14〕우리(플라톤학파)는 여러 실체들을 이들 원리로 환원하려고 할 때, 선(線)을 긴 존재와 짧은 존재로, 즉 하나의 '대와 소'로 이루어진 존재로 보고, 이와 같은 요령으로 면(面)은 넓음과 좁음으로, 그리고 물체(입체)는 깊음과 얕음으로 이루어진 존재로 여긴다. 그러나 ⓐ어떻게 해서 면이 선을 포함하고,

또 입체가 선이나 면을 포함할 수 있는가? 사실 넓음과 좁음은 그 유(類)에 있어서 깊음이나 얕음과는 다르다. 따라서 마치 수가 그 실체들 안에 포함되어 있지 않는 것과 같다. 왜냐하면 수의 많고 적음은 이 수들과 유를 달리하고 있기 때문이다. 이와 같이 그 밖의 다른 실체에서도 상위 요소가 하위 요소에 포함되어 있지 않음은 명백하다. 하지만 넓이는 깊이를 (그 하위 종으로서) 포함하는 유(類)가 아니다. 만약에 그렇다고 한다면 입체가 어떤 평면이 되어버리기 때문이다. 또 (b)점이 선에 내재하고 있음은 어떠한 원리인가? 이 유(선)의 요소(점)에 대해서는 플라톤도 기하학적 허구라 하여 배척하고, 그 대신에 어떤 불가분한 선 자체를 선의 원리라 부르고 있다(그는 자주 이 원리를 상정하고 있다). 그러나 이들에게도 반드시 그 어떤 한계가 있지 않으면 안 된다. 따라서 선의 존재를 인정하는 논의는, 이윽고 또 점의 존재를 인정하게 된다.

또 일반적으로 [15]지혜는 분명한 사상(事象)의 원인에 대한 탐구여야만 하는데, 우리(플라톤학파)는 이것을 내버려 두고 있다. 왜냐하면 전화(轉化)가 시작되는 원인에 대해서는 어떤 말도 하지 않고 있기 때문이다. 그리고 우리는 이 명백한 사상의 실체에 대해서 설명하고 있다 여기면서도, 실은 이와는 다른 종류의 실체적 존재를 주장하며, 더욱이 어떻게 해서 이러한 실체가 저러한 사상의 실체인가를 설명하는 데에는 빈말(空言)을 쓰고 있다. 앞서 우리가 말한 '관련된다'는 말이 여기서는 그 뜻을 잃어버렸다.

뿐만 아니라 또 [16]우리가 여러 학문에서 원인이라고 인정하는 바, 즉 모든 이성이나 모든 자연이 행위하고 생산(제작)하는 목적—우리가 여러 원인들 가운데 하나라고 주장하는 목적—인 이러한 원인이 조금도 에이도스와 관련지어지지 않고 있다. 오히려 수학적 여러 학과들을 오늘날의 사람들은 그 철학으로 여기고 있다. 하기야 그들은 이 여러 학과가 (그 자체 때문이 아니라) 다른 사물을 위해 학습되어야 한다고 주장하고 있으니까 말이다.

또 [17]그 가운데 어떤 사람이 질료로서의 기체로 삼고 있는 실체는 너무나 수학적이어서, 질료라고 하느니보다는 오히려 다른 질료적 실체의 술어(述語)이자 여러 가지 차별적 현상인 듯 여겨진다. 예를 들어 '대와 소'가 그렇다. 즉 이들은 마치 앞서 이야기했던 자연학자들이 기체의 제1차별상(差別相)으로서 예를 든 농후와 희박과 같다. 왜냐하면 이들도 하나의 과대와 과소이기 때문이다. 또 운동에 대해서는, 만일 이 '대와 소'가 운동이라고 한다면 분명히 이러한 운동적 대소의 에이도스 본성은 움직이지 않는 게 아니다. 그리고 만일 움직인다면 그 운동은 어디에서 오는가? 이리하여 자연에 대한 연구는 이쯤에서 파괴되지 않을 수 없다.

또 여기에서는(이렇게 운동적으로 변화하는 자연적 수로써는) 〔18〕손쉽게 할 수 있을 듯한 일이, 즉 '모든 존재는 하나이다(하나로 통한다)'라는 가설의 증명이 이루어질 수가 없었다. 왜냐하면 여러 사례를 드는 증명법에서는 모두가 하나라는(하나로 통할 수 있는) 가설은 상정되지 않고, 비록 그러한 상정이 확실하게 허용되더라도 오로지 어떤 한 가지 가설 자체의 존재가 제시될 뿐이기 때문이다. 그러나 사실은 이러한 한 가지 가설의 제시조차도, 보편(普遍)이 유(類)라는 가설을 허용치 않는 한 제시될 수가 없다. 더욱이 어떤 경우에는 제시뿐만이 아니라 허용조차 할 수 없다.

여기에서 플라톤학파들은, 〔19〕수에 이어지는 요소들, 즉 선이나 면이나 입체에 대해서 이들이 어떤 식으로 존재하는지, 또 어떻게 존재할 수가 있는지, 그리고 어떤 작용을 가지고 있는지 그 설명조차 해주지 않는다. 왜냐하면 이들(선, 면, 입체 등의 요소들)은 수가 아니므로 그 어떤 에이도스일 수도 없고, 또한 중간자는 수학의 대상이므로 이들은 중간자도, 소멸적 사물도 될 수 없기 때문이다. 이리하여 또다시 여기에 분명한 어떤 다른 제4의 유(類)가 존재하게 된다.

또 일반적으로 〔20〕있다고 일컬어지는 사물(여러 존재)의 구성 요소를 탐구함에 있어서, 있다(또는 존재한다)라는 말에도 여러 가지 뜻이 있다. 그 뜻들을 구별하지 않고 탐구하면 그 구성 요소들을 발견해 낼 수가 없을 것이다. 특히 그와 같은 (플라톤학파가 하는) 방법으로 존재의 여러 뜻을 탐구하다가는 어떤 사물의 구성 요소는 발견될 수가 없다. 왜냐하면 이 방법으로는 한다(능동적이다)거나, 하여진다(수동적이다)거나, 똑바르다거나 하는 그 '(상태)이다'가 무엇과 무엇으로 구성되어 있는가를 전혀 파악할 수 없다고 여겨지기 때문이다. 예를 들면 파악할 수 있다고 해도 그 플라톤적 방법으로는 실체로서의 어떤 에이도스에 대해서만 탐구할 수 있을 뿐이다(즉 실체의 구성 요소는 파악하지 못한다). 따라서 여기에서는, 있다고 일컬어지는 사물(여러 존재)의 모든 것에 대해서 그 구성 요소를 탐구하거나 또는 탐구할 수 있었다고 생각하는 일도 다 같이 진리일 수 없다.

그리고 [21]어떻게 해야 모든 실체의 구성 요소를 배워서 알 수가 있을까? 그 누구도 배우기 전에는 아무것도 알 수가 없다. 예를 들어 기하학을 배우고자 하는 사람의 경우, 비록 그가 다른 일은 그 전에 알고 있었다고 해도 그가 배우려고 하는 기하학의 대상에 대해서는 미리 아무것도 알 수가 없다. 이처럼 다른 모든 경우에도 그러하다. 따라서 비록 어떤 사람들이 주장하는 바와 같이, 모든 존재를 대상으로 하는 그 어떤 학문(인식)이 있다고 해도, 그것을 앞으로 배우려고 하는 사람은 그것에 대해서 미리 알고 있지 않을 것이다. 더욱이 학습은 배우기 전에, 전체적으로든 부분적으로든 알려져 있는 전제를 통해 이루어진다. 이는 논거에 의한 학습이나 정의로 하는 학습이나 마찬가지이다(왜냐하면 정의의 구성 부분은 이미 알려져 있는 자명한 요소이어야만 하니까). 마찬가지로 귀납에 따른 학습의 경우 또한 그러하다. 그러나 더 나아가, 만약에 우리가 이 인식(학문)을 태어날 때부터 갖고 있었다면 여러 학문들 가운데 가장 뛰어난 이 인식을 지녔으면서도 당사자인 우리가 그것을 쓰지 못한 채 잊고 있다는 건 이상하다.

또 [22]어떻게 해서 사람은 사물이 무엇으로(어떠한 구성 요소로) 이루어져 있는가를 알게 되는가, 또한 어떻게 해서 그 사물의 구성이 뚜렷해지는가? 여기에는 어려운 문제가 포함되어 있다. 왜냐하면 여기에서 많은 견해의 차이가 생길 수 있기 때문이다. 그것은 마치 음절(音節)을 대할 때와 마찬가지이다. 예를 들어 ZA를 어떤 사람들은 Σ와 Δ와 A로 이루어져 있다 주장하고, 다른 사람들은 이것은 단 하나의 음으로서 알려져 있을 뿐 그 구성 요소 하나하나는 어느 것이든 분명히 알려져 있지 않다고 주장하는 경우와 같다.

또한 [23]감각의 대상인 사물을, 어떻게 감각 없이 알 수가 있는가? 그러나 알 수는 있다고 생각한다. 마치 복합음이 특정한 자모(字母)로 구성되어 있듯이, 모든 사물을 구성하고 있는 여러 요소들 또한 그러하다면 말이다.

제10장
결론. 앞서 이야기했던 철학사적 고찰에서는, 추구해야 할 원인의 종류가 우리가 주장한 대로 네 개 있으며, 네 개보다 많지도 적지도 않음을 확증한다.

그렇기 때문에 모두가 자연에 대한 저술에서 말한 여러 종류의 원인을 탐구하려고 했으며, 또 이 원인들(물·불·공기·흙) 말고는 그 어떤 종류의 원인도 우리는 들 수 없다는 사실은 위에서 말한 바에 따라 분명하다. 그러나 위에서 말한 사람들은, 그 탐구가 어렴풋해서 어떤 의미로는 이미 이 원인들에 대해서 언급했다고도 할 수 있으나, 다른 뜻으로는 아무것도 언급하지 않았다고도 할 수 있다. 생각건대 최초의 지혜 탐구(철학)는 젊기도 하고 처음 있는 일이기도 했기 때문에, 무슨 말을 해도 혀가 잘 돌아가지 않는다. 예를 들어 엠페도클레스도 뼈는 비율에 의해 존재한다고 말했다. 이는 사실 사물이 '무엇인가(본질)라는 뜻'에서의 실체를 말한다. 그런데 마찬가지로, 필연적으로 근육이나 육체 조직 부분들 하나하나는 그 구성 요소 저마다의 비율(여러 원소들의 혼합 비율)이지, 이 여러 원소들 하나하나는 비율이 아니다. 따라서 근육이나 뼈, 그 밖의 구성 요소들이 저마다 그처럼 존재하는 근거는 그 비율(본질)에 따라서이지 이들 질료에 의해서는 아니라는 것이다. 그것을 엠페도클레스는 불·흙·물·공기 이렇게 말하고 있기는 하지만 말이다. 만일 누군가가 그에게 이 점(실체는 개별이 아니고 혼합 비율이라는 가설)을 분명히 알렸다면 그도 이에 동의했을 테지만, 그 자신은 거기까지 뚜렷하게 말하지는 않았다.

그런데 이와 같은 일들에 대해서는 이미 앞에서도 분명히 밝혔다. 그러나 다시 이 문제로 돌아가, 거기에서 제기될 수 있는 많은 어려운 문제들을 헤아려 보기로 한다. 뒷날 우리의 문제를 해결하는 데에 쓸모가 있는 그 무언가를 얻을 수 있으리라고 생각되기 때문이다.

$\alpha^{알파}$[제2권]

제1장
진리 연구에 대해 알아두어야 할 일. 이론적 학문의 목적은 진리이다. 그리고 원인과 진리의 인식이다.

진리에 대한 연구는 어떤 의미에서는 어려운 일이지만 어떤 의미에서는 쉬운 일이기도 하다. 그 증거로는 다음을 들 수 있다. 어느 누구도 결코 진리를 정확하게 맞힐 수는 없으나 전체적으로 보자면 이 진리 탐구(철학)에 실패한 듯하지는 않은데, 오히려 사람들은 자연에 대해서 그 어떤 진실을 이야기하고 있으며, 한 사람씩 떼어놓고 생각하면 거의 전혀 또는 매우 적은 진리로밖에 기여하고 있지 않지만 모든 사람의 협력으로부터는 꽤 많은 결과가 나타나고 있다는 점이다. 따라서 진리가, 마치 속담에 있는 말처럼 '출입구까지도 갈 수 없는 사람이 있을까?'와 같은 성질이라고 한다면, 이런 뜻으로의 진리 연구는 쉬우리라 생각된다. 그러나 전체적인 면에서 그 어떤 진리를 가질 수 있다고 해도, 특정 부분에 대해서는 진리를 가질 수 없다고 하는 사실이 바로 그 탐구의 어려움을 잘 나타낸다.

그런데 이 어려움에는 두 가지가 있다. 여기서 말하는 어려움의 원인은 사물 자체 안에 있지 않고, 우리 자체(지능) 안에 있다. 왜냐하면 한낮의 햇볕에 반응하는 박쥐의 눈처럼 우리 영혼의 눈, 즉 이성도 자연에서 가장 또렷한 사물에 대해서는 어둡기 때문이다.

그래서 우리는 우리가 동의할 수 있는 견해를 가진 사람들에게뿐만 아니라, 더욱 피상적인 의견을 말한 사람들에 대해서까지도 주의를 기울여 감사해야 한다. 왜냐하면 이러한 사람들도 우리보다 앞서서 지적 능력을 단련해 왔던 점에서 그 어떤 공헌을 하고 있기 때문이다. 만일 티모테오스가 태어나지 않았더라면 분명히 우리는 오늘날 우리에게 있는 서정시의 대부분을 가질 수 없었을 것이다. 그러나 이 티모테오스도, 만약에 프리니스가 없었더라면 존재할 수 없었을 것이다. 이와 마찬가지 일이 진리에 대해서나 그 어떤 의견을 말한 사람들에 대해서도 적용될 수가 있다. 즉 우리는 몇몇 사상가들로부터 어떤 견해를 물려받고 있는데, 이들이 태어나기 위해서는 다시 그 원인으로서 다른 어떤 사람들이 있었다고 할 수 있다.

또한 철학이 진리에 대한 학문(인식)이라고 불려야 한다는 것은 맞는 말이다. 왜냐하면 본디 이론적 학문의 목적은 진리이지만 실천적 학문의 목적은 행위이기 때문이다. 실천하는 사람들은 사물의 속성에 대해 고찰은 하지만 영원한 존재를 많은 형상들로 여기지 않고 상대적인 존재나 지금 있는 사물을 연구할 뿐이다. 그런데 우리는 사물의 원인을 모르고서는 그 진리를 알지 못한다. 그리고 같은 성질을 가지고 있는 존재들 중에서도, 어떤 존재는 그 성질로 인해 다른 존재들에게도 그와 같은 성질을 지니게 만드는데, 이 어떤 존재는 다른 존재보다도 가장 많이 이 성질을 지니고 있다고 말할 수 있다. 예를 들어 불은 가장 뜨거운 성질인데, 그것은 불이 다른 모든 존재에 있어 그 뜨거움의 원인이기 때문이다. 따라서 파생적인 진리를 진리이게끔 만드는 그 원인이 되는 것이 가장 큰 진리이다. 그러므로 늘 (영원히) 존재하는 것들의 원리는, 그 자체가 언제나 가장 큰 진리이어야 함은 필연적이다. 왜냐하면 그것은 단순히 어느 때에는 진리이거나 그 존재의 어떤 원인이 있는 것이 아니라, 오히려 그 자체가 다른 존재들의 존재 원인이 되기 때문이다. 이렇게 해서 각 사물은 그 지니고 있는 존재성의 정도에 따라 그 정도에 알맞은 진리성을 가지고 있다.

제2장
원인 결과의 계열도, 원인의 종류도 무한이 아니다. 원인의 종류는 네 가지로 한정되며, 원인의 계열도 결과의 계열도 한도가 있다.

그러나 어쨌든 무엇인가 어떤 원리(근원이 되는 것, 시작)가 있다고 하는 사실, 그리고 존재하는 사물의 원인이 〔1〕직선적으로 이어지는 무한한 계열을 이루지도 않고, 또 〔2〕그 종(種)에 있어서 끝없이 많지도 않음은 명백하다.

왜냐하면 〔1〕, (A)우선 〔1〕먼저 실체들은 그 질료로서의 원인으로부터, 다시 또 어떤 다른 질료로부터 하는 식으로—예를 들어 살(肉)은 흙으로부터, 흙은 공기로부터, 공기는 불로부터 하는 식으로—잇따라 쉬지 않고 무한히 생겨나는 일은 있을 수가 없고, 또 (2)운동의 시작(작용인)으로서의 원인도, 예를 들어 인간은 공기에 의해 움직여지고, 공기는 태양에 의해서 움직여지며, 태양은 싸움(부조화)에 의해서 움직여지고 등등 하는 식으로 무한일 수는 없다. 마찬가지로 (3)목적으로서의 원인 또한 끝없이 거슬러 올라갈 수는 없다. 이를테면 산책은 건강을 위해, 건강은 행복을 위해, 행복은 다시 다른 그 어떤 존재를 위해 하는 식으로 목적을 쫓아 무한히 거슬러 올라갈 수는 없다. 이것은 또 (4)본질로서의 그것(형상인)의 경우도 마찬가지이다.

이상 네 가지 원인 계열의 어느 경우이든, 어떤 마지막 물질과 처음 물질 사이의 중간적인 물질들 가운데에는, 처음 물질이 필연적으로 그다음 물질의 원인이다. 왜냐하면 이들 세 가지 가운데 어느 물질이 원인인가를 말하라고 하면 우리는 제1의 물질(최초의 물질)이 그 원인이라고 말하게 되기 때문이다. 설마 끝에 있는 물질이 그 원인일 리는 없기 때문이며, 최종적인 물질은 다른 그 어떤 물질의 원인도 아니기 때문이다. 그러나 중간 물질도 그렇지는 않다. 이것은 다만 최종적 물질의 한 원인이 될 수밖에 없으니까. 다만 여기에서는 이 중간 물질이 단 하나이건 하나보다 많건, 또 그것이 수에 있어서 무한하건 유한하건 그것은 문제 밖의 일이다. 그런데 이와 같은 방법으로서의 무한한 계열에서는, 또 일반적으로 어떠한 무한한 계열에서도 그 부분은 모두 현재 있는 부분에 이르기까지 한결같이 모두 중간 물질이다. 따라서 만약에 아무런 제1의 시원 물질이 존재하지 않는다고 한다면 (중간 물질도 최종적인 물질도 원인일 리가 없으므로) 전혀 원인이 없게 된다(그런데 이것은 이치에 맞지 않는다. 따라서 이 원인 계열은 무한이 아니다).

그러나 (B)위의 방향에서는 원리(시작)를 가지고 있고, 거기에서 아래의 방향(결과의 방향)으로 나아가는 인과 계열도, 예를 들어 불에서 물이 생기고, 물에서 흙이 생기고, 그와 같이 해서 언제나 어떤 부류에서 다른 유(類)가 생겨 한이 없듯이, 그처럼 무한이란 있을 수가 없다. 본디 어떤 물질에서 어떤 물질이 생성되는 데에는 두 가지 뜻이 있다. 즉 이 어떤 물질로부터라는 것이 어떤 물질이 후(또는 이어서)라는 뜻일 경우(예를 들어 이스트미아 축제에서 올림피아 축제가 잇따라 행해진다고 하는 경우)와는 별도로, (1)어린이가 변해 성인이 생성되는(어린이가 성인이 되는) 경우와, (2)물에서 공기가 생성되는 경우가 있다. 그런데 (1)'어린이에서 성인이' 생성되면, '생성되어 가고 있는 물질에서 생성된 물질이', 또는 '완성을 지향하고 있는 물질에서 완성된 물질이'와 같은 뜻이다. 왜냐하면 생성한다는 일이 있는 것(존재)과 있지 않는 것(비존재)의 중간에 있듯이, 위에서 말한 생성되어 가고 있는 물질도 존재와 비존재의 중간에 있기 때문이다. 예를 들어 학생(배우는 중인 사람)은 학자(학자가 되어가고 있는 사람)이다. 그래서 학생에서 학자가 생긴다고 일컬어진다. 그런데, (2)'공기로부터 물이 나온다'라고 할 경우에는, 어떤 물질이 다른 물질로부터 생성되는 일은 다른 물질의 소멸에 의해서이다. 따라서 생성의 경우에는 그 두 항(어린이와 성인)은 서로 그 순서를 반대로 할 수가 없다. 즉 성인에서 어린이가 생성되는(성인이 어린이가 되는) 일은 불가능하다.

왜냐하면 이 생성 과정에서 생성된 존재는 생성되고 있는 중의 존재가 아니라 그 생성 과정 뒤에야 존재하는 존재이기 때문이다. 따라서 이런 의미에서는 낮 또한 아침으로부터 온다라고 말할 수가 있다. 그것은 아침이 지난 뒤에 낮이 온다는 뜻에서이다. 따라서 여기서도 순서를 반대로 해서 낮으로부터 아침이 온다고 말할 수는 없다. 그런데 물과 공기는 이 순서를 거꾸로 할 수도 있다. 그러나 어느 경우이든 그 계열을 무한히 더듬어 간다는 일은 불가능하다. 왜냐하면 전자의 경우에는 그 두 항이 다 같이 중간 물질(즉 생성 과정에 있는 물질)이므로 반드시 그 끝이 있어야 하고, 후자의 경우에는 서로 그 순서를 거꾸로 할 수가 있으므로 하나의 항의 소멸이 다른 항의 생성이기 때문이다(그래서 아래로 향한 방향에서도 그 계열은 무한이 아니다).

동시에 제1의 물질(최초의 물질)은 영원한 물질이므로 소멸되는 존재일 수는 없다. 왜냐하면 생성 과정은 위쪽으로 무한할 수는 없고, 또 만약에 제1의 물질이 소멸됨으로써 다른 무엇인가가 생성된다고 한다면 그 제1의 물질은 영원한 존재일 수가 없기 때문이다.

더 나아가, 생성의 목적은 그 종말이다. 그러나 그 종말은 다른 무엇인가를 위한 목적이 된다기보다, 오히려 다른 사물들이 그 종말로 가기 때문에 만약 무엇인가 종국적인 한계가 있으면 그 생성 과정은 무한하다고 할 수는 없다. 하지만 만약에 그와 같은 한계가 존재하지 않는다면 사물의 목적은 존재하지 않게 된다. 뿐만 아니라 이 사물 계열을 무한이라고 보는 사람들은 자기도 모르게 선(善)의 진실을 무시하는 셈이 된다. 더욱이 그 누구도, 어느 한계점에 다다르리라는 기대 없이는 그 어떤 일을 이루려고 하지 않는 법인데, 그래도 여전히 그와 같이 목적도 없이 사물의 계열이 무한하다고 말하는 사람이 있다면, 그것은 이성이 모자라기 때문이라고 할 수 있다. 적어도 이성을 가진 사람이라면 무엇인가를 위해 행위한다. 그리고 이 무엇인가가 한계이고 목적은 한계적인 끝이다.

하지만 사물의 본질도, 본질적 설명 방식을 많게 함으로써 무한히 다른 정의로 환원해 갈 수는 없다. 왜냐하면 일반적으로 처음의 설명 방식 쪽이 더욱 본질적인 정의이고, 뒤의 방식은 그렇지 않으며, 처음 방식이 본질적이지 않을 경우에는 그다음 방식도 마찬가지기 때문이다. 또 이와 같이 끝없이 분석할 수 있다고 말하는 사람들은 인식을 부정하고 있다. 왜냐하면 나눌 수 없는 개념(그 이상으로는 분석할 수 없는 보편개념)에 다다르지 않는 한 인식을 갖는 일은 불가능하기 때문이다. 뿐만 아니라 단순한 지식도 있을 수 없게 된다. 도대체 어떻게 해서 그와 같은 무한한 방식으로 사유될 수 있을 것인가 하는 의심에서 그렇다. 사유 방법은 선(線)과는 사정이 다르니까 말이다. 선(수나 수의 비율과는 다른 이데아적 질료)은 그 분할에서 멈추는 일이 없고, 사유는 (우리는 그 분할을 어느 부분에서) 멈추지 않으면 안 된다. 무한의 선(즉 무한히 분할되는 선)을 따라서 가는 사람이, 분할되는 한의 모든 선분을 셀 수가 없는 까닭은 이 때문이다. 뿐만 아니라 선 전체의 사유도, 어느 움직이지 않는 점에 의해서 이루어져야 함은 필연적이다. 또 제아무리 무한한 존재라고 해도 (현실적으로는) 존재하지 않는다. 존재한다 하더라도, 적어도 무한하다는 본질(이데아)은 무한이 아니다.

그러나 또, 〔2〕만약 사물의 원인에서 그 종류가 무한히 많이 있었다면 지식은 있을 수 없었을 것이다. 왜냐하면 우리가 믿는 바로는 우리가 무엇인가를 알고 있다 함은 그 원인을 알고 있을 때의 일인데, 끝없이 많이 증가되어 가는 원인들에 한정된 시간 안에 다다를 수 없기 때문이다.

제3장

연구 방법에 대해 연구자가 알아야 할 일. 연구 대상이 달라지면 연구 방법도 다르다.

강의는 듣는 사람의 습성에 따라 이루어져야 한다. 왜냐하면 사람들은 자기가 익숙해진 방법으로 이야기되기를 바라며, 익숙한 방법이 아닐 경우에는 친근감이 없을 뿐만 아니라 익숙하지 않기 때문에 더욱 이해하기가 어렵고, 더욱더 기이하게 느껴지기 때문이다. 그리고 관습은 이해하기 쉽기 때문이다. 관습이 얼마나 강한 힘을 가지고 있는가는 우리의 법률이 분명히 나타내고 있다. 즉 법률에서는, 신화적인 표상(表象)이나 유치한 생각 쪽이 (익숙해져 있으므로) 법률적 인식보다도 훨씬 강한 힘을 가지고 있다. 그러므로 어떤 사람들은 수학적으로 강의되지 않으면 들으려고 하지 않는 반면, 어떤 사람들은 실례를 들지 않으면 들으려 하지 않고, 또 다른 사람들은 증거로서 시인(詩人)이 인용되기를 바란다. 그리고 어떤 사람들은 무엇이든지 엄밀하기를 요구하지만, 다른 사람들에게는 엄밀함 자체가—그 이치적인 길을 따라갈 능력이 그들에게 없기 때문인지, 또는 시시한 잔재주라고 얕잡아 보아서인지—기피된다. 엄밀을 기피하는 데에는 이와 같은 사정이 있다. 그렇기 때문에 상거래에서도 그렇듯이, 언론의 경우도 어떤 사람들에게는 이러한 엄밀성은 비신사적인 일이라 여겨지고 있다. 따라서 우리는 먼저 각 대상을 어떠한 방법으로 논증할 것인가를 학습하지 않으면 안 된다. 왜냐하면 (학습 없이) 인식을 추구하면서 그와 동시에 인식 방법을 찾는다는 일은 불합리하기 때문이고, 뿐만 아니라 이렇게 해서는 어느 하나도 손쉽게 구할 수 없기 때문이다.

그런데 수학적 추리에서와 같은 엄밀성은 모든 대상들에 요구해서는 안 되고, 다만 질료를 구체적으로 가지지 않는 경우에만 요구해야 한다. 바로 그렇기 때문에 수학적 방법의 엄밀성은 자연학의 방법에서는 요구되지 않는다. 그 까닭은 자연이 모두 질료를 구체적으로 가지고 있어서라고 말할 수 있다. 그래서 우리는 먼저 자연이 무엇인가를 생각하고 있지 않으면 안 된다. 그래야만 자연학이 무엇을 대상으로 삼는지를 분명히 알고 난 다음, 또 과연 원리나 원인 연구는 어느 하나의 학문이 하는 일인지 아니면 많은 학문들이 하는 일인지도 알게 될 것이기 때문이다.

B^{베타}[제3권]=철학 난문집(難問集)

제1장
연구를 할 때 먼저 난문의 소재와 의의를 분명히 해둘 필요가 있다. 철학적 여러 난문(제1문에서 제14문까지)의 열거.

우리가 추구하는 학문(철학)을 위해 먼저 파고들어 이야기해 두어야 할 일은, 거기서 논의될 여러 난문에 대해서이다. 이러한 난문 가운데에는 원리나 원인에 대한 어떤 사람들의 저마다 다른 견해들과, 이 밖에도 가끔 간과된 문제들이 있을 것이다. 그런데 곧잘 난관에서 평탄한 길로 나아가기를 바라는 사람은 먼저 이 난관으로 들어가서 이 어려운 문제를 밝혀두어야 효과적이다. 왜냐하면 (1)나중에 탐구가 평탄하려면 처음에 난문을 풀어두어야 하고 이를 풀려면 매듭을 반드시 알고 있어야 하는데, 사상에서의 난문이 바로 그 대상에 존재하는 매듭을 알려주는 열쇠이기 때문이다. 우리의 사상이 난문과 마주했을 때, 그것은 발을 묶인 자와 마찬가지로 어느 경우에도 나아갈 수 없기 때문에, 우리는 먼저 모든 어려운 점을 샅샅이 조사하지 않으면 안 된다. 그것은 이상과 같은 이유 때문인데, 또한 (2)미리 난문을 밝혀두지 않고 탐구의 길에 오르는 사람은, 마치 어디로 가야 좋을지 모르는 사람과 같다는 이유에서도 그렇고, 뿐만 아니라 그가 탐구하고 있는 바가 과연 발견되었는지 아닌지까지도 인지할 수 없기 때문에도 그렇다. 그 목적이 그에게는 뚜렷하지 않지만 미리 난문을 밝혀낸 사람에게는 분명하기 때문이다. 더 나아가 (3)서로 다투는 모든 언설(言說)을 들은 사람은 마치 원고와 피고의 의견을 모두 들은 사람처럼, 판결에서 더욱 공평한 태도를 유지할 수 있기 때문이다.

그런데 〔1〕제1의 난문은, 앞서 우리가 머리말에서 문제로 삼은 일들(즉 네 가지 원인)에 대해서이다. 과연 사물들의 원인 탐구가 하나의 학문이 하는 일인가, 또는 많은 학문들이 하는 일인가? 다음으로 〔2〕과연 이 학문은 다만 실체에 있어 그 제1의 여러 원리들만을 연구하는가, 또는 더 나아가서 모든 사람들이 그 논증의 출발점(전제)으로 하는 여러 원리에 대해서도 연구하는가? 즉 이를테면 하나이자 같은 출발점을 긍정함과 동시에 부정하는 일이 허용되는가 아닌가, 그리고 그 밖의 이와 같은 일에 대해서도 연구하는가? 또 ⑶만약에 이 학문이 실체를 그 연구 대상으로 한다면 과연 단 하나의 학문이 모든 실체를 연구하는가, 혹은 하나보다 더 많은 학문이 연구하는가? 그리고 만일 하나보다도 더 많은 학문이 실체에 대해 연구한다면 이들 학문은 모두가 과연 동격적(同格的)인가, 또는 그 가운데 어떤 학문은 지혜(제1철학)의 부문이고, 어떤 학문은 다른 어떤 부문이라고 말해야 하는가?

그러나 ⑷다음과 같은 일도 탐구를 필요로 하는 난문의 하나이다. 과연 단지 감각적인 실체만이 존재한다고 주장해야 하는가, 또는 이들 말고도 다른 실체가 존재한다고 보아야 하는가? 그리고 이 실체는 과연 한 종류만 있는가, 한 종류보다도 많다고 해야 하는가? 예를 들어 저 에이도스(이데아)가 존재한다고 하면서도, 그와 동시에 수학적 대상도 에이도스와 감각적 사물의 중간에 존재한다고 하는 사람들이 말하고 있듯이 말이다. 따라서 이 난문들에 대해서 고찰해야 하는데, 더 나아가 ⑸과연 우리의 이 연구는 실체만을 대상으로 하는가, 또는 실체에 자체적으로 뒤따르는 여러 속성들도 대상으로 삼을 것인가에 대해서도 고찰되어야 한다. 여기에다 동(同)과 이(異), 등(等)과 부등(不等) 같은 반대성에 대해서도, 또한 보다 더 앞이냐 뒤냐에 대해서도, 그 밖에 저 변증가들이 단순한 착안을 전제로 따지려고 하는 이와 같은 개념에 대해서도 도대체 이 모두에 대한 연구는 누가 하는 일인가? 그리고 이들 여러 개념 각각에 자체적으로 뒤따르는 여러 속성에 대해서도, 또 이들 자체가 저마다 무엇인가라는 점에 대해서뿐만 아니라 이들 하나하나에는 단 하나의 반대가 있을 뿐인가에 대해서도 살펴봐야 한다.

또 ⑹사물의 원리나 원소(구성 요소)라고 함은 과연 그 사물 자체의 유(類)(유사한 사물들의 유)를 말하는가, 그렇지 않으면 그 사물 자체에 내재하는 구성 부분들을 말하는가? 그리고 ⑺만약에 유라고 한다면 그것은 나눌 수 없는 개체를 가장 근사치로서 서술하는 최종적인 최하위 종인가, 또는 제1의 최고 유인가? 예를 들어 개개인의 원리는 인간인가 동물인가, 그리고 인간과 동물 가운데 어느 쪽이 많은 개개의 사물로부터 떨어진 존재인가? 그러나 특히 가장 탐색되어야 하고 또 가장 전념되어야 할 점은 ⑻과연 질료 이외에 무엇인가가 그 자체로 원인이 되는 실체가 존재하는가 어떤가, 만약에 그러한 실체가 존재한다면 그것(질료)에서 따로 떨어져서 존재하는가 어떤가, 그리고 그 실체의 수는 하나인가 하나보다 많은가, 또 과연 다른 무엇인가가 결합체(실체와 부수적 질료의 결합체) 이외에 존재하는가—여기에서 결합체는, 그 질료에 이 질료에 대한 서술(그 형상)이 맺어진 것(즉 구체적 개체)을 말하는데—그렇지 않으면 이 결합체 말고는 아무것도 존재하지 않는가, 또는 어떤 경우에는 존재하고 어떤 경우에는 존재하지 않는가, 그리고 그 결합체의 존재가 해당하는 사물은 어떠한가?

또, 〔9〕사물의 원리는 그 설명 방식에 있어서의 요소적 원리이든 기체에 있어서의 요소이든 과연 수로 한정되는가, 또는 종으로 한정되는가? 아울러 〔10〕소멸적 사물의 원리와 불멸의 사물 원리는 과연 같은가 다른가? 또 과연 어떤 원리나 무가 불멸한가, 또는 소멸적인 본성은 소멸하는가? 그러나 더 나아가서 모든 난문 가운데에서 가장 곤란하고 가장 대단한 것이 있다. 즉 〔11〕과연 일(一)이나 존재는 피타고라스학파나 플라톤이 말했듯이, 실체가 아닌 어떤 속성을 뜻하지 않고 그 자체가 여러 존재의 실체를 뜻하는가, 또는 오히려 그 무엇인가가 따로 이들〔일(一)이나 존재 등〕의 기체로서 존재하는가? 예를 들어 엠페도클레스가 말하는 우애나 다른 사람이 말하는 불이나 물이나 공기 등과 같이. 또 〔12〕원리는 과연 보편적인가, 아니면 개개의 사물과 같은 개개의 속성인가? 그리고 〔13〕그것은 가능한 존재인가 실재하는 존재인가, 또 이 원리란 운동에서보다는 방법으로의 원리일까? 이들에도 많은 난점이 포함되어 있으므로 검토되지 않으면 안 된다.

하지만 이들 외에 〔14〕과연 수·선·도형·점 등도 어떤 종류의 실체인가 아닌가, 만약에 실체라면 과연 이들은 감각적인 사물에서 떠나 따로 존재하는가 아니면 이러한 감각적 사물에 내재하고 있는가? 이들 모든 난문을 풀지 못하고 오로지 이들로부터 벗어나서 진리의 길로 나간다면 곤란한 일일 뿐만 아니라, 이들을 난문으로서 그대로 받아들여 논리적으로 밝혀내는 일조차도 쉽지 않은 일이다.

제2장

난문들에 대한 자세한 해설.

제1문: 단 하나의 학문으로 모든 종류의 원인을 연구할 수 있는가?

제2문: 실체에 대한 학문이 논증의 여러 원리(공리)도 연구하는가? 만일 연구
하지 않는다면 어떤 학문이 그 논증 원리를 연구하는가?

제3문: 단 하나의 학문으로 모든 종류의 실체를 연구할 수 있는가?

제5문: 실체의 학문이 그 실체의 속성도 연구하는가?

제4문: 감각적이지 않은 실체가 있는가? 만일 있다면 그 비감각적 실체는 몇
종류인가?

그래서 맨 먼저 규명되어야 할 일은, [1]우리가 제1로 든 난문에 대해서이다.
즉 원인에 대한 모든 종류의 연구는 과연 하나의 학문이 하는 일인가, 그렇지
않으면 하나보다도 많은 학문이 하는 일인가? 생각건대 (A), (1)어떻게 단 하나
의 학문으로 서로 반대가 아닌 여러 원리들을 알 수가 있는가?

뿐만 아니라 (2)존재하는 사물들의 대부분에는 반드시 모든 종류의 원리들
이 속해 있지는 않다. 예를 들어 불변부동(不變不動)한 사물에 대해서는 어떻
게 해서 운동의 시작(작용인)이 있을 수 있는가? 또 어떻게 선(善) 자체의 성
질이 있을 수 있는가? 적어도 그 자체가 선이고, 그 자체의 성질 때문에 선인
존재는, 어느 존재이든 끝(목적)이다. 다른 사물이 존재를 위해 이 존재를 목
적으로 생성되거나 존재한다는 뜻으로 원인(목적인)이기 때문이다. 그런데 이
끝 또는 목적은 어떤 행위의 끝이며, 모든 행위는 변하게 되어 있지 않은가?
따라서 불변부동한 사물에는 그런 종류의 원리(작용인)도, 또 그 자체적인 선
(목적인)도 존재할 수 없다. 그래서 수학적 분야에서도 이런 종류(불변부동한
사물들)에 의해서는 아무것도 증명되는 일은 없고, 또한 수학에는 사물의 좋
고 나쁨이나 나음과 못함을 이유로 하는 그 어떤 논증도 존재하지 않는다. 뿐
만 아니라 이 수학적 분야에서는, 이런 종류의 원리나 원인에 생각이 미치는
사람조차도 없다. 따라서 이 때문에 소피스트(궤변학파) 가운데 어떤 사람들,
예를 들어 아리스티포스와 같은 사람은 수학을 업신여겼다. 왜냐하면 예술에
서는, 심지어 목공이나 구두 수선 같은 수공업에 있어서까지도 언제나 사물
의 더 좋고 나쁨과 더 낫고 못함이 거론되고 있는데, 수학적 여러 학과에서는
선한 일이나 악한 일에 아무런 언급도 이루어지지 않았기 때문이다.

그러나 (B)만약에 원인을 대상으로 하는 학문이 하나보다도 많이 있다고 한다면, 그리고 이 학문들이 저마다 다른 종류의 원리를 연구한다고 하면 이들 가운데 어느 학문을 우리가 추구하고 있다 말할 수 있는가? 또 이들 학문을 가진 사람들 가운데 누가 우리가 추구하는 사항에 대해서 가장 참된 학문(인식)을 가지고 있는 사람이라고 말할 수 있는가? 같은 사물에도 여러 가지 뜻의 원인이 있을 수 있기 때문이다. 예를 들어 같은 집에 대해서 말할 때에도 그 집이 만들어지는 운동의 출발점(작용인)은 기술이며 건축가이지만, 그 집이 무엇을 위해 세워지는가 하는 그 끝(목적인)은 완성된 집의 (집으로서의) 작용(역할)이고, 그 질료인은 흙이나 돌이며, 그 형상인은 집이 무엇인가(본질)를 나타내는 설명 방식이다. 그런데 앞서 우리가 여러 학문들 가운데 어느 학문을 지혜라고 이름지을지를 결정한 일에 비추어 보면, 그 어느 원인에 대한 학문도 이 지혜의 이름으로 불릴 만한 이유가 있다. 왜냐하면 (1)그 지혜의 학문은 가장 건축적(建築的)이며 가장 지배적인 학문이고, 이에 비해 다른 여러 학문들은 마치 노비들의 옳지 않은 말대꾸 같다고 한다면(그런 뜻에서 목적 또는 선에 대한 학문이야말로 지혜의 이름에 어울리는 학문이다) 다른 모든 사물들은 이 선(善)의 목적을 위해 존재하기 때문이다.

그러나 (2)만약에 지혜가, 앞서 결정된 사물들처럼 제1의 여러 원인에 대한 학문이며, 가장 참되게 인식의 대상이 되어야 할 사물에 대한 학문이라고 한다면, 그것은 실체(본질)에 대한 학문이 그 이름에 어울리는 가치가 있는 학문이 될 것이다. 같은 사물의 인식에도 많은 방법이 있고, 그중에서도 그 사물을 그 존재로서(적극적으로) 인식하는 사람이, 그것의 비존재로서(소극적으로) 인식하는 사람보다 더 잘 알고 있다 일컬어지며, 또 이 적극적인 인식자들 가운데에서도 어떤 사람은 다른 사람들보다도 더 잘 알고 있다고 말해진다. 그 사물에 대해 가장 잘 인식하고 있다고 일컬어지는 사람은 그것이 무엇인가(실체·본질)를 인식하고 있는 사람이지, 그것이 어느 정도 있는가(분량), 어떻게 있는가(성질), 어떻게 작동하는가(능동성), 어떻게 되어지는가(수동성) 등만을 인식하는 사람이 아니다. 이런 사람(실체에 대한 인식을 하고 있는 사람)은 그런(부대적인) 말을 듣지 못한다. 특히 논증적으로 알려진 사물의 경우에도, 그 사물에 대해 알고 있다는 말을 듣는 것은 우리가 그것이 무엇인가를 알고 있을 때의 일이다. 예를 들어 직사각형을 정사각형으로 만드는 방법은 바로 두 변의 중항(中項)을 발견하는 일이다. 그 밖의 경우도 마찬가지이다. 그러나 (3)생성이나 행위에 대해서는, 또 일반적으로 전화(轉化)에 대해서는 우리가 이러한 운동의 시작(작용인)을 알고 있을 때 우리는 그 운동을 알고 있는 사람이라고 일컬어진다. 그리고 이것(작용인)은 끝(목적인)과는 다른 것이며 반대되는 것이다. 이와 같이 보면 이들 여러 원인들 하나하나를 연구하는 일은 저마다 다른 학문이 하는 일처럼 여겨진다.

하지만 다음으로 (2)논증의 원리에 대해서도, '과연 하나의 같은 학문이 이 원리들을 연구하는가, 또는 하나보다도 많은 학문이 하는가' 하는 의문이 든다. 여기서 논증의 원리는 모든 논증이 전제로 해 출발하는 공통 상념(共通 想念), 곧 공리(公理)를 말한다. 예를 들어 모든 논리들은 필연적으로 긍정되든가 부정되든가의 어느 것[배중률(排中律)]이라고 하거나, 무엇이든지 동시에 있으면서 있지 않는 일은 불가능하다(모순율)거나, 그 밖에 이와 같은 전제 명제이지만 과연 (A)같은 하나의 학문이 이 연구들을 실체의 연구와 함께하는가, 또는 (B)다른 학문이 따로따로 연구하는가, 그리고 만약에 하나의 학문이 아니라면 그 어느 쪽이 지금 여기에서 우리가 추구하고 있는 학문의 이름으로 불릴 것인가? 그러나 (A), (1)논증의 원리와 사물의 실체가 다 같이 한 학문의 대상이라고 한다면 부당하다. 왜냐하면 이 원리들을 이해하기 위해서는 특히 기하학 분야나 어떤 다른 특정한 학문에 알맞다고 말할 수가 있기 때문이다. 그래서 만약에 이 원리들이 똑같이 어느 학문에 존재하기는 하지만 모든 학문에 완전히 속할 수는 없다고 한다면, 사물의 실체들을 인식하는 일은 다른 어느 학문에도 특유한 일이 아니듯이 실체를 연구하는 학문에서도 특유하지 않다고 할 수 있다. 그러나 동시에 (2)도대체 이들(논증의 원리와 사물의 실체)에 대한 학문(인식)은 어떻게 해서 가능할까? 생각건대 이들 각각이 사실 어떠한 틀인지는 현재 우리가 인지하고 있는 일이고, 다른 여러 기술들까지도 이미 알려진 것으로서 이 원리와 실체들을 사용하고 있지만, 만약에 이들을 대상으로 하는 논증적 학문이 있다고 한다면 거기에는 그 논증의 기체로서 어떤 유(類)가 존재하지 않으면 안 되고, 또 이들의 하나는 논결(論結)되어야 할 속성이며, 그 밖의 것은 바로 이들의 여러 공리라고 생각할 수 있다. 왜냐하면 모든 실체에 논증을 부여하는 일은 불가능하기 때문이다. 논증이란 반드시 그 무엇(전제)에서 출발해, 무엇인가(대상)에 대해서, 무엇인가(속성)를 논결하는 일이기 때문이다. 그리고 여기서 논증되는 바는, 모두 어느 하나의 유(類)에 관계하고 있다는 것이다. 논증적인 학문은 모두 공리(인식이나 추리의 기본이 되는 여러 명제들)를 사용하고 있기 때문이다.

그러나 (B)만약 실체에 대한 학문과 공리에 대한 학문이 다르다고 한다면, 이 학문들 가운데 본디 성격상 어느 쪽이 뛰어난 제1의 학문일까? 공리는 가장 보편적인 명제들로서 모든 논증의 출발점이기 때문에, 만약에 이러한 공리에 대해서 그것이 참인가 거짓인가를 연구하는 일이 철학자의 일이 아니라고 한다면 다른 누가 한다고 하겠는가?

또 일반적으로 〔3〕여러 실체들에 대해서 과연 오직 하나의 학문이 그 모든 연구를 하는가, 또는 하나보다도 많은 학문들이 하는가? 여기서 (A)만약에 단하나의 학문이 아니고 여러 학문이 실체들을 연구한다고 하면, 우리 학문에 배당되어야 할 실체는 어떤 종류일까? 그러나 또 (B)하나의 학문만으로 모든 실체들을 말한다고 해도 부당하다. 왜냐하면 만약 그렇다고 한다면 모든 부대성(附帶性)을 논결하는 단 하나의 논증적인 학문이 있어야 되기 때문이다. 논증적인 학문이란, 모두 어떤 기체에 자체적으로 뒤따르는 여러 속성들을 공통 상념으로부터 출발해서 연구하는 것이기 때문이다. 따라서 같은 유의 실체들에 따르는 자체적 부대성을 같은 한 무리의 상념으로부터 출발해서 하는 연구는 하나의 학문이 해야 할 일이다. 왜냐하면 그 대상 실체가 같은 하나의 학문에 속하고, 그 출발점이 되는 부대적 요소들도 비록 이 하나의 학문에 있건 다른 하나의 학문에 있건 어떤 하나의 학문에 속하므로, 거기에서 논결되는 부대성도 이 학문들 저마다에 의해 연구되건 이 학문들의 결합에 따른 어느 하나의 학문에 의해 연구되건 실체와 부대성은 같은 하나의 학문에 속하기 때문이다.

그런데 〔5〕과연 우리의 이 연구는 단지 실체만을 대상으로 하는가, 또는 더나아가 실체에 뒤따르는 여러 속성들도 대상으로 하는가? 그러니까 입체를 어떤 종(種)의 실체라 하고, 마찬가지로 선이나 평면도 그렇다고 한다면, 이 경우 이러한 실체를 앎과 동시에 이들 각각의 유(類)에 뒤따르는 여러 속성—현재 수학적 여러 학문들에서 논결되는 여러 속성—들도 안다는 일은 과연 같은 하나의 학문이 할 일인가, 또는 다른 학문이 할 일인가 하는 뜻이다. 만약에 실체와 그 속성을 하나의 학문에서 알 수 있다고 하면 실체에 대한 학문도 어떤(부대적 속성들에 대한 학문처럼) 논증적인 학문이라 할 수 있다. 그런데 실체에 대한 학문에서는, 본질로서의 사물의 실체에 대한 논증은 할 수가 없다고 여겨지고 있다. 그러나 그러한 논증은 다른 학문이 하는 일이라고 한다면, 실체에 뒤따르는 여러 속성들을 연구하는 일은 구체적으로 어떠한가? 이에 대한 대답은 매우 곤란한 일이다.

또 〔4〕과연 감각적인 실체만이 존재한다고 주장해야 하는가, 또는 이들 말고도 다른 실체가 존재한다고 해야 하는가? 그리고 이 다른 실체는 과연 한 종류뿐인가, 그렇지 않으면 하나보다도 더 많은 종류인가? 예를 들어 에이도스를 말하는 사람들이 에이도스 외에 중간자가 존재한다고 말하고 있듯이 말이다. 그리고 이 중간자는 이들에 의하면, 수학적 여러 학문들의 여러 대상들을 말한다. 그런데 (A)우리(플라톤학파)가 에이도스를 원인이자 자체적으로 존재하는 실체라고 하는 뜻은, 앞서 이에 대해 논한 곳에서 말한 그대로이다. 그러나 이 가설에는 많은 문제점이 있다. 특히 가장 터무니없는 점은, 이 세상의 사물과는 따로 어떤 자연이 존재한다고 하면서도, 이들을 감각적인 사물과 —한쪽이 영원하고 다른 한쪽이 소멸적이라고 하는 차이를 제외하고는—전적으로 같은 것처럼 말하고 있는 데에 있다. 그들의 이야기는 인간 자체나 말(馬) 자체나 건강 자체를, 각각의 자체라는 의미를 넘어서 아무런 한정 없이 단지 존재하는 모습으로 본다는 의미인데, 그것은 마치 신들이 존재한다고 주장하면서 그 신들이 인간의 모습을 하고 있다고 상상하는 사람들과 같다고 할 수 있다. 왜냐하면 이 사람들이 말하는 신들은 인간의 영원화에 지나지 않으나, 그들이 말하는 에이도스 또한 감각적 사물의 영원화에 지나지 않기 때문이다.

그러나 또 (B), (1)만약에 누군가가 에이도스와 감각적 사물 외에 중간자가 있다고 한다면, 이 사람은 더욱 많은 난문에 맞닥뜨리게 된다. 왜냐하면 ⓐ분명히 같은 이유로 해서 선(線) 자체(에이도스로서의 선)와 감각적인 선 이외에 중간자로서의 선이 존재하게 되고, 또 그 밖의(선 이외의 다른 수학적 대상) 저마다에도 그렇게 중간자가 존재한다고 말할 수 있기 때문이다. 따라서 천문학은 이들 중간자를 대상으로 하는 수학적 여러 학문의 하나이므로, 이 학문에서는 감각적인 천계(天界) 외에 다른 천계가(천문학의 대상으로서) 존재하게 되어, 이와 마찬가지로 어떤 태양이나 어떤 달이, 그 밖에 여러 천체들이 눈에 보이는 별들과는 또 달리 존재하게 된다. 하지만 어떻게 이런 일을 믿을 수가 있을까? 왜냐하면 이 별들이 부동이라고 해도 진실답지 않고, 그렇다고 해서 이들이 움직이고 있다고 할 수도 없기 때문이다. 이와 마찬가지 일은 (b)광학이나 수학적 화성학이 대상으로 하는 사상(事象)에 대해서도 말할 수가 있다. 왜냐하면 이 광학이나 화성학(음악적 요소들이 이루는 화음)의 사상들도 또한 감각적 사물이 아닌 다른 존재로(중간자 없이) 존재한다는 일은 불가능하기 때문이다.

그 이유는 앞서의 경우와 마찬가지이다. 즉 만일 어떤 감각적 사물이 중간에 존재할 수 있고, 감각도 그렇다고 한다면, 분명히 어떤 동물 자체와 소멸적인 동물 사이에 중간자로서 따로 존재한다는 말이 되기 때문이다. 또 (c)이러한 중간자가 학문의 대상이 되어야 하는 존재라면 그것은 어떠한 성질의 존재일까 하는 의문도 제기된다. 왜냐하면 만약에 기하학이 측량술에서, 다만 소멸적 동물은 우리가 감각하는 사물을 대상으로 삼고 있는데 동물 자체는 감각적이 아닌 사물을 대상으로 하고 있다는 식으로만 구별한다면, 분명히 의학의 경우에도 의학 자체와 현행 의학 사이에 어떤 중간 의학이 있겠고, 나머지 학문의 경우에도 마찬가지로 어떤 중간 학문이 있다는 이야기가 되기 때문이다. 그러나 어떻게 이와 같은 일이 있을 수 있는가? 그 까닭은, 만약에 있다고 한다면 감각적인 건강과 건강 자체 외에, 어떤 다른 건강이(이 중간 의학의 대상으로서) 존재하게 되기 때문이다. 동시에 (d)측량술이 감각적이고 소멸적인 양을 대상으로 한다는 말도 진실이 아니다. 만약에 그렇다고 한다면 대상이 사라지면 이 기술도 소멸한다고 해야 하기 때문이다.

그러나 다른 한편으로 (2)천문학도, 감각적인 양을 대상으로 하는 학문이 아닌 동시에 눈에 보이는 천계에 대해서만의 학문도 아닐 것이다. 왜냐하면 감각적인 선(線)은 기하학자가 정의하는 그대로의 선은 아니지만—즉 그 어떤 감각적 직선과 원도 정의된 대로 곧거나 둥글지는 않으며, 예를 들어 둥근 고리와 곧은 자는 기하학에서 말한 대로 결코 한 점에서만 만나지 않고 오히려 프로타고라스가 늘 기하학을 반박한 바와 같이 (선을 따라 되풀이해서) 만난다—천체 운동이나 그 회전 궤도도 이에 대해 천문학이 말하는 대로가 아니고, 또 별의 지표로 삼는 기하학적 좌표도 우리가 보는 대로의 별과 같은 본성을 가지고 있지 않기 때문이다. 이러한 사람들도 있다. 이들은 에이도스와 감각적 사물 사이에 이른바 중간자가 존재한다고 주장하지만, 감각적 사물에서 떨어져 따로 있지 않고 감각적 사물 안에 존재한다고 말한다. 이 사람들의 가설에는 많은 불가능한 결론이 따르게 되므로, 그 모든 결론을 열거하는 일은 너무나 긴 논의를 필요로 한다. 그러나 다음을 생각해 보기만 해도 그 의의는 충분하다. 즉 먼저 (a)이 중간자의 경우에만 그와 같이 내재한다고 한정할 이유는 없고, 에이도스도 감각적 사물에 내재할 수 있다. 왜냐하면 이 둘(중간자와 에이도스)에 똑같이 이와 같은 중간자 가설이 적용될 수 있기 때문이다.

다음으로 (b)이 가설의 필연적 귀결로서, 같은 장소에 두 개의 고체가 존재하고, 또 (c)운동하는 감각적 사물 안에 존재하므로 중간자도 불변부동한 속성이 아니라는 이야기가 된다. 그리고 일반적으로 (d)무엇 때문에 이와 같은 중간자가 존재한다고 상정함과 동시에 그 중간자가 감각적 사물 내부에 존재한다고 생각하는 걸까? 왜냐하면 이 생각으로 보면 앞서 말한 바와 같은 터무니없는 결론이 나오기 때문이다. 즉 이 (눈에 보이는) 천계 외에 다른 천계가 있다는 결론이 된다. 더욱이 그 (중간적) 다른 천계가 이 눈에 보이는 천계와 떨어져서 따로 있지 않고, 같은 장소에 존재한다는 말이다. 그러나 이렇게 되면 앞서의 경우보다도 더욱 불가능해진다.

.

제3장

제6문 : 사물의 원리로 삼아야 하는 대상은 그 사물의 유(類)인가, 또는 그 사물의 내재적 구성 요소인가?

제7문 : 유가 원리라고 할 때 그 유는 최고의 유인가 최저의 유인가?

이상의 여러 항들을 어떻게 처리해서 진리에 다다를 것인가에는 매우 큰 어려움이 있었으나, 더 나아가 〔6〕사물의 원리에 대해서도 과연 이 사물들의 원소가 되고 원리가 되어야 하는 것은 유(類)일까, 그렇지 않으면 각각의 사물에 내재하는 제1의 구성 요소일까 하는 데에도 난문이 있다. 즉 (A), (1)예를 들어 유절음(有節音)의 여러 요소이자 원리로서 생각할 수 있는 요소는, 낱낱의 음절이 구성되어 있는 제1의 여러 요소(자모)들 각각이지, 결코 낱낱의 음절에 공통된 유로서의 음절 일반이라고는 여겨지지 않고 있다. 또한 (2)기하학적 여러 명제에 있어서도, 우리가 '스토이케이아'라고 부르는 명제의 증명을 이루는 요소들은 그 밖의 모든 또는 대부분 명제의 증명 안에 포함되어 있는 기하학의 엘리먼트(요소)이다.

그러나 (3)물체에 대해서도, 그 물체의 원소를 다수라고 말하는 사람들이나, 하나라고 말하는 사람들이나 모두 물체가 그 원소들로부터 복합되고, 또 그 원소들로 구성되어 있는 여러 부분들로 이루어지는 것이 원리라고 주장하고 있다. 예를 들어 엠페도클레스는 불이나 물이나 그 밖의 것을 존재하는 사물의 스토이케이아라고 말하는데, 그것은 사물에 내재해 그 사물을 이루는 여러 개체적 요소(여러 원소)라는 뜻이지, 존재하는 사물의 유(類)라는 뜻은 아니다. 또한 (4)그 밖의 모든 사물에 대해서도 이와 같은 자연을 자세히 살펴보려고 하는 사람은 누구나, 그것이(예를 들어 침대가) 어떠한 부분들로 구성되고 어떻게 복합되어 있는가를 살펴본다. 그렇게 해야만 그 사람은 그 사물의 자연을 알고 있다고 일컬어진다.

그런데 이와 같은 논의로 보자면, 존재하는 여러 사물들의 원리로 삼아야할 요소는 확실히 이들의 유적인 요소는 아니라고 생각한다. 하지만 그렇다고 해도 (B), (1)우리가 사물 하나하나를 아는 일은, 그 사물에 대한 정의에 의해서이고, 더욱이 유(類)가 정의의 원리(요소)라고 한다면 유는 필연적으로 정의되는 해당 사물의 원리여야 한다. 또 (2)만약에 낱낱의 존재 사물의 종(種)(즉 사물 하나하나를 서술하는 에이도스)의 인식을 획득하는 일이 이 사물의 인식을 획득하는 일이라고 한다면, 유는 적어도 이러한 종의 원리가 아닐까? 그리고 (3)'일(一)'이나 '존재'나 '대와 소'를 여러 존재의 요소라고 말하는 사람들 중에도, 어떤 사람은 이런 요소들을 유의 뜻으로 쓰고 있는 듯하다.

하지만 원리를 동시에 두 가지로(구성 요소이기도 하고 유이기도 하다는 식으로) 말하는 일은 허용되지 않는다. 왜냐하면 실체(본질)에 대한 설명 방식의 하나인 동시에, 유에 의한 정의와 내재적 구성 요소를 나타내는 정의가 서로 다르므로 모순이기 때문이다.

그 밖에 또 (7)비록 유가 가장 뛰어나서 원리가 된다고 해도, 과연 유 가운데 제1의 유를 원리로 여길 것인가, 또는 나눌 수 없는 개체를 가장 가깝게 서술하는 그것(최하위 종)을 원리로 할 것인가 하는 점이 꽤 의심스러운 난문이다. 먼저 (A), (1)만약에 보편적인 유(類) 쪽이 언제나 더 뛰어나서 원리라고 한다면, 분명히 그 유 안에서도 최상위 종이 원리이다. 왜냐하면 이 최상위 것이 유의 모든 실체들에 대해서 서술을 할 수 있기 때문이다. 그러나 그렇다고 한다면 또한 존재하는 여러 사물들의 원리는 최초의 유가 몇 개 있으면 그만큼 많이 있고, 따라서 '존재'와 '일(一)'은 저마다 (유의) 원리이자 실체라는 이야기가 된다. 왜냐하면 모든 존재 사물은 이들(존재와 일, 즉 하나의 최고 유)에 의해서 가장 포괄적으로 서술되기 때문이다.

그런데 이 '일(一)'도 '존재'도 각각 존재 사물의 단일한 유는 될 수가 없다. 왜냐하면, 한편으로는 어느 유의 종차(種差)들이든 저마다 모두 '존재'하고, '일(一)'이라는 실체도 필연적인데, 다른 한편으로는 유의 (어떤) 종이 유로부터 따로 있음으로써는 특유한 종차의 술어가 될 수 없듯이, 유가 유 자체의 종에서 떨어져 나가 따로 있으면 그 유에 특유한 종차의 술어가 되는 일은 불가능하기 때문이다. 따라서 만약에 '일'이나 '존재'가 적어도 유(類)인 이상, 그 어떤 종차에 대해서도 '존재'한다고는 말하지 않고 '일'이라고도 말할 수 없다. 그러나 만약에 이들이 유가 아니라면, 적어도 유를 원리로 하는 한, 이들도 원리가 아니다. 또 (2)이 가설에서 보자면 종차를 포함하는 중간자까지도, 나눌 수 없는 종(최하위 종)에 이르기까지 모두 유(그렇기 때문에 원리이다)라는 말이 된다. 더욱이 실제로는 이 중간자나 최하위 종들 가운데 어떤 것은 유라 여겨지고 어떤 것은 유라고는 여겨지지 않는데도 말이다. 게다가 이러한 중간의 유보다도 이들 종차 쪽이 더욱 뛰어나서 원리가 되기도 한다. 그래서 만약에 이들 종차도 원리라고 한다면, 무한하다고 해도 좋을 만큼 수많은 원리가 있게 된다. 특히 최고의 유까지 거슬러 올라가서 이것도 원리라고 한다면, 원리는 더욱더 많아진다.

하지만 (3)만약에 '일'이 이들 가운데에서도 보다 뛰어나서 원리적이고, 나눌 수 없는 것은 일(一)이며, 더욱이 사물의 불가분할성(不可分割性)은 모두 그 양이나 그 종에 있으며, 그 가운데에서도 종의 불가분할성이 우선적이고 유는 종으로 나눌 수 있는 것이라고 한다면, 나눌 수 없는 종을 가장 가깝게 서술하는 최하위 종이 보다 많아진다(따라서 보다 더 뛰어나고 원리에 가깝다)는 이야기가 된다. (인간은 종으로 나누어지지 않는다고 반문할지도 모르나) 인간이란 개별적 인간 하나하나이지(종이지) 유가 아니기 때문이다. 또 (4)앞의 것과 뒤의 것이라는 구별을 포함하는 경우에 이들(앞의 것과 뒤의 것)을 일반적으로 서술하는 일은, 이들이 서로 떨어져서는 달리 구별되는 그 무엇인가일 수 없다.

예를 들어 '이(二)'가 낱낱의 수 가운데 가장 먼저(최초)의 것이라고 한다면, 이 최초의 이(二)에는 이 수의 종 말고는 다른 어떤 '수'도 존재하지 않는다. 마찬가지로 여러 종류의 도형들이라는 식 말고는 그 어떤 '도형'이 될 만한 요소도 존재하지 않는다. 그런데 이와 같이 수나 도형조차도 따로(개별적으로)는 존재하지 않는다고 한다면, 그 밖의 사물에서는 더욱 그러해서, 거의 어떠한 유도 그 종에서 떨어져 따로 존재하지 않는다. 왜냐하면 만일 다른 사물에서 그 유가 떨어져서 따로 존재한다고 해도, 수나 도형에서는 개별 요소(수나 도형)들이 사물에 존재해야 한다고 여겨지기 때문이다. 그런데 나눌 수 없는 것들(개체)에 있어서는, 그 어떤 것이 다른 것보다도 먼저이냐 나중이냐 하는 구별은 존재하지 않는다(따라서 개체들은 유로서 존재한다). 그러나 더 나아가 어떤 개체가 다른 개체보다 좋다거나 나쁘다거나 하는 구별이 있는 경우에는, 보다 더 좋은 쪽이 언제나 더 먼저이다. 따라서 이들은 유로서 존재하지 않는다.

그런데 이상으로 보면, 오히려 나눌 수 없는 종(개체)들의 술어가 되는 것(즉 종) 쪽이 유보다도 더 뛰어나서 원리인 듯이 보인다. 하지만 또다시 (B)그렇다면 어떻게 종이 더 뛰어나서 원리라고 이해되어야 하는지가 문제가 되면 이것도 쉽게 대답할 수가 없다. 왜냐하면 이러한 원리(사물 속 구성 요소들의 종의 원리)나 원인은, 이들을 원리로 삼고 있는 사물과는 떨어져서 따로 존재해야 하고, 이들 사물과는 떨어져서 따로 존재해야 하기 때문에 이해하기 어렵기 때문이다. 그러나 이와 같은 원리가 낱낱의 사물과는 따로 존재한다 함은 어떤 이유에서일까? 그것은 오로지, 이 원리나 원인들이 보편적으로 모든 사물에 대해서 서술할 수 있기 때문이다. 더욱이 만약에 이 이유에 의해서라고 한다면, 더욱 보편적인 원리 쪽이 더 뛰어나서 원리가 되어야 하고, 그렇게 되면 또 최고의 유가 원리라는 이야기가 된다.

제4장

제8문: 존재하는 사물은 낱낱의 사물뿐인가, 또는 낱낱의 사물 외에 따로 그 무엇이 존재하는가?

제9문: 원리들 저마다는 종에서 하나인가, 수(數)에서 하나인가?

제10문: 소멸적 사물의 원리와 불멸적 사물의 원리는 같은가, 그렇지 않은가?

제11문: 존재나 일(一)은 존재하는 여러 사물의 실체인가, 또는 속성인가?

이들과 관련해서, 여기에서 무엇보다도 곤란하고 보다 먼저 검토되어야 할 하나의 난문(8)이 있다. 지금 우리는 이에 대한 논의에 마주하고 있다. 왜냐하면 한편으로는 (A)만약에 낱낱의 사물 외에 따로 아무것도 존재하지 않고, 더욱이 낱낱의 사물에 대한 속성들이 무한히 많이 존재한다면, 이들 무한히 많은 사물에 대한 인식이 어떻게 가능한지가 문제가 되기 때문이다. 무슨 일이나 우리가 그 속성을 알게 되는 조건은 그 사물들이 하나이며 같다는 전제 아래에서이며, 무엇인가 보편적으로 서술되는 (공통의) 속성을 가지고 있는 한에서이다.

그러나 다른 한편으로는 (B)만약에 이 (보편적) 인식이 필연적으로 가능하고, 낱낱의 사물과는 별도로 무엇인가가 존재해야 한다고 하면, 필연적으로 또 유(類)가—개체에 가장 가까운 유(최하의 종)이건 가장 먼 최고의 유이건—낱낱의 사물과는 따로 존재해야 할 것이 아닌가 하는 반문도 나올 수 있다. 하지만 이것이 불가능하다 함은 우리가 이제까지 이야기해 온 그대로이다.

또 사물이란, 그 질료와 이 사물을 서술하는 어떤 것(그 형상)이 결합된 전일체(全一體)인데, 만약에 이러한 결합체 외에 다른 무엇인가가 가장 참되게 존재하고 있다면 어떨까? 만약 그 또 다른 문제가 존재한다면 모든 사물로부터 떨어져서 따로 존재할까, 그렇지 않으면 그 사물의 어떤 부분과는 별도이지만 다른 어떤 부분과는 연관되어 존재해야 할까? 또는 이들 가운데 그 어느 사물과도 떨어지지 않고 존재해야 하는가? 그런데 (A)만약에 낱낱의 사물 말고는 아무것도 존재하지 않는다고 한다면 아무런 사유(思惟)의 대상도 존재하지 않고, 존재하는 모든 사물들은 한낱 감각적 대상일 뿐 더 이상은 아니다. 따라서 (1)아무런 인식도 없게 된다. 적어도 어떤 사람의 말처럼, 감각이 인식이 아니라고 한다면 말이다. 또 (2)그 어떤 영원한 실체도, 불변부동한 실체도 존재하지 않게 된다. 왜냐하면 감각의 대상은 모두 소멸되는 사물이고 운동 안에 있다고만 여기고 있기 때문이다. 그러나 그뿐만 아니라 (3)만약에 영원한 실재의 사물이 전혀 존재하지 않는다고 한다면 생성 또한 불가능하다.

왜냐하면 (a)생성에는 반드시 그 어떤 생성 과정에 있는 물질이 존재하고, 이 물질의 생성 모체가 있어야 하는데—적어도 이 생성 과정이 어딘가에서 끝나야 하고, 또 비존재로부터는 생성이 불가능하다고 한다면—이 과정의 최초 물질 자체는 생성된 물질이 아니라 늘 존재해 온 물질이라고 해야만 그 뒤의 생성이 가능하다고 생각되기 때문이다. 뿐만 아니라 (b)생성이나 운동이 있다면 거기에는 반드시 어떤 한도가 있어야 한다. 어느 운동이든 무한이 아니라 끝이 있으며, 그 생성이 완료될 수 없다면 생성 과정이 될 수도 없고, 반대로 그 생성이 완료된 물질은 완료되자마자 반드시 존재하고 있어야 한다. 그러나 또 (c)질료까지도 생성되지 않는다는 이유로 (형상과 결합한 개체보다도 먼저) 존재하고 있었다 여겨지고 있는 이상, 언젠가는 생성해서 이르게 되는 그(형상으로서의) 실체도 (마찬가지로 개체로부터 먼저 떨어져서 따로) 존재하고 있었다고 생각해야 한다. 왜냐하면 형상도 존재하지 않고 질료도 존재하지 않는다면, 전혀 아무것도 존재하지 않게 되기 때문이다. 하지만 만약에 이와 같은 일이 없으려면, 질료와의 결합체 말고도 반드시 그 무엇인가가 존재해야 한다. 그것은 바로 형식(形式)이며 형상이다.

그러나 (B)이렇게 가정하게 되면 또다시 여기에, 어떤 경우에는 형식과 형상을 상정하고 어떤 경우에는 그렇게 하지 않는가 하는 난문이 생긴다. 왜냐하면 (1)분명히 그 형식과 형상의 상정은 모든 경우에 속하지는 않기 때문이다. 즉 우리는 어떤 집 말고 다른 어떤 집(집의 형상)이 존재한다고 따로 가정할 필요가 없다. 그런데 이 밖에 (2)과연 모든 개체의, 예를 들어 모든 인간의 실체(형상)는 하나일까 하는 문제도 있다. 그러나 이것도 불합리하다. 왜냐하면 실체가 하나인 개체는 모두 하나이기 때문이다. 그렇다면 실체가 많이 있으면 서로 다른 개체일까? 이 또한 무리한 일이다. 하지만 동시에 (3)어떻게 질료가 각 개체의 구성 요소가 되는지, 또 어떻게 이 결합체(개체)가 이들 두 요소(질료와 형상)인지, 이 또한 문제이다.

또 〔9〕사람들은 원리에 대해서 다음 일도 의심스러워할지 모른다. (A)만약에 원리가 종(種)마다 하나씩이라고 한다면, 그 어느 원리도 일(一) 자체나 존재 자체까지도 하나가 아니라는 말이 된다. 그렇다고 한다면 그 많은 원리나 일(一)이나 존재 하나하나를 어떻게 인식할 수 있겠는가? 만약에 모든 낱낱의 것들을 통해서 하나의 그 어떤 것이 존재하지 않는다면 말이다.

그러나 (B)만약에 하나의 어떤 존재가 있고, 여러 원리들이 저마다 그 하나의 존재에 속한다고 한다면, 더욱이 이들 원리가 감각적 사물들과는 달리 서로 다른 사물에 대해서 저마다 다르지 않다고 한다면—왜냐하면 예를 들어 이 특정한 음절은 늘 그 동종(同種)에 있어서는 같으므로, 같은 종의 음절들의 원리(즉 자모)도 그 종에서는 같기 때문인데(여기에서 '종에 있어서'는, 그 종에 따른 원리의 수가 음절이 달라짐에 따라서 함께 달라지기 때문이다)—그래서 존재 사물의 각 원리가 하나라고 한다면 사물의 원소적 원리 말고는 그 어떤 원리도 존재하지 않는다고 생각할 수 있다. (수적으로) 하나란 바로 '낱낱의 사물(또는 낱낱의 원소)'이기 때문이다. 바로 이와 같이 우리가 '낱낱의 사물'이라고 할 때는 수적으로 하나이고, '보편'이란 이러한 여러 개체에 공통으로 서술되는 요소적 원리를 가리킨다. 따라서 그것은 마치 음절의 원소(자모)들이 수적으로 한정지어지는 그런 원리이다. 그러므로 같은 자모는 두 개 있지도 않고, 둘보다 많지도 않으니까 온 세계의 모든 언어는 필연적으로 자모들과 같은 수만큼밖에 없다는 말이 된다.

〔10〕그런데 이상의 그 어느 사실에도 못지않은 중요한 난문으로, 현대 사람들이나 그 선구자들까지도 놓치고 있는 문제가 있다. 즉 그것은 과연 소멸적 사물의 원리와 불멸적 사물의 원리는 같은가, 아니면 다른가 하는 문제이다. 그래서 먼저 (A)만약에 이 두 원리가 같다고 한다면 어째서 어떤 사물은 소멸적이고 다른 사물은 불멸적인가, 그리고 어떤 원인에서 그러한가? ⑴헤시오도스의 동료나 그 밖에 신들에 대해서 이야기하는 모든 사람들은 기껏해야 그들 자신에게 진실처럼 여겨지는 생각을 했을 뿐, 우리와 같은 다른 사람들은 고려하지 않았다. 그들은 근원이 되는 원리를 신(神)들 또는 신들로부터 태어난 사물이라고 하여, 신주(神酒)나 신찬(神餐)을 맛보지 않은 사물은 죽어야만 한다고 (또는 소멸적이라고) 말하고 있는데, 그들 자신도 잘 이해할 수 있는 말이기에 이렇게 주장하고 있다. 그러나 이 원인(신주나 신찬, 즉 삶의 원인물)의 쓰임새에 대해서 그들이 말하는 바는, 우리의 이해를 넘어선다. 왜냐하면 만약에 신들이 이러한 삶의 원인물들을 마시거나 먹는 일이 쾌락을 위한 일이라고 한다면, 이들 신주나 신찬은 조금도 신들의 생존 원인이 아니고, 또

만약에 생존 때문이라고 한다면 음식물을 필요로 하는 신들은 영원할 수가 없기 때문이다. 그러나 신화적으로 말하는 그들의 주장은 진지하게 검토할 만한 가치가 없다.

(2)논증적으로 이야기하는 사람들에 대해서는, 우리는 그들이 하는 말을 잘 듣고 검토해서, 무엇 때문에 어떤 사물은 같은 원리에서 생긴 존재이면서도 영원한 자연(실재성)을 지니고, 어떤 사물은 멸망하는가를 확인하지 않으면 안 된다. 다만 그들은 그 이유를 설명하지 않고 있으며, 또 사실 그러해야 할 아무런 이유도 없으므로, 분명히 이들 두 가지(영원과 소멸) 원리나 원인은 같지 않다고 여겨진다. 왜냐하면 가장 일관성 있다고 해서 자신이 세운 가설에 충실한 사람이라고 하는 엠페도클레스까지도 이와 똑같은 말을 하면서 오류를 저지르고 있으니 말이다. 그는 증오(갈등)를 하나의 원리로 생각해 이것을 소멸의 원인으로 삼고 있는데, 그럼에도 동시에 그는 증오가 하나, 즉 일자(一者)로부터 다른 모든 사물들을 낳는다고 여기고 있었던 듯하다. 왜냐하면 신을 제외하면 다른 모든 사물들은 증오에서 생기기 때문이다. 특히 그는 이렇게 말한다.

"예부터 있었고, 현재도 있고,
앞으로도 있을 그 모든 원인물들로부터 생겼다.
나무도, 남자와 여자도, 그리고 짐승과 새도,
또 물에서 자라는 고기도, 그리고 불로장수의 신들도."

그러나 이 문구들을 떠나서 보아도, 그들(엠페도클레스처럼 논리적으로 설명하는 사람들)이 말하고자 하는 바(소멸적 사물과 영원한 사물의 원리에 대해, 신적으로보다는 논리적으로 말하는 바)는 분명하다. 그들의 생각에 따르면, 만약에 증오가 사물사상에 내재해 있지 않았다면 모든 사물들은 하나였다. 왜냐하면 이 사물들 모두가 모여 하나가 된다면, 그것은 '증오가 그들의 가장 바깥쪽에 서 있을 때이다'(즉 이 증오 하나만 없으면 그 뒤에 있는 모두는 하나이다)라고 말해지고 있기 때문이다. 따라서 그들의 가설로 보자면, 가장 행운의 신이 오히려 그 지혜에서는 다른 그 어떤 신(소멸의 원인인 신)보다도 뒤에 있다. (행운의) 신은 어느 원소에 대해서도 알고 있지 않았으며, 그래서 그 신은 증오도 가지고 있지 않았고, 그래서 동류(同類)를 가지고 한 가지 동류를 알고 있었다. 그는(엠페도클레스) 이렇게 말한다.

"흙으로써 우리는 흙을 보고, 그리고 물을 가지고 물을,

또 맑은 기를 가지고 신적인 맑은 기를,

더 나아가서 불로써 불태워 버리는 불을,

애정은 애정을 가지고, 증오는 음산한 증오를 가지고."

그러나 이것만은—여기에서 우리의 논의는 출발했지만—적어도 이것만은 분명하다. 그의 가설로 보자면, 증오는 소멸의 원인이면서도 이에 못지않게 (겉의 증오가 벗겨지면서) 존재의 원인이 되기도 한다. 마찬가지로 우애도 존재의 원인만은 아니고 소멸의 원인일 수도 있다. 우애는 모두를 하나로 결집시킴으로써 이윽고 모두를 파멸시키기 때문이다. 하지만 동시에 그는 전화(轉化) 자체에 대해서도, 다만 자연적으로 전화되어 있다고 할 뿐, 조금도 그 변화의 원인에 대해서는 다루지 않고 이렇게 말하고 있다.

"그러나 증오가 힘차게 (지구계의) 팔다리에 성숙했고,

마침내 시간이 무르익어 권세의 자리에 올랐다.

우애와 증오 사이에서 교대하자는,

힘찬 맹세에 의해 정해진 시간이 차서."

이것은 전화를 하나의 필연적인 사실로 본 문구이지만, 필연적 전화의 원인은 조금도 밝혀지지 않고 있다. 그렇지만 어쨌든 이 범위(영원과 소멸 저마다의 원인에 대한 문제) 안에서는 그만이 그가 말하는 바에 한결같이 충실하다. 왜냐하면 그는 존재하는 여러 사물들 가운데 어떤 사물은 소멸적이고, 어떤 사물은 불멸적이라고 하는 구별을 설정하지 않고, 여러 원소만을 제외한 다른 모든 존재는 소멸적이라고 하기 때문이다. 그런데 우리가 맞닥뜨린 난문은 만약에 양쪽이 같은 원리에서라고 한다면, 한쪽이 소멸적이고 다른 한쪽은 그렇지 않은 이유가 무엇인가 하는 데에 있다.

이상으로 양쪽 원리는 같지 않다고 모두 언급해 두었다고 생각하자. 그러나 (B)이들 원리가 저마다 다르다고 한다면, 첫째 여기에 먼저 하나의 의문이 생긴다. 바로 그 원리 자체가 불멸적인가 소멸적인가 하는 의문이다. 그래서 (a) 만약에 소멸적이라고 한다면, 그 원리 자체가 또한 어떤 (소멸적) 요소로 이루어진 원리가 아니면 안 된다. 왜냐하면 소멸적인 원리는 모두 그 구성 요소에까지도 멸망해 가야 마땅하기 때문이다. 또한 이들 (소멸적) 원리에 대해서는 이보다 선행하는 다른 원리(소멸할 본체)가 있다는 말이 된다. 하지만 이와 같

은 일은 있을 수가 없다. 비록 원리에서 원리를 따라 거슬러 올라가 어딘가에서 멈춘다고 해도, 또는 무한히 거슬러 올라간다고 해도 그렇다. 또 만약에 원리 자체가 소멸적 원리가 아니게 되면 어떻게 그 소멸적인 사물이 존재할 수 있었을까? 그러나 (b)만약에 원리가 불멸적이라고 한다면 무엇 때문에 어떤 불멸의 원리에서 나온 구성 요소는 소멸적인 한편, 어떤 다른 불멸의 원리로부터 나온 구성 요소는 불멸인가? 이런 일은 진실답지 않으며 오히려 불가능하다고 할 일이다. 적어도 더욱더 많은 설명이 필요하게 된다. 하지만 둘째(영원과 소멸의 원리가 저마다 다르다면), 이제까지 그 누구도 그 각각에 대해서 다른 원리를 세우려고 시도한 사람은 없고, 누구나 모든 사물에 대해서 같은 원리를 말하고 있다. 그러나 그들은 위에서 말한 의문(원리는 같은데 저마다 불멸이기도, 소멸이기도 한 문제)에 대해서는 하찮은 일로 여기고 있어서인지, 이해하지 못한 채 그대로 받아들이고 있다.

〔11〕그러나 그 무엇보다도 연구하기가 가장 곤란한 동시에, 더욱이 진실을 인식하기에 가장 필요한 문제는 다음의 난문이다. 즉 처음부터 '존재'나 '일(一)'은 존재하는 여러 사물의 실체인가, 그리고 이 존재나 일은 저마다 다른 사물의 무엇인가(속성적인 것)가 아니라, 그 자체가 '일(一)'은 '일'이고 '존재'는 '존재'인가, 또는 이 존재나 일이 어떤 다른 자연(실재)에 속하는 (원소적) 존재라고 이해해야 하는가, 그리고 이 존재나 일(一)이 도대체 무엇인가를 탐구해야 하는가이다. 왜냐하면 어떤 사람들은 이들 자연에 대해 앞선 항(項)처럼 존재와 일은 자연의 실체 속에 있다 생각하고, 어떤 사람들은 나중 항(項)처럼 '존재와 일은 저마다 그 자체라고 생각하기 때문이다. 즉 플라톤이나 피타고라스학파는 '존재'나 '일'을 다른 것에 속하는 그 무엇이라고는 생각하지 않고, 오히려 이들 각 실체가 바로 '일' 자체이자 '존재' 자체라는 뜻에서 이것이 곧 자연이라고 생각했다. 그런데 자연에 대해서 논할 사람들, 예를 들어 엠페도클레스와 같은 사람은 이 존재와 일을 더욱 이해할 수 있는 존재로 바꾸려고 하여, 무엇이 '일(一)'인가를 말하고 있다. 왜냐하면 그는 우애가 바로 그 일(一)이라고 말하려 의도한 듯이 보이기 때문이다. 적어도 모든 사물들이 하나라고 하는 원인은, 그에게 있어서는 우애였으니까 말이다. 그리고 그 밖의 자연학자들 가운데 몇몇은 불을, 몇몇은 공기를 '일(一)'이며 '존재'라고 주장하여, 모든 존재 사물들의 존재와 생성은 이들로부터라고 이해했다. 이와 마찬가지 견해는,

원소를 하나보다 더 많이 있다고 말한 사람에게서도 인정할 수가 있다. 필연적으로 그들 또한 그들이 원리로 삼은 많은 (동류의) 원소들을 바로 '일'이자 '존재'라고 말하지 않을 수 없었다.

그런데 (A)만약에 사람이 '일'이나 '존재'를 그 어떤 실체라고 상정하지 않는다면 (1)그 밖의 어떠한 보편적인 원리도 실체가 아니게 된다. 왜냐하면 이 일(一)과 존재야말로 모든 원리들 가운데에서 가장 뛰어나고 보편적인 것이므로, 만약에 이런 보편적 실체로서의 '일' 자체나 '존재' 자체가 존재하지 않는다면 그 밖에는 이른바 개별적인 것(낱낱의 사물) 말고는 전혀 아무것도 존재하지 않는다고 해야 하기 때문이다. 그러나 또 (2)만약에 '일'이 아무런 실체도 아니라고 한다면, 그 어떤 수도 낱낱의 존재 사물로부터 떨어져서 존재하는 (형상적·중간적) 자연으로서는 존재할 수 없음도 분명하다. 수는 저마다 단위(하나)이며 단위는 바로 어떤 종(種)으로서의 일(一) 안에 있기 때문이다.

하지만 다른 면에서 (B)만약에 그 자체가 하나인 동시에 그 자체로서 존재하는 무엇인가가 있다고 하면, '일'이나 '존재'가 바로 그 실체라는 사실은 필연적이다. 왜냐하면 '존재' 자체나 '일' 자체를 보편적으로 서술하는 말은, 다름이 아니라 바로 '존재'나 '일' 자체이므로 그러하다. 그러나 (1)만약에 무엇인가 존재 자체나 '일' 자체가 존재하게 되면, 어떻게 이 존재나 일(一) 말고 그 무엇인가가 존재할 수 있을까 하는 커다란 난문이 생긴다. 이 말의 뜻은, 어떤 존재하는 사물이 어떻게 해서 하나보다도 많이 존재할 수 있느냐이다. 그런데 왜 이것이 큰 난문이 되느냐 하면, 존재(존재하는 것) 말고는 사실상 아무것도 존재하지 않는다고 해야 하기 때문에, 파르메니데스의 추리에 따르면 필연적으로 모든 존재는 하나이며, 이 일자(一者)야말로 하나의 존재가 되기 때문이다.

그렇지만 어느 쪽이든 곤란한 점이 있다. '일'이 실체가 아니라고 하든 '일' 자체가 실체로서 존재한다고 하든, 그 어느 경우나 수는 실재하는 속성일 수가 없다. 먼저 '일'이 실체가 아니라고 할 경우, 무엇 때문에 수가 실재할 수 없게 되는가는 앞서 말한 그대로이다. 그러나 일(一)을 실체라고 할 경우에는, 존재에 대해서 생기는 곤란과 마찬가지 곤란이 생긴다. 즉 '일' 자체로부터 다른 '일(수의 하나)'이 존재하기에 이른다고 할 경우, 만약 '일' 자체로부터가 아니라고 한다면 다른 무엇으로부터일까? 그것은 (수적인) '일'이 아닌 다른 무언가로부터임에는 틀림없다. 존재는 모두 '일'이나 '다(多)'를 포함하며, 더욱이 저마다의 '다(多)' 또한 '일'이기 때문이다.

또 (2)만약에 '일' 자체가 나눌 수 없는 원리라면, 제논의 공리에 의하면 그런 원리는 전혀 존재하지 않는다. 왜냐하면 무엇인가가 더해지거나 덜어내져도 커지지도 작아지지도 않는 그것, 그것을 제논은 전혀 존재하지 않는 '비존재'라고 말하고 있기 때문이다. 물론 여기에서 그가 말하는 '존재'에는 크기가 있다. 그리고 만약에 크기가 있다면 그 존재는 물체적(物體的)이다. 왜냐하면 물체적인 존재는 어느 방향(차원)으로나 존재하기 때문이다. 그러나 다른 존재들, 예를 들어 평면이나 선은 더해지는 방법에 따라서는 첨가된 도형을 크게 만들지만, 다른 어떤 첨가 방법에 따라서는 크게 만들지 않는다. 또 점이나 단위는 어떠한 방법에 의해서도 크게 되지 않는다(따라서 제논의 가설에서는 나눌 수 없는 '일(一)'은 존재하지 않는다. 그런 일(一)이 있다면 그것은 비존재적 속성이다). 단, 이 사람의 연구는 볼품없으므로(그 철저하지 못함은 여기서 추구하지 않기로 하고), 또 어떤 나눌 수 없는 것도 존재할 수 있으므로 그에 대해서도 항변을 할 수 있지만(점과 같은 나눌 수 없는 것도, 덧붙임으로써 크게 할 수는 없으나 많게 할 수는 있다고 말할 때의 일이지만), 어쨌든 일반적으로 어떻게 크기가 하나의 나눌 수 없는 것으로부터 생기는가, 또는 하나보다도 많은 나눌 수 없는 것들로부터 생기는가, 이것이 분명히 문제이다. 그것은 마치 선은 점에서 생긴다는 주장과 같은 방식으로 생긴다고 여겨진다.

하지만 또 (3)비록 누군가가, 어떤 사람들이 말하는 대로, 수는 일(一) 자체와 일이 아닌 다른 어떤 질료로부터 생성된다고 산정한다 해도, 우리는 여전히 이런 생성물이 무엇 때문에, 또 어떻게 해서 이러한 생성으로 어느 경우에는 수가 되고 어느 경우에는 크기가 되는가를 묻지 않을 수가 없다. 특히 저일(一)이 아닌 존재는 불균등한 존재이므로, 양쪽(수와 크기의 질료)이 같은 원리를 지닌다고 여기고 있었다. 도대체 어떻게 여러 크기들이 일(一)과 이러한 원리에서 생기거나, 또는 어떤 수가 이 원리로부터 생긴다고 하는지 이것도 정확하지 않기 때문이다.

제5장

제14문: 수학의 여러 대상은 실체인가 아닌가?

더 나아가 이들과 관련된 문제는 [14]과연 여러 수들이나 물체(입체), 평면이나 점이 그 어떤 의미에서의 실체인가, 그렇지 않은가 하는 난문이다. 그래서 (A)만약에 이들이 실체가 아니라고 한다면 무엇이 존재인가, 또 무엇이 여러 존재의 실체인가를 묻는 일조차도 헛수고이다. 왜냐하면 한정이나 운동, 관계, 배치, 비율 등은 무엇인가의 실체를 말한다고는 생각할 수 없기 때문이다. 즉 이들은 어떤 기체에 대한 서술이지, 그 어느 것도 그 개체가 아니기 때문이다. 가장 뛰어난 의미로 실체를 표시하고 있다고 여겨지는 사물적 요소들, 예를 들어 물이나 흙, 불, 공기 등 어떤 복합 물체를 이루는 단순 물체에 대해서 보자면, 이 물체들이 뜨겁다거나 차다고 하는 여러 성질은 그 자체의 한정(속성)이지 실체는 아니다. 다만 이와 같이 한정된 물체만이 어떤 존재로서, 그리고 어떤 실체로서 변함없이 존속한다. 그러나 다른 한편으로는, 실체라는 점에서는 물체까지도 면(面)보다 못하고 면은 선보다도, 선은 점보다도 못하다. 왜냐하면 물체 자체는 이들(가장 작은 개체적 원소에 가장 가까운 원리)에 의해 한계지어져 있고, 그리고 이 개체적 원소들은 물체 없이도 존재할 수 있는데, 물체는 이 원소들 없이는 존재할 수 없다고 생각되기 때문이다. 이로 말미암아 많은 사람들이나 옛 학자들은 물체 자체는 실체이자 존재이고, 그 밖에 물체의 부대적 속성들은 물체의 한정(속성)이라고 생각했다. 즉 물체 자체의 원리가 여러 (형상적) 존재들의 원리라고 생각하고 있었는데, 그들보다도 훨씬 지혜롭다고 여겨지는 요즈음 사람들은 수를 그 형상적 존재들의 원리로 삼는다. 따라서 우리가 말한 바와 같이 만약에 이 물체적 원리가 실체가 아니라면, 일반적으로 어떠한 실체도 없고 아무런 존재도 없다고 해야 한다. 왜냐하면 이들(물체의 원리)에 부속되는 속성들을 존재라고 말한다면 정당하지 못하기 때문이다.

그러나 (B)비록 물체보다도 선이나 점이 한결 뛰어나며 작고 가까운 실체일 수 있다고 하는 데에는 동의한다 해도, (1)이들이 어떠한 물체에 속하는가를 우리가 보지 않는 한—왜냐하면 이들은 감각적인 물체 안에는 존재할 수 없으니까—어떠한 실체도 실재할 수는 없다. 다음에 (2)이들은 모두 물체의 구획이다. 즉 그 하나는 넓이, 다른 하나는 깊이, 또 다른 하나는 길이의 방향에서의 구획이다. 뿐만 아니라 (3)입체 중에는 (일정한 형상적 틀 없이) 어떠한 형상이든 끝없는 가능성으로 포함되어 있다. 따라서 만약에 '헤르메스는 돌 (석상) 안에는 존재하지 않는다'고 하면, 마찬가지로 어떤 정육면체의 반(半) 도, 어떤 일정한 (형상적) 틀로서는 그 정육면체 안에 그 모습이 존재하지 않는다. 그러므로 또 거기에서는 면의 모습도 보이지 않는다. 만약에 그 어떤 면이 포함되어 있다고 한다면, 나머지 반을 구획하는 면도 마찬가지라고 해야한다. 또한 이와 마찬가지 일은, 선이나 점이나 단위에 대해서도 말할 수 있다. 그러므로 만약에 한쪽에서는 물체가 가장 뛰어난 뜻에서 실체인데, 다른 한 편에서는 면이나 선이나 점 등이 물체와 비교해서 더 뛰어난 실체이기는 하나 사실상 아무런 실체가 되지 못한다고 한다면 무엇이 존재인가, 여러 존재의 실체는 과연 무엇인가 하고 묻는 그 자체가 이미 헛수고이다. 왜냐하면 위에서 말한 바 말고도 (4)생성과 소멸에 대해서와 마찬가지로 불합리한 결론(어느 쪽이 먼저인지, 또 최초의 작용인인지에 대한 문제)이 나오기 때문이다. 그러나 만약에 실체가 조금 전에는 존재하지 않았으나 이제는 존재하고 있다고 하거나, 또는 반대로 전에는 존재했으나 그 뒤에는 존재하지 않게 되었다고 한다면, 이것은 생성이 소멸 과정에서 일어나는 일로 여겨진다.

그런데 점이나 선이나 면은 비록 이것들이 어떤 때에는 존재하고 어떤 때에는 존재하지 않는다 해도, 생성이나 소멸 과정에서는 있을 수가 없다. 왜냐하면 물체가 접촉하면 하나의 면이 생기고, 분할되면 두 개의 면이 생기는데, 그것은 그 접촉 또는 분할이 동시에(생성 과정에서가 아니라 한꺼번에) 생기기 때문이다. 따라서 두 물체가 아직 접합만 되었을 때에는 하나의 면은 존재하지 않고 소멸되어 있으며, 한 물체가 분할되었을 때에는 이제까지 존재하지 않았던 두 개의 면이 존재한다(따라서 나누어지거나 쪼개질 수 없는 점은 분할되어 두 개가 된다고는 말하지 않는다). 그러니까 또 만약에 이들 면이 생성되거나 소멸되거나 한다면, 무엇으로부터 생성된다는 말인가? 그것은 마치 시간에서의 '지금'과 같다. 즉 '지금'이라는 시간에는 (동시에) 생성되고 소멸되는 과정이 있을 수가 없다. 그럼에도 언제나 실체가 아닌 다른 무언가가 있다고 여겨진다. 이것은 '지금'이 실체적인 존재가 아님을 나타내고 있다. 그리고 점이나 선이나 면에 대해서도 이와 마찬가지로 뚜렷하다. 왜냐하면 같은 이론이 적용되기 때문이다. 즉 어느 것이나 똑같이 한계이며 구획(속성이며 단위)

이다.

제6장

새로운 제15문: 무엇 때문에 감각적인 사물이나 수학의 대상들 외에 여러 이데
아들이 존재해야 한다고 해야 하는가?

제13문: 원리·구성 요소의 가능한 존재는 현실적인가?

제12문: 원리는 보편적인가, 개별적인가?

일반적으로 무엇 때문에 감각적인 존재와 중간자로부터 더 나아가 다른 것
까지도, 즉 우리(플라톤학파)가 생각하는 에이도스까지도 탐구하지 않으면
안 되는가 하는 난문(15)이 제기된다. 왜냐하면 첫째, 만약에 그것이 다음과
같은 이유에 따른다고 하면, 즉 수학적인 여러 대상들은 어떤 다른 점에서는
이 세상의 사물(감각적인 것)과 다르지만 동종(同種)의 대상들이 수많이 존
재한다는 점에서는 사물과 같다고 한다면, 따라서 수학적 대상들의 여러 원
리들의 수도 많이 존재한다고 한다면 그와 마찬가지로 중간자의 경우에도 많
이 있다고 할 수 있다. 마치 이 세상의 모든 언어 구성 원리(자모)의 종(種)은
한정되어 있어도 그 원리의 수는 한정되어 있지 않고 많이 있듯이 말이다(하
기야 이 특정한 어절(語節)이나 이 특정한 유절음(有節音)의 경우는 별도이다.
이 경우에는 저마다의 원리, 즉 자모는 수에서도 한정되어 있다)—즉 여기에
서도 동종의 대상들이 무수히 많이 있는데, 만약에 이들 감각적인 대상과 수
학적인 대상들만 존재할 뿐 어떤 사람이 말하고 있는 에이도스와 같은 것이
존재하지 않는다면, 단지 하나의 종(種)으로서만 실체가 있을 뿐이며 종류가
모두 결합된 단 하나의 실체는 존재하지 않게 되고, 또 존재하는 여러 사물의
원리들도 그 수가 수없이 많아져서 인식이 어렵게 되어 오직 종으로서만 한정
되게 된다. 그래서 만약에 이와 같은 곤란이 필연적이라고 한다면, 이렇기 때
문에 필연적으로 에이도스는 (저마다 수에 있어서도 하나인 원리로서) 존재해
야 한다고 생각하지 않으면 안 된다. 어쨌든 에이도스를 말하는 사람들은 이
점을 뚜렷하게 밝히고 있지는 않지만 이것이 그들이 말하고자 하는 바였고,
또한 마땅히 그들은 각 에이도스가 하나의 주어(실체)이지 결코 부대적(속성
적)인 술어가 아니라고 말했어야 했다.

그러나 둘째, 만약에 우리가 에이도스는 존재하고, 원리는 저마다 종으로서의 원리가 아니라 개체로서의 원리라고 한다면, 앞서 우리가 말한 대로 거기에서도 필연적으로 불가능한 결론이 나온다.

〔13〕그런데 이와 밀접하게 관련해서 일어나는 난문은, 과연 사물의 원소(원리)는 가능한 방식으로 존재하는가 그렇지 않으면 다른 방식으로서 존재하는가이다. 즉 (A)만약에 그 원소가 어떤 다른 방법으로(곧 현실적으로) 존재하려면, 원소보다도 먼저 무엇인가 다른 것이 존재해야만 한다. 왜냐하면 이 방식으로 존재하는 원소(현실적 원소)에 앞서 그 가능태(可能態)가 있어야 하고, 또 반드시 가능한 존재가 모조리 이와 같이 (현실적으로) 존재하게 되지는 않기 때문이다. 그러나 (B)만약에 사물의 원소가 가능한 존재라면, 존재하는 모든 사물은 그와 같이 존재하지 않고 (잠재적으로만) 있을 수도 있다. 왜냐하면 아직 존재하지 않은 것까지도 존재할 가능성(즉 가능한 존재)이 있기 때문이다. 그렇기에 존재하지 않는 사물도 존재하게 될 수 있지만, 존재하기가 불가능한 사물은 결코 존재할 수 없다고 하겠다.

그런데 원리에 대해서 이들 난문을 제기함과 동시에, 우리는 〔12〕과연 원리는 보편적인가, 또는 이른바 개별적인(개체)가도 문제삼지 않으면 안 된다. (A)만약에 원리가 보편적인 종(種)이나 유(類)라면 실체는 존재하지 않게 된다. 왜냐하면 공통적 원리는 어느 것이나 이것이라고 지칭되는 개체가 아니라 이와 같은 부류라고 일컬어지는 유를 가리키지만, 실체는 바로 이것이라고 지칭할 수 있는 개체여야 하기 때문이다. 만약에 공통적인 술어도 바로 이 낱낱의 단일체라고 가정한다면, 이 개체로서의 소크라테스가 많은 동물을 이르는 술어가 될 수도 있다. 만약 (가정에 의해) 이 이름들 각각이 개체로서의 단일체(즉 소크라테스)를 가리킨다고 한다면, 이것이 그 '소크라테스 자신'임과 동시에 '인간'이기도 하고 '동물'이라는 말도 된다고 해야 한다. 원리를 보편적으로 정하면 이와 같은 결과가 되는데, 그러나 한편으로는 (B)만약에 원리가 보편적이 아니라 개별적이라고 한다면 원리는 인식되지 않게 된다. 어떤 사물을 대상으로 하든 (사물의) 인식은 보편적이기 때문이다. 따라서 적어도 원리에 대해서 그 어떤 인식(또는 학문)이 있었으면 하고 바란다면 이들 원리보다 먼저 다른 원리가, 이들을 보편적으로 서술하고 설명하는 원리로서 존재해야 한다.

$\Gamma^{감마}$[제4권]

제1장

존재 자체와 그 존재적 속성을 대상으로 하는 학문이 있어야 한다. 여러 존재의 최고 원인을 추구하는 우리 학문(제1의 철학)은 존재를 존재로서 연구하고 그 제1의 여러 원리를 구한다.

존재를 존재로서 연구하고, 또 존재 자체의 일반적 속성들을 연구하는 하나의 학문이 있다. 이 학문은 이른바 부분적(특수적) 여러 학문들 가운데 그 어느 학문과도 같지 않다. 왜냐하면 다른 여러 학문들은 어느 것이나 존재를 존재로서 일반적으로 살펴보지 않고, 다만 어떤 부분만을 골라내 여기에 뒤따르는 속성을 연구하고 있을 뿐이기 때문이다. 예를 들어 수학적 여러 학문들이 그러하다. 우리가 여러 존재들의 원리를 묻고 최고의 원인을 추구하고자 할 때는 분명히 그 존재들은 어떤 자연(실재)의 원인으로서, 그 자체로서 존재해야 한다. 그런데 여러 존재들의 원소를 추구한 사람들도 만일 이와 같은(그 자체로 존재하는) 원리를 찾고 있었다고 한다면, 필연적으로 이 원소들도 부대적 의미로 존재한다고 일컬어지는 원소가 아니라, 존재물 자체의 존재 원소여야 한다. 그렇기 때문에 우리도 존재 자체에 속하는 존재의 제1원인을 파악하지 않으면 안 된다.

제2장

그러므로 우리는 제1의적인 존재, 즉 실체를 연구하고 그 존재의 자체적 여러 속성인 일(一)과 다(多), 그리고 그것으로부터 갈라져 나오는 여러 대립적 근본 개념들을 연구해야만 한다. 이 철학자의 학문은 변증가(辨證家)의 기술(技術)이나 소피스트(궤변론자)의 기술과는 다르다.

그런데 '존재'에는 많은 뜻이 있다(다시 말하면 사물은 여러 가지 뜻에서 '있다'고 일컬어지고 있다). 그러나 그 뜻들은 어느 하나, 즉 단 하나의 자연물(실재)과의 관계에서 '있다'거나 '존재한다'는 말로서, 단순히 애매모호하게 '있다'라고 하는 것은 아니다. 마치 '건강한'이라 일컬어지는 많은 사물들 모두가 하나의 '건강'과의 관계에서 그렇게 말해지는 방식과 같다. 더 자세히 말하면 그 어떤 사물은 건강을 유지하기 때문에, 어떤 사물은 건강을 가져오기 때문에, 또 어떤 사물은 건강의 표지이기 때문에, 또 다른 사물은 건강을 받아들이는 일로 말미암아 다 함께 '건강한'이라고 일컬어진다. 마찬가지로 '의술적'이라는 말은, '의술'과의 관계에서이다. 예를 들어 그 어떤 사물은 의술을 갖추고 있기 때문에, 어떤 사물은 본디 의술에 합당하기 때문에, 또 어떤 사물은 의술의 작용이기 때문에 모두가 '의술적'이라 일컬어진다. 이와 같이 말할 수 있는 경우들은 그 밖에도 있다. 그러나 바로 이와 같이 사물은 많은 뜻에서 '있다'(또는 존재한다)고 일컬어지는데, 그렇게 불리는 모든 존재는 어느 하나의 원리와의 관계에서 존재한다고 칭하고 있다.

즉 어떤 사물은 자체가 그런 실체이기 때문에 그렇게 불리고, 어떤 사물은 그런 실체의 한정(속성)을 지니기 때문에 그렇게 일컬어진다. 또 어떤 사물은 실체로 향하는 길(생성 과정)이기 때문에, 또는 실체의 소멸이나 결핍이나 그 성질이기 때문에, 또는 실체를 만드는 것이나 낳는 것이기 때문에, 또는 이와 같이 실체와의 관계에서 말해지는 것들(생성·소멸·결핍·성질 등등)이기 때문에, 더 나아가서는 이들 가운데 어떤 것의, 또는 실체 그 자체의 부정이기 때문에 그런 속성으로 일컬어진다. 따라서 우리는 또 '있지 않은 존재(존재의 부정, 즉 비존재)'도 있지 않게 있는 존재라고 말한다.

그런데 마치 건강한이라 이르는 모든 사물에 대해서 하나의 학문이 있듯이, 그 밖의 경우에도 마찬가지이다. 하지만 이 뜻은, 단지 하나의 의미에 기초해서 불리는 여러 사물들의 경우에만 이들 연구가 하나의 학문에 속한다는 말이 아니라, 어느 하나의 실체물과의 관계에서 일컬어지는 사물들의 경우에도 그러하다. 왜냐하면 이 실물들도 어떤 뜻에서는 하나에 기초해서 불리고 있기 때문이다. 그렇다고 한다면 있다(존재한다)고 말해지는 여러 사물(여러 존재)들을 (통틀어) 존재로서 연구하는 일은 분명히 하나의 학문이 하는 일이다. 그런데 어느 경우에나, 학문은 주로 제1의 사물—그 밖의 사물들이 의존해 이에 근거해서 일컬어지고 이해되는 제1의 것—을 대상으로 하고 있다. 그래서 이 제1의 존재가 실체로 된 학문의 경우에는, 여러 실체에 대해서 그 원리나 원리를 파악하는 일은 철학자가 해야 할 일이라고 할 수 있다.

그런데 사물의 모든 유(類)에는 각 유마다 어떤 하나의 감각이 있듯이, 하나의 학문이 있다. 예를 들어 문법학은 하나의 학문으로서 모든 유절음(有節音)을 연구한다. 그래서 존재 자체 속에 있는 존재의 모든 종(種)을 연구하는 것은 유로서 하나인 학문이 하는 일이고, 이 존재 자체의 각 종들을 연구하는 것은 이 학문의 각 종(여러 부문)이 하는 일이다.

만약에 존재와 일(一)이 다음과 같은 뜻에서 같은 실체이고, 하나의 실재에 대한 실체라고 한다면, 즉 이들 두 가지가 마치 원리와 원인이 그러하듯이 서로를 포함한다는 뜻에서 그러한 하나의 실체이지, 그들이 같은 하나의 설명 방식으로 표시된다는 뜻에서가 아니라고 한다면(단, 이런 뜻으로 같다고 이해해도 별 지장은 없다. 어쩌면 이렇게 이해하는 편이 여기에서는 편리할지도 모른다) 생각건대 '하나의(한 사람의) 인간'이라는 지칭도, 단지 '인간'이라는 지칭과 같은 말이 되고, '존재하는 인간'이라는 지칭도 단지 '인간'이라는 지칭과 같은 말이 되며, 또 이들을 겹쳐서 '하나의 인간으로서 하나의 존재하는 인간'이라고 말해도 아무런 차이를 나타내지 않게 된다(그런데 이 말에서 존재와 일 두 가지가 생성의 경우에도 소멸의 경우에도 마찬가지로 나누어질 수 없음은 마땅하다).

또 마찬가지로 일(一)의 경우에도, 일을 더해 '하나의 존재하는 인간'이라고 말해도 '존재하는 인간'과 별다른 뜻을 나타내지 않는다. 따라서 분명히 이 둘의 경우에는 이와 같은 덧붙임이 같은 사실을 나타낼 뿐, 일(一)은 존재와 떨어진 다른 아무것도 아니다. 또 만약에 각 사물의 실체가 부대적으로서가 아닌 하나이며, 마찬가지로 부대적으로가 아니라 그 실체 자체로서 존재한다고 한다면, 바로 일(一)에 포함되어 있는 종들의 수만큼 많은 종이 (실체에) 존재하고 있다. 그리고 이들 종이 무엇인가(본질)를 연구하는 일은 유(類)로서 하나인 학문이 하는 일이다. 여기서 이들 종(種)에 대한 연구는, 예를 들어 '같음'이나 '비슷함'이나, 그 밖에 이와 같은 개념에 대해서 연구한다는 뜻이다. 또 거의 모든 반대 개념들도 이러한 원리에 환원될 수 있다. 그러나 이 반대 개념들에 대해서 우리는 이미 《반대 개념선집》에서 연구했으므로 거기에 양보하기로 한다.

그리고 실체에 여러 종류가 있는 만큼, 그만큼의 많은 부문들이 철학에도 있다. 따라서 이 여러 부문들 가운데에는 필연적으로 어떤 제1의 (실체) 부문과 그 부대적 속성에 대한 부문이 있지 않으면 안 된다. 생각건대 존재 그리고 일(一)은 바로 그 자체 속에 몇몇 유(類)들을 지니고 있다. 그러므로 이들 유에 따라 그만큼 많은 학문이 있을 수 있다. 따라서 '철학자'라는 말에도, 마치 '수학자'라고 할 때 여러 가지 뜻이 있듯이 여러 가지 뜻이 있다. 수학에도 여러 부문들이 있어서, 이들 수학적 여러 학문들 가운데 제1의 학문, 제2의 학문, 그 밖에 이에 이어지는 여러 학문들이 있기 때문이다.

이제 마주한 대상뿐만 아니라 이 대상에 대립하는 사물(반대 개념)도 같은 하나의 학문에 의해 관련적 요소로서 연구되어야 한다. 그런데 일(一)에 대한 대립은 다(多)이다. 또 부정(否定)이나 제거(除去)의 연구도 같은 하나의 학문이 해야 할 일이다. 어느 쪽을 연구하든 결국 그 부정 또는 제거가, 저마다 어느 하나인 실체를 부정하거나 제거하게 되는 연구를 하고 있기 때문이다. 왜냐하면 우리는 단적(무조건적)으로 이것이것은 존재하지 않는다고 말하거나, 또는 이것이것은 어떤 유(類)에는 존속하지 않는다(어떤 유가 아니다)고 말하거나 둘 가운데 하나인데, 후자의 경우에는 단순한 부정이라기보다는 어느 종차(種差)에 의한 존재 가능성이 가해져 있기 때문이다. 즉 부정은 그 하나인 것 자체의 부재를 뜻하지만, 제거는 아직도 거기에 하나의 기체적(基體的) 실재가 존재하고 있고, 다만 이에 대해서 어떤 부분이 결여되어 있다고만 말하고 있기 때문이다. 따라서 앞서 말한 여러 개념들에 대립하는 개념들, 즉 '다름'이나 '닮지 않음'이나 '균등하지 않음' 등도, 그 밖에 이들에서 파생하거나 또는 '다(多)'나 '일(一)'에서 나오는 개념들도 모두 앞서 말한 학문에 의해 인식되지 않으면 안 된다. 또 '반대성(反對性)'도 이와 같은 개념의 하나이다. 왜냐하면 반대성은 '차별(差別)'의 하나이며, '차별'은 '이타성(異他性)'의 하나이기 때문에 그러하다.

'일(一)'이라는 실체에도 많은 뜻이 있으므로, 위에서 말한 여러 개념의 하나하나에도 저마다 많은 뜻이 있는 셈인데, 이들 모두를 인식하는 일은 하나의 학문이 해야 한다. 왜냐하면 어떤 하나의 사항이 서로 다른 많은 학문들에 속하는 것은, 거기에 많은 의미가 있어서가 아니라 그 많은 학문들이 어떤 많은 사항들에 바탕을 두고 언급하고 있기 때문이거나, 많은 사항들과의 관계에서 언급하고 있기 때문이거나 하는 경우이기 때문이다. 그런데 모든 사항들은, 결국은 그 제1의 사항과의 관계에서 그렇게 말해진다. 예를 들어 하나의 개체로서 일컬어지는 사항은, 결국 제1의 단 하나의 사항과의 관계에서 그렇게 말해진다. 따라서 우리는 '같음'과 '다름', 기타 이와 같이 상호 관계에 따른 반대 개념에 대해서도 마찬가지라고 말하지 않으면 안 된다. 그러므로 먼저 우리는 이들 각각이 어느 정도 많은 뜻으로 말해지고 있는가를 구별하고, 다음에 이들 각각의 술어(범주)를 제1의 술어와 관계시켜서 이들 각각이 어떻게 그 제1의 술어와 관계하고 있는가를 설명하지 않으면 안 된다. 왜냐하면 이들의 어떤 술어는 그 제1의 술어를 포함한다는 점에서, 또 다른 술어는 제1의 술어를 만든다는 점에서, 그 밖의 것은 그 밖의 점에서 저마다 제1의 것과 관계가 있다고 해서 그렇게 불리기 때문이다.

그러므로 같은 하나의 학문은, 실체에 대해서뿐만 아니라 여러 개념들에 대해서도 설명을 해야 한다(이것은 난문에 대한 우리 책에서 다룬 난문의 하나이다). 그리고 철학자는 이 모두를 연구할 수 있어야 한다. 만약에 이것이 철학자가 해야 할 일이 아니라고 한다면, '소크라테스와 마주 앉아 있는 소크라테스는 같은가' 또는 이처럼 '하나의 개념에는 반대되는 개념이 하나밖에 없는가', '반대란 무엇인가', '거기에는 어느 정도 많은 여러 뜻들이 있는가' 등, 이와 같은 문제를 탐구하는 일은 도대체 누가 해야 하는가? 그런데 이 여러 개념들은 일(一)로서의 일이나 존재로서의 존재의 자체적 속성이지, 결코 수로서의 존재나 선(線)으로서의 존재, 또는 불로서의 존재의 자체적 속성이 아니기 때문에 이들 여러 개념이 무엇인지(본질), 또는 여기에 뒤따르는 여러 속성은 무엇인지 등을 인식하는 일은 분명히 이 학문(즉 철학자의 학문)이 해야 할 일이다. 그리고 이렇게 생각하는 한 이 여러 속성들을 탐색하는 사람들도 지혜를 좇는 사람들이란 점에서는 잘못이 없으나, 실체가 이들보다 먼저임에도 이 실체에 대해서는 아무런 이해도 가지고 있지 않다는 점에는 잘못이다. 수에는 수로서의 수에 대한 특유한 속성, 예를 들면 홀수와 짝수, 균등성과 약분성(約分性), 과대(過大)와 과소 등이 있고, 이들은 저마다 그 자체에서 또는 서로의 관계에서 어느 속성이든 수에 속해 있으며, 마찬가지로 입체에도, 움직이지 않는 존재에도, 운동하는 존재에도, 무게가 없거나 있는 존재에도 다른 특유성이 있다.

또한 이와 같이 존재 자체 속의 존재에도 특유한 몇 가지 속성들이 있는데, 철학자는 바로 이들에 대해서 그 진실을 탐구해야 한다. 그것(존재의 실체와 그 여러 부대적 속성들을 반대 관계나 그 밖의 관계들에서까지도 인식하는 일)에 대해 증명하는 이들이 철학자이다. 저 변증가들과 소피스트들도 이런 면에서 확실히 그 어느 쪽이나 철학자와 같은 모습을 갖추고는 있다. 소피스트의 궤변술은 겉보기로는 지혜이고, 또 변증가들은 모든 사물을 변증적으로 논의하며, 그 모두에 공통점은 존재이지만, 변증가들이 이와 같은 문제를 변증적으로 논의하는 일은 분명히 이 문제들이 철학에 고유한 문제이기 때문이다. 즉 궤변술도 변증론도 다 함께 철학과 마찬가지로 유(類)의 문제에 관련되어 있기 때문인데, 그러나 철학은 변증론과 그 지적 능력의 사용법에서 다르고, 또 궤변술과는 그 생활 의도에서 다르다. 철학이 지식을 얻고자 하고 있는 대상에 대해서 변증론은 다만 비난적이며, 궤변술은 겉보기에는 지혜를 닮았지만 실은 지혜롭지 않다.

또 반대 개념 표의 한쪽 칸에 열거한 개념들은 저마다 다른 쪽 칸에 있는 개념들의 제거 개념이며, 이 반대 개념들은 모두 존재와 비존재, 일(一)과 다(多)로 바뀐다. 예를 들어 정지는 일에, 운동은 다에 환원된다. 그런데 거의 모든 사람들은, 여러 존재들이나 실체들이 반대 개념에 의해 구성되어 있다고 생각하는 점에서 일치하고 있다. 적어도 그들은 모두, 존재나 실체의 원리로서 반대 개념들을 들고 있다. 예를 들어 어떤 사람은 홀수와 짝수를, 어떤 사람은 뜨거움과 차가움을, 또 어떤 사람은 한정(限定)과 무한(無限)을, 그리고 어떤 사람들은 우애와 증오를 들고 있다. 그 밖의 반대 요소들도 모두 분명히 일과 다로 바뀔 수 있는데, 여기에서는 이 환원 가능성이 승인된 사실로 여겨지고 있다. 또 다른 사람들이 든 여러 원리들도, 모두 이들 유(類)로서의 일과 다의 어디로든 귀속된다.

그런데 이상의 연구로 보아도, 존재를 존재로서 연구하는 일이 하나의 학문이 해야 할 일임은 분명하다. 무릇 모든 사물은 반대의 개념들이나 자신의 개념으로 이루어지거나 하는데, 반대 개념들의 원리는 결국 일(一)과 (일로부터의) 다(多)이다. 그런데 일과 다는 하나의 학문으로 연구되어야 한다. 비록 이것들(긍정 개념과 반대 개념)이 하나인 실체에 기초해서(같은 하나의 의미로) 말해질 수 있건 없건, 아니면 분명히 말해질 수 없다 할지라도 말이다. 또한 비록 일이라는 실체가 많은 뜻으로 말해진다고 해도, 다른 모든 뜻들은 제1의 뜻과의 관계에서 불린다. 그리고 반대 뜻들의 경우도 마찬가지로 그러한 관계에서 일컬어진다. 더구나 이를테면 존재 또는 일(一)이 보편적이지 않고, 모든 개체들을 통해 같지 않으면서, 개체 하나하나에게 존재한다고 해도 그런 관계에서 일 컫는다. 그리고 실은 아마도 일과 존재가 각 개체에 있어 정말로 함께 존재하고, 오히려 어떤 개체들은 하나와의 관계에서, 다른 어떤 개체들은 접속 관계에서 하나라고 말해지겠지만, 이런 이유로 보아서도 반대나 완전성, 일(一)이나 존재, 같음과 다름이 무엇인가(본질)를 연구하는 일은, 기하학자의 일이 아니다. 오히려 기하학자는 이들 여러 개념을 전제로서 가정해, 이들로부터 출발한다. 따라서 분명히 존재를 존재로서 연구하고, 또 존재 자체로서의 여러 속성들을 연구하는 일은 하나의 학문이 한다. 그리고 또 분명히 이 같은 하나의 이론적 학문이 단지 실체를 연구할 뿐만 아니라 실체의 여러 속성들, 즉 앞서 말한 여러 개념들을 비롯해 앞과 뒤, 유와 종, 전체와 부분, 그 밖의 이와 같은 개념도 연구해야 한다.

제3장
우리 학문은 실체에 대한 연구 외에, 논증의 여러 전제들과 공리들, 특히 모순율에 대해서도 생각해야 한다.

다음에 우리가 이야기해야 될 일은, 수학적 여러 학문들에서 공리라고 불리는 기본 명제들에 대한 연구와, 실체에 대한 연구가 과연 같은 하나의 학문에 속하는가, 또는 저마다 다른 학문에 속하는가에 대해서이다. 분명히 같은 하나의 학문이, 더욱이 지혜를 추구하는 사람(철학자)들의 학문이 이들 공리에 대한 고찰도 해야 한다. 왜냐하면 공리는 존재하는 모든 사물들에 타당한 이치로서, 어떤 사물과는 다른 특정한 유(類)에만 통용되지는 않기 때문이다. 분명히 공리는 모든 사람들에 의해 쓰이고 있다. 다만 공리가 존재로서 있는 모든 존재에 타당하고, 어떠한 유의 사물도 존재하기 때문이라는 뜻에서 쓰이는데, 물론 실제로 그들은 이들 공리를 오로지 그들 각자가 필요한 한도 내에서, 즉 그들이 논증하려고 하는 유가 미치는 범위 내에서만 사용하고 있기도 하다. 그러나 특히 공리란 존재로서 모든 사물에 분명히 타당한 이치여야 하므로—왜냐하면 존재한다는 일은 모든 사물에 공통이기 때문에—그렇다고 한다면 이와 같은 공리에 대한 연구도 존재로서의 존재를 인식하는 사람들이 해야 할 일이다. 그리고 바로 그런 이유로 해서, 부분적 고찰만을 일삼는 사람들(특수

과학자들)은 아무도 공리에 대해서 그것이 참인지 거짓인지를 말하려고 하지 않는다. 그것은 기하학자나 산술학자도 마찬가지이다. 단, 자연과학자들 가운데 몇몇 사람들은 이 공리의 참과 거짓에 의심을 품고 그것을 밝히려 한 사람들이 있다. 그들로서는 마땅한 일이다. 그들은 오직 그들만이 자연 전체와 동시에 존재에 대해서도 살펴본다는 생각에서 그런 일을 시도했다. 하지만 사실 이러한 자연연구가들보다 더 높은 위치에 있는 어떤 연구가가 있기 때문에—왜냐하면 자연은 더욱 특정한 유의 존재(자연적인 존재)이기 때문에—더 나아가 보편적인 존재(존재로서의 존재)에 대해서 연구하고, 제1의 실체에 대해서 연구하는 이 이론적 연구자야말로 이들 공리에 대한 고찰도 해야 한다. 하기야 자연학도 하나의 지혜라고 할 수 있기는 하다. 그러나 제1의 지혜(제1의 철학)는 아니다. 또 진리에 대해 논의한 사람들 중에는, 그 자연학이 어떠한 조건에서 허용되어야 할지의 문제에 손을 대고 있는 사람들도 있는데, 이는 분석론(논리학)에 대한 교양이 얕은 상태에서 이루어진 일에 지나지 않는다. 왜냐하면 이 종(種)의 문제에 대해서는 사람이 특정한 연구로 들어가기 전에 미리 알아두어야 하고, 아직 그 강의를 듣고 있을 단계에서는 탐색할 일이 아니기 때문이다.

여기서 철학자는 실체를 전체로서 있는 그대로 연구하는 사람인 동시에, 여러 추리 원리도 검토해야 할 사람이라는 사실은 분명해졌다. 그런데 각 유(類)의 사물에 가장 정통한 사람이 그 사물의 가장 확실한 원리를 말할 수 있는 가장 알맞은 사람이며, 존재로서의 존재를 연구 대상으로 하고 있는 사람이 가장 적절하게 모든 존재의 가장 확실한 원리를 말할 수가 있다. 이 사람들은 바로 철학자이다. 그리고 이 모든 존재들의 가장 확실한 원리는, 이 존재의 원리에 대해서 그 누구도 사과하는 일이 불가능함을 말한다. 왜냐하면 이와 같은 원리는 한편으로는 반드시 가장 잘 알려진 사실이어야 하고(왜냐하면 사람이 사과하는 일은 그 사람에게 가장 잘 알려져 있지 않은 일에 대해서이므로), 동시에 다른 한편으로는 전혀 가정적인 사실이 아니어야 하기 때문이다. 즉 존재하는 사물이 무엇임을 알고 있는 사람이라면, 누구나 반드시 소유해야 되는 원리를 가정으로써 일컬을 수는 없으며, 또 누군가가 무엇을 인식할 때에도 반드시 알려져 있어야 되는 사실은, 누구나 모두 그 사실을 (그 특정한 연구에 들어가기에 앞서) 미리 가지고 있어야 되기 때문이다. 그렇기 때문에 이와 같은 원리가 무엇보다도 가장 확실하다는 점은 명백하다.

그렇다면 그것은 어떠한 원리인가? 그것은 '같은 것(같은 속성·술어)이 동시에, 그리고 같은 사정 아래에서 같은 것(같은 기체·주어)에 속하면서 속하지 않는 일은 불가능하다'는 원리이다. 또 (동시에 또는 같은 사정 아래에서라는 조건 이외에) 그 밖의 조건도 용어상의 부족이나 비난을 막기 위해 덧붙일 필요가 있으면 덧붙여도 좋다. 그러나 어쨌든 이것(가장 잘 알려져 있는 사실을 전제로 하는 원리)이 모든 원리들 중에서 가장 확실한 원리이다. 위에서 말한 특징을 갖추고 있기 때문이다. 그리고 누구나 '같은 것이 있으면서 없다'고 믿을 수는 없기 때문이다. 비록 어떤 사람들은 헤라클레이토스가 그렇게 말했다고 믿고 있다 해도 마찬가지이다. 왜냐하면 그렇게 말할 수 있다고 해도, 사람들은 반드시 그가 말하는 대로 믿지 않기 때문이다. 그리고 만약에 '반대의 사실들이 동시에 같은 종류의 사실들에 속할 수 없다'고 한다면—물론 이 전제 명제에도 앞서 말했듯이 제한이 더 덧붙여도 좋지만, 그리고 이때의 반대 사실이란 어떤 판단에 대해서 거꾸로 부정하는 판단이라고 한다면 같은 사람이 같은 사실을 있다고 믿음과 동시에 없다고 믿는 일은 분명히 불가능하다. 왜냐하면 이 점에서 잘못된다면 그 사람은 두 개의 상반된 판단이나 의견을 동시에 품는 사람이 되기 때문이다. 따라서 적어도 논증을 하는 사람은, 이런 원리(모순율)를 논증의 마지막 판단 방법이라 믿고, 그 논증을 이 원리까지 환원시킨다. 왜냐하면 이런 식의 판단은 그 본성으로 보아, 다른 모든 공리에게 대해서까지도 이들의 원리(제1전제)이기 때문이다.

제4장

모순율에서 논증을 찾아서는 안 된다. 그러나 모순율을 부정할 수 없다는 사실은, 옳고 그름을 가려 논박함으로써 증명된다. 모순율을 부정하는 사람에 대한 일곱 가지 논박.

어떤 사람들은, 우리가 말한 바와 같이 그들 스스로 '같은 사물이 존재하는 동시에 존재하지 않을 수 있다' 말하고, 또 그와 같이 판단할 수 있다고 말한다. 또 그 밖에 이와 같은 가설을 내세우는 사람은, 자연에 대해서 논한 사람들 중에도 많다. 그러나 우리는 지금 그 어떤 사물도 존재하는 동시에 존재하지 않을 수는 없다고 이야기했으며, 또 그 불가능이 모든 원리 중에서 가장 확실한 원리라고 증명해 보였다. 그런데 어떤 사람은 이 원리(모순율)에 대해서까지도 논증을 요구하지만, 이것은 그들에게 교양이 결여되어 있기 때문이다. 논증을 요구해야 할 일과 요구해서는 안 될 일을 가리지 못한다는 것은 교양적 지식이 없다는 증거이다. 어떤 일에 대해서나 모두 일률적으로 논증이 있을 수는 없다. 논증의 논증을…… 하고 무한히 추구하면서도 끝내 아무런 논증도 얻지 못하게 되기도 한다. 그러나 이렇게 어떤 일에 대해서만큼은 논증을 추구해도 소용이 없다고 한다면, 그 사람들은 그들이 추구하고 있는 훨씬 또렷한 원리로서 이 원리 말고 어떤 원리를 들 수가 있을까?

하기야 '같은 사실의 존재와 비존재를 동시에 인정할 수는 없다'고 논박적으로는 논증할 수 있겠다. 만약에 그 반대론자(존재와 비존재의 동시 인정이 가능하다고 주장하는 사람들)가 한 마디라도 무슨 반박을 한다면 말이다. 그렇지만 한 마디 반박도 하지 않는다면, 이처럼 어떤 일에 대해 설명하지 못하는 사람에게 우리 견해를 설명하려는 일은 어리석다. 그 사람은, 그와 같은 사람으로 있는 한 이미 식물과 같으니까. 그런데 여기에서 내가 '논박적으로 논증한다'고 한 말은, 일반적으로 '논증하다'라는 말과 구별하지 않으면 안 된다. 왜냐하면 논증의 원리를 스스로 밝히려는 사람은, 논증되어야 할 원리를 미리 요청하고 있다고 여겨지겠지만, 다른 사람이 우리에게 이 논증을 요구했을 때는 우리가 할 일은 바로 논박일 뿐이지 보통의 논증이 아닐 것이기 때문이다. 그러나 이런 모든 종류의 논의에서 그 출발점으로 삼아야 할 일은, 그에 대해서 무엇인가를 있다고 하거나 없다고 말해야만 되지 않느냐고 반문하는 데에 있지 않고—그와 같은 일 자체가 이미 원리보다는 말을 필요로 하고 있다고 여겨지기 때문에 그렇지 않고—그가 그 자신에게나 다른 사람에게도 인식될 수 있는 무엇인가를, 뜻이 있는 그 무엇인가를 말하는 데에 있다. 그는 무엇인가를 말하려고 할 때 무엇인가 뜻있는 말을 할 것임에 틀림없다. 그렇지 않고 뜻 없이 말한다면 이 사람에 대해서는 그 어떤 추론도, 그 자신에 대해서나 다른 사람에게 대해서나 있을 수 없기 때문이다. 그런데 만약에 그가 무슨 뜻있는 말을 해주면 이미 논증은 가능하다. 왜냐하면 이미 무엇인가 뜻이 정해진 명제가 (전제로서) 주어진 셈이니까. 그런데 이 경우 논증 결과에 대한 책임은 논증하는 우리에게 있지 않고, 이 결과를 인정하는 그에게 있다. 그는 논증을 폐기하면서 논증을 묵인하기 때문이다. 뿐만 아니라 이 사람은, 논증 없이 진실한 그 무엇이 존재한다고(따라서 반드시 모두가 '그러면서도 그렇지 않다'고는 할 수 없음을) 인정하고 있다.

그래서 첫째[변박 1], 적어도 다음과 같은 일만은 진실임이 분명하다. 그것은 '있다' 또는 '없다'는 말이 저마다 어떤 일정한 뜻을 가지고 있으므로, 그 무엇도 '그러하면서 그렇지 않다'는 일은 없다고 하는 사실이다. 다음으로 만약에 '인간'이라는 말이 같은 하나의 것을 뜻한다면, 이 인간을 '두 다리를 가진 동물'이라고 하자. 여기에서 내가 '하나의 것을 의미한다'고 말하는 뜻은 이러하다. 만약에 이 다리의 동물이 인간이라고 한다면, 어느 누군가가 인간일 경우에는 그가 이러한 인간임을 나타낸다. 하기야 하나의 말로도 많은 뜻들을 가지게 되지 않겠느냐고 반문하는 사람도 있을 테지만, 그 뜻의 수에 한정이 있기만 하면 내가 말하는 바에 변함은 없다. 서로 다른 뜻을 나타내는 설명 방식에는 마땅히 저마다 다른 말이 주어져야 하기 때문이다. 누군가가 예를 들어 '인간'이라는 말은 한 가지를 의미할 뿐만 아니라 많은 의미이지 않겠느냐고 말했을 경우, 이들 많은 의미들 가운데 하나에는 '두 다리의 동물'이라는 하나의 설명 방식이 있고, 그 말고도 '그 밖의 설명 방식' 하는 식으로 많은 설명이 있을 테지만, 다만 그 설명의 수에 한정이 있는 한에서 그렇다. 왜냐하면 이러한 설명 방식들에는 저마다 특유한 말이 분배되기 마련이기 때문이다. 만약에 그렇지 않고 한 가지 말이 있을 뿐 여기에 무한히 많은 뜻이 있다고 한다면, 틀림없이 그 어떤 설명 방식도 없게 된다. 생각건대 같은 한 가지를 의미하지 않는다면 결국 아무것도 의미하지 않는다는 말이 되며, 말이 아무 의미도 아니라면 서로 대화가 없다는 이야기가 되고, 뿐만 아니라 자기 자신과 이야기하는 일까지도 없게 된다. 한 가지 일의 사유(思惟)가 없으면 그 무엇의 사유도 불가능하기에 그렇다. 그러나 무엇인가를 사유하는 일이 실제로 가능하다고 하면, 이 무엇인가에 하나의 말이 주어져 있다고 할 수 있다.

그래서 앞서 말했듯이, 말이란 반드시 무엇인가를 의미한다고 하자. 더욱이 어떤 한 가지 일을 의미한다고 하자. 그러면 '인간'이라는 말이, 오로지 어떤 하나의 사물에 대해 무엇인가를 의미할 뿐만 아니라, 어떤 한 가지 일만을 의미하는 말일 바에야 '인간이다'라는 말과 '인간이 아니다'라는 말은 같은 의미일 수가 없다. 왜냐하면 우리는 '한 가지 일을 의미한다'는 말과, '어떤 한 가지 일에 관련된 무엇인가를 의미한다'는 말이 같다고는 생각하지 않기 때문이다. 만약에 같은 일이라고 한다면(어떤 한 가지 일, 예를 들어 소크라테스에 대해서 말해지고 있는) '교양적인', '흰', '인간'이라는 말이 한 가지를 의미하게 되고, 따라서 '모두는 하나다. 모두 같은 뜻이므로 같다'라는 말이 되기도 할 테니까 말이다.

또 같은 사물이 있으면서 있지 않다고 하는 일은, 같은 말이 다른 뜻을 지닌 경우 이외에는, 예를 들어 우리가 인간이라고 부르는 사람을 누군가가 '저것은 인간이 아니다(저 녀석은 비인간적이다)'라고 말하는 경우 말고는 있을 수가 없다. 그러나 문제는, 같은 존재가 인간인 동시에 인간이 아닌 일이, 단지 언어상 가능한가 아닌가에 있지 않고 그 사항 자체로서 가능하냐 아니냐 하는 데에 있다. 그래서 만약에 '인간'과 '인간이 아닌 것'이 서로 같은 의미라고 한다면, 분명히 '인간이 아닌 것'은 '인간인 것'과 다르지 않으므로, '인간인 것(인간성)'은 '인간이 아닌 것(비인간성)'이 된다. 이들이 하나의 본질에 대해 일컫기 때문이다. 왜냐하면 '하나'는, 예를 들어 옷과 의복처럼 (부르는 말은 달라도) 이들이 무엇인가(본질)를 나타내는 설명 방식은 하나라는 뜻이기 때문이다. 따라서 만약에 '인간인 것'과 '인간이 아닌 것'이 하나라고 한다면, 이들은 한 가지 뜻이라고 말할 수 있다. 그러나 이들이 저마다 다른 뜻이라는 사실은 앞서 제시한 그대로이다. 그렇기 때문에 만약 누군가가 '진실로 이것은 인간이다'라는 말을 들을 수 있다면, 이 사람은 필연적으로 두 다리의 동물이다—앞서의 가정에서는 인간은 두 다리의 동물을 의미한다고 되어 있었으니까. 그리고 만약에 이것이 필연적이라고 한다면, 이 사람이 (이 같은 때에) 두 다리의 동물이 아니라는 일은 불가능하다('필연적이다'라 함은 이런 뜻이라는 동시에, 그것은 '……이 아닌 일은 불가능하다'는 뜻이기 때문이다). 따라서 같은 사람을 두고 '인간이다' 말하고 동시에 '인간이 아니다'라고 말한다면 그것은 절대 참이 될 수 없다.

마찬가지 논의는 인간이 아닌 경우에도 적용할 수 있다. '인간인 것'과 '인간이 아닌 것'은 다른 의미라는 방식을 적용한다는 말이다. '희다'는 말과 '인간이다'라는 말까지도 다르다. 그런데 이 흰색과 인간의 경우보다도 전자(인간과 비인간의 경우) 쪽이 훨씬 대립적이기 때문에, 그만큼 많이 서로 다른 의미가 된다. 그러나 여기에서도 만약에 누군가가 '희다'는 것까지도 '인간인 것'과 같은 한 가지를 의미한다고 말한다면, 다시 우리는 앞서의 말과 똑같이 대답하지 않으면 안 된다. 즉 만약에 그렇게 말한다면, 대립하는 말에 대해서뿐만 아니라 '모든 말이 하나로 통한다' 대답하지 않으면 안 된다. 하지만 그렇게 될 수는 없는 일이다. 그러므로 결론은 우리가 이야기한 그대로이다. 만약에 반대론자가 논박에서 한 마디라도 우리 물음에 대답하기만 한다면, 우리의 말은 곧바로 그 술어들이 단 한 마디로 될 수는 없음을 입증하게 된다.

그러나 만약에 그가 우리의 단순한 물음, 예를 들면 '이것은 인간인가?'에 대해서 부정하는 말도 더하여 '인간이 아닌 것이기도 하다'라고 대답했다면, 이것은 대답이라고 할 수 없다. 같은 존재가 인간이자 흰 것이며, 그 밖에 무수히 많게 이것이고 저것이라는 데에는 아무런 지장도 없으나, '이것은 인간이다'라고 하는 말이 참이냐 아니냐는 물음을 받았을 때는 한 가지 의미의 대답을 해야지, 여기에 '흰 것이기도 하고 큰 것이기도 하다' 등등을 덧붙여 대답할 일이 아니다. 왜냐하면 부대적인 속성(부대성)은 무수히 많기 때문에 그 모든 속성들을 열거하는 일은 불가능하기 때문이다. 그렇다고 한다면 그로 하여금 그 속성들을 모두 열거하게 하든가, 그렇지 않다면 전혀 열거하지 않게 하든가이다. 그렇기 때문에 마찬가지로, 비록 같은 존재가 수만 번이나 인간이기도 하고 또는 인간이 아니기도 하다 해도, 단순히 '이것'이라 일컬어 '이것은 인간인가?'라는 물음에 대해서는 '이것은 또한 동시에 인간이 아닌 것이기도 하다' 하고 덧붙여서는 안 된다. 덧붙인다면 그는 모든 부대성도 여기에 덧붙여서 대답해야만 한다. 그러나 만약에 이와 같이(인간인 것이기도, 동시에 인간이 아닌 것이기도 하다고) 대답한다면, 그는 이미 대화 문답을 하고 있다고 여겨질 수 없는 사람이다.

일반적으로 이와 같은 가설을 주장하는 사람들은 사물의 실체, 즉 사물이 무엇인가(본질)를 없는 일로 만들고 만다. 왜냐하면 그들은 모든 사물에는 (실체는 없고) 부대성만 있다고 말하지 않을 수 없게 되고, 바로 인간류(인간의 본질)나 동물류(동물의 본질) 같은 존재 자체는 존재하지 않는다고 말하지 않을 수가 없게 되기 때문이다. 만약에 무엇인가 인간인 존재 자체가 존재한다면, 그것은 인간이 아닌 존재도 아니고 인간일 수 없는 그런 존재도 아니다. 더욱이 이 인간 존재 자체는 인간인 존재의 부정이다. 왜냐하면 사물은 어떤 한 가지를 의미했어야 하며, 그리고 이것이 그 어떤 것의 실체였기 때문이다. 또 그 사물의 실체라는 말은, 그 사물 자체인 그것(그 사물의 본질)이라는 뜻이었다.

그런데 만약에 인간 그 자체가 바로 인간이라는 말이, 인간이 아니라는 말이나, 바로 인간일 수 없다는 말과 같다고 하면 이것은 앞의 말과는 다르다. 따라서 그들은, 그 어떤 말에도 그와 같은(본질을 규정하는) 설명 방식은 없고, 모두가 부대적인 말뿐이라고 말하지 않을 수가 없다. 실체(본질)와 부대성은 이런 점에서 구별된다. 즉 '하얗다'는 말은 인간에게 부대적인 말이라 일컬어지고 있지만, 그것은 오로지 인간이 우연히 하얗다는 뜻이지, 바로 하얗다는 뜻이 인간의 본질이라고 하는 뜻은 아니기 때문이다. 그러나 만약에 그들이 말하는 대로 모두가 부대적으로만 말해진다면, 제1의 그것(주어인 기체)은 전혀 존재하지 않게 될 것이다. 적어도 부대적인 말이 늘 어떤 기체(주어)에 대한 술어를 의미하는 한, 서술은 다시 서술되어 필연적으로 무한히 거슬러 올라간다.

하지만 이것은 불가능한 일이다. 부대적 술어에는 두 가지 이상은 결합될 수가 없기 때문이다. 즉 (1)부대성이 어떤 다른 부대성의 부대성일 수는 없고, 있을 수 있는 부대성은 오직 두 가지가 같은 기체의 부대성일 경우에만 한해 결합되기 때문이다. 왜냐하면 예를 들어 '흰 사물은 교양적이다'라거나 '교양적인 사물은 하얗다'고 말할 경우, 그것은 흰 속성과 교양적인 속성 두 가지가 어떤 인간에 부대되어 있기 때문이다. 그러나 (2)'소크라테스는 교양적이다'라고 말하는 경우에는, 그 두 가지('교양적이다'와 '희다')가 어떤 다른 기체에 부대되어 있는 경우와는 사정이 다르다. 그래서 이처럼 어떤 부대성은 뒤의 경우와 같이, 어떤 부대성은 앞의 경우와 같이 서술된다고 하면 (a)뒤의 경우, 즉 '희다'가 소크라테스에 부대적이라고 했을 경우에서처럼 서술되는 부대성은 이 '희다'를 다시 무한하게 위쪽으로(서술의 외연 방향으로)—예를 들어 흰 것으로서의 소크라테스에다 다시 다른 부대성을—덧붙여 갈 수가 없다. 왜냐하면 아무리 덧붙여도 그런 식으로는 단 한 가지도 얻을 수 없기 때문이다.

하지만 또 (b)'희다'는 부대성 자체에 어떤 다른 부대성이, 예를 들면 '교양성'이 속한다고도 할 수가 없다. 왜냐하면 '희다'가 교양성에 부대적일 경우의 뜻보다 더, 교양성이 흰 사물에 부대적일 수는 없기 때문이다. 아울러 부대하는 방법에도 구별이 있어서, 어떤 경우에는 이와 같이 부대성이 부대성에 덧붙지만, 다른 경우에는 교양성이 그 기체인 소크라테스에 덧붙듯이 어떤 기체에 더해지기 때문이다. 그리고 어떤 부대성이 다른 어떤 부대성의 부대성인 경우는 뒤의 경우(기체에 부대하는 경우)가 아니라 앞의 경우이기 때문이며, 따라서 (이 결론처럼) 모든 사물들끼리 서로 부대적이지는 않다. 그렇지 않고 무엇인가 어떤 실체(기체)를 의미하는 (가장 적당한) 하나의, 제1의 부대성이 틀림없이 있을 수 있다. 그리고 만약에 그렇다고 한다면 여기에 이미, 서로 부정적인 일(모순된 일)을 동시에 서술하는 일이 불가능한 까닭이 증거로 제시된 셈이다.

또 [변박 2]만약에 서로 부정적(모순적)인 술어들이, 모두 같은 하나의 기체에 대해서 동시에 참이라고 한다면, 분명히 모든 술어들은 하나라는 이야기가 된다. 왜냐하면 만약에 모든 사물들 각각에 대해서 무엇인가를 긍정하는 일도 부정하는 일도 가능하다고 한다면, 같은 하나의 사물이 배(船)(배의 속성)이기도 하고 벽(壁)(벽의 속성)이기도 하고 인간(인간의 속성)이기도 할 수가 있기 때문이다. 이것은 마치 프로타고라스의 가설(상대주의의 가설)을 주장하는 사람들에게 필연적으로 그랬던 대로이다. (그들에 의하면) 만약에 인간이 배가 아니라고 여겨진다면, 분명히 인간은 배가 아니며, 따라서 인간은 배이기도 하다고 하는데, 이는 모순되는 술어가 동시에 참이기 때문에 그렇다. 바로 여기에서 아낙사고라스가 말한 바와 같이 '모든 사물들은 함께였다'는 뜻이 되기도 하여, 이렇게 해서 그 무엇도 저마다의 독자적 진실로는 존재하고 있지 않다는 말이 된다. 그러므로 그들은 무규정(無規定)한 사물에 대해서 이야기하고 있는 듯이 보인다. 그들은 스스로가 존재를 말하고 있다고 생각하면서도, 실은 비존재에 대해서 말하는 셈이다. 왜냐하면 완전한 현실태(現實態)에서는 존재하지 않고 가능성에서만 존재하는 것, 이것은 무규정한(막연한) 존재이기 때문이다. 뿐만 아니라 그들의 처지에서는, 모든 존재들에 대해서 존재를 긍정함과 동시에 부정하지 않으면 안 된다.

어느 기체(基體)에든 그 기체 자체의 부정까지도 속할 수 있다고 한다면, 그 기체에는 속하지 않는 어떤 다른 사물의 부정도 그 기체에 속할 수 있다고 말해야만 한다. 예를 들어 인간에 대해서 말할 때 '인간이 아니다'라는 말이 참이라고 한다면, 이것은 '배이다'라는 말도, '배가 아니다'라는 말도 분명히 참이라고 해야 한다. 그래서 만약에 이 긍정(배이다)이 그 기체(인간)에 속한다면, 필연적으로 그 부정(배가 아니다)도 인간의 기체에 속한다고 해야 한다. 그러나 만약에 이 긍정(배이다)이 그 기체에 속하지 않는다면, 그 부정(배가 아니다)은 그 기체의 부정(인간이 아니다)보다 더욱더 그 기체(인간)에 속할 것이다(즉 '배가 아니다'가 더욱 인간에 대한 설명이다). 만약에 이 기체 자체의 부정까지도 기체에 속한다면, 배의 부정 또한 같은 기체에 속한다고 해야 하며, 만약에 이 부정이 그것에 속한다면 그 긍정도 기체에 속한다고 해야 한다.

이와 같은 (불합리한) 결론이 그 가설을 주장하는 사람들로부터 나오는데, 또 [변박 3]긍정할 필요도 부정할 필요도 없다는 결론도 나온다. 왜냐하면 만약에 어떤 사람이 '인간인 동시에 인간이 아니기도 하다'라는 말이 참이라고 한다면, 분명히 그것은 또 '인간도 아니고 인간 아닌 것도 아니다'라는 말도 되기 때문이다. 즉 두 개의 긍정명제에는 두 개의 부정명제가 대응하고 있고, 만약에 전자가 두 개의 명제로 된 단일명제라고 한다면, 후자도 이에 대립하는 단일명제가 될 수 있기 때문이다.

아울러 [변박 4]이 가설은 (1)모든 경우에 타당해, 같은 사물이 흰색이기도 하고 그렇지 않기도 하며, 존재이기도 하고 비존재이기도 하다는 가설이다. 그 밖의 모든 긍정과 부정이 양립되든가, 또는 (2)모든 경우가 아니라 어떤 경우에는 타당하지만 다른 어떤 경우에는 타당하지 않은, 그 어느 사물의 하나이다. 그리고 (2)만약에 모든 경우가 아니라면, 적어도 타당하지 않는 경우에는 일반적으로 확인되는 대로가 어느 것이든 참일 것이다. 그러나 (1)모든 경우에 해당된다면 (a)만약에 긍정이 참이라면 그 부정도 모두 참이며, 부정이 참이라면 그 긍정도 모두 참이거나, 또는 (b)긍정이 참일 때에는 그 부정도 참이지만, 부정이 참일 때에는 그 긍정 모두가 반드시 참은 아닌 두 가지 경우가 구별된다. 그리고 후자의 경우에는, (b)거기에 부정에 대한 무엇인가 확신적인 판단이 있을 때에 한해서이다. 그리고 이 부정이 확실한 무엇인가이고 알 수 있는 것이라면, 이에 대립하는 긍정은 더욱더 알 수 있는 것이라고 말할 수 있다.

그러나 (a)부정될 수 있는 부대성도 똑같이 모두 긍정된다고 하면, 이 경우에는 긍정과 부정을 따로따로 말해서(예를 들어 먼저 희다고 말하고 나서 희지 않다고 말해서) 진실을 말할 것인가, 혹은 그렇게 하지 않을 것인가의 어느 쪽이어야 한다. 그리고 만약에 긍정과 부정을 따로따로 말해 각각이 진실이 아니라고 한다면, 이미 그들은 이와 같이 말을 하면서도 실은 아무것도 말하지 않고 있으며, 또 전혀 아무것도 존재하지 않는 셈이다. 하지만 아무것도 존재하지 않는데, 존재하지 않는 그들이 어떻게 목소리를 내거나 걷거나 할까? 그리고 앞서 말했듯이 모두 하나라고 하면서, 인간도 신도 배도, 또 이들의 부정도 모두 같다고 해야 될 것이다. 서로 모순되는 부대성들이 다 같이 저마다 같은 기체에 속한다고 한다면, 각 기체를 서로 다른 기체로부터 전혀 구별할 수가 없게 되기 때문이다. 만일 거기에 어떤 구별이 있으면 이것이야말로 진실이며 특유한 부대성이 된다. 그러나 또 긍정과 부정을 따로따로 행함으로써 각각에 대해 진실을 말할 수 있다고 해도 마찬가지이며, 결론은 지금 말한대로이다.

뿐만 아니라 더 나아가 모든 사람들이 참인 동시에 모든 사람들이 거짓이라는 말이 되기도 해, 논자(論者) 스스로도 자기가 거짓 존재임을 인정하게 되는 셈이다. 동시에 그 논자에 대해 우리는 아무런 논의도 실은 하지 않는다. 그는 사실상 아무것도 말하고 있지 않기 때문이다. 즉 그는 '그렇다'고도, '그렇지 않다'고도 말하지 않는 셈이고, '그러한 동시에 그렇지 않다'고 말하는 셈이며, 그런 다음 그는 이 양쪽을 다시 부정해서 '그렇지 않고 그렇지 않지도 않다'고 말하는 셈이기 때문이다. 그리고 이런 식으로 모호하게 말하지 않고 있을 때에는, 이미 거기에는 어떤 일정한 확정 사실이 있다는 말이 되기 때문이다.

[변박 5]만약에 긍정이 참일 때에는 부정이 거짓이고, 부정이 참일 때에는 긍정이 거짓이라고 한다면, 같은 사실을 동시에 긍정하고 또 부정한다는 일은 있을 수 없다. 그러나 그는 아마도 그것은 어느 한쪽으로 처음부터 정해진 사실이 아니냐 하고 말할지도 모른다.

[변박 6]사물을 그렇다고 판단하든가, 그렇지 않다고 판단하든가, 그 둘 가운데 어느 한쪽이라고 하는 사람이 잘못인가, 아니면 그렇다고 판단함과 동시에 그렇지 않다고 판단하는 사람이 참을 말하고 있는가? 만약에 후자가 참을 말하고 있다면, 그들의 방식으로 여러 존재들의 자연(자연 본성)은 이러이러하다고 주장하고 있는 의미는 무엇인가? 만약에 후자가 참을 말하고 있지는 않지만 전자와 같이 긍정이나 부정의 둘 가운데 하나를 택해 판단하는 사람보다는 더 많이 참을 이야기하고 있다면, 그 뜻은 이미 거기에 어떤 일정한 존재의 본성이 인정되어 있고, 그 존재는 진실이면서도 동시에 진실이 아니기도 하다는 말은 아니다. 그러나 만약에 모든 사람이 한결같이 거짓을 말함과 동시에 참을 말하고 있다면, 이 사람들은 그 어떤 뜻있는 목소리를 낼 수도 사물을 말할 수도 없다. 왜냐하면 그는 그렇다고 말하는 동시에 그렇지 않다고 말하므로 그것은 아무 뜻도 없다고 할 수 있기 때문이다. 그리고 만약에 그가 아무 일도 판단도 하지 않고, 다만 무차별적으로 생각하는 동시에 또 생각하지 않는다면, 그와 식물 사이에는 무슨 차이점이 있단 말인가? 이것으로 보아 가장 뚜렷

한 일은, 그 누구이든 실제로 이렇게 믿고 있는 사람은 없다는 사실이다. 다른 사람 중에는 물론, 이와 같은 가설을 주장하는 사람들 중에서조차 한 사람도 없다.

예를 들어 누군가가 메가라에 가기 위해서는 걷지 않으면 안 된다고 생각할 때, 무엇 때문에 그는 집에 머물러 있지 않고 그곳으로 걸어가기로 택했을까? 또는 누군가가 아침 일찍, 우연히 샘물가 또는 절벽 가장자리에 이르렀을 때, 무엇 때문에 그는 거기에 뛰어들지 않고 조심해서 이를 피하기로 (부정 아니면 긍정의 방식으로) 선택하는가? 그것은, 거기에 떨어지는 일이 좋지 않은 일이기도 하고, 좋은 일이기도 하다고 무차별적으로 생각하기 때문은 아닐 것이다. 분명히 그는 한쪽은 좋고 다른 한쪽은 좋지 않다고 판단하고 있다. 그리고 만약에 그렇다고 한다면 그는 이것은 인간이고 저것은 인간이 아니며, 이것은 달고 저것은 달지 않다고 틀림없이 판단할 수 있다.

그는 물을 마시는 편이 좋다 생각하고, 사람을 만나는 편이 좋다고 생각하여 이런 일들을 할 때, 무엇이든지 무차별적으로 똑같이 판단하고 있지는 않기 때문에 이렇게 어느 쪽 일이든 선택한다. 물론 만약에 같은 존재가 동등하게 인간이자 인간이 아니라면, 무차별적으로 판단해 보아야 한다. 그러나 누구든 분명히 어떤 존재는 주의해서 피하고, 어떤 존재는 피하지 않는다. 따라서 모든 사람들은 온 사물에 대해서는 아니라 할지라도, 적어도 사물의 좋은가 나쁜가에 대해서는 단적으로 구별해서 판단하는 듯하다. 그리고 이 판단을, 참다운 인식에 의해서가 아니라 근거 없는 판단으로 하고 있다면, 그들은 이제라도 더욱더 많은 배려를 진리에 대해 해야 한다. 마치 병든 사람이 건강한 사람보다도 훨씬 더 많이 건강을 돌보는 일과 같다. 근거 없이 판단하는 사람은 인식하는 사람에 비하면 진리에 대해서 그다지 건강한 상태에 있지 않기 때문이다.

[변박 7]비록 제아무리 많은 사람들이 '동시에 그렇기도 하고 그렇지 않기도 하다'고 말해도, 모든 존재의 자연(자연 본성)에는 '보다 많게'와 '보다 적게'의 구별이 내재한다. 우리는 이(二)와 삼(三)을 똑같이 짝수라고 말해서는 안 되고, 또 사(四)를 오(五)라고 생각하는 사람과 천(千)이라고 생각하는 사람이 똑같은 잘못을 저지르고 있다고 말해서는 안 된다. 여기서 만약에 그들이 똑같은 잘못을 저지르고 있지 않다고 한다면, 분명히 그들 가운데 누군가가 잘못을 적게 저지르고 있으며, 따라서 보다 많이 진실을 이야기하고 있다. 그래서

만약에 그 무엇인가를 보다 더 많이 가지고 있는 쪽이 그 무엇인가(진실)에 보다 더 가까운 값(근삿값)을 지니고 있다면, 보다 더 진실된 쪽이, 보다 더 그 진실에 가까운 진실을 가지고 있음에 틀림없다. 비록 진실이 존재하고 있지 않다 하더라도, 적어도 이미 확실하고 보다 더 진실에 가까운 무엇인가는 존재한다. 이로써 우리는 그 견해, 즉 우리 사상에 그 어떤 안정을 부여하는 일을 가로막는 저 자격 없는 (불가능의) 가설로부터 벗어나게 되었다.

제5장
모순율의 부정과 관련된 프로타고라스의 감각론적 상대주의와 이에 대한 우리의 논란.

이와 같은 모순율의 견해로부터, 앞서 언급한 프로타고라스설도 나왔다. 그리고 필연적으로 이들 두 가설은 모두 참이거나 다 같이 거짓이다. 왜냐하면 이 모순율설과 프로타고라스설은 (1)만약에 그렇게 판단되거나 그렇게 표상되는 대로 모두 진실이라면, 필연적으로 이들 판단이나 표상은 모두 그대로 참이며 동시에 거짓이라는 말이기에 그렇다. 많은 사람들은 서로 상반되는 판단을 하고 있다. 저마다 자기와 다른 반대의 판단을 하는 사람을 거짓된 판단을 하는 사람으로 생각하고 있다. 따라서 (그렇게 저마다의 생각대로라고 한다면) 같은 사물이 동시에 그렇기도 하고 또 그렇지 않기도 하다는 말이 된다. 그러나 또 (2)만약에 이와 같이 모두가 동시에 그렇고 그렇지 않다고 하면, 필연적으로 모든 생각(판단)들이 진실이라고 말할 수 있다. 왜냐하면 거짓 판단을 하는 사람과 참 판단하는 사람은 서로 반대되는 바를 믿고 있는 셈인데, 사실이 그와 같이 반대라면 누구나 다 참 판단을 하고 있는 셈이기 때문이다.

따라서 이 두 가지 가설이 모두 같은 사상에서 나왔음은 명백하다. 그러나 토론하는 모든 상대편에 대해서 똑같은 논법을 쓸 수는 없다. 어떤 상대에게는 설득이 필요하고, 어떤 상대에게는 이치에 근거한 강제가 필요하다. 스스로 난문에 맞닥뜨려서 저마다의 견해를 가지게 된 사람들은 무지(無知)에서 치유되기가 쉽다. 그들이 마주하고 있는 문제는 논의 방법에 있지 않고, 사상 내용 자체에 있기 때문이다. 하지만 논의를 위한 논의를 하는 사람들은, 그들의 음성이나 언어상의 논의만을 논박함으로써 구출될 수 있다.

그러나 난문으로 고생을 한 사람들이 저마다의 견해를 갖기에 이른 사정은, 감각적 사물(의 관찰)로 인해서이다. 즉 그들은 (1)서로 다른 사물이 같은 감각으로부터 생성되는 사실을 인식하고, 모순된 사물이나 상반된 사물이 같은 감각에 속할 수 있다고 생각했다. 그래서 존재하지 않는 감각이 생성 사실을 인식시킬 수 없다고 한다면, 상반된 사물(즉 존재하는 사물)의 어느 부분이든 그보다 이전에 이미 존재하고 있었으리라고 여겨짐이 마땅하다. 그것은 마치 아낙사고라스가 '모든 사물은 모든 사물들 속에 섞여 있었다' 말하고 있는 바와 같다. 또 데모크리토스도 그와 같이 생각하고 있었다. 그는 공허와 충실체(充實體)가, 충실체는 존재이고 공허는 비존재이지만, 둘 다 세계의 모든 부분에 존재하고 있다고 말하기 때문이다. 그래서 이와 같은 이유에 따라 이러한 견해를 품는 사람들에 대해서, 우리는 ⓐ어떤 뜻에서 그들은 올바른 말을 하고 있으나 어떤 뜻에서는 잘못되어 있다고 말하고 싶다. 왜냐하면 그들이 말하는 존재에는 두 가지 뜻이 있어서, 어떤 의미에서는 존재는 비존재로부터 생성될 수 있지만 다른 의미에서는 생성할 수 없기 때문이며, 같은 물질이 동시에 존재하면서 존재하지 않는 일도 있을 수 있기 때문이다. 단, 이것은 같은 뜻에서 존재이기도 비존재이기도 하다는 말이 아니다. 가능성으로 보자면, 같은 물질이 동시에 상반되는 두 가지 물질 가운데 어느 하나일 수도 있지만, 완전현실태(完全現實態)에서는 동시에 그러할 수는 없기 때문이다. 더 나아가서 이 사람들에 대해서 우리는, ⓑ존재들 가운데에는 운동도 소멸도 생성도 완전히 그 존재에 속하지 않는 어떤 별종의 실체가 있음을 인정하도록 부탁하는 바이다.

　마찬가지로 어떤 사람들은 (2)나타난 현상을 진리라고 하는 견해도 감각적 사물(의 관찰)에서 이끌어 내고 있다. 즉 ⓐ그들의 생각에 따르면 사물이 진리인가 아닌가는, 그것을 인정하는 사람이 많은가 적은가로 결정될 일이 아니다. 같은 물질이라도 어떤 사람에게는 달게 느껴지고 어떤 사람에게는 쓰게 느껴지므로, 만약에 모든 사람이 병들어 있거나 미쳐 있고, 건강하거나 이성적인 사람은 두서넛뿐이라고 한다면, 이 두서너 사람이 병에 걸리거나 미쳐 있다 생각되며 다른 사람들은 모두 그렇지 않다고 여겨지게 된다고 그들은 생각한다.

　그들에 의하면 ⓑ많은 다른 동물들에게 나타나는 현상은 우리 인간과는 반대일 뿐만 아니라, 우리 한 사람 한 사람의 감각에 나타나는 현상이 반드시 서로 같다고는 여겨지지 않는다. 그렇다고 한다면 이들 가운데 어느 현상이 참이냐 거짓이냐는 분명하지 않다. 왜냐하면 어느 하나가 다른 하나보다도 더 참이지 않고 둘 다 마찬가지라고 생각하기 때문이다. 그러므로 데모크리토스도 그 무엇이든 진실이 아니거나, 적어도 우리에게는 분명하지 않다고 말했다.

또 흔히 (c)그들은 지식을 감각이라고 이해하고 있을 뿐이거나, 감각을 (물체의) 변화라고 이해하고 있기 때문에, 감각에 나타난 (변화적) 현상을 필연적으로 진실이라고 말하지 않을 수 없다. 엠페도클레스나 데모크리토스나 그 밖의 거의 모든 사람들이 이런 종류의 견해(변화하는 현상들이 모두 진실이라는 견해)의 포로가 된 까닭도 이렇듯 아직 우리의 감각대로가 참인지 거짓인지 분명하지가 않아서이다. 예를 들어 엠페도클레스도 사정이 바뀌면 지식도 바뀐다고 생각해 이렇게 말한다.

"눈앞의 존재에 따라서 인간의 지혜도 성장한다."

또 다른 곳에서는 다음처럼 말하고 있다.

"그들의 성질이 바뀌는 만큼,

그만큼 그들에게는 언제나 변화된 생각이 떠오른다."

파르메니데스도 그의 가설을 같은 방법으로 표현하고 있다.

"일그러지고 비틀어진 팔다리가 구성될 때 그러하듯이,

인간의 정신도 그러하다.

그 까닭은 모든 인간의 팔다리를 이루는 본질이, 변화하며 생각하기 때문이다.

왜냐하면 이 본질은 (빛과 어둠 속의) 더 우세한 존재들을 생각하니까."

또 여기에서 상기되는 바는, 아낙사고라스가 어떤 친구들에게 보낸 문구이다. 그는, 사물이 사람들에게 판단되도록 되어 있는 바대로 존재한다고 했다. 사람들에 따르면, 호메로스도 분명히 이 견해를 가지고 있었던 듯하다. 왜냐하면 호메로스는, 헥토르가 맞아서 정신을 잃었을 때 '다른 생각에 잠겨' 누워 있었다고 노래했기 때문이다. 이것은 생각을 잃은 사람도 어떤 생각을 가지고 있다는 뜻이다. 물론 같은 생각을 하고 있다는 말은 아니지만, 만약에 둘 다 생각으로 인정한다면, 존재하는 동시에 존재하지 않는다고 여겨지기도 한다는 사실은 분명하다. 그런데 여기에 가장 곤란한 결과가 나온다. 왜냐하면 만약에 이와 같이 우리에게 가능한 진실만을 가장 잘 보고 있는 사람들이 가장 열

심히 진실을 탐구하고 또 철학하고 있는 사람들인데, 이 사람들이 진리에 대해서 이런 가능한 진실만을 보는 견해를 품고 이런 진실만을 드러낸다면, 이제부터 막연하게 지혜의 철학을 시작하려는 사람들의 기를 자기 견해로써 꺾지 않고 그대로 둘 리가 없기 때문이다. 만일 그렇게 자기 견해를 드러내지 않는다면, 진리를 탐구하는 일은 '나는 새를 뒤쫓는 일'이나 다름없기 때문이다.

그러나 이와 같은 견해가 그들에게 생긴 이유는, 그들이 여러 존재들의 진리를 탐구함에 있어서 존재란 단지 감각적인 존재만 있다고 생각했기 때문이며, 이 감각적 존재에는 규정되지 않았다고 하는 성질이—즉, 그들이 말하는 존재의 의미에 대해서 앞서 우리가 지적한 대로의 그런 성질(존재와 동시에 비존재의 성질)이—있기 때문이다. 그래서 그들은 진실답게 말은 하지만, 진실을 말하고 있지 않기도 하다(왜냐하면 이렇게 진실과 비슷하게 말하는 편이 에피카르모스가 크세노파네스에 대해서 말했듯이 '진실답지도 않고 진실도 아니다'라고 말하는 것보다는 차라리 더 적절하기 때문이다). 또 이 자연 전체가 운동하고 변화하는 현상을 보고서도, 그와 같이 전화(轉化)하는 사물에 대해서는 그 어떤 진리도 말할 수 없다고 생각해, 그들은 모든 곳에서 갖가지 방법으로 전화하는 이와 같은 사물에 대해서는 진실을 말할 수 없다고 판단을 내려버렸다. 그리고 이 판단에서, 이제까지 말해 온 바와 같은 가장 극단적인 의견도 나타났다. 그것은 헤라클레이토스학파라 자임하는 사람들의 의견, 특히 크라틸로스가 품고 있었던 의견으로, 이 사람은 마침내 (불명확한 진실은) 아무것도 말해서는 안 된다는 생각이 들어 겨우 손가락 끝을 움직여 표시할 수 있었을 뿐이었다. 그리고 그는 헤라클레이토스가 두 번 다시는 같은 강에 발을 들여놓을 수 없다고 말한 일을 유감이라고 했는데, 그 자신은 한 번도 발을 들여놓을 수 없다고 생각했기 때문이다.

그러나 우리는 이 논의에 대해서도 다음과 같이 대답한다. 먼저 ⓐ과연 그들이, 전화하는 사물은 전화하고 있는 한 존재로 생각할 수 없다고 여기는 데에는 이유가 있다. 하지만 여기에도 반론의 여지가 있다고 우리는 대답하리라. 왜냐하면 소멸해 가는 사물도 여전히 그 소멸하는 사물 안에 그 무엇인가를 지니고 있으며, 생성되고 있는 사물도 이미 그 무엇인가는 존재하고 있음에 틀림없기 때문이다. 즉 일반적으로 무엇인가가 소멸한다면 그 무엇인가는 존재해 있지 않으면 안 되고, 무엇인가가 생성된다면 생성되는 질료나 그 생성 과정을 시작시키는 작용인이 틀림없이 존재할 터이며, 더욱이 이 생성 과정은 무한히 거슬러 올라갈 수는 없기 때문이다.

그렇지만 이 논의는 이쯤으로 해두고, 다음에 우리가 말하고 싶은 점은 (b)똑같이 전화한다고 말해도, 양에서의 증감과 성질에서의 변화는 같지 않다는 사실이다. 과연 사물의 양에 있어서의 전화는 항상적이 아니고 변화한다. 그러나 우리가 사물을 인식하는 바는, 모두 그 사물의 종류나 성질이다. 또 이와 같은 견해를 가진 사람들에 대해서 정당하게 지적되어야 할 문제는, (c)그들이 감각계에 대해서조차도 그 사소한 부분(종류나 성질)밖에 보고 있지 않은데도, 그것으로 미루어 마치 천계 전체도 그와 마찬가지인 듯이 말하고 있는 점에 있다. 왜냐하면 우리를 둘러싸고 있는 영역에서만은 감각계의 모든 존재들이 끊임없이 소멸과 생성 과정에 있는데, 이 변화의 영역은 전체 우주에 비하면 매우 작은 일부분에 지나지 않으며, 따라서 이 작은 부분을 위해 저 큰 부분을 공범(共犯)으로 삼느니보다, 오히려 그 부분을 위해 이 부분도 무죄방면하는 편이 옳기 때문이다.

분명히 우리는 (d)이 사람들에 대해서도, 앞서 다른 사람들에게 말한 바와 똑같은 대답을 해야 한다. 즉 우리는 이 사람들에게도, 어느 변함없는 실재(우주)가 존재한다는 사실을 보여주고 그것을 인정하도록 설득해야 한다. 사실 사물이 있으면서 동시에 있지 않을 수도 있다고 말하는 사람들은, 결국 모든 사물이 운동하고 있다고 하느니보다는 오히려 모두 멈추고 있다고 말해야 한다. 왜냐하면 그들에 의하면 이미 모든 속성들이 모든 기체(基體)에 내재하고 있는 셈이므로, 전화해서 무엇인가 다른 속성이 되려 해도 더 이상 그런 기체가 존재하지 않기 때문이다.

그러나 진리에 대해서는, 모든 표상이 반드시 참은 아니라고 말하지 않을 수 없다. 그 까닭은 (1)적어도 특정한 감각 대상에 호응하는 특정한 감각이 거짓은 아니라 할지라도, 표상은 감각과 같지 않을 수도 있기 때문이다. 다음에는 (2)그들 스스로가 제기하는 의문으로, 여기에는 우리도 정당하게 경탄의 뜻을 나타내야 한다. 그들은 다음과 같이 묻고 있다. 과연 물건의 크기나 색은 멀리 있는 사람에게 나타나는(나타난다고 여겨지는) 대로 있는가 또는 가까이에 있는 사람에게 나타나는 대로 있는가, 또 과연 물건은 건강한 사람에게 나타나는 대로 있는가, 그렇지 않으면 병든 사람에게 나타난 대로 있는가, 그리고 물건의 무게에 대해서도 과연 그 물건이 힘이 약한 사람에게 나타난 대로 무거운가, 또는 힘이 강한 사람에게 나타나는 대로의 무게인가, 또 사물의 참도, 자고 있는 사람에게 참이라고 여겨지는 참인가, 또는 깨어 있는 사람에게 그렇게 여겨지는 참인가? 그것은 분명히 그들도 그대로라고는 믿고 있지 않기 때문이다.

왜냐하면 (a)그 누구도 리비아의 시골에 있으면서, 자는 동안 꿈에서 있었던 대로 아테네에 있다 생각하고 음악당으로 가지는 않기 때문이다. 또 (b)미래의 일에 대해서도 플라톤이 말하는 대로, 이를테면 건강을 회복할 가망성이 있는가 없는가에 대해 의사의 의견과 의술에 무지한 사람의 의견은 결코 같은 권위를 가지고 있지 않기 때문이다. (c)여러 감각들의 상호 간에서도, 자신과 인연이 먼 감각 대상에 대한 감각과 자신에게 고유한 감각 대상에 대한 감각은, 또는 친근한 대상에 대한 감각과 독자적인 대상에 대한 감각은 같은 권위를 가지고 있지 않다.

색은 미각이 아니라 시각이 권위를 가지지만, 맛은 시각이 아니라 미각이 권위를 가지고 있다. 또 이들 각각의 감각도, 같은 때에 같은 대상에 대해서는 결코 그것을 동시에 그렇고 또 그렇지 않다고 말하지는 않는다. 뿐만 아니라 감각은 때가 다를 경우에도 감각되는 성질에 있어 결코 일치하지 않고, 그 불일치는 단지 그 성질이 속하는 기체(基體)에 대해서이다. 예를 들어 같은 술이라도, 술 자체가 변질되든가 또는 그것을 맛보는 사람의 몸 상태가 바뀌든가 하면 때로는 달고 때로는 달지 않게 여겨진다. 그러나 적어도 그 단맛은, 달 때에 단맛이 나는 한 단맛 자체는 결코 바뀌었다고 할 수 없으며, 이 점에 있어서 감각은 언제나 진실을 말한다. 그리고 단맛 자체는 필연적으로 그렇게 되어 있어야 한다. 그런데 그들의 가설은 이 당연한 감각적 필연성을 모조리 깨뜨려 버린다. 왜냐하면 그들은 그 어떤 성질의 실재성을 인정하지 않기 때문에, 그리고 그 무엇에도 필연성이 존재하지 않는다고 하기 때문이다. 필연적이라는 일은, 이와 같이 필연적일 수도 있고 필연적이 아닌 상태로도 있을 수는 없는 일이므로, 만약에 무엇인가가 필연적으로 존재한다면 그것이 동시에 그렇게 존재할 수도 또 그렇지 않게 존재할 수도 있는 일은 없기 때문이다.

또 일반적으로 (3)만약에 (감각하는 생물은 없고) 감각되는 사물만이 존재한다면, 생물(영혼을 갖는 사람)이 존재하지 않는 경우에는 감각하는 능력이 존재하지 않는 셈이므로, 그 무엇도 존재하지 않는다는 이야기가 된다. 그런데 이 경우 감각 내용도 감각 표상도 존재하지 않는다는 의견은 아마도 참일 것이다. 왜냐하면 이 감각적 사물들은 감각하는 자의, 수동적으로 표상되는 것뿐이기 때문이다. 그러나 감각은 없다고 할 수 있어도, 감각을 일으키는 기체(基體)가 존재하지 않을 수는 없다. 왜냐하면 감각은 감각 자체에 대한 감각이 아니라, 감각되어야 할 다른 어떤 대상(사물의 기체)이 감각과는 별도로 존재해 이 대상물이 필연적으로 감각보다 먼저 존재하고 있기 때문이다. 이를테면 움직이게 하는 것은 움직여지는 것보다도 먼저 있기 때문이다. 비록 이 둘이 상호 관계적이라고 해도 사태에는 변함이 없다.

제6장

상대주의에 대한 논쟁의 계속.

이 가설(상대주의)을 확신하고 있는 사람들이나 이를 논의만 하는 사람들 가운데 어떤 사람은 다음과 같은 의문을 내놓고 있다. 즉 건강한 사람인가 아닌가를 판단하는 사람은 누구인지 묻고 있다. 일반적으로 말하자면, 누가 자신에 대해서 올바르게 판단을 해줄 사람인가를 묻고 있다. 그러나 이와 같은 물음은 과연 지금 우리는 자고 있는가, 눈을 뜨고 있는가를 묻는 일과 마찬가지로서, 어느 쪽이나 다음 의미가 있다. 그들은 모든 일에 마땅히 그 논거(論據)가 있다고 생각한다. 그들은 원리를 추구하고, 이 원리를 논증에 의해서 파악하려고 한다. 하지만 실제로 그들이 논증으로 원리를 파악할 수 있다는 확신을 가지고 있지 않다는 사실은 그들의 행위로 보아 분명하다. 그러나 앞서도 말한 바와 같이, 이것이 그들의 나쁜 습관이다. 그들은 논증을 포기하고 논거가 없는 원리의 논거를 찾고 있다. 논증의 원리는 논증이 아닌데 말이다.

그런데 이와 같은 사람들은 설득하면 손쉽게 이 사실을, 즉 논증 없이도 해결 방법이 있음을 받아들인다. 이해하기 힘든 일이 아니기 때문이다. 그렇지만 단지 논의상의 강제력만을 구하는 사람들은 불가능한 일을 추구하고 있다. 그들은 상반된 사실을 말해도 좋다고 주장하는데, 이는 곧 그들 스스로 모순된 사실을 말하는 것이다. 그러나 또 ⓐ만약에 모든 사실들이 반드시 상대(관계)적으로 존재하지 않고, 어떤 사실은 그 자체로서 스스로 존재하기도 한다면, 밖으로 나타난 모든 발현(發現)이 진실하다고는 할 수 없다. 왜냐하면 발현은 누군가에게 보이는 (상대적인) 현상일 뿐이기 때문이다. 따라서 모든 발현이 진실이라고 말하는 사람은, 모든 존재들을 (그 자체보다는) 상대적으로 이해한 상황에서 그렇게 말한다. 때문에 반박할 수 없는 논의를 요구함과 동시에 자신의 가설이 정당하다고 주장하는 그들은, '발현이란 단지 (단적인) 존재가 아니라 나타나는 사람에게 그렇게 보일 뿐이고, 또한 나타날 때 그러하며, 나타나는 감관(感官)이나 그때의 사정에 따라서 그러하다' 말함으로써 스스로 경계하지 않으면 안 된다.

만약에 그들이 이와 같이 자신의 가설에 대한 신중한 경계 없이 그 정당성을 요구한다면, 그들은 곧 스스로 모순된 사실만을 말하게 될 것이다. 왜냐하면 같은 사실이라도 시각에는 꿀로 나타나지만, 미각에는 그렇게 나타나지 않고, 또 눈이 두 개 있기 때문에 두 시력이 똑같지 않을 경우에는 실물과 똑같은 사물로 보이지 않는 일도 있을 수 있기 때문이다. 그래서 우리는 이 사람들에 대해 일컫기를, 이들은 앞서 말한 바와 같은 이유로 발현된 대로가 진실이라고 주장해 모든 사물을 한결같이 거짓이기도 하고 참이기도 하다고 생각하는데, 그렇기 때문에 사물은 반드시 모든 사람에게 똑같이 나타나지 않고, 또 같은 사람에 대해서도 늘 같지 않으며 오히려 같은 때에도 자주 반대로 나타난다고 한다(예를 들어 손가락을 겹쳐서 어떤 사물을 집으면 촉각은 이 손가락이 두 개라고 알리지만, 시각은 이 손가락이 하나라고 알린다).

그런데 우리는 바로 이들에게 이렇게 대답한다. 즉 그것은 옳다. 그러나 같은 감각에 대해서, 같은 부분에 대해서, 같은 사정 아래에서, 같은 시간 때의 일로서는 이러한 경우의 발현은 모두 진실이라고 말한다. 하지만 아마도 이런 이유로 그 사람들은, 즉 스스로 난문에 맞닥뜨려서가 아니라 오로지 논의를 위한 논의를 하는 사람들은 이렇게 말을 받을 수도 있다. 그것은 그 자체가 진실이 아니라 그 현상을 본 그 사람에게 있어서만 진실이라고. 그리고 그들은 틀림없이, 아까도 말한 바와 같이 모든 사실이 그 판단과 감각에 대해서 상대적이라고 말한다. 그 결과 그 무엇인가가 생성되는 일도, 존재하는 일도 미리 그렇게 판단할 수 있는 사람이 없으면 있을 수가 없는 일이 된다. 왜냐하면 만약에 무엇인가 판단할 대상이 이미 생성되어 존재하고 있다면, 분명히 모든 사물들이 판단에 의해서 상대적으로 달리 있을 수는 없기 때문이다.

다음에 또 (b)만일 그 생성되어 있는 무엇인가가 하나라고 한다면, 그것은 어면 하나의 사물에 대한 하나이거나, 또는 일정한 수의 사물들에 대한 (제1의 기체로서) 하나이다. 그런데 만약에 그 생성물이 (완전한) 사물의 반(半)일 수도 있고 동등할 수도 있다면, 동등하다는 말을 듣는 생성물은 생성물의 배(倍)가 되는(미완성) 사물에 비해서보다는 동등한(완전한) 사물에 비해서 상대적으로 동등하다. 그래서 판단하는 사람과 판단되는 사람 간의 관계에서, 만일 판단되는 그대로 인간이 존재한다면 (판단된 현상대로만이 존재한다고 하니까) 인간의 존재란 판단하는 자로서는 존재하지 않고, 판단된 현상적 존재로 존재하게 된다. 그리고 만약에 저마다의 사물이 그것을 판단하는 사람에 따라서 상대적으로 판단된다면, 판단하는 사람도 마찬가지로 무한히 많은 종(種)으로서 상대적인 존재가 된다.

그러나 (1)모든 견해 중에서 가장 확실한 사실은, 모순적으로 대립하는 판단이 동시에 참일 수는 없다는 사실이다. 그리고 (2)만약에 이 모순적 대립판단이 참이라고 한다면 어떠한 결론이 나오는가, 또 (3)그럼에도 왜 그 사람들은 이것을 참이라고 말하는가 하는 것인데, 이와 같은 일들에 대해서는 여기까지만 말하기로 한다. 그런데 이 모순된 판단이 같은 사물에 대해서 동시에 참이 되는 일이 불가능하다고 하면, 반대되는 것(현상)들이 동시에 같은 대상(사물 또는 주어)에 속할 수 없음도 분명하다. 왜냐하면 반대되는 한쪽은 단지 반대되는 요소(술어)일 뿐만 아니라 제거이기 때문이며, 더욱이 어떤 실체의 제거이기 때문이다. 그런데 제거란 무엇인가 특정한 유(類)에 속한다는 의미의 부정이다. 따라서 긍정과 동시에 부정이 불가능하다면 반대의 현상이 동시에 같은 사물에 속할 수 없고, 만약에 속한다고 하면 그것은 반대되는 현상들 양쪽이 저마다 어느 특정한 조건 아래에서 나타났든가, 또는 그 한쪽은 조건적으로, 다른 한쪽은 단적으로(무조건적으로) 나타났든가이다.

제7장

배중율(排中律)과 이에 대한 옹호.

두 가지 모순된 사물 사이에는 그 어떤 중간 것도 있을 수 없고, 반드시 우리는 어느 한 가지 것을 긍정하든가 부정하든가 그 어느 편인가의 하나이다. 그런데 이것은 (1)먼저 참이란 무엇인가, 거짓이란 무엇인가를 정의하면 뚜렷하다. 존재를 존재하지 않는다 말하고, 비존재를 존재한다고 말한다면 그것은 거짓이고, 존재를 존재라고 말하거나 비존재를 존재하지 않는다고 말한다면 그것은 참이므로, 무엇인가를 있다거나 없다고 말하는 사람은 참을 말하든가 거짓을 말하든가 둘 가운데 하나이다. 그런데 (만약에 중간자가 있다고 한다면) 존재나 비존재를, 존재하지 않는다고도 말할 수 없고 존재한다고도 말할 수 없게 된다.

또 (2)만일 모순된 현상들 사이에 중간 현상이 있을 수 있다면, 그것은 마치 회색이 검은색과 흰색의 중간 색이거나, 인간도 말(馬)도 아닌 인간과 말의 중간자가 존재한다고 해야 한다. 그러나 ⓐ후자의 경우에는, 그것은 어느 쪽으로도 도로 전화할 수 없다(전화란 이를테면 좋지 않은 상태로부터 좋은 상태로, 또는 좋은 상태로부터 좋지 않은 상태로의 분명한 변화이니까). 그런데 실제로 중간자도 늘 분명히 둘 가운데 어느 쪽엔가로 전화한다. 단, 대립하는 양쪽 가운데 어느 쪽으로 전화하든가 또는 중간자로 전화하든가 하는 외에는 전화할 수가 없다. 하지만 또 ⓑ만약에 그것이 엄밀한 뜻에서의 중간자라고 한다면, 여기에서도 마찬가지로 흰색으로의 생성이 아닌, 더욱이 흰색이 아닌 것으로부터가 아닌 생성이 분명히 있다. 그런데 실제로는 이런 생성은 볼 수가 없다.

또 (3)추리나 사유(思惟) 대상에 있어서의 모든 추리적 지성은 이것을 긍정하든가 또는 부정하든가 어느 한쪽이다. 이것은 (참과 거짓에 대한) 정의에서 분명한 일로, 추리적 지성이 무슨 사물이 참인가 거짓인가를 말할 때 늘 그러하다. 즉 그것이 어떤 방법으로 긍정적 또는 부정적으로 결합될 때에는 참을 말하고 있으며, 어느 다른 방법으로 결합될 때에는 거짓을 말하고 있다고 추리적 지성은 말한다. 또 한편으로는 (4)만약에 사람이 단순히 논의를 위한 논의를 하지는 않고 진실의 타협점을 찾으려 한다면, 모든 모순된 판단 외에 중간자의 존재를 인정해야만 하게 된다. 그 결과 사람은 참이 아닌 것도 거짓이 아닌 것도 말할 수 있게 되고, 또 존재와 비존재 외에 중간자도 있게 되기 때문에, 생성과 소멸 외에 어떤 다른 종류의 전화가 있다는 이야기도 된다.

(5)부정이 그 반대의 긍정인 종류의 사물인 경우, 이와 같은 사물에도 중간자가 존재하게 된다. 이를테면 수(數) 가운데 홀수도 아니고 홀수이기도 한 수가 있게 된다. 그러나 이것은 불가능한 일이다. 그것은 그 정의로 보아 분명한 일이다. 또 (6)중간자를 찾아 무한히 거슬러 올라가게 되어, 존재의 수가 그 반

수(半數)만큼 더 불어나게 될 뿐만 아니라, 한결 더 많이 있게 될 것이다. 왜냐하면 다시 이 중간자에 대해서도 긍정과 부정에 대해서 말할 수가 있고, 그래서 이 부정에 의해서 생긴 것은 그대로 새로운 실재성을 지니게 되기 때문이다. 또 (7)사람이 '그것은 흰가'라는 물음을 받고 '아니다'라고 답했을 경우, 그는 다만 그 색이 하얗다는 것을 부정했을 뿐이다(따라서 긍정과 부정 사이의 중간은 있을 수가 없다).

이와 같이 어떤 사람들은 이 (배중율을 부정하는) 견해에 사로잡혔는데, 이는 중간의 어정쩡한 상태는 없다는 배중율 이외의 여러 역설적 견해에 사로잡혀서이다. 왜냐하면 그들이 논쟁을 일삼는 사람들 방식으로 논의를 해결할 수 없을 때는, 결국 그 논의에 굴복해서 그 결론에 동의하여 참이라고 인정하게 되기 때문에, 그들은 역설을 생각해 낸다. 어쨌든 어떤 사람들은 이와 같은 이유로 해서 이 가설을 주장하고, 어떤 사람들은 무슨 일에나 논거가 필요하다는 이유로 이 가설을 주장한다. 그러나 이 모든 사람들에 대해서 우리의 출발점으로 삼아야 할 사실은 정의(定義)이다. 무엇인가를 이야기할 때 그들은 필연적으로 무엇인가를 의미하고 있으며, 거기에 정의가 생기기 때문이다. 무릇 어떤 말의 의미에 의한 설명 방식, 이것이 이 말의 정의이기 때문이다. 그런데 모든 현상은 존재와 동시에 비존재라고 주장하는 헤라클레이토스의 가설은, 모든 현상을 모조리 참이라고 보는 듯하지만, 모순된 현상들의 중간에 무엇인가 개입되어 있다고 하는 아낙사고라스의 가설은, 모든 사물을 거짓으로 보는 듯하다. 왜냐하면 모든 사물들이 혼합물이라고 하면, 이 혼합물은 좋은 것도 아니고 좋지 않은 것도 아니게 되어 즉 긍정도 부정도 아니게 되어, 결국 조금도 참을 말할 수 없게 되기 때문이다.

제8장
모든 훌륭한 말들이 참이지도 않고 거짓이지도 않다. 모든 사물들이 멈춰 있지도 않고 운동하고 있지도 않다.

이와 같이 구별해서 한 설명으로 볼 때, 어떤 사람들이 주장하는 바와 같이 모든 존재에 대한 일면적인 가설이 타당치 않음은 명백하다. 왜냐하면 어떤 사람은 그 어떤 존재도 참이 아니라 주장하고[그들이 말한 바에 따르면 그 어떤 명제도 모두 '정사각형의 대각선은 그 변과 통약적(通約的)이다'라고 하는 (거짓된) 명제와 같은 원리를 방해하지 못하고 있으니까] 어떤 사람은 모든 존재를 참이라 말하고 있는데, 이들 가설은 거의가 저 헤라클레이토스의 가설과 전적으로 같기 때문이다. '모든 존재(현상)는 참이며 참이 아니다'라고 (헤라클레이토스도 말하리라고 여겨지는 바와 같이) 말하는 사람은, 이윽고 또 이 명제를 두 개의 명제로 분리하여 따로따로 말하기도 한다.

그런데 이미 최초의 명제가 불가능하므로 뒤의 두 명제도 저마다 불가능하다. 또 그 양쪽이 동시에 참일 수도 없는 서로 모순된 사물도 분명히 존재하기도 한다. 그러나 다른 한편으로는 모든 명제가 거짓이라고 할 수도 없다. 모든 명제가 거짓인 쪽이 위에서 말한 걸로 보아 한결 많이 있을 수 있는 듯이 보이기는 하지만, 어쨌든 이 논의를 대할 경우 우리가 요청해야 할 사항은 아까도 설명한 바와 같이 그 무엇인가가 있느냐 없느냐가 아니라, 무엇인가 뜻있는 사실을 말하고 있는가 하는 데 있고, 따라서 우리는 정의로부터 거짓이나 참이 무엇을 의미하는가를 결정하고 나서 변증 문답을 해야 한다. 그런데 만일 참의 긍정이 거짓의 부정 그 자체라고 한다면, 모두가 거짓일 수는 없고 분명히 참이 있다. 왜냐하면 모순되는 사실들 가운데 어느 한쪽은 필연적으로 참이니까.

또 모든 것이 긍정되든가 부정되든가의 어느 쪽이어야 한다면, 양쪽 모두 거짓일 수는 없다. 왜냐하면 모순되는 사실들 가운데 어느 쪽인가 하나만이 거짓이기 때문이다. 그러므로 이런 식의 모든 논의는 스스로가 스스로의 논점을 파기한다는, 널리 알려진 반박론을 만나게 된다. 즉 한편으로 모든 가설이 참이라고 주장하는 사람은 자기 가설에 반대되는 가설도 참이라고 하여, 자기 가설을 참 아닌 것으로 만들게 된다(왜냐하면 반대되는 가설은 그의 가설이 참이라는 논점을 부정하기 때문이다). 그러나 다른 한편으로 모든 가설이 모두 거짓이라고 말하는 사람은, 또 스스로 자기 가설까지도 거짓이라고 하게 되는 결과를 불러온다. 또 예를 들어 모든 가설이 참이라고 말하는 전자는, 그와 반대의 가설만은 참이 아니라고 하여 제외하는 예로 삼고, 모든 가설이 거짓이라고 말하는 후자도 자기 가설만은 거짓이 아니라고 하여 이것을 제외하는 예로 삼는다고 해도, 그들은 더 나아가 무한히 많은 참과 거짓의 가설들을 (부언적으로) 인정하지 않을 수 없게 된다. 왜냐하면 참의 가설이 참이라고 하는 가설도 참의 가설이며…… 하고 무한히 거슬러 올라가기 때문이다.

분명히 또 모든 사물은 멈춰 있다고 말하는 사람들도, 모든 사물은 운동하고 있다고 말하는 사람들도 다 같이 진실을 말하고 있지는 않다. 왜냐하면 만약에 모두가 정지해 있다면 같은 가설이 영원히 참이거나 거짓일 테지만, 실제로는 분명히 그 사물들은 전화하기 때문이다(왜냐하면 그 가설을 이룬 사람 자체가 이전에는 존재하지 않았고, 다시 존재하지 않게 되는 그러한 전화적 존재이기 때문이다). 그러나 또 만일 모든 사물들이 운동하고 있다면 아무런 참도 존재하지 못하게 되고, 따라서 모든 가설들은 (변해 버리므로) 거짓이 된다. 하지만 이런 일이 불가능함은 이미 증명된 대로이다. 또 존재하는 사물들은 필연적으로 전화한다. 왜냐하면 전화란 어떤 현상으로부터 어떤 현상으로의 변화이기 때문이다. 그러나 모든 사물들이 어떤 때는 정지하거나 어떤 때는 운동하거나 하지 않고, 또 모든 사물들이 늘(영원히) 그런 현상으로 있지는 않는다. 움직이고 있는 사물에는 언제나 이를 움직이는 어떤 물질이 있으며, 더욱이 그 제1의 동자(動者)(움직이게 하는 작용인) 자체는 부동의 것이기 때문이다.

*Δ*델타[제5권]=철학 용어 사전

제1장

아르케(arche:시작, 원리, 작용인)

사물의 아르케란, 먼저 〔1〕그 사물이 맨 먼저(최초로) 운동을 시작하게 되는 그 부분(운동의 시작, 출발점)을 뜻한다. 예를 들면 선이나 도로는 이쪽에서 보면 이쪽 끝이 저쪽으로의 시작이고, 반대로 저쪽에서는 저쪽 끝이 이쪽으로의 시작이다. 다음으로 아르케는 〔2〕무엇인가 운동이 이루어지기 시작하면 그 운동이 가장 잘 이루어지리라 여겨지는 최선의 출발점을 뜻한다. 이를테면 우리가 사물을 배울 때 반드시 그 사물의 제1원리, 즉 그 근본 원리부터 배우지 않고, 때로는 배우기 쉬운 원리부터 배우는 이치와 같다. 또 〔3〕사물이 맨 먼저 생성되고, 그 생성된 사물에 내재된 그것(즉 사물 제1의 내재적 구성 요소)도 그 사물의 아르케라고 한다. 예를 들어 배에서는 바탕, 집에서는 주춧돌이 아르케이고, 동물에서는 어떤 사람들은 심장을, 어떤 사람들은 뇌수(腦髓)를, 또 다른 사람들은 저마다 어떤 다른 부분을 이런 뜻에서 아르케라고 생각한다.

또 〔4〕생성된 그 사물(사물의 모체) 안에는 내재되지 않고 게다가 이 무엇인가로부터 사물이 맨 먼저 생성되고, 그로부터 가장 먼저 이 사물의 운동이나 전화(轉化)가 자연적으로 시작됨(전화의 외적 작용인)을 의미한다. 예를 들어 어린아이가 부모로부터 태어나고, 싸움이 욕에서 시작되듯이 말이다. 또 〔5〕움직이는 사물들이 그와 같이 움직이고, 전화하는 사물들이 그와 같이 전화되는 현상이 어떤 자의 의지라고 할 때, 이 어떤 자는 아르케라고 불린다. 예를 들어 도시국가에서 이 도시를 움직이는 것이 아르카이(아르케의 복수형, 주권)라고 불리며, 또 권력정치나 군주정치나 참주(僭主)정치 등 또한 아르카이(통치, 정권)라 불리는 경우와 같다.

여러 기술에서도, 특히 건축 관계의 온갖 기술을 지시하는 설계사가 아르키테크토니케라고 불리는 까닭도 그 때문이다. 그리고 〔6〕대상이 되는 사물을 인식할 수 있게 만든 그것(인식의 제1전제)이 또 그 사물의 아르케라고 불린다. 예를 들어 논증이 전제하는 가정은 논증의 아르케(전제)라고 불린다─아이티온(원인)도, 이 아르케만큼 많은 뜻으로 사용된다. 왜냐하면 아이티온은 모두 아르케(원리)이기 때문이다. 그런데 이로 미루어 보아 이들 아르케 뜻의 공통점은, 이들이 모두 해당 사물의 존재나 생성이나 인식이 '시작되는 제1의 원인물'이라는 사실이다. 그러나 이들 가운데 그 어떤 원인적 원리는 그 사물에 내재돼 있고, 다른 어떤 원인적 원리는 그 사물 밖에 있다. 그렇기 때문에 사물의 피시스(자연)도 원리이며, 스토이케이온(원소, 구성 요소)도 원리이고, 상상이나 의지나 실체(實體)도, 또 이를 위한 그 목적도 마찬가지로 원리라고 할 수 있다. 왜냐하면 선(善)이나 미(美)는 많은 사물의 인식이나 운동의 시작(시작 원인)이기 때문이다.

제2장

아이티온(aition:원인)

사물의 아이티온은, 어떤 뜻에서는 〔1〕사물이 생성되는 원인이자 그 생성된 사물에 내재된 원인(즉 그 사물의 내재적 구성 요소)을 말한다. 예를 들면 동상에서는 청동이, 은잔에서는 은이 원인물이며, 또 이들을 끌어들이는 유(類)(금속)도 이들(동상이나 은잔)의 원인물이다. 그러나 다른 뜻으로는 〔2〕사물의 형상 또는 원형이 그 사물의 원인이라 한다. 그리고 이 아이티온(원인)은, 그 사물이 무엇인가(본질)를 나타내는 설명 방식이다. 이것을 포섭하는 유개념(類概念)─예를 들어 1옥타브의 유개념은 1에 대한 2의 비율, 일반적으로는 (그 유가 되는) 수─및 이 설명 방식에 포함되는 부분[종차(種差)]을 말한다.

〔3〕사물의 전화(轉化) 또는 정지(靜止)의 첫 시작이 되는 작용인, 출발점을 의미한다. 예를 들어 어떤 행위의 권고자는 그 행위에 책임이 있는 사람(원인자)이며, 아버지는 자식의 원인자(작용인)이고, 일반적으로 만드는 자는 만들어진 사물의 원인이며, 전화시키는 자는 전화된 사물의 원인이라고 한다. 더 나아가서 〔4〕사물의 끝, 즉 사물의 그것을 위해 존재하는 목적도 원인이라 말한다. 예를 들면 산책의 목적은 건강이다. 왜냐하면 '당신은 무엇 때문에(무엇을 위해) 산책을 하는가' 물음에 나는 '건강을 위해' 대답할 테지만, 이 경우 나

는 이렇게 말함으로써 내가 산책하는 원인을 말한다고 생각하기 때문이다. 이와 마찬가지로 다른 어떤(끝으로 가는) 운동에 있어서 그 끝(목적)에 이를 때까지의 모든 중간적인 사물들에 대해서도, 예를 들어 다이어트나 청결, 약제나 의료기구 등 건강해지기 위한 중간적 사물에 대해서도 말할 수가 있다. 왜냐하면 이들은 모두 그 끝(여기서는 건강)을 위해 있는 사물이기 때문이다. 다만 이들 가운데에서도 그 어떤 사물(약제나 의료기구)은 건강을 위한 도구이며, 다른 어떤 사물(다이어트나 청결)은 행위(그리고 도구는 다시 행위를 위한 수단이다)라는 차이가 있다.

원인에는 거의 이만큼 서로 다른 뜻의 원인들이 있기 때문에, 이와 더불어 다음과 같은 일들이 생긴다. 첫째로, 같은 사물에도 몇 가지 원인이 있다. 더욱이 이들은 부대적 원인이 아니다. 예를 들어 조각하는 기술도 청동과 함께 동상의 원인이며, 더욱이 부대적으로서가 아니라 동상 그 자체의 원인이다. 다만 같은 뜻에서가 아니라 청동은 질료인이고, 조각하는 기술은 조상 운동의 출발점(작용인)이다. 둘째로 사물은 서로 다른 원인이 될 수 있다. 이를테면 노력은 행복의 원인이며, 행복 또한 노력의 원인이다. 단, 같은 뜻이 아니라 행복은 끝(목적인)으로서의 원인이고, 노력은 운동의 시작(작용인)으로서 원인이다. 셋째로, 같은 것이 서로 상반되는 사물의 원인이 될 수 있다. 왜냐하면 존재하는 어떤 사물의 원인인 같은 사물이 이 원인 사물이 없을 때에는, 우리는 때때로 그 사물과는 반대의 사물이 일어난 데에 책임이 있다(즉 반대의 사물이 일어난 원인이다)고 하기 때문이다. 예를 들어 조타수가 현재 배가 안전한 원인이라 할 때, 우리는 그 조타수가 없으면 배가 난파된 원인이라며 그를 책망한다. 다만 여기에서는, 현재(現在)나 부재(不在)나 모두 다 움직이게 만드는 작용인으로서의 원인이다.

앞에서 말한 모든 원인들은, 가장 뚜렷한 특징으로 네 종류로 나눌 수 있다. 자음과 모음은 어절(語節)의 원인이고, 재료는 가공품의 원인이며, 불이나 흙이나 그 밖의 이와 같은 물질들은 모두 여러 물체들의 원인이며, 부분은 전체의 원인이다. 전제는 결론의 원인이고, 이것들은 요컨대 저마다 해당하는 사물이 비롯되는 원인(원인물)이라는 뜻에서 그 사물의 원인인데, 이들 원인 가운데에서도 (1)어떤 원인은 사물의 기체(基體)로서의 원인, 예를 들면 (그 사물 전체를 이루는) 구성 부분이다. (2)다른 어떤 원인은 그 사물의 무엇인가(본질)의 원인, 즉 그 사물의 전체, 복합, 형상을 의미한다. 그러나 또 [3]종자(種子)나 의사, 조언자, 그 밖에 일반적으로 이러한 능동자들은 모두 이 사물들의 전화 또는 정지(靜止)가 시작되는 시작(작용인)으로서의 원인이다. 또 [4]다른 사물의 끝(목적)이자 선(善)으로서의 원인이 있다. 다른 사물이 그것을 위해 존재하는 목적인 원인은 가장 선한 본질이며, 다른 사물의 최종 목적이 되는 경우가 흔하기 때문이다. 단, 이 경우 선이 그 자체로서 선하다는 말을 듣든 겉보기에 선하다는 말을 듣든, 아무래도 상관없다.

이들이 원인이며, 종류는 이것뿐(질료인, 작용인, 목적인, 형상인)인데, 이 원인들의 양식은 그 수가 많다. 하지만 이들도 요약하면 꽤 적어진다. 이처럼 원인에도 많은 뜻이 있다. 또 같은 종류의 원인도 [1]같은 하나의 결과에 대해서 어떤 원인은 다른 원인보다도 보다 앞의(한층 먼) 원인이고, 다른 원인은 그 어떤 원인보다도 한결 뒤의(한층 가까운) 원인이다. 예를 들면 건강에 대해서는 의사도 기술자도, 또 1옥타브에 대해서는 2옥타브와 1의 비례나 수도, 저마다(여기에서 의사 또는 2 대 1은 한층 가까운 원인으로서, 그리고 이들의 유(類)인 기술자나 모든 수는 한층 먼 원인으로서) 다 같이 원인이다. 즉 일반적으로 어떤 사물의 원인을 포섭하는 유(類) 또한 언제나 그 어떤 사물의 (한층 먼) 원인이다.

그러나 또 [2](자체적으로 원인인 사물에) 부대하는 물질이나 이 사물을 포섭하는 유(類)도 원인이라 한다. 예를 들어 어떤 조상(彫像)의 원인이 어떤 뜻에서는 조각가이지만, 다른 어떤 뜻에서는 폴리클레이토스라고 말하는 일과 같다. 그것은 조각가가 조각상의(자체적, 본디 뜻에서의) 원인인데, 그 조각가가 우연히 부대적으로 폴리클레이토스(이런 이름을 가진 것)이기 때문에 그렇게 말한다. 그리고 이 부대적 의미에서의 원인을 포섭하는 유도, 그러니까 예를 들어 인간도, 또는 일반적인 동물도 이 조각상의 원인이라고 할 수 있다. 왜냐하면 폴리클레이토스는 인간이며, 인간은 동물이기 때문이다. 그렇지만 이러한 부대적 의미에서의 여러 원인 중에서도, 그 어떤 원인은 다른 원인보다 한층 먼 원인이며 다른 원인은 이 어떤 원인보다도 한층 가까운 원인이다. 예를 들어 폴리클레이토스 또는 인간이 조각상의 원인일 뿐만 아니라, 더 나아가 (우연히 그가 피부가 하얗고 교양적이기 때문에) 피부가 하얀 사람이, 또는 교양 있는 사람이 그 원인이라고 말하는 경우이다.

그러나 또 이 모든 원인들, 즉 (1)본디 뜻에서의 원인 및 (2)부대적인 뜻에서의 원인 말고도, (3)어떤 원인은 가능한 원인의 뜻으로 그렇게 말하며 어떤 원인은 현실에서 작용하는 원인의 뜻에서 그렇게 말한다. 예를 들어 집이 지어진 원인은 건축가(건축 기능을 가진 사람)라고도 하고, 또는 현재 건축 활동을 하는 건축가라고도 한다. 또 이와 같은 원인들의 여러 양식에 대해서 할 수 있는 말은 마찬가지로 원인의 원인, 결과에 대해서도 말할 수 있다. 이를테면 어떤 원인이 이 동상의, 또는 동상의, 더 나아가 일반적인 조각상들의 원인이라고 하거나, 또는 이 청동의, 또는 청동의, 더 나아가 일반적인 소재들의 원인이라고 하는 경우와 마찬가지이다. 또 부대적인 모든 결과들과의 관계에서도 이와 마찬가지로 말할 수 있다. 그리고 부대적 원인과 본디 원인을 결합해 말하기도 한다. 예를 들어 단독으로 폴리클레이토스나 조각가라 하지 않고, 둘을 결합해서 조각가인 폴리클레이토스가 이러이러한 원인이라고 말하는 경우와 같다.

하지만 어쨌든 이 모든 원인들은 수로 보자면 여섯 개이지만 저마다 이렇게 두 가지로 이야기할 수 있다. 즉 (A)이들은 (1)개별적인 것(예를 들어 조각가)으로서의 원인인가, (2)그 유(기술자)로서의 원인인가, (3)부대적인 개체(폴리클레이토스)로서의 원인인가, (4)이 부대적인 요소들의 유(인간, 동물)로서 원인인가, 그리고 이들 저마다가 (5)단독으로 일컬어지는가, 또는 (6)이들 저마다의 결합(조각가인 폴리클레이토스, 기술자인 인간)으로 일컬어지는가이며, 그리고 이들은 다시 (B)실제로 작용하고 있는 물체로서의 원인인가, 가능한 물체로서의 원인인가의 두 가지이다. 그런데 이 두 가지에는 다음과 같은 차이가 있다. 즉 실제로 작용하는 개별적인 물체로서의 원인은 그 결과물과 동시에 존재하며, 또 존재하든 존재하지 않든 동시적이다. 예를 들어 현재 치료를 하고 있는 의사는 현재 건강해지고 있는 피치료자(환자)와 동시에 있고, 피치료자가 없으면 의사 또한 없다(즉 실제로 그를 치료하고 있는 의사도 없다). 또 건축물을 짓고 있는 건축가는 지어지는 집과 동시에 존재하며, 건축가가 존재하지 않으면 동시에 집도 존재하지 않는다. 그런데 가능한 뜻의 원인으로서 둘(건축가와 집)의 관계는 늘 그렇지는 않다. 왜냐하면 이 가능한 뜻에서의 집은 이 가능한 뜻에서의 건축가가 없어진다고 해서 그와 함께 사라지지 않기 때문이다.

제3장

스토이케이온(stoicheion:구성 요소, 원소)

사물의 스토이케이온이란 [1]그 사물이 거기서 비롯되고 또 그 비롯된 사물에 내재된 제1의 내재적 구성 요소로, 종(種)에서 더는 다른 종으로 나눌 수 없는 요소이다. (1)예를 들어 어느 음성(音聲)의 스토이케이아(스토이케이온의 복수형)란, 그 음성이 거기서 비롯되었으며 이 음성을 나누면 마지막으로 그 스토이케이아에 이르지만, 그 스토이케이아 자체는 이미 그 어떤 다른 음성 부분으로도 나누어 쪼갤 수 없다. 비록 (음성이 다시 스토이케이아로) 더 분할할 수 있다고 해도 그 부분들은 서로 같은 종류이다. 예를 들면 물처럼 말이다. 물은 분할할 수 있지만, 그 분할된 부분들은 어느 부분이나 같은 물이다. 그런데 음절 부분(즉 자모)은 더 이상 음절이 아니다. 마찬가지로 (2)사람들이 여러 물체의 스토이케이아라고 하는 것도 실은 물체가 분할된 마지막 원소, 이미 끝을 달리한 다른 물질로는 나눌 수 없는 궁극적인 원소를 말하는 것이며, 이와 같은 스토이케이아를 한 종류의 부분이라 하는 사람도, 하나보다 많다고 하는 사람도 모두 스토이케이아라 부른다. 또 이와 비슷한 뜻으로 사용되는 물질은 (3)기하학적인 여러 명제들에 있어서의 이른바 스토이케이아(기하학의 엘레멘타)이며, 또 일반적으로 논증에서 일컬어지는 물질도 그러하다. 그 밖의 많은 다른 명제들에 포함되어(전제되어) 있는 제1의 명제는, 다른 여러 명제의 스토이케이아라고 불리기 때문이다. 그리고 가운데 하나를 매개항으로 하는 세 항으로 이루어진 기본적인 삼단논법에서도 이와 같은 추리에 의한 제1명제, 즉 스토이케이아적 명제의 추출이라고 말할 수 있다.

그러나 또 [2]이런 의미에서 전의(轉意)되어, (4)그 자체는 하나이며 매우 작으면서도 다른 많은 사물에 유용한 물질이 그 스토이케이온(요소)이라 불린다. 그래서 일반적으로 매우 작고 단순하며 더 이상 나눌 수 없는 물질을 스토이케이온이라고 한다. 이와 같은 점에서 (5)가장 보편적인 요소들이 저마다 하나이고 단순하며, 더욱이 많은 사물 안에(모든 사물 안이나 매우 많은 사물 안에) 내재되어 있기 때문에 스토이케이아라 여겨지고, 어떤 사람들은 일(一)이나 점을 그와 같은 뜻으로 원리라 생각하게 되었다. 그런데 (6)이른바 유(類)도 보편적이고 나눌 수 없으므로—왜냐하면 유에는 이 유를 더 분석해서 서술하고 정의해야 할 한결 보편적인 설명 방식이 없으므로—어떤 사람들은 유(類)도스토이케이온이라고 말한다. 특히 종류의 차이 이상으로 유 쪽을 스토이케이온으로 본다. 그 까닭은 유가 보다 더 보편적이기 때문이다. 왜냐하면 종류의 차이가 내재하는 사물에는 유 또한 함께 존재하지만, 유가 존재하는 곳에 반드시 종류의 차이가 존재하지는 않기 때문이다. 그런데 이상의 모든 의미들에 대해 말할 수 있는 공통점은, 사물들의 스토이케이온은 저마다 사물에 들어 있는 제1의 내재적 요소라는 데에 있다.

제4장

피시스(physis:자연, 실재)

피시스란 〔1〕그 의미 가운데 하나는 생장하는 사물의 생성을 말한다. 이것은 'physis'의 'y'를 길게 발음해 보면 추측할 수 있는 뜻이다(physis의 y는 단모음이지만 이것을 장음으로 발음하면 이 physis의 생장을 조성해 주는 느낌을 준다. 즉 이러한 사물의 생장을 의미한다). 다음으로 〔2〕생장하는 사물 안에 내재하여, 그 사물이 비롯되는 원인에서 생장하기 시작하는 제1의 그것(예를 들면 식물의 씨)을 의미한다. 또 〔3〕자연에 의해서 존재하는 사물(자연적 여러 존재) 저마다의 운동을 맨 먼저 일으키는 요소, 그리고 그러한 사물 자체를 내재한 그것(자연적 존재의 제1의 내재적 작용인)을 의미한다. 일반적으로 사물이 생장한다는 말은 그 사물이 어떤 다른 물질과의 접촉에 의해서 커지는 현상으로, 다른 물질과 자연적으로 합생(合生)함으로써, 또는 씨눈이나 태아와 같이 합착함으로써 커지는 현상을 말하는데, 이 자연적인 합생은 단순한 접촉과는 다르다. 접촉의 경우에는 접촉하는 둘 말고는 아무것도 필요로 하지 않지만, 자연적 합생에 따른 생장의 경우 합생되는 둘은 단순히 접촉할 뿐만 아니라, 거기에 둘을 합생시켜서 그 사물을 생장시키는 어떤 물질(중간적 물질)이, 더욱이 둘을 그 연속성과 양에서(그러나 성질에서는 아니라) 하나로 만드는 물질, 즉 둘을 통해서 같아지는 어떤 물질이 존재한다(그리고 이 어떤 물질이 그 사물의 자연이다).

또 자연(성장 원리)은 〔4〕자연적 여러 존재가 존재하는 일도 생성하는 일도 거기서 시작되는 제1의 그것(자연적 여러 존재의 근원적 질료)을 뜻한다. 그것은 상대적으로 형태가 없고 무질서하며, 그 자체의 가능성으로는 전화할 수 없다. 예를 들어 동상이나 청동제 기구에서는 청동이, 목제품에서는 나무가 저마다 그 자연이라 일컬어지며, 그 밖의 경우에도 마찬가지로 그렇게 말할 수 있다. 왜냐하면 사물들이 이들 재료에 의해서 만들어지면서도, 그 제1의 질료는 저마다 그 안에 보존되어 있기 때문이다. 사람들이 자연적 여러 존재의 원소를 자연(성장 원리)이라고 주장하는 까닭도 이런 뜻에서이다. 즉 어떤 사람들은 불을, 어떤 사람들은 흙을, 어떤 사람들은 공기를, 어떤 사람들은 물을, 어떤 사람들은 다른 어떤 사물을 자연이라 주장하고, 또 어떤 사람들은 이들 몇 가지를, 그리고 다른 사람들은 이들 모두를 자연이라고 말한다.

또 다른 뜻으로는 (5)자연 자체는 자연적 여러 존재들의 실체라고도 해석된다. 예를 들어 자연을 제1의 복합 상태라고 주장하는 사람들이나, 또는 엠페도클레스가 말하는 바와 같다. 그에 따르면 이렇다.

"존재하는 사물 어느 것에도 자연은 존재하지 않는다.

존재하는 사물은 그저 혼합과, 혼합물의 분해일 뿐이다.

그런데 이것을 자연이라고 말한다면,

그것은 인간이 부여한 이름에 지나지 않는다."

그러므로 자연에 따라서 존재하거나 생성되는 사물은, 비록 그들 안에 저절로 생성하고 존재하게 되는 질료가 내재해 있어도, 만일 그들이 그 형상 또는 형식을 가지고 있지 않는 한, 우리는 아직은 그 자연을 가지고 있지 않다고 말한다. 따라서 (이런 뜻에서의) 자연에 의해서 존재하는 사물은 이들 둘(질료와 형상)로 이루어지는, 예를 들면 동물들이나 그 부분들이다. 이렇게 해서 제1의 질료가 자연일 뿐만 아니라 더 나아가서 형상이나 실체도 자연이다. 다만 이 '제1의'라는 말에도 그 결합된 사물에 대한 제1이라는 뜻과, 단적으로 제1이라는 두 가지 뜻이 있다. 예를 들어 청동제품에 대해서는 청동이 그 제1의(가장 가까운) 질료이지만, 단적으로는 아마도 물이 그 제1의 질료일 것이다(만약에 모든 녹을 수 있는 것이 물이라고 한다면). 그런데 이것은 생성의 끝, 즉 목적이다. 이 질료적 용해물, 즉 목적이라는 의미로부터 다시 뜻이 바뀌어, (6)널리 일반적으로는 모든 실체가 자연이라고 한다. 그것은 자연도 하나의 실체이기 때문이다.

위에서 말한 사실로 보아 알 수 있듯이, 제1의적인 주요한 뜻으로 자연이라 일컬어지는 실체는, 사물 저마다 안에 그 자체로서, 그 운동의 시작(작용인)을 내재하는 그 사물의 실체를 말한다. 왜냐하면 사물의 질료가 자연(성장 원리)이라고 일컬어지는 까닭은, 질료가 이 실체를 수용할 수 있기 때문이며, 또 사물이 생성되고 생장하는 과정이 자연이라 불리는 까닭도, 이 생장 과정이 바로 이 실체로부터 시작되는 운동이기 때문이다. 또 자연적 여러 존재들 안에 가능적으로든, 현실적으로든 내재하고 있는 이 사물의 작용인도 이런 뜻에서 자연이다.

제5장
아난카이온(anankaion:필연, 필요). 아난케(ananke:필연성)

아난카이온(필연적인, 필요한)이란 먼저 〔1〕협동 원인으로서 그것이 없으면 생존할 수 없는 원인물을 말한다. 예를 들어 호흡 작용이나 영양물 등이 동물에게 필요하다고 말하는데, 이들이 없으면 동물이 생존할 수 없기 때문이다. 또 그것이 없으면 좋은 일이 존재하지 않고 생길 수 없는 원인, 또는 나쁜 일에서 벗어나거나 피할 수 있는 원인이 되는 원인물도 아난케, 즉 필연성이라고 한다. 예를 들어 병이 나으려면 약을 먹을 필요가 있다거나, 돈을 벌기 위해서는 아이기나로 배를 타고 떠나지 않으면 안 된다는 경우이다. 다음으로 〔2〕강제적인 일이나 억지로 시키는 힘 등이, 예컨대 충동이나 의지에 거슬러 이들을 가로막거나 방해하는 사물이 필연성이다. 왜냐하면 이러한 강제적인 사물도 필연적이라는 말을 듣기 때문이다. 따라서 그것은 고통이다. 마치 에우에노스가 이렇게 말하듯이 말이다.

"그저 필연적인 사항은 늘 싫은 일이다"

또 강제력도 하나의 필연적인 일이다. 그것은 소포클레스가 다음처럼 말하고 있다.

"오히려 강제력이 나에게 (필연적으로 이 고통의) 일을 해낼 수밖에 없게 만든다."

그리고 필연성은 완고한 뜻으로서 여겨지는데, 이는 마땅한 일이다. 필연성은 의지나 추리력에 따라서 이루어지는 행동에 반대되는 성질이기 때문이다. 다음으로 우리는 〔3〕그렇게 있을 수밖에 없는 성질을 필연적이라고 말한다. 그리고 이런 뜻에서의 '필연적'이라는 말에 비추어 그 밖의 다른 모든 필연적인 사물도 필연적이라고 불린다. 예를 들어 (1)강제적인 뜻에서 필연적인 일을 한다든가 행동해야만 하게 만들어진다는 말은 강제로 시켰기 때문에 스스로의 충동대로 행동할 수 없는 경우로서, 결국 그렇게 하지 않을 수밖에 없다는 뜻의 필연성이다. 또 (2)생존을 위해서나 좋은 일을 위해서 꼭 필요한 협동 원인의 필연성에서도 마찬가지이다. 즉 선하게 있다거나, 생존하고 존재한다 해도, 이렇게 존재로서 있는 일이 다른 무엇인가가 없으면 안 되는 경우, 이 무엇인가를 필연적(필요불가결)인 원인이라 하며, 이런 뜻에서의 원인이 그 어떤 필연성이다. 아울러 논증도 필연성의 하나이다. 왜냐하면 만일 그 필연성이 단적으로 논증되어 있다면, 존재하는 일이란 그 논증된 필연성대로 존재해야 하기 때문이다. 그리고 이 필연성의 원인은 그 제1의 전제에 있다. 즉 그것(삼단논법)의 출발점이 이 제1의 전제 말고는 있을 수 없기 때문이다.

그래서 마찬가지로 필연적이라는 말을 듣는 사물 가운데 어떤 사물은 그 필연성의 원인을 따로 갖지만, 어떤 사물은 따로 가지지 않고, 오히려 다른 사물이 이 어떤 사물의 필연성으로 되어 있다. 그렇기 때문에 제1의적인 중요한 뜻으로서의 필연성은 단순하다. 왜냐하면 이것은 다양하게 존재할 수 없으며, 이렇게도 있고 저렇게도 있을 수 없기 때문이다. 만약에 필연성이 그와 같이 다양하다면 그 선택도 다양하게 있을 수 있기 때문이다. 만일 영원하고 변함없으며 움직이지 않는 그 무엇이 있다면, 이와 같은 존재에는 필연성을 억지로 시킬 수 없고, 따라서 그 자연에 거스르는 것은 존재하지 않는다.

제6장
헨(hen:하나, 일, 통일), 폴라(polla:다(多), 많음)

헨이라 일컬어지는 존재는 두 가지가 있다. 즉 (1)부대성에 있어서 하나라고 일컬어지는 존재와, (2)자체적으로 하나라고 불리는 존재이다.

(1)부대성에 있어서 하나라고 일컬어지는 존재의 예는, (1)'코리스코스'(자주 거론되는 개인의 예)와 '교양적인 속성', 또는 이들과 '교양적인 코리스코스'가 하나라고 일컬어지는 존재이다(왜냐하면 '코리스코스'라는 말도, '교양적인 것'이라는 말도, '교양적인 코리스코스'라고 하는 말과 마찬가지로 하나를 말하기 때문이다). 또는 (2)'교양적인 속성'과 '공정한 속성'이 하나라고 불리는 존재, (3)'교

양적인 코리스코스'와 '공정한 코리스코스'처럼 일컬어지는 존재 등이다. 이들 (1, 2, 3)은 모두 부대성에 있어서 하나라고 일컬어지지만, 이들 가운데 (2)'공정한 존재'와 '교양적인 존재'는 둘이 같은 하나의 실체(코리스코스)에 뒤따르는 속성이기 때문에 하나라 일컬어지고, (1)'교양적인 속성'과 '코리스코스'는 속성이 실체에 뒤따르기 때문이다. 또 이와 마찬가지 뜻으로 '교양적인 코리스코스'와 '코리스코스'가 하나인 까닭은, 한쪽 구절의 부분이 다른 구절에, 즉 '교양적'이라는 속성이 '코리스코스'라는 실체에 뒤따르는 술어이기 때문이다. (3)'교양적인 코리스코스'와 '공정한 코리스코스'가 하나 하는 까닭은, 저마다의 부분(교양성과 공정성)이 하나의 실체(코리스코스)에 뒤따르는 속성이기 때문이다. 마찬가지로 이러한 부대적 속성들은 유 또는 보편적인 이름을 갖는 그 무엇인가를 설명하는 경우에도 일컬어진다. 예를 들어 '인간'은 '교양적인 인간'과 같다고 하는 경우 말이다. 이때 '교양적'이라는 속성은 어떤 하나의 실체인 '인간'에 붙어 있거나, 이들 둘(교양적, 인간)이 어떤 또 다른 개별적인 실체(예를 들면, 코리스코스)에 속해 있기 때문이다. 단, 이들 둘이 이 개체에 속하는 까닭은 같은 방법에 의해서가 아니다. 오히려 '인간' 쪽은 아마도(이 개체 코리스코스를 포섭하는) 유로서, 이 개별적인 실체(코리스코스)에 내재한다고 말해야 하며, '교양적'이란 말은 이 실체의 상태 또는 속성으로서 내재한다고 말할 수 있다.

그런데 부대성에서 하나라고 일컬어지는 까닭은 위에서 말한 경우 때문이지만, 다음으로 〔2〕이들 자체에서 하나라고 불리는 사물 중에서는 (1)어떤 사물은 연속적이기 때문에 하나로 표현된다(통일성을 지닌다). 예를 들어 다발이 끈으로, 또는 나뭇조각이 아교풀로(연속적으로 하나를 이루고 있을 경우) 묶인 때와 같다. 또 선(線)도, 비록 굽어 있어도 연속되면 하나의 선이라고 말할 수 있다. 마치 신체의 부분들이, 예를 들어 팔이나 다리가 그러하듯이 말이다. 그러나 이들 가운데에서도, 자연적으로 연속적인 쪽이 기술에 의해서 연속적인 경우보다도 더욱 뛰어난 하나이다. 그런데 사물이 연속적이라고 하는 까닭은, 그 사물의 운동이 그 자체에서 하나뿐이고, 달리 그 어떤 운동도 있을 수 없는 경우이다. 하지만 사물의 운동이 하나라고 할 때는, 그것이 더 이상 나누어질 수 없는 경우이며, 이 운동이 더는 나누어질 수 없다는 근거는 시간에 있어서이다.

그런데 그 자체에 있어 연속적이라고 할 때는, 단순한 접촉에 의한 연속성의 하나가 아닌 (전체로서의) 하나를 말한다. 왜냐하면 나뭇조각 몇 개를 단순히 접촉시켜 놓은 경우에 여러분은 그것을 하나의 나뭇조각, 하나의 물체라고 하거나 그 밖에 어떠한 연속적인 하나의 물체라고 말하지 않기 때문이다. 따라서 연속적인 것이기만 하면 비록 굽어 있어도 하나라고 말할 수 있지만, 굽어 있지 않은 건 더더욱 뛰어난 하나라고 한다. 예를 들어 정강이나 넓적다리 쪽이 전체적인 다리보다도 하나로 생각된다. 그 까닭은 다리의 운동은 하나(동시적)가 아닐 수도 있기 때문이다. 또 직선은 곡선보다도 뛰어난 하나이다. 그러나 우리는 굽고 모서리가 있는 선을 때로는 하나라 말하기도 하고, 때로는 하나가 아니라고 말하기도 한다. 그 까닭은 이 곡선의 운동이 동시적이기도 하고 동시적이 아닐 수도 있기 때문인데, 이때는 직선의 운동이야말로 늘 동시적이며 하나이다. 그리고 직선의 어떠한 부분도 크기를 갖는 부분인 한, 곡선의 경우처럼 그 어떤 부분은 멈춰 있고 다른 어떤 부분은 운동하고 있는 일은 결코 없다.

(2)다른 어떤 사물들의 경우에는, (a)이 사물들의 기체(基體)가 무차별의 같은 종(種)이기 때문에 하나라고 일컬어진다. 단, 여기에서 무차별이란 이 사물들의 종이 감각적으로는 구별될 수 없음을 말한다. 그런데 무엇인가의 기체라는 말에도, 그 사물의 끝(완성 상태)에서 보아 제1의 그것(그 사물에 가장 가까운 질료)을 기체라고 말하는 경우와, 가장 먼(궁극의) 그것을 기체라고 하는 경우가 있다. 따라서 술이 하나라 불리고, 물이 또 하나라고 일컬어질 때에는, 저마다의 술과 물을 그 (최근의) 종(형태)으로서는 구별할 수 없는 한에서 그러하며, 한편 기름이나 술이나 그 밖의 용해될 수 있는 액체가 모두 하나라고 할 때에는, 이들 모든 사물의 궁극의(현재 상태에서 가장 먼 최초의) 기체가 같기 때문에 하나라고 불린다. 즉 이들 모두는 물이거나 공기이기 때문이다.

그러나 (b)비록 대립적인 종류 차이(차별상)에 의해 서로 달라도, 이들의 유는 하나라고 칭한다. 그리고 이들이 하나라는 말을 듣는 까닭은, 여러 종(種)들로 이루어진 기체로서의 유가 하나이기 때문이다. 예를 들어 말이나 인간이나 개도 모두 (유에 있어서는 같은 하나의) 동물이므로, 그 어떤 (유의) 하나이다. 그리고 실제 이 경우에도, 이 동물들의 질료가 거의 하나인 경우(즉 앞서 말한 가장 가까운 원인에서의 하나)와 마찬가지이다. 즉 때로는 이와 같은 뜻으로 하나라고 이르는데, 때로는 다시 상위의 유(현재 상태에서 가장 먼 최초의 기체)가 같기 때문에 그렇게 일컬어진다. 그러니까 반대로 그 사물들이 유(類)의 가장 아래 종일 때, 이 종(種)이 최근의 유보다도 한 단계 전의 유와 같을 경우—예를 들어 (가장 낮은 종으로서의) 이등변삼각형과 정삼각형은 다 같이 (그 최근 유에서는) 삼각형이므로 같은 도형으로서 하나라고 일컬어진다. 단, 이 이등변삼각형과 정삼각형은 (도형으로서는 같지만) 삼각형으로서는 같지 않다.

(3)어떤 사물이 무엇인지(본질)를 나타내는 설명 방식을, 다른 사물의 본질을 밝히는 설명 방식과 구별할 수 없을 때는—물론 설명 방식 자체는 모두 (유와 종차로) 나누어져도—이들 사물은 하나라고 일컬어진다. 이와 같이 사물은 증대되거나 감소되어도, 그 설명 방식이 하나이면 하나이다. 마치 평면도형의 경우에 이들 종의 설명 방식(예를 들어 사각형은 두 삼각형의 합으로 설명할 수 있다)이 하나일 때와 같다. 그리고 일반적으로 이들 사물의 본질을 사유(思惟)하는 사유가 분할될 수 없어서, 시간적으로나 장소적으로나 설명 방식으로나 나눌 수 없는 사물은 가장 주된 하나이다. 특히 이들 가운데에서도 실체가 그러하다.

일반적으로 분할될 수 없는 사유는 그럴 수 없는 한, 이 점에서 하나라고 일컬어진다. 예를 들어 어떤 두 가지(두 개인)가 인간(인간이라는 하나의 종)으로서 더 이상 나눌 수 없는 하나인 한 하나의 인간이며, 동물로서 그러하므로 하나인 한 하나의 동물이며, 크기를 가지는 것인 한 하나의 크기를 가지는 존재이다. 그런데 많은 사물들은 다른 어떤 사물에 작용하거나, 그 사물을 소유하며, 그 사물로부터 작용을 받거나, 또는 그 사물과 관계를 맺는 그 어떤 것이 하나이기 때문에 이러한 사물들과 하나라고 이른다. 그러나 제1의적으로 하나라고 일컬어지는 하나는, 이들 실체가 하나인 사물에 대해서이다. 그리고 이와 같이 실체에 있어서 하나라고 할 때는 (위에서 말한 바와 같이) (1)연속성에 있어서이거나, (2)종에 있어서이거나, (3)설명 방식에 있어서이다. 왜냐하면 (하나가 아닌, 많이 있는 경우를 생각해 보아도 분명하듯이) 우리가 무엇인가를 세어서 하나보다 많이 있다고 말하는 까닭은, 그들이 연속해 있지 않거나, 이들 종(種)이 하나가 아니거나, 또는 이들의 설명 방식이 하나가 아닌 경우이기 때문이다.

또 어떤 뜻에서 우리는, 그 어떤 사물이든 그 사물들이 얼마만큼의 양을 갖는 연속된 사물이면 그것을 하나라고 말하는데, 그러나 어떤 뜻에서는 그렇게 이야기하지 않는다. 즉 만약에 그것이 어떤 전체적인 사물이 아니라면, 다시 말해서 만약에 그 사물들이 하나의 형상(형상의 통일성)을 가지지 않는다면 하나라고는 말하지 않는다. 예를 들면 구두의 여러 조각들이 그저 제멋대로 모여 있으면 그것을 보고 하나(하나의 구두)라고 말하지 않는다. 그것은 단지 연속되어 있을 때 그렇게 부를 수 있을 뿐이다. 다만 그 구두 조각들이, 바로 구두 모양으로 모여서 하나의 구두 형상을 갖출 때만 우리는 하나의 구두라고 이른다. 그러므로 여러 종류의 선들 가운데에서 원을 그리는 선이 (직선보다도) 가장 뛰어난 하나이다. 왜냐하면 그 선이야말로 전체적이며 완결적이기 때문이다.

그리고 (3)하나(일(日)의 본질)란 어떤가 하면, 그것은 수적인 뜻에서의 시작(원리)이라는 점이다. 왜냐하면 제1의 척도는 어떤 시작이기 때문이다. 우리가 유(類)를 인식하는 기준으로 삼는 그 제1의 구성 요소는, 유에서의 제1의 척도이기 때문에, 일(一)은 저마다 유에 대한 인식의 시작이다. 그러나 이런 뜻의 일(단위)은, 모든 유[일(一)들의 유]를 통해서 같지 않다. 즉 어떤 유에서는 사분음(四分音)이 그 단위이고, 다른 유에서는 모음 또는 자음이 단위이다. 이처럼 무게에는 따로 무게의 단위가 있으며, 운동에도 따로 운동의 단위가 있다. 그러나 그 어느 경우든 저마다의 단위인 일(一)은, 그 양이나 종에서도 더는 나눌 수 없다. 그런데 (1)양에서 더 이상 나눌 수 없는 어떤 물질 가운데 (a)어느 방향에서나 더 이상 나눌 수 없으며 아무런 위치를 가지지 않는 물질은 모나드[수의 단위로서의 일(一)]라 불리고, (b)어느 방향에서나 더 이상 나눌 수 없지만 위치를 갖는 물질은 점이라 하며, (c)오직 하나의 방향에서만 나눌 수 있는 물질은 선(線), (d)두 방향에서 나눌 수 있는 물질은 면, 그리고 (e)모든 방향에서, 즉 삼차원에서 양적으로 나눌 수 있는 물질은 물체(입체)라고 한다. 순서를 거꾸로 말하면 두 방향에서 나눌 수 있는 물질은 면이고, 한 방향에서만 나눌 수 있는 물질은 선, 어느 방향에서나 양적으로는 나눌 수 없는 물질은 점과 단위이며, 그중에서도 위치를 가지지 않는 물질은 단위 물질이고 위치를 갖는 하나는 점이다.

그러나 다음에 (2)어떤 물질들은 (a)수가 하나이고, (b)어떤 물질들은 종에 있어서, (c)어떤 물질들은 유에서, 또 (d)어떤 물질들은 유의 비율에서 하나이다.

수에 있어서라는 말은 이들의 질료가 하나라는 의미이고, 종에 있어서라는 말은 이들의 설명 방식이 하나, 유에 있어서 하나라는 말은 같은 술어 형태(범주)에 속하는 하나, 그리고 유의 비율에 따라서라는 말은 이들의 비율이 어떤 (제3의) 물질의 다른(제4의) 물질에 대한 비와 같다는 관계적 의미에서 하나를 말한다. 그런데 이들(a, b, c, d) 가운데 앞의 속성의 하나가 있을 때에는 반드시 언제나 뒤의 속성의 하나가 이에 뒤따른다. 예를 들어 수에서 하나는 종에서도 하나이다. 하지만 종에 있어서 하나는 반드시 모든 수에 있어서 하나가 아니다. 그러나 종에 있어서 하나는 모두 유에 있어서도 하나이다. 유에 있어서 하나는 반드시 모든 종에 있어서 하나이지는 않지만, 유의 비율에 따라서는 하나이다. 그러나 유의 비율에 의해서 하나인 사물이 반드시 모든 다른 유에서 하나라고는 말할 수 없다.

또 분명한 일(一)이라면, 이 일(一)이라는 유 속에 있는 '다(多)'라는 뜻이 이 '일'의 (통일된) 여러 뜻(관계적이면서도 차이를 지니는 뜻)들과 바로 저마다 대립적인 여러 뜻을 가져야 한다. 즉 (1)어떤 사물들은, 그들이 연속적이 아니라고 해서 다(多)로 일컬어지고, (2)어떤 사물들은 이들 질료가—그 제1의 질료이건 궁극의 질료이건—종에 있어서 나눌 수 있기 때문에, 또 (3)어떤 사물들은 이들 본질을 나타내는 설명 방식이 하나보다 많이 있다는 이유로 저마다 '많다' 고 불린다.

제7장

온(on:이다, 존재한다, 존재, 존재하는 것)

사물이 온이라고 일컬어지는 것은 〔1〕사물의 부대성에 있어서의 온, 또는 〔2〕사물 그 자체에 있어서의 온, 둘 중의 하나이다.

〔1〕부대성에 있어서 '이다'라는 뜻은, 예를 들어 우리가 (1)'공정한 속성이야말로 교양적이다' 말하고, (2)'인간이 교양적이다' 말하고, (3)'교양적 속성의 존재야말로 인간이다' 말하는 이치와 같다. 이는 마치 우리가, 어떤 건축가에게 우연히 교양적이라는 속성이 붙어 있거나, 또는 교양적 속성의 존재에 우연히 건축가다운 속성이 붙어 있기 때문에, '교양적인 존재가 건축한다' 말하는 (부대적이고 관계적인) 이치와 마찬가지이다. 왜냐하면 여기서 '……이 ……이다'는

'……이 ……에 부대적이다'는 뜻이기 때문이다. 이것은 위에서 말한 어느 경우에도 그렇다. 우리가 (2)'인간이 교양적이다' 말하고, (3)'교양적인 속성의 존재가 인간이다' 말하고, (1)'하얀색이 교양적이다' 또는 '교양적인 속성의 존재가 하얀색이다' 말할 경우, 마지막 두 가지 예(1)에서는 그 두 속성이 다 함께 같은 것(같은 기체)에 반드시 부대해 있고, 처음 예(2)에서는 술어(교양적이라는 속성)가 실재하는 기체(인간)적 주어에 부대해 있으며, 또 다른 예(3), 즉 '교양적인 속성의 존재가 인간이다'에서는 교양적이라는 속성이 어느 인간에 부대하고 있기 때문이다. 그리고 이 뜻으로는 색이 하얗지 '않다'도 '이다'라고 일컬어진다. 왜냐하면 그 사물(기체)에는 색이 하얗지 않은 속성도 부대할 수 있기 때문이다. 그런데 이와 같이 부대성에서 있다고 불리는 부대적 존재들은 (1)그둘(주어와 술어)이 다 같이 어떤 같은 것(기체)에 속하고, 이 같은 실체가 존재하기 때문에 있다고 일컬어진다. 또는 (2)술어의 성질이 속하는 주어(기체)가 존재하기 때문에 있다고 일컬어지거나, (3)스스로의 속성적 술어가 되는 그 자체가 존재하기 때문에 '있다'라고 일컬어질 수 있다.

다음으로 [2]그들 자체에 있어서 있다(또는 존재한다)고 일컬어지는 사물들은, 바로 술어의 여러 형태(여러 범주)에 의해 있다고 불리는 사물들이다. 왜냐하면 사물이 ……이다(또는 존재한다) 말하는 데에도, 이 사물들이 여러 형태로 서술되는 만큼의 많은 뜻을 지니고 있기 때문이다. 생각건대 술어가 되는 부대적 속성들(여러 범주) 가운데 어떤 속성은 그 주어가 무엇인지(실체, 본질)를 의미하고, 어떤 속성은 그 주어가 어떻게 있는가(성질)를, 어떤 속성은 그 주어가 어느 정도 있는가(분량)를, 어떤 속성은 그 주어가 다른 그 무엇인가에 대해서 어떻게 있는가(관계)를, 어떤 속성은 그 주어가 하는 일(능동)이나 되어지는 일(수동)을, 어떤 속성은 그 주어가 어디에 있는가(장소)를, 어떤 속성은 그 주어가 언제 있는가(시간)를 가리키는데, 이다(존재하다)에도 마찬가지로 이만큼 많은 뜻이 있기 때문이다. 다만 사람이 '건강해진다'거나, 사람이 '산책한다'거나, 사람이 무엇인가를 '자른다'거나 이런 서술 방법도 있지만 이 서술들은 저마다 그 사람이 '건강하게 될 사람이다', '산책하는 사람이다', '자르는 사람이다'는 말과 다르지 않기 때문이다(그 밖의 서술 방법도 이와 마찬가지로 매우 다양한 속성의 지칭, 즉 '이것'이라고 지칭할 개체적 속성으로서 표현하되, 어떤 제1의 기체에 늘 근거한다는 말이다).

또 〔3〕사물이 있다거나 ……이다 말할 때, '이다'는 말은 참이라는 뜻을 가지고 있고, '아니다' 할 때에는 참이 아니라 거짓이라는 뜻을 가지고 있다. 그리고 이것은 긍정의 경우나 부정의 경우에도 마찬가지이다. 예를 들어 '소크라테스는 교양적이다' 할 때, '그렇게 (교양적)이다'는 참이라는 뜻이고, 또는 부정적으로 '소크라테스는 하얀색이 아닌 존재이다'라는 말도 그렇게 말하는 것이 참이라는 뜻이다. 반대로 '대각선은 변과 약분적이 아니다' 말할 경우, 그 아니라는 말은 그것이 약분적이다는 말이 거짓이라는 뜻이다.

또 〔4〕'이다'나 '존재한다' 말할 때, 위에서 말한 여러 형태의 술어에서 '이다' 일컬어진 각 존재가 그 가능성에서의 존재임을 의미하는 경우와, 완전히 현실적 존재임을 의미하는 경우가 있다. 왜냐하면 예를 들어 우리는 가능적으로 보는 사람(볼 수 있는 사람)이나 현실적으로 보고 있는 사람(실제로 보고 있는 사람)을 다 같이 '보는 사람이다' 말하고, 마찬가지로 지식을 쓸 수 있는 사람이나 실제로 사용하고 있는 사람을 모두 '지식이 있는 사람이다' 말하며, 또는 이미 멈춰 있는 사람이나 멈출 수가 있는 사람을 다 같이 '멈추는 사람이다' 말하기 때문이다. 이것은 실체의 경우에도 마찬가지이다. 즉 우리는 헤르메스가 (조각상의) 석재(石材) 안에 있다고 말하며, 반쪽 선이—(완전한) 선 안에—있다고 말하며, 또는 아직 성숙되지 않은 것도 곡물(穀物)이라고 말한다. 이들이 언제 가능하고, 언제 가능하지 않은가에 대해서는 다른 곳에서 규정해야 한다.

제8장

우시아(ousia:실체)

우시아란 〔1〕단순 물체, 예를 들어 흙이나 불이나 물, 그 밖의 이와 같은 물체, 또 일반적으로 물체나 이 여러 물체로 이루어진 존재들, 즉 생물이나 신적(神的)인 존재들과 이들의 여러 부분들을 말한다. 이러한 생물이나 신적인 존재들 모두 실체라고 하는데 그 이유는 이 실체들이 다른 어떤 기체(주어)의 술어(속성)가 아니라, 오히려 다른 사물이 이 실체들의 술어인 그러한 (기체적인) 실체들이기 때문이다. 그러나 다른 뜻으로는 〔2〕이처럼 다른 기체의 술어가 되는 일이 없는 여러 실체들 안에 들어 있으며 이 실체들의 존재 원인이 되는 사물(제1의 사물, 즉 사물 중의 사물)을 실체라고 한다. 예를 들어 생물에서는, 거기에 들어 있는 영혼(생명 원리)이 그 실체이다. 또 (3)이처럼 여러 실체들의 부분으로서 이들 안에 들어 있어, 이들 저마다를 이렇게 한정해서 이것이라고 지시해 나타내는 것들도 실체라고 부른다. 그리고 이 지시적 실체는, 이것이 없어지면 전체도 없어지고 마는 부분이다. 예를 들어 어떤 사람이 말하는 경우처럼 면이 없어지면 물체가 없어지고, 선이 없어지면 면이 없어지는 이치이다. 일반적으로 그들의 생각으로는 수도 그러한 실체이다. 왜냐하면 수가 없어지면 아무 본질도 존재하지 않고, 수가 모두를 한정하고 있기 때문이다. 또 (4)사물이 무엇인가(본질)를 나타내는 설명 방식이 그 사물의 정의이지만, 이렇듯 그 본질을 나타내는 설명 방식 자체도 사물들의 실체이다.

이것을 요약하면 실체에는 두 가지 의미가 있다. 즉 그 하나는 (1)더는 다른 어떠한 기체(주어)의 술어도 될 수 없는 궁극적 기체(개체)로서의 실체이며, 다른 하나는 (2, 3, 4)이것이라고 지시할 수 있는 존재이기도 하며 떨어져서 존재하기도 하는 기체로서의 실체이다. 즉 사물들의 형식이나 형상도 이와 같은 실체이다.

제9장
타우타(tauta:같은, 동일). 헤테라(hetera:다르다). 디아포라(diaphora:차별, 차이, 차별상, 종차). 호모이아(homoia:동일, 유사). 아노모이아(anomoia:유사하지 않음, 같지 않음).

사물이 타우타(같은, 동일)하다는 말은, (1)어떤 사물이 그 부대성에서 같다는 말이다. 예를 들어 '색이 하얀 존재'와 '교양적인 존재'가 같다고 하는 것은 이들이 동일한 기체에 뒤따르는 속성이기 때문이며, '인간'과 '교양적인 존재의 속성'이 같다고 말하는 까닭은 교양적인 존재가 인간에 부대적이기 때문이고, '교양적인 것'이 '인간'이라는 까닭은 그 교양이 '인간'의 부대적 속성이기 때문이다. 그리고 이 두 가지가 결합된 존재는 저마다 교양과도 같고 인간과도 같으며, 또 그 저마다는 이 결합된 것(즉 교양적 인간)과 같다. '인간'과 '교양적인 것'은 저마다 '교양적 인간'과 같고, 또 이들(인간과 교양적인 것)과도 같다고 일컬어지기 때문이다. 그러나 그렇기 때문에 이와 같은 말들은 모두 보편적(전반적)인 뜻으로는 말하지 않는다. 왜냐하면 '모든 인간'이 '교양적 존재'와 같다면 그것은 진실을 말한다고 할 수 없기 때문이다. 〔전칭적(全稱的)으로 말할 수 있는〕 보편적인 속성은 그 사물 자체에 뒤따르는 속성이어야 하지만, 부대적인 속성은 사물 자체에 속하지 않기 때문이다. 하지만 개별적인 사물에 대해서는 단적으로 그렇게 부대적 속성을 귀속시킬 수 있다. 예를 들면 '소크라테스'와 '교양적인 소크라테스'는 같다고 여긴다. 다만 이 '소크라테스'는 많은 속성들에 대해서는 말할 수 없으므로, '모든 인간이'라 말하듯이 '모든 소크라테스가'라고 말할 수는 없다.

그런데 어떤 사물들은 이처럼 부대성에서 같다고 일컬어지지만, 다른 한편으로 〔2〕어떤 사물들은 그 자체로 같다고(하나라고) 하며, 마치 하나를 여러 가지로 말할 수 있듯이 여러 가지로 불린다. 즉 (1)이들 질료가 ⓐ종에 있어서, 또는 ⓑ수에 있어서 하나인 경우에도, 아니면 (2)이들 실체(본질)가 하나인 경우에도 이들은 같다(동일하다)고 일컬어진다. 따라서 분명히 사물의 동일성(같다고 하는 것)은 통일성(하나라는 것)의 하나이다. 그리고 그 사물이 하나보다 많이 있을 경우에 대해서는 물론, 오직 하나만 있는 경우에도 이 사물이 하나보다 많은 사물로서도 하나로 다루어지는 한, 마찬가지로 하나이다. 예를 들어 그 자체와 같다고 말하는 경우가 그렇다. 즉 이 경우 이 사물은 두 개의 것(제1의 실체적 사물, 그리고 제1실체에 일치하는 제2의 사물)으로 다루어지기 때문이다.

이에 반해 사물이 헤테라(다른 것이다)라는 말은, 이들의 종(種)이나 그 질료, 이 실체(본질)들의 설명 방식이 하나보다도 많을 경우이다. 그리고 일반적으로 이들은 '같은'이라는 말과 대립적인 뜻으로 '다르다'라고 일컬어진다.

디아포라(차별, 차별상, 종차)란 〔1〕이들이 서로 다르면서도 그 어떤 점에서 조금이라도 같은 경우, 즉 수적(數的)으로는 다르지만 그 종에서, 그 유(類)에 있어서, 또는 유의 비율에 따라서 같을 경우와, 다음은 〔2〕그 유가 다르거나, 서로 반대이거나, 그 밖에 이 실체들 가운데 이타성(異他性)을 가진 실체들의 경우이다.

실체들이 호모이아(마찬가지인, 유사적)라 불리는 것은 〔1〕이 실체들의 여러 속성이 모든 점에서 같을 경우, 또는 같은 속성이 서로 다른 속성보다도 더욱 많을 경우, 또는 〔2〕이 경우들 중 하나인 경우이다. 또 〔3〕이 실체들을 변화시킬 수 있는 반대적 여러 성질들을 거의, 또는 한결 많은 그러한 중요 성질들을 공유하고 있는 두 가지 사물도 유사적(또는 마찬가지인)이라고 부른다. 또 비슷하지 않다는 말은 유사하다는 말과 대립된 뜻으로 쓰인다.

제10장
안티케이메나(antikeimena:대립, 대립한 것)적 사물의 속성. 또는 에난티아 (enantia:반대, 반대인 것). 헤테라 토 에이데이(hetera toi eidei:종에서 다른). 타우타 토 에이데이(종에서 같은).

안티케이메나(대립, 대립한 것)란 모순되는 판단, 반대인 속성, 상대 관계에 있는 속성, 제거와 소유, 생성이나 소멸의 시작과 끝 등이다. 그리고 거의 이 두 가지 속성을 수용할 수 있는 동일한 기체에 두 가지 속성이 동시에 현존할 수 없는 까닭은, 이 속성들이 기체 자체에 대해서 대립하거나, 또는 이 속성들 끼리 대립하기 때문이라 한다. 예를 들어 회색과 흰색이 동시에 같은 기체(基體)에 속할 수는 없다. 그래서 이들 요소들(흑과 백)은 대립적이다.

에난티아(반대, 반대인 속성, 상반하는 속성)란 〔1〕속성들이 그 유 내부에서 서로 다르므로 동시에 같은 기체에 현존하기가 불가능한 속성들이거나, 〔2〕같은 유에 속하는 속성들 중에서 가장 다른 속성들이거나, 〔3〕같은 기체가 받아들일 수 있는 속성들 중에서 가장 다른 속성들이거나, 〔4〕같은 능력의 부류에 속하는 속성들 중에서 가장 다른 속성들이거나, 〔5〕거의 이들 상호 간의 차이가 단적으로나 그 유에 있어서나 그 종에 있어서 가장 큰 경우이다. 그 밖에도 〔6〕사물들이 반대라고 일컬어지는 까닭은, 위에서 말한 여러 뜻에서 반대되는 종(種)의 사물을 이 사물들이 소유하고 있기 때문이거나, 이 사물들이 이러한 반대 속성들을 수용하는 사물들이기 때문이거나, 이 사물들이 이러한 반대 속성들에 능동적이거나 수동적일 수 있는 관계에 있거나, 실제로 능동적 또는 수동적이거나, 이 사물들이 이러한 반대 속성들의 손실(감소) 또는 획득 (추가)이거나, 그 소유 또는 제거인가의 문제이기 때문이다. 그런데 일(一)이나 존재에도 많은 다른 뜻이 있기 때문에 필연적으로 이 뜻들로 서술되는 사물들도, 따라서 같거나 다른 사물들, 반대의 사물들까지도 일(一)이나 존재의 여러 뜻들에 대응할 수밖에 없다. 따라서 이 사물들은 저마다 존재의 술어 형태

차이에 따라 달라진다.

헤테라 토 에이데이(종에서 다른 것)라는 말은 ⑴같은 유(類)에 속하면서 서로 다른 유에는 속하지 않는 종(種)들이다. 또는 ⑵같은 유 안에 있으면서 그들 사이에 차이가 있는 하위 종들, ⑶저마다의 실체 안에 어떤 반대성을 갖는 속성들이다. 또 ⑷모든 반대되는 종들이나, 적어도 제1의적으로 그렇게 일컬어지는 속성들은 서로 종에서 다르다. 그리고 ⑸설명 방식이 그 유의 최하의 종에서 다른 종들, 예를 들어 인간(의 종)과 말(의 종)의 경우에 동물이라는 유에서는 나눌 수 없지만 저마다의 설명 방식은 다르다. 또 ⑹같은 (유로서의) 실체 안에 있으면서도 차이를 갖는 종들도 그러하다. '종에서 같은 속성'이라 일컬어지는 종은 차이를 갖는 하위 종들과 대립적으로도 말한다.

제11장
프로테론(proteron:보다 앞, 전). 히스테론(hysteron:보다 뒤, 후).

어떤 사물이 다른 사물보다도 프로테론 또는 히스테론이라 하는데, 그것은 ⑴어떤 뜻에서는 저마다의 유(類) 안에 어떤 제1의 것, 즉 어떤 시작이 있다고 할 경우 (보다 앞이나 보다 뒤) 어느 한쪽이 이 시작에 보다 더 가까운 시원(始原)인가에 따라 그렇게 말한다. 다만 그 시작은 단적으로, 즉 자연에 따라서 정해져 있든가, 또는 상대 관계적으로, 또는 어딘가에 의해, 또 누군가에 의해 정해져 있다. 예를 들어 ⑴장소에 대해서 보다 더 먼저라 한다면, 그 시작이 자연에 의해서 정해진 어떤 장소에(예를 들어 중심에, 또는 맨 끝에) 또는 임의의 장소(사물의 시원에 가까운 장소)에 보다 더 가깝기 때문이며, 반대로 시작이 보다 더 멀리 있다면 보다 뒤에 있다고 말한다. 그러나 어떤 사물은 ⑵시간의 관점에서 먼저, 또는 뒤라고 일컬어진다. 즉 ⓐ어떤 경우 시간적으로 시원을 가늠할 때, 예를 들어 과거의 일에 대해 말한 경우에 현재로부터 보다 더 멀기 때문에 보다 더 먼저라고 한다. 예를 들어 트로이 전쟁은 페르시아 전쟁보다 먼저 일어났다고 말하는데, 그것은 트로이 전쟁이 현재에서 보다 더 멀리 떨어져 있기 때문이다. 하지만 ⓑ다른 경우, 그러니까 미래의 일에 대해서는, 현재에 보다 더 가까이 있기 때문에 보다 더 먼저라고 한다. 예컨대 네메아 경기는 피티아 경기보다 먼저 실시될 예정이라고 말한다면, 그 까닭은 현재를 이들의 시작이나 최초 시점으로 보고, 네메아 경기 쪽이 현재에 가깝다고 여겼기 때문이다. 또 어떤 사물은 (3)운동에 대해서 그렇게 (시원에 가까운 운동성이라고) 말한다. 즉 그 제1의 동자(動者)에 보다 더 가까운 운동의 원인이 보다 더 먼저이다. 예를 들어 어린이가 어른보다 먼저이다. 그리고 이 제1의 동자 자체는 단적으로 어떤 시작이다. 또 어떤 운동의 원인은 (4)그 능력에 대해서 보다 더 먼저라고 일컫는다. 그 능력이 뛰어난 사람, 또는 보다 더 유능한 사람이 보다 더 먼저(우월적)이기 때문이다. 그리고 이 유능하고 먼저인 사람은, 그 의지에 있어 다른 사람이, 그러니까 보다 더 뒤의 사람(한결 뒤떨어진 사람)이 필연적으로 복종할 수밖에 없는 사람으로, 이 사람이 움직이지 않으면 다른 사람은 움직이지 않고, 움직이게 해야만 움직인다. 여기에서는 의지가 작용인이기 때문이다. 또 어떤 사물의 경우에는 (5)그 배열에 대해서 먼저라고 말한다. 즉 어떤 하나의 사항에 대해서 어떤 일정한 비례 간격으로 놓인 사물의 경우로, 예를 들면 합창단에서 제2의 가수는 제3의 가수보다 먼저이고, 리라에서는 제2의 저현(低絃)은 최저현보다도 먼저라고 말하는 경우와 같다. 이들의 경우 합창단에서는 선두 가수가, 리라에서는 중앙 현이 그 시작이다.

이들은 이와 같은 뜻으로 보다 더 먼저(근원적 요소 또는 의미)라고 하는데, 또 다른 뜻으로 [2]인식에 있어서 보다 먼저인 것[시원(始原)]들이 또 단적으로 보다 더 먼저라 여긴다. 그러나 이 시작 원인들 가운데에서도, 그 설명 방식(본질 규정)에서 먼저인 경우와 감각적으로 먼저인 경우는 다르다. 왜냐하면 설명 방식에는 보편성이 보다 더 시원에 가까운 먼저이지만, 감각적으로는 개별 적성이 보다 더 시원에 가까운 먼저이기 때문이다. 또 설명 방식에 있어서는 부대성 쪽이 전체보다 먼저이다. 예를 들어 '교양성'은 '교양적 인간'보다 앞선다. 왜냐하면 설명 방식은 전체로 볼 때 먼저 그 부분이 없으면 안 되기 때문이다. 하지만 교양적이라는 속성 자체는 교양적인 누군가가 존재해야만 하기는 하다.

[3]보다 더 시원에 가까운 사물의 한정들도 그러하다. 예를 들어 '곧다' 쪽이 '평평하다'보다 먼저라고 하는데, 그것은 곧다가 직선 자체의 한정인 한편, 평평하다는 평면의 한정(그리고 선은 면보다 먼저이다)이기 때문이다.

어떤 사물은 실로 이런 뜻에서 보다 더 먼저, 또는 보다 더 뒤라고 말하며, 다시 또 다른 뜻에서는 [4]그 사물의 자연(성장 원리나 본성) 또는 실체인 점에서 그렇게 일컬어진다. 즉 어떤 사물은 다른 사물이 없어도 존재할 수 있으므로 먼저의 사물일 수 있지만, 다른 사물은 어떤 사물 없이는 존재할 수 없고 의존적이니까 뒤이다. 이 구별 방법은 플라톤이 썼다. 그리고 존재에도 많은 뜻이 있는데 그중에서도 첫째로는 기체가 보다 더 먼저이고, 따라서 실체가 보다 더 먼저이다. 다음으로 사물을 그 가능성에서 보느냐, 완전한 현실 상태에서 보느냐에 따라(어느 쪽을 먼저로 삼는가에 따라 사물의 시원에) 차이가 생긴다. 즉 어떤 사물은 가능성 쪽을 보다 더 먼저 보고, 다른 어떤 사물은 완전 현실 상태에서 본 시점에서 먼저이다. 예를 들어 가능성에 있어서는 어떤 선의 반(半)은 그 전체보다도 먼저이고, 물질의 부분은 전체보다도 먼저이며, 질료는 실체(결합체)보다 먼저이지만, 이 가능성을 지닌 부분들(완성되기 이전의 부분들)은 저마다 완전 현실 상태에서 본 시점에서는 보다 나중의 상태이다. 왜냐하면 이 가능성의 부분들이 완전 현실 상태에서 존재하는 것은 전체가 다시 해체한 뒤에 있는 일이기 때문이다. 그런데 그렇기 때문에 어떤 의미에서는 실로, 보다 더 먼저냐 뒤냐 일컬어지는 말은 모두 이러한(제4의) 화법으로 말해진다. 어떤 것은 그 생성에서 다른 것 없이는 존재할 수 없다. 예를 들어 전체는 그 부분 없이는 존재할 수 없다. 그러나 다른 어떤 것은 그 소멸에 있어서 그러하다. 즉 (가능한) 부분은 전체(완전체로서의 형상) 없이는 존재할 수 없다. 그 밖의 경우도 이와 마찬가지이다.

제12장

디나미스(dynamis:능력, 가능성). 디나톤(dynaton:능력 있는, 가능한). 아디나미아(adynamia:무능력). 아디나톤(adynaton:무능한, 불가능한). 기하학에서 말하는 디나미스(거듭제곱)

디나미스(능력, 가능성)란, 먼저 〔1〕어떤 사물의 운동이나 전화(轉化)의 원리(작용인)를 말한다. 디나미스는 이 사물과는 다른 사물 안에 존재하거나, 다른 사물로서 이 사물 자체에 존재한다. 예를 들어 건축술은 하나의 능력이지만, 이것은 지어진 집 안에는 존재하지 않는다. 마찬가지로 의술도 능력이지만, 병이 나은 환자(환자의 능력) 안에 존재할 수도 있다. 단, 치료받은 환자로서의 그 사람 안에 존재하지는 않더라도 말이다. 이와 같이 디나미스는 일반적으로 사물의 전화나 운동의 원리로서 그 사물과는 다른 사물 안에 (능력으로서) 존재하거나, 다른 사물의 속성으로서 그 사물 자체에 존재한다.

그런데 이 디나미스는 또한 (2)어떤 사물이 그 사물과는 다른 사물에 의해서, 또는 다른 사물로서의 사물 자체에 따라서 운동되고 전화되는 원리(가능성, 능력)도 의미한다. 이 때문에 어떤 수동적인 사물이 무엇인가 수동적인 운동을 할 때 무엇을 어떻게 수동적으로 운동하든, 그 운동을 보고 우리는 수동적 운동을 하는 능력이 있다고 한다. 그러나 때로는 모든 임의적인 수동에 대해서가 아니라, 특히 보다 더 좋은 방향으로 수동적 운동을 할 때, 그것을 우리는 능력이 있다(유능하다)고 한다. 또 (3)그 사항을 교묘하게 또는 의도적으로 수행할 수 있는 능력을 의미한다. 왜냐하면 때때로 우리는, 단순히 걷고 말할 수 있을 뿐 솜씨 좋게 또는 마음먹은 대로 걸을 수도 없고 말할 수도 없는 사람을, 이야기하는 능력이 없다거나 걷지 못한다(가능하지 않다)고 말하기 때문이다.

또 (4)이런 행위가 수동적으로 이루어지는 경우도 마찬가지이다. (5)사물이 단적으로 비수동적이며 불변화적인지 또는 간단히 나쁘게 전화되지 않는 성질을 소유한 상태(소유태(所有態))가 그 사물의 능력(성능)이라 한다. 왜냐하면 사물이 찢어지거나 부서지거나 휘어지는 운동은, 즉 일반적으로 사물이 파괴되는 운동은 그 사물이 능동적으로 이런 운동을 할 수 있기 때문이 아니라 할 수 없기 때문이며, 무엇인가가 모자라기 때문이다. 그리고 다른 한편으로 사물이 이와 같은 (파괴적인) 작용에 대해서 비수동적이고 거의 전혀, 또는 매우 조금밖에 움직이지 못한다면 그것은 어떤 능력(방해) 때문이며, 그것이 무엇인가를 스스로 할 수 있다는 표시이고 어떤 성질을 소유한 상태에 있기 때문이다.

디나미스는 이 정도의 뜻을 가지고 있는데, 그와 같이 디나톤(능력 있는, 가능한)도 어떤 뜻에서는 (위의 1항에 따라서) 그 운동 또는 일반적 전화의 원리로 다른 사물들 안에 있거나, 다른 사물의 속성으로서 그 사물 자체에 있다. 여기서 일반적 전화(전화 능력)라 한 이유는 사물을 정지시킬 수 있는 능력(생성의 방해 능력)도 속성의 하나이기 때문이다. 또 어떤 의미에서는 (2항에 따라서) 그와는 다른 사물의 속성이 그 사물에 대해서 그와 같은 능력을 가지고 있는 경우에도(다른 사물에 의해서 수동적으로 운동할 수 있다는 뜻에서) 능력이 있다고 말한다. 또 다른 뜻으로는 (3항에 따라서) 보다 더 나쁜 방향으로든, 좋은 방향으로든, 어쨌든 무엇인가로 전화하는 가능성을 가진 속성을 디나미스라고 한다.

즉 소멸하는 사물도, 소멸하는 능력이 있는 사물도 소멸 가능한 사물이며, 그런 소멸 능력이 없는 사물이었다면 소멸하지도 않았으리라 여겨진다. 그런데 지금 실제로 그 사물은 그와 같이 수동할 뿐인(즉 소멸되어질 뿐인) 어떤 경향을, 원인을, 원리를 소유하고 있다. 그런데 이 사물이 그와 같은 사물이라 여겨지는 까닭은, 어떤 경우에는 그 사물이 무엇인가를 소유하기 때문이며, 경우에 따라서는 그 무엇인가가 부족하거나 없기 때문이다. 그러나 결여도 어떤 뜻에서 소유태라고 한다면 모든 사물이 이처럼 무엇인가를 소유한 까닭으로 능력 있는 존재(가능한 것)이며, 따라서 모든 사물이 어떤 뜻으로의 소유태를 원리로 가짐으로써 능력이 있는 존재이고, 또 그 결여를 소유하는 일에 의해서도, 적어도 결여를 소유할 수 있는 한에서는 능력이 있다고 말할 수 있다(하지만 만일 결여가 소유태가 아니라면, 이 결여도 능력이 있는 사물이라 하는 건 말은 같지만 뜻은 다르다).

또 다른 뜻으로서 (5항에 따라서) 그 사물과 다른 그 무엇도, 또는 다른 사물 자체도 스스로를 파멸시킬 수 있는 능력을 원리로서 소유하고 있지 않기에 그 사물은 능력이 있다고 일컬어진다. 또 이 사물들은 모두 단지 그 운동이 우연히 일어난다거나, 일어나지 않는다거나, 또는 솜씨 좋게 일어난다고 해서 그 사물에 능력이 있다고 한다. 왜냐하면 예를 들어 도구처럼 무생물에도 그와 같은 능력이 들어 있기 때문이다. 즉 사람은 리라에 대해 이 리라는 음을 울릴 수 있다(울리는 능력이 있다) 말하고, 소리가 좋지 않은 리라에 대해서는 음을 울리는 능력이 없다고 말한다.

아디나미아(무능력)는 위에서 말한 것〔1〕과 같은 원리로서의 디나미스(능력)가 결여된 말이다. 이 결여에도 일반적으로 임의의 무엇인가가 없을 경우와, 자연적으로 소유하고 있어야 할 능력이 빠진 경우, 또 자연적으로는 이미 소유하고 있어야 할 시기에 그 능력이 모자란 경우가 있다. 왜냐하면 예를 들어 '아이를 낳을 능력이 없다' 말할 때는 아이들에 대해서 말할 때와, 성인에 대해서 말할 때와, 환관에 대해서 말할 때 저마다 그 뜻이 다르기 때문이다. 그 밖에 디나미스의 여러 뜻에 대해서, 즉 그저 단순히 움직이게 하는 능력으로서의 뜻뿐만 아니라, 더 나아가 솜씨 좋게 움직이는 능력으로서의 이들에 대해서도 저마다 대립하는 아디나미아가 있다.

그런데 아디나톤(무능한)이라는 속성 가운데 (1)그 어떤 속성은 위에서 말한 여러 뜻의 아디나미아(무능력) 때문에 무능한 속성이라고 하지만, (2)다른 어떤 속성은 이와는 다른 뜻으로 아디나톤(불가능)이라고 한다. 예를 들어 디나톤도 그러하듯이 아디나톤에도 따로 다음과 같은 뜻이 있다. 즉 그 반대는 필연적으로 참(긍정)이라는 뜻으로, 그것은 아디나톤하다고 불리는 경우이다. 예를 들어 '정사각형의 대각선은 그 변과 약분적이다'는 명제는 불가능하다고 하는데, 그 까닭은 이것의 반대(즉 약분적이 아니라는 것)가 단순히 참일 뿐만 아니라 필연적으로 참이며, 따라서 '약분적이다' 술어는 단지 거짓일 뿐만 아니라 필연적으로 거짓이기 때문이다. 또 다른 예는 이 아디나톤의 반대, 즉 디나톤(가능한)은 그 반대가 반드시 거짓이 아닌 경우를 말한다. 즉 인간은 앉아 있는 일이 가능하다(앉아 있을 수가 있다)는 말과 같은데, '앉지 않고 있을 수 있다'가 반드시 거짓은 아니기 때문이다. 그렇다고 한다면 디나톤은 어떤 뜻에서는 지금 말한 바와 같이 반드시 거짓이 아니라, 어떤 뜻에서는 참이라는 말이고, 어떤 뜻으로는 참일 수 있다는 말이다.

또 기하학에서의 디나미스(거듭제곱)라 말하는 것은 유추적(類推的) 전의(轉意)에 의해서이다. 그런데 이 디나미스의 전의가 디나톤(가능한)이라고 일컬어지는 까닭은, 본디 디나미스(능력)와 관련돼서가 아니다. 대부분 이(디나미스적) 능력과 관련해서 일컬어지는 근거는, 모두 제1의 뜻인 사물과 관련해서 그렇게 일컬어진다. 그리고 이 제1의 뜻 사물은, 그 사물과는 다른 사물 안에 또는 다른 사물로서의 사물 자체 속에 있는 전화의 원리(작용인)를 말한다. 왜냐하면 이 제1의 뜻의 사물과 관련에서 디나톤(능력이 있다)이라 일컬어지는 사물들은, 이 사물들에 대해서 다른 무엇인가가 (제1의 디나톤적 사물이) 능력을 갖기 때문에, 또는 그 능력을 가지지 않기 때문에, 또는 어떤 특수한 방법으로 그 능력을 가지고 있으므로 그렇게 이른다. 아디나톤(능력이 없는, 무능한)이라 하는 말도 이와 마찬가지이다. 이렇게 해서 제1의미에서의 디나미스(능력)의 본디 정의는, 다른 사물 중에 또는 다른 사물 자체에 있는 속성을 전화시키는 원리(작용인)에 있다.

제13장

포손(poson:어느 만큼, 어느 정도)

사물 포손(본디는 어느 만큼, 어느 정도 등등의 뜻)의 뜻은, 사물의 부분들 하나하나가 자연적으로 어떤 하나이며, 또 이것이라고 가리킬 수 있는 몇 가지 내재적 구성 부분으로 나누어질 수 있음을 뜻한다. 그리고 어느 만큼이 있는가를(즉 그 양을) [1]셀 수 있을 때 그 양은 '많기'가 되고, [2]측정될 수 있는 양일 때에 그 양은 '크기'이다. '많기'란 비연속적 부분으로 나눌 수 있는 경우이고, '크기'란 연속적인 부분으로 나눌 수 있는 경우이다. 크기의 경우 1차원적 연속은 길이이며, 2차원적 연속은 넓이이고, 3차원적 연속은 깊이이다. 또 이들 가운데 한정된 '많기'는 수이며, 한정된 길이는 선, 넓이는 면, 깊이는 물체(입체)이다.

이들의 어떤 부분은 (A)그 자체에서 포손(즉 어느 만큼 있다 또는 어느 만큼 양이다)이라 일컬어지는데, 다른 어떤 부분은 (B)부대적으로 그렇게 일컬어진다. 예를 들어 선(線)은 그 자체로서 어떤 양이지만, '교양적인 속성'은 뒤따르는 속성과의 관련에 있어서의 양이다. 먼저 (A)그 자체로 포손이라 일컬어지는 속성들 가운데, (1)어떤 속성은 실체로서의 양이다. 예를 들어 선은 이런 뜻에서의 어떤 양이다. 왜냐하면 선이란 무엇인가(선의 본질)를 나타내는 설명 방식 중에는 이러이러한 양이라는 규정이 포함되어 있기 때문이다.

그러나 (2)다른 어떤 속성은 이와 같은 실체의 한정(속성) 또는 상태로서의 양이다. 예를 들어 사물의 많고 적음, 길고 짧음, 넓고 좁음, 깊고 얕음, 가볍고 무거움, 그 밖의 이와 같은 속성들이 그러하다. 또 큰 것과 작은 것, 보다 큰 것과 보다 작은 것 등 이들 저마다에 대한 말이나 이들 상호 관계에서의 말 또한 다 같이 어느 양적인 것의 자체적 한정이다. 그리고 이들은 그 밖의 경우에도 쓰인다. (B)부대적으로 포손이라 일컬어지는 (사물의) 부분들 가운데 (1) 어떤 부분은, 예를 들어 그 교양성 또는 색이 희다는 특정한 내재적 구성 요소가 뒤따르는 사물 그 자체가 어떤 양적인 물질이기 때문에, 그 교양적인 속성이나 색이 희다는 속성이 어떤 양적인 물질에서 일컬어지는 뜻에 있어 그렇게 포손이라 말해지고 있다. 또 (2)다른 어떤 양적인 속성은, 운동이나 시간에서 포손이라고 불린다. 왜냐하면 운동이나 시간도 그 자체가 분할될 수 있는 속성이기에, 이런 뜻에서 운동이나 속성이 양으로서 연속적으로 일컬어지기 때문이다. 여기서 내가 '분할될 수 있는 속성'이라고 말하는 의미는 운동하고 있는 사물 자체가 아니라 그 사물이 운동하는 장소(장소의 크기)인데, 이 장소가 어느 만큼의 운동을 하므로 그 장소에서의 운동 또한 (부대적으로) 양이며, 또 이 운동이 양이므로 (운동하는) 시간도 그러한 양이기 때문이다.

제14장

포이온(poion:어떠한, 성질)

사물의 포이온(본디는 어떠한가라는 뜻)이란, ⑴어떤 뜻에서는 실체의 차별상(종차)을 말한다. 예를 들어 인간은 어떠한(어떤 성질의) 동물이냐고 물으면 다리가 둘이라 대답하고, 말은 어떤 동물이냐 물으면 다리가 넷이라 답하며, 또 원은 어떤 도형이냐 물으면 각이 없는 도형이라고 말하는데, 그것은 저마다 실체의 이러한 차별상이 하나하나 어떠한 것인가(즉 그것의 성질)를 의미하기 때문이다. 이와 같이 사물의 성질은 한 가지 뜻에서는 실체의 차별상을 말하지만, ⑵어떤 다른 뜻에서는 움직일 수 없는 수학적 여러 대상의 경우에도 사물의 성질이 적용된다. 즉 이 뜻으로는 수가 어떤 성질을 가진다. 예를 들면 그저 1차원의 수가 아니라 평면 1차원 수의 모사(模寫)로서 평면, 또는 입체인 복합적인 수가 그런 성질의 수이다. 다시 말해 평면의 수는 두 개의 요소(또는 2차원성)를 가지며, 입체의 수는 세 개의 요소를 가진다. 또 일반적으로 수의 실체(본질) 가운데 양이 아닌 것은 성질이다. 각 수의 실체는 바로 이 성질뿐이기 때문이다. 예를 들어 6의 실체로서 표현될 수 있는 수는 6의 두 배나 세 배가 아니라 6 자체뿐이다. 왜냐하면 6은 6의 한 배이기 때문이다.

⑶전화하는 실체의 여러 속성들은, 예를 들어 뜨겁다는 속성과 차갑다는 속성, 희다는 속성과 검다는 속성, 무겁다는 속성과 가볍다는 속성, 그 밖의 그 물체가 전화하는 데에 따라 그와 같이 변화한다고 일컬어지는 속성들은 모두 성질이라고 말해진다. 또 ⑷덕이나 악덕, 일반적으로 좋은 일이나 나쁜 일에 대해서도 그렇게 말해지고 있다.

이리하여 사물의 포이온(어떠한, 성질)을 이야기할 때 거의 두 가지 뜻이 있고, 그 가운데 하나가 가장 두드러진 본성이다. 즉 제1의적 뜻에서의 성질⑴은 실체들 간의 차별적 형태이다. 수의 성질⑵도, 이 차별상들의 부류에 속한다. 왜냐하면 이 차별상들 또한 어떤 (제1의적) 실체로부터의 차별화, 즉 움직이지 않는 실체의, 또는 움직이지 않는 존재로서의 실체로부터 비롯된 차별상이기 때문이다. 그리고 하나의 뜻으로서의 성질[3]은, 운동하는 물체의 운동에 대한 속성인데, 이 또한 실은 그 운동의 차별적 형태들 모습일 뿐이다. 덕이나 악덕[4]도 이 부류에 넣을 수 있다. 왜냐하면 덕이나 악덕도 운동 또는 현실 활동의 차별상을 나타내는 현상으로서, 이 덕이나 악덕에 의한 운동에서 어떤 존재들이 훌륭하게 행동하거나 잘못 행동하고, 또 행동을 당하게 되기 때문이다. 어떤 방법으로 운동하거나 행동할 수 있다는 것은 좋은 일이고, 다른 어떤 방법으로, 즉 반대의 방법으로 그렇게 한다면 사악한 일이기 때문이다. 선이나 악은 생명을 가진 자에게, 특히 그 가운데서도 의지를 가진 자에게 두드러지게 인정되는 성질이다.

제15장
프로스 티(pros ti:관계, 상대성, 관계적, 상대적)

프로스 티(글자대로는 무엇인가에 대해서 어떠한가라는 뜻)란 먼저 [1]예를 들어 두 배가 반에 대하여, 세 배가 3분의 1에 대하여, 또는 일반적으로 몇 배가 되는 양이 그 몇 분의 일인 데에 대해, 또는 어느 만큼 초과하고 있는 양이 초과당하고 있는 양에 대해 가지는 비율 관계와 같다. 다음에는, [2]열을 가하는 사물이 가열당하는 사물에 대해, 자르는 사물이 잘리는 사물에 대해 갖는 관계처럼, 일반적으로 능동이 수동적인 사물에 대해서 갖는 관계인 경우, 또 [3]측정되는 사물이 이를 재는 척도에 대해서, 인식되는 사물이 인식에 대해서, 감각되는 사물이 감각에 대해서 갖는 관계와 같은 경우이다.

먼저 [1]제1의 뜻으로 프로스 티라고 하는 말은, 수에 있어 수들 상호 간에 대한, 또는 일(一)에 대한 임의의, 또는 일정한 수적 관계이다. 예를 들어 일의 두 배는 일에 대해서 일정한 수적 관계에 있고, 또 일보다 몇 배가 많은 사물도 일(一)에 대해서 어떤 수적 관계에 있는데, 이는 두 배나 세 배와 같이 특정되어 있지 않은 부정(不定)한 수적 관계이다. 그리고 어느 수보다 그 반만큼 많은 수도, 이 어떤 수에 대하여 일정한 수적 관계에 있다. 그러나 어떤 수보다 그 몇 분의 일만큼 많은 수는 이 어떤 수에 대해, 마치 일보다 많은 불특정한 몇 배의 수가 일(一)에 대해서 그러하듯이 부정(不定)한, 즉 단적으로 확정되지 않는 부정한 수적 관계에 있다.

또 초과하는 양도 초과를 당하는 양에 대해 수적으로 모두 부정(不定)한 관계에 있다. 왜냐하면 수란 공통된 단위로 측정될 수 있는 속성, 즉 통약적인 속성이므로 통약적이 아닌 속성을 수로 나타날 수가 없고, 더욱이 이 초과하고 있는 수의 양은 초과당하고 있는 수의 양보다도 얼마쯤 많은데, 이 얼마라는 양은 수적으로 부정하기 때문이다. 왜냐하면 이 얼마의 양은 초과당하고 있는 양과 동등하든 동등하지 않든 그것은 임의적(부정한 현상)이기 때문이다. 그런데 이들은 모두 수적인 의미에서의 관계이며 수의 여러 한정(限定)이지만, 동등하다거나 마찬가지라거나 동일하다고 일컬어지는 양들도 어떤 다른 뜻에서는 마찬가지로 수적인 관계에 있다. 왜냐하면 이들은 모두 하나와 관련해서 그렇게 일컬어지기 때문이다. 즉 동일하다고 일컬어지는 사물들은 이들 실체가 하나[일(一)]만큼이기 때문이며, 마찬가지라고 일컬어지는 사물들은 이들의 성질이 하나만큼이기 때문이며, 동등하다고 일컬어지는 사물들은 이들의 양이 하나만큼이기 때문이다. 일은 수의 시작이며 기준이므로, 이들 관계는 같은 뜻에서는 아니라고 하지만 어느 것이나 수적인 관계이다.

[2]능동적인 사물과 수동적인 사물은, 능동하는 능력(가능성)과 수동하는 능력과의 관계에 있고, 또 이들은 가능성의 현실태에서 상호 관계에 있다. 예를 들어 열을 가할 수 있는 사물은 열을 받는 사물에 대해서 관계적(상대적)이지만, 그것은 전자가 후자에 열을 가할 수 있는 능력이 있기 때문이고, 또 실제로 열을 가하는 사물은 실제로 열을 받고 있는 사물에 대해서, 실제로 자르고 있는 사물은 실제로 잘리고 있는 사물에 대해서, 즉 저마다 이 현실태에서 관계적이다. 그러나 수적인 뜻으로의 여러 관계에서는, 다른 곳에서 이미 말한 바와 같은 경우 말고는 현실태는 존재하지 않는다. 즉 수적인 뜻에는 운동적 뜻으로서의 현실태(현실 활동)가 포함되어 있지 않다. 또 능력에 대한 여러 관계들 가운데에는 다시 이러저러한 시간에 관련해서 일컬어지는 관계도 있다. 예를 들어 시간적으로 이미 산출한 사물이 이미 산출된 사물에 대해, 또는 곧 산출할 것으로 여겨지는 사물이 산출되리라는 사물에 있어서 가지는 관계와 같다. 아버지가 그 아들의 아버지라고 불리는 관계 또한 이런 뜻에서이다. 어떤 방법으로 아버지는 능동적인 사람이고 아들은 수동적인(산출

된) 사물이기 때문이다. 또 어떤 사물들은 어떤 능력의 결여 때문에 관계적이라고 일컬어진다. 그런 사물은 무능한 사물이나 그 밖에 그와 같은 뜻을 지닌 사물들, 예를 들어 볼 수 없는 사물(볼 수 있는 능력이 결여된 사물)의 관계와 같다.

그런데 이와 같은 수에서 관계적인 사물들이나, 능력에 있어서 관계적인 사물들이나 모두 서로 관계적이라고 불리는 까닭은 이 사물들 자체의 본질이 다른 사물들과의 관계에 있어서 척도이기 때문이지, 다른 사물이 이 사물의 본질에 대해서 관계적 척도이기 때문은 아니다. 그런데 ⑶측정되는 사물들이나 인식되는 사물들, 사유되는 사물들이 관계적(상대적)으로 측정된다고 말해지는 이유는, 어떤 다른 사물이 이 사물의 본질에 대해서 관계적이기 때문이다. 사유된다는 말은 그 사물 자체에 대한 사유가 있다는 뜻인데, 이 사유는 사실 사유 대상 자체(본질)에 대해서는 관계적이지 않다. 만약에 관계적이라면 같은 (제1의) 사물을 두 번(그것에 대해 한 사유에 대한 사유, 즉 사유의 사유하는 식으로) 되풀이해서 사유하게 될 것이다. 마찬가지로 시각은 어떤 사물에 대한 시각이지, 우리의 시각 대상으로서 포착되기 위해 있는 사물에 대한 시각은 아니다. 하기야 이렇게 사물이 보여지는 대상일 뿐이라는 말에도 진실성이 없지는 않지만, 사실 시각은 색이나 그 밖의 다른 사물의 감각에 대해서 관계적일 뿐 사물의 본질은 알아차리지 못한다. 그러나 아까와 같은 식으로 말해서, 그 시각이 그 시각의 시각이라고 한다면 여기에서도 같은 일을 두 번 되풀이해서 말하는 셈이 될 것이다.

그런데 그 자체에서 관계적(상대적)이라 불리는 사물들이란 그 가운데 어떤 사물은 위에서 말한 바와 같은 여러 뜻(색이나 그 밖의 감각)에서 관계적이라고 일컬어지는데, 다른 어떤 사물은 그것이 (본질적으로) 속하는 유(類)가 그러한 경우에 그렇게 일컬어진다. 예를 들어 의학(의학적 인식)은 이 학문의 유(類)를 이루는 학문(인식 일반)들이 관계적이기 때문에 관계적 학문의 하나이다. 또 어떤 성질을 가진 사물이 그 성질과 관계적이기 때문에 성질 자체가 그 사물이라고 일컬어진다. 이를테면 동등함에는 동등함을 소유하는 동등한 사물들이 관계적이기 때문에, 또 유사성은 유사적인 사물들이 관계적이기 때문에 관계적이라 일컬어지고 있다. 또 다른 어떤 사물은, 그것의 부대성에서 관계적이다. 예를 들어 어떤 사람의 부대성이 우연히 어떤 사물 부대성의 두 배일 때, 그 사람은 그 부대성에서 어떤 사물과 관계적이다. 왜냐하면 두 배라는 것 자체가 관계를 나타내기 때문이다. 또 색이 하얀 것도, 그와 동일한 속성이 부대적으로 그 어떤 사물의 하얀만큼에 비해서 두 배인 동시에 색이 하얄 때, 그 뜻에서 관계적이라고 말한다.

제16장

텔레이온(teleion:전적인, 완전한)

텔레이온이란 먼저 (1)완전한 부분들의 구성, 즉 그 부분들이 아닌 그 어떤 부분도 전혀 발견할 수 없는 사물을 말한다. 예를 들어 어떤 사물이 완전하다면, 그 사물의 완전한 상태 말고는 다른 곳에서 그와 같은 어떤 상태도 찾아볼 수 없는 상태를 말한다. 또 (2)교묘함(탁월성)이나 좋음(선량성)이라는 점에서, 그 유(類) 안에서는 그 사물을 뛰어넘어서는 게 아무것도 없을 때 완전한 사물이라고 말한다. 예를 들어 완전한 의사 또는 완전한 피리 부는 사람이라고 이르는 경우, 저마다의 종(種)에서 그 고유한 기교의 모자람이 없는 사람을 말한다. 또한 뜻이 나쁜 사물에도 쓰여, 완전한(전적인) 욕쟁이나 완전한 도둑이라고도 일컬어진다. 사실 우리는 그들을 뛰어나다고 일컫는다. 즉 훌륭한 도둑이라고도 말하고 우수한 욕쟁이라고도 말한다. 또 탁월성(교묘함, 덕성)도 완전성의 하나이다. 왜냐하면 사물들 저마다가 완전하고 각 실체가 완전하다는 것은, 각 종(種) 고유한 탁월성에서 그 자연의 크기(위대함)에 있어 조금도 결여되지 않은 경우이기 때문이다. 또한 (3)그 끝(결말)에 다다른 사물이—바람직한 끝일 때—텔레이온(완성된 사물)이라고 일컬어진다. 왜냐하면 사물이 완전하다는(완성되었다는) 말은 그 끝에 이른 상태를 뜻하기 때문이다.

따라서 끝은 어떤 뜻에서는 궁극적이기 때문에 우리는 이 말을 나쁜 사물에 이용하여, 어떤 사물이 그 파괴나 악의 면에서 아무런 결함 없이 그 궁극에 이르고 있을 때 이것을 완전히 타락했다거나 완전히 파괴되었다고 말한다. 또 사람의 최후(죽음)를 끝이라 일컫는 까닭도 이 때문이다. 어느 완성이나 궁극적인 일이기 때문이다. 그리고 궁극의 목적도 끝이다.

이리하여 그 자체로 완전하다 불리는 사물들은, 모두 다음과 같은 뜻에서 그렇게 일컬어지고 있다. 즉 그 어떤 사물은 좋은 점에서 아무런 결여됨이 없이, 그 사물을 뛰어넘는 존재도 없고 그 밖의 곳에서는 그 사물을 찾아볼 수 없기 때문에 그렇게 일컬어진다. 또 어떤 사물은 일반적으로 그 사물이 속하는 유(類) 가운데 그 사물을 뛰어넘는 게 아무것도 없고, 그 말고는 아무것도 존재하지 않기 때문에 완성으로서 일컬어진다. 그리고 다른 어떤 사물은 이들(지금 말한 두 가지 뜻의 완전한 것들)과 관련하여 완성으로서 일컬어진다. 이는 그와 같은 (유 중에서도) 가장 우수한 사물이 그와 같은 완전한 무엇인가를 만들어 내기 때문에, 또는 이 완전한 사물을 가지기 때문에, 또는 이 완전한 사물에 적응하기 때문에, 또는 요컨대 그 어떤 점에서 제1의적으로 완전하다고 일컬어지는 사물과 관련되어 있기 때문에 그렇게 일컬어진다.

제17장

페라스(peras:한도, 한계)

페라스란 〔1〕사물들 저마다의 맨 끝, 즉 그곳 말고는 그 사물의 어떤 부분도 발견할 수 없는 제1의(마지막) 끝이며, 이들 모든 부분은 그 끝 안에 존재하는 제1의(최초의) 끝이다. 다음으로 〔2〕어떤 크기의 또는 어떤 크기를 갖는 사물의, 어떤 형상을 의미한다. 또 〔3〕사물들 저마다의 끝 또한 한계라고 한다. 그러나 이 뜻에서의 끝은 그 사물의 운동이나 행위가 나아가는 곳이지, 그 끝으로부터 온다는 의미는 아니다. 때로는 이 둘을, 즉 그 끝으로부터 오는 사물과, 나아가면 그 끝에 있는 사물(즉 그것을 위한 그것)을 뜻할 때도 있다. 〔4〕사물들 저마다의 실체, 사물들의 본질도 뜻한다. 왜냐하면 그 사물의 본질이 사물의 인식 한계(원리)이기 때문이다. 그리고 이 본질이 인식의 한계라면, 그것은 또한 그 본질에 의해 알려지는 사물의 한계이기도 하다. 이리하여, 원리(아르케)가 많은 뜻으로 일컬어지고 있듯이, 한계 또한 많은 뜻으로 일컬어진다. 더욱이 원리보다도 많은 뜻으로 그렇게 일컬어진다. 왜냐하면 원리(아르케)는 어떤 한계이지만, 모든 뜻에서의 여러 한계들이 모두 원리는 아니기 때문이다.

제18장

카트 호(kath ho:(감각적) 그것으로서의 뜻). 카트 하우토(kath hauto:그 스스로, (본질) 자체적으로)

카트 호에는 많은 뜻이 있다. (1)각 사물의 형상 또는 (형상으로서의) 실체는, 예를 들어 어떤 사물이 그것으로써(감각되는 대로) (그것 때문에 그것에 따라서) 좋은 사물이라면, 그 사물은 선(善) 자체(선의 형상)로 일컬어지는 이치와 같다. (2)어떤 속성이 생성되어 존재하는 사물이 자연적인 제1의 사물일 경우, 예를 들어 물체의 면 자체(면 안)에 색이 있다고 일컬어지는 경우와 같은 것이다. 따라서 사물 저마다의 '카트 호'는 제1의 뜻에서는 그 사물의 형상이며, 제2의 뜻에서는 질료, 즉 그 사물의 제1기체(基體)이다. 그러나 일반적으로 카트 호에는 원인의 수와 똑같은 만큼의 많은 뜻이 있다. 왜냐하면 (3)'왜 그는 왔는가', 즉 '무엇 때문에(무슨 목적으로) 그는 왔는가' 묻는 경우가 있고, (4)'왜(무엇 때문에) 그는 잘못 추측했는가, 또는 올바르게 추측했는가', 즉 '그의 올바른 추측의, 또는 그릇된 추측의 원인(작용인)은 무엇인가'와 같이 묻는 경우가 있기 때문이다. (5)카트 호는 사물의 위치에 대해서 일컬어지는 경우도 있다. 예를 들어 '그는 거기에(그것에 기대어) 서 있다'거나 '그는 그것을 따라(그 길을 따라) 걷고 있다' 모두 장소 또는 위치를 가리킨다.

따라서 카트 하우토에도 필연적으로 그만큼 많은 뜻이 있다. (1)그 하나는, 그 사물은 자체에서[(본질) 자체적으로] 본질이다. 예를 들어 칼리아스는 그 자체로 칼리아스이고 칼리아스에 맞는 본질이다. (2)다른 하나는, 사물이 무엇인가(를 나타내는 설명 방식) 안에 포함되어 있는 모든 제1의 술어, 예를 들어 칼리아스는 그 (본질) 자체에서 동물이라고 일컬어진다. 그것을 나타내는 설명 방식 안에 '동물'이 포함되어 있기 때문이다. 즉 칼리아스는 동물의 하나이다. 또 (3)어떤 기체가 그 어떤 속성을 그 자체 안에 제1의(가장 가깝고 직접적인) 기체로서 받아들이거나, 또는 그 자체의 한 부분 안에 받아들이고 있는 경우, 예를 들어 '표면은 그 자체로 흰색(무색)이다' 또는 '인간은 그 자체로 생명이 있는 존재이다' 이렇게 불린다. 생명을 제1로서(직접적으로) 스스로 받아들이고 있는 영혼 또한 인간의 한 부분이다. (4)스스로 (본질) 말고는 그 어떤 원인도 가지고 있지 않은 실체를 말한다. 예를 들어 인간은 하나보다는 많은 원인(동물, 두 개의 다리 등)들을 가지고 있기는 하지만, 인간은 (본질) 자체에 있어서(자체적으로) 인간이다. (5)어느 기체가 그 기체만으로 따로 떨어져 그 자체로서 존재할 때, 이 기체에만 속하는 속성을 그 실체의 자체적 속성이라고 말한다.

제19장

디아테시스(diathesis:배치, 안배, 상황)

디아테시스란, 부분을 가지는 사물의 장소 또는 그 사물의 능력이나 종에 대한 배열(또는 질서)을 말한다. 디아테시스라는 말을 보아도 뚜렷하게 알 수 있듯이, 거기에는 테시스(위치 또는 배치적 성질)가 있어야만 한다.

제20장

헥시스(hexis:소유, 소유태, 몫, 상태)

헥시스란 어떤 뜻으로는 (1)무엇인가를 갖고 있는 사물과 갖게 되는 사물과의 사이에 있는 어떤 현실 활동, 즉 하나의 행위 또는 운동을 말한다. 예를 들어 그 어떤 존재가 무엇인가를 만들어 내고, 무엇인가가 만들어지게 될 경우 이 둘 사이에 제작(제작 활동)이 있게 되는데, 이처럼 옷을 갖고 있는 사람과 이 사람이 갖고 있는 옷 사이에는 어떤 소유(소유 관계, 소유 상태)가 있다고 일컬어진다. 그러나 이와 같은 뜻에 있어서 (최초의) 소유는, 이것을 다시 소유한다는 뜻일 수가 없다. 왜냐하면 만약에 가진 사물의 소유를 다시 가질 수가 있다고 한다면 이 소유 과정은 무한히 거슬러 올라가야 하기 때문이다. 하지만 다른 뜻으로는 (2)사물의 어떤 상황, 즉 사물 자체가, 또는 다른 사물과의 관계에서 안배가 잘 이루어졌는가 그렇지 않은가와 같은 배치를 그 사물의 헥시스라고 한다. 예를 들어 건강은 어떤 헥시스라고 이르는데, 건강이 이와 같은 뜻의 배치이기 때문이다. (3)헥시스라 일컬어지는 경우는, 그 사물에 이와 같은 배치를 가진 부분이 있을 때이다. 이러한 배치적 뜻을 갖기 때문에 그 부분의 탁월성(예를 들면 영혼 부분의 덕성)까지도 그 사물 전체의 헥시스라고 일컬어질 수 있게 된다.

제21장

파토스(pathos:수동법, 양태, 속성, 한정)

파토스란 어떤 뜻에서는 ⑴어떤 사물에 변화가 일어나도록 할 수 있는 사물의 성질, 예를 들어 하얀색과 검은색, 단맛과 쓴맛, 무거움과 가벼움, 그 밖의 이와 같이 사물을 변화시키는 여러 성질들을 말한다. 또 어떤 뜻으로는 ⑵이여러 성질의 현재 상태, 즉 그와 같은 성질로 변화하는 사물의 현재 상태를 말한다. ⑶이들 가운데서도 특히 나쁜 여러 변화나 온갖 운동, 그중에서도 가장 고통스러운 해악(괴로움) 등이 바로 파토스이다. 또 ⑷불행이나 고통 가운데에서 더 큰 것이 파토스(수난)라 일컬어지고 있다.

제22장

스테레시스(steresis:결여)

스테레시스란 어떤 뜻에서는 ⑴어떤 사물이 자연적으로는 갖고 있지 않되, 자연적으로 소유해도 좋을 것만 같은 어떤 속성을 갖고 있지 않은 경우를 말한다. 예를 들어 '식물에는 눈이 결여되어 있다'는 식의 말과 같다. 그러나 어떤 뜻으로는 ⑵어떤 사물이 그 자체로, 또는 그 유(類)에서 일반적으로 지닌 속성에 자연적인 원리가 결여되어 있는 경우를 말한다. 이를테면 맹인과 두더지는 서로 다른 관계에서, 즉 두더지는 그 유(類)로서(일반적인 동물), 맹인은 그 자체로서(같은 인간으로서) 다 같이 자연적으로 눈을 갖고 있어야 마땅한데 그들 모두는 눈이 없다. 또 ⑶자연적으로는 그것을 가져야 하고, 또 그것을 가져야 할 시기에 있으면서도 그것을 갖고 있지 않는 경우이다. 예를 들어 맹인은 하나의 결여이지만, 사람은 그 나이를 떠나서 맹인이라는 뜻이 아니라, 자연적으로 시력을 가지고 있어야 할 나이이면서도 이 기능을 가지지 못한 사람만이 맹인이라 할 수 있다. 아울러 그 매개물적 신경 안에서, 그 능력에 의해 그 상황이라면 그 대상을 볼 수 있어야만 자연적인데, 그와 같은 조건을 갖추었으면서도 볼 수가 없는 경우 또한 마찬가지이다. ⑷저마다 사물의 강제적 제거 또한 결여라고 부른다.

그리고 접두사 a로 부정적인 뜻을 나타내는 말에도 여러 가지 뜻이 있듯이 스테레시스, 즉 결여에도 그만큼 다른 뜻들이 많다. 예를 들어 사물이 불평등하다 일컬어지는 경우에는, 그 사물이 자연적으로 지녀야 할 평등성을 가지고 있지 않기 때문이며, 보이지 않는 것이라 불릴 때에는 그 사물이 어떤 색도 가지고 있지 않거나 또는 약한 색밖에 가지고 있지 않기 때문이며, 또 다리가 없다라고 함은 다리를 가지고 있지 않거나, 불완전한 다리밖에 가지고 있지 않음을 뜻하기 때문이다. 또 갖고 있어야 할 요소를 겨우 얼마밖에 갖고 있지 않다는 이유를 보더라도 그러하다. 예를 들어 과일에 씨가 없는 경우는, 갖춰야 할 요소를 충분하게 갖고 있지 않다는 뜻이다. 쉽지 않다거나 잘할 수 없다는 이유로 결여적인 어법이 쓰이는 경우도 있다. 이를테면 칼이 들지 않는다는 말은, 단순히 들지 않는 게 아니라 솜씨 있게 자를 수 없다는 까닭으로도 그렇게 불릴 수 있다. 또 가져야 할 요소를 갖고 있지 않다는 이유로 결여라는 말을 듣는 경우도 있다. 예를 들어 맹인이라 일컬어지는 사람은 애꾸눈이 아니라 두 눈 모두의 시력을 지니지 못한 사람이다. 이 때문에 모든 사람이 반드시 '선인가 악인가, 정당한가 부당한가' 말하지 않으며 이들의 중간 것도 있게 된다.

제23장

에케인(echein:갖다, 유지하다)

에케인에는 많은 뜻이 있다. 먼저 ⑴무언가를 스스로의 자연이나 스스로의 충동에 따라 처리한다는 뜻이 있다. 따라서 열병이 인간을 사로잡고, 비합법적 지배자가 국가를 좌우하며, 옷을 입고 있는 사람이 그 옷을 에케인(착용)하고 있다는 등으로 말한다. 그러나 어떤 뜻으로는 ⑵어떤 사물이, 이 사물 자체를 받아들일 수 있는 어떤 기체(基體) 안에 있을 경우 이 기체는 어떤 사물을 지니고 있다고 일컬어진다. 예를 들어 청동이 상(像)의 형상을 가지고 있다(구체적으로 가지고 있다, 내재시켰다)거나, 육체가 병을 가지고 있다(병이 육체에 들어 있다)고 일컬어진다. 또 어떤 뜻으로는 ⑶포함하는 것이 포함되는 경우이다. 포함하는 사물 안에 포함된 사물들은, 포함하는 사물들에 의해 유지(포함)된다고 일컬어지기 때문이다. 이를테면 그릇이 액체를 유지하고(담고 있고), 국가가 국민을 가지며, 배가 선원을 가지는 이치와 같다. 이런 뜻에서 전체는 부분을 갖는다(포함한다)고도 일컬어지는 소유, 또는 소유의 지속(지속 가치) 개념이다.

또 〔4〕그 자체의 충동으로 어떤 사물이 운동하거나 행위하는 일을 가로막는 작용은, 그 어떤 사물을 유지(뒷받침)한다고 일컬어진다. 기둥이 그 위에 쌓인 무거운 짐을 지탱한다(받친다)고 말하는 예처럼, 또는 시인이 아틀라스로 하여금 하늘을 지탱하도록 하는 예처럼. 왜냐하면 그렇게 하늘을 받치고 있지 않으면, 모든 자연학자들이 말하듯 저 하늘이 무너질지도 모른다는 생각에서이다. 이와 마찬가지의 현실적 뜻으로도, 어떤 물질들을 함께 가진 사물들은 그 보유 물질들을 유지하고 있다 불리는데, 그렇지 않을 경우에는 그 물질들이 저마다 자체의 충동으로 산산이 흩어져 버리게 된다는 생각 때문이다.

그리고 '어떤 사물 안에 있다'고 하는 경우에도, 이 '갖는다(에케인)'와 동일한 뜻, 또는 여기서 파생되는 여러 가지 뜻이 있다.

제24장

에크 티노스 에이나이(ek tinos einai:어떤 것으로부터 있다)

에크 티노스 에이나이란, 어떤 경우에는 〔1〕질료가 되는 어떤 물질로부터 (이루어진) 사물이라는 뜻을 지니고 있다. 그런데 여기에는 두 가지 뜻이 있다. 이는 그 질료가 최고의 유(類)를 의미하는가, 그렇지 않으면 최저의 종(種)을 의미하는가이다. 예를 들어 질료가 최고의 유(類)인 경우 그 뜻은 '이 유에서 녹아들 수 있는 사물들은 모두 물로부터 이루어진 사물들이다', 질료가 최하위(가장 가까운 원인 차이) 종(種)인 경우 그 뜻은 '이 상(像)은 청동으로 이루어지고 있다' 일컬어진다. 다음에는 〔2〕운동 제1의 시작(작용인)으로서의 어떤 존재물로부터 사물이(또는 사건이) 나온 경우이다. 예를 들어 '이 싸움은 무엇으로부터 일어났는가' 물음에 '욕으로부터' 답할 경우는 욕이 싸움의 원인(시작)이기 때문이다.

또 〔3〕'질료와 형식(형상)과의 복합체로부터' 이렇게 말하는 경우도 있다. 예를 들어 부분이 전체로부터라든가, 어느 시구(詩句)가 《일리아드》로부터, 석재(石材)가 집으로부터 이루어졌다고 하듯이 말이다. 형식이 끝이고, 오직 이 끝에 다다른 사물만이 완전한 사물이기 때문이다. 그러나 〔4〕형상이 그 전체의 부분으로부터 이루어졌다고 말하는 경우도 있다. 예를 들어 인간이 '두 다리'

로부터, 또는 어절(語節)이 자모로부터 생겨났다고 일컬어지는 일과 같다. 하지만 이 경우는 동상이 청동으로부터 만들어졌다고 말할 때와는 뜻이 다르다. 왜냐하면 복합된 실체처럼 감각적인 질료로부터이지만, 형상도 그 형상의 질료로부터 생겨났다고 말할 수 있기 때문이다. 이처럼 여러 뜻으로 어떤 물질이 어떤 사물로부터 생겨났다 말하는데, 다른 어떤 사물은 (5)이 어떤 사물의 부분들이 지니는 온갖 뜻들 가운데 하나가 이 사물에 적응되고 있을 경우에도 '어떤 것으로부터'라 일컬어진다. 예를 들어 어린아이가 그의 아버지와 어머니로부터, 또는 식물이 땅으로부터라고 일컬어지면, 그것은 저마다 그 원인체의 어느 부분으로부터 생겨나기 때문이다.

그리고 (6)시간적으로 '어떤 사물 다음으로' 생겨났다는 경우에도, 예컨대 낮으로부터 밤이, 맑고 푸른 하늘로부터 번개가 친다고 말해지는데, 이는 전자 다음에 후자가 있다는 뜻이다. 이와 같이 어떤 사물들은, 그 사물들이 서로 그렇게 바뀔 수 있기 때문에 그렇게 일컬어지며, 다른 어떤 사물들은 그저 시간적으로 이어진다는 까닭만으로도 그렇게 '……로부터'라 일컬어진다. 예를 들어 춘분 중간 날로부터 항해가 이루어졌다면, 춘분 중간 날에 이어서 항해가 이루어졌다는 뜻이고, 디오니소스 축제로부터 타르젤리아 축제가 생겨났다는 말은, 디오니소스제가 끝난 뒤 타르젤리아제가 (시간적으로 이어져) 있다는 뜻이다.

제25장

메로스(meros:부분)

메로스라는 말은, 어떤 뜻으로는 (1)(1)그 부분에까지 어떤 양적인 사물이 어떤 방식으로 분할된다는 말이다. 그 사물이 양적인 한, 그 사물로부터 나온 물질은 그 양적인 사물의 부분이라고 보통 일컬어진다. 예를 들어 2가 어떤 뜻으로는 3의 부분이라고 일컬어지는 일과 같다. 그러나 다른 뜻으로는, (2)제1 의미로서의 여러 부분들 가운데서 그저 양적인 사물 전체의 척도(단위)가 되는 물질만이 부분이라고 일컬어진다. 따라서 2가, 앞서 말한 뜻으로는 3의 부분이라고 일컬어지지만, 2 자체의 뜻으로는 그렇게 일컬어지지 않는다. 그리고 (2)어떤 종류의 물질이 그 양과는 관계없을 만큼까지 분할되는 그것을 그 사물의 부분이라고 말한다. 이런 뜻에서 종(種)은 유(類)의 부분이라고 일컬어질 수 있다.

〔3〕전체가 분할되어 나온 물질 상태, 또는 전체로 합쳐지는 물질들을 이 전체의 부분이라고 말한다. 여기서 전체는 형상, 또는 형상을 가지고 있는 사물을 말한다. 예를 들어 청동구(靑銅球)나 청동 정육면체는, 청동(그 안에 형상을 내재시키고 있는 질료로서)도 그들의 부분이며, 그 형태를 이루는 물질 또한 부분이다. 〔4〕사물들 저마다의 본질을 뚜렷이 하는 설명 방식의 요소(유와 종차)도 그 전체의 부분이다. 그렇기 때문에 다른 뜻으로는 종이 유의 부분이지만, 이 뜻으로 보면 유(類)야말로 종의 (공통적) 특징을 분명하게 하는 부분이라고도 일컬어진다.

제26장

홀론(holon:전체)

홀론이란 〔1〕어우러져 자연적으로 전체를 이루는 여러 부분들 가운데 이들 어느 하나도 결여되어 있지 않은 전체, 그리고 〔2〕포함되는 여러 부분들을 어느 하나의 통일적 사물인 양 포함하는 그런 전체를 말한다. 단, 후자에는 두 가지 경우가 있다. 이 여러 부분들 저마다가 하나의 통일적인 것일 경우와, 그 부분들로부터(그들 상호 간에) 하나의 통일이 이루어져 있을 뿐인 경우이다. (1) 그 첫째는 저마다의 보편적인 부분들을 어떤 전체적인 (개별적) 존재로서 전체적으로 서술하는 보편적 개념의 경우로서, 이는 다음과 같은 이치로 보편적 부분들 하나하나가 수많은 개별적인 요소들을 자체 안에 포함하기 때문에 보편적(따라서 전체적)이다. 왜냐하면 이 (보편적) 부분이 많은 개별적 존재의 술어이며, 따라서 개별적인 존재들, 예를 들어 인간이나 말이나 신 등이 모두 하나의 술어를 지니기 때문이다. 그리하여 인간도 말도 신도 마찬가지로 하나의 생명이 있는 존재라는 식의 말이 된다.

(2)연속적이면서 한정이 있는 사물 또한, 그 안에 포함되는 많은 부분들로 이루어진 어느 하나의 통일적인 존재인 이상, 전체라고 일컬어진다. 특히 사물 속에 그 부분들이 오로지 가능하게(차별이 분명치 않게) 포함되어 있을 경우에도 그러하며, 현재 상태로서 포함되어 있는 경우 또한 그렇다. 그리고 이와 같

은 사물들 안에서는 자연에 의해서 존재하는 쪽이 기술에 의해서(인위적으로) 존재하는 쪽보다도 한결 더 전체적이다. 이것은 앞서 우리가 '하나'에 대해서 말한 바와 같다. 전체성(전체적인 것)은 어떤 통일성(하나인 것)이기 때문이다 (자연적 존재가 최초의 유일한 실체이다).

〔3〕시작과 중간과 끝이 있는 양적인 물질들 가운데, 이 물질들의 위치에 따라 그 사물에 아무런 차별이 생기지 않게 하는 경우 판(pan : 모두)이라고 일컬어지는데, 차별이 생기는 전체는 홀론(holon : 전체)이라고 일컬어진다. 그리고 이들 모두가 될 수 있는 것은, 전체이기도 하고 총체이기도 하다. 그것은 그 위치의 차별에 의해서 그 형식(형상)은 달라도 그 자연(질료) 자체에는 차별이 생기지 않는 사물의 경우로, 예를 들어 밀랍이나 옷 등이 그것이다. 즉 이들은 모두(판) 또는 전체(홀론)라고도 일컬어진다. 이 둘의 특징을 갖추고 있기 때문이다. 물이나 액체적 물질이나 수 등은 모두 전체라고 일컬어지지만, 뜻이 잘못 전해지는 경우 말고는 '모두의 수'나 '모두의 물' 이렇게는 불리지 않는다. 하나의 통일적인 사물로 모두(pan)라 일컬어지는 것(전체 속의 배치가 바뀌어도 전체가 바뀌지 않는 사물)들 모두는, 저마다 개별적인 것으로는 복수형처럼 모든 사물이라고 일컬어진다. 예를 들어 '모든(pan) 수'나 '모든 하나(단위)들' 이렇게 일컬어진다.

제27장

콜로본(kolobon:훼손된, 불구의)

콜로본은 임시로 정해 놓은 양적인 사물이 아니다. 그것은 부분으로 나누어지는 사물이면서도 어떤 전체를 그대로 유지하는 사물이다. 예를 들어 숫자 2는 두 1 중에서 어느 쪽 1이 제거되어도 훼손되었다고는 말할 수 없다—왜냐하면 훼손된 것일 경우 이 상실된 부분과 나머지 부분이 같다고 할 수 없기 때문이다. 뿐만 아니라 일반적으로 수는, 어느 수나 이 방법으로는 훼손되지 않는다. 또 훼손된 수이더라도 수의 실체(본질)는 그대로 보존되어야 하기 때문이다. 예를 들어 잔은 훼손되어도 마찬가지로 잔이지만, 수는 훼손되면 이미 같은 수일 수가 없다. 뿐만 아니라 서로 같지 않은 부분들을 갖는 사물들이라 해도, 그 사물 전체가 훼손되지는 않는다. 수의 경우는, 같은 부분을 가질 뿐만 아니라, 어떤 뜻에서는 같지 않은 부분을(예를 들어 5는 2와 3을) 가지고 있기도 하다.

또 일반적으로 위치에 따라서는 거기에 아무런 차별도 생기지 않는 것들, 예를 들어 물이나 불 등은 어느 물질이든 훼손되지 않는다. 오히려 훼손되기 위해서는 그 위치가 그 실체(본질)와 관계를 가지고 있어야만 한다. 또 훼손되는 물질은 연속적이어야 한다. 예를 들어 음계는 서로 다른 부분들로 이루어져 있으면서도, 그 부분들은 저마다 위치가 있지만 연속적이지 않으므로 훼손되지는 않는다. 한편 전체적이라 일컬어지는 사물이라도, 오로지 그 임의의 일부분이 결여되어 있는 것만으로 훼손되었다고는 하지 않는다. 즉 이렇게 훼손되지 않으려면 그 모자란 부분이 그 실체(본질)의 존속을 위한 중요한 부분이어서는 안 되며, 또 그것이 어떠한 위치에 있더라도 상관없는 부분이어서도 안 된다. 예를 들어 잔은 그 바닥에 구멍이 나 있더라도 이미 훼손되었다고는 말할 수 없고(훼손의 정도를 넘어섰고), 오로지 그 어떤 끝부분이 결여되었을 때에만 훼손이라 일컬어질 수 있다. 또 인간의 경우, 그 몸이나 비장(脾臟)이 없어진 경우라도 훼손되었다(불구이다) 일컬어지지 않으며, 다만 어느 부수적인 부분이 상실되었을 때에만 훼손이라고 한다. 더욱이 모든 임의의 말초적 부분이 아니라, 만약에 그것이 완전히 제거되면 두 번 다시 생기지 않을 것 같은 말초적 부분이 사라졌을 때만 훼손이라고 말한다. 이에 따라 대머리(머리카락이 없는 경우)는 훼손(불구)이라고 할 수 없다.

제28장

게노스(genos:종족, 유)

게노스란 〔1〕같은 형상을 갖는 사물의 연속적인 생성이 이루어질 경우를 말한다. 예를 들어 '인간이라는 종족이 존재하는 한'이라 함은, '그들이 잇달아 생성되고 있는 한에는'이란 뜻으로 일컬어진다. 그리고 〔2〕어떤 사물의 존재가 유래되는 제1의(최초의) 동자(動者) 또한 게노스(종족)라고 일컬어진다. 예를 들어 어떤 사람들의 종족은 헬레네스(헬렌족)라 불리고, 또 어떤 사람들은 이오네스(이오니아족)라 일컬어지는데, 이는 그들의 출생이 유래되는 제1의 조상이, 헬레네스는 헬렌이고 이오네스는 이온이기 때문이다. 이때 이 종족의 이름은, 그 질료인에 의해서보다도 그들을 낳은 자(작용인)에 의해 붙여진다. 그러나 경우에 따라서는 모계(母系)에 의해 이름이 붙여지는 일도 있다. 예를 들어 '피라의 후예'라 명명되기도 한다. 또 게노스란 (3)평면이 평면적 여러 도형의 유(類)라거나, 입체가 입체적 도형의 유라고 불릴 때와 같은 뜻으로도 쓰인다. 이럴 때 여러 도형들은 저마다 어떤 특정한 평면이거나 어떤 특정한 입체이기 때문에, 유로서의 평면이나 입체는 이들 특정한 도형들의 종차에 대한 기체(基體)가 되지는 못한다. (4)사물의 설명 방식에 포함되는 제1의 요소, 즉 그 사물이 무엇인가(본질)에 대한 한계적 표현을 유(類)라 하고 그 여러 성질은 종차라고 한다.

이처럼 게노스는 많은 뜻을 가지고 있는데, 이 뜻들은 (1)같은 형상을 갖는 사물들의 연속적인 생성들에 대해서 (여러 뜻으로) 일컬어지는가, (2)움직여지는 사물들과 동종(동일한 형상)의, 제1의 움직이도록 하는 사물에 있어서 말해지고 있는가, 또는 (3)질료의 뜻으로서 게노스(종족)로 일컬어지는가? 여기에서 '질료의 뜻으로'라 하는 까닭은, 종차 또는 성질은 기체(유)에 속하며 이 기체를 우리는 질료라고 말하기 때문이다.

또 여러 사물이 '그 유(類)가 다르다(유를 달리한다)'고 한다면, 이는 이 여러 사물들 저마다 제1의 기체가 서로 다르되, 서로 다른 기체로 분해될 수도 없고, 또는 그 둘이 어떤 같은 기체로 분해될 수도 없는 이러한 여러 사물들에 대해서 하는 말이다. 예를 들어 형상과 질료가 유(類)에서 서로 다르고, 그와 함께 존재의 술어 형태(범주) 또한 달리하는 존재들을 모두 서로 그 유가 다르다고 일컫는다. 이 경우에 있다(존재한다)고 서술되는 존재들의 어떤 부분은 그 존재가 무엇인가(실체)를 가리키는 술어 형태이며, 다른 어떤 부분은 그 존재가 어떻게 있는가(성질)를 나타내는 술어 형태이고, 그 밖의 부분들도 앞서 우리가 구별한 대로이지만, 이들은 서로 다른 술어 형태로는 분해되지 않으며 또 어떤 제3의 것으로 분해될 수가 없다.

제29장

프세우도스(pseudos:거짓, 허위, 오류)

프세우도스란, 어떤 경우에는 (1)사태로서의 거짓을 의미한다. 그리고 이런 사태의 뜻에서 거짓인 사물들 가운데, 그 하나는 (1)그 사물이 사실은 그렇게 결합되어 있지 않거나, 또는 그렇게 결합될 수 없기 때문에 거짓일 경우이다. 예를 들어 '정사각형의 대각선은 그 변과 약분적이다' 일컬어지거나 '당신은 앉아 있다'는 말을 들었을 때이다. 이 말들 가운데 전자는 늘 거짓이고, 후자는 경우에 따라서 거짓이다. 이들은 저마다 의미적으로 사실상 그렇지 않을 때는 거짓이다. 그러나 또 하나의 경우는 (2)사실 그렇게 보이는 대로 있는 사물이면서도, 자연적으로는 그렇지 않듯이 표상되거나, 또는 존재하지 않듯이 표상되기 쉬운 사물의 경우이다. 예를 들어 소묘나 꿈 따위가 그것인데, 이 흑백 그림이나 꿈들은 그 어떤 존재이기는 하지만 이들에 따라서 우리에게 생기는 표상 그대로의 존재가 사실은 아니기 때문이다. 요컨대 사태가 거짓이라고 일컬어지는 까닭은 이와 같은 뜻 때문이다. 즉 그것 자체가 비존재이기 때문이거나 또는 거기에서 생기는 표상이 어떤 비존재적 사물이기 때문이다.

하지만 〔2〕거짓 판단은 이것이 거짓인 이상, 있지 않는 사물(비존재)에 대한 판단이다. 따라서 어떤 사물에 대한 모든 참다운 판단은 다른 사물에 있어서는 거짓이다. 예를 들어 원(圓)에 대한 판단을 내릴 때 (원과는 다른) 삼각형에 대해서는 거짓이다. 그런데 저마다 사물에 대한 판단은 어떤 뜻에서는 하나뿐이다. 즉 그 사물의 본질을 나타내는 판단(설명 방식)이 있을 뿐이다. 그러나 다른 뜻으로는, 판단이 하나보다 많이 있을 수가 있다. 왜냐하면 사물 자체이든 한정된 사물이든, 예를 들어 단순히 '소크라테스'라고 하든 '교양적인 소크라테스'라고 하든 어떤 뜻에서는 모두 같기 때문이다. 단, 거짓 판단은 엄밀한 뜻에서 보면 그 어떤 사물의 설명 방식도 아니다. 따라서 안티스테네스[*1]가 어느 사물이든 오직 그 독자적인 말로밖에 표현될 수 없다 생각하고, 하나(의 주어)에는 하나(의 술어)가 있을 뿐이라고 말하는 건 매우 단순하고 유치한 일이다. 그래서 모순된 일을 말할 수 있기도 하다. 또는 거의 완전하게 거짓인 사물은 없다는 결론 또한 나온다. 그러나 사물들 저마다 독자적인 설명 방식으로 표현될 수 있을 뿐만 아니라, 다른 어떤 사물의 설명 방식으로 나타낼 수도 있다. 다만 이 경우에는 아주 거짓으로(잘못) 정의되기도 하지만, 진실로 정의될 수도 있다. 예를 들어 2라는 개념을 써서 8을 어떤 배수라고 정의할 수도 있다.

[*1] Antisthenes, BC 445~365. 소크라테스의 제자로 키니코스학파를 창시했으며, 금욕주의를 내세웠다.

그런데 이들이 이와 같은 뜻으로 '거짓'이라 일컬어지는 한편, 또 (3)'거짓인 인간[허언자(虛言者)]'은 손쉽고도 의도적으로 그와 같이 거짓 판단을 하는 사람을 가리키거나, 더욱이 다른 일 때문이 아니라 그저 그런 판단 자체 때문에 이러한 거짓말을 하는 사람을 가리키며, 또 그 거짓 판단을 다른 사람들로 하여금 잘 믿도록 하는 사람을 말한다. 이는 마치 우리가 거짓 표상을 만들도록 하는 사태를 거짓 사태라고 일컫는 일과 다름없다. 따라서 같은 사람이 거짓 되면서도 진실한 자이기도 하다는 저 '히피아스'의 논의는 사람을 홀린다. 왜냐하면 이런 논의대로라면 허언자는 허위를 말하는 능력을 가진 사람이며, 그리하여 또 허위 진술자가 지식과 사려가 있는 사람이라 여겨지고, 또 고의적으로(의도적으로) 악을 행하는 사람은 (행할 수 없는 사람보다도) 한결 더 뛰어난 사람이라고 여겨지게 되기도 하기 때문이다. 그런데 이 생각이 오류라는 바탕은 귀납추리에 있다. 그 현혹적 논리대로라면, 고의로 절름거리는 사람은 고의가 아니게 절름거리는 사람(실제 절름발이)보다도 한결 뛰어나다고 해야 하기 때문이다. 여기에서 '절름거린다'라는 말은 '절름거리는 흉내를 낸다'는 뜻이다. 그러나 만약에 그가 정말 고의로 절름거리는 사람이었다면 아마 더 열등한 사람이었을 것이다. 마치 도덕적 성격의 사람인 경우에 고의적인 나쁜 행위가 더욱 열등한 행위이듯이 말이다.

제30장
심베베코스(symbebekos:부대적, 우연적)

심베베코스란 (1)어떤 사물에 속하여 그 진실을 알리기는 하지만, 필연적이지도 일반적이지도 않은, 예를 들어 누군가가 나무를 심기 위해 구덩이를 파고 있다가 우연히 보물을 덤으로 발견하는 경우를 말한다. 이때 보물의 발견은 구덩이를 파고 있던 사람에게는 우연적인 일이다. 전자(보물의 발견)는 후자(구덩이를 파는 작업)에서, 또는 후자에 이어 필연적으로 일어나는 일이 아니다. 또 누가 실수를 하거나 흔하게 일어나는 일도 아니다. 어떤 교양적인 사람이 피부가 흰 경우도 있다. 그러나 이 경우 그의 피부가 희다는 것은 필연적으로 그에게 일어나는 일이라 할 수도 없고, 일반적인 경우에 일어난 일이라고도 할 수 없으므로, 이것을 우리는 부대적(또는 우연적)인 일이라고 말한다.

그런 까닭에 이와 같이 그 무엇인가에 속하는 부대성(속성)이 있고, 이러한 부대성이 그 무엇인가(기체)에 속하게 되는데, 이러한 여러 속성들 가운데 어떤 속성은 어떤 특정한 장소 또는 특정한 때만 그 기체에 속하므로 그것이 어떤 기체에 속하든, 그 속성이 속하는 까닭이 특히 이 기체이기 때문도 아니고, 특히 이 속성이 지금 또는 이 장소에 있기 때문도 아닌 우연적인 속성이라면, 이는 심베베코스이다. 그렇기 때문에 또 이 부대적이고 우연적인 일에 정해진 원인은 전혀 없으며, 그저 우연한 운이 있을 뿐이다. 그리고 이것은 부정(不定)한 원인이다. 예를 들어 어떤 사람이 아이기나에 갔다고 하자. 만약에 그가 거기에 의도가 있어서 간 것이 아니라, 폭풍으로 그곳에 이르렀든지, 또는 해적에 의해 거기로 끌려갔다고 한다면, 그가 거기에 갔다는 사실은 그에게는 부대적이고 우연적인 일이다. 이 부대적이고 우연적인 일은 분명 일어났고 존재한 사실이기는 하다. 하지만 기체 자체 때문이 아니라 다른 사물 때문에 일어났다. 폭풍이 원인이 되어 그가 바라지도 않았던 장소로 갔기 때문에, 그리고 그 장소가 우연히 아이기나였기 때문이지만 그럼에도 그 사실은 존재한다.

그러나 (2)심베베코스에는 또 하나의 뜻이 있다. 심베베코스는 사물들 하나하나에 속하기는 하지만, 그 사물의 실체(본질, 정의) 안에는 존재하지 않는다는 일, 그 예로서는 삼각형에서 그 내각의 합이 두 직각의 합(삼각형의 특질)과 같다는 사실을 들 수 있다. 이런 기하학적인 경우의 뜻에서 심베베코스(실체의 특질이 아닌, 사물의 특질)는 영원할 수 있지만, 앞서 말한 뜻으로서의 우연성(우연적인 사건)은 그렇지 않다. 그렇지만 이에 대한 설명은 다른 기회에 양보하기로 하겠다.

E엡실론[제6권]

제1장

우리가 추구하는 바는, 존재로서의 여러 존재의 원리나 원인이다. 이론과 실천과 제작. 이론학 세 부문. 자연학이나 수학에 비해서 우리 학문은 제1의 철학이다.

우리가 구하는 바는 여러 존재의 원리나 원인이다. 단, 여기에서는 두말할 필요 없이 분명한 존재로서의 여러 존재들 원리나 원인을 찾고 있다. 건강이나 행복 등에도 원인이 있고, 수학적 여러 대상에도 원리나 구성 요소나 원인이 있으며, 일반적으로 모든 추리적인 학문이나 그 어떤 추리에서 얻은 지식을 포함하는 학문 또한, 엄밀하게든 거칠게든 그 어떤 뜻에서 원인이나 원리를 그 대상으로서 추구하고 있기는 하다. 그런데 이 여러 학문들은, 저마다 어떤 특정한 존재나 어떤 특정한 유(類)를 뽑아내어, 이러한 존재의 연구에 전념한다. 그러나 (1)존재를 단적으로, 즉 존재를 오로지 존재로서 연구하지 않고, (2)그 연구 대상이 무엇인가(본질)에 대해서는 아무런 설명도 하지 않으며, 오히려 연구의 출발점에서 여러 학문들 가운데 어떤 학문은 그 원리나 원인이 감각적으로 뚜렷하다 말하고, 다른 어떤 학문은 원리나 원인을 가정으로서 허락하며, 이 가정에서 저마다 대상으로 하는 특정한 유(類)의 존재들이 지닌 여러 속성들을 어떤 학문은 필연적으로 밝히고, 어떤 학문은 엉성하게 논증하고 있다. 따라서 여러 존재들의 실체나 본질을 논증하는 일은, 이와 같은 귀납 방법으로는 불가능하고, 어떤 다른 해명 방법에 의존치 않으면 안 된다. 마찬가지로 (3)이들 여러 학문은 그 탐구 대상으로서 전념하는 존재의 유(類)가 과연 존재하느냐에 대해서도 전혀 언급하지 않고 있다. 사물이 무엇인가를 뚜렷이 하는 일과, 그 무엇인가가 과연 존재하는가를 분명히 하는 일은 같은 성질의 추리력과 관련된 일인데도 말이다.

그런데 〔1〕자연학은 실제로(다른 여러 학문과 마찬가지로) 어떤 특정한 유의 존재들을 대상으로 하고 있다. 즉 자연학은 운동이나 정지의 원리(작용인)를 포함하는 실체와 같은 종류의 실체(즉 자연을 원리로 하는 자연적 존재)를 대상으로 한다. 하지만 그렇기 때문에 이 학문이 실천적인 학문도, 제작적인 학문도 아님이 분명한 것이다. 왜냐하면 제작된 사물에 있어서는 이 사물 밖 제작자 안에 그 원리가 있기 때문이며(그리고 이 원리는 제작자의 이성이나 기술, 또는 그러한 어떤 능력이다), 또 행위(실천)가 이루어지는 사항에서도 그 원리는 행위하는 사람 안에 있기 때문이다(즉 행위자의 선택의지가 사물의 원리이다. 행위되는 사항과 선택되는 사항은 같기 때문이다). 따라서 만약에 사상적인 일의 모든 면이 실천적(행위적)이거나 제작적(생산적)이거나 이론적(관조적, 연구적)이거나 이들 가운데 하나라고 한다면, 이 자연학은 이론적 학문의 한 종류라고 할 수 있다. 그러나 이 자연학은 운동을 할 수 있는 종류의 존재에 대한 이론적인 학문이며, 대부분의 경우 오로지 그 질료와 떨어지지 않고 있는 존재에 대해서만 정의되는 실체에 따른 학문이다.

그런데 여기에서 분명히 해두어야 할 점은, 사물의 본질이나 그 설명 방식이 어떠한가이다. 이것을 모르면 우리 탐구도 아무런 소용이 없다. 그런데 정의되는 해당 사물들, 즉 그것이 무엇인가(본질)를 묻는 해당 사물들 가운데 그 어떤 사물은 '시몬'*1과 같은 존재이고, 어떤 사물은 '움푹 들어감'과 같은 존재이다. 그리고 이 둘은 다음과 같은 점에서 다르다. 즉 '시몬'은 그 질료와의 결합체이지만—왜냐하면 '시몬'은 '움푹 들어간 코'이기 때문에—'움푹 들어감' 자체는 감각적 질료 없이도 (완전한 형상으로서) 존재한다. 그래서 만약에 모든 자연적 사물이 이 '시몬'과 같은 결합체라면, 예를 들어 코·눈·얼굴·살·뼈 및 일반적으로 동물이나, 잎·뿌리·나무껍질 및 일반 식물 등, 이러한 자연적 사물들은 모두 어느 것이나 그 설명 방식으로 운동이 포함되어야만 하고, 또 늘 질료(운동 가능성)와 결합되어야 한다. 그렇다고 한다면 이와 같은 자연적 사물들이 무엇인가를 어떻게 탐구하고 정의해야 할지는 분명하며, 또 무엇 때문에 자연학 연구자가 영혼의 그 어떤 부분을, 즉 그 질료로부터 떨어져서 존재할 수 없는 영혼을 연구 대상으로 해야 하는가도 뚜렷해진다.

자연학이 이론적 학문인 까닭은 앞서 이야기한 것을(즉 운동 가능성이나 질

---

*1 Simon. 아리스토텔레스가 사용한 용어. 밑감과 형상으로 이루어진 오목한 복합물. 또는 들창코라는 뜻.

료와의 결합 문제) 보다라도 분명하다. 하지만 ⑵수학 또한 이론적인 학문이다. 수학이 과연 움직이지 않으면서 (질료로부터) 떨어져서 존재하는 실체를 대상으로 할 수 있는가 없는가는 현재로서는 명확하지 않다고 하더라도, 적어도 수학적 여러 학문들 가운데 어느 학과가 그 학문의 대상을 움직이지 않고 사물로부터 떨어져 있는 존재로서 가정하며 고찰하고 있는지만은 분명하다. 그러나 ⑶만약에 영원하고 움직이지 않으면서 떨어져서 존재하는 무엇인가가 정말로 존재한다면, 이를 인식하는 일을 어떤 이론적 학문이 해야 하는지 또한 뚜렷하다. 하지만 그것은 자연학이 해야 할 일은 아니다(왜냐하면 자연학은 어떤 감각적 운동을 하는 물질들을 대상으로 하기 때문이다). 그러나 또한 수학이 할 일도 아니며, 오히려 자연학이든 수학이든 둘보다도 앞선(우선적인) 학문이 할 일이다. 즉 자연학의 대상은 떨어져서(독립된 개체로서) 존재하지만 부동(不動)이 아닌 물질이고, 수학적 여러 학문들 가운데 어떤 학문의 대상은 부동이지만 아마도 (질료로부터) 떨어져서 존재하지 않으며 오히려 질료 안에 존재하는 물질들이다. 그런데 제1학문은 떨어져서 독립적으로 존재함과 동시에 움직이지 않는 물질들을 대상으로 한다. 대부분의 원인을 보면 모두 영원한 이 부동의 물질이 필연적이지만, 특히 제1학문의 대상이 되는 물질들이 필연적으로 영원하다. 왜냐하면 바로 이러한 물질적 존재들은 신적인 여러 존재들 가운데 분명한 사상(事象)에 대해서 (그 운행의) 원인이 되기 때문이다.

이와 같이 이론적인 철학 세 가지가 존재하게 된다. 바로 자연학과 수학과 신학이다. 만일 신비로운 물질이 어딘가에 존재한다면 그 물질은 틀림없이 그와 같은(독립, 부동, 영원한) 실재 안에 존재해야 하므로 그렇다(이 물질을 대상으로 하는 제1의 학문은 신학이라고 일컬어진다). 가장 존귀한 학문은 가장 존귀한 유(類)의 존재를 대상으로 해야 하기 때문이다. 그리하여 일반적으로 이론적인 여러 학문들은 다른 여러 학문들보다도 한결 바람직한데, 이론적인 여러 학문들 가운데서도 이 신학이 가장 바람직한 학문이다. 이렇게 말하면 누군가가 의심을 하면서 이 제1철학은 보편적인 학문인가, 그렇지 않으면 어떤 특수한 유(類), 즉 어떤 실재들을 대상으로 하는 학문인가 물을지도 모른다. 왜냐하면 수학적 여러 학과에서 보면 그 학과들 모두가 그 대상을 갖지 않고, 또 기하학이나 천문학은 저마다 특수한 실재를 대상으로 하는 한편, 보편적인 대상[수학적 대상으로서의 양(量) 일반]은 이 모든 학과들에 공통적으로 해당되기 때문이다. (이에 대해 우리는 이렇게 대답한다) 만일 자연에 의해서 결합된 실체 말고는 그 어떤 실체도 존재하지 않는다면, 자연학이 제1의 학문일 것이다. 그러나 만약에 무엇인가 비운동적인 부동(不動)의 실체가 존재한다면, 이러한 부동의 실체를 대상으로 삼는 학문 쪽이 한결 먼저이고 제1의 철학이며, 그리고 제1이라는 뜻에서 이 학문은 보편적이다. 또한 존재를 오직 존재로서 연구하는 일, 존재가 무엇인가를 연구하고, 또 존재에 존재로서 속하는 여러 속성들까지 연구하는 일, 그것이야말로 바로 이 철학이 해야 할 일이다.

제2장

존재의 네 가지 뜻. ⑴부대적 존재, ⑵참으로서의 존재, ⑶술어 형태로서의 존재, ⑷가능적 존재와 현실적 존재—먼저 부대적 존재에 대해서. 이 부대적 존재에 대해서만의 인식(학)은 있을 수 없다.

그러나 단적으로 일컬어지는 존재들에도 많은 뜻이 담겨 있다. 즉 그 존재의 하나는, ⑴부대적 의미로서의 존재이며, 다른 하나는 ⑵참으로서의 존재와 거짓으로서의 비존재였으나, 이들 말고도 ⑶술어의 여러 형태, 예를 들면 무엇인가(실체), 어떻게 있는가(성질), 어느 만큼 있는가(양), 어디에 있는가(장소), 언제 있는가(때), 그 밖에 이와 같은 (있는 사물 자체나 사물의 존재 방식에 대한 물음에 대답하는) 술어의 여러 형태가 있고, 더 나아가 이들 모두와 함께 ⑷가능적인 존재와 현실적인 존재가 있다. 이처럼 존재(또는 있다)라는 데에는 많은 의미가 있으므로, 여기에서는 먼저 부대적(또는 우연적) 의미로서의 존재에는 아무런 이론(理論)도 있을 수 없다는 사실을 설명해야만 한다. 그 증거로서, 그 어떠한 학문도, 즉 제작적인 학문이든, 실천적이거나 이론적인 여러 학문들이든, 이 부대적인 뜻으로서의 존재에는 전혀 무관심하다는 사실을 들 수가 있다.

예를 들어 ⑴집을 짓는 사람(건축가)을 보면, 그는 집을 만들지만 이 집이 만들어짐과 동시에 부대해서 생겨나는 사물들은 만들지 않는다. 왜냐하면 이와 같은 사물(부대적인 존재)들은 무한히 많기 때문이다. 즉 만들어진 그 집은 어떤 사람에게는 쾌적한 존재이며, 어떤 사람에게는 방해가 되는 존재이고, 어떤 사람에게는 쓸모있는 존재이겠지만, 그와는 상관없이 그 존재가 무엇이 되었든,

그러한 존재(있다)는 말하자면 그 어떤 존재와도 언제나 다른 특징을 지닌 사물일 수가 있다. 그러나 이 존재들의 특질은, 건축술이라는 제작적인 기술이 관계할 바가 아니다.

이와 마찬가지로 (2)기하학자도, 대상으로 하는 도형에 부대하는 그러한 우연적인 여러 속성들을 연구하지는 않고, 또 '삼각형'과 '내각의 합이 두 직각의 합인 삼각형'이 서로 다른가를 연구하지도 않는다. 이는 마땅한 일이다. 그와 같이 부대적인 사물은 말하자면 오로지 이름으로만 존재하기 때문이다. 따라서 플라톤이 '소피스트의 술(術)'을 비존재를 대상으로 하는 학술 부류(部類)에 배치한 일도 어떤 뜻으로는 부당하지 않다. 왜냐하면 소피스트들의 논의는, 말하자면 거의 모든 논의가 이름뿐인 부대적 사물에만 관련되어 있기 때문이다. 즉 그들은 예를 들어 '교양이 있는 것'과 '읽고 쓸 수 있는 것'은 다른가 같은가, '교양 있는 코리스코스'와 단순한 '코리스코스'는 다른가 같은가, 또는 만약에 존재가, 그러나 늘 같은 존재는 아닌 존재가 모두 그렇게 이름뿐인 부대적 사물이라면, 그래서 만약에 교양 있는 존재가 읽고 쓸 수 있는 사람이 되었다면, 그는 읽고 쓸 수 있는 사람이면서도 교양 있는 사람이 되었다는 등, 이렇게 비존재적 술어일 뿐인 것을 존재로서 삼는 논의를 일삼는다.

하지만 틀림없이 이러한 부대적인 의미로서의 존재는 비존재에 매우 가깝다. 또 이는, 다음과 같은 논거로 보아도 분명하다. 즉 다른 뜻으로서의 존재에는 생성이나 소멸의 과정이 있지만, 이 부대적 뜻으로의 존재에는 그 생성과 소멸 과정이 없기 때문이다. 그러나 우리는 다시, 될 수 있는 대로 이 부대적인 뜻으로서의 존재에 대해서 그 본성은 무엇인가, 또 어떠한 원인물에 의존해 존재하는가를 이야기하지 않으면 안 된다. 그러면 무엇 때문에 이 부대적 의미의 존재에 대해서는 학문이 존재하지 않는지 또한 뚜렷해질 수 있을 테니까 말이다.

그런데 여러 존재들(있다 또는 존재한다고 일컬어지는 사물들) 가운데, 그 어떤 존재는 늘(영원하게) 그와 같은 상태로 있으며, 또 필연에 의해 존재한다. 여기서의 필연은 강제적 뜻으로서의 필연이 아니라, 다른 상태일 수 없는(그렇게 있는 일 말고는 있을 수 없는) 뜻의 그 필연이지만, 다른 어떤 존재는 필연적으로 그렇게 있지도 않고, 늘 그렇게 있지도 않으며, 다만 대부분의 경우 그렇게 있다. 그리고 이것이 부대적(우연적)인 사물이 존재하게 되는 원리이며 원인이다. 왜냐하면 늘 그렇게 있는 존재가 아니며 또 대부분의 경우 그렇게 있는 존재도 아닌 사물, 이와 같은 사물이 있을 때 우리는 이 사물을 부대적(우연적)이라고 하기 때문이다.

예를 들어 한여름에 겨울과 같은 추위가 느껴진다면 이를 우리는 우연적(부대적)이라고 말하지만, 무덥다면 그렇게 말하지 않는다. 더위 자체는 여름에 언제나 흔하게 있는 일이지만, 추위는 그렇지가 않기 때문이다. 또 사람의 피부색이 하얗다고 할 때 그것은 부대적인 일이지만(왜냐하면 늘 그러한 흰 존재도 아니고 거의 그러한 흰 존재도 아니기 때문이다), 그가 동물이라고 하면 그것은 부대적인 일이 아니다. 그리고 건축가가 누군가를 치료했을 경우, 이는 (건축가로서의 건축가에게는) 부대적으로 한 일이다. 왜냐하면 치료란 본디 건축가가 할 일이 아니라 의사가 해야 할 일로, 이러한 경우에는 오로지 의사의 솜씨가 이 건축가에 나란히 하고 있을 뿐이기 때문이다.

또 제과업자가 좋은 맛을 내기 위해 무엇인가 자양분이 되는 과자를 만들었다면, 그 과자는 제과술 본디 목적에 따라서 만들어졌다고 할 수 없다. 따라서 그 과자는 부대적으로 영양분 위주로 만들어졌다고 우리는 말한다. 즉 어떤 의미에서는 그가 과자를 만들었지만, 단적으로는 제과업자로서 오로지 맛만을 위해 만들었다고는 할 수 없기 때문이다. 이처럼 그 밖의 사물들에도 저마다 그 사물을 만드는 제작 기능이 있지만, 부대적인 사물 자체에는 아무런 특정한 기술도 능력도 존재치 않는다. 왜냐하면 부대적으로 존재하고 생성되는 사물에는, 이 사물들의 원인 또한 특정하지 않고 단지 덧붙여져 있기 때문이다. 이와 같이 모두가 반드시 필연에 의해서 생성되지 않고, 늘(언제나) 존재하거나 생성되지도 않는다. 그 대부분은 그렇기 때문에 부대적인 뜻으로서 존재하는 존재가 필연적이다. 예를 들어 '피부가 하얀 사람이 교양적이다'라고 한다면, 언제나 그렇지도 않고 많은 경우가 그렇지도 않으며, 다만 이따금 생기는 일로서 부대적이지 않으면 안 된다. 그렇지 않으면 모든 존재들이 필연에 따라서 생성된다고 해야 되니 말이다. 따라서 대부분의 경우가 아닌, 그 밖에 있을 수 있는 (이러한 가능성으로서의) 질료야말로 부대적 존재의 원인이어야 한다.

그래서 우리의 (부대적인 사물이 존재한다는 논거의) 출발점이 되어야 하는 조건은, 다음처럼 묻는 데에 있다. 즉 과연 언제나 있지도 않고, 또 대부분의 경우 있지도 않은 그런 사물은 정말 하나도 존재하지 않을까? 아마도 그 특별한 가능성을 지닌 존재가 분명 존재하리라 여겨진다. 그렇다고 한다면 이들 말고도 여전히 무엇인가 우연한 일이나 부대적인 일이 있을 것이다. 그러나 또 많은 경우 있다고 일컬어지는 사물은 있다고 해도, 언제나 있다고 불리는 사물은 없는가? 아니면, 본디 영원한 사물들이 존재하는가? 하지만 이들 문제는 뒤에 검토하기로 하자. 어쨌든 부대적인 사물에 대한 학문이 존재하지 않는다는 사실은 분명하다. 왜냐하면 학문이란 모두 언제나 그렇게 있는 사물에 대한 인식이거나 또는 대부분의 경우 그렇게 있는 사물에 대한 인식이기 때문이다. 만일 그렇지 않다면 오로지 가능한 부대적 사물에 대한 학문이 어떻게 해서 그 사물을 스스로 터득하거나 남에게 가르쳐질 수 있는 학문일 수가 있단 말인가?

학문적 인식에서 대상은 늘 그렇게 있는 사물로서, 또는 대부분의 경우 그렇게 있는 사물로서 규정되어야만 한다. 예를 들어 꿀물은 열병 환자에게 효과가 있는 경우이다. 더욱이 대부분의 경우도 아닌, 다른 특별한 가능적 경우를 드는 일은, 즉 '이러이러한 경우에는' 이렇게 정해서 말하는 일은 있을 수 없다. 예를 들어 '단 초승달인 날에는' 이런 조건은 효과가 없다고 해보자. 그러나 이와 같이 '초승달인 날에는' 하고 정해져 있다는 것은 이미 (초승달인 날에는) 늘 있는 일이었거나, 또는 초승달인 날에는 거의 그러한 경우이다. 그런데 사물이 특별히 가능하게 부대적이라 말하는 까닭은 이들의 어느 쪽도 아닌, 즉 언제나도 대부분의 경우도 그렇지 않은 경우이기 때문이다. 이로써 우리는 부대적 존재에 대한 본질과 원인, 또 이를 대상으로 하는 학문은 존재치 않는다는 데 대해서 이야기했다.

제3장
부대적 존재의 존재 양식과 그 원인.

원리나 원인은 뚜렷이 존재하면서, 그 원리나 원인 자체는 생성하는 과정이나 소멸되는 과정에 있지 않으면서도, 생성 또는 소멸할 수 있음이 분명하다. 만약에 (사물의) 원리나 원인이 그렇게 소멸하지 않는다면, 생성되고 소멸된 사물에는 저마다 그 어떤 (생성이나 소멸의) 원인이, 더욱이 부대적이 아닌 원인이 존재해야 하며, 그런 이상 모든 사물이 필연에 따라서 존재한다고 할 수 있기 때문이다. 즉 예를 들어 과연 A는 존재하는가 존재치 않는가? 만약에 B

가 생긴다면 존재하고, 생기지 않는다면 그렇지 않을 것이다. 그런데 B의 존재 여부는 다시 C의 생성 여부에 달려 있다. 이렇게 해서 차례로 얼마 동안의 시간이 (미래 쪽의) 정해진 시간 범위로부터 조금씩 제거된다면 분명히 우리는 지금(현재)에 이른다. 즉 만약에 어떤 사람이 외출을 한다면 (병에 의해서, 또는) 강제로 죽게 될 것이다. 그러나 만일 갈증을 느낀다면 외출할 것이다. 또 만약에 어떤 일이 생긴다면 갈증을 느낄 것이다. 이처럼 나는 지금 내가 갈증을 느낄 수 있는 오늘에 있다(현재로서는 미래에 일어날 수도 있는 갈증이나 외출은 제거되어 있다). 또는 (이런 식으로 시간에 대응하는 가능적 행위를 제거해 가면) 어쩌면 과거에 있었던 그 어떤 일에까지도 이르게 될지도 모른다. 예를 들어 갈증을 느꼈다면 외출할 것이다. 만일 지금 짠 것을 먹는다면 갈증을 느낄 것이다.

　그런데 이런 일들은 지금에 이르러서 그 부대적이고 원인적인 일들 가운데 하나가 시작점으로서 이루어지고 있느냐 그렇지 않느냐에 따라 이 사람은 필연에 따라서 죽을 수도 있고, 또는 죽지 않을 수도 있다. 또 누군가가 더 먼 과거로 거슬러 올라가도 이치는 마찬가지이다. 이는, 즉 과거에 있었던 조건은 이미 실제로 무엇인가의 안에 들어 있기 때문에 분명하고, 미래에 있을 일들은 모두 필연(필연적 추정)에 의해 그렇게 이루어질 것이다. 예를 들어 살아 있는 자들 모두 언젠가는 필연적으로 죽을 것이다. 왜냐하면 현재 이미 실제로 어떤 (필연적) 조건이 생기고 있기 때문이다. 예를 들어 살아 있는 사람들에게는 무엇인가 반대의 것(죽을 조건)이 반드시 내재하고 있기 때문이다. 그러나 병에 걸려 죽느냐 강제로 죽게 되느냐는, 아직 이것(필연적 조건에 따른 추정)만으로는 결정되지 않는다. 그 결정적 빌미는 어떤 특정한 일이 생기지 않으면 안 된다. 그렇기 때문에 이 (특정한) 일의 시작을 바라며 더듬어 나아가는 과정은 어떤 시작점에서는 더듬어 갈 수 있으나, 이 (특정한 일의) 시작 전에는 이미 다른 시작은 추구할 수가 없다. 그렇다고 한다면 이것이 어떤 특정한 우발적인 일의 시작임에 틀림없고, 이 특정한 시작 말고는 이 일이 생길 원인은 없다고 보인다. 하지만 이와 같이 시작을 거슬러 올라가면 어떠한 시작에, 어떠한 원인에 이르게 될까? 그것이 과연 질료로서의 원인에 이르는가, 목적으로서의 원인에 이르는가, 또는 움직이는 자(작용인)에게 이르는가? 이들 모두 중요한 연구 과제이다.

제4장

참과 거짓. 참으로서의 존재와 거짓으로서의 비존재. 이 존재(참 거짓의 술어와 결합된 존재) 또한 본디 뜻으로의 존재는 아니고, 제1철학 대상에서 제외되어도 좋다.

부대적 의미로서의 존재는 이쯤 해두기로 하자. 이것으로 충분히 규정되었으니 말이다. 그러나 참으로서의 존재('참이다'라는 뜻에서의 '있다')와 거짓으로서의 비존재('거짓이다'라는 뜻에서의 '없다')에 대해서 생각해 볼 때, 이런 종류의 존재와 비존재는 저마다 결합과 분리(긍정과 부정)에 관련되어 있고, 전체적으로는 모순 대립에 대한 배분 방법에 관련되어 있다. 왜냐하면 참이란 결합(기체와 그 속성)은 긍정적으로 (주어와 술어로) 배분하고, 분리는 부정적으로 배분하는 판단을 뜻하며, 거짓이란 이와는 정반대의 판단을 말하기 때문이다. 단, 이들(주어와 술어)을 함께 사유(思惟)하거나 분리해서 사유하는 일이 생기는 까닭은 또 다른 문제이다(여기서 '함께'라거나 '분리해서'라는 말은, 이들에 대한 사유가 잇달아 생기는가 연이어 생기지 않는가의 뜻으로서가 아니라, 이들이 그 사유에서 어떤 일체를 이루고 있는가, 아닌가로서의 뜻이다).

이와 같이 거짓이나 참이라 함은, 예를 들어 선은 참이고 악은 곧 거짓이라는 뜻으로, 사태 그 자체 안에 참 거짓의 속성이 존재하는 게 아니라, 오로지 사유 안에 참 거짓의 속성이 존재하는 데에 지나지 않는다. 뿐만 아니라 단순한 개념이나 사물이 무엇인가를 나타내는 실체 개념에 대한 그 참과 거짓은, 사상 안에조차도 존재치 않는다. 따라서 이와 같은 뜻에서 (참의) 존재나 (거짓의) 비존재에 대해 그 어느 점이 연구되어야 하는가는 뒷날 검토되어야 하지만, 이 결합과 분리는 상상 안에서 이루어지는 일이고 사태 안에는 존재치 않으므로[왜냐하면 무엇이다(실체)나, 어떻게 있다(성질), 그 밖에 그와 같은 술어를 연결짓거나 분리하는 일은 상상이나 사유가 하기 때문이다], 이와 같은 뜻에서의 (사유에 의한) 존재는 본디 뛰어난 뜻으로의 존재와는 다르다. 그러므로 부대적 의미에서의 (가능적) 존재와 참으로서의 존재는 제거되어야 한다. 전자(가능한 부대적 존재)의 원인은 규정지을 수 없기 때문에 제거되어야 하고, 후자(참으로서의 부대적 존재)의 원인은 상상이나 사유의 어느 양태이므로 제거되어야 하며, 또 두 원인 모두 어떤 다른 유의 존재(부대적이 아닌,

자체적 의미로서의 존재)와 관련해서만 존재하므로, 이 존재 자체가 아닌 (객관적) 존재에 대해서는 그 어떠한 (무규정적 사유의) 실재를 지시할 뿐이기 때문이다. 따라서 이들(참 거짓의 술어와 결합된 존재들)은 제외하기로 한다. 그리고 우리는 존재 자체의 원인이나 원리를, 존재로서의 제한에서 살펴보지 않으면 안 된다(그러나 존재 자체라는 표현에도 많은 뜻이 있음은 앞서 우리가 개념들 하나하나 여러 뜻을 구별한 대목을 보면 뚜렷이 알 수 있다).

Z세타[제7권]

제1장

술어 형태로서의 여러 존재들 가운데 제1의적 존재는 실체이다. 존재에 대한 우리의 연구는 무엇보다도 실체에 대한 연구이다.

'있다(또는 존재)'라는 말은 많은 뜻을 지닌다. 이는 술어 개념 저마다의 여러 뜻들에 대해 우리가 구별한 대로이다. 즉 (1)어떤 뜻에서는 그 사물이 무엇인가, 또는 사물 그 개체를 가리키고, (2)다른 뜻에서는 그 사물이 어떻게 있는가(성질로서의 존재)를, 또는 어느 만큼 있는가(양으로서의 존재)를, 또는 그 밖에 그와 같이 서술되는 사물들을 의미한다. 사물은 이토록 많은 뜻으로서 있다(또는 존재한다)고 일컬어지는데, 이들 여러 뜻 가운데에서 제1의적 존재(즉 가장 참다운 뜻으로 존재한다고 일컬어져야 하는 존재)는, 두말할 필요도 없이 그 사물이 무엇인가를 분명하게 나타내는 존재여야 하며, 이는 바로 실체를 가리킨다.

왜냐하면 예를 들어 우리는 '이것은 어떠한가(성질)' 물음을 받았을 때 '좋다' 또는 '나쁘다' 말하지, '길이가 3큐빗*¹이다' '인간이다' 말하지 않지만, 그것이 '무엇인가' 물음을 받았을 때에는 '희다' '뜨겁다' '3큐빗이다' 대답하지 않고 '인간이다' 또는 '신이다' 말하기 때문이다. 그런데 이 제1의적인 존재가 아닌 사물들이 있다고 불리는 까닭은, 그 사물들이 제1의적 존재(실체)의 양, 그 성질, 그것의 수동태, 그 밖에 그에 대한 어떤 규정들이기 때문이다.

따라서 '걷는다', '건강하다', '앉아 있다' 술어들이 과연 '있다(존재)를 뜻하고 있을까' 의문을 제기하는 사람도 있다. 왜냐하면 이 술어들 저마다는 본디 그 자체로서는 존재하지 않으며, 또 각 실체(기체(基體))로부터 분리되어서는 존재할 수 없다고 여겨지기 때문이다. 그러나 만약에 '걷는 것', '앉아 있는 것', '건

---

*1 Cubit. 1큐빗은 팔꿈치에서 손끝까지의 길이로, 42.72센티미터이다.

강한 것' 같은 존재들이 있다면, 이들은 한결 더 뛰어난 존재의 부류에 속하므로 더 뛰어난 존재이다. 이들 저마다의 기체 안에 어떤 일정한 술어의 뜻이 존재하기 때문이다(이것이 그 실체이자 개체이지만). 예를 들어 '좋은 것'이나 '앉아 있는 것' 등은 저마다 그 기체 자체에 뜻을 함축하고 있지 않으면 무의미하다. 그래서 분명히 이 기체가 있으므로, 실체가 아닌 여러 술어 형태 또한 기체의 그 무엇인가가 될 수 있으며, 따라서 제1의적인 존재—즉 무엇인가라고 일컬어진다기보다 그저 있다(존재한다)고만 이르는 존재—는 실체임에 틀림없다.

그런데 '제1'이라고 하는 데에도 많은 뜻이 있다. 그런 많은 뜻이 있음에도 실체야말로 제1이다. (1)설명 방식(정의)에서나 (2)인식에서나 (3)시간에서도 그러하다. (3)시간에 있어서 다른 술어의 여러 형태는 모두 (실체에서) 떨어져서는 존재할 수 없는데, 이 시간의 실체만은 독자적으로 떨어져서 존재한다. 그러나 (1)설명 방식에서도 이 실체가 제1이다. 왜냐하면 사물의 정의 가운데에는 필연적으로 그 실체에 대한 정의가 포함되어 있기 때문이다. 또 (2)인식에서의 실체는, 우리가 어떤 사물을 가장 잘 알고 있다 생각하는 까닭은 그 사물의 본질적 실체—인간이라면 인간, 불이라면 불의 실체—를 인식했을 경우의 일이다. 그들이 어떻게 있는가(성질), 어느 만큼 있는가(양), 어디에 있는가(장소)를 인식했을 때보다 더 잘 알 수 있다. 왜냐하면 우리가 그 성질이나 양 등을 안다고 말할 수 있는 것 또한, 이 성질이나 양이 (본질적으로) 무엇인가를 안 뒤에야 그러할 수 있기 때문이다.

그렇기 때문에 예나 오늘이나 여전히 묻고 탐구하지만 늘 대답하기 어려운 문제인 '존재란 무엇인가'는, 요컨대 '실체란 무엇인가'를 말한다. 이 실체를 어떤 사람들은 '하나'라 말하고, 어떤 사람들은 '하나보다 많이 있다' 말하며, 이 가운데 어떤 사람들은 '한정된 수만큼 있다' 말하면서, 다른 어떤 사람들은 '무한히 많이 있다' 했기 때문에 어렵다. 따라서 우리 또한 이와 같이 존재하는 실체가 무엇인가를 가장 주된 문제로 삼고, 맨 먼저, 아니 오직 이것만을 연구해야 한다.

제2장
무엇이 실체인가에 대한 여러 가지 견해. 이에 대해 검토되어야 할 여러 문제.

실체는 ⑴가장 뚜렷한 형태로서 물체에 속한다고 여겨진다. 따라서 동물이나 식물, 또는 이들 저마다의 부분을 실체라고 우리는 말하며, 또 불이나 물, 흙, 이러한 종류의 자연적 여러 물체, 이들의 여러 부분, 이들의 일부분 또는 전부로 이루어진 것, 예를 들어 눈으로 볼 수 있는 우주와 그 부분인 별이나 달, 태양 등, 이들 모두를 실체라고 부른다. 그래서 우리는 과연 ⒜이 물체들만이 실체인가, ⒝그 밖에도 실체가 있는가, ⒞이 물체들 가운데 어느 것만이 실체인가, ⒟이 물체들 모두가 실체이지만 물체가 아닌 다른 것도 실체인가, 또는 ⒠이 물체들 어느 것이든 실체가 아니고 다른 어떤 비물체적인 것만이 실체인가 이러한 여러 문제들을 검토하지 않으면 안 된다. 그런데 ⑵어떤 사람들은 물체의 여러 한계(즉 면이나 선, 점이나 단위 등)를 실체라 생각한다. 더욱이 이 한계적 실체들을 물체 또는 입체보다도 한결 더 실체라고 생각한다.

또 어떤 사람들은 감각적 여러 물체들 말고는 이와 같은 실체적 물체는 아무것도 존재하지 않는다 생각하는데, 그러나 ⑶어떤 사람들은 감각적 여러 물체보다도 더 많고 더 뛰어나게 실재하는 영원한 존재들을 실체라고 부른다. 예를 들어 플라톤은 여러 에이도스(형상)들과 수학적 여러 대상이라는 두 종류의 실체를 들고, 제3종의 실체로서 감각적 여러 물체를 들고 있다. 또 스페우시포스*²는 하나에서부터 출발하여 많은 실체들을 내놓는다. 이들 실체에 저마다 다른 원리를, 즉 수에는 어떤 원리를, 크기에는 다른 어떤 원리를, 또 영혼에는 또 다른 어떤 원리를 나누어 주는 등, 이와 같은 방법으로 그는 실체 가짓수를 늘려 나갔다. 하지만 또 어떤 사람들은, 에이도스(형상)와 수는 같은 자연성을 갖는다고 주장하면서 그 밖의 모든 존재들은 이 에이도스와 수가 이루는 같은 자연 성질에 이어서 나온다고 생각한다. 즉 일(一)이라는 수에 점이 이어지고, 점에 선이, 선에 평면이 이어져, 마침내 (물질적인) 우주의 실체나 감각 대상들에까지 미친다고 주장했다.

그래서 ⒜이 가운데 어느 주장이 올바르고 그렇지 않은가를, 또 ⒝어떤 실체가 있는가, 과연 감각적인 실체 말고도 어떤 다른 실체가 있는가 없는가, 또

＊2 Speusippos. BC 395?~339. 플라톤의 조카로, 플라톤이 죽은 뒤 그의 후계자로 초대 아카데메이아의 학두(學頭)가 되었다.

이 감각적 실체는 어떤 방식으로 존재하는가를, 더 나아가서 (c)과연 떨어져서 존재하는 어떤 실체가 존재하는가 존재하지 않는가, 존재한다면 그것은 무엇 때문에, 또 어떤 방식으로 존재하는가, 그렇지 않으면 감각적인 실체만 존재할 뿐 그와 같이 물체로부터 떨어져서 존재하는 실체는 존재하지 않는가를 검토 해야만 하는데, 그 전에 실체가 무엇인지를 간추려 말해 두어야 한다.

제3장
일반적으로 인정된 실체는 본질·보편·유(類)·기체(基體)의 네 가지이다. 기체 에 있어 실체로서의 기체는 형상인가 질료인가, 아니면 양자의 결합체(구체적 개체)인가? 질료와 결합체가 제1의적 실체가 될 수 없는 이유는 무엇인가? 그 렇다면 우리는 먼저 감각적인 사물의 형상, 즉 본질을 연구해 보기로 하자.

'실체'라는 말은, 많은 뜻은 아니지만 주로 다음 네 가지 뜻으로 쓰인다. (1) 사물의 본질, (2)보편적인 개념, (3)유(類) 등이 저마다 그 사물의 실체라 여겨지 고, 또 (4)사물들 하나하나의 기체가 그 실체라 여겨진다. 기체의 술어란 본디 다른 사물이지만, 그 기체 자체는 결코 다른 무엇의 술어가 될 수 없는 주어 그 자체이다. 따라서 가장 먼저 이 의미를 규정해 두지 않으면 안 된다. 왜냐하 면 사물의 제1기체가 가장 근본적인 사물의 실체라 여겨지기 때문이다.

그런데 (1)어떤 뜻으로는 질료가 그러한 기체라 일컬어지고, (2)다른 뜻에서 는 형식이, 또 (3)다른 뜻에서는 이들 둘(질료와 형식)로 이루어졌다고 일컬어 진다. 여기에서 내가 말하는 질료(밑감)는, 예를 들어 동상은 청동이고, 형식은 그 형상(形像)의 틀이며, 질료와 형식으로 이루어진 결합체를 동상이라고 부 른다. 따라서 만약에 형상(꼴)이 질료보다도 앞서면서 보다 참다운 존재라고 한다면, 같은 이유로 형상은 또 형상과 질료의 결합체보다도 앞선다.

이렇게 실체란 도대체 무엇인가에 대해서 살펴보았다. 이에 따르면 실체 란 다른 어떤 기체(주어)의 술어(속성)가 아니라, 실체 자체가 다른 술어(속성) 의 주어(기체)가 된다. 그러나 이와 같은 정의만으로는 충분치가 않다. 왜냐하 면 이 정의는 그 자체가 또렷하지 못할 뿐만 아니라, 질료야말로 실체의 속성 을 잘 말해 주기 때문이다. 만약에 질료가 실체가 아니라면, (이 정의를 지키는 한) 그 밖에는 그 어떤 실체의 존재도 인정할 수 없게 된다. 왜냐하면 (서술될 수 있는) 모든 질료들을 제거하면 분명히 아무것도 남지 않게 됨이 마땅하기 때문이다. 이제 남은 모든 질료들은 물체의 (실체가 아니라) 성질이거나 부대적 산출물 또는 능력 가운데 하나이며, 그리고 (물체 자체에 속한다고 여겨지는) 길이나 넓이나 깊이 또한 얼마만큼 양이지 실체가 아니다[왜냐하면 사물이 어느 만큼 있는지를 나타내는 양은 실체(무엇인가를 나타내는 것)가 아니기 때문이다]. 오히려 이 실체에 속하면서 술어인 제1의 그것이야말로 실체이다. 그러나 길이나 넓이나 깊이를 뽑아내면 우리는 거기 남아 있는 실체를 아무것도 보지 못한다. 그저 이들에 의해 규정되는 그 어떤 질료가 존재하리라는 추측이 존재할 뿐이다. 그래서 오로지 질료만이, 이와 같이 (위의 정의로) 살펴보려고 하는 사람들에게는 유일한 실체로 보일 수밖에 없다.

그런데 여기에서 내가 말하는 '질료'란, 그 자체가 특히 무엇이라고 부를 수 없고, 어느 만큼의 양이라고도 말할 수 없으며, 사물의 존재 양식에 따라서 규정되는 술어의 여러 형태들 가운데 어느 것에 의해서도 표현될 수 없다. 이들 저마다의 술어가 그 실체의 술어로 여겨지기는 하지만, 그 기체 자체에는 이 모든 술어들과는 존재 양식을 달리하는 그 어떤 것이 있기 때문이다. 그 까닭은, 실체가 아닌 술어는 실체의 술어가 되고, 이(술어로서의 실체)는 다시 질료의 술어가 되기 때문이다(그러나 이 질료는 이미 다른 어떤 것의 술어도 되지 않는다). 그래서 마지막 기체 및 주어로서의 질료는 자체로는 특정하지도 않고, 어느 만큼의 크기가 있지도 않으며, 그 밖의 긍정적인 규정을 가지지도 않을 뿐만 아니라, 어떠한 부정적 규정도 있을 수가 없다. 왜냐하면 기체의 질료에는 부정적인 규정도 오로지 간접적 방식으로만 들어 있기 때문이다.

이와 같은 관점에서 살펴보면, (일반적) 질료가 바로 실체라는 결론이 나온다. 하지만 이는 불가능한 일이다. 왜냐하면 물체로부터 떨어져 있는 독립성과 '이것'이라고 부를 수 있는 개체성은 함께 실체에 가장 가까이 속한다고 인정되기 때문이다. 그러므로 형상과 둘로 이루어진 질료가, 단순한 질료보다도 더 참다운 실체로 여겨지기 쉽다. 그런데 둘로 이루어진 실체, 질료와 형상으로 이루어진 어떤 결합체는 이 경우 그대로 내버려 두어도 좋다. 왜냐하면 이 결합체는 (형식이나 질료보다도) 더 뒤의 질료이며 또 뚜렷하기 때문이다. 그러나 질료 또한 어떤 뜻에서는 분명하다. 하지만 그저 있으리라고 추측되기만 하는 제3의 실체(형상)에 대해서는 연구하고 살펴볼 필요가 있다. 가장 골치 아픈 종류의 실체이기 때문이다.

그런데 일반적으로는 감각적인 사물 가운데 어떤 실체가 있으리라는 점에서는 견해가 일치하므로, 우리는 먼저 감각적인 사물 중에서 이 제3의 실체를 찾지 않으면 안 된다. 한결 더 인식하기 쉬운 사물을 사용하는 탐구가 학습에서 보면 효과적이기 때문이다. 즉 학습하는 사람은 인식될 가능성이 적은 것을 거쳐 보다 더 많이 인식할 수 있는 사물로 나아가야 하기 때문이다. 우리가 해야 할 효과적인 방법은, 행위의 경우 저마다에게 좋다고 여겨지는 선한 일에서부터, 그 자연 자체적으로 선한 것, 완전하게 선한 것이 바로 저마다에게도 선이 되도록 훈련하는 데에 있다. 이와 같은 학습은, 학습하는 모두가 한결 알기 쉬운 사실로부터 출발해, 그 자연에서 더 많은 사실을 저마다에게 알 수 있게 하는 데에 있다. 그런데 어떤 특정한 사람에게만 알려진 제1의(가장 친근한) 사실들은, 실제로는 크지 않은 앎에 지나지 않고, 얼마 안 되는 진실성밖에 없는, 아니 거의 아무런 진실성도 없는 사실이다. 더욱이 아무리 잘못 알려져 있다고 해도, 우리에게 알려진 사실에서 출발해, 즉 앞서 말한 바와 같이 이 인식할 수 있는 사실을 매개로 해서, 또렷하게 알 수 있는 (자연적) 인식을 우리 자신에게도 잘 알려진 인식이 되도록 노력해야 한다.

제4장
사물의 본질에 대한 언어의 형식상·사실상의 고찰. 어떠한 사물에 본질이 속하는가, 즉 본질이 정의될 수 있는 사물은 무엇인가? 그것이 가장 큰 실체이다.

처음에 우리는 실체(라는 말의 적용 범위)를 규정하는 몇 가지 뜻을 구별했다. 그 가운데 하나는 사물들 하나하나가 무엇인가를 나타내는 본질이었으므로, 이를 연구하지 않으면 안 된다. 그래서 (1)처음에 우리는 이에 대해 언어의 형식 문제를 조금 말해 두고자 한다. 먼저 (1)각 사물이 무엇인가(본질)는 그 사물이 본질적으로 무엇인가를 일컫는다. 당신이 무엇인지와, 당신의 본질은, 당신이 교양적이라는 말이 아니기 때문이다. 즉 당신은 당신 자체로 교양적이지 않다. 오히려 당신은 당신 자체로서 그 무엇이며, 이 무엇인가가 바로 당신의 (당신다운) 본질이다.

그러나 (2)이와 같이 (자체적으로) 일컬어지는 모두가 그 사물의 본질은 아니다. 즉 ⓐ예를 들어 '표면이 흰색(무색)이다' 말했을 때, 그 무엇인가(예를 들어 표면의 흰색 성질)는 그 사물의 본질은 아니다. 왜냐하면 표면의 표면됨(표면의 본질)과 그것이 흰색이라고 하는 본질은 서로 다르기 때문이다. 하지만 또 ⓓ(표면은 그 자체에 있어서 흰 표면이라고 정의될 수 있겠지만) 이 표면의 본질은 이 둘('흰'과 '표면')의 결합, 즉 '흰 표면'도 아니다. 왜냐하면 (이 본질의 정의에서는) 정의될 사물의 물질(표면)이 그 설명 방식 안에 더해져 있기 때문이다. 설명 방식이란 정의되어야 할 바로 그 사물이 더해져 있지 않아도 그 사물이 무엇인가라는 본질을 나타내야만 한다. 따라서 만약에 흰색 표면을 매끈한 표면으로 뜻을 바꿔 쓰는 사람이 있다면, 그것은 표면의 정의가 되지 않을 뿐만 아니라, 흰색의 본질이 매끈하다는 본질과 같다고 여기는 셈이다.

또 (3)실체가 아닌 술어 형태와의 복합체도 있기 때문에—즉 성질이나 양, 시간, 장소, 운동(능동, 수동), 그 밖에 이러한 술어들의 여러 형태에 무엇인가가 저마다 기체로서 존재하기 때문에—이와 같은 복합체들이 과연 무엇인지(본질)를 나타내는 설명 방식이 있는지를, 또 이와 같은 복합체에도 참된 무엇이라고 부를 수 있는 존재가 포함되어 있는지 없는지를 연구하지 않으면 안 된다. 예를 들어 '피부색이 하얗다'와 '인간'의 복합체인 '피부색이 하얀 인간'에 대해서도 말이다. 여기서 이 복합체, 즉 '피부색이 하얀 인간'을 한 마디로 '겉옷'이라 부르기로 하자. 그리고 이 옷의 본질은 무엇인지 물어 보자. 그러나 (어떤 논자는 이 물음에 대답하여) 이 또한 그 자체가 옷이라고 일컬어질 수는 없다(따라서 이 '옷'의 본질은 존재치 않는다고 말할지도 모른다).

하지만 '그 자체가 옷일 수는 없다' 말할 때도 두 경우로 나누어진다. 즉 그 하나는 다른 여분에 대한 규정이 포함되어 있으며, 다른 하나는 그 반대의 경우이다. 전자는, 정의되어야 할 사물에 다른 규정이 여분으로 정의되어 있을 때, 예를 들어 '하얀 피부'의 본질을 정의하려는 사람이 '피부색이 하얀 사람'의 설명 방식을 드는 경우이다(즉 이 경우에는 '인간'이라고 하는 규정이 여분으로 포함되어 있기 때문에, 이 '인간'은 '하얀 피부' 자체인 존재와는 다른 무엇이다). 그런데 후자는, 사물 안에 그 설명 방식이라고 뚜렷이 말할 수 없는 규정이 포함되는 경우로, 예를 들어 '옷'을 보고 '피부색이 하얀 인간'이라 했을 때 누군가가 이 '옷'을 그저 '피부색이 하얗다' 이렇게만 정의하는 경우이다. 피부색이 하얀 사람은 피부가 하얗기는 하지만, 그렇다고 '피부색이 하얀 사람', 즉 옷의 본질을 '하얀 피부'의 본질이라고는 할 수 없다(따라서 '피부색이 하얗다'는 정의만으로는 '옷' 자체가 표현될 수는 없다).

그렇다면 '옷의 본질'과 같은 어떤 본질이 있을까, 아니면 아무런 본질도 아닐까? 왜냐하면 사물들의 본질이란, 저마다의 사물에서 공통적일 수 있기 때문이다. 그런데 어떤 일(예를 들면 하얀 피부)이 다른 것(인간)의 술어가 되는 복합체는, '바로 이것이다' 분명하게 가리킬 수 있는 성질이 아니다. 뚜렷하게 지시할 수 있으려면 오직 실체에만 속해야 한다. 따라서 본질의 설명 방식은 각 사물의 정의 자체에만 존재해야 한다. 그러나 비록 그 이름(옷)이 그 설명 방식(피부색이 하얀 사람)과 같은 의미라고 해도, 이 설명 방식만으로는 그 이름을 정의로 주고 있지 않다. 만약에 이 이름만으로 정의가 된다면, 모든 설명 방식이 이 이름의 정의가 될 수 있다고 해야 된다. 왜냐하면 그 어떤 설명 방식에도 (이와 같은 의미인 어떤 단어의) 이름이 들어갈 수 있기 때문이며, 따라서 서사시 《일리아드》 어구들 전체가 이 이름 《일리아드》의 정의가 될 수도 있기 때문이다. 그렇지만 사실은 그렇지 않으며, (그 설명 방식으로 정의되는 주제 또는 실체는) 그 어떤 제일의 것으로서 설명된다.

그리고 가장 좋은 것은 그 설명 방식 가운데 하나(예를 들면 하얀 피부)가 다른 하나(인간)의 술어가 되는 방식으로는 술어적 설명이 되지 않는다. 따라서 유(類)의 하위 종(種)들에게 있는 에이도스(형상)에만 본질이 존재한다. 이 본질은 (1)어떤 다른 기체(基體)에 '관여함으로써' 존재한다고 설명될 수는 없다 여겨지며, 또 (2)(하얀 피부가 인간의) 어떤 한정이라는 식으로는 설명될 수는 없고, 또 이 본질이란 (3)어떤 부대적인 술어로도 설명될 수 없다고 생각되기 때문이다. 그런데 이와 다른 술어들은 저마다 이름이 있는 한, 그 나름대로 설명 방식이 있어서 어떤 뜻을 나타내고 있다. 즉 이것이것은 이것이것에 속한다는 설명 방식이, 어쩌면 이러한 단순한 (이름 속의) 설명보다도 한결 자세할 수가 있다. 그러나 이들 설명 방식조차도 그 기체에 대한 아무런 정의도 아니며 또 무엇인가(본질)도 아니다.

그렇지 않다면 이 '정의'라는 말에도 '그것이 무엇인가(본질)'처럼, 많은 뜻을 담고 있지는 않을까? '무엇인가'라는 말도 한편으로는 실체, 즉 이것이라고 가리킬 수 있는 개체를 의미하며, 다른 한편으로는 이에 대해 서술되는 존재의 온갖 형태, 예를 들어 그것이 '얼마나 있는가(양)', '어떻게 이루어져 있는가

(성질)', 그 밖에 그와 같은 속성들을 의미하고 있다. 왜냐하면 '있다'는 이들 모두에게(즉 실체로서 '있는' 사물들이나 실체가 아닌 서술 형태에도) 속하기는 하지만 똑같은 뜻으로 속하지는 않고, 어떤 실체 또는 개체에는 제1의적으로, 그리고 다른 어떤 것에는 파생적인 뜻으로 속하는 식이며, '무엇인가(본질)' 또한 단적(무조건적)으로는 실체에 속하지만, 어떤 한정된 뜻으로는 그 밖의 사물에도 속하기 때문이다. 사물의 성질(예를 들어 그 사물이 하얗다는 속성)에 대해서도 우리는 그것이 '무엇인가'를 물을 수 있기 때문에, 사물의 성질 또한 '무엇인가'의 한 종류이기는 하다. 그러나 이 경우, 명백한 뜻으로서가 아니다. 어떤 사람들이 오로지 언어 형식상으로 '있지 않은 존재'를 '있다' 주장할 경우, 실은 이(형식상) '있지 않은 존재'가 분명하게 있다(존재한다)는 말이 아니라, '있지 않은 상태로(가능적으로) 있다' 하는 한정된 뜻으로서 '있다' 말하는 데에 지나지 않듯이, 사물의 성질 또한 (단적으로 존재하는 본질 측면이 아니라) 한정된 의미에서 그렇게 말한다.

그런데 사물들 하나하나에 대해서 어떻게 말할 것인가(언어적 문제)의 연구도 필요하지만, (2)이 사물들이 사실상 어떻게 존재하는가에 대한 연구도 이에 못지않다. 그래서 이제 언어의 문제는 또렷해졌는데, 이와 비슷한 물음으로 사물이 도대체 무엇인가(본질)는, 무엇인가라는 말 자체와 마찬가지로 (1)제1의적, 분명하게는 실체에 속한다. 이다음으로 사물의 사실상 실재적 본질은 (2)실체가 아닌 서술적 여러 존재에도 속할 것이다. 그러나 이 경우에도 단적인 의미의 '본질'이 아니라 어떻게 있는가(성질), 얼만큼 있는가(양)와 같은 뜻의 '무엇인가(본질)'가 포함된다. 그 까닭은 우리가 이들(실체로서의 존재와 그 밖의 실재 서술적 여러 존재들)을 똑같이 '있다(또는 존재)'라고 부를 때, (a)동어이의적(同語異義的)인가, (b)또는 (무엇인가가 '있다'에 다른 뜻을) 덧붙이는가, 뽑아냄으로써인가(예를 들어 '알 수 없는 것도 알 수 있다' 이렇게 말할 때처럼 '있다'에 '알 수 있는 것으로'를 덧붙임으로써) 그 어느 쪽이지 않으면 안 되기 때문인데, 사실을 말하자면 우리는 (이 '있다'라는 말을) 동어이의적으로 사용하지도 않고 또 같은 뜻으로 사용하지도 않으며, (c)마치 '의술적'이라는 말이 어떤 같은 한 가지 실체와의 관계에서 쓰이지만 반드시 같은 한 가지 실체를 뜻하지도 않고, 동어이의적으로 쓰이지도 않듯이, '있다' 또한 어떤 같은 한 가지 것과의 관계에서 쓰이고 있다. 또 환자의 몸에 있어서 수술도 치료 기구도 모두 의술적이라고 일컬어지는데, 이는 결코 동어이의적으로서도 아니고 한 가지 실체에 맞추어서(같은 뜻으로)도 아니며, 실로 어떤 하나의 것(의술)과의 '관계'에서 그렇게 불린다.

그러나 (실재적) 사실을 연구하려고 하는 경우에는, 어느 쪽 뜻으로 '있다' 말하든 그것은 상관없는 일이다. 이것만은 분명하다. 즉 제1의적이고 뚜렷한 의미로서의 정의와 본질은 실체에 속하며, 그 밖의 서술적 여러 존재에도 정의와 본질은 속한다. 단, 그것은 제1의적 뜻이 아닌 경우에서이다. 왜냐하면 비록 이 서술적 존재들에게도 정의나 본질이 속할 수 있도록 허용하더라도, 이로 말미암아 반드시 그 설명 방식과 같은 뜻인 그 이름마다 모두 (제1의) 정의가 있다는 (불합리한) 결론이 나올 수는 없기 때문이다. 다만 그 설명 방식이 어떤 일정한 조건을 갖추고 있다면, 서술적 존재에도 제1의적 뜻이 속할 수 있다. 그리고 이 조건이란 그 설명 방식이 어떤 '하나의 것'에 의해 충족된다는 말이다. 이 하나란, 예를 들어 서사시 《일리아드》는 그 전체 내용의 단순한 연속 때문에 하나의 이름으로써 이루어진 표현은 아니고, 또 단순한 집합 때문에 하나도 아니며, 오히려 '하나'라는 말이 '존재'의 뜻만큼 많이 지니는 그 여러 뜻들 가운데 어느 것 하나에 의해서 하나라고 일컬어짐을 말한다.

그런데 '있다'(또는 '존재')란, 어떤 경우에는 '이것'이라 지시할 수 있는 개체를 의미하고, 어떤 경우에는 어느 만큼 있는가, 어떻게 있는가 하는, 양이나 성질이 '있는'(즉 양적 존재나 성질적 존재)을 의미한다. (이와 같이 하나는 개체적인 실체를 가리키는 경우도 있고 그 밖의 여러 속성들을 가리키는 경우도 있다.) 그렇기 때문에 (3)'피부가 하얀 사람'에도 그 어떤 규정이나 정의(뜻)가 있다. 그러나 이 경우는 '하얗다'는 성질적 존재와 '인간'이라는 실체에 대한 정의가 존재한다는 것과는 다른 별개의 방식으로 또 하나의 뜻을 이룬다.

제5장
중복되어 불리는 사물에는 정의도 본질도 없다.

누군가가 주장하듯이 만일 첨가에 따른 설명 방식이 정의가 아니라고 한다면, 다음과 같은 어려운 문제[1]가 생긴다. 하나로서가 아니라 중복적으로 불리는 사물들에게도 어떤 정의가 있을 수 있는가, 없는가 하는 의문이다. 이러한 사물들이 중복적으로 일컬어지는 까닭은 설명을 덧붙여야만 분명해지기 때문이다. 이 말의 뜻은 이러하다. 예를 들어 코와 움푹 들어감이 있고, 또 시몬성(性)(움푹 들어간 코라는 뜻)이 있다. 그리고 이 시몬성은 '움푹 들어감'과 '코에 들어 있다'의 둘로 이루어질 수 있음을 의미한다. 하지만 이 움푹 들어간 시몬성이나 코의 속성은 이들 서로에게 의존해 있지 않고 이들 저마다의 자체에 있다. 다시 말하면 색이 하얗다는 속성이 칼리아스에 대해서, 또는 피부가 하얀 이 칼리아스가 인간이기 때문에 하얀 속성이 인간에게 딸린 일반적 속성이라는 삼단 관계식이 아니라, 마치 수컷이 동물에 대해서, 또는 같음이 그 양에 대해서 저마다 자체적인 속성이며, 그 밖에 일반적으로 어떤 속성이 자체적으로 속한다고 일컬어지듯이 말이다. 그런데 이들(자체적 여러 속성)은 저마다, 그 기체(基體) 자체 안에 속하며 그 기체의 설명 방식이나 이름을 포함하고, 그 기체를 빼고서는 분명하게 밝혀질 수가 없다. 예를 들어 피부가 하얗다는 속성은 인간이 아니더라도 명백히 있을 수 있지만, 암컷이라는 성질은 그것이 속하는 동물 없이는 밝혀질 수 없다. 따라서 이러한 실체가 없는 성질에는 본질이나 정의가 존재하지 않는다고 해야 한다. 만약 존재한다고 하더라도, 앞서 우리가 말한 바와 같이, 그것은 제1의적인 뜻이 아닐 것이다.

그러나 앞서 말한 중복체들에 있어서 어디에 본질이 속해 있는가에는, 다른 어려운 문제(2)가 있다. 즉 (1)만약에 '시몬적인 코(움푹 들어간 코인 코)'와 '움푹 들어간 코'가 같다고 한다면, '시몬적인(움푹 들어간 코인)' 사물과 '움푹 들어간' 사물이 같다는 (불합리한) 말이 되고, (2)만약에 같지 않다면 시몬적이란 '그것'의 속성인 그 사물(즉 코)을 빼고는 말할 수 없는 점으로 보아(왜냐하면 시몬적이라고 하는 성질은 '코의 움푹 들어간 형태 자체이므로) 둘은 같지 않다. 그렇다면 (a)'시몬적인 코'라 말할 수 없거나, 또는 (b)같은 코가 이중으로 불리게 될 뿐이다. 즉 '움푹 들어간 코의 속성인 코' 이렇게 코를 겹쳐서 말하게 되니 도대체 본질적인 코는 어떤 코란 말인가? 왜냐하면 '시몬적인 코'는 '움푹 들어간 코의 속성인 코' 이렇게 표현해야 하기 때문이다. 따라서 이와 같은 중복체에 본질이 속하는 일은 불합리하다. 만약에 속한다면, 그 본질을 찾아 끝없이 거슬러 올라가는 꼴이 될 테니까 말이다. (시몬은 시몬적인 코이기 때문에) 이 시몬적인 코인 코에는 다시 수없이 다른 코가 포함될 수밖에 없다.

따라서 분명히, 오직 실체에만 정의가 있게 된다. 비록 그 밖의 서술적 존재에도 있을 수 있다 하더라도, 이들 정의는 반드시 (점점 더 또는 중복적으로) 그 무엇인가를 덧붙이지 않고서는 이루어질 수가 없기 때문이다. 예를 들어 '홀수'의 정의에서와 마찬가지로, '홀수'는 수(數)가 없이는 정의되지 않고, '암 컷'은 동물 없이는 정의할 수 없기 때문이다. 여기서 내가 말한 '덧붙임으로써' 는, 이들의 예에서도 볼 수 있듯이 설명 속에서 같은 어구가 겹쳐서 두 번 언 급되는 일과 같다. 그래서 만약에 설명이 덧붙여지지 않은 이 실체가 참이라 고 한다면, 중복된 말들—예를 들어 '홀(수)의 수'와 같은—에도 본질이나 정 의는 없다고 해야 한다. 그러나 사실은 일반적인 경우 이러한 말들에 대한 이 설명들이 정확하게 전해지지 않기 때문에 이 점을 알아차리지 못하고 있을 뿐 이다.

하지만 이 중복된 설명들에도 그 어떤 정의가 있다면, 그것은 실체의 정의 와는 다른 방법에 의해서이거나, 또는 앞서 말한 바와 같이 정의나 본질에도 여러 뜻이 있으리라고 생각된다. 그렇다면 어떤 뜻에서는 실체에만 정의나 본 질이 존재하고, 어떤 (파생적인) 뜻에서는 실체가 아닌 실재 사물에도 존재한다 고 할 수 있다. 그렇기 때문에 사물에 대한 정의는 그 사물의 본질에 대한 설 명 방식이며, 그 본질이 어디에 속하는가에 대해서는 오직 실체에만, 또는 가 장 주된, 제1의적인, 단적인 뜻에서는 실체에만 속한다는 사실이 분명하다.

제6장
저마다의 사물과 그 본질은 같은가. 그 사물에 무엇인가 덧붙여지지 않은 상태 라면 그 자체적 실체와 같다.

각 사물과 그 본질이 같은지, 다른지를 검토해 보아야 한다. 이 검토는 실체 에 대한 우리 연구에 쓸모가 있다. 저마다의 사물은 다름 아닌 그 실체 자체라 고 여겨지며, 그 본질 또한 각 사물의 실체라고 일컬어지기 때문이다. 그런데 〔1〕설명이나 질료가 덧붙여지는 방식과의 복합에서 말하는 실체는 그 본질과 서로 다르게 여겨진다. 예를 들어 '피부가 하얀 사람 자체(실체)'와 '피부가 하 얀 사람의 속성(본질)'은 다르다. 왜냐하면 만약에 둘이 같다고 한다면 '인간의 본질'과 '피부가 하얀 인간의 본질'이 같다는 결론이 나오기 때문이다. 사람들 말에 따르면 (피부가 하얀 사람도 인간이므로) '인간'과 '피부가 하얀 사람'은 같으며, 따라서 '인간의 본질' 또한 '피부가 하얀 인간의 본질'과 같다고 해야 한다. 그러나 이와 같이 덧붙여지는 방식과의 복합에서 말하는 것(예를 들어 피부가 하얀 사람)의 본질과 단독으로 이야기되는 것(예를 들어 인간)의 본질이 같다는 추리에는 필연성이 없다.

이 추리에서는, 두 바깥 항[같다고 여겨지는 두 본질(하얀 인간과 인간)]은 한뜻의 매개적 개념(인간)으로 같아지지는 않기 때문이다. 하지만 두 바깥 항이 모두 덧붙여지는 방식과의 복합형일 때에는, 예를 들어 피부가 하얀 사람과 교양적인 인간이 합쳐진 경우에는 (앞의 것과 같다는 전제로 해서) 피부가 하얗다는 본질과 교양적이라는 본질이 같다는 결론 또한 아마 필연적으로 나올 것이다. 그러나 이와 같은 일이 있으리라고는 여겨지지 않는다(그러므로 설명이 덧붙여진 방식과의 복합형인 실체는 그 본질과는 같지 않다).

하지만 (2)실체 자체로 존재한다고 생각될 경우에는, 그 실체 자체와 그 본질이 필연적으로 같아야 하지 않을까? (A)예를 들어 만약에 그 실체 자체만 존재할 뿐 그보다 앞선 다른 어떠한 실체도 자연도 존재하지 않는 어떤 실체가, 즉 어떤 사람들이 있다고 주장하는 여러 이데아와 같은 실체가 존재한다면, 이들은 그 사물의 본질과 같지 않을까? 왜냐하면 (1)선(善) 자체나 동물 자체, 존재 자체 따위가 저마다 그 본질과 다르다고 한다면, (a)그들이 주장하는 이들 실체와는 다른 한 쌍의 실체로서 자연과 이데아가 존재한다고 해야 되기 때문이다. 더욱이 (b)이들 후자 쪽이 보다 앞선 실체여야만 한다. 적어도 본질이 바로 그 실체라고 한다면 그러해야 한다. 그리고 (2)만일 또 이러한 실체와 그 본질이 서로 단절되어 있다면—여기에서 '단절되어 있다'는 말은, 예를 들어 선 자체에 선의 본질이 존재하지 않고, 선의 본질은 선한 존재 또한 아니라는 뜻인데—(a)그 한 쌍(자연과 이데아의 연결)에 대한 인식이 있을 수 없고, 따라서 (b)다른 쪽(여러 실체로부터 단절된 여러 본질)은 아무런 존재도 아니다. (a)사물 저마다 인식이 있다고 말하는 이유는, 우리가 각 사물이 무엇인가(본질)를 알기 때문이다. 또 (b)지금 선의 본질에 대한 말은 그 밖의 본질에 대해서도 마찬가지로서, 만약에 선의 본질이 선한 것(예를 들어 선한 행동)이 아니라면, 존재의 본질 또한 존재하는 것(존재하는 사물)이 아니라고 해야 하며, '하나임'의 본질은 '하나'와 다르다고 해야 하는 모순이 생기기 때문이다. 그런데 그 어떤 존재의 본질이든 존재하거나 존재하지 않거나 둘 중 하나이다. 따라서 만일 존재 자체의 본질이 존재하지 않는다면, 마땅히 그 밖의 어떤 실체에도 본질이 존재하지 않는다고 해야 한다. 또 (3)(실체와 그 실체의 본질이 다르다고 가정한다면) 선의 본질이 존재하지 않는 '그것(선 자체)' 또한 선이 아니다. 그러므로 필연적으로 선 자체와 선 자체의 본질은 (선의 실체와 다른 본질까지도) 같으며, 아름다움 자체와 아름다움 자체의 본질과도 같고, 그 밖에 다른 것과의 관계에서가 아니라 그 자체로서 제1의적인 존재들은 모두 그 자체적 본질과 같다. 왜냐하면 어떤 존재이든 (이와 같이 '그 자체로서 제1의적인 존재'라는 조건에 맞기만 하다면) 그것만으로도 충분하며, 비록 그 제1의적 존재가 에이도스(형상)가 아니라도 상관은 없기 때문이다. 어쩌면 오히려 비록 그것이 에이도스라고 해도—이렇게 말하는 편이 좋을지도 모른다. 또한 다음과 같은 일도 분명하다. 비록 어떤 사람들이 (참다운 실체라고) 주장하는 이데아가 존재한다 해도, 그 기체(基體)는 실체(實體)가 아닐 것이다. 왜냐하면 그 이데아는 실체여야 하지만 어떤 기체에 속하는 부대성으로서가 아니라 본질로서 실체이기 때문이다. 만일 그렇게 이데아가 (부대성으로서) 기체에 속하는 실체라고 한다면, 다른 개체가 그 이데아(형상)에 관련되지 않고도 그 이데아가 다른 개체들에 따라 저마다 존재하게 될 수도 있기 때문이다.

이러한 논의로 보건대 사물들 저마다의 그 자체와 본질은, (단순히) 방식이 아닌 하나이다. (B)다음과 같은 이유로, 즉 어떤 사물에 대한 인식은 그 사물의 본질을 인식하는 일이라는 이유를 보더라도 그러하다. 그렇기 때문에 이러한 사례를 들더라도, 사물 자체와 그 본질은 분명히 똑같다.

[그러나 설명이 덧붙여진 방식으로 사물이 이야기될 때, 예를 들어 '교양적인 것' 또는 '피부가 하얀 것' 이렇게 말해지는 사물에 대해서는 두 가지 뜻을 담고 있기 때문에, 본질과 그 자체가 같다는 말은 참이 아니다. 왜냐하면 이 '덧붙여진 속성(피부가 하얀 속성)'과 '덧붙인 것' 자체(하얀 피부)도, 모두 '하얗다' 일컬어지고, 그래서 그 본질과 자체는 후자의 뜻으로는(그 자체, 즉 하얀 피부로서는) 같지만, 그 앞의 뜻(피부가 하얀 속성)으로는 같지 않기 때문이다. 즉 본질은 그것을 그 속성으로서 가지는 해당 '인간'과는 같지 않고, '피부가 하얀 인간'과도 같지 않지만, 피부가 하얗다는 속성을 가지면서 하얀 피부인 실체 자체와는 같다.]

또 (C)이 둘(사물 자체와 그 본질)이 서로 다르다는 불합리성은, 누구나 각 사물의 본질과 다른 이름을 그 사물에 (예를 들어 '옷'이라는 이름을) 붙여보면 뚜렷이 알 수 있다. 그렇게 하면(둘을 다르다고 가정하면) 이 이름을 가진 사물만이 지니는 고유한 본질이 존재한다. 예를 들어 여기서 가정한 대로 말(馬)의 본질에 대해서 제2의 본질(옷의 본질)이 존재하지만, 그 어떤 방해가 있기에 처음부터 이 어떤 사물(최초의 말)을 그대로 그 본질과 같다고는 인정할 수 없는 것일까? 여전히 본질이야말로 실체라 여겨진다. 사실 사물과 그 본질은 오로지 하나일 뿐만 아니라, 이들 설명 방식에서도 같다. 이는, 위에서 말해 온 바로도 분명하다. 왜냐하면 (위에서 말한 바와 같이) '하나임'의 본질과 '하나' 자체가 같다는 말은, (단순히) 덧붙여진 방식이 그러해서가 아니기 때문이다.

뿐만 아니라 만약에 '하나'의 본질과 '하나' 자체가 서로 다르다면, 본질을 구하기 위해 끝없이 거슬러 올라가게 된다. 왜냐하면 한쪽에는 '하나' 그 자체가 있고, 다른 한쪽에도 그와는 다른 '하나'의 본질이 있어서, '하나'의 본질 쪽도 적용되면서 모순이 생기기 때문이다.

그러므로 제1의적이며 자체적인 존재들의 경우에는, 저마다 본질과 그 자체가 분명히 한 가지이다. 그리고 우리의 이 제안에 대한 소피스트식 반박은, 소크라테스와 소크라테스의 본질(소크라테스임)은 과연 같은가, 같지 않은가 하는 의문을 같은 방법으로 해결할 수도 있다. 그들이 이 의문을 제시한 이유와, 이 이유에 대한 우리의 해결이 올바른 근거를 얻게 된 근거는 전혀 다를 게 없기 때문이다. 이상으로 사물의 본질 하나하나가 어떤 뜻에서는 사물 자체와 같고, 또한 왜 어떤 뜻에서는 그래야 하는데도 같지 않은가를 살펴보았다.

제7장

[이 장 다음의 세 장은 '생성'(또는 제작)에 대한 논문이다.] 자연에 따른 생성과 기술에 따른 생성, 자기우발적 생성. 생성의 여러 조건들.

생겨나는 사물들 가운데 어떤 사물은 자연에 따라서, 어떤 사물은 기술에 따라서, 어떤 사물은 저절로(자연발생적으로) 생겨난다. 그리고 이러한 사물들 모두가 생겨나는 까닭은 어떤 것에 '따라서', 어떤 것으로'부터', 그리고 어떤 것에 '대해서'이다. 단, 여기서 내가 말한 '어떤 것에 대해서'의 '어떤 것'은 그 어떤 술어 형태에 속하든 상관없다. 즉 어떤 개체가 생겨나는 일뿐만 아니라, 어느 성질로 변화하는 일도, 어느 양이 늘고 줄어드는 일도, 또는 어떤 장소로 이동하는 일이라도 상관없다.

자연적 생성이란, 사물이 자연에 의해서 생성된다는 뜻이다. 이들 사물의 원료를 우리는 질료라 부르고, 이들이 '그 원료에 의해서' 생겨날 때 그 생성물은 어떤 자연적 존재이며, 예를 들어 인간이나 식물과 같이 우리는 그것을 특히 실체라고 말한다. 생겨나는 모든 사물들은 자연에 따르든, 기술에 따르든 일반적으로 모두 질료를 지니고 있다. 이들 각 사물은 이처럼 존재할 수도 존재하지 않을 수도 있으며, 이 가능성은 바로 이들 저마다에 내재하는 질료 자체 때문이다. 그러나 일반적으로 말하면, 생겨나는 사물이 어떤 원료(원인물)로부터 생겨날 때 그 질료도 자연이며, 또 '그 원료에 따라서' 생겨날 때 그 형상 또한 자연이고[왜냐하면 생겨나는 사물, 예를 들어 식물이나 동물은 (그 형상에 따라서 스스로 생겨나는) 자연성을 가지기 때문이다], 그와 같이 또 생성의 작용인도 형상적 의미로서의 자연이며, 그 작용인과 결과물은 동종동형(同種同形)의 자연이다. 다만 이런 뜻의 자연(작용인)은, 이에 따라서 생겨나는 결과물과는 다른 (동종동형의) 사물 안에 들어 있다. 인간(아버지)이 인간(아들)을 낳는 이치와 같다.

그러나 이 결과물은 자연에 의해 생겨나지만, 그 밖의 생성은 제작(또는 생산)에 의해 생겨난다고 말한다. 제작은 기술이나 능력이나 사상으로부터 이루어진다. 물론 어떤 제작(생산)은 저절로(자연발생적으로) 또는 우연히 생기는 수도 있다. 그것은 마치 자연에 의해 생겨나는 사물을 보는 대로이다. 왜냐하면 자연에 따른 사물의 생성을 보더라도, 같은 사물은 종자로부터 (자연적으로) 생겨나지만, 종자 없이 생기는 경우도 있기 때문이다. 하지만 이들에 대해서는 뒤에 살펴보기로 하고, (먼저 기술적 제작에 의한 생성에 대해서 살펴보건대) 대부분 기술에 의해서 생기는 사물은 (기술자가) 마음속에 그 형상을 지닌다(여기서 말하는 형상이란 각 사물의 본질을 말하며, 제일의 실체이다. 따라서 생성물의 실체는 본질이다).

(그러나 기술자의 마음속 형상과는 반대 사물이 만들어지는 경우도 있는데 그 까닭은 무엇인가?) 그것은, 반대의 사물도 어떤 뜻에서는 같은 형상으로부터 이루어졌기 때문이다. 그리고 어떤 결여의 실체(형상)는 바로 그 반대 사물의 실체이기 때문이다. 예를 들어 건강은 그 결여 상태인 병의 실체(형상)이다. 병

은 건강의 부재이며, 건강은 의사의 마음속에 있는 개념이자 인식이다. 그래서 건강체는 (의사 마음속에서의) 다음과 같은 추리(사유)를 통해 만들어진다. '건강'이란 '이러이러한' 것(형상)이다. 따라서 이 병든 몸이 건강해지기 위해서는 '이러이러한' 것이, 예를 들면 [열(熱)과 한(寒)의] 균형이 건강의 형상에 들어 있어야 한다. 그러려면 열이 들어 있어야 한다. 이와 같이 의사는 추리를 이어나가 마침내 스스로 행동[시술(施術)]하는 단계에 이른다. 왜 이 단계에까지 이른다고 말하느냐 하면, 이미 그 뒤에 이루어지는 운동 과정, 즉 이 병체(病體)가 건강 상태에 이르러 있는 상황까지의 과정은 (추리 과정이 아니라) 제작 과정이기 때문이다. 그렇기 때문에 어떤 뜻에서는 건강은 건강에서 이루어지고, 그처럼 집은 집에서 이루어진다고도 말한다. 질료가 없는 기체(즉 형상뿐으로서의 건강이나 집)로부터 질료를 구체적으로 가진 실체가 생긴다는 뜻으로 말이다. 의술이나 건축술은 저마다 건강 또는 집의 형상이며, 질료가 없는 실체(형상)라고 내가 말하는 까닭은 그 본질을 뜻하기 때문이다.

이처럼 생성이나 운동 과정에는 추리와 제작 과정이 있어서, 그 출발점인 형상으로부터의 과정은 추리이며, 이 추리의 결론에서 시작되는 과정은 제작이다. 그런데 이 전체 과정의 중간 단계인 다른 여러 사항도 이와 마찬가지 과정으로 생겨난다. 이는, 예를 들어 병체가 건강하게 되기까지는 (먼저 그 중간 단계에) 균형 상태가 될 필요가 있다(고 의사는 추리하기 시작한다). 그러나 균형 상태로 만들어 가는 과정은 어떠할까? 이 상태는 그 병체를 따뜻하게 하면 얻어진다. 그러나 따뜻하게 하려면 어떻게 해야 하는가? 그것은 이러이러하다(예를 들어 마찰을 이루는 일이다). 그런데 이 '이러이러하다'는 가능한 일이며 이미 실제로 자기(의사) 손에 맞는 일이다(이렇게 해서 의사는 가장 먼저 몸을 따뜻하게 하기 위해 마찰요법을 실시한다).

그런데 건강을 만들어 내는 일, 즉 건강에 이르는 운동 과정이 시작되는 출발점이 '거기에서'라고 할 때, 이 과정이 기술로 이루어질 경우에는 (기술자, 즉 의사의) 마음속에 있는 (건강의) 형상이야말로 '거기'에 있는 형상인데, 만약에 이 형상이 저절로(우연히) 일어난다면 이 과정이 어디에서(어느 중간 단계에서)이든, 그 기술로 만들어 내는 사람은 그 (추리 과정에서가 아니라) 제작 과정의 시작점에서 출발한다. 의술에 의한 치료의 경우에는, 병에 걸린 몸에 열이 나는 '거기에서' 시작한다. 그리고 의사는 마찰요법으로 열이 나게 한다(자기우발로 일어난 경우에는, 병체에 '저절로' 다시 열이 생기기 시작한 곳에서부터 건강으로 나아가는 과정이 시작된다). 몸속에 있는 따뜻함은, 건강의 부분이거나 그 자체가 건강의 부분인 어떤 비슷한 상태를 (직접적으로, 또는 많은 중간 단계를 거쳐) 따라간다. 이(건강한) 열이 곧 건강의 부분을 만들어 낼 수 있는 최종 산물인 것이다. 그리고 집이 만들어질 때는, 예를 들어 석재가 그것이며, 그 밖의 다른 것들 또한 이와 마찬가지이다.

사람들이 말하는 바와 같이 만약에 아무것(생성을 시작할 재료)도 존재치 않는다면, 아무것도 생겨날 수가 없다. 따라서 생물의 어떤 부분이 (미리) 존재한다는 필연성은 뚜렷하다. 왜냐하면 사물의 질료는 사물의 어떤 부분이기 때문이다. 그 생성 과정 중에 질료는 들어가 있고, 생겨나는 사물이 되는 원인 또한 이 질료 때문이다. 그러나 사물의 질료는 또 그 사물에 대한 설명 방식에 있어서 구성 부분이기도 하지 않을까? 우리는 '청동(靑銅)의 원'이 무엇인가에 대해서 두 가지로 규정한다. 즉 그 질료를 규정해서 그것을 '청동'이라 부르고, 그 형상을 규정해서는 그것을 '이러이러한 도형'이라 말한다. 여기서 '도형'이란 이 '이러이러한 도형'의 가장 가까운 무리이다. 이처럼 '청동의 원'은 그 설명 방식 안에 질료를 포함한다.

어떤 사물이 이러이러한 질료로부터 생겨났을 경우, 이 생겨난 어떤 사물을 우리는 '이러이러한 것'이라고는 부르지 않으며, '이러이러한' (또는 '이러이러한 질료로 만든') 이렇게 말한다. 예를 들어 돌로 만들어진 상(像)을 '돌'이라 말하지 않고, '돌로 된'(또는 '돌로 만든')이라고 한다. 하지만 건강한 사람은, '그것(즉 병약자)'으로부터 벗어나 건강하게 되었다고는 하지 않는다. 사물이 그 형상의 결여(상태)로부터 생겨날 뿐만 아니라 질료적인 기체(基體)로부터도 생기기 때문이다. 예를 들어 기체로서의 인간도, 결여(상태)로서의 병약자도 모두 건강해지기도 한다. 그러나 기체로부터라고 하느니보다는 오히려 결여(상태)로부터 건강하게 생성된다고 말해진다. 따라서 건강한 사람은 병약한 사람이라 불리지 않고 오히려 인간이라 불리고, 인간(본질적 실체)은 건강하다고 일컫는다(그렇지만 병약한 사람을 건강하다고는 말하지 않는다). 그러나 결여(상태)가 확실치 않거나 이름이 없는 사물일 경우에는—예를 들어 (동상에서) 청동의 특정한 형(型)의 틀이 제거되거나 (집에서) 벽돌이나 재목의 특정한 조립법이 없어진 경우가 그러한데—이러한 사물(동상 또는 집)은 이들 재료(청동 또는 벽돌이나 재목)에서 생겨난다고 여겨질 수 있는 어떤 형상적 인상만을 지닐 뿐이다. 마치 앞서 이야기했던 건강한 사람이, 건강의 형상이 결여된 모양인 병약한 사람으로부터 건강해졌다고 말해지듯이 말이다. 따라서 앞서 말한 경우에 건강한 사람이 '그것(병약자)'이었다가 건강하게 되었을 때, '그것'의 이름으로는 병약한 사람이라 불리지 않는다. 그와 같이 이러한 경우에도, 조각상을 (그 재료이름으로) '나무'라 말하지 않고, 어미를 바꾸어 '목조의(나무로 된)'라고 부르거나 '청동의'라고 부른다. 곧바로 '청동'이라 하지는 않는다. '석조의(돌로 된)'라고는 불러도 '돌'이라고는 말하지 않는다. 이와 마찬가지로 또 집은 '벽돌로 지은' 이렇게 말하지 '벽돌'이라고는 말하지 않는다. 왜냐하면 조각상이 나무로 되어 있다거나 집이 벽돌로 되어 있다고 말할 때조차도, 만일의 사태에 한결 더 깊은 주의를 기울인다면 그렇게 간단하게는 이야기할 수 없기 때문이다. 사물이 어떤 질료로부터 생겨날(어떤 질료로 되어 있는) 경우, 이 어떤 질료는 그 생성 과정에서 그 어떤 전화(轉化)이든 하지 않을 수가 없고, 결코 그대로 변하지 않은 채 있을 수가 없으니 말이다. 그래서 이와 같은 용어법이, 즉 청동 자체뿐만 아니라 청동으로 된(사물들)까지도 표현하는 용어법이 존재할 수가 있었다.

제8장

형상은 생성·소멸 과정과 상관없이, 질료에 의해 현실적으로 존재한다. 생성물은 질료와의 결합체(구체적 개체)이며, 그 생성의 작용인은 생성되는 개체와 같은 종(種)의 다른 개체에 내재하는 형상이다.

생성물은 (1)'어떤 원인에 의해서' 생성되고[이 어떤 원인은, 내가 뜻한 바로는 그 생성 과정이 시작되는 원리(작용인)를 말한다], (2)'어떤 질료로부터'이며(단, 결여 상태가 아닌 질료라고 하자. 이것이 무엇을 뜻하는가에 대해서는 앞선 장에서 설명했다), 그리고 (3)어떤 사물이 '생겨나는'(어떤 사물이 '되는') 것이다[이 어떤 사물은, 어떤 원이나 구(球), 그 밖에 무엇이 되든 상관없다]. 따라서 마치 우리가 (예를 들어 청동으로 된 구를 만들 경우) 그 기체(基體)인 청동을 만든다고 할 수는 없듯이, 우리는 결코 '구' 자체('구'라는 형상)를 만들지도 않는다. 우리는 오로지 덧붙여진 의미로, 즉 이 청동구 또한 구라는 뜻에서 구를 만든다고 말할 수 있을 뿐, 실제로 만들어지는 것은 이러이러한 구라고 부를 수 있는 청동구이다. 이러한 어떤 개체(예를 들어 구)의 '제작'을 할 때에는, 완전한 뜻에서의 기체로부터 만들기 때문이다. 예컨대 '청동을 둥글게 만든다' 고 한다면, 둥글게 만들거나 구를 만든다는 뜻이 아니다. 이는 어떤 다른 것을, 즉 이 형상(이 구의 모양)을 다른 것(질료인 이 청동) 안에 만든다는 말이다. 어떤 형상을 만들기 위해서는, 다른 어떤 것(질료)에 의해 만들지 않으면 안 되기 때문이다. '어떤 질료로부터'는 전제되어 있으니까 말이다.

예를 들어 어떤 청동구를 만든다고 해보자. 이러한 경우 우리는 '청동으로 부터 구의 모양을' 이런 방법으로, 즉 '저 청동에서 이 구를 하는 식'으로 만든다. 그러므로 만약에 우리가 이 제작물 자체(완전한 뜻으로서의 기체)를 만든다고 한다면, 분명히 우리는 이번에도 그와 같은 방법으로(어떤 다른 질료로부터 만드는 방법으로) 만들어야만 하는데, 그렇게 하면 이 생성 과정은 (다시 다른 질료를 구하여) 끝없이 거슬러 올라가게 된다. 따라서 분명히 (질료가 생성되지 않는 이치와 마찬가지로) 형상 또한—또는 이것을 (형상이라고 하지 않고) 무엇이라고 하든, 감각적 사물의 형식을 뜻하는 무엇인가인데—결코 만들어지거나 생성되지 않는다. 즉 형상에는 아무런 생성도 속하지 않는다. 이러한 형상처럼 본질에도 생성이란 없다. 왜냐하면 형상, 즉 본질은 기술이나 자연, 능력에 의해서 만들어진 다른 어떤 것(질료) 안에 존재하기 때문이다. 하기야 청동으로 만든 구란 존재는 우리에 의해서 만들어진다.

우리는 또 이 형상이나 본질을 청동과 구에서 만들어 낸다. 이러이러한 (질료) 안에 이러이러한 형상을 만들어 넣어 만들어진 생성물이 청동으로 된 구이다. 그러나 만약에 일반적으로 구의 본질에 생성이 있다면, '이 생성 또한 어떤 것으로부터 어떤 것이' 이러한 형식으로 생겨나야 한다. 왜냐하면 생성물은 늘 부분을 가져야 하며, 그 한 부분은 '저것'이고 그 밖의 것은 '이것'이기 때문이다. 즉 하나는 질료이고 다른 하나는 형상이어야 하는 것이다. 그래서 만일 (구의 본질이 생겨날 수 있고 그것을 우리가 만들어 낼 수 있다면, 그리고) 이 구는 '그 구면(球面)의 모든 점들이 그 중심에서 같은 거리에 있는 도형'이라고 한다면, 이 구의 구성 요소들 가운데 하나는 우리가 만들려 하는 구가 포함되는 무리로서의 도형 자체, 즉 질료이며, 다른 하나는 그 구에 포섭되는 속성, 즉 형상(이데아)[종차로서의 등거리성(等距離性)]이며, 그리고 그 전체는 이로부터 생겨난 구 자체로, 앞서 예를 들어 말하자면 '청동의 구'와 견줄 수 있다. 그런데 위에서 말한 바로 뚜렷한 사실은 (1)형상 또는 실체(형상으로서의 실체)의 뜻으로 저마다 일컬어지는 사물은 생겨나지 않고, 제작된 생성물은 (질료와 형상이) 결합된 실체(즉 형상으로서의 실체의 이름으로 불리는 구체적인 개체)라는 것, 그리고 (2)생성물에는 모두 질료가 내재되어 있고, 그 일부분은 이것(질료)이며 다른 부분은 저것(형상)이라는 식이다.

그렇다면 어떤 구(球)는 이러이러한 구와는 따로 떨어져서 존재하고, 또 어떤 집은 그 벽돌과는 따로 떨어져서 존재하는 것일까? 만약에 이들이 그와 같이 (질료와 떨어져서) 존재한다면, '이것'이라고 특정하게 가리킬 수 있는 그 어떤 개체도 생겨나지 않는다. 오히려 그 어떤 구나 집(즉 구나 집의 형상)은, '이와 같은'이라고 이야기되는 형상이지 '이것'이라고 지시되고 한정되는 (특정하고) 개별적인 독특한 형상이 아니다. 오히려 우리는 '이것'이라고 부를 수 있는 (형상이 아니라) 특정한 질료로부터 '이와 같은' 모양의 사물을 만들거나 낳기 때문에, 그 제작물은 '이와 같은 독특한 그것' 이렇게 일컬어지는 특정한 개체가 되는 게 아닐까? 그리고 이 오직 하나의 '이것', 예를 들면 '칼리아스'나 '소크라테스'와 같은 것들은 특정하고 지시적인 청동구에 대응하고, '일반적인 종(種)이나 무리(類)로서의 '인간'이나 '동물'은 '청동구 일반'에 대응한다. 따라서 어떤 사람들(이데아 논자들)이 저마다의 사물들과는 떨어져서 따로 실재한다는 주장을 일삼는 에이도스와 같은 뜻의 형상을 사물의 원인으로 삼는다면, 이는 분명히 사물의 생성이나 존재에서 전혀 소용이 없을 것이다. 또 그 형상만을 위해서라면, 형상이 그 자체로 존재하는 실체일 필요가 없다.

뿐만 아니라 어떤 경우에는, 예를 들어 자연적 여러 사물에서 분명히 인정할 수 있듯이, 낳는 부모는 태어나는 아들과 같다고 할 수 있지만, 완전하게 같지는 않다. 즉 수에 있어서 하나가 아니라 그 종(형상)에서 하나이다. 왜냐하면 인간은 인간을 낳기 때문이다. 단, 말이 노새를 낳듯이 자연에 어긋난 생식인 경우는 예외이다. [그러나 이 경우에도 유사한 관계를 인정할 수 있다. 암말과 암노새에 공통되는 그 무엇, 즉 이 둘에 '가장 가까운 무리'는 비록 그 공통된 것에 정해진 이름은 없다 하더라도 아마 둘(의 유)이며, 그것은 바로 노새와 '같은' 생물일 테니까, 이런 식으로 유사 관계가 인정되기는 한다.] 그러므로 이러한 동물들의 원형으로서 에이도스(형상)를 정한다는 것은(이들이 특히 가장 실체적이기 때문에 이들에게야말로 가장 에이도스가 바람직하다고 여겨지기도 하지만) 전혀 불필요한 일이다. 오히려 낳는 실체가 준비되어 있기만 하면 생산하기에는 그것으로 충분하다. 즉 형상이라는 원인물이 질료 속에 있기만 하면 그것만으로 충분하다는 것이다. 그리고 거기에 이미 (이 둘이 결합된) 전체가 존재할 때에는, 즉 '이와 같은' 형상적 원인물이 '이것'인 살이나 뼈 안에 존재할 때에는 이것이 칼리아스이고 소크라테스이다. 이 둘은 질료의 면에서는 다르다. 질료가 저마다 다르기 때문이다. 그러나 형상은 같다. 형상은 나눌 수 없기 때문이다.

제9장
우연적 생성이 일어나는 이유. 실체의 생성 이외의 생성 조건.

어떤 것(예를 들어 건강)은 기술로써 생겨날 뿐만 아니라 저절로(우연히)도 생기는데, 왜 다른 어떤 것(예를 들어 집)은 저절로 생기지 않는가 의문을 제기하는 사람도 있을지 모른다. 그 이유는 이러하다. 어떤 사물의 경우 그 질료는—이 질료는 기술에 의해 생기는 그 어떤 사물의 제작·생산 과정을 시작할 수 있는 원인물이며, 이 과정이 이루어지면서 생기는 그 어떤 생산물의 부분은 이미 그 질료 안에 포함되어 있게 되지만—그 자체로 운동할 수가 있고 어떤 질료는 그렇지 못하다. 그리고 스스로 운동할 수 있는 질료들 가운데서도, 어떤 질료는 바람직한 어떤 특정한 방향으로 운동을 해나갈 수 있지만, 다른 어떤 질료는 그와 같이 운동할 수가 없다. 왜냐하면 대부분은 비록 스스로 운동은 할 수 있어도, 임의대로 어떤 특정한 방향으로 (예를 들면 무용을 할 때처럼) 운동할 수는 없기 때문이다. 따라서 이와 같은 종류의 질료를 가진 사물, 예를 들어 돌 따위의 것들은 다른 사물(예를 들어 건축가)에 의하지 않고서는 어떤 특정한 방향으로 (예를 들어 집의 재료가 되도록) 운동할 수 없지만, 어떤 다른 방법으로는 (돌도) 스스로 운동할 수가 있고, 형상적 본질을 지닌 존재로서, 그리고 '이것'이라고 부를 수 있는 '돌의' 존재로서 생성될 수 있다.

그리고 불 또한 이와 마찬가지이다. 그래서 이런 이유로 생겨나는 사물의 어떤 것(이를테면 집)은 기술을 가진 사람(건축가)이 없으면 존재할 수 없겠지만, 다른 어떤 것(예를 들어 건강)은 기술자(의사)가 없어도 존재할 수 있다. 그 까닭은, 이 경우에 운동(예를 들어 건강해지기 위한 어떤 생성 과정)은 기술을 가진 사람에 의해 이루어지지 않고, 기술을 가지지 못한 다른 어떤 것의 운동(예를 들면 저절로 일어나는 마찰운동)에 의해 이루어지거나, 또는 생성물의 부분(건강 부분으로서 병체 안에 몰래 생성되는 열)으로부터의 운동으로 스스로 운동하게 되기 때문이다.

또 앞서 말한 사실을 보면, 다음과 같은 일도 분명하다. 즉 어떤 뜻에서 모든 (기술에 의해서 생겨나는) 사물들은, 자연에 따른 생성물과 마찬가지로, 그 사물과 같은 이름을 가진 형상으로부터 생겨나거나, 같은 이름을 가진 질료의 부분에서 생기거나[예를 들어 집은 집에서 생긴다. 즉 이성에 의해 만들어진 집에서만 생긴다. 왜냐하면 (건축의) 기술은 (집의) 형상이기 때문이다], 또는 그 부분을 포함하는 어떤 질료로부터 생겨난다. 다만, 설명이 덧붙여진 방식으로 그 사물이 생겨나지만 않는다면 말이다. (여기에서 부분으로부터라고 말했는데) 그 까닭은, 사물을 직접 맨 먼저 그 사물 자체로서 만들어 내는 원인물은, 그 결과물의 부분이기 때문이다. 예를 들어 병든 몸 안에서 만들어지는 열은, 열을 만들어 내는 운동(예를 들면 마찰)으로부터 만들어지며, 이 열은 건강 자체이거나 건강의 부분, 또는 그 안에 이 건강 부분, 또는 건강 자체가 포함되어 있는 그 무엇인가이다. 그러므로 그 운동에 있어서의 열 또한 건강을 만들어 낸다고 일컬어진다. 그것은 이 열이, 건강과 함께 생겨나는 결과물을 몸속에 만들어 내기 때문이다.

따라서 이 생성 과정 또한 추리(삼단논법)에 있어서와 마찬가지로, 전체 과정의 출발점은 실체(본질로서의 실체)이다. 왜냐하면 추리되는 사물이 무엇인가를 전제로 하여 추리가 시작되지만, 그 생성 과정 또한 생성물의 그러한 실체에서 출발하기 때문이다.

그러나 자연에 의해 형성되는 사물 또한 앞에서 말한 사물과 마찬가지 과정을 밟는다. 왜냐하면 생물의 종자는 사람들이 기술적으로 만드는 과정과 같은 방법으로 그 생물을 만들기 때문이다. 즉 종자 또한 (그것으로부터 태어나는 생물의) 형상을 가능적으로 가지고 있다. 또 그 종자를 낳은 원인물과, 그 종자로부터 태어난 결과물이 어떤 뜻에서는 같은 이름을 가지고 있다는 점에서도 (집에서 '집이'라는 말과) 마찬가지이다. [여기에서 '어떤 뜻에서는'이라 말한 까닭, 반드시 모든 경우에 같은 이름을 갖는다고 기대할 수는 없기 때문이다. 실제로 '인간에서 인간이' 이렇게 말하는 경우에도 (남자에서 남자가 하는 사실에 한하지 않고) 남자로부터 여자도 태어나기 때문이다.] 단, (같은 '인간'이라는 이름을 가진 부모로부터 '아들'이라는 이 관계는) 아들이 불구자(생산 불능자)가 아니라는 조건이 붙어야 한다. 노새*3로부터 노새가 태어나지 않는 까닭은 그 때문이다. 그런데 앞서 말한 기술에 의한 사물의 경우에도 그랬듯이, 자연적 사물들 가운데서 우발적(저절로 생기는) 생성물이 있지만, 이러한 생성물에서는 마치 (자연에 따라서 생겨나는 사물에서) 종자가 일으킬 듯한 운동을, 그 사물의 질료 자체가 스스로(자발적으로) 일으킬 수도 있다. 그러나 질료가 그렇게 자발적으로 운동을 일으킬 수 없는 사물은 그 부모로부터가 아니면 태어날 수가 없다.

실체의 형상은 생성되지 않는 속성이라고 설명해 왔는데, 우리의 이 논의는 단순히 실체에 대해서뿐만 아니라, 다른 모든 무리들 가운데 제일의 무리(가장 가까운 무리)—양, 성질, 그 밖의 여러 형태의 술어—에 대해서도 고르게 마땅하다. 이를테면 청동구는 생겨나지만 청동 자체나 구(질료가 없는 형상적 구) 자체는 생겨나지 않는다. 또는 이 청동 자체가 생겨난다고 하면, 구도 마찬가지로 생성된다. (이 청동구에도 그 생성에 앞서서 이미 그 질료와 형상이 존재했기 때문인데) 그와 같이 '무엇'이라고 일컬어지는 실체에 대해서뿐만 아니라, '어떻게' 또는 '어느 만큼'인가를 일컫는 성질이나 양, 그 밖에 비슷한 여러 형태의 술어 경우도 마찬가지로 질료가 있어야만 생성된다. 왜냐하면 성질은 생겨나지 않은 채 어떤 나무만이 생겨날 수는 없고, 또 양은 생기지 않은 채 어떤 나무(실체)나 동물(실체)만 생겨날 수는 없기 때문이다. 그러나 실체만의 독특한 점이 있다는 사실 또한 앞서 한 말에서 이해할 수가 있다. 즉 실체는 만들어지는 단계에서 그 원인물인 어떤 실체가 완전히 현실적으로 미리 존재하고 있지 않으면 안 된다. 예를 들어 어떤 동물이 태어나기 위해서는 다른 동물이 현실적으로 존재하고 있지 않으면 안 된다. 그런데 성질이나 양의 경우에는 반드시 그렇지는 않고, 다만 가능성에 있어서만 존재할 수도 있다.

*3 노새는 암말과 수나귀 사이에서 난 잡종이며, 생식 능력이 없다.

제10장
사물의 부분과 그 설명 방식 부분과의 관계, 부분과 전체와의 관계. 부분적 설명 방식이 전체적 설명 방식에 포함된 것은 그 부분이 형상의 부분일 경우이다.

사물의 정의는 곧 그 설명 방식이며, 설명 방식은 모두 부분을 가지고 있으므로, 그리고 설명 방식의 부분과 그 사물 부분의 관계는 설명 방식과 사물의 관계와 같다고 한다면, 이미 여기에서 과연 사물 부분들의 설명 방식이 전체의 설명 방식 안에 포함되어야 하는지 아닌지 의문[1]이 제기된다. 왜냐하면 분명히 어떤 부분은 내재하고 있으며 다른 어떤 부분은 내재되어 있지 않은 듯이 보이기 때문이다. 예를 들어 동그라미(원)를 설명하는 방식에는 (그 부분인) 호(弧)는 포함되어 있지 않으나, (전체인) 음절(소리마디)의 설명 방식에는 (그 부분인) 자음과 모음이 포함되어 있다. 더욱이 (설명되는 사물의 경우) 음절이 자음과 모음으로 나누어지듯이, 마찬가지로 원도 호로 나뉠 수 있다. 또 [2] 만약에 부분이 전체보다 먼저라고 한다면, 그리고 예각(銳角)은 직각의 부분이고 손가락은 동물의 부분이라고 한다면 예각이 직각보다도 먼저이며 손가락이 인간보다도 먼저가 된다. 그런데 실은 완전한 직각이나 인간이 먼저라고 생각한다. 설명 방식으로 이야기하자면 이들에 의해서 부분들은 설명할 수 있고, 또 그 실재성으로 말해도 이들은 저마다 부분이 없어도 존재할 수 있기 때문이다.

그러나 [의문[1]이 생긴다] 이 '부분'이라는 말에 많은 뜻이 있다. 그리고 그 가운데 하나는 '사물의 양을 재는 척도'라는 뜻이다. 하지만 이 뜻의 부분에 대해서는 언급하지 않고, 오늘 여기에서 우리가 살펴볼 일은 실체를 이루는 실체의 구성 부분이라는 뜻의 부분에 대해서이다. 그래서 만약에 어떤 부분은 질료(밑감), 어떤 부분은 형상(꼴), 어떤 부분은 이 둘로 이루어진 별도의 존재라고 한다면, 그리고 질료도 형상도, 이 둘로 이루어진 결합체도 똑같이 실체라고 한다면 어떤 뜻에서는 질료까지도 어떤 실체의 부분(즉 결합체의 부분)이라고 한다. 하지만 어떤 뜻으로는 그렇지가 않고, 오히려 어떤 사물의 형상을 설명하는 방식을 구성하는 요소만 부분이라고 한다. 예를 들어 '살은 움푹 들어간 신체 부분의 부분이다' 말하기보다는(왜냐하면 살은 움푹 들어간 곳이 생기는 질료이므로) 오히려 '살은 움푹 들어간 코의 부분이다' 말해야 한다. 또 청동은 (질료와 형상으로) 결합된 조각상의 부분이지만, '형상'이라는 뜻에서는 조각상의 부분이 아니다. 형상 또는 형상을 갖는 개체는 개별적으로 '이것'이라고 부를 수 있지만, 사물의 질료적 부분은 형상 없이 그것만으로는 결코 그렇게 불리지 않기 때문이다.

따라서 원의 설명 방식에는 호(弧)의 설명 방식이 포함되어 있지 않으나, 음절의 설명 방식에는 자음과 모음의 설명 방식이 포함된다. 왜냐하면 자음과 모음은 음절의 형상에 대한 설명 방식의 부분이지 질료가 아니며, 반면에 (원의) 호는 원의 모양이 생기는 질료라는 뜻으로 (원의) 부분이기 때문이다. 다만 [(원의) 호는 질료라고 하지만] 이 호와 그 형상(원)의 관계는, 청동에 둥근 느낌이 생긴 경우의 청동(질료)과 그 둥근 느낌(형상) 사이의 관계에 비하면 한결 가까운 관계에 있다. 그러나 음절의 자음과 모음도 (질료가 아니라고는 하지만) 그 모든 음절이 반드시 음절의 설명 방식 안에 포함되지는 않듯이, 자음과 모음도 모든 자음과 모음이 음절의 설명 방식에 포함되지는 않는다. 예를 들어 밀랍에 새겨진 저마다의 자음과 모음이나 공기 중에 발음된 입김의 자음과 모음 등은 설명 방식에 포함되지 않는다. 왜냐하면 이러한 자음과 모음들은 그 음절의 감각적 질료의 뜻에서 부분이기 때문이다.

어떤 선(線)은 나뉘면 절반이 되고, 또 인간도 나뉘면 마찬가지로 뼈나 근육이나 살이 되어버린다 해도, 그렇다고 해서 결코 실체(형상)의 부분이라는 뜻에서 이들(절반, 뼈 등)로 이루어져 있다고 하지 않으며, 오히려 각 질료라는 뜻에서 이 부분들로 이루어져 있다고 말한다. 그리고 이 질료적 부분들은 결합체(선 또는 인간)의 부분이기는 하지만, 동시에 그 형상(그 설명 방식이 관계되는 형상)의 부분이기도 하다는 말은 결코 아니다. 따라서 이들은 선 또는 인간(선 또는 인간의 부분들)의 설명 방식에 포함되지 않는다. 그런데 어떤 경우에는 그 설명 방식 안에 위에서 말한 바와 같은 질료적 부분의 설명 방식이 포함되지만, 다른 어떤 것(그 설명 방식이 형상과 질료의 결합체가 아닌)의 경우에는 반드시 그 설명 방식 안에 그 부분의 설명 방식을 포함할 필요가 없다. 왜냐하면 바로 이 이유로 말미암아 어떤 실체는 그 자체가 그 질료의 부분적 원리들로 이루어졌다가 그 부분적 원리들로 해체되어 사라지지만, 어떤 실체(질료 없는 형상)는 그렇지가 않기 때문이다.

보통 형상과 질료가 결합된 결합체들, 예를 들어 코와 움푹 들어간 결합체나 청동으로 된 원 같은 결합체들은 이윽고 이들 저마다로 해체되어 사라지게 되며, 질료는 이들의 부분이니 말이다. 그러나 질료와 결합되지 않고 질료 없이 존재하는 실체, 따라서 그 설명 방식은 형상에만 관계되는 실체, 이와 같은 실체는 해체되어 사라지지 않는다(형상적 실체는 절대로 멸망하지 않거나, 적어도 결합체처럼 해체해 사라지지 않는다). 따라서 이들(형상과 질료)은 결합체의 원리이자 부분이지만, 형상밖에 가지지 않는 사물의 원리나 부분은 아니다. 또 이 때문에 점토의 상(像)은 점토로, 그 구(球)는 청동으로, 칼리아스는 뼈나 살로 해체되어 사라지고, 또 원도 호(弧)로 사라진다. 왜냐하면 (원이라고 일컫는 존재 가운데에도) 질료와의 결합체가 있기 때문이다. '원'이라는 말은 동음이의어로, 어떤 경우에는 단적(절대적, 추상적)으로 쓰이고, 어떤 경우에는 저마다의 구체적인 결합체를 뜻하기 때문이며, 게다가 이 저마다의 원을 부르는 특별한 이름이 없기 때문이다.

　그런데 여기에서 이미 [아까의 의문(1)에 대한] 해답이 나왔다. 그러나 우리는 또 하나의 의문(2)을 좀더 또렷하게 살펴보기로 한다. (앞에서도 말한 바와 같이) 설명 방식을 구성하는 부분들은, 또 그 부분들로 해체될 수 있으며 어떤 부분―그 모든 부분들, 또는 적어도 어떤 부분―은 이 설명 방식'보다 더 먼저'이다. 직각의 설명 방식은 예각의 설명 방식으로 분할되지 않는데, 오히려 예각은 직각으로 분할된다. 왜냐하면 예각을 정의하는 경우, 사람들은 직각의 개념을 쓰기 때문이다. 즉 예각은 '직각보다 작다' 이렇게 말이다. 원과 반원의 관계도 마찬가지이다. 즉 반원은 원의 설명 방식으로 정의되기 때문이다. 그리고 이와 마찬가지로 인간의 손가락은 그 전체(즉 인간)에 의해서, 예를 들어 '손가락은 인간의 이러이러한 부분이다' 이렇게 정의된다. 따라서 어떤 사물이 질료의 뜻에서 부분이 되고, 또 그 사물이 질료의 뜻에서 부분들로 나뉠 수 있는데, 이들(나뉘어진) 여러 부분은 (전체를 이루는 그 어느 것보다도) '보다 더 뒤'이다. 그러나 설명 방식의 부분이며 설명 방식에서 실체(형상, 본질) 부분인 여러 부분들―그 모든 또는 그 어느 부분―은 이들을 부분으로 가진 전체'보다 더 먼저'이다.

　동물의 영혼은(생명이 있는 생물의 실체이기 때문에) 이 동물의 설명 방식에서 실체이자 형상이며, 이 (살아 있는) 물체는 이렇게 (살아 있는) 물체로 있는 이유의 본질이다. 왜냐하면 동물의 부분들은 적어도 그들이 올바르게 정의된다면 움직임을 빼고는 정의할 수 없고, 이 움직임은 감각(영혼의 부분인 감각)

을 빼면 그 부분들에 속할 수가 없기 때문이다. 따라서 영혼의 여러 부분은, 그 모든 부분들이나 그 어느 부분은 질료가 결합해 전체를 이룬 동물보다 먼저이다. 그리고 동물 저마다에 대해서도 바로 이와 마찬가지이다. 하지만 물체(육체)와 그 여러 부분들은 저마다의 실체(영혼)보다도 뒤이다. 질료의 뜻에서 여러 개로 나누어지는 부분들은, 단순한 실체가 아니라 결합된 전체이다. 따라서 이런 의미로서의 여러 부분들은, 어떤 뜻으로는 결합적 전체보다도 먼저이지만, 다른 뜻으로는 그렇지가 않다. 왜냐하면 전체에서 떨어지면 부분은 존재할 수 없기 때문이다. 어떤 손가락이든 모두 생물의 손가락은 아니다. 죽은 손가락(생명, 영혼으로부터 떨어진 손가락)은 그저 이름이 같을 뿐이니까. 그러나 (질료적 의미로서의 여러 부분들 가운데) 어느 것은 전체와 동시적으로 있다. 즉 그런 부분들은 우위에 서는 부분이며, 그 설명 방식으로서의 실체(형상)가 직접 제1의적으로 내재하고 있는 부분이다. 예를 들어 심장이 그것이다. 또는 뇌수도 좋다. 이 신체의 부분들이 그러한 제1의 내재적 부분이라고 한다면 말이다. 왜냐하면 지금 여기에서 과연 어느 쪽이 우위인가는 문제 밖이기 때문이다.

하지만 '사람'이나 '말', 그 밖에 이와 같이 저마다의 사물에 (술어로서) 적용되지만 보편적으로도 적용되는 설명 방식들은 실체가 아니라, 어떤 의미로서의 결합체, 즉 보편적인 이러이러한 설명 방식(형상)과 보편적인 이러이러한 질료, 둘의 결합적 전체이다. 그런데 저마다의 사물(구체적인 저마다의 결합체)은 이 마지막 (직접적인) 질료와 결합해 지금 소크라테스가 되었다. 그 밖의 개체도 마찬가지이다.

그런데 부분이란 (1)형상(본질을 말함)의 부분인가 (2)형상과 질료의 결합체인가, 또는 (3)질료 자체의 부분인가? (1)설명 방식의 부분에는 단지 형상의 부분이 있을 뿐이며, 설명 방식은 보편적인 것을 나타낸다. 원이란 무엇인가(원의 본질 설명 방식)는 원 자체(보편적인 원)와 같으며, 마찬가지로 영혼이 무엇이냐를 말할 때는 보편적 영혼을 뜻하기 때문이다. 그러나 (2)결합체는 다르다. 예를 들어 이 원이나, 또는 이러한 저마다의 원 가운데 한 원을 말할 때, 그것은 감각적인 원이든 사유적인 원이든 좋다(사유적인 원은 수학자가 사유하는 원이고, 감각적인 원은 예를 들어 청동이나 나무로 된 원을 뜻한다). 이런 저마다의 결합체에는 정의가 존재하지 않고, 오히려 이들은 직관적인 사유, 또는 감각의 도움으로 인식된다. 그리고 이들(사유 또는 감각)이 현실적으로 작용하지 않을 때에는, 이들 개체가 과연 존재하는지 존재하지 않는지가 또렷하지 않다. 그렇지만 이들은 언제나 이들에 대한 보편적인 설명 방식에 의해 이야기되면서 인식된다. 하지만 (3)질료는 그 자체로는 인식할 수 없다. 질료 가운데에도 감각적인 질료와 사유적인 질료가 있는데, 감각적인 질료는 예를 들어 청동이나 목재처럼 변할 수 있는 질료를 말한다. 사유적인 질료는 감각적인 것 안에 있지만, 그 사유적 질료 자체는 감각적인 것으로서가 아니라, 내재하고 있는 것 예를 들면 수학적인 대상 등이다.

이상에서 우리는 전체와 부분의 관계에 대해서, 또 그 가운데 어느 것이 어떠한 의미로 보다 먼저인가 나중인가에 대해서 살펴보았다. 그러나 만일 누군가가 과연 직각이나 원, 동물 쪽이 먼저인가, 그렇지 않으면 이들 저마다가 서로 나뉜 부분으로서, 또는 전체를 이루는 부분들로서 그중 어느 쪽이 보다 먼저인가 물었을 경우, 우리는 이 물음에 대해 어느 쪽이 먼저라고 분명하게(간단하게) 말할 수 없다고 대답할 수밖에 없다. 왜냐하면 (1)예를 들어 영혼 자체가 동물이거나 생물이라고 한다면, 그러니까 이들 저마다의 영혼이 저마다 그 자체라고 한다면, 그리고 그처럼 원의 본질이 원이고, 직각의 본질이 직각이라고 한다면 우리는 (a)어떤 의미(개체 자체)로서의 부분이 먼저이고 어떤 의미(사유적 질료)로서의 전체가 나중이라고 말해야만 한다. (예를 들어 직각의 설명 방식 부분들이 실재 질료적 직각의 부분들 자체보다도 나중이다. 왜냐하면 질료와 결합된 직각, 예컨대 감각적인 질료와 결합된 청동의 직각도, 사유적인 질료와 결합된 선들을 부분으로 포함하는 직각도 모두 다 직각 자체의 부분보다는 나중이기 때문이다.)

그러나 (b)질료가 없는 직각의 경우 직각의 설명 방식에 포함되는 (질료 없는 형상적 직각의) 부분들이 먼저이고, 질료가 없는 직각이 그다음이며, 저마다의 직각 자체 부분들이 그다음이라고 말할 수밖에 없다. 그러므로 간단히 뚜렷하게 대답할 수 있는 문제가 아니다. 또 (2)만약에 영혼이 동물이 아니라 동물과는 다른 것이라고 해도, 마찬가지로 앞에서 말했듯이 어떤 뜻에서는 먼저이고 어떤 뜻에서는 먼저가 아니라고 말해야 한다.

제11장
어떠한 부분이 형상의 부분이고, 어떠한 부분이 결합체의 부분인가? 실체의 설명 방식 중에는 질료적 부분은 포함되지 않는다. 이 질료적 부분을 포함하는 것은 결합물로서의 실체이다.

여기에서 마땅히 다음과 같은 의문(3)이 생긴다. 그것은 어떤 부분이 형상의 부분이며 어떤 부분이 형상의 부분이 아니라 결합된 전체의 부분인가라는 의문이다. 더욱이 이 의문이 해결되지 않으면 그 어떤 사물도 정의될 수가 없다. 왜냐하면 사물의 정의는 그 사물의 보편성과 형상에 대한 일이기 때문이다. 사물들의 어떤 부분이 질료로서의 부분이고, 어떤 부분이 그렇지 않은지가 분명하지 않으면, 그 사물의 형상을 나타내는 설명 방식도 뚜렷하지 않게 되기 때문이다. 그런데 (1)서로 종류가 다른 사물들에게 한결같이 나타나는 보편성, 예를 들어 청동에도 돌에도 나무에도 나타나는 원은 청동이든 돌이든, 원의 실체(본질) 중 그 어떤 부분도 아니라고 생각된다. 왜냐하면 원 자체의 실체는 이 질료적 원들로부터 떨어져서 존재할 수 있기 때문이다. 그러나 (2)떨어져서 존재한다고는 보이지 않는 원들은 어떠한가? 물론 이 경우에도 마찬가지로 원이 질료적 청동원과 떨어져서 존재한다는 사실을 방해할 아무런 이유도 없다.

예를 들어 이제까지 우리가 본 원이 모두 (돌이나 나무로 된 게 아니고) 청동으로만 되어 있었다면 원은 그렇게 떨어져서 존재했을 것이다. 왜냐하면 이 경우에 청동은 여전히 그 형상인 원의 어떤 부분도 아니기 때문이다. 하지만 (질료인) 청동을 (이것과 떨어지기 어렵게 결합되어 있는 형상으로부터) 사유(또는 사상)로써 떼어내기는 어렵다. 예를 들어 인간의 형상은 언제나 살과 뼈 등의 부분들 안에서 나타난다. 하지만 과연 살과 뼈 등도 인간 형상의 부분들일까? 아니면 오히려 이들은 질료이며 인간은 다른 종류의 것들(청동·돌 등)에도 한결같이 들어 있는 존재가 아니기 때문에 우리는 이 신체의 부분들로부터 인간의 형상을 따로 떼어놓을 수 없을 뿐이 아닐까?

이처럼 (질료로부터) 형상을 따로 떼어놓는 일이 어떤 경우에 가능한지는 분명하지 않아도 어쨌든 가능하다고 생각할 수 있기에, 일찍부터 사람들은 원이나 삼각형에 대해서도 마찬가지 의문을 가지며 이 도형들에 대한 정의를 선이나 연속체(면)로 정의한다기보다는 오히려 이 선이나 면들 모두가 원이나 삼각형에 대해서 가지는 관계가 마치 살이나 뼈가 인간의 부분이고 청동이나 돌이 조각상의 부분이라는 관계와 같다고 해석해야 한다고 주장한다. 그리고 그들은 모든 것을 여러 수로 환원하여, 선의 설명 방식을 이(二, 즉 일로부터의 최초의 이)라는 수에 대한 설명 방식과 같다고 주장했다. 또 이데아를 주장하는 사람들 가운데 어떤 사람들은 이(二) 자체를 선 그 자체라 하고, 다른 사람들은 이(二)는 선 그 자체가 아니라 선의 형상(에이도스)라고 말한다. 그 이유는 어떤 경우에는 어떤 사물들의 형상과 그 어떤 사물이 같지만(예를 들어 (二) 그 자체와 (二)의 형상은 같지만), 선의 경우에는 더 이상 선과 그 이(二)의 형상이 같지 않기 때문이다. 이리하여 여기서 다음과 같은 결론이 나온다. 먼저 (1)많은 사물들에는 저마다 분명히 서로 다른 형상을 볼 수 있으니 이 많은 사물들에게 오직 하나의 형상이 있다고 하는 (불합리한) 일이 된다. 그리고 이것은 (이데아를 논하는 사람뿐만 아니라) 피타고라스학파도 따른 결론이다. 또 (2)하나의 형상이 모든 형상들의 형상이라고 할 수 있게 되고, 그 밖의 형상은 모두 형상이 아니라는 이야기가 된다. 더욱이 이렇게 되면 모든 형상은 하나뿐이라는 (불합리한) 일이 된다.

우리는 정의에 어떤 어려운 문제가 존재한다는 사실과, 그것이 어떠한 이유에 의해서인가에 대해서 앞에서 말했다. 그러므로 모든 사물들을 이처럼 형상으로 환원해 질료가 없는 사물로 만드는 일은 헛수고이다. 왜냐하면 아마도 실제로는 어떤 사물은 이러이러한(특정한 질료)에서의 이러이러한 (특정한) 형상의 사물이거나 아니면 이러이러한 성질 상태에 있는 이러이러한 사물이기 때문이다. 또 저 젊은 소크라테스가 늘 말했던 동물 비유는 좋지가 않다. 이 비유가 우리를 진리에서 멀어지게 하기 때문이다. 즉 마치 원이 청동 없이도 존재할 수 있듯이 인간 또한 그 여러 부분 없이 존재할 수 있다고 생각하게 만들기 때문이다. 그러나 실은 (동물·인간의 경우와 원의 경우는) 다르다. 왜냐하면 동물은 감각적인 생물이고 운동을 빼면 정의할 수 없으므로 어느 특정한 상태에 있는 여러 부분들 없이는 정의할 수 없기 때문이다. (여기서 '특정한 상태에 있는'이라고 한정했는데) 그 이유는 손이 어떠한 상태에 있더라도 무조건 인간의 신체 부분이라는 말이 아니라, 손의 기능을 수행할 수 있을 때만, 따라서 생명이 있을 때만 인간의 부분이기 때문이다. 만약 손에 생명이 없다면 더는 인간의 부분이 아니다.

수학의 대상에서는 무엇 때문에 그 부분의 설명 방식은 전체 설명 방식의 부분이 아닌가? 예를 들어 무엇 때문에 반원(半圓)의 설명 방식은 원의 설명 방식에 포함되지 않는가? 그 이유는 이들이 감각적인 대상물이기 때문이라고 말할 수 없다. 그것은 감각적인 대상물이 아니기 때문이다. 아니면 오히려 감각적이든 아니든 마찬가지가 아닐까? 왜냐하면 감각적이 아닌 대상물이라도 그 어떤 대상물에는 질료가 있기 때문이다. 그 어떤 대상에도 만약에 그 대상물 자체가 전혀 본질도 아니고 전혀 형상적이지도 않지만, 어떤 '이것'이라는 개별적인 그 무엇인 한, 어떤 질료가 동반되기 때문이다. 따라서 이들 반원도, 보편적인 뜻으로서의 원의 부분은 아닐 테지만, 어떤 개별적인 원의 부분일 수는 있다. 이것은 앞서 말한 대로이다. 왜냐하면 어떤 질료는 감각적 질료이지만 다른 질료는 사유적 질료이기 때문이다.

영혼이 제1의 실체(형상)이고, 육체가 질료이며, 인간 또는 동물은 이 둘로 이루어진 보편적인 뜻으로서의 결합물이라는 사실은 명백하다. 하지만 소크라테스나 코리스코스가 만일 단순히 그 영혼만으로도 소크라테스나 코리스코스라고 한다면, 이 이름들은 두 가지 뜻을 지닌다(왜냐하면 그들은 어떤 뜻에서는 그들의 영혼을 의미하고, 다른 뜻으로는 육체와의 결합물인 그들을 의미하기 때문이다). 그러나 만약에 그들이 저마다 단적으로, '이것'인 이 영혼과 '이것'인 이 육체의 결합물을 뜻한다면, 보편적인 실체처럼 개별적인 실체 또한 같은 결합물이다.

그렇지만 이런 (감각적인) 실체의 질료 말고 무엇인가 다른 종류의 질료가 있는지 없는지 그리고 우리는 어떤 다른 종류의 실체를, 예를 들어 수(數)나 또는 그와 같은 실체를 탐구해야 한다. 이에 대해서는 나중에 살펴보지 않으면 안 된다. 이 탐구를 위해 우리는 지금, 감각적인 실체가 어떤 것인지를 먼저 규정하려 애쓰고 있기 때문이다. 감각적인 실체에 대한 연구 자체는, 실은 어떤 뜻에서 자연의 철학, 즉 제2의 철학이 해야 할 일이기 때문이다. 왜냐하면 자연 연구자는 단순히 질료(로서의 감각적인 실체)를 인식해야 할 뿐만 아니라 설명 방식에 표현되는 실체(본질, 형상으로서의 실체)도 인식해야 하고, 이런 실체들이야말로 더욱 잘 인식해야 하기 때문이다. 그러나 더 나아가 우리는 정의에 대해서도 어떤 경우에, 그리고 그 설명 방식에 포함된 어떤 요소가 그 정의되는 대상물의 부분과 같은지를, 또 '무엇'에 의해서 정의가 '하나'의 설명 방식이 될 수 있는지를 (물론 그것은 분명히 정의되는 그 사물이 '하나'이기 때문이다. 하지만 그 사물은 부분들을 가지고 있는데도 더욱이 하나라고 하는 까닭은 '무엇'에 의해 그러한가?) 나중에 검토해야 한다.

이상에서 우리는 (1)사물의 본질은 무엇인가를, 그리고 어떤 뜻으로 그 사물의 본질 자체로 존재하는가를, 일반적으로 모든 경우에 대해서 말했다. (2)어떤 사물의 본질에 대한 설명 방식 안에는 정의되는 사물의 부분들이 포함되어 있는데, 다른 어떤 설명 방식에는 포함되지 않는가에 대해서 말했다. (3)(a)어떤 사물의 실체(본질)를 나타내는 설명 방식 중에는 그 사물의 질료라는 뜻으로서의 부분들은 존재하지 않는 것 같다. 왜냐하면 이 부분들은 그 실체의 부분이 아니라 결합체(로서의 실체)의 부분이기 때문이다. 결합체 가운데에서도 어떤 의미의 결합체에는 설명 방식이 있지만, 다른 의미에서의 결합체에는 그 설명 방식이 존재하지 않는다. 왜냐하면 질료를 구체적으로 갖는 결합체인 한, 거기에는 설명 방식이 있을 수 없기 때문이다(왜냐하면 질료는 규정되지 않는 속성이기 때문이다). 그러나 제1의 실체라면 설명 방식이 있을 수 있다. 예를 들어 '인간'의 경우, 그 '영혼'의 설명 방식이 그렇다. 사물의 제1실체는 그 사물에 내재하는 형상으로, 이 형상과 질료로부터 여기에 이른바 결합물로서의 실체가 생기기 때문이다. 예를 들어 '움푹 들어감'이 여기서 말하는 뜻으로서의 제1의 형상이라고 한다면, 이 '움푹 들어감'과 '코'의 결합에서 '시몬적인 코(움푹 패인 코, 즉 코의 실체를 설명하는 제1의 속성)' 또는 '시몬성'이 생기기 때문이다. 그런데 (b)결합적 실체 가운데에는, 예를 들어 시몬적 코나 또는 이 칼리아스와 같은 것 중에는 질료도 내재한다는 말을 했다. 또 우리는 (4)(a)어떤 사물에 있어 그 저마다의 본질과 그 사물 저마다는 일치한다고 말했다. 즉 제1의 실체일 경우에 일치한다. 예를 들어 '흼'과 '흼의 본질'은 같다('흼'을 제1의 실체라고 한다면)—다만 내가 말하는 제1의 실체란, 어떤 다른 질료로서의 기체 안에 존재한다고는 말할 수 없는 어떤 추상적이고 보편적인 존재를 의미한다. 그러나 (b)질료로서의 또는 질료와의 결합체로서의 어떤 존재는, 스스로의 본질과 같지 않다. 또 덧붙여진 설명 방식이 그 존재와 똑같은 하나인 존재와도 같지 않다. 예를 들어 소크라테스는 교양적이라는 말과 같지 않다(왜냐하면 소크라테스와 교양적이라는 말은 설명이 덧붙여지는 방식에서만 같을 뿐이므로)는 이야기도 했다.

제12장
정의가 두 요소(유(類)와 종차(種差))를 포함하는데도 하나인 것은 왜인가? 유와 종차에 있어 올바른 결합의 요소.

다음으로 우리는 먼저 정의에 대해 《분석론》 안에서 미처 다 언급하지 못한 문제를 살펴보기로 한다. 왜냐하면 그 안에 있는 어려운 문제는, 우리의 실체에 대한 논의에 많은 도움이 되기 때문이다. 그 어려운 문제란 이런 것이다. 우리가 정의라고 말하는 '그것'의 설명 방식이, 즉 '그것'이 하나가 되는 경우 무엇에 의해서 그러한가? 예를 들어 '인간'에 대해서는 '두 다리의 동물'이 곧 정의라고 하는데(이것을 '인간'의 설명 방식이라고 여긴다면이지만), 이 경우 무엇 때문에 이것이 하나이지 여럿(둘)—즉 '동물'과 '두 다리'—이 아닌가? 이것이 왜 문제가 되느냐면, 예를 들어 '인간'과 '하얀 피부'의 경우 이들 가운데 한쪽이 다른 한쪽에 속하지 않을 때에는 둘은 (하나가 아니라) 여럿(둘)이지만, 한쪽이 다른 한쪽에 속해 있어서 그 기체(基體) 쪽인 '인간'이 다른 쪽인 '하얀 피부'에 의해 한정될 때에는 둘이 하나가 될 수도 있다. 즉 여기에 하나인 결합물이 생겨나서 하나의 '피부가 하얀 인간'이 존재하는 셈이다. 그런데 '동물'과 '두 다리'의 경우에는 그 한쪽이 다른 한쪽에 '관여하는' 관계에는 놓여 있지 않다. 왜냐하면 [동물은 유이고 두 다리는 그 종차 가운데 하나이므로] 일반적으로 유는 그 종차에 (직접) 관여한다고는 생각되지 않기 때문이다. (만약에 관여된다면) 동일한 종(種)(즉 두 다리)이 동시에 반대의 종(즉 두 다리 없음. 그러나 날개를 가진 동물에는 해당될 수 없다)에 관여하게 된다. 그것은 유 속에서 종차는 (같은 물체의) 서로 반대되는 것일 수도 있기 때문이다(따라서 '동물'과 '두 다리'는 관여되는 관계에서 하나뿐이지 않느냐는 논란이 있을 수 있다). 그뿐만 아니라 비록 (유가 그 종차들에) 관여된다고 해도, 이 또한 마찬가지로 논란이 있을 수 있다. 왜냐하면 종차는 여전히 많이 존재하기 때문이다. 예를 들어 인간은 '발 달림'이고 '두 다리'이며 '날개 없는' 동물이기 때문이다. 그렇다고 한다면 무엇 때문에 이들(많은 종차들)이 여럿(둘)이 아니라 하나로 될 수 있는가?(논란이 될 것이다). 그것은 물론, 이들이 무엇인가(어떤 하나의 것, 예를 들어 한 인간)에 속하기 때문이라고는 대답할 수가 없다. 왜냐하면 이 논법으로 가면, 사물의 '모든' 속성들로부터 '하나'의 속성이 생길 수 있다는 결론이 되기 때문이다. 그러나 확실히 어떤 사물의 정의 안에 포함되는 여러 요소는 '하나'여야 한다. 왜냐하면 정의는 하나의 설명 방식이고 '하나'의 실체에 대한 설명 방식이므로, 이 정의는 어떤 '하나'의 사물에 대한 설명 방식이지 않으면 안 되기 때문이다. 그리고 그 까닭은, 우리가 주장하는 대로 실체는 어떤 '하나'의 것(전일체)이며, '이것'이라고 지시할 수 있는 개체를 의미하기 때문이다.

그래서 먼저 우리는 분할법에 따른 정의에 대해서 생각해 보아야 한다. (이 정의 방법에 의하면) 그 정의 안에는 분할 계열의 제1위로 들 수 있는 유와 그 종차 말고는 없다. 그 밖의 유는 이 제1의 유와 그것에 따르는 여러 종차로 이루어져 있다. 예를 들어 제1유를 '동물'이라고 한다면, 그다음 유는 '두 다리의 동물'이며, 또 그다음은 '두 다리의 날개 없는 동물'이며, 이 밖에도 더 많은 종차가 있다면 마찬가지로 그만큼 많은 종차를 가진 동물이다. 그러나 요컨대 제아무리 많은 종차와 유를 가지고 설명해도, 아무리 적은 종차와 유로 설명되어도 같은 일이며, 따라서 더 적은 것으로 설명되든 두 가지만으로 설명되든 마찬가지이다. 그리고 이 두 가지란, 한 쪽은 종차, 다른 한쪽은 유이다. 예를 들어 '두 다리의 동물'로 말하자면 '동물'은 유이고, '두 다리'는 종차이다.

그래서 만약에 유가 그 유로서의 종에서 떨어져 따로 '단적'으로 존재하지 않는다면, 또 존재한다고 해도 어떤 '질료로서' 존재한다면—왜냐하면 예를 들어 음성은 유이자 질료이고, 이 질료에서 그 종차가 저마다의 종을, 즉 (음색 등을 달리하는) 자음과 모음을 만들어 내기 때문이다—정의가 종차로 이루어지는 설명 방식이라고 할 수 있다.

그러나 우리는 (정의를 구하려 유를 그 종차로 분할해 갈 때) 종차를 또다시 그 종차의 종차로 나누어야 한다. 예를 들어 동물의 종차를 '발 달린'이라고 한다면, 다시 이 '발 달림 동물'의 종차를 구할 때 이것을 발 달림의 더욱 폭넓은 한도 내에서 구하지 않으면 안 된다. 따라서 올바르게 말하려면, 우리는 결코 '발 달린' 어떤 생물은 (발에 관련해서만 말해야 하지) '날개 있는'이라 말해서는 안 된다. 또한 다른 생물, 즉 '발이 안 달린'을 '날개 없는' 이렇게 말해서는 안 된다(만약에 그렇게 말하는 사람이 있다면, 그것은 올바르게 분할할 능력이 없기 때문이다). 우리는 어떤 생물은 '쪽발'이고, 어떤 생물은 '쪽발이 아니'라고 최소한 발에 준하여 말해야 한다. 이는 발의 종류가 다르기 때문이다. 즉 쪽발은 발의 한 종류이기 때문이다. 그런데 (종차에서 그 종차로 분할해 가는 과정은) 이처럼 어디까지고 계속 나아가 마침내 그 아래에는 차이가 없는 것

(가장 가까운 종류)까지 다다르지 않으면 끝나지 않는다. 이렇게 해서 거기에는 다리의 차이가 많을수록 그만큼 많은 종류의 다리가 있고, 발 달린 동물의 종류는 그 차이와 같은 수만큼 있게 된다. 그러나 사실이 이와 같다면 (더 이상 쪼갤 수 없는) 가장 가까운 차이가 분명히 그 사물의 실체이며 정의이다. 적어도 정의 안에서 같은 일을 여러 차례 되풀이해서는 안 된다고 한다면 말이다. 그 되풀이란 쓸데없는 일이기 때문이다. 이런 되풀이는 사실 흔히 있는 일이다. 예를 들어 누군가가 '두 다리의 유족동물' 말했을 경우, 그것은 '다리는 갖는, 두 다리의 동물'을 말하기 때문이다. 그리고 만약에 그가 본디의 분할법으로 나누어 간다면, 이와 같은 일을 여러 차례, 그 종차의 수와 같은 수만큼 되풀이해서 말하게 될 것이다.

그래서 만일 이처럼 (분할의 단계마다) 종차의 종차가 나온다고 한다면, 이들 가운데에서 차이가 가장 적은 하나만이 그 사물의 형상이며 실체라고 해야 한다. 그러나 또 만약에 부대성으로 분할한다면, 예를 들어 '발 달린 것'을 '흰 것'과 '검은 것'으로 분할한다면 종차의 수는 이와 같이 부대성에 의해 분할되는 수만큼 많이 존재하게 될 것이다. 따라서 분명히 정의는 종차를 포함하는 설명 방식이며, 더욱이 그중에서도 올바른 방법으로 얻어진 가장 가까운 종차를 포함하는 설명 방식이다. 이것은 그 정의가 포함하는 요소의 배열 순서를 바꾸어 보면, 예를 들어 '인간'의 정의에 있어서 '인간'을 '두 다리의 유족동물'이라고 바꾸어 말해 보면 분명하다. 이미 '두 다리의'라고 말했는데, 다시 '발 달린'이라고 말한다는 것은 쓸모없기 때문이다. 그런데 (올바른 정의는 실체에 대한 정의이지만) 실체 요소 안에는 배열 순서가 존재하지 않는다. 왜냐하면 어느 요소는 먼저이며 어떤 요소는 나중이라고 실체에서 생각할 수 없기 때문이다. 그런데 분할법에 따른 정의에 대해서 그것이 어떠한 것인가에 대한 서술은 이 정도로 해두기로 한다.

제13장
실체라고 인정되는 것—기체(질료)와 본질(형상), 이 둘의 결합체(개체)와 보편— 중에서 보편은 실체가 아니다. 보편은 실체의 술어이며 속성이므로 그러하다.

연구의 대상은 실체이므로, 다시 그 실체로 돌아가자. 기체(基體)와 본질 이 둘로 이루어진 것을 실체라고 하듯이, 보편적인 것 또한 실체이다. 그런데 그 두 가지, 즉 본질과 기체에 대해서는 이미 언급했다. 그리고 기체는 두 가지 뜻에서 기체적이다. (a)'이것'이라고 지시할 수 있는 개체의 의미로, 예를 들어 어떤 동물이 여러 속성들에 대해 기체이듯이 그러하고, (b)질료가 완전 현실태에 대해서 그렇듯이 기체적이라고 말했다. 그러나 보편 또한 어떤 사람들에게는 가장 참다운 원인이라 여겨지고, 원리라고도 생각된다. 따라서 이 점에 대해서도 우리는 살펴보아야 한다.

왜냐하면 (1)우리가 보기에는 보편적인 술어라면 모두 실체를 나타내고 있다고 하기가 불가능하기 때문이다. 그 까닭은 첫째 (a)사물 저마다의 실체는 그 사물의 특유한 것이며 다른 그 어떤 사물에도 속하지 않는데, 보편은 다른 사물에도 공통적이기 때문이다. 본디 보편적이라고 하는 속성은 많은 개체에 속한다. 그렇다고 전제하면 보편은 (많은 개체들 가운데) 어느 개체의 실체일까? 그것은 모든 개체의 실체이거나, 그 어느 개체도 아니거나 둘 중의 하나일 것이다. 그러나 (전제로 보아 분명하듯이) 보편이 모든 개체의 실체일 수는 없다. 그렇다고 (어느 한 개체의 실체일 수도 없다) 만약에 보편적 실체가 어떤 하나의 개체에 속한다면, 이 어떤 하나의 개체는 (동시에) 그 밖의 다른 어떤 개체이기도 하다는 (불합리한) 결과가 된다. 왜냐하면 이들 실체가 하나이자 본질이 하나인 개체들은 그 개체들 자체가 또 하나이기 때문이다. 또한 (b)실체는 다른 어떤 주어의 술어가 될 수 없는데, 보편은 언제나 어떤 주어의 술어가 되기 때문이다.

하지만 (2)비록 보편이 이처럼 사물 저마다의 본질인 실체가 될 수 없다고 해도, 보편은 본질 안에(설명 방식의 요소로서)는 담겨 있지 않을까? 예를 들어 동물이 인간이나 말 등에 담겨 있듯이 말이다. 그러나 (a)그렇다면 보편(예를 들어 동물)은 분명히 사물의 본질(예를 들어 동물의 종류인 '인간'의 본질)을 나타내는 설명 방식('두 다리의 동물')에 포함된 한 요소가 아닐까? (그리고 이것도 실체라고 한다면, 이 실체의 설명 방식에 들어 있는 요소들이 다시 실체라는 말이 되며 이렇게 해서 이 실체들은 무한히 있게 된다.) 하지만 또 (b)비록 이 보편이 그 사물의 실체에 포함된 여러 요소들 모두에 대한 설명 방식은 아니라 해도, 결과에는 변함이 없다. 왜냐하면 어느 경우나 보편은, 보편적 사물들 가운데 특수한 사물들의 실체이기 때문이다. 예를 들어 보편으로서의 인간은,

이 인간들 가운데 특수한 인간의 실체이다. 이렇게 해서 다시 위와 같은 결과가 된다. 즉 한결 보편적인 동물들은 그 동물들에 포함되어 있는 특수한 동물(인간이나 말)의 실체이다.

(c)만약에 '이것'인 개체, 즉 실체가 어떤 보편적인 사물로부터 이루어졌다면, 그것은 실체로부터 이루어졌다고도 할 수 없고, '이것'이라고 가리킬 수 있는 개체로 이루어졌다고도 할 수 없다. 그래서 '어떠한'이라고 막연히 일컬어지는 성질적, 속성적 존재로 이루어진 개체라고 하지 않으면 안 된다. 그런데 이렇게 실체가 술어적 요소들로 이루어지는 일은 불가능하고 불합리하다. 왜냐하면 만약에 그렇다면 '보다 먼저'인 것은 실체가 아니라, 성질 쪽이 실체보다도 개체보다도 먼저 있었다는 말이 되기 때문이다. 하지만 이러한 일은 불가능하다. 속성은 설명 방식에서나, 시간적으로나, 또는 발생 순서로나 그 실체보다 먼저일 수가 없다. (만약에 속성 쪽이 먼저라고 한다면) 속성 또한 물체로부터 독립적으로 떨어져서 존재한다는 (불합리한) 일이 생긴다. 그리고 (d)(보편이 이처럼 실체라고 한다면) 어떤 실체(예를 들면 동물)에 포함되어 있는 어떤 다른 실체(인간)가 소크라테스 안에 포함되어 있다는 말이 된다. 이렇게 해서, 어떤 실체(동물)가 두 가지 실체(인간과 소크라테스)의 실체라는 (불합리한) 일이 된다.

이것은 요컨대 (e)다음과 같이 결론을 내릴 수 있다. 만약에 '인간' 또는 이와 같이 일컬어지는 가장 가까운 종류가 실체라면, 이 실체의 설명 방식 안에 포함되는 여러 요소들은 모두 어떠한 다른 사물의 실체도 아니고, 또 이 사물들로부터 떨어져서는 존재하지 못하며, 다른 그 어떤 사물 안에 들어 있지도 않을 것이다. 왜냐하면 예를 들어 인간에 가장 가까운 종류의 실체가, 인간의 설명 방식 안에 포함되는 동물이나 다른 어떤 요소(예를 들면 두 다리)나 어떤 특수한 동물(즉 인간)로부터 떨어져서는 존재하지 않는다는 뜻이기 때문이다.

그런데 이들[위의 (1)과 (2)]로부터 생각해 보아도 보편적인 내재적 여러 요소들은 어느 것이나 실체가 아니라는 사실은 명백하지만, (3)여러 사물들에 공통적으로 술어가 되는 보편, 보편 개념들은 모두 사물을 '이것'이라고 가리키는 (개별적인) 개념이 아니라, 사물을 '이와 같은' 종류라고 가리키는 [유적(類的)인] 속성이라는 사실로도 명백하다. 아무튼 만일 보편적 개념이 실체가 될 수 없다고 한다면, 이에 따라 또 다른 어려운 문제가 많이 생기며 특히 보기와 같은 '제3의 인간'이 생긴다.

이는 (4)다음의 일로도 뚜렷하다. 그 어떤 하나의 실체도 그것을 이루는 여러 실체를 현실적으로 존재하는 그대로 자신 안에 포함할 수는 없다. 왜냐하면 가능적으로 두 개라면 하나일 수가 있으나, 이미 이와 같이 현실적으로 두 개인 실체는 결코 현실적으로 하나의 실체일 수 없기 때문이다. 예를 들어 두 배의 선은 두 개의 절반인 선으로 이루어져 있다. 그러나 그 뜻은 가능적으로 현재 절반인 선(절반으로 분할할 수 있는 선)으로 이루어질 수 있다는 뜻이다. 완전 현실태는 이미 분할된 별개의 선이기 때문이다. 이렇게 해서 실체가 하나라 하면, 그 실체는 이런 방법으로 그 안에 포함되어 존재하는 여러 실체로 이루어지지는 않는다. 이것은 데모크리토스도 정당하게 말한 대로이다. 그는 두 개의 실체로부터 하나의 실체가 생기는 일도, 하나의 실체로부터 두 개의 실체가 생기는 일도 불가능하다고 말했다. '나눌 수 없는' 크기(원자)를 (유일한) 실체로 보기 때문이다. 그렇게 되면, 이와 마찬가지로 수의 경우에 대해서도 말할 수가 있다. 만약에 수가 어떤 사람들의 말처럼 단위의 종합이라고 한다면, 이 수야말로 나눌 수 없는 유일한 실체적 단위로서 존재할 수 있다. 왜냐하면 2라는 수는 하나가 아니거나, 그 어떤 단위도 현실적으로 그 안에 포함하고 있지 않거나 둘 가운데 하나이기 때문이다.

그런데 위에서 살펴본 결론에는, 다음과 같은 어려운 문제가 포함되어 있다. 즉 만약에 보편이 사물을 단순히 '이와 같은' 유로 가리킬 뿐, '이것'이라는 특징적 개체를 의미하지 않는다는 이유로, 어떠한 실체도 보편적으로 이루어진 실체가 아니라고 말한다면, 또 어느 실체도 결코 현실적으로 존재하는 여러 실체들로 이루어진 복합물이 아니라고 한다면 실체는 모두 비복합적인 속성을 지니게 된다. 따라서 어느 실체에도 설명 방식이(설명 방식은 요소들의 복합이므로) 존재하지 않게 된다. 그러나 사실 모든 사람들이 생각하기에 또 우리도 훨씬 앞에서 말한 바와 같이, 정의는 실체에만, 또는 가장 주된 실체에만 있을 수 있다. 그런데 지금 여기에서는 (보편적 실체를 부정함으로써) 실체마저 정의가 없게 된다. 그렇게 되면 다른 그 어떤 실체에도 정의는 있을 수 없다는 말이 된다. 아마도 어떤 뜻에서는 있을 수 있지만, 어떤 의미에서는 있을 수가 없을지도 모른다. 하지만 이 점은 나중에 살펴봄으로써 한결 더 명백하게 밝혀질 것이다.

제14장

이데아 논자는 이데아를 독립적 존재인 실체라고 하면서, 이데아 즉 실체들은 유를 이루거나 종차를 이룬다고 했다. 그러나 이것은 불가능하다.

이와 같은 생각에서 또 저 이데아(형상)에 대해 말하는 사람들로부터, 어떠한 결론이 나올지는 명백하다. 그들은 여러 이데아는 저마다 실체이며, 서로 떨어져서 존재한다고 주장함과 동시에, 에이도스(형상)들을 유(類)와 종차로 이루어졌다고 본다. 그런데 만약에 (그들이 말하는 대로) 여러 에이도스들이 실재하며 '동물' 자체가 인간 안에도, 말 안에도 존재한다면, 이 둘(인간과 말)의 내부에 존재하는 '동물' 자체의 수는 (1)하나이며 같은가, 아니면 (2)다른가가 문제이다. 그 설명 방식으로 보면 분명히 그것은 하나이다. 왜냐하면 그 설명 방식을 말할 경우 (말에서의 '동물'에도, 인간에서의 '동물'에도 공통되는) 같은 설명 방식을 말하기 때문이다. 그래서 만약에 (그들이 말하듯이) 어떤 '인간 자체'가 어떤 '이것'이라고 말할 수 있는, 떨어져서 독립적으로 존재하는 어떤 실체라고 한다면, 이 '인간'을 구성하는 요소들(유와 종차), 즉 예를 들어 '동물'과 '두 다리'도 '이것'이라고 말할 수 있는, 떨어져서 독립된 존재이며 실체여야 한다. 따라서 '동물'에 대해서도 (더 나아가 이것의 유나 종차에 대해서도) 같은 말을 할 수 있어야 한다.

그런데 (1)만일 앞서 말한 대로 말에 있어서의 '동물'과 인간에서의 '동물'이, 마치 당신과 당신 자신이 (수에서) 하나이듯 하나이며 같다면, (a)저마다 떨어져서 별개로 존재하는 실체(말과 인간)에 있어서 하나인 이 '동물'이 과연 어떻게 해서 이와 같이 (수에서) 하나일 수 있을까? 그리고 (이처럼 따로 떨어져 있는 생물들에서 존재하는) 이 '동물'은 '동물 자체'로부터도 떨어져서 존재하게 될 텐데 그렇지 않는 이유는 무엇인가? 또 (b)만약에 '동물'이 두 다리나 다리가 많이 달렸다고 하면, 불가능한 결과가 생긴다. 즉 이 '동물'은 하나이며 '이것'이라고 말할 수 있는 존재인데, 같은 하나의 '동물'에 상반되는 요소들(두 다리와 다리가 많이 달림)이 동시에 속한다는 불가능한 일이 생긴다. 그러나 또 만약에 이들이 관련이 없다면, 일반적으로 사람들이 '이 동물은 다리가 두 개다' 또는 '다리가 있다' 할 경우에, 이 방법[즉 이 주어와 술어(기체와 속성)를 결부시키는 방법]을 어떻게 해석해야 할까? 아마도 그들은 이 상반되는 요소들이 '함께 놓여 있다'거나 '닿아 있다', 또는 '섞여 있다' 답할 것이다. 하지만 이러한 대답은 모두 말도 안 된다.

그러나 (2)만약에 '동물'이 저마다(말과 인간에서) 다르다면 어떨까? 이 경우에는 ⓐ'동물'을 실체로 하는 존재들이 말하자면 무한이 많이 있다는 (불합리한) 일이 생긴다. 왜냐하면 여기에서 '인간'이 요소로 '동물'을 가진 건 부대적인 일이 아니기 때문이다. 다음에 또 ⓑ많은 생물들이 (실체로서) '동물' 그 자체라는 말도 된다. 그 까닭은 단지 여러 종류(인간이나 말)의 '동물'이, 이 저마다의 실체(본질)만 되기 때문이다. 왜냐하면 인간이나 말이 무엇인가(본질)를 말할 때 그것은 ['동물'에 의해 '인간(또는 말)은 동물이다' 하는 것이지] 다른 그 무엇에 의해 일컬어지지는 않기 때문이다. 만약에 동물이 아닌 다른 생물에 의해 있다고 한다면 인간은 동물이 아닌 다른 어떤 존재로 이루어졌다는, 즉 다른 술어가 인간에 대한 설명 방식의 한 요소라는 이야기가 된다. 바꾸어 말하면 다른 술어적 생물이 인간에 속하는 유라는 이야기가 되기 때문인데, 그뿐만 아니라 '인간'을 이루는 모든 요소들 저마다 이데아(형상)일 뿐이라는 말이 된다.

그런데 이 여러 요소들 가운데 어느 것도, 이데아로서는 어떤 존재의 요소이며, 실체로는 다른 어떤 존재의 요소일 수는 없다. (같은 하나의 '동물'이 어떤 사물의 이데아이자 다른 사물의 실체이기도 하다면) 그와 같은 일은 불가능하기 때문이다. 그러므로 각종 동물 안에 있는 저마다의 동물(저마다의 인간이나 말 등)이 모두 하나의 '동물 자체'라는 말이 된다. 또 ⓒ이 각종 '동물'은 무엇으로부터 생기는가? 또 어떻게 해서 이 여러 동물들이 '동물 자체'로부터 생길 수 있는가? 또는 그 자체가 바로 그 실체(본질)인 이 '동물'이 어떻게 해서 '동물 자체'로부터 떨어져서 따로 존재할 수 있는가(유나 종, 그리고 이데아와의 관계에서는 위와 같은 불합리한 결과가 생긴다)?

그러나 또 (3) 감각적 사물의 경우에는 (이러한 감각적 사물들을 이데아와의 관계에서 보면) 앞서의 경우보다도 한결 더 불합리한 여러 결과가 생긴다. 그래서 이렇게 여러 결과들이 사실 불가능한 일이라면, 어떤 사람들이 주장하는 바와 같은 감각적 사물의 에이도스(형상)는 존재하지 않음이 분명하다.

제15장
'개별적인 실체'는 감각적이든 사유적이든 정의되지도 논증되지도 않는다.

실체는 두 종류, 즉 결합체와 설명 방식으로 구별된다. 결합체란, 내가 뜻한 바로는 그 설명 방식(형상)이 질료와 결부된 실체이고, 실체의 설명 방식은 전적으로 설명 방식 그 자체이다. 그런데 결합체적 뜻으로서의 실체에는 소멸이 있다(이것에는 생성이 있기 때문이다). 그러나 설명 방식으로서의 실체에는, 소멸 과정에 있는 그런 소멸은 결코 없다. 왜냐하면 실체의 설명 방식에는 생성이 없기 때문이다. 예를 들어 '집이라는 것'(집의 설명 방식)은 생겨나지 않고, 다만 '이 집'(질료와 결합된 집)이 존재할 뿐이기 때문이다. 뿐만 아니라 (집의 형상에는) 생성도 소멸도 없으므로, 집이란 '존재하지만' 또한 '존재하지 않는다'. 왜냐하면 앞에서도 말했듯이 무엇도 자신을 낳고 만들어 내지 않기 때문이다. 그리하여 (1)개별적인 감각적 여러 실체에는 정의도 없고 논증도 존재하지 않는다. 그 까닭은 이들 감각적 개체는 질료를 가지며, 이 질료 자체가 사물의 존재 이유일 수도 있고 존재할 수 없는 이유(소멸 원인)가 될 수도 있기 때문이다. 그리고 이와 같이 가능하기 때문에 저마다의 감각적 실체는 소멸적이기도 하다.

그런데 논증은 필연적인 (다른 것이 될 수 없는) 사물에 대해서 이루어지며 학문적인 정의 또한 그렇다고 한다면, 그리고 학문적 인식이 때로는 인식이며 때로는 반대로 무지가 되는 일은 없고 오히려 그러한 사물은 자기 혼자의 판단이듯이 논증이나 정의 또한 이런 사물에 대한 것이 아니라 도리어 이런 다른 것일 수 있는 사물에 대한 자기 혼자의 판단이라면 저마다의 감각적인 실체에 대해서 어떤 정의도 논증도 있을 수 없다. 왜냐하면 사라지는 사물은 그것을 인식한 사람에게서 그 사물이 그의 감각 범위로부터 사라졌을 때는 뚜렷하게 남아 있지 않기 때문이다. 그리고 비록 그 사물의 설명 방식(개념)은 그의 영혼 안에 그대로 보존되어 있어도, 이미 감각적이고 소멸적인 그 사물에 대한 정의도 논증도 있을 수 없기 때문이다. 아무튼 정의를 내리고 싶어하는 사람들이, 누구나 저마다의 감각적 사물을 정의하려고 할 때 늘 이 일에 실패함을 스스로 인정하지 않는 까닭은 이 때문이다. 그것은 정의될 수 없는 사물이기 때문이다.

그러나 실은 (2)어떠한 이데아도 정의되지 않는다. 왜냐하면 (a)이데아란, 그들이 주장하는 바에 따르면 하나의 개별적이고 떨어져 있는 존재이기 때문이다. 그런데 설명 방식은 몇 가지 말로 이루어질 수밖에 없고, 더욱이 정의하는 사람은 낱말을 (새로) 만들어 내서는 안 된다[왜냐하면 신어(新語)는 사람들이 이해할 수 없으니까 말이다]. 그리고 기존의 낱말들은 스스로 나타내는 모든 사물에 공통된다. 따라서 필연적으로 어떤 사물의 설명 방식을 이루는 말들은 그 사물이 아닌 다른 사물에도 적용된다. 예를 들어 누군가가 당신을 정의하려 할 경우, 그는 당신을 '말랐다'고 하거나 '하얀', '동물'이라고 말한다. 또 그밖의 어떠한 말로 표현한다 해도, 그는 이와 같이 당신이 아닌 다른 사물에도 속하는 말로 정의할 수밖에 없다. 그러나 이에 대해서, 하기야 이 말(술어)들은 따로따로 분리해서 보면 저마다 다른 많은 사물들에게도 적용될 수 있지만, 동시에 전체적으로 보면 이 하나의 사물에 속한다고 보아도 지장이 없지 않느냐고 항의하는 사람이 있을지도 모른다. 하지만 우리는 이에 다음과 같이 대답하지 않으면 안 된다.

첫째, 이 말(술어)들은 (하나에만이 아니라) 그 설명 방식의 두 요소에도 속한다고 말해야 한다. 예를 들어 '두 다리의 동물'은 단지 이 하나의 '인간'뿐 아니라 '동물'에도, '두 다리'에도 속한다. 특히 이 '두 다리의 동물'은 영원한 것(예를 들면 이데아나 그 요소 등)의 경우에는 필연적으로 그러하다. 왜냐하면 이들 두 요소, 즉 이데아로서의 '동물 자체'와 '두 다리 자체'는 이 둘의 복합체인 '인간 자체'보다도 먼저이며, 인간 자체의 부분이기 때문이다. 뿐만 아니라 이 '인간 자체'가 떨어져서 있는 존재이니, 이 둘(인간 자체에 속하는 두 요소, 즉 동물과 두 다리)도 떨어져서 존재할 수 있다고 보인다. 왜냐하면 이들은 모두 물체로부터 떨어져서는 존재하지 않거나 다 같이 떨어져서 존재하거나 둘 가운데 하나인데, 만약에 떨어져서는 존재하지 않는다면 유(동물)는 그 종(인간)으로부터 떨어져서 따로 존재하지 않게 되기 때문이다. 그러나 또 만약 유(동물)가 그 종(인간)에서 떨어져서 존재한다고 하면, 그 종차(두 다리) 또한 떨어져서 존재한다고 해야 한다. 둘째, 그 실재성에서도 이들 두 요소(동물과 두 다리)가 그 복합체(인간 자체)보다 먼저이며, 보다 더 먼저인 실체는 (보다 더 나중인 실체가 소멸해도) 소멸하지 않으니까 이렇게 대답해야 한다.

또 (b)만약에 이데아를 이루는 요소들이 이데아라면[물론 복합체보다도 복합 요소 쪽이 한층 비복합적(훨씬 단순)이어야 하므로] 그 이데아를 이루는 요소도 예를 들어 '동물'이나 '두 다리'와 같은 요소, 또한 저마다 다른 많은 사물들의 공통된 술어가 될 수 없어야 한다. 만약에 될 수 없다고 한다면, 어떻게 이들이 (이데아로서) 인정을 받을 수 있겠는가? 왜냐하면 만약에 하나보다 많은 사물들의 술어가 될 수 없다고 한다면, 오직 한 가지 사물의 술어밖에 되지 못하는 이데아가 있다는 말이 되기 때문이다. 더욱이 이데아는 이와 같다고는 생각하지 않는다. 오히려 모든 이데아는 많은 사물들에 관련된다고 여긴다.

　이와 같이 영원한 사물들의 경우, 이런 개별적인 사물을 정의하기 힘들다는 사실을 사람들은 그냥 지나치기 쉽다. 특히 그것이 하나뿐인 영원한 사물일 경우에, 예를 들어 태양이나 달 같은 경우가 그러하다. 즉 어떤 사람들은 (그 불가능함을 알아차리지 못한 채 태양을 정의하려고) 다만, 그 속성이 사라져도 태양은 여전히 남게 된다고 여기는 (나머지 비본질적인) 속성을, 예를 들어 '지구의 주위를 도는'이라든가, '밤에 숨는' 등의 속성(술어)을 태양의 정의에 덧붙이는 오류를 저지른다. [왜 오류냐 하면, 만약에 이 정의가 옳다면, 그리고 만약에 태양이 움직이지 않고 멈춰 있으며 또 숨지 않고 (밤에도) 모습을 보인다면 더 이상 태양이 아니라는 말이 되기 때문이다. 그러나 만일 태양이 아니게 되면, 그것은 불합리하다. 왜냐하면 '태양'은 실재하는 실체이기 때문이다.] 그들은 태양뿐만 아니라 다른 사물에도 속할 수 있는 비본질적 속성을 덧붙였다. 그래서 예를 들어 어떤 다른 사물이 그 태양과 같은 속성을 갖게 된다면, 분명히 그 다른 사물 또한 하나의 태양이 되어야 마땅하다. 그리고 이 설명 방식은 공통적으로 모든 사물에 적용된다. 그렇지만 태양은 클레온이나 소크라테스와 마찬가지로 개별적인 사물의 하나였다. 그런데 무엇 때문에 그들(이데아를 주장하는 사람) 가운데 누구도 태양의 이데아에 대한 이 정의를 들지 않았을까? 만약에 그들이 그 정의를 내리려 시도했다면, 지금 우리의 말이 맞다는 사실이 명백해졌을 텐데 말이다.

제16장
감각적인 사물도 거의 모든 부분이 가능적인 존재이다. 하나(一)나 존재는 하나라고 일컬어질 뿐, 존재한다고 일컬어지는 사물의 실체는 아니다.

　일반적으로 실체라고 여겨지는 사물은 거의 분명히 가능적인 존재이다. 예를 들어 동물의 여러 부분들도[이 여러 부분(뼈·살·팔·다리 등)의 어느 것도 전체(동물)로부터 떨어져서는 존재할 수 없고, 떨어졌을 경우에도 존재하기는 하지만 모두 질료로서 존재하므로] 아니면 흙, 불, 공기의 경우도 마찬가지이다. 왜냐하면 이들은 '하나(一)'인, 하나로 뭉친 전체·통일체가 아니라, 이들이 가공되어 어떤 하나인 존재가 생길 때까지는, 곡식알이 쌓이듯이 단순한 반복에 지나지 않기 때문이다. 하기야 사람은 매우 진지하게 이렇게 생각할지도 모른다. 즉 생명이 있는 생물의 여러 부분도, 이 부분들과 가까운 관계에 있는 영혼의 여러 부분과 마찬가지로 어떤 존재도 될 수 있다. 곧 현실적으로도 존재하고 가능적으로도 존재한다. 왜냐하면 이들은 그 운동의 원리(작용인)를 자신의 관절 어딘가에 가지고 있기 때문이다. 따라서 어떤 동물은 절단되어도 여전히 산다고 생각하는 사람도 있다. 아무튼 이들 여러 부분은, 이 여러 부분이 자연에 의해 하나이자 연속적인 한, 그저 가능적으로 존재한다고 여기지 않으면 안 될 것이다. 다만, 강제로 또는 자연적으로 '함께 붙어 자란' 경우는 별도이다. 왜냐하면 이와 같이 생긴 결합은 변태이기 때문이다.

그런데 '하나'는 '존재'와 마찬가지로 사용된다. 그리고 하나라고 일컬어지는 사물의 실체는 하나이며, 그 사물의 실체 수가 하나인 사물은 수가 하나이기 때문에 분명히 '하나'는 '존재'와 같고, 이 '하나'는 사물이 하나라거나 존재한다고 불리는 사물의 실체일 수는 없다. 이는 마치 '원소'나 '원리'라는 개념이 그와 같은 명칭들로 일컬어지는 사물(예를 들어 물이나 공기)의 실체가 아닌 것과 마찬가지이다. 그러나 우리는 (원리란 무엇인가라고는 묻지 말고) 이러이러한 사물의 원리는 무엇이냐고 묻고 구하여, 그것을 우리에게 한결 가능적인 실체로 만들어 가야 한다. 그런데 이 여러 개념들 중에서도 '존재'와 '하나' 쪽이, '원리'나 '원소', '원인' 등에 비하면 보다 더 실체적이지만, '존재'나 '하나'까지도 아직 실체는 아니다. 왜냐하면 일반적으로 공통적인 개념은 결코 실체가 아니기 때문이다. 실체는 다만 그 실체 자체에 속하는 사물, 또는 실체로서의 사물을 포함하는 사물 말고는 다른 어떤 사물에도 속하지 않기 때문이다. 또 하나인 존재는 동시에 많은 곳에 존재할 수가 없을 테지만, 공통적인 것은 동시에 많은 곳에 존재할 수 있다. 그러므로 분명히 어떤 보편도 여러 개체들로부터 떨어져서 따로 존재할 수는 없다.

그러나 에이도스(형상)를 이야기하는 사람들은, 에이도스란 개체를 떠나서 존재한다고 말하는데, 적어도 그들이 주장하는 대로 실체인 한, 이 점에서 그들은 옳다. 하지만 그들이 '많은 실체들의 위에 서는 하나의 실체'가 에이도스라고 주장하는 점은 옳지 않다. 그 까닭은, 실제로 어떠한 사물이 그와 같은 실체(즉 개별적인 감각적 실체와는 따로 존재하는 불멸의 실체)인가를 예시할 수가 없었기 때문이다. 그래서 그들은 소멸되는 사물은 우리에게도 알려져 있었기 때문에 이 소멸되는 사물과 그 종류(형상)가 같은 사물을 (불멸하는 실체로서) 만들어 냈다. 예를 들어 '인간 자체'나 '말 자체' 따위를 오로지 저마다 감각적인 사물 이름에 '자체'라는 말을 덧붙임으로써 말이다. 하지만 비록 우리가 한 번도 별을 본 적이 없다고 해도, 별은 여전히 우리가 알고 있는 바와는 다른 영원한 실체로서 언제까지나 존재할 것이다. 그렇다면 지금 여기에서도, 비록 그 실체가 실제로 어떠한 실체인가를 알 수 없다 해도, 무엇인가 그러한 실체가 존재한다는 건 필연적이다.

이상으로 다음이 분명하다. 보편적으로 일컬어지는 사물들은 실체를 나타내지 않으며, 그 어떤 실체이든 여러 실체들로 이루어지지 않았다.

제17장
실체는 하나의 원리이고 원인이지만, 참다운 실체는 질료를 일정한 존재의 모습으로 있게 하는 원인이다. 즉 참다운 실체는 형상이다.

실체라고 해야 하는 존재는 무엇인가? 그것은 어떤 존재인가? 이것을 우리는 다시, 또는 오히려 다른 출발점에서 새로이 시작해 살펴보기로 한다. 그렇게 하면 아마도 감각적 여러 실체에 대해서뿐만 아니라 이 감각적 실체와는 떨어져서 따로 존재하는 저 실체에 대해서도 뚜렷해지기 때문이다. 실체는 하나의 원리이자 원인이므로, 여기서부터 연구를 시작한다. 사물이 '무엇 때문에' 그러한가는, '무엇 때문에 어떤 속성이나 술어는 늘 다른 어떤 기체나 주어에 속하는가' 이런 형태로 묻고 탐구된다. '무엇 때문에 이 인간은 교양적인가' 물음은, 앞에서 말했듯이 '왜 인간은 교양적인가(즉 어째서 교양성이 이 인간에게 속하는가)'라는 물음 자체이거나 다른 그 무엇인가이다. 그런데 만약에 단순히 '무엇 때문에 이 사물은 이 사물과 같은가' 묻는다면, 그것은 무의미한 물음이다. 왜냐하면 (적어도 사물이 무엇 때문에 그러한가를 묻고 구하는 한) 이미 그 사물이 '그렇게 있는 사물', 즉 '있다'는 존재의 '사실'은 자명한 일이어야 하기 때문이다. 예를 들어 '달은 이지러진다'는 사실이 분명하지 않고서는 (왜 이지러지는가라는 물음은) 무의미한 일이라는 말이다. 그리고 '이 사물은 이 사물과 같다'는 사실은, '무엇 때문에 인간은 인간인가' 또는 '무엇 때문에 교양적인 것은 교양적인가' 이런 식의 모든 물음에 대해서 대답할 수 있는 오직 하나의 이유 또는 원인(원인적 명제)이다(그렇기 때문에 이와 같이 그 사실이 이미 알려진 경우에는 그 이유를 묻는 일은 무의미하다). 하지만 (누군가가 '이 사물은 이 사물과 같으므로' 대답했을 경우, 만약에 그 뜻이) '이 사물은 그 자체(실체)와 분리되지 않는 사물이며, 이와 같이 그 자체(실체)와 하나인 사물이 바로 이 사물이기 때문이다' 이런 말이라면 이야기는 달라진다.

아무튼 이 사물이 이 사물과 같다는 사실은 어떠한 사물에나 공통적이며 누구나 쉽게 대답할 수 있으나, 이것으로는 답이 되지 않는다. 그러나 우리는 '무엇 때문에 인간은 이러이러한 동물인가' 물을 수도 있다. 그런데 이 인간이 무엇 때문에 그 인간과 같은 인간이냐고 묻지는 않는다. 여기서 우리가 묻고 구하는 바는, '무엇 때문에 어떤 사물이 다른 사물에 속하는가'이다(여기에서는 이미 속한다는 사실은 또렷하지 않으면 안 된다. 왜냐하면 만일 그렇지 않다면, 물을 일도 없는데 묻는 일은 무의미하기 때문이다). 그래서 예를 들어 '왜 천둥이 치는가'는 '왜 구름 속에서 소리가 생기는가'와 마찬가지 물음인데, 이때 '왜'라는 물음은 어떤 사물이 다른 사물에 속하는 관계인지를 묻고 있다. 또는 '왜 이들(예를 들어 벽돌이나 돌)이 하나의 집인가' 묻는 경우도 마찬가지이다. 분명히 이 물음으로 우리는 그 사물의 원인을 찾으려 한다. 그리고 원인은 그 설명 방식으로 말하자면 본질이지만, 이 본질이란 어떤 사물의 경우에는 목적인이다. 예를 들어 집이나 침대가 그러하다. 그러나 다른 어떤 사물의 경우에는 원인이 그 사물을 움직인 제1의 작용인(또는 작용인)이다(왜냐하면 이것도 원인이기 때문이다). 그리고 이런 종류의 원인(작용인)은 사물이 생겨나고 또 사라지는 경우에 그 원인으로서 묻게 되는데, 목적인은 그 사물이 존재하는 이유로서도 묻게 된다.

하지만 '어떤 사물이 다른 어떤 사물에' 하는 식으로 뚜렷이 표현되지 않은 물음의 경우에는, 가장 자주 묻고 구하는 그 사물을 그냥 지나치기 쉽다. 예를 들어 '인간은 무엇인가' 물었을 경우(이 물음으로 무엇을 묻는지 분명치 않다)

이 물음이 너무 단순하게 표현되어서, 아직 '이들'이 '이것'이다('이들'의 부분, 속성, 질료가 이 '전체', 실체, 형상이다)라는 식으로 구별되어 있지 않기 때문이다. 따라서 우리는 먼저 물음의 뜻을 분석한 뒤에, 묻고 구해야 한다. 그렇지 않으면, 무엇인가를 구하면서도 아무것도 구하지 않고 있다는 어정쩡한 상태가 된다. 그런데 묻고 구하는 사물이 그렇게 '있다'는 존재의 사실은, 묻고 있는 우리 가까이에 이미 그 존재가 있고 우리에게 주어져 있지 않으면 안 되기 때문에, 분명히 우리는 '이 질료는 무엇 때문에 (분명치는 않지만) 이러한 존재인가' 물어야 한다.

예를 들어 '이와 같은 사물들(벽돌이나 돌)이 집이지만, 그것은 왜 그런가?' 묻는다. 그리고 이에 대해서, '그것은 이 집이 집인 까닭이(집의 본질과 형상이) 이 집 안에 담겨 있기 때문이다' 대답할 수 있다. 또는 이러이러한 개체가, 다시 말하면 이러이러한 모양을 갖는 이 육체가 이러한 인간인 까닭은 왜인가 묻는다. 따라서 여기에 '무엇 때문에'라는 물음으로 구하는 답은 이들 질료가 이러이러한 것으로 존재하는 원인, 즉 형상이다. 그리고 이것이 바로 그 사물의 실체(본질)이다. 그러므로 단적(비복합적)으로밖에 표현할 수 없는 원인이나 실체들의 경우에는 분명히 묻고 구하는 일도, 가르쳐 전달하는 일도 있을 수 없으며, 이 원인이나 실체들을 알기 위해서는 이와는 다른 방법으로 묻고 구할 수밖에 없다.

어떤 사물로부터 복합된 결과, 그러니까 전체로서 하나인 복합체는, 곡식알이 쌓이는 식의 복합이 아니라 음절의 복합과 같다. 즉 음절은 단순한 자음과 모음이 아니기 때문에 BA는 B와 A가 아니고, 살은 불과 흙이 아니다[왜냐하면 복합체, 예를 들어 살 또는 음절은 저마다 요소로 분해하면 더는 (살이나 음절로서는) 존재하지 않으나, 자음과 모음은 그대로 존재하고, 불이나 흙도 그러하기 때문이다]. 그렇다면 분명히 음절은 어떤 무엇인가이다. 그것은 단순히 자음과 모음(어떤 자음과 모음)들의 모임이 아니라, 이들과는 다른 '어떤 그 무엇인가'이다. 이처럼 살은 불이나 흙이 아니고, 뜨거운 것이나 차가운 것도 아니며, 이와는 다른 '어느 무엇인가'이다. 그런데 만약에 이 '어떤 무엇인가'가 (1)그 자체로서 어떤 하나의 구성 요소이거나 또는 (2)다시 몇 개의 요소로 이루어진 어떤 복합물이어야 한다면, (1)그 어떤 하나의 요소일 경우에 여기에서도 다시 오늘 우리가 말한 바와 같은 이론이 해당된다. 예를 들어 살은 이 어떤 무엇인가와 불과 흙으로 이루어지는데, 뿐만 아니라 또 이들 세 가지와 어떤 '다른' 무엇인가로부터 이루어지며, 이렇게 해서 (다른 제3, 제4물질과의 결합으로 나아가) 무한에 이르게 된다.

그러나 (2)그 무엇인가가 어떤 요소로 이루어진다고 한다면, 그것은 분명히 단 하나의 요소가 아니라 하나보다 많은 요소들로 이루어져야 한다(그렇지 않다면 이 어떤 물체 자체가 단 하나의 요소여야 한다). 그래서 이 경우에도 다시 앞서 말한 살이나 음절 경우에 말한 이론과 같은 이론이 적용된다. 하지만 이것은 구성 요소가 아닌 '어떤 무엇인가'가 있고 이 무엇인가야말로 이러이러한 존재를 살이 되게 하며, 이러이러한 존재를 음절이 되게 하는 원인이라고 이해해야 한다. 그 밖의 사물의 경우도 마찬가지이다. 그리고 또한 이러한 원인적 존재(구성 요소가 아닌 어떤 형상적 요인)가 사물 저마다의 실체이다. 왜냐하면 이것이 곧 사물들이 그렇게 있는 까닭의 제1원인이기 때문이다. 그런데 여러 사물들 가운데 어느 사물은 실체가 아니지만, 그 실체는 실체인 한 자연에 따르며 또 자연의 과정에 따라서 형성되었으므로, 이 자연이야말로 (이러한 자연적인 여러 실체의) 실체이며, 구성 요소가 아니라 아직은 원리일 뿐이다. 그리고 구성 요소란 앞으로 이루어질 사물 안에 그 질료로서 들어 있으며 그 사물이 분해되면 그것으로 돌아올 요소들을 말한다. 예를 들어 A나 B가 음절의 자음과 모음이 될 때처럼 말이다.

H에타[제8권]

제1장

앞 권 결론 요약. 일반적 실체로 인정된 감각적 사물의 질료와 형상, 그리고 이 둘로 이루어진 결합체도 저마다 기체로서의 실체이지만, 먼저 질료는 사물의 모든 전화(轉化)가 일어날 수 있는 기체 자체라는 점에서 실체가 된다.

이상과 같은 논의로부터 결론을 이끌어 내고 요점을 간추려서 우리 연구를 마무리짓고자 한다. 우리는 앞서, 우리의 연구 대상은 여러 실체들의 원인이자 원리이며 구성 요소(원소)라고 말했다. 그런데 여러 실체들 가운데 (1)어떤 실체는 모든 사람에게 똑같이 인정받고 있으며, (2)다른 어떤 실체는 어떤 사람들이 독자적인 견해에서 그 학설을 주장한다. 먼저 (1)일반적으로 인정하는 실체(즉 우리가 그 원인과 구성 요소를 찾아야 할 실체)는 자연적 여러 실체들이다. 예를 들어 불, 흙, 물, 공기 및 그 밖의 단순 물질들, 다음으로 식물과 그 부분들, 동물과 동물의 부분들, 그리고 마지막으로 물리적인 우주와 그 부분들이다.

그러나 (2)어떤 사람들은 그들의 독자적인 관점에서, 여러 에이도스(형상)나 수학적 대상들이야말로 실체라고 말한다. 하지만 여러 논의의 결과, 그 밖에도 실체가 있다고 여겨진다. 먼저 사물의 본질과 기체(基體)가 그렇다. 또 다른 논의에서는 유(類) 쪽이 종(種)보다도 실체적이며, 보편 쪽이 개별적인 것보다 더 실체적이라 여겨진다. 단 이 경우 보편과 유에는 이데아가 아주 가깝게 연관되어 있다(왜냐하면 이들은 모두 같은 논거에서 실체라고 여겨지기 때문이다). 그런데 본질은 실체이고, 정의는 본질을 나타내는 설명 방식(즉 실체의 원인과 구성 요소를 나타내 줄 설명)이므로 우리는 (사물 또는 실체의) 정의에 대해, 또 자체적인 속성에 대해 검토했다. 또 정의란 어떤 설명 방식이며, 설명 방식은 부분을 가지고 있으므로, 부분 가운데에서 그 어느 부분이 실체이고 어느 부분이 실체가 아닌가를 알고, 과연 실체의 부분이 동시에 정의 부분인가도 알아야 했다. 그리고 보편도 유도, 실체는 아니다. 이데아와 수학적 대상에 대해서는,

나중에(비감각적인 실체를 연구할 때) 검토하지 않으면 안 된다. 왜냐하면 어떤 사람들은 감각적 여러 실체 말고 이 이데아와 수학적 대상들 또한 실체라고 주장하기 때문이다.

그러나 지금 여기에서는 일반적으로 인정하는 실체에 대해 연구하기로 한다. 그것은 감각적인 실체이다. 그리고 감각적인 실체는 모두 질료를 가지고 있다. 그런데 기체는 실체이지만 (1)어떤 뜻에서는 질료가 기체이다[여기에서 '질료'란, 내가 말하는 뜻으로는, 현실적으로 '이것'(이라고 가리킬 수 있는 개체)은 아니지만, 가능적으로는 '이것'일 수 있는 기체를 말한다]. 또 실체란 (2)또 하나의 뜻으로는, 설명 방식이나 형식(형상)이다[그것은 하나의 '이것'이지만 설명 방식으로는 (개념적으로 추상되어) 떨어져서 존재할 수 있다]. 그리고 (3)제3의 뜻으로는 실체란 이 둘(설명 방식과 형상)로 이루어져 있으며 이 뜻에서의 기체만이 생겨나거나 사라지고, 이 뜻(제3의 뜻. 설명 방식과 형상의 결합)만이 단적으로 떨어져서 존재한다. 왜냐하면 설명 방식(형상)으로서의 실체 중에서도 어떤 실체(예를 들면 이성과 같은)는 물체로부터 떨어져서 존재하지만, 그 밖에 많은 실체들은 (설명 방식상으로만 떨어질 수 있을 뿐) 단적으로 떨어져서 존재하지 않기 때문이다.

하지만 [1]질료 또한 분명히 실체이다. 반대 것으로 전화(轉化)하는 모든 경우, 이들 전화의 기체가 되는 그 바탕의 무엇이 있다(그리고 이 무엇인가가 모든 전화의 질료이다). 예를 들어 (1)장소에 대한 전화(즉 이동)에서는, '지금은 여기에 있다'가 이윽고 저기에 있는 그 무엇인가이며, (2)증대(성장)의 뜻으로서 그것(양의 전화)에서는, 지금은 이만큼 크지만 다른 때에는 더욱 작거나 한결 더 큰 무엇이며, (3)변화의 뜻으로서 그것(성질의 전화)에서는, 지금은 건강하지만 다른 때에는 병에 걸린 무엇인가이다. 또 이들과 마찬가지로 (4)실체의 전화(즉 생성과 소멸)의 경우에도, 질료란 지금은 생겨나는 과정에 있으나 다른 때에는 사라지는 과정에 있는 존재, 즉 어떤 때(사라지는 과정에 있을 경우)에는 '이것'이라는 특정한 형상을 구체적으로 가지고서 그 소멸 과정의 바탕에 있고, 다른 때(생겨나는 과정에 있을 경우)에는 그 형상이 결여된 상태로부터 마찬가지로 그 생성 과정의 기초에 있는 '무엇인가'이다. 그리고 바로 이 질료적 실체의 전화(생성과 소멸)에서는 다른 세 종류의 변화가 함께 생겨나지만, 이 세 종류 가운데 하나나 둘에서는 반드시 실체의 전화가 함께 생겨나지는 않는다. 왜냐하면 비록 어떤 실체가 그 장소적 전화의 질료를 가지고 있어도, 그 실체의 생성과 소멸 과정에 반드시 기체인 질료가 개입되어 있다고는 말할 수 없기 때문이다.

모든 사물이나 실체의 전화(생성 또는 소멸)에 있어, 이 단적인 뜻에서의 생성(질료적 실체의 전화, 즉 생성과 소멸)과 단적이 아닌 넓은 뜻에서의 생성(질료가 개입되지 않은 전화)의 차이점은 자연에 대한 여러 논문에서 이야기되고 있다.

제2장
질료적 실체는 가능적 존재인데, 현실적 실체는 어떤 존재인가? 차별상(종차), 형상 또는 실현 상태의 여러 양상. 질료에 따른 정의, 그리고 형상에 따른 정의와 이 둘의 결합에 따른 정의의 구별.

그런데 감각적 사물의 기체를 이루는 질료로서의 실체는 일반적으로 인정받고 있다. 이러한 (감각적) 기체의 질료는 가능적 존재로서의 실체이다. 그렇다면 남은 일은 (2)감각적 사물의 현실적 존재로서의 실체가 어떠한 것인가를 이야기하는 데에 있다. 그런데 (A)데모크리토스는 실체에 세 가지 차별상이 있다고 생각했었던 듯하다(즉 여러 사물의 바탕에 있는 물체인 자료는 저마다 하나로서 같지만, 그 자료들의 모양인 형태에 따라서 또는 그 방향인 위치에 따라서 또는 놓여 있는 상태인 배열에 의해서 서로 차별화된다고 생각했으리라 여겨진다). 그러나 이들보다도 더 많은 차별상이 분명히 존재한다. 이를테면 (1)어떤 사물은 그 질료의 복합 방식으로 그 차이가 사물들 사이에 나타난다. 즉 (a)그 질료의 혼합으로 이루어진 물질, 예컨대 꿀물 또는 (b)묶음으로 이루어진 물질, 예를 들어 다발 또는 (c)아교로 붙인 물질, 예컨대 두루마리 또는 (d)못질에 의해서 이루어진 물질, 예를 들어 상자 또는 (e)이와 같은 많은 조합 방법으로 이루어진 물질들이 그것이다. 하지만 또 (2)어떤 사물은 그 위치에 따라서 구별된다.

예를 들어 문턱과 상인방[*1]과 같은 것들이다(왜냐하면 이 둘은 어떠한 위치

[*1] 上引枋. 창문 위 또는 벽의 위쪽 사이를 가로지르는 인방. 창이나 문틀 윗부분 벽의 하중을 받쳐준다.

에 놓여 있는가에 따라서 서로 구별되기 때문이다). 그러나 (3)어떤 사물은 때에 따라서 예를 들어 저녁밥과 아침밥처럼 차이가 난다. 또 (4)어떤 사물은 장소에 따라서, 예를 들어 여러 종류의 바람(동풍이나 북풍 등)처럼 차이가 난다. 또 (5)어떤 사물은 감각되는 사물 특유의 여러 한정들로써 구별된다. 예를 들어 딱딱함이나 부드러움, 촘촘함이나 성김, 마름이나 젖음에 따라서, 그리고 어떤 사물은 이들 여러 한정 요소들 몇 가지로써, 어떤 사물은 이들 모두에 따라서, 또 일반적으로 어떤 사물은 이 한정 요소들의 지나침이나 부족함으로 저마다 차이가 난다.

따라서 사물이 이것'이다' 일컬어지는 데에도 틀림없이 그만큼 많은 뜻의 차이가 있다. 예를 들어 이것이 문턱'이다' 불리는 까닭은, 이것이 바로 '이처럼'(예를 들어 문 아래에) 놓여 있기 때문이며, 그리고 이것의 '존재성'(그것이 문턱이라는 본질)은 바로 '이처럼' 놓여 있는 데에 있다. 그와 같이 또 이것이 얼음'이다' 일컬어지는 경우에, 얼음의 존재 양식은 이 물질이 바로 이처럼 얼어 있다는 점에 있다. 그러나 또 어떤 물질의 경우에는 그 존재 양식, 즉 본질이 이들 모든 차별상(종차)에 의해 정의되는 일도 있으리라 여겨진다. 즉 그 사물의 어떤 부분은 수적으로, 어떤 부분은 양적으로 섞여 있고, 어떤 부분은 서로 묶여 있으며, 그 밖의 어떤 부분은 다른 어떤 차별상으로 한정되는 사물들의 경우로, 예를 들어 손이나 발이 그러하다. 따라서 우리는, 이러한 여러 물체들의 차별상에 따른 유를 파악하지 않으면 안 된다[왜냐하면 이 물체들의 차별상은, 유가 저마다 그렇게 존재하는 까닭의(즉 그 존재 양식의) 원리라고 여겨지기 때문이다]. 예를 들어 보다 더 많다거나 적다거나, 촘촘함이나 성김, 그 밖에 이와 같은 여러 한정은 지나침과 부족함이라는 물체적 차별상의 유에 있어 종차이기 때문이다.

또 그 형태에 따라, 아니면 그 매끈함과 거칠음으로써 규정되는 물체들은 모두 일반적으로 곧음과 굽음(이라는 유)에 의해서 규정된다. 또, 다른 어떤 물체의 차별상들은 일반적으로 혼합이 그렇게 되어 '있는' 까닭이며, 그렇지 '않은' 까닭은 그 반대(비혼합)에 의해서이다.

이상의 사실로 미루어 적어도 실체가 사물들이 그렇게 존재하는 원인이라면, 분명히 우리는 이 사물들의 차별상(종차) 안에서, 무엇이 이들 사물이 그렇게 있는 원인인가를 묻고 찾아야 한다. 그런데 이 사물들의 차별상은 어느 형상으로 있든 그것만으로는 실체가 아니다. 또한 차별상들은 (그 질료와의) 저마다 결합에 있어서도 실체는 아니지만, 아무튼 이 차별상 저마다에는 실체와의 비슷한 관계가 있다. 마치 어떤 사물의 실체를 정의할 경우에 질료의 술어가 그 사물의 실현 상태 자체이듯이, 실체 말고 사물이 정의되는 경우도 실현 상태가 가장 비슷한 것을 그 술어로 할 수 있기 때문이다. 예를 들어 '문턱'을 정의해야만 할 때, 우리는 그 문턱을 '이러이러하게 놓인 나무 또는 돌'이라고 말한다. 또 '집'이라면 '이러이러하게 놓인 벽돌과 나무 또는 돌'이라고 말한다 [또 어떤 경우에는 (그 위치뿐만 아니라) 그것의 목적도 덧붙인다]. 만약에 '얼음'이라면 '이러이러하게 응결한 물'이라 말하고, '화음'이라면 '고음과 저음과의 이러이러한 혼합'이라고 말한다. 그 밖의 경우에도 이들과 마찬가지 방법으로 (즉 이러이러한 차별상과 그 질료라고) 정의한다.

따라서 (B)이것으로 보면 분명히 그 질료가 다르면 그 실현태 또한 다르며, 그 설명 방식도 다르다. 왜냐하면 그 실현태는 어떤 사물의 경우에는 복합이고, 어떤 사물의 경우에는 혼합이며, 그 밖의 경우에는 위에서 말한 여러 차별상들 가운데 어느 하나에 속하기 때문이다. 그러므로 정의하는 사람들 가운데 예를 들어 (현실 상태를 근거로 하여) '집'이 무엇인가를 정의할 때, 이것을 '돌과 벽돌과 나무이다' 말하는 사람은, 가능성에서의 집을 설명하는 사람이다. 왜냐하면 그 돌과 벽돌은 질료이기 때문이다. 또 이 집에 대해 '동산(動産)이나 신체가 들어앉는 물체이다' 정의하든가, 그와 비슷한 정의를 제안하는 사람은, 집의 실현태를 말하는 사람이다. 그리고 둘(가능성에서 본 집의 정의와, 실현태에서 본 집의 정의)을 결합해서 정의하는 사람은, 이 둘(질료와 형상)로 이루어진 제3의 실체를 정의하는 사람이다(왜냐하면 차별상에 의한 설명 방식은 그 사물의 형상이나 실현태를 말한다 인정되고, 그 사물에 담긴 구성 요소에 따른 설명 방식은 주로 그 사물의 질료를 언급한다고 인정되기 때문이다). 또 이 제3의 정의와 같은 정의를 아르키타스가 즐겨 사용했다. 그가 사용한 정의에서, 이 두 가지 정의는 결합되어 있었기 때문이다. 즉 (그에 따르면) 예를 들어 '네네미아(하늘의 온화함)'란 무엇인가? 그것은 '공기가 크게 퍼진 상태에서의 고요함'이다. 여기에서 '공기'는 질료이고, '고요함'은 실현태이며 실체(형상)이다. 또 '가레네(바다의 잔잔함)'란 무엇인가? 그것은 '바닷물이 매끄럽다'는 말이다. 여기에서 '바다'는 질료적 뜻으로서의 기체이며, '바닷물의 잔잔함'은 실현태이자 형식(형상)이다.

그런데 위의 말로 인해 감각적인 실체가 무엇인지, 그것이 어떤 방식으로 존재하는지가 뚜렷해졌다. 즉 그 어떤 사물의 정의는 질료로서, 다른 어떤 사물의 정의는 형식이나 실현태로서, 그리고 제3의 사물의 실체는 '대기의 온화함'처럼 이들 둘로 된 실체로서 질료와 형상의 기체로 존재한다.

제3장
사물의 이름은 질료와 결합된 개체를 일컫는가, 또는 그 형상(실현태)을 일컫는가? 사물들의 구성 요소 말고도 이 구성 요소들을 결합하는 그 무엇인가(형상)가 존재한다. 정의에 대한 안티스테네스의 견해를 반박한다. 수와 유사한 정의 방법.

그러나 (C)주의하지 않으면 안 될 일은, 사물의 이름이 과연 그 사물의 복합체로서의 실체를 가리키는가, 아니면 그것의 실현태 또는 형식을 가리키는가가 때로는 뚜렷하지 않은 경우도 있다는 사실이다. 예를 들어 '집'은 과연 '이러이러하게 놓여진 벽돌과 돌로 이루어진 덮개'라는 복합체의 지표인가, 아니면 단순히 '덮개'라는 실현태 또는 형식의 지표인가? 또 '선(線)'은 과연 '길이에 있어서의 둘'을 가리키는가, 아니면 단순한 '둘[이차원, 즉 하나에서 나온 첫 번째의 이(二)]'을 가리키는가? 또 '동물'은 과연 '신체에 있어서의 영혼'인가, 또는 단순한 '영혼'인가(왜냐하면 영혼은 어떤 신체의 실체, 즉 실현태이기 때문이다)? 하기야 이 '동물'이라는 이름은 모두(신체적 영혼이나 단순한 실체 없는 영혼)를 가리킨다고 보아도 좋을 것이다. 단, 이 동물이라는 말은 한 가지(같은) 규정이 아니라 어떤 하나하나의 사물과의 관계이다. 이 문제는 다른 관점에서는 중요하지만, 감각적 실체의 연구에서는 전혀 중요하지 않다. 왜냐하면 사물의 본질은 형상이나 실현태에 속하기 때문이다. 그리고 영혼과 영혼의 본질은 같지만, 인간(실현태에서의 인간)과 인간의 본질은 다르기 때문이다. 만약에 인간과 인간의 본질이 같다면 (인간의 본질, 즉 형상은 영혼이므로) 영혼 또한 인간이라 말할 수 있게 된다. 그런데 어떤 뜻에서는 그렇기도 하지만, 다른 뜻에서는 그렇지가 않다.

그러나 (D)누구나 (앞 장의 문제를) 잘 검토해 보면, 음절(소리마디)이 단순히 몇 개의 자음과 모음의 복합으로 이루어졌다고는 할 수 없고, 집도 벽돌과 그 밖의 복합으로 (단순히) 이루어졌다고는 할 수 없음을 인정할 것이다. 이는 마땅한 일이다. 사실상 복합이나 혼합 자체는 복합되거나 혼합되어 그 사물을 이룬 여러 요소들로만 이루어지지 않았기 때문이다. 그 밖의 어느 사물의 경우에도 마찬가지이다. 예를 들어 문턱이 그 위치에 따라 규정된다고 할 때, 이 위치는 문턱에서 생겨나지 않고 오히려 문턱이 위치로부터 생겨난다. 그리고 인간도 실은 그저 '동물과 두 다리'가 아니다. 오히려 만약에 이들(동물과 두 다리)이 인간의 질료라고 한다면, 이들 말고도 '그 무엇'이 존재해야 한다. 더욱이 그 무엇인가는, 인간의 구성 요소도 아니고 구성 요소로 이루어진 무엇도 아니며, 이것이야말로 그 실체(형상 또는 본질)이다. 이것을 빼고 인간을 정의하는 사람은, 단지 그 질료만을 이야기하는 사람이다. 따라서 만약에 이 무엇인가가 인간이 인간인 원인이며, 이것이 인간의 실체(본질)라면, 인간을 그처럼 정의하는 사람은 이 의미에서의 실체를 이야기한다고 말할 수 없다.

[이 실체는 모두 영원적(불생불멸)이거나, 사라지기는 하지만 사라지는 과정에 있을 수 없고, 생겨나기는 하지만 생겨나는 과정에 있을 수 없거나, 그 어느 쪽이어야 한다. 그런데 이미 다른 곳에서 지적하고 해명한 대로, 형상이란 그 누구도 만들어 내지도 못하고, 낳지도 못한다. 만들어지는 존재란 '이것'이라고 일컬을 수 있는 개체이며, 생성하는 건 형상과 질료로 이루어지는 것 뿐이다. 단, 사라지는 사물의 실체가 사물로부터 분리되어 존재하는가, 그렇지 않은가는 아직 전혀 확실하지 않다. 다만 어떤 사물의 경우에는 분명히 그 실체가 사물로부터 떨어져서 존재하는 일이 불가능하다. 즉 어떤 사물과 떨어져서 따로 존재할 수 없는 사물, 예를 들어 집이나 기구와 같은 경우이다. 그러나 아마도 이러한 사물들 자체는, 또는 일반적으로 자연에 따르지 않고 복합된 다른 사물도 마찬가지로, 스스로는 아무런 실체도 아니라고 여겨진다. 왜냐하면 사람들이 사라지는 사물에서 그 사물의 유일한 실체로 삼는 것은 그 사물에 있어서의 자연이기 때문이다.]

따라서 저 안티스테네스의 동료들이나, 그들과 같이 교양 없는 사람들이 어렵다고 한 문제에도 조금 사리에 맞는 대목이 있기는 하다. 그들에 따르면 사물이 '무엇인가(본질)'를 정의할 수는 없다(왜냐하면 정의는 말이 길어지기 때문이다). 오히려 그 사물이 '어떠한 종류 또는 부류인가'를, 예를 들어 은(銀)에 대해서는 이 사물이 '무엇인가'가 아니라 그저 (이 사물은) '주석과 같은 물질이다' 말할 수 있을 뿐이며 그렇게 가르칠 수 있을 뿐이다. 따라서 어떤 종류의 실체에는, 즉 감각적이든 사유적이든 (질료와 형상과의) 복합체의 실체에는 정의나 그 설명 방식이 있을 수 있지만, 복합되어 이 실체를 이루는 제1의 구성 요소는 결코 될 수가 없다. 왜냐하면 정의하는 설명 방식은, 어떤 무엇인가에 대해서 다른 무엇인가를 말로 나타낼 뿐이고, (이 설명 방식의 요소들 가운데) 하나(유)는 질료이고 다른 하나(종차)는 형식이기 때문이다.

그러나 (E)마찬가지로 명백한 일은, 비록 실체가 어떤 뜻에서 수(數)라고 해도, 그것은 그 뜻에서만 수이고 어떤 사람들(즉 피타고라스학파의 수학자들)이 말하는 바와 같은 순수한 수적 단위에서 나온 수가 아니다. 왜냐하면 정의란 어떤 종류의 수로 이루어졌기 때문이다. 즉 (1)정의는 분할되는 부분들로 이루어지기 때문이다. 더욱이 그 이상으로는 나눌 수 없는 부분까지 분할될 수 있다(설명 방식의 구성 부분들은 무한하지 않기 때문이다). 수 또한 그렇다. 또 (2)어떤 수를 이루는 부분들 가운데 몇 가지가 그 수로부터 줄어들거나 늘어나면, 비록 아무리 적더라도 이미 그 수는 처음의 수와 같은 수가 아니라 다른 수이다. 이와 같이 정의나 본질의 경우에도, 그 구성 부분들 중 어느 부분인가가 줄어들거나, 무엇인가가 거기에 늘어나면 이미 그 본질은 같은 것일 수 없기 때문이다.

또 (3)수는 어느 수이든 그 자체로서 있기 때문에 그 수가 하나의 종합인 무엇이어야 하는데, 이 점에서도 그 사람들은 무엇 때문에 저마다의 수가 저마다 하나인가를 설명하지 못한다. 적어도 (형상이나 모든 요소들의) 종합이 수 자체라면 수가 저마다 하나인 이유는 충분히 설명될 수 있다. 왜냐하면 수는 (종합된 하나가 아니라) 마치 곡식알의 더미와 같은지, 아니면 적어도 하나라면 무엇이 그 많은 것(그 수가 포함하는 많은 단위)을 바로 그 하나의 수로 만드는지를 말해야 하기 때문이다. 그와 같이 실체의 정의 또한 종합된 하나이리라 여겨진다. 그러나 이 점에서도 그 사람들은 이 실체에 대한 설명을 하지 못했다. 그들로서는 마땅한 결과이다. 왜냐하면 여기에서도 수의 경우와 마찬가지로 이론이 적용되기 때문이다. 즉 실체는 우리가 말하는 바와 같은 (종합의) 뜻으로 하나이지, 결코 그 사람들이 말하듯이, 예를 들어 어떤 하나의 단위 또는 점(點)과 같지는 않다. 오히려 어느 실체나 저마다 완전한 실현태이자 어떤 하나의 자연이기 때문이다(따라서 실체의 정의도 하나이다).

그리고 (4)마치 어떤 수가 보다 더 크다고 하거나 작다고 하는 일을 허용하지 않듯이, 형상으로서의 실체 또한 이를 허락하지 않는다. 만약에 보다 더 클 수도 있고 작을 수도 있다면, 그 실체는 질료를 구체적으로 가져야 한다.

이상으로 우리가 말하는 실체의 생성과 소멸들이 어떠한 의미에서 가능하며, 어떤 의미에서 불가능한가를 설명했다. 또 실체를 수로 환원하는 일에 대해서도 설명했다.

<h2 style="text-align:center">제4장</h2>

사물로부터 가장 먼 제1의 질료와 가장 가까운 직접 질료. 사물의 여러 원인을 올바르게 추구하는 방법. 한정을 받는 것(속성의 기체)은 질료가 아니라 구체적 개체이다.

더 나아가 ⑶ (A)질료적 실체에 대해서 우리가 잊어서는 안 될 점은, 비록 모든 사물이 같은 하나의 제1의 사물로부터 생기거나, 또는 같은 사물들을 이들 여러 사물이 생기는 제1의 여러 원인으로 삼는다고 해도, 즉 같은 질료가 이들 생성의 원리로서 작용한다 해도 사물들에는 저마다 가장 가까운 고유의 어떤 질료가 있다는 사실이다. 예를 들어 점액에는 양분이나 지방성분이 많은 재료가, 또 담즙에는 쓴 성분이나 다른 어떤 재료(저마다 고유의 질료이다)가 들어 있다. 물론 이들도 아마 어떤 같은 일이나 제1의 질료에서 생긴 것일 테지만. 그래서 어떤 질료가 다른 질료의 질료라고 하면, 같은 사물에 수많은 질료가 있게 된다. 예를 들어 지방 성분이 많은 재료가 당분에서 생긴다면, 점액은 지방 성분이 많은 재료로부터도 생기고, 동시에 (간접적으로는) 당분으로부터도 생긴다. 뿐만 아니라 점액은 담즙이 분해되어 제1의 질료(즉 물)로까지 환원되는 한, 담즙으로부터 생긴다고도 말할 수 있다. 왜냐하면 어떤 물질이 다른 물질로부터 생겨나는 데에는 두 가지 뜻이 있기 때문이다. 즉 그 생성 과정에서 어떤 물질이 다른 물질보다도 나중에 생겼기 때문이거나, 또는 다른 물질이 분해되어 이들 제1의 원리로 환원되기 때문이다.

그러나 저마다의 질료는 같아도 거기에서 서로 다른 물질들이 생길 수 있다. 저마다를 움직이는 원인이 다르기 때문이다. 예를 들어 같은 목재로 상자도 만들 수 있고 침대도 만들 수 있다. 하지만 어떤 서로 다른 사물들에서는 질료도 달라야만 한다. 예를 들어 톱은 목재로 만들 수 없고, 또 그 어떤 움직이는 원인에 의해서도 불가능하다. 양털이나 목재로는 어떻게 해도 톱은 만들어질 수 없기 때문이다. 그러나 같은 사물이 서로 다른 질료로 만들어질 수 있는 경우에는, 그것을 만드는 기술 또는 일반적으로 그것을 움직이는 원리가 같을 게 분명하다. 왜냐하면 만약에 이들 질료가 다를 뿐만 아니라 그것을 움직이는 원리까지도 다르다면 거기에서 생기는 사물도 다를 수밖에 없기 때문이다.

그러므로 (B)누구나 원인을 연구할 경우에는, 원인에도 많은 뜻이 있으므로 있을 수 있는 모든 원인들에 대해서 말하지 않으면 안 된다. 예를 들어 인간의 질료로서의 원인은 무엇인가? '그것은 월경이다' 대답할 수 있을까? 그러나 움직이는 것으로서의 그 작용인은 무엇인가? '정자(精子)이다' 말할 수 있을까? 그렇다면 형상으로서의 원인은 무엇인가? 그것은 인간이 인간인 까닭의 본질(영혼, 선)이다. 그 본질을 '위한' 원인은? 그 목적이다. 그러나 이 마지막 두 가지(형상과 목적)는 아마도 하나로 돌아갈 것이다. 또 우리는 (사물의 원인을 말할 경우에) 그 사물의 가장 가까운 원인을 말해야 한다. 예를 들면 인간의 질료는 무엇인가? 이에 대해서 불이나 흙 등(가장 먼 제1의 질료)을 말하지 말고, 그 인간에 (가장 가까운) 특유한 질료를 말해야 한다.

그런데 자연적으로 생겨나고 소멸하게 되는 여러 실체들의 온갖 원인을 올바르게 추적하려는 사람들은 필연적으로 위에서 말한 바와 같은 방법으로 추적하지 않으면 안 된다. 적어도 그 전화의 원인이 이 질료들이고, 이만큼 있으며, 이 질료들의 여러 원인들을 알아야 하기 때문이다. 그러나 자연적이지만 영원한 여러 실체들의 경우에는 설명 방식이 이와는 다르다. 왜냐하면 이러한 실체들 가운데 어떤 실체에는 아마도 아무런 질료도 없거나, 또는 적어도 그런 질료가 아니라 그저 장소와 관련하여 움직이는(변하는) 질료를 가질 뿐이기 때문이다. 마찬가지로 자연에 의해서 일어나는 현상이기는 하지만, 실체가 아닌 여러 사상(事象)들에도 질료는 존재하지 않는다. 오히려 이 기체들은 전화가 일어나는 그 실체이다. 예를 들어 월식(月蝕)의 원인은 무엇인가. 무엇이 월식의 질료인가? 거기에는 질료가 없다. 달은 [식(蝕 : 모자람)의 질료가 아니라] 모자람의 한정을 받는 사물이다. 그렇다면 무엇이 월식을 일으키는 작용인인가, 즉 무엇이 달빛을 사라지게 하는 원인인가? 그것은 지구이다. 그러나 목적인(무엇을 위해)은 아마도 월식에는 존재하지 않는다. 하지만 형상으로서의 원인은 월식에 대한 설명 방식이다. 그러나 그 설명 방식은, 설명 방식 속에 월식의 원인이 표현되지 않으면 또렷하지 않다. 그래서 '월식이란 무엇인가'에 대해서, '달빛의 빼앗김'이라고만 말한다면 명료하지 않다. 하지만 '중간에 지구가 끼어들기 때문에'라고 덧붙이면, (움직임의) 원인을 포함하는 명료한 설명이 된다.

그러나 잠의 경우에는, 가장 가깝게 (직접) 잠의 한정을 받는 사물이 무엇인지가 명료하지 않다. 그런데 그것은 동물이 아닐까? 생각해 보면 그렇다. 하지만 (그 동물은) 어떤 점에서 잠의 한정을 받는가? 즉 가장 직접적으로 잠의 한정을 받는 부분은 그 동물의 어느 부분인가? 그것은 심장이나 다른 어떤 부분일 것이다. 그렇다면 그 잠은 무엇에 의해서 (무엇이 원인이 되어) 일어나는가? 또 이 동물 전체가 아니라 영향을 직접 받는 부분에 가해지는 이 한정(즉 잠)은 도대체 무엇인가? 그것은 '특정한 부분이 움직이지 않는(부동) 상태인가?' 그렇다면 중추부는 어떤 일을 겪기에 그런 상태에 드는가? (등등 이와 같이 실체의 여러 원인들을 추적해야 한다.)

제5장
사물의 전화(轉化)에 있어 질료의 영향이 있는가?

어떤 사물은 생성되지도 사라지지도 않고, '있고(존재하고)' 또 '있지 않기(존재하지 않기)' 때문에, 예를 들어 선(線)이(만약에 선이 '있다'고 한다면) 또는 일반적으로 형상이 그러하지만—왜냐하면 '하양(형상)'은 생성되지 않는 속성으로서, 단지 나무라는 사물이 하얗게 이루어졌기 때문이다(만일 사물의 생성 원인이 모두 '어느 질료로부터 어느 형상으로'라고 한다면)—모든 상반되는 질료들(예를 들어 하양과 깜장)은 서로 다른 질료로부터 생겨나지 않는다. 피부가 까만 사람으로부터 피부가 하얀 사람이 생긴다는(즉 까만 사람이 하얗게 된다는) 말과, 깜장에서 하양이 생긴다는 말은 그 뜻이 전혀 다르다. 그러므로 모든 사물에는 질료가 있다기보다 그저 생성이 있고, 다른 사물로 전화하는 과정을 겪는 사물에만 질료가 있다. 전화 과정 중에 있지 않고, 단지 '있다'거나 '있지 않다'는 사물에는 질료가 없다.

그러나 여기에 (C)이러한 상반된 것들(반대의 여러 속성)에 대해서 저마다 '사물의 질료는 어떠한 관계에 있는가' 하는 어려운 문제가 있다. 예를 들어 신체가 가능적으로는 건강하며 건강의 반대는 병이라고 한다면, 신체는 가능적으로는 이 둘일까? 이와 같이 물은 가능적으로 술이기도 하고 식초이기도 한가? 또는 오히려 이 신체나 물은 저마다 그 가능적 상태들 가운데 한쪽(건강 또는 술)에 대해서 그 소유(갖춤)의 상태인 형상 때문에 그 실체의 질료이고, 다른 한쪽(병 또는 식초)은 그 소유의 결여 상태인 반자연적 소멸(부패) 때문에 실체의 질료라고 대답해야 하는가? 또 무엇 때문에 술이 식초의 질료가 아닌가, 또 가능적으로도 식초가 아닌가? (실제로 술에서 식초가 생기는데도 말이다.) 이 또한 하나의 어려운 문제이다. 그리고 산 사람도 가능적으로는 죽은 사람이 아닌가? 이것도 어려운 문제이다. 그러나 실은 그렇지 않고, 오히려 이들의 소멸(식초 또는 죽은 자)은 술 또는 산 사람에게 설명이 덧붙여져 변화한 방식이다. 다만 산 사람(또는 술)의 질료가 그 소유(생명 또는 술맛의 소유)의 소멸(부패) 때문에, 죽은 사람(또는 식초)이 가능 상태이자 질료이다라는 식으로, 이처럼 (술이 직접 식초의 질료가 아니라) 술의 질료인 물이 식초의 질료라고 대답해야 한다. 왜냐하면 죽은 사람이 산 사람에게서 생기고 식초가 술에서 생긴다는 말은, 마치 낮에서 밤이 생긴다는 말과 같기 때문이다. 따라서 이와 같이 서로 다른 사물로 변하는 물질들은 먼저 이들 질료로 되돌아가야 한다. 예를 들어 죽은 물체에서 산 물체가 생기기 위해서는 먼저 죽은 물체가 그 질료로 돌아가고, 그 뒤에 이 질료에서 산 물체가 생긴다. 마찬가지로 식초는 먼저 물로 돌아간다. 그런 뒤에 여기에서 술이 만들어진다.

제6장
정의(定義)가 하나라는 원인은 무엇인가? 그 정의에 있어서 유는 종차의 가능 상태이며, 종차는 바로 이 유의 실현 상태이기 때문이다.

또 [4]앞서 말한 의문에 대해서, 즉 정의나 수가 하나인 원인은 무엇인가? (이것을 검토하지 않으면 안 된다.) 왜냐하면 정의나 수 자체가 몇몇 부분을 이루고 있으며 이 여러 부분들이 곡식알처럼 쌓여 있는 것이 아니라, 그 전체가

(하나로서) 저마다 여러 부분들과는 다른 무언가들에게는 그렇게 존재하는 원인이 있기 때문이다. 예를 들어 물체의 경우로 말하면 어떤 물체는, 그 여러 부분들과는 별도의 '접촉'이 그 사물이 하나인 원인이며, 다른 어떤 물체에 있어서는 '정착'이, 또 그 밖의 물체에서는 그 밖의 어떤 한정(限定)이 그러한 사물이 하나인 원인이다. 그런데 정의는 몇 마디로 이루어진 어떤 하나의 설명 방식으로, 이 설명 방식이 하나인 까닭은 서사시 《일리아드》가 (많은 어구의) 연결에 의해서 하나가 되는 이치와는 다르게 어떤 하나이기 때문에 하나라고 여겨진다. 그렇다면 '인간'을 하나로 만드는 것은 과연 무엇인가? 무엇 때문에 '인간'은 하나이지 여럿이 아닌가? 예를 들어 그것이 '동물'과 '두 다리'의 두 가지가 아닌 까닭은 왜인가? 특히 어떤 사람들이 말하듯이 '동물 자체'나 '두 다리 자체'가 존재한다고 하면 '인간'은 그러한 것일 수 있을 텐데, 무엇 때문에 '인간'은 이들 '자체들'이 아닌가? 또 이처럼 인간들은 저마다 '인간 자체' 또는 '하나 자체'에 '관여'하지 않고, '동물 자체'와 '두 다리 자체'에 관여하여 존재하게 되고, 일반적으로 '인간'은 하나가 아니라 하나보다도 많은 것, 즉 '동물'과 '두 다리'의 물체들에 속할 수 있기도 할 텐데 무엇 때문에 그렇지 않은가?

따라서 만약에 그 사람들이 이와 같이 관례로 되어 있는 정의나 설명 방식으로 나아간다면, 분명히 그들은 이 의문을 밝히고 해결할 수 없다. 그러나 만약에 실제로 우리가 말하는 바와 같이 이 '인간' 안의 한쪽은 질료이고 다른 한쪽은 형식이며, 질료는 가능적으로 있고 형식은 현실적으로 있다면, 여기에서 묻고 구하는 바는 더 이상 어려운 문제라 여겨지지 않는다. 왜냐하면 이 의문은 마치 '둥근 청동'을 '옷'의 정의로 했을 때 일어나는 (명백한) 의문과 같기 때문이다. 이 '옷'이라는 이름은 이 설명 방식이 가리키는 하나의 기호라고 임시로 정해져 있으므로, 마주한 문제는 결국 이 '옷'에 있어 '둥긂'과 '청동'이 하나인 원인은 무엇인가로 귀착된다. 그러나 이렇게 되면 분명히 이제는 의문이 아닌 듯이 보인다. 이미 한쪽(청동)은 질료이고 다른 한쪽(둥긂)은 형식이라 했기 때문이다. 그렇다면 이 원인, 즉 가능적 존재(둥글게 있을 수 있는 청동)가 현실적으로 존재하게 된 원인은 생겨나는 사물의 능동자 말고 그 밖에 무엇이 있을까? 왜냐하면 '가능적' 구(球)의 형상이 '현실적' 구로 '있다'는 말에는 그 밖에 아무런 원인도 없고, 바로 '이렇게 있는 존재'만이 이 둘(가능적 존재와 현실적 존재)의 본질이기 때문이다.

그런데 어떤 질료는 감각적이고 어떤 질료는 사유적이다. 그리고 설명 방식은 늘 한쪽에 (그 요소로서) 질료(유)가 있고, 다른 한쪽에는 현실성(종차)이 있다. 예를 들어 원의 설명 방식의 질료는 평면도형이다. 그러나 감각적이든 사유적이든 아무 질료도 가지지 않는 최고의 유개념은, 바로 이런 이유로 모두 저마다 그 자체의 '존재'인 것과 마찬가지로 저마다가 어떤 '하나'이다. 예를 들어 (여러 형태의 술어로서의) 실체, 성질, 양 등의 여러 (추상적) 개념들이 그렇다. 따라서 이들 정의 안에는 '존재'라는 개념도 '하나(一)'라는 개념도 포함되지 않는다. 그래서 이들의 본질은 바로 이 이유로 마치 이들 자체로 (본질적으로) 하나의 '존재'이기도 하듯이, 저마다 어떤 '하나'의 존재이다. 그리고 그 때문에 그들에게도 저마다가 하나인 원인은 존재하지 않고, 또 그 존재의 원인도 없다. 왜냐하면 이들이 바로 스스로 어떤 '존재'이며 어떤 '하나'이기 때문이다. 더욱이 이들 저마다 유로서의 '존재', 또는 '하나'가 되기 때문이라는 뜻도 아니며 저마다의 사물들로부터 떨어져서 존재하는 '존재 자체'나 '하나 자체'라는 이데아의 뜻도 아니기 때문이다.

그런데 이 의문 때문에 (이것을 해결하려고) 어떤 사람들은 '관여한다'는 개념을 꺼냈고, 이 관여한다의 원인은 무엇이며 또 이 관여한다는 개념 자체는 무엇인지를 문제로 삼았다. 그 때문에 어떤 사람들은 공존이라는 개념을 꺼냈다. 예를 들어 리코프론은, 인식이란 인식하는 일과 영혼과의 공존이라고 말한다. 다른 어떤 사람들은 또, 생명을 영혼과 육체의 복합체이거나 결속이라고 말한다. 그러나 이와 같은 (관계적) 설명 방식이라면, 어떤 사물에나 마음대로 적용할 수 있다. 즉 (이 방법을 적용하면) 예를 들어 건강이란 영혼과 건강의 공존 또는 결속이나 복합이 되고, 또 이 청동이 삼각형인 이유는 청동과 삼각형의 복합이며, 어떤 사물의 하양은 표면과 하양의 복합이라는 말이 된다. 그러나 이처럼 복합이 무의미한 일이 되는 이유는, 그들이 사물의 가능 상태와 완성 상태를 하나로 만드는 설명 방식을 구함과 동시에, 이들 사이의 차이를 찾고 있기 때문이다.

하지만 실제로는 앞에서도 말한 바와 같이, 사물에 가장 가까운 질료와 형식이란 질료는 가능적으로, 형식은 현실적으로 같으며 하나이다. 따라서 (그들처럼 묻고 구하는 일은) 마치 하나의 원인이 무엇이냐고 묻는 일과 같고, 또 그 하나로 되어 있는 원인이 무엇이냐고 물으며 구하는 일과 마찬가지이다. 왜냐하면 이미 사물은 저마다 어떤 하나의 사물이며, 그 가능적인 존재 양식과 현실적인 존재 양식은 어떤 하나이기 때문이다(이 사실의 원인을 다시 묻는다면 무의미한 일이다). 따라서 여기에서 해야 할 일은, 사물들을 그 가능 상태에서 현실 상태로 움직이는 원인(작용인)이 분명히 있다고 믿고 그 원인을 구하는 일밖에 없다. 그러나 질료를 가지지 않는 사물은(완전히 현실태이기 때문에) 모두 아무런 조건 없이 하나이다.

Θ세타[제9권]

제1장

디나미스에서의 존재(가능적 존재)와 에네르게이아에서의 존재(현실적 존재)에 대해서. 본디 뜻으로서의, 즉 운동 능력으로서의 디나미스. 능동적 능력과 수동적 능력. 능력과 그 결여 상태.

이제까지의 설명은 제1의적으로 '있는' 사물에 대해서였다. 즉 '있다'고 일컬어지는 다른 모든 술어가 결과에 이를 수 있는 제1의적 존재인 실체에 대해서였다. 그 밖의 모든 '있다'(또는 '존재')가, 즉 '어떤 만큼 있다(양)'거나 '어떻게 있다(성질)'거나 그 밖에 그와 같이 '있다'고 일컬어지는 모든 사물(실체 이외의 술어적 여러 존재)들이 '있다'고 일컬어질 수 있는 근거는, 이 제1의적 실체의 설명 방식이라 할 수 있다.

또한 우리의 첫 논의에서 말한 바와 같이, 모든 사물들은 그 실체의 설명 방식을 포함한다. 그러나 '있다'고 일컬어지는 사물의 존재는 이와 같이 무엇인가(실체=본질)라고 하거나 '어떻게 있다(성질)'거나 '어느 만큼 있다(양)' 등으로 구별되며, 다른 한편으로는 디나미스(dynamis : 가능태, 능력, 가능성)와 완전 현실태 쪽, 즉 작용 쪽에서도 구별되기 때문에 우리는 이 디나미스와 완전 현실태에 대해 저마다 규정해 두지 않으면 안 된다. 먼저 가장 주된 뜻에서의 디나미스(즉 능력, 가능성이라고 번역되는 말)에 대해서 규정해 보기로 하자. 단, 이런 뜻에서의 디나미스는 우리 앞에 닥친 의도로 보아서는 반드시 가장 쓸모 있다고는 할 수 없다. 왜냐하면 디나미스는 에네르게이아(energeia : 현실태, 현실적 존재)와 마찬가지로, 단순히 운동과의 관련에서 일컬어지는 경우의 뜻보다도 넓은 뜻을 지니고 있기 때문이다. 그러나 우리는 먼저 운동과의 관련에서 일컬어지는 경우의 디나미스(가능적 존재)에 대해 이야기하고 나서, 에네르게이아(현실적 존재)를 규정지을 때 그 이야기를 들추어 내어 그 밖의 뜻으로서의 그것(즉 가능성이라 번역되는 말)에 대해서도 밝히기로 한다.

디나미스(능력, 가능성) 이렇게 말하고 디나스타이(능력이 있다, 가능하다) 말하는 데에 많은 뜻이 있는데, 그 뜻(사물을 가능성의 차원에서 보는 뜻)들은 이미 다른 곳에서 우리가 규정한 대로이다. 여러 뜻들 가운데 동어이의적(同語異義的)으로 그렇게 일컬어지는 디나미스에 대해서 여기에서는 그대로 두어도 좋겠다[왜냐하면 그 동음이의어들 가운데 어떤 말(현상)은 그 어떤 유사성에 의해서 그렇게 일컬어질 뿐이기 때문이다. 예를 들어 기하학에서 무엇인가가 (다른 무엇인가에 대해서) 어떤 방법으로 '있느냐' '없느냐'에 따라 디나톤(무엇인가에 의해 거듭제곱적으로 또는 합리적으로) 또는 아디나톤(비거듭제곱적 또는 비합리적)으로 존재한다고 말하는 것과 같다]. 그러나 (a)본디 뜻에서 같은 종류에 속하는 이들(예를 들어 유사적인 동음이의어들)은 모두 그 무엇의 원리이며, 저마다 어떤 하나의 제일 원리와 관련되어 디나미스라고 불린다. 그리고 이 원리란, 다른 사물 안에 있거나 다른 사물 자체 안에 있는 변화의 원리(작용인)를 말한다. 왜냐하면 (b)(사물 안에 있는) 어떤 능력은 수동적 능력인데 이 능력이 수동적이라 일컬어지는 까닭은 이 수동적인 사물 속 물질이 다른 물질의 영향을 받아, 또는 다른 사물 자체에 의해 일어나는 수동적 변화의 원리이기 때문이다.

하지만 (c)악으로의 변화나 파멸 또한 당하지 않는 비수동적인 상태[성정(性情)]도 디나미스(능력)라고 일컬어지는데, 그 까닭은 이 불변 불멸의 상태가 변화 원리로서의 다른 사물에 의해, 또는 다른 사물 자체에 의한 악으로의 변화나 파멸에 대해서 (방어적인) 비수동적 상태이기 때문이다. 요컨대 이 사물들의 모든 정의 안에는 제1의로서의 디나미스적(즉 능력) 설명 방식이 포함되어 있다. 또 이와 같은 뜻으로 일컬어지는 이들 디나미스는 오로지 능동적이거나 수동적인 능력인가, 그렇지 않으면 더 잘 능동적이거나 수동적인 능력인가로 나누어지는데, 이 후자(잘 이루어지는 쪽)의 설명 방식 안에도 그 어떤 방법으로든 전자의 설명 방식이 포함된다.

그러므로 분명히 어떤 방법에서는 능동의 능력과 수동의 능력은 하나라고 볼 수 있다(왜냐하면 사물에 능력이 있다는 것은, 그 사물 자체가 수동의 능력을 가지고 있기 때문이거나, 또는 다른 사물에 의해 수동하는 능력을 가지고 있기 때문이거나, 둘 중 하나이니까 말이다). 그러나 어떤 방법에서 둘은 따로 두고 생각해야 한다. 왜냐하면 한쪽 능력은 수동적인 사물 안에 있기 때문이다(왜냐하면 수동의 사물이 저마다 다른 사물에 의해서 수동적인 이유가, 그 사물이 어떤 원리를 가지고 있기 때문이며, 질료 또한 그런 어떤 원리이기 때문이다. 예를 들어 기름기가 있는 물체는 태워질 수 있고, 그 어떤 방법으로든 구부러질 수 있는 물체는 파괴될 수 있으며, 그 밖의 것도 이들과 마찬가지이기 때문이다). 그렇지만 어떤 방식으로는, 둘은 따로 보아야 한다. 다른 한쪽의 능력(사역 능력)은 능동적인 물체 안에 있는 것이다(예를 들어 열이나 건축술이 그것이다. 열은 열을 내는 물체 안에 있고, 건축술은 건축하는 사람 안에 있다). 따라서 자연적으로 함께 자란 사물에 있어서는, 그 사물 스스로에 의해서 수동될 수는 없다. 왜냐하면 이 자연적 단일 사물은 능동적이자 수동적인 하나의 사물이며, 별개의 것이 아니기 때문이다.

그리고 아디나미아(adynamia : 무능력)나 아디나톤(무능한 사물)은 이러한 뜻에서의 디나미스(능력)에 반대되는 상태, 즉 능력의 모자람 상태를 나타낸다. 이러한 능력은 모두 저마다의 능력에 대응하는 무능력과 같은 사물에 속하고, 그에 (무능력이) 관계하는 사물과 같은 사물에 관계하고 있다. 그런데 결여에도 여러 뜻이 있다. 즉 (1)무엇인가를 그저 소유하지 않은 경우와, (2)그것을 소유하는 게 자연적인 일인데 소유하지 않는 경우가 있고, 이 제2의 경우에는 다시 (1)그것을 전혀 소유하지 않거나, 또는 (2)자연적으로 그것을 소유해야 할 때 소유하지 않거나의 경우로 나누어진다. 더욱이 이 시기에 (a)무언가를 어떤 방법으로는, 예를 들어 완전히는 소유하지 않거나, 또는 (b)그것을 전혀 소유하지 않거나 가운데 하나이다. 그리고 자연적으로는 소유해야 할 무언가를 강제로 소유하지 않게 된 경우에는 그 사물이 결여되었다고 우리는 말한다.

제2장
비이성적인 능력과 이성적인 능력. 이성적 능력은 반대의 경우까지 포함하는 양쪽에 관계할 수 있지만 비이성적 능력은 일방적이다.

그와 같은 (능력이나 무능력의) 원리들 가운데 어떤 원리는 무생물 안에 있고, 다른 어떤 원리는 생물(영혼을 가진 것) 안에 있으며 영혼 안에 있고 영혼의 이성을 갖는 부분 안에 있다. 그러므로 분명히 그 능력 또한 어떤 능력은 비이성적이지만, 다른 어떤 능력은 이성을 함께 갖고 있을 것이다. 따라서 모든 기술, 모든 제작적 인식은 어떤 종류의 능력이라 할 수 있다. 왜냐하면 이 기술적 능력들 또한 다른 사물들 안에, 또는 다른 사물들 자체 안에 변화를 일으키는 원리이기 때문이다.

그리고 이성과 함께하는 능력들은 모두 저마다 같은 능력이면서 반대되는 사물의 원리까지도 될 수 있는데, 하나의 비이성적인 능력은 오직 한 가지 사물의 원리가 될 수 있을 뿐이다. 예를 들어 열은 다만 뜨겁게 할 수 있을 뿐이지만, 의술은 건강의 원리뿐만 아니라 병의 원리이기도 하다. 그리고 그 이유는 이 인식(의술)이 어떤 설명 방식을 갖는 데에 있다. 어떤 사물(예를 들면 건강)에 대한 그와 같은 설명 방식이, 그 사물뿐만 아니라 그 사물의 결여 상태(예를 들면 병)까지도 뚜렷하게 하기 때문이다. 그러나 그 방법은 같지가 않다. 왜냐하면 설명 방식은, 어떤 방법에 있어서는 그 사물과 그 결여 상태 양쪽으로 관계하지만, 어떤 방법에 있어서는 결여 상태보다는 그 사물에 훨씬 더 깊게 관계하기 때문이다.

따라서 이와 같이 인식(학문 기술)이 상반되는 어떤 사물에도 관계하는 일이 필연적이라 하더라도, 이 인식은 한쪽 사물에는 사물 자체에만 관계하고, 다른 한쪽 사물에는 사물 자체에만 관여하지는 않는 방법으로 관계한다. 왜냐하면 그 설명 방식이 사물 자체와 관계할 때는 자체적이지만, 이와 상반되는 쪽에 관계할 때는 어떠한 방식으로 덧붙여졌기 때문이다. 어떤 사물의 설명 방식이 그 반대 사물을 분명하게 하기 위해서는, 반대 사물의 요소들을 하나씩 부정해 가거나 제거하는 방법을 쓸 수밖에 없고, 이 반대 사물은 제1의적인 결여 상태이며, 그 사물이 제거된 상태이기 때문이다.

그런데 (1)상반되는 두 사물이 같은 하나의 사물 안에 생기는 일은 있을 수 없다. 또한 (2)인식은 설명 방식(이성)을 가지고 있기 때문에 하나의 능력이라고 할 수 있으며, 영혼은 운동의 원리를 가지고 있다. (그렇기 때문에) (3) (a)건강에 좋다고 인식되는 사물은 오로지 건강만을 만들어 내는 능력을 지니며, 뜨겁도록 하는 사물은 뜨거움만을, 차가워지게 하는 사물은 차가움만을 만들어 내는데, (b)인식을 가진 사람(학자, 기술자)은 상반된 두 가지 사물을 만들어 낸다. 그 까닭은 설명 방식이 같지는 않더라도 둘 모두 관계적인 존재로서, 운동의 원리를 가진 영혼 안에 있기 때문이다. 따라서 그의 영혼은 이와 같은 원리에서 출발해 양쪽을 똑같은 설명 방식으로 연관짓고, 상반되는 양쪽의 운동을 일으킬 수가 있다. 그러므로 이성에 따른 능력을 가진 사람은, 이성 없이 능력 있는 사람들과 반대되는 사물을 (영혼적 운동으로써 연결시켜) 만들어 낸다. 왜냐하면 이 이성적인 사람의 원리들 가운데, 즉 그 설명 방식 안에는 어떤 사물과 그 반대 사물 모두가 포함되기 때문이다.

분명히, 어떤 작용을 다른 사물에 능동적으로 잘 가하거나 수동적으로 겪는 능력에는 어떤 작용을 단순히 입히거나 겪는 반대의 능력이 뒤따른다. 그렇지만 후자, 즉 단순한 능동·수동 능력에 반드시 전자, 즉 뛰어난 능력·수동 능력이 따라온다고는 할 수가 없다. 왜냐하면 어떤 일을 뛰어나게 '잘하는' 사람은 그 일을 단순히 하는 사람이 될 수도 있지만, 그 일을 그저 단순히 하는 사람이 반드시 그 일을 잘하게 되리라 볼 수는 없기 때문이다(즉 사물의 반대쪽 일까지도 잘하는 이성적인 사람은 뛰어나게 일을 잘하는 사람이다).

제3장
능력(가능성)을 부정하는 메가라학파의 역설에 대한 반론으로부터 생겨난, 새로운 뜻의 능력 있는 디나미스. 즉 현실 활동과 실현 상태의 에네르게이아(현실적 존재)에 대한 잠재력, 가능성, 잠재 상태로서의 디나미스에 대해서.

다음과 같이 주장하는 사람이 있다. 예를 들어 메가라학파들 주장에 따르면, 무엇이든 그것이 실제로 활동하고 있을 때에만 능력이 있고(활동을 할 수 있고), 활동하지 않을 때는 그런 능력을 발휘할 수 없다. 예를 들어 현재 건축 일을 하지 않는 사람은 건축하는 능력이 없고, 건축하는 사람이 현재 건축 활동을 하고 있을 때에만 건축할 능력을 가진다. 마찬가지로 그 밖의 경우에도 그러하다. 그러나 이 주장에서 비롯되는 여러 결과의 불합리성은 흔히 일어난다.

〔1〕분명 (이 학설에 의하면) 누구나 실제로 건축 일을 하고 있지 않으면 건축가가 아니라는 (불합리한) 일에 이르게 되기 때문이다(건축가는 지금 건축 일을 하고 있지 않아도 건축하는 능력을 가진 사람이다). 그 밖의 기술에서도 마찬가지이다. 그런데 사실 이와 같은 기술들은 학습으로 얻어냈어야만 소유가 가능하며, 또 언젠가 그 기술을 잃어버리지 않았다면 터득하고 있어야 마땅하다. 그리고 이러한 기술의 상실은 망각이나 그 어떤 사정에 의해서, 또는 시간의

경과에 의해서 일어난다. 이런 의미에서는 그 잃어버린 사물은 없어지지 않고, 늘 (영원히) 존재하기 때문이다. 그렇다면 건축가가 건축 활동을 쉬고 있을 때에도 그는 그 기술을 소유하고 있을 텐데, 더욱이 그는 얼마 지나지 않아 또다시 건축 활동을 시작하게 될 텐데, 이 경우에 어떻게 해서 그는 그 기술을 다시 손에 넣는단 말인가? 또한 무생물에 있어서도 같은 (불합리한) 일이 일어난다. 즉 차가운 물체도, 뜨거운 물체도, 단 물체도, 일반적으로 느껴지는 사물들 또한, 그들이 실제로 그렇게 느끼지 않을 때에는 그런 존재가 아니라고 여겨야 한다. 이렇게 해서 마침내 그들(메가라학파들)은 본의 아니게 프로타고라스*¹의 주장을 말하게 된다. 뿐만 아니라 만약에 사람이 지금 아무것도 느끼지 못하고 현재 어떤 감각 활동도 하지 않는다고 해서 그 사람이 어떠한 감각 능력도 가지고 있지 않다고 한다면 이는 불합리한 일이라 할 수 있다. 그래서 만일 맹인이란, 시력을 가지고 있지 않은 사람이라 정의했을 때―자세히 말하면 자연적으로는 시력을 소유해야 할 사람이면서도, 특정한 시점이나 자연적인 시기에 잠깐 동안, 시력이 있으면서도 그 시력을 갖지 않는 사람―예를 들어 잠시 눈을 감고 있는 사람을 맹인이라고 한다면 (그들의 학설에 의해) 같은 사람을 하루 동안에 몇 번이고 몇 번이고 맹인이다! (마찬가지로 몇 번이고 귀머거리이다!) 여겨야 하는 (불합리한) 일이 일어나게 되는 것이다.

〔2〕만약에 능력의 결여가 무능이라고 한다면, 생성이 불가능한 일은 생겨나는 일에 있어 무능하다(불가능한 것)는 말이 된다. 그러나 생성이 불가능한, 즉 무능한 사물을 '있다'거나 '있을 것이다' 말하는 사람은 거짓을 주장하는 사람이다. 왜냐하면 무능한 사물이란 바로 '있다'는 물론이고 앞으로 '있을 것이다'라는 일도 일어날 수 '없는' 사물을 뜻하기 때문이다. 따라서 그들의 주장이 옳다면 사물에는 운동이든 생성이든 없게 된다. 왜냐하면 (이 학설에 따르면) 서 있는 존재는 늘 서 있고, 앉아 있는 존재는 늘 앉아 있어야 한다는 말이 되며, 또한 앉아 있으면 일어날 가능성이 전혀 없다고 보기 때문이다. 그들에 의하면 지금 앉아 있는 존재는 일어설 수 없는 존재이므로 일어서는 일이 불가능하다고 해야 한다.

그래서 만일 이와 같은 주장의 성립이 허용되지 않는다면, 분명 능력(가능

---

*1 소피스트의 제일인자로, '인간은 만물의 척도다'라는 상대주의 입장을 취하고 진리의 절대적 기준을 부정했다.

성)과 현실 활동(현실태)은 서로 다른 상태로 존재해야 한다(그런데 그들의 주장은 가능성이나 능력, 현실 활동을 같다고 함으로써, 사소한 일이지만 버려둘 수 없는 사실을 감히 무시하려 든다). 그리고 이들이 서로 다른 상태로 존재할 수 있다면, 어떤 사물이 존재하는 상태 또한 가능하지만 (현실적으로는) 존재치 않는다는 상태도 허용될 것이고, 또 반대로 존재하지 않는 상태도 가능하지만 (더욱이 실제로) 존재하고 있는 상태도 허용되게 된다. 그리고 이러한 서로 다른 상태들의 존재 가능성은 실체가 아닌 술어의 경우에도 마찬가지로 존재한다. 예를 들어 걸을 수 있지만 (지금 실제로는) 걷지 않는다거나, 또는 반대로 걷지 않을 수도 있지만 걷고 있다거나 하는 경우이다.

그런데 어떤 사물이 가능한 존재라고 불리는 까닭은, 그 사물 속에 가능성을 갖는다고 일컬어지는 '그것(가능적 물질)'이 들어 있고, 더욱이 아무런 불가능한 물질(방해 물질)도 이 사물에 포함되어 있지 않는 경우이다. 이 말의 뜻은 예를 들어 어떤 물체 위에 앉을 수 있고, 앉는 행위가 허락되어 있다면, 어떤 물체 위에 앉는다는 그 현실 활동이 앉는 사람에게 있어 아무런 불가능(불합리)한 일도 없으리라는 것이다. 그리고 이는 움직이는 일이 가능한 경우에도, 움직여지는 일이 가능한 경우에도 마찬가지이다.

에네르게이아(현실 활동, 현실성, 현실태)라는 말은, 엔텔레케이아(entelecheia : 완전 현실태, 완성 상태)와 관련된 뜻으로 쓰이며, 그 밖의 뜻으로도 확대되고 있는데, 주로 운동의 뜻으로 쓰인다. 왜냐하면 흔히 에네르게이아라고 하면 운동을 뜻한다고 여겨지기 때문이다. 따라서 존재하지 않는 사물들에게는 다른 어떤 술어는 주어지더라도 운동한다(움직인다)는 술어는 주어질 수 없다. 예를 들어 '존재하지 않는 사물들은 사유될 수 있다'거나 '욕구될 수 있다' 이렇게 일컫기는 하지만, '운동하고 있다'고는 말하지 않는다. (그들의 전제에 따르면) 그런 사물들은 에네르게이아에서는(즉 현실 운동 상태에서는) 존재치 않지만, 만약에 그것들이 에네르게이아에 놓여 있다면(즉 실제로 움직이고 있다면) 존재하고 있을 것이기 때문이다. 존재하고 있지 않은 사물들 가운데서도 그 어떤 사물은 가능성에서는 존재하고 있기 때문이다. 그러나 이 사물은 존재치 않는다. '완전 현실태로서는' 존재하지 않는다는 뜻이다.

제4장
무능하다, 불가능하다, 능력 있다, 가능하다 등에 대해서.

만일 가능한 존재가 (또는 사물로 변환될 수 있는 존재가) 앞서 말한 대로라면, '사물은 존재가 가능한 사물일 뿐 존재하지는 않고 있다'는 말이 참일 수 없다는 사실은 틀림없다. 왜냐하면 존재할 수 없는 사물은 전혀 없다는 말이 되기 때문이다. 예를 들어 누군가가 '정사각형의 대각선은 그 변(邊)으로 측정할 수가 있지만 또 측정할 수가 없을 것이다' 말했다고 해보자. 더욱이 이 누군가라는 사람이, 존재가 불가능한 사물에 대해서는 아무런 이해도 없으며 무엇인가가 존재하고 생성할 수 있는 그 사물이 존재하는 일도 존재하도록 되는 일도 없다고 해도 아무런 지장이 없지 않느냐는 이유로 그렇게 말했다고 가정해 보자. 앞서 우리가 내린 한정으로 보면, 그리고 존재하고 있지는 않지만 존재할 수 있는 물질은 존재하고 생성된다고 우리가 가정하는 한, 불가능한 일은 절대 존재하지 않으리라고 결론을 내려야만 할 것이다. 그런데 여기에는 어떤 불가능한 일도 포함되어 있는 듯하다. 이는 대각선을 변으로 측정한다는 것은 불가능한 일이며, 사실대로라면 거짓과 불가능한 일은 같지 않기 때문이다. 예를 들어 당신이 지금 서 있다고 하면 거짓말이지만, 서는 행위가 불가능한 일은 아니기 때문이다.

그러나 또 분명히 A가 존재할 때에는 필연적으로 B가 존재한다 가정한다면, A의 존재가 가능할 때에는 필연적으로 B의 존재 또한 가능하다. 만약에 B의 존재 가능성이 필연적이지 않다면, 이 B의 존재가 가능하지 않아도 A의 존재에 조금도 지장이 없다는 말이 되기 때문이다. 그래서 A의 존재는 가능하다고 정한다면[아무튼, A의 존재가 가능하다고 하려면, 먼저 'A가 존재하고 있을 때에는' 이렇게 가정을 덧붙이기만 하면 불가능할 (불합리한) 일 없이 결론을 내릴 수 있으니까], 물론 B의 존재도 필연적이다. 그런데 B의 존재는 불가능하다고 한다. 그래, 좋다. 불가능하다고 해두자. 그러나 만일 B의 존재가 불가능하다면, A의 존재 또한 필연적으로 불가능하다. 그런데 첫 번째 것(B의 존재)은 불가능이었다. 따라서 두 번째 것(A의 존재)도 불가능하다. 하지만 만약 A가 가능하다면 B도 또한 가능할 것이다. 적어도 이 둘이, 즉 A가 존재하고 있으면 필연적으로 B도 존재한다는 관계를 유지하고 있다면 말이다. 따라서 만약에 A과 B가 앞서 이야기한 관계에 있으면서 B가 불가능하다면, A와 B는 앞선 가정과 같은 관계를 유지하지 않고 있다는 말이 된다. 그리고 만일 A의 존재가 가능할 때 필연적으로 B의 존재 또한 가능하다고 하면, A가 존재할 때에는 필연적으로 B 또한 존재한다. A의 존재가 가능하다면 필연적으로 B의 존재도 가능하다는 뜻, A의 존재가 가능하다고 가정되었을 바로 '그때' 바로 '그 방법'으로 존재하는 이상, B 또한 '그때' '그 방법'으로 필연적으로 존재할 수 있다는 말이다.

제5장
능력, 가능성의 획득 방법과 가능성, 잠재 상태를 현실화시키는 여러 조건에 대해서.

모든 능력 가운데 어떤 능력은 본디 타고난 능력, 예를 들어 감각이고, 어떤 능력은 연습에 의한 피리 부는 능력 같은 것이며, 어떤 능력은 학습으로 이루어진 기술상의 여러 능력이다. 그리고 이와 같은 여러 능력들 가운데 연습에 따른 능력 또는 이성에 의한 능력을 얻기 위해서는 이에 앞선 현실적 활동이 필요하지만, 그 밖의 능력이나 수동적인 사물의 능력에서는 그런 활동을 필요로 하지 않는다.

그런데 (1)능력이 있다는 말은, 그 어떤 일에 대해서 어떤 일정한 때에, 어떤 일정한 방법으로, 그 밖에 그 정의 안에 반드시 더해져야 할 여러 조건들에 따라서 능력을 가진다는 말이다. 그리고 (2)어떤 물체에는 이성에 따라 움직이는 능력이 있고, 이 능력은 이성과 함께하지만, 다른 물체는 비이성적인 물체로서 그 능력 또한 비이성적이다. 그리고 (3)전자(이성적 능력)는 필연적으로 생물(영혼을 가진 존재물) 안에 있지만, 후자(비이성적 능력)는 어느 것에도(생물 안에도 무생물 안에도) 들어 있다. 따라서 후자(비이성적인 능력)에서는 능동적인 물체와 수동적인 물체가 저마다 가진 능력에 따른 방법으로 서로 접하게 되면 필연적으로 그 한쪽은 능동적이고 다른 한쪽은 수동적이지만, 전자(이성적 능력)에서는 필연적으로 그렇지는 않다. 왜냐하면 비이성적인 능력은 모두 저마다 오로지 하나의 결과를 만들어 낼(능동적인) 뿐인데, 이성적 능력은 상반되는 존재에도 작용함으로써 (만약에 필연적이라면) 상반되는 두 개의 사물을 한꺼번에 만들어 낼 수도 있다.

그러나 이는 불가능한 일이다. 반드시 거기에는 다른 어떤 그 무엇인가 결정적인 매개체가 존재하지 않으면 안 된다. 즉 욕구 또는 선택의지가 있어야만 한다. 상반하는 둘 가운데 어느 하나를 결정적으로 욕구하고, 어느 하나를 만들어 낸다고(즉 능동한다고) 해도, (그 능력 있는 생물이) 그 어느 쪽을 능동적으로 만들어 낼 수 있는 까닭은, (그 생물이) 바로 그 능력에 따른 사정에 존속되어 있고, 그 능력에 따른 방법으로 수동 대상에 접했기 때문이다. 따라서 이성에 의한 능력을 가진 존재(예를 들어 인간)는 그 스스로가 능력을 가지고 있는 바로 그 사물을 욕구하고, 또 그 능력에 알맞은 사정 아래 그 사물이 있을 때에는 필연적으로 능동적이 되어 능력을 드러낸다. 그런데 이를테면 그가 어떤 상반되는 사물들 가운데 하나를 선택하고 욕구하며, 또 능력을 가지고 있다 해도, 그 능력으로 이룰 사물(수동 대상)이 현존해야만, 그리고 그것이 일정한 사정 아래에 있어야만 이룰 수가 있다. 만약에 그렇지 않다면 능동적으로 행할 수가 없다. [더 나아가서 '그 무엇도 바깥에서 그것을 방해하지 않는 경우에'라는 한정의 덧붙임은 여기서 필요가 없다. 왜냐하면 그가 그 능력을 가지고 있다는 사실은, 이 능력이 능동적이라는 뜻이고, 더욱이 모든 경우가 아니라 특정한 조건하에서 그렇다는 뜻이기 때문이다. 그리고 여기에는 '외부로부터의 방해가 없다면'이라는 조건이 꼭 포함되어 있기 때문이다. 이러한 한정을 덧붙이면 오히려 앞선 (능력 있는 물체에 대한 우리의) 한정들 가운데 어느 것인가를 무시하는 셈이 되기 때문이다.]

그러므로 비록 한 사람이 두 가지 사물, 또는 상반되는 사물을 능동적으로 의욕하고 또 욕망해도, 그는 그 둘을 다 이루지는 못한다. 왜냐하면 그가 그 사물을 이루는 능력을 갖는 것은 이와 같은 상반성이 함께하지 않고, 또 그는 상반되는 사물을 함께 능동하는 능력도 안 되기 때문이다. 사람은 그 능력에 알맞은 사물에 대해서밖에 능동적으로 행(현실화)하지 않을 테니까 말이다.

제6장
에네르게이아에 대한 디나미스(가능성, 잠재 상태). 에네르게이아의 두 가지 뜻, 운동으로서, 그리고 완성된 현실태(엔텔레케이아)로서의 뜻에 대해서.
운동과의 관련에서 일컬어지는 디나미스(즉 능력)에 대해서는 이미 말했으므로, 이제 우리는 에네르게이아(현실 활동, 현실태)에 대해서, 에네르게이아란 무엇이고 또 어떠한 것인가를 규정해 보기로 하겠다. 왜냐하면 이 용어(현실 활동)를 분석하면, 그와 함께 디나톤(능력 있는, 또는 가능한)이라는 말에 대해서도 적용된다는 사실을 알게 되기 때문이다. 그리고 (현실 활동은) 우리가 단순히 그 본성에서 단적으로, 또는 그 어떤 조건에 있어서 다른 사물을 움직이거나 다른 사물에 의해 움직여지는 작용을 디나톤(능동이나 수동 행위의 능력이나 가능성이 있는)이라 말할 뿐만 아니라, 이와는 다른 뜻에서도 그렇게 (에네르게이아, 즉 현실 활동으로서) 불리고 있다는 사실이 더욱 뚜렷해지기 때문이다. 바로 그렇기 때문에 이제까지의 탐구를 통해 이들의 여러 뜻에 대해서 조사해 왔다.

에네르게이아란, 우리가 '디나미스(가능적 존재)에 있어서' 이렇게 말하는 방법이 아닌(현실) 상태에서 존속하고 있음을 뜻한다. 그런데 우리가 무엇인가를 디나미스 상태에 있다(잠재 상태에 놓여 있다, 또는 잠재 상태에 있다) 말하는 경우는, 예를 들어 목재 안에 헤르메스[상(像)]가 있다고 하거나, 또는 (선) 전체 안에 그 절반이 있다고 생각하는 경우와 같다[목재로부터 헤르메스상을) 분리할 수 있기 때문에 그렇게 일컬을 수도 있다]. 뿐만 아니라 현재 연구 활동을 하고 있지 않은 사람이라도, 연구를 할 수 있는 사람이라면 그 사람 또한 우리는 연구자라고 말한다. 그리고 현실태에 놓여 있다고 말할 수 있는(현실적으로 있는) 사물은, 바로 이들(목재로부터 조각된 헤르메스, 선의 절반, 연구 활동 중인 연구자)이다. 그러나 분명히 지금 우리가 말하려는 바는, 그 개별적인 사물(목재)로부터의 귀납에 의해서 이루어진다. 그리고 일반적으로 사람들은 무엇에 대해서든 그 정의가 아니라, (경우에 따라서는) 유비(類比) 관계를 한눈에 보는 일만으로 충분하다고 여겨야 한다.

예를 들어 건축하고 있는 사람과 건축할 수 있는 사람을 비교하곤 한다. 그리고 깨어 있는 사람과 잠들고 있는 사람을, 실제로 보고 있는 사람과 시력은 가지고 있지만 눈을 감고 있는 사람을, 어떤 재료로부터 만들어진 사물과 그 재료를, 또 완성된 사물과 미완성인 사물을 비교한다. 이들은 모두 유비 관계를 이룬다. 그래서 이 대립항 한쪽에 의해 현실태의 규정이 가능하고, 다른 한쪽에 의해 가능태가 규정된다고 하자. 사물이 현실태에 있다고 일컬어지는 까닭 또한 모든 사물이 한결같이 한뜻으로 그렇게 불리지는 않고, A가 B 안에 또는 B에 대해서 있듯이, C는 D 안에 또는 D에 대해서 있다고 하는 유비 관계에 따라서 그렇게 모든 사물들을 이야기할 수가 있다. 왜냐하면 어떤 사물은 운동 능력(가능성)과 실제 운동 상태에 의해 그런 존재의 사물로서 여겨지고, 다른 어떤 사물은 질료와 그 실체(형상, 본질)가 같아서 그런 사물로서 일컬어지기 때문이다.

그러나 무한한 존재나 공허한 존재, 그 밖에 여러 존재들이 가능태에 있다(잠재적으로 있다)거나 현실태에 있다(현실적으로 있다)고 여겨지는데, 이 존재들은 다른 많은 사물(예를 들면 보는 물체, 걷는 물체, 보여지는 물체 등)들과는 다른 의미에서 그와 같이 잠재적 또는 현실적 존재라고 불린다. 왜냐하면 이런 사물들은 단적으로 그렇게 일컬어져도 참이라고 할 수가 있지만(예를 들면 무엇인가를 '보여지는 존재' 이렇게 말할 경우, 그것이 '현재 보여지고 있는 존재'라는 뜻에서나 '보여질 수 있는 존재'라는 뜻에서도 참이기 때문이지만), 무한한 존재는 언젠가는 현실적으로 떨어져서 존재할 수도 있으리라는 뜻에서 가능적으로 존재한다는 말이 아니라, 오로지 지식에서(뽑아내어 따로 존재할)뿐이기 때문이다. 분할 과정이 (무한히 계속되더라도) 끝에 이르지 않는다는 사실이 이 분할 활동의 가능성이 무한함을 증명하기는 하지만, 어떤 무한한 존재가 (사물로부터) 떨어져서 존재한다는 증명은 끝내 되지 못하기 때문이다.

여러 행위들 가운데 한정이 있는 행위란 (1)목적(끝) 그 자체가 아니라, 모두 그 목적과 관련된 행위이다. 예를 들어 마른 몸이 되고자 하는 일의 목적은 마른 몸이다. 그런데 (2)마른 신체 부분 그 자체는 마른 몸으로 만드는 과정에 있는 한, 운동 안에 있으나 (본디 마른 몸으로) 이 운동의 목적을 포함하고 있지는 않다. 그렇기 때문에 (3)마른 몸을 만드는 일 자체는 아직 목적에 가능적으로 관련되어 있을 뿐, 행위가 아니다, 또는 적어도 완전한 행위는 아니다[왜냐하면 그것은 만드는 과정이지 끝(완성)이 아니므로]. 그러나 행위(적어도 완전한 행위)는 그 자체 안에 그 끝(목적)을 포함하는 운동이다. 예를 들어 사람은 사물을 보고 '있을' 때 그와 함께 보고 '있었고', 생각하고 '있을' 때 동시에 (이미 목적대로) 생각하고 '있었으며', 사유하고 '있을' 때 그러면서 사유하고 '있었던' 것이다. 이와 달리, 무엇인가를 학습하고 있을 때는 아직 그것을 모두 학습하지 못한 상태이고, 건강하게 되어가고 있을 때는 완전히 그 과정이 끝나지 않은 것이다. 잘 살아가고 있을 때 그는 (이미 목적대로) 잘 살았고, 행복하게 살고 있을 때 그는 동시에 (이미 목적대로) 행복하게 살았다. 그렇지 않다면, 이 살아가는 과정은 마른 몸이 되어가는 과정과 마찬가지로 언젠가 이미 끝나 있었어야 한다. 그러나 실제로는 그렇지 않으며, 그는 현재 살아 있고 살아 왔었다. 그래서 이들 과정 중 한쪽은 (완료 또는 완성 상태가 아닌) 운동이라 일컬어지고, 다른 한쪽은 현실태라 일컬어야 한다. 왜냐하면 운동은 아직 끝나지 않았기 때문이다. 즉 살을 뺀다는 운동, 학습한다는 운동, 걷는다는 운동, 집을 짓는다는 운동 등 모두가 그러하다. 왜냐하면 사람은 걷고 있으면서 걷는 동작이 끝나지 않았고, 또 그는 집을 세우고 짓고 있으면서 다 짓지 못하고 있다.

이와 같이 무엇인가가 생겨나고 있음과 함께 생성이 끝나지 않고, 움직여지고 있음과 함께 움직여지는 동작이 끝나지 않고 있을 때, 이런 행위들(움직여지고 있다는 일과 움직여졌다는 일)은 오히려 저마다 다르게 보아야 한다. 그와 같이 움직이게 하는 존재와 움직인 존재는 별개이다. 그런데 보고 있던 동작과 이미 본 동작은 (다른 게 아니라) 같고, 또 같은 동작을 생각함과 동시에 생각하고 있었던 것이다. 그래서 나는 이와 같은 것(현재 진행형과 현재 완료형의 동작을 모두)을 현실태라 말하고, 그리고 생성과 관련된 미완성의 과정, 즉 앞선 과정을 운동이라고 말한다.

어떤 실체의 현실태란 엄밀히 말해서 무엇을 나타내는가, 또 어떠한 의미인가가 이상의 예증(例證)(행복한 현재 순간은 목적과 한정에 의한, 끝나지 않은 전화 상태이자 현실태이다. 그림을 본 순간도 마찬가지이다. 한편, 학습처럼 과정이 필요한 실현은 운동이다)이나 그 밖의 그와 같은 예증으로 우리에게 분명해진 것이라 하자.

제7장
어떤 경우에 어떤 사물은 다른 사물의 가능 상태이며 질료인가?

언제 어떠한 경우에 저마다의 사물이 가능적인(가능 상태의) 존재이며, 언제 가능적이지 않은 존재인가? 우리는 이 구별을 분명히 하지 않으면 안 된다. 왜냐하면 늘 가능적이지 않다고는 할 수가 없으니까. 예를 들어 흙이라도 가능적으로는 인간일 수 있을까? 그럴 수는 없다고 생각한다. 오히려 흙이 이미 씨

(정자)가 되었을 때의 상태에 비유될 수가 있을 것이다. 그러나 이때에도 그렇지 않을지도 모른다. 이는 마치 (건강한 몸을 만들어 가는 운동 과정에서도 볼 수 있듯이) 모든 건 의술에 의해서, 또는 우연한 운에 따라서 건강하게 만들어지는 게 아니라, 거기에 그렇게 만들어질 수 있는 무엇인가가 존재하고, 그것이 가능 상태에서 건강한 존재이기 때문일 것이다.

그런데 이 가능 상태에 있는 무엇인가가 완전 현실태, 곧 완성 상태인 사물이 되는 결정 조건은, (1)사상(예를 들면 의술)에 의해서 이루어지는 사물의 경우에는 (a)그 완성이 (의사에 의해서) 의도되어 있고 외부로부터 아무런 방해를 받지 않아야 하며 (b)다른 쪽, 즉 건강하게 만들어지는 (환자) 쪽에서는 그 내부에 그 건강의 완성을 방해하는 어떠한 요소도 없어야만 한다. (예를 들면 건축의 경우에도) 이와 마찬가지 조건에서 그 무엇인가는 잠재적으로 집이라 할 수 있다. 그 무엇인가는 다시 말하면 그 질료 안에, 이 질료가 집이 되는 것을 방해하는 그 무엇도 포함되어 있지 않다면, 그리고 이 방해물뿐만 아니라 다시 무엇인가를 여기에 더하거나 빼거나 바꾸거나 할 필요가 조금도 없는 상태의 그 무엇이라면 그것이 곧 잠재적으로 집인 것이다. 그 밖의 사물 경우에도 그 생성 원리가 사물 밖에 있는 경우에는 이들과 마찬가지로 잠재적으로 존재한다.

그러나 (2)그 자체 내부에 (그 자체의 생성, 실현의 원리를) 가지고 있는 사물인 경우에는 외부에서 그것을 해치는 요소가 아무것도 없는 한, 모두 스스로 (현실적인 사물로) 바뀔 수가 있다. 예를 들어 씨(정자)는 아직 그것만으로는 잠재적으로라도 인간이라고는 할 수 없다. 왜냐하면 그 물질이 다시 다른 물질 안으로 들어가(주입되어), 그리고 (태아로) 이루어질 필요가 있으니 말이다. 하지만 이미 스스로의 원리(작용인)에 의해서 필요한 속성을 갖추고 있을 때는 그것이 바로 잠재적인 사물이라고 말할 수가 있다. 그러나 그 이전 단계에서는 다시 다른 원리(질료인)가 필요했다. 마치 흙만으로는 아직 잠재적으로라도 동상이 아니듯이 말이다. 그러기 위해서는 먼저 청동으로 변화할 필요가 있다는 뜻이다.

우리는 '이러이러한 사물(갑)'에 대해서 이야기할 때, 이 사물을 다른 어떤 '이러이러한 사물(을)' 이렇게는 말하지 않고, '이러이러(을)한'(또는 '이러이러한 질료로 만든')이라고만 말한다. 예를 들어 우리는 이 상자를 '나무'라 부르지 않고 '나무의' 또는 '나무로 만든' 이렇게 부르고, 나무를 '흙'이라 말하지 않고 '흙의' 또는 '흙으로 만든' 이렇게 말하며, 또 흙의 어떤 원인물에 대해서도 만약에 앞선 글과 같이 말한다면, 이 흙을 다른 어떤 '병(丙)'이라고는 말하지 않고 '병의' 또는 '병으로 만든' 이렇게 말할 것이다. 이 경우에는 (이 상자—나무—흙의 계열에서) 늘 뒤에 있는 사물(예를 들면 나무)이, 단적인 의미에서 잠재적으로 앞의 사물(예를 들어 상자)이라 여겨진다. 예를 들어 이 상자는 '흙으로 만든'이나 '흙'이라고도 일컬어지지 않고 '나무로 만든' 이렇게 불리는데, 그 까닭은 나무가 잠재적으로는 상자이기 때문이다. 다시 말하면 나무가 상자의 질료이며, 나무 일반이 상자 일반의 질료이고, 이 나무가 이 상자의 질료이기 때문이다.

그리고 만일 거기에 어떤 사물인 을(乙)의 이름으로써 '을로 된 것'이라 서술되지 못하는 어떤 제일의 것(최종적 원인물), 즉 갑(甲)이 있다면, 이 갑이 제일의 질료이다. 예를 들어 만일 '흙'이 '공기적인(또는 공기로 이루어진) 질료'이고, '공기'는 '불'이 아닌 '불 같은 질료'라면, '불'은 공기가 비롯될 수 있을 것만 같은 으뜸 질료이지만 아직 확정된 질료는 아니다('이것인 것만 같은' 질료일 뿐이다). 서술되는 그 사물(주어, 기체) 또는 기체(基體)는 이와 같은 일로, 즉 '이것'이 되는 어떤 것인가, 아니면 '이것 같은' 것인가로 구별된다. (1)예를 들어 여러 속성들로써 서술되는 그 기체는 '인간'이며, '육체와 영혼'이고, 그 속성은 '교양적인 것' 또는 '피부가 하얀 것'이라 할 수 있다. 이럴 때 전자(기체, 예를 들면 인간) 안에 '교양'이 생겨나면, '교양'이라고는 일컬어지지(서술되지) 않는다. 그저 '교양적인'이라고만 불린다. 또 이 인간은 '흰색'이라 일컬어지지 않고 '색이 하얀' 이렇게 일컬어진다. 마찬가지로 그는 '걷기'라거나 '운동'이라고는 일컬어지지 않고 '걷고 있다' 또는 '운동하고 있다' 이렇게 이야기되는데, 이는 앞서 '이것(을)의' 또는 '이것(을)으로 만든' 이렇게 표현한 바와 마찬가지 서술 방법이다. 그래서 이와 같이 기체, 주어와 속성, 술어와의 관계가 같을 경우에는 그 극한의 것, 즉 최후·최근의 주어나 기체가 실체이다.

그런데 (2)이와 같지 않고 술어 쪽이 어떤 종류의 형상이자 어떤 '이것'에 이르는 경우에는, 그 극한의 존재는 그 술어에 이르는 질료이며, 질료적 실체이다. 따라서 '이것(을)으로 된' 또는 '이것(을)으로 만든'이라는 술어 방법이 질료에 대해서도, 속성에 대해서도 사용되는 것은 확실히 정당하다. 왜냐하면 규정되지 않은 상태를 명확히 '이것'이라고 지칭해 줄 수 있는 것이 질료나 속성들이기 때문이다.

이와 같이 언제 어떤 경우에 사물이 가능 상태에 있다(또는 가능적이다) 일컬어지고, 언제 그렇게 불려서는 안 되는가를 말했다.

제8장
현실태는 그 설명 방식으로, 시간적으로, 또 본질은 가능태보다 먼저이다. 영원하고 필연적인 실체는 가능 상태에서만 존재할 리 없고, 영원한 운동에도 단순한 가능성만 존재하는 일은 없다.

우리는 '먼저'라는 말의 여러 가지 뜻을 구별했는데, 그것으로 보면 분명히 현실태 쪽이 어느 의미에서의 디나미스(가능성)보다도 먼저이다. 내가 생각하기에 디나미스란, '다른 사물 안에 존재하거나 다른 사물 자체 안에 존재하는 변화 원리' 이렇게 규정된 원리일 뿐만 아니라, 일반적인 운동이나 멈춤의 모든 원리이기도 하다. 그런데 자연도 디나미스와 같은 무리(類)에 속한다. 자연 운동의 원리이지만, 여기서 자연이란 다른 사물 안이 아니라 그 사물 자체 안에 있는 원리를 뜻한다. 이와 같은 모든 디나미스(가능성, 가능태)보다도, 현실태가 그 설명 방식에 있어서나 실체에 있어서 먼저이다. 다만 시간의 측면에서, 어떤 뜻에서는 먼저이지만 어떤 뜻에서는 그렇지가 않다.

먼저 (1)설명 방식에서는, 현실태(현실 활동)가 가능성보다 먼저라는 사실은 틀림없다. 왜냐하면 제1의 뜻으로 능력 있는 사물이 그처럼 능력 있다고 일컬어지는 근거는 이 제1의 질료가 활동할 수(그 능력을 현실에 작용하게 할 수) 있기 때문이다. 예를 들어 건축을 할 수 있다고 할 때는 (현실적으로) 건축 활동이 가능함을 뜻하며, 볼 수 있다고 할 때는 보는 활동이 가능함을 뜻하고, 보여질 수 있다고 할 때는 보여지는 일이 가능함을 말한다. 그 밖의 경우에서도 마찬가지이다. 따라서 필연적으로 (현실적 활동에 대한) 설명 방식이나 지식이, (활동이 가능한 그 제1의 질료에 대한) 지식으로서 그 질료의 가능성 안에 이미 포함되어 있는 것이다.

그러나 (2)시간에 있어서는, (a)다음과 같은 뜻에서 (현실태가) 먼저이다. 즉 그 종류에 있어서 가능적인 사물과 같은 종류의 현실적인 사물은 (가능적인 사물보다도) 더 먼저라는 뜻으로는 먼저이다. 반면에 시간에 있어 (b)수적으로 현실태는 먼저가 아니다. 그 까닭은 이러하다. 즉 (b)이 경우, 이미 실현된 상태로 존재하는 이 특정한 인간이나 이 특정한 낟알, 현재 보고 있는 이 특정한 사람보다도, 이들의 질료가 가능적으로는 인간들이고 낟알들이며 또는 보는 사람들이라고 할 수 있지만, 현실적으로는 아직 그렇지 않는 씨앗(정자 또는 종자) 또는 '볼 수 있는 가능적인 물질'이 시간적으로 먼저이다. 그러나 ⓐ더 나아가서 그들보다 시간적으로 먼저, 현실적으로 존재하는 다른 사물이 있어서, 이들로부터 그들이 생겨난다. 왜냐하면 가능적 존재의 질료로부터 현실적 존재의 사물이 생겨나는 근거는 늘 어떤 (같은 종이지만 수적으로는 순서가 다른) 현실적으로 존재하는 사물에 의해서이기 때문이다. 예를 들어 인간은 인간으로부터, 교양적인 것은 교양적인 것에 의해 이루어지지만, 거기에는 늘 서열상 첫째로 움직이게 하는 그 무엇이 있다. 그리고 이 움직이게 하는 어떤 질료는 이미 현실적으로 존재한다. 실체에 대해서 논한 부분에서도 말한 바와 같이, 어떤 생성물이 생겨나는 근거는 어떤 사물로'부터', 어떤 사물'로', 어떤 사물에 '의해서'이며, 그리고 이 마지막 어떤 결과물은 또 이 결과물에 의해서 생겨나는 어느 사물과 종류에서 같다.

그래서 건축 활동을 한 번도 한 적이 없는 사람은 건축가가 될 수 없다 여겨지고, 또 한 번도 키타라를 쳐본 적 없는 사람은 키타라 연주자가 될 수 없다 여겨지기도 한다. 왜냐하면 키타라를 배우는 사람은 그 악기를 침으로써 그 연주법을 배우고, 또 다른 분야를 배우는 사람 또한 마찬가지이기 때문이다. 이렇다고 할 경우 소피스트식(궤변론자) 반론, 즉 사람은 어떤 학문을 가지지 않고서도 그 학문이 관계되는 일을 할 수 있으리라는 것이다. 그것을 학습하는 사람은 아직 그 학문을 소유하고 있지 않기 때문에 학습한다는 반론 또한 나오게 되기 때문이다. 그러나 실현이 먼저인가 가능이 먼저인가에 있어서, 생성되고 있는 어떤 존재들의 어떤 부분은 이미 만들어졌고, 일반적으로 운동하고 있는 존재 또한 어떤 부분은 이미 운동을 끝마쳤다고 볼 수 있으며(이는 운동에 대한 논문에서 분명하다), 학습하고 있는 사람도 그 학문의 어떤 부분을 이미 습득했음에 틀림없다. 이런 것들을 보아도 분명히 현실태는 그 가능성보다도 이와 같은 뜻으로, 즉 그 생성(의 순서)이나 시간에 대해서도 더 먼저이다.

그러나 (3)현실태는 실체에서도 더욱 먼저이다. 그 까닭은 첫째, ⓐ일반적으로 나중에 생성된 사물들은 그 사물의 종(형상)이나 실체가 보다 더 먼저이기 때문이다[예를 들어 성인은 아이보다도, 인간은 그 씨앗(정자)보다도 먼저이며, 또한 이 경우 인간은 이미 그 완전체로서의 종(형상)을 가지고 있는데 후자는 그렇지 않기 때문이다]. 또 생성되고 있는 사물들은 모두 어떤 원리를 향해서, 즉 그 끝으로 나아간다[왜냐하면 무엇인가의 목적 또는 끝은 그 무엇인가의 원리(목적인)이며, 생성이 그 끝을 위해 있기 때문이다].

어떤 현실태는 그 사물의 끝이고, 이 현실태로부터 그 능력(가능성)은 습득된다. 본디 동물은 시각 능력을 가지기 위해 보는 게 아니라, 볼 존재(현실태)들을 위해 시각 능력을 갖는다. 마찬가지로 사람들이 건축 기능(건축술)을 갖는 것은 집을 짓기 위해서이고, 이론적인 연구 능력을 갖는 원인은 이론적인 연구를 하기 위해서이다. 그들은 이론적인 연구 능력을 가지기 위해 이론적인 연구를 하지는 않는다. 만약에 그렇게 하는 사람이 있다면 그것은 오로지 학습적으로 배우는 사람들뿐이다. 이 사람들은 이론적인 연구를 한다고는 볼 수 없다. 연구를 해도 어느 한도 내에서뿐이고, 또 이론적인 연구를 당장에는 필요로 하지 않는 사람들이다.

또 질료는 그 형상 안으로 들어간다는 뜻에서 가능적인 존재이고, 이 형상(이데아) 속의 질료인 가능적 존재가 현실태에서 존재하게 되면 그때에는 생성된 사물이 그 형상으로서 존재하게 된다. 그러나 그 밖의 경우에도 마찬가지로, 그 끝은 운동의 현실태인 사물의 경우에도 가능적 상태가 있다. 따라서 교사들은 (자기 학생들을) 현실적인 일을 해내도록(습득한 지식을 발휘하도록) 했을 때 비로소 끝에 이르렀다(목적을 다했다)고 생각하게 되는데, 자연 또한 이와 마찬가지이다. 만약에 그와 같이 되지 않는다면 파우손(Pauson)의 헤르메스 그림과 같다고 할 수 있다. 왜냐하면 그 학식이 헤르메스 그림 속의 헤르메스와 마찬가지로 안에(숨어서) 있는지, 밖에(충분히 표현되어) 있는지 분명하지 않기 때문이다. 본디 작용은 끝이고 현실태는 작용이다. 따라서 현실태라는 말은, 작용이라는 말에서 파생되어 완성 상태를 지향하고 있는 상태라는 뜻도 된다.

그런데 어떤 능력의 경우에는 그 (한 번의) 쓰임 자체가 마지막 표출(완성의 현실태)이기도 하다. 예를 들어 시력의 경우 보는 행위(시력의 사용)가 그렇다.

즉 여기에서는 보는 활동 말고는 그 어떤 결과도 시력으로부터 비롯되지 않는다. 그러나 어떤 다른 능력으로부터는 다른 결과가 생긴다. 예를 들어 건축술에서는 건축 행위 말고도 별도로 집이 생긴다. 그러나 어느 경우이든 현실태는, (그림을 보듯이) 앞에서 보는 활동의 경우 (한 번 보는 행위 자체가) 끝 그 자체이고, 나중에 이루어지는 건축 행위의 경우에도 현실태는 그 능력에 비하면 거의 끝이라 할 수 있다. 왜냐하면 건축 행위는 건축되고 있는 사물 안에 있고, 건축되는 그 집과 함께 만들어져 그 집과 같이 완성되어 존재해 있기 때문이다.

이처럼 그 능력을 씀으로써 생겨난 결과물이 그 능력의 사용 자체와는 다른 그 무엇과 같은 능력인 경우, 그 현실태는 그 능력의 사용으로 만들어지는 사물 안에 있다. 예를 들어 건축의 현실태는 건축된 집 안에 있고, 베틀의 현실태는 베틀에서 짜낸 천 안에 있으며, 그 밖의 경우에도 마찬가지이다. 요컨대 움직이는 일(운동)은 움직여지는 사물 안에 있다. 하지만 그 성과(결과물)가 그 활동과는 다른 것일 경우 그 에네르게이아(현실 활동=현실태)는 그 활동자 자체 안에 있다. 예를 들어 보는 행위는 보는 사람 안에 있고, 연구 행위는 연구자 안에 있으며, 생명은 영혼 안에 있다(그래서 행복 또한 성과에 있지 않고 활동자의 영혼 안에 있다. 행복은 생명의 한 종류이기 때문이다).

그러므로 실체 또는 형상은 현실태라 할 수 있다. 그래서 어떤 현실태가 그 가능태보다도 실체에 있어서 먼저라는 사실이 분명한 것이다. 그리고 앞서 우리가 이야기한 대로, 어떤 하나의 현실태에는 늘 어떤 다른 현실태가 시간적으로 앞서 있다. 그리고 영원히 존재하는 (시간적으로 가장 앞서 있는) 제1의 운동자가 현실태에 이르기까지 이어져 있다.

그러나 현실태는 (b)한결 뛰어나다는 뜻에 있어서도 가능태보다 먼저이다. 왜냐하면 영원한 존재는 소멸적 존재보다도 실체에서 먼저이지만, 영원한 존재는 가능 상태에서 존재하는 형상적 질료만으로는 영원할 수 없기 때문이다. 그 이유는 이러하다. 본디 가능태에는 서로 모순되는 두 항이 함께 잠재되어 있다. 왜냐하면 무엇인가의 안에 현존할 수 없는 존재는 그 어떤 사물 안에도 현존하지 않지만, 그러한 현존이 가능한 존재라고 해서 반드시 모두 현실적으로 존재할 수 있는 것은 아니다. 따라서 존재가 가능한 존재라고 해도, 존재할 수도 있고 존재하지 않을 수도 있다. 즉 같은 게 존재가 가능하기도 하고 비존재가 가능하기도 하다.

그런데 존재하지 않는 일이 가능하다면 이는 존재하지 않는 일 또한 가능한 사물이다. 비존재가 가능한 사물은 사라지는 사물이다. 단 그 어떤 존재는 단적으로 사라지며, 다른 어떤 사물은 어떤 의미에서만 존재하지 않을 수도 있다(즉 ……이 '아니다'라는 일도 있을 수 있다)고 일컬어지는 뜻에서는, 즉 그 장소나 성질이나 양에 대해서 소멸적일 수도 있다. 그리고 '단적으로'란 실체를 뜻한다. 따라서 단적으로 사라질 수 없는 모든 존재(실체)들은, 단적으로는 가능태에서 존재할 수가 없다[물론 (단적으로가 아니고) 어떤 다른 의미에서는, 즉 그 성질이나 장소 등에 대해서 이 불멸인 존재가 가능 상태로 '있다'는 사실을 아무것도 방해하지는 않는다]. 이렇게 해서, 불멸인 존재들은 모두 현실태로 존재한다. 또 필연성에 의해서 존재하는 그 어떤 사물도 그렇다(가능 상태에서만 존재하는 일은 있을 수 없다). 그런데 이러한 실체의 현실태인 사물은 제1의 존재이다. 왜냐하면 이 현실태로서의 사물들이 존재치 않는다면 그 어떤 사물도 없을 것이기 때문이다(그래서 이런 경우에도 현실태가 가능태보다도 먼저이다).

그리고 운동에서도 만일 무엇인가 영원한 운동이 있다면(이러한 운동도 가능상태의 존재가 아니다), 또 무엇인가 영원적으로 움직이는 존재가 있다면 이러한 영원적인 것도 다른 그 어떤 가능성에 따라서 움직이지 않고, 다만 '어디에서 어디로'[라는 (실현 가능한) 장소적 변화의 재료]가 있을 뿐이다. 그리고 이 영원적으로 움직이는 존재가 이런 뜻에서의 질료를 갖는다는 사실에는 아무런 방해도 없다. 이렇게 해서 태양이나 별, 모든 천체는 늘 현실적으로 활동하고 있는 질료적 존재로서 어느 장소에든 존재하게 되므로 자연학자들이 두려워하듯이 그들이 언젠가 멈추어 버리지는 않을까 걱정할 필요가 없다. 또 그들은 이러한 활동을 하면서 피로해지지도 않는다. 왜냐하면 그들의 운동은 그들에게 있어서 사라지는 존재와는 달리, 서로 모순되는 사물로의 가능성으로 변하지 않으므로, 그 운동이 아무리 계속되어도 힘드는 일은 아니기 때문이다. 그리고 그러한 연속적 운동과 고생의 원인은 질료이자 가능태인 어떤 실체에 있지 않으므로 그에 대한 인식이 힘들지 않다.

이 불멸의 존재들을, 변화하는 여러 사물들이, 예를 들어 흙이나 불이 모방하고 있다. 이는 이들 또한 언제나 현실적인 활동을 하기 때문이다. 그러나 그 밖의 가능태는 앞서 이야기한 규정에 따르면 서로 모순되는 사물의 가능 상태이다. 왜냐하면 무엇인가를 이러이러한 방법으로 움직이는 일이 가능한 까닭은, 그것을 이렇게 하지 '않는' 방법으로 움직일 수도 있기 때문이다. 단, 이성에 따르는 능력(긍정과 부정 둘 중에 선택 능력)이 수반되는 경우에서만이다. 비이성적인 능력의 경우 이 비이성적 능력이 현재 작용하는가, 아닌가에 따라 능력이 서로 모순되는 결과를 낳을 수가 있다.

그러므로 만일 개념 규정이 주특기인 사람들이 이데아라고 부르는 어떤 실재 또는 실체가 있다면, 학문 그 자체(이데아)보다도 한결 더 많은 학문적인 무엇인가가 존재한다는 말이 된다. 이는 마치 운동 자체보다도 훨씬 많은 운동을 하는 그 무엇인가가 (개념적으로는) 존재한다는 말이 된다. 왜냐하면 사물들 쪽이 오히려 훨씬 많은 현실태이고, 그와 같은 이데아들은 오히려 이 사물들로 실현될 수 있는 가능태임에 지나지 않기 때문이다.

따라서 현실태가 가능태보다도 먼저이며, 변화의 원리 그 어느 것보다도 먼저라는 사실은 분명하다.

제9장

선(善)의 현실태는 선의 가능성보다도 그 정도가 낮고, 악의 현실태는 악의 가능태보다도 정도가 낮다. 기하학적 정리는 현실화에 의해서 발견된다.

그런데 현실태가 좋은 가능태보다도 한결 좋고, 또 더욱 귀중하다는 말은 다음과 같은 것들로서도 분명하다. 어떤 무엇인가가 가능하다고 일컬어진다면, 무엇인가와는 반대되는 사물도 모두 가능하다. 예를 들어 건강한 존재가 가능하다고 일컬어지는 까닭은 병이 들 수도 있다는 말과 같다. 더욱이 이들은 서로 어긋나는 가능태를 함께 가지고 있다. 왜냐하면 같은 가능 상태가, 건강하면서도 병에 걸릴 수 있는 가능 상태이기도 하고, 멈춘 상태에서 운동이 될 수도 있고, 건축 행위와 함께 파괴가 이루어질 수도 있으며, 집이 지어지는 일이기도 하고, 쓰러지는 상태일 수도 있기 때문이다.

그런데 반대 사물로 이어질 가능성은 분명히 이처럼 함께 (그 가능적인 것에) 존속한다. 그러나 반대의 사물 그 자체는 같이 현존하기가 불가능하며, 또 이들의 현실태(예를 들어 지금 건강한 상태와 병이 든 상태) 또한 함께 존속하는 일이 불가능하다. 따라서 필연적으로 이들 가운데 어느 하나는 좋은 것이다. 그런데 그 가능태는 똑같이 양쪽이거나 어느 쪽도 아니든가이다. 그렇기 때문에 현실태가 훨씬 좋다. 그와 같이 또 필연적으로 나쁜 사물일 경우 그것의 끝, 즉 사물의 현실태가 가능태보다도 더욱 나쁘다. 왜냐하면 가능한 사물은 같은 존재이면서도 (나쁜 쪽뿐만 아니라 아직 좋은 가능성 또한 지닌) 서로 상반되는 둘일 수가 있기 때문이다. 따라서 악은 분명히 그 사물(나쁜 것)과 함께 존재한다. 왜냐하면 악은 그 자연에서 가능태보다 나중 것이기 때문이다. 그러므로 또 원리적인 존재나 영원적인 존재 안에는 결코 그 어떤 악도 없으며, 그 어떤 결함도 없고, 또 그 어떤 파손된 곳도 없다(파손도 악의 한 종류이기 때문에).

또 도형 구조의 뜻이 발견되고 해명되는 일 또한 어떤 현실 활동에 따라서이다. (실제로) 분석함으로써 발견되며 해명된다는 말이다. 만약에 이미 분석되었다면 이들은 실제로 분명해진 셈인데, 현재로서는 아직 가능태에 있는 데에 지나지 않는다. (그래서 이 삼각 도형을 볼 때) 무엇 때문에 삼각형 내각의 합은 두 직각과 같은가? 그것은 하나의 점을 기점으로 한 각이 두 직각과 같기 때문이다.*2 만일 (이 점을 기점으로) 변에 평행한 선이 (이 점에서) 위쪽으로 그어진다면, 그때 삼각형 내각의 합이 왜 180도인가, 이것을 보는 사람들은 곧 알게 된다. (이 반원 도형을 볼 때) 반원에서 그 지름 중심 위에 서는 각이 일반적으로 직각인 까닭은 왜인가? 지름의 중심점 위에 수직선이 세워진 상태에서 만약에 이 세 가지 선이, 즉 밑변을 이루는 두 개의 반지름 선과 중심에서 수직으로 세워진 선이 같다면 그것이 왜 그런가, 이것을 보는 사람에게는 앞선 명제(삼각형 내각의 합이 두 직각과 같다는 것)를 알고만 있어도 눈으로 뚜렷이 확인할 수 있다. 그러므로 가능태에 있는 도형 구조의 뜻은 현실태로 이끌려 나옴으로써 발견되고 해명될 수 있음이 틀림없다. 그리고 그 이유는 (이끌어내는 기하학자의) 사유가 이미 현실태이기 때문이다. 따라서 가능태는 어떤 현실태에서 나온다고 분명히 말할 수 있다. 그리고 이 때문에 사람은 스스로 (어떤 도형 구조를) 만들어 봄으로써 (그 구조의 뜻을) 현실적으로 인식하는 사람이 된다. 발생한 순서대로 말하자면, 수에 있어서는 가능태가 현실태

---

*2 삼각형 밑변의 연장 180도 선상에, 삼각형의 밑변 꼭지점을 기점으로 빗변에 대한 평행선을 긋고, 삼각형 밖에 있는 두 보각이 두 내각과 저마다 같음을 보면, 내각의 합은 180도이다.

보다 먼저이기 때문이다.

제10장
참으로서의 존재. 비복합체 및 복합의 참과 거짓에 대해서.

사물이 있다(또는 존재한다)고 일컬어지거나, 없다(또는 비존재)고 일컬어지는 것은 여러 술어 형태에 의해서이다. 이들 저마다 가능태와 현실태에서, 또는 그 반대(즉 비가능태와 비현실태)에 있어서 '있다 또는 없다'로 불린다. 그리고 세 번째로는 참 또는 거짓에 있어서 '있다, 있지 않다' 이렇게 일컫는다. 이 세 번째의 경우는 그렇게 칭하는 사물이 결합되어 있는가 분리되어 있는가에 의존하고 있다. 따라서 그 사물에서 분리되어 있는 상태를 (그대로) 분리되어 있다 생각하고, 결합되어 있는 상태를 결합되어 있다 생각하는 사람은 참을 말하는 사람이며, 그 사물이 있는 그대로가 아니라 그 반대일 거라 생각하는 사람은 거짓을 말하는 사람이다. 그렇다면 참이라고 일컬어지는 사물이나 거짓이라고 일컬어지는 사물은 '언제' 존재해 있거나 존재해 있지 않는가와, 이들을 우리는 무엇이라고 이해하는가를 검토해야만 한다.

당신의 피부가 하얗게 '있다'는 말은, 당신의 피부가 하얗게 있다고 우리가 참으로 '생각하기 때문이' 아니라, 오히려 당신의 피부가 하얗게 '있기 때문에' 우리의 주장이 맞는 말이 된다. 그런데 (1) ⓐ어떤 사물은 늘 결합되어 있어서 분리될 수 없고, ⓑ어떤 다른 사물은 언제나 분리되어 있어서 결합되어 있을 수 없지만, ⓒ어떤 제3의 사물은 이들 상반되는 둘(결합과 분리) 가운데 어느 쪽도 될 수 있다고 한다면(여기에서 '있다'는 결합된 하나이고, '없다'는 결합되어 있지 않으면서도 하나보다는 많음이다), 어느 쪽노 될 수 있는 사물[ⓒ의 경우]에 대해서는 같은 생각이나 (이에 맞는) 같은 말이 참도 되고 거짓도 되어, 어떤 때에는 참일 수 있겠지만 어떤 때에는 거짓일 수도 있다. 그러나 달리 있을 수 없고 늘 둘 중 한쪽 상태로 있는 사물[ⓐ와 ⓑ의 경우]은 어떤 때는 참이 되고 어떤 때에는 거짓이 되는 일이 없으며, 같은 생각은 늘 참이거나 아니면 늘 거짓이다.

하지만 (2)합쳐져 있지 않은 단순한 존재들의 경우 (그 존재들이) '있다 또는 있지 않다' 이 말의 의미는 무엇인가? 무엇이 참이고 무엇이 거짓인가? 비복합으로 있을 수 있는 이런 종류의 단순한 사물들은 복합되어 있을 때에는 '있다(참이다)'가 되고 분리되어 있을 때에는 '있지 않다(거짓이다)'가 되는 [예를 들어 '이 나무는 하얗다'나, '(정사각형의) 대각선은 그 한 변과 같은 단위로 통약적이지 않다' 이러한 식으로] 그런 복합 사물이 아니다. 또 (비복합 사물들의 경우) 그 참의 존재 양식이나 거짓의 존재 양식은, 앞서 말한(복합에서 일컬어지는) 사물의 경우와는 다르다. 분명히 이런 비복합 사물들의 경우에는 ⒜그 (보이는 그대로의 분리) '참'이 앞선 복합의 경우와 같지 않은 것처럼, ⒝그 '있다' 또한 같지 않고, 오히려 여기에서(보이는 그대로의 분리 상태에서는) ⒜'참' 또는 '거짓'은 다음과 같다.

즉 ⒤(두 물질이 서로) 접촉한다고 주장하는 상태, 이것이 참이다(여기에서 '주장'이란 '긍정'과 같은 뜻이 아니다). 그리고 ⒤'무지'란, 전혀 접촉하지 않고 있음을 알고서 주장도 하지 않는 상태이다(이건 거짓이라기보다는 '무지'라고 하는가?). 일반적으로 사물이 무엇인가에 대해서 '잘못되어 있다'는 일은 있을 수 없고, 그 본디 속성일 뿐이다. 그리고 비복합적 여러 실체에 대해서 또한 마찬가지로 말할 수 있다. 왜냐하면 이 속성들에 있어서 잘못은 있을 수 없기 때문이다. 그리고 이들은 모두 현실태에서 존재하고, 가능태에서는 존재하지 않는다. 왜냐하면 만일 가능태도 있다고 한다면 그 가능 상태는 생겨나거나 사라진다고 해야 할 것이다. 그런데 실제로 그 (속성의) 존재 자체는 생겨나지도 않고 사라지지도 않는다[만일 생겨난다면, 존재 자체가 무엇인가라는 물음으로부터 생겨났다는 (불합리한) 일이 되기 때문이다]. 그렇다면 적어도 본질이자 현실태 정도의 사물에 대해서 '잘못되어 있다'(따라서 거짓 사물이다)는 일은 있을 수 없고, 다만 이 사물들의 속성들을 '알고 있는가' '모르고 있는가'가 있을 뿐이다. 그렇기 때문에 우리는 그저, 이 사물들에 대해서 '무엇인가(본질)'를, 이러이러한가 아닌가라는 형태로 탐구한다.

또 ⒝참으로서의 '있다'와 거짓으로서의 '있지 않다'에 있어서는, ⒤어떤 경우(결합 사물의 경우)에 그대로 결합되어 '있다'면 (그 생각은) 참이고, 결합되어 있지 '않다'면 거짓이다. 그러나 ⒤다른 경우(비복합 사물들의 경우)에는 그 사물이 적어도 어떤 방법으로 '있다(존재하고 있다)'면 그 사물은 그 방식으로만 '있고', 그 방식대로가 아니라면 존재하지 않는다고 할 수 있다. 그리고 이 생각(단순한 한쪽 상태로만 머문다는 생각)이 맞다고 할 때 그 뜻은, 그 사물에 대해 아주 조금 알고 있다는 뜻(생각하여 인식하고 있다)이다. 사물을 알고 있다는 데에 거짓은 없고, 잘못도 없지만, 오로지 무지가 있을 뿐이다(단, 이 무지는 맹목에 비유할 수 있는 그런 무지가 아니다. 맹목으로 비유할 수 있는 무지는 아는 능력을 전혀 가지고 있지 않다는 뜻이기 때문이다).

그러므로 (복합 사물들이라도) 운동을 하지 않는 사물에 있어서는, 때의 관계(시점에 따라)에 있어, (변화로) 잘못되어 있게 되는 일은 있을 수가 없다. 만약에 이들이 우리가 단정짓는 대로 운동하지 않는 사물이라면, 예를 들어 만일 삼각형이 우리가 생각하는 대로 변화하지 않는다면 우리는 삼각형을, 그 내각의 합이 '때로는' 두 직각이고 '때로는' 두 직각이 아니라 생각하지는 않을 것이다(만약에 그렇다면 변화해 가는 셈이 되기 때문이다). 그러나 (같은 무리의 사물들 가운데서도) 어떤 비운동성 사물은 어떤 속성을 갖지만, 어떤 비운동성 사물은 그렇지 않다(고 생각할 수도 있다). 예를 들어 비운동적 속성인 수에서, 모든 짝수(짝수 속성의 수)들은 제1의 수가 아니라고 생각되기도 하고, 또는 짝수의 어떤 수(짝수 중 유일한 소수인 2)는 제1의 수이지만 다른 어떤 짝수는 그렇지 않다고도 여겨진다. 그러나 수 하나하나에 대해서는 이와 같은 잘못은 있을 수 없다. 여기에서는 단적으로 어떤 수의 경우에는 그렇고 다른 경우에는 그렇지 않다는 식으로, 오히려 우리의 생각은 참인가 거짓인가이다. 그리고 그 까닭은 이 (비운동성의) 수들이 모두 저마다 늘 (단순한 상태) 그대로 있기 때문이다.

I요타[제10권]

제1장

하나(一)에 대해서. 하나라고 불리는 네 경우. 하나는 가장 주된 성질 또는 양의 척도이다. 여러 종류의 척도.

사물이 '하나'(또는 '일')라고 일컬어지는 데에 많은 뜻이 있다는 사실은, 앞서 우리가 용어의 여러 뜻을 구별하면서 말한 그대로이다. 그러나 그 밖에 여러 뜻으로 쓰이는 가운데 특히 제1의적으로, 그리고 곁들여진 뜻으로가 아니라 자체적으로 사물이 '하나'라는 말에는 요컨대 다음의 네 가지 뜻이 있다.

먼저 (1)연속적인 사물이 일반적으로 '하나'라고 불리는데, 그중에서도 특히 접촉이나 끈에 의해서도 아닌, 자연에 의해서 연속적인 사물을 그렇게 말한다(그리고 이들 사물 중에서도, 훨씬 많이 하나이며 제1인 사물은, 운동이 한결 나눌 수 없으며 단순하다).

다음으로 (2)더욱더 많이 하나인 사물은 전체적인 사물, 즉 어떤 일정한 형식이나 형상을 가지는 사물이다. 특히 이 사물이 자연에 따라서 그런 (전체적인) 사물일 경우에, 즉 강제에 의해서(예를 들어 아교나 못·끈 등에 의해서)가 아니라, 그 사물 자체 안에 그렇게 연속적인 존재가 되는 원인을 지니고 있는 경우에 가장 뛰어난 하나이다. 그리고 어떤 사물이 그와 같은 연속적 사물이 되는 원인은, 그 운동이 하나이며 장소적으로나 시간적으로도 나눌 수 없다는 점에 있다. 따라서 만일 어떤 사물의 자연성에 어떤 운동의 원리가 들어 있다면, 즉 제1운동—이동 중에서도 제1의 원운동—의 원리가 들어 있다면 이 원리야말로 분명히 제1의적으로 '하나'의 크기이다.

그런데 이와 같이 어떤 사물은 연속적이거나 전체적이어서 하나라고 일컬어지는데, 또 다른 어떤 사물은 그 설명 방식이 하나라는 이유로 하나라고 한다. 그리고 이런 사물에 있어서는, 이들에 대한 사유는 하나이며 나눌 수 없지만, 나눌 수 없다고 할 때도 그 사물들이 형상(종류)에서 나눌 수 없는 경우와 '수에서' 나눌 수 없는 경우가 있다. 그래서 (3)수에 있어서는 개별적인 것이 나눌 수 없으며, (4)형상(종류)에서는 지식이나 인식 안에 있는 보편성이 나눌 수 없다. 따라서 실체들이 하나인 원인은 제1의적이기 때문에 하나라고 해야 한다.

이처럼 하나라고 일컬어지는 사물은, 자연적으로 연속적인 사물과 전체적인 사물, 그리고 개별적인 사물과 보편적인 사물이다. 그리고 이들 모두는 저마다 나눌 수 없기 때문에 하나이며, 그중에서도 특히 어떤 것(앞의 둘, 즉 연속적 사물과 전체적 사물)은 그들의 운동이 나눌 수 없기 때문에 하나이며, 다른 어떤 것(뒤의 둘, 즉 개별적 사물과 보편적 사물)은 이들에 대한 사유 또는 설명 방식이 나눌 수 없기 때문에 하나이다.

그런데 다음 두 가지 문제를 혼동하지 않도록 주의해야 한다. 그것은, 어떤 뜻으로 하나라고 일컬어지느냐의 문제와, 그 하나라는 사물은 무엇인가, 이것에 대한 설명 방식은 무엇인가 하는 문제이다. 왜냐하면 사물이 하나라고 불리는 데에는 이와 같이 많은 뜻이 있고, 어떠한 사물이라도 이렇게 많은 뜻들 중에서 어느 하나에 포함되어 있기만 하면 하나라고 할 수 있지만, 그 '하나이다'라는 말[일(一)의 본질]은, 어떤 때에는 그런 사물 안의 어떤 본질일 테지만, 어떤 때에는 다른 어떤 사물의 본질[즉 일(一)이라고 하는 단어의 뜻에 한결 가깝고, 그런 사물은 오히려 말에서 느껴지는 힘이 비슷할 뿐인 어떤 다른 사물]일 것이다. 그리고 이것은 또한, 구성 요소나 원인 등에 대해서도 마찬가지이다. 즉 말로써 서술되는 사물이 무엇인지를 종류별로 이야기하거나, 이 사물들에게 정의(원인)를 내리는 일은 구별해야만 한다. 예를 들어 '불'도, 어떤 뜻에서는 구성 요소이다(그리고 아마 '무한한 것' 등등도 그 자체로서 어떤 구성 요소임에 틀림없다).

그러나 어떤 뜻에서는 그렇지가 않다. 왜냐하면 어떤 사물이 '불이다'라는 경우와 '구성 요소이다'라는 경우는 같지 않지만, 어느 일정한 사물로서, 그리고 어떤 자연적 원리로서는 불은 어떤 구성 요소이며, 그리고 이 '구성 요소'라는 이름은 바로 불에 이런 속성이 있음을, 즉 어떤 물체가 불로 이루어져 있고, 불을 그 제1의 (궁극적인) 내재적 요소로 삼고 있음을 나타내기 때문이다. 마찬가지로 '원인'이나 '하나', 또는 그 밖의 그와 비슷한 개념에 대해서도 제1요소가 포함된다고 말할 수 있다. 그렇기 때문에 '하나이다'란, (1)'더 이상 나눌 수 없는 것'을 말한다—왜냐하면 이러한 하나야말로 바로 '이것'이 나타내는 고유한 것이며, 장소적으로나 종(種)에서 또는 사상 안에서 떨어져 존재하는 하나이기 때문이지만. 또는 아마도 (2)'전체적으로 나눌 수 없는 사물'이다. 그러나 가장 중요한 의미에서는 (3)'유(類) 저마다의 제1척도가 되는 사물'이며, 다시 엄밀하게 말하면 '양의 제1척도가 되는 사물'이다. 왜냐하면 이 제1척도로부터 그 밖의(양 말고 다른 여러 형태의 술어들) 경우에도 술어들이 척도로서 적용되기에 이르렀기 때문이다. 척도란 사물의 양이 알려질 수 있는 원인이기 때문이다. 하지만 양이 양으로서 알려지는 일은, 하나[一] 또는 수에 의해서이고, 수는 모두 하나에 의해서 알려진다.

따라서 양은 모두 그것이 양인 한, 하나에 의해서 알려지며, 모든 양을 가장 먼저 알리는 그것이 바로 하나이다. 그러므로 하나, 1은 수로서의 수의 원리이다. 여기서 그 밖의 사물에서도 그 저마다의 사물을 가장 먼저 알리는 사물을 척도라 하며 (수로서는) 그 척도들이 하나(또는 단위)이다. 길이에서도, 넓이에서도, 깊이에서도, 무게에서도, 속도에서도 그렇다(덧붙이자면 이 '무게'와 '속도'는 모두 무거움과 빠름의 반대인 가벼움과 느림에도 공통적으로 사용되지만, 그것은 어느 쪽이나 두 가지 뜻을 가지고 있기 때문이다. 즉 '무게'라는 말은, 아래로 향하는 힘을 임의의 양만큼 가지고 있는 사물에 대해서 사용됨과 동시에, 또 이 양을 넘어선 사물에도 적용할 수 있다. '속도'라는 말도, 임의의 양만큼 운동을 갖는 사물에 사용됨과 동시에, 이 양을 넘은 운동을 갖는 사물에도 적용된다. 왜냐하면 느린 것에도 속도가 있으며 비교적 가벼운 것에도 무게가 있기 때문이다).

그러므로 이들 모두에 있어서 그 척도이자 원리가 되는 존재는 하나이자 나눌 수 없다. 예를 들어 선(線)마저 길이 한 자의 선이, 어떤 나눌 수 없는 것(단위)으로 사용되기 때문이다.

어디에서나 사람들은, 사물의 척도로서 어떤 하나의, 그리고 나눌 수 없는 무엇인가를 바란다. 그리고 이러한 척도는, 성질에서나 양에서도 단순하다. 그런데 그 척도가 어디든지 더는 감소할 수도 증가할 수도 없다고 여겨지는 곳, 이곳에서는 척도가 그만큼 정확하다. 그렇기 때문에 수의 척도가 가장 정확하다. 왜냐하면 사람들이 단정하는 바로는, 어디에서 보나(척도로서의 수) 단위만큼 나눌 수 없는 것은 없기 때문이다. 그리고 그 밖의 경우에서는, 이와 같은 단위 척도를 모범으로 여긴다. 왜냐하면 몇 킬로미터나 몇 킬로그램, 그 밖에 이러한 큰 척도의 경우에는 증가나 감소의 양이 작은 단위 척도의 경우보다 한결 지나치기 쉽기 때문이다. 따라서 감각적으로는 그 어떤 감소도 느낄 수 없을 정도의 (작은) 제1의 것을, 사람들은 유동체나 고체(固體)에 대한 척도로 삼고, 무게에 대해서나 크기에 대해서도 저마다 척도로 삼는다. 그리고 사물을 이 척도로 재었을 때, 그들은 이 사물들이 어느 정도 있는가를(즉 그 양을) 알 수 있다고 생각한다. 뿐만 아니라 그들은 운동에 있어서도, 단순하고 가장 빠른 운동을 그 척도로 하여 운동을 이해한다[왜냐하면 이 운동이 가장 짧은 (단위적) 시간을 가졌기 때문이다].

그래서 천문학에서는, 이런 하나(하나의 천구, 즉 태양계)가 원리이며 척도이다(왜냐하면 천문학자들은 천계의 운동을 한결같으며 가장 빠른 운동이라 상정하고, 이 운동과의 관계로 그 밖의 운동을 판단하기 때문이다). 그리고 음악에서는 4분음이(왜냐하면 이것이 가장 작은 음정이기 때문이다), 그리고 음절에서는 자음과 모음이 척도이다. 그리고 이들 척도는 모두 이와 같은 뜻에서 하나이다. 즉 하나가 이들 모두에게 공통된다는 뜻에서가 아니라, 우리가 앞에서 말한 의미로 하나이다.

그러나 척도는 언제나 하나뿐이지는 않고, 때로는 하나보다 많은 경우도 있다. 예를 들어 4분음은 두 가지이다. 단, 청각에서는 두 가지가 아니지만 비례 관계에서는 둘이다. 또 우리가 언어를 재는 척도인 음절도 하나보다 많으며 정사각형의 대각선과 그 변도 두 개의 서로 다른 양으로 측정되고, 그 밖에 모든 공간적인 크기도 그러하다. 그런데 이와 같이 하나가, 곧 일(一)이 모든 사물의 척도인 까닭은, 우리가 실체의 구성 요소를 알기 위해서는 그 실체를 양이나 종(種)으로 분류해야 하기 때문이다. 그리고 그렇기 때문에 일(一)은 바로 이 실체들 저마다의 내부에 제1의 척도가 더 이상 나눌 수 없는 요소라는 이유로 마찬가지로 나눌 수 없다. 그러나 모든 일(一)은, 예를 들어 길이 한 자의 일(一)도, 수 단위로서의 일(一)과 마찬가지 의미로 나눌 수 없는 건 아니다. 단위로서의 일(一)은 여러 뜻에서 그렇지만, 한 자의 길이는 앞서도 말한 바와 같이 감각적으로 더는 나눌 수 없는 부류에 넣지 않으면 안 된다. 왜냐하면 연속적인 것은 아마도 거의 나눌 수 있기 때문이다.

언제나 척도는 (이 척도로 측정되는 사물과) 같은 종류이다. 예를 들어 크기가 있는 사물의 척도는 어떤 크기(즉 속성)이고, 이들 중에서도 길이가 있는 사물은 어떤 길이, 넓이가 있는 사물은 어떤 넓이, 음절이 있는 사물은 어떤 음절, 무게가 있는 사물은 어떤 무게, 그리고 단위가 있는 사물들의 척도는 어떤 단위이다[이와 같이(단위들의 척도는 어떤 단위라고) 생각해야지, '수들의 척도는 수이다' 생각해서는 안 된다. 물론 그래도 마찬가지로 이해된다면 그것으로도 좋지만, 실은 그렇게 수로 생각하면 타당하지 않다. 오히려 그것은 '단위들의 척도는 단위들이며 어느 하나의 단위가 아니다' 주장하는 것과 같다. 수는 단위의 양이니까 말이다].

또 우리는, 인식이나 감각도 같은 이유로 사물의 척도라고 한다. 즉 인식이나 감각이 무엇인가를 우리에게 알려주는 척도가 되기 때문이라는 이유로 그렇게 말한다(사실 이들은 무엇인가를 '잰다'기보다도, 오히려 '재어지는' 것이지만). 그러나 그것은 마치 내가 자기 키가 몇 센티미터인지 아는 건 다른 사람이 자로 내 몸을 재는 걸 보고 알게 되는 일과 같다. 그런데 프로타고라스는 인간이 만물의 척도라고 했는데, 그것은 바로 인식하는 자 또는 감각하는 자가 인간이라는 뜻이다. 그리고 이런 사람이 인간인 까닭은, 인식하는 자는 인식을 갖고, 감각하는 자는 감각을 가지기 때문이다. 그리고 이들(인식과 감각)을 우리는 지금 기체(객관 사물)적인 척도라고 말한다. 하지만 이와 같은 이야기를 하는 사람들은 무엇인가 두드러지고 뛰어난 일을 말하는 듯 보여도, 사실은 겉보기만 그럴 뿐 속에는 아무 말이 없다.

그런데 그 때문에 '하나이다'라는 말은, 그 말의 의미를 가장 엄밀하고 충실하게 정의하는 사람에게는 척도이며, 특히 가장 주된 양의 척도이다. 그리고 다음으로 분명한 성질의 척도이다. 무엇인가가 그러한 척도일 수 있으려면 그 자체가 양에서, 또는 성질에서 더 이상 나눌 수 없어야 한다. 그래서 '하나'라고 불리는 사물은, 그 사물이 그대로 단적으로 나눌 수 없거나 또는 어떤 하나의 개체로서 나눌 수 없다.

제2장

하나(一)는 피타고라스학파나 플라톤이 말하는 실체가 아니고, 또 자연학자들이 말하는 기체도 아니다. 하나가 보편이라는 논증. 하나는 존재와 마찬가지로 보편적인 술어이다.

그러나 이 '하나' 또는 '일(一)'의 실체, 즉 그 자연(실재성)에 있어서의 제1실체에 대해서 그것이 과연 (다음 두 가지 가운데) 어느 쪽인가, 즉 앞서 우리가 '난문의 권(제3권)'에서 일(一)이란 무엇인가, 또 그 일을 우리는 어떻게 있는 실체라 이해해야 하는가를 문제삼았듯이, 과연 (1)일 그 자체가 어떤 실체로서 존재한다고 이해할 것인가(앞에서는 피타고라스학파가, 그리고 뒤에서는 플라톤이 그렇다고 말한 바와 같이), 또는 오히려 (2)그 일의 실체에는 그 기체로서의 어떤 실재가 있고, 이 실재는 한결 알 수 있게 설명되며, 자연학자들의 말처럼[예를 들어 그 가운데 어떤 사람은 일(一)을 '우애', 어떤 사람은 그것을 '공기', 또 다른 사람은 그것을 '무한한 것'이라 말했는데] 그와 같이 말하는 편이 훨씬 잘된 제1실체의 설명이 아닐까—이들 (1)수학적 제1실체와 (2)자연학적 제1실체 어느 쪽이 참인가, 이것을 우리는 탐구해야 한다.

그런데 (1)앞서 실체나 존재에 대해 논한 부문에서도 말한 바와 같이, 만일 모든 보편적인 사물은 실체일 수 없다고 한다면, 따라서 사물 그 자체(보편적 사물)도 많은 사물들과는 별도로 존재하는 어떤 하나의 존재로서의 실체일 수가 없고[왜냐하면 존재(있다고 하는 뜻)는 (많은 사물에) 공통된 것(따라서 보편적인 존재)이기 때문이지만], 다만 술어가 덧붙여진 사물로서만 있을 수 있다면, 분명히 하나(一)도 이런 뜻으로는 실체가 될 수 없다. 왜냐하면 존재와 하나는, 모든 사물의 술어가 될 수 있는 가장 보편적인 술어[많은 유(類)들의 하나]이기 때문이다. 그러므로 한편으로 유는 다른 여러 사물들로부터 떨어져서 존재할 수 있는 어떤 하나의 실재도 실체도 아니고, 다른 한편으로 하나는 존재나 실체가 유일 수는 없다는 같은 이유로 유가 아니다.

또 유(類)는 유 안에 포함되어 유로 서술되는 모든 사물들에 대해서 같은 관계를 가지고 있어야 한다. 그런데 하나는 존재한다는 의미와 마찬가지로 많은 뜻을 지니고 있다. 따라서 (2)적어도 성질로서의 존재 범위에서 하나가 어떤 일정한 의미이고, 그 무언가의 실재이며, 마찬가지로 또 양으로서의 존재 범위에서도 의미이고 실재인 이상, 분명히 우리는 이들의 술어적 여러 존재들이 모든 경우에 걸쳐 있는 하나가 무엇인지를, 마치 우리가 존재에 대해서도 그 존재의 의미가 무엇인지를 탐구했듯이 파고들지 않으면 안 된다. 왜냐하면 단순히 하나의 자연이 그렇게 존재하는 하나의 실체라는 것만으로는 충분하지 않기 때문이다. 그렇지 않고 여러 색들 중에서도 하나(단위)는 어떤 하나의 색, 예를 들어 하양이며, 그 밖의 모든 색들은 우리가 분명히 인정하는 바와 같이, 이 하양과 깜장에서 생기는 제2의 색들이다.

그리고 여기에서, 깜장은 하양이 결여된 상태이다. 마치 어둠이 빛이 없는 상태이듯이. 따라서 예컨대 여러 존재들이 여러 가지 색이라고 한다면, 여러 존재들은 어떤 수(많은 여러 단위)들로써 나타낼 수 있을 테지만, 그것은 어떠한 존재들에 대응하는 수일까? 그것은 말할 필요도 없이 여러 가지 색이다. 그리고 이 수를 이루는 하나(단위)는 어느 일정한 색, 이를테면 하양이고, 마찬가지로 온갖 존재들이 여러 가지 음이라고 한다면, 이 존재들도 어떤 수로써 나타내어질 테고, 더욱이 4분음으로 이루어진 수이다. 그러나 이 여러 음들의 실체(본질)는 수가 아니다. 그리고 이 여러 음들의 하나(단위)는, 그 음들의 실체(본질)가 하나라는 말이 아니라 4분음이 하나라는 뜻이다. 이와 마찬가지로 온갖 존재가 여러 가지 유절음(有節音)이라고 할 경우에, 이들의 존재는 여러 모음과 자음의 수이다. 그리고 이 수를 이루는 하나는 어떤 유음 자음과 모음이었을 것이다. 또 여러 존재들이 여러 가지 직선도형이라고 할 경우에는, 이 존재들은 여러 도형들의 수이다. 그리고 이 수에서 하나(실체)는 (기본 도형인) 삼각형이었을 것이다. 그 밖의 여러 유(類)에 대해서도 마찬가지이다. 따라서 만약에 실제로 이와 같이 여러 속성적 존재에서도, 여러 성질적 존재에서도, 여러 양적인 존재에서도, 운동에서도 거기에 저마다의 수가 있고 어떤 하나가 있다고 한다면, 그리고 그 수들이 이들 가운데 어느 술어적 존재인 경우에도 저마다 특정한 존재의 수이며 이때의 하나도 어느 특정한 하나이고, 그 실체(본질)로서의 하나가 아니라고 한다면, 실체적 여러 존재들의 경우에도 필연적으로 이와 마찬가지의 관계가 있다. 왜냐하면 이 관계는 어느 존재의 경우에도 마찬가지이기 때문이다.

이렇게 해서 분명히 하나란 그 어느 유(類)의 존재에서도 어느 일정한 자연 (어떤 실재적인 본성)을 말하지만, 그 어느 경우에서나 그 자연은 하나 그 자체는 아니다. 그렇지 않고 마치 여러 색의 경우에 우리가 탐구해야 할 것이 어떤 하나의 색(예를 들면 하양)이었듯이, 그와 같이 실체(로서의 여러 존재)의 경우에도 하나 그 자체는 어떤 하나의 실체이다. 그래서 어떤 방법에서는 수에서의 일(하나)이 존재로서 있다는 말과 같은 뜻을 지닌다는 사실은 다음과 같은 사실로도 뚜렷하다.

(1)하나[一]의 여러 가지 뜻이 여러 가지 술어적 존재들의 뜻에 저마다 대응함과 동시에, 하나라는 그것은 ('있다'와 마찬가지로) 어느 술어적 존재 안에도 포함되어 있지 않다는 사실[예를 들면 하나가 무엇'이다'라고 서술되는 '어떤 존재' 안에는 있지 않고, 어떤 상태로 '있다' 일컬어지는 어떤 성질로서의 존재 안에도 포함되지 않으며, 더욱이 이 '사물'들이 '있다'는 상황에서 사물들 저마다가 그러한 하나와 같은 관계를 가지고 있다]에 의해서(하나 자체로 있음이 분명하다), 또 (2)예를 들어 같은 인간에 대해서 말하는 경우 이것을 '하나의 인간'으로 서술해도, 단지 '인간'이라고 서술할 때와 마찬가지로, 실질적으로는 달리 그 어떤 서술도 덧붙이지 않게 된다는(마치 '있다'는 말을 실체나 성질이나 양에 덧붙여도 실질적으로는 그 무엇도 덧붙지 않듯이) 사실에 의해서, 또 (3)저마다의 사물이 저마다 '하나(술어가 없어도 있는 보편적 실체)'라고 할 때 그 사물들이 다름 아닌 '제각각 자체'라는 그 사실에 따라서도 분명하다.

제3장
하나와 많음의 대립에 대해서. 하나와 많음에 관련된 여러 개념들—동일성·유사성·이타성(異他性)·차별성—의 해명.

일(一)과 다(多), 곧 하나와 많음은 여러 방법으로 대립한다. 그 가운데 한 가지 방법은 하나와 많음의 대립인데, 이것은 더는 나눌 수 없는 것(최초의 일)과 나눌 수 있는 것(파생적인 일)의 대립이다. 왜냐하면 이미 분할되어 있는 사물이나 나눌 수 있는 사물은 어떤 '많음'이라고 일컬어지는 데에 대해, 더 이상 나눌 수 없는 것이나 아직 나눌 수 없는 것은 '하나'라고 하기 때문이다. 그런데 대립에는 네 가지 방법이 있다. 대립하는 둘(나눌 수 없는 것과 나눌 수 있는 것) 중의 한쪽은 다른 한쪽이 결여된 상태라고 일컬어지므로, 이 대립은 반대로서의 대립일 뿐, 모순으로서의 대립도 아니고 상대 관계 뜻에서의 대립도 아니다. 그리고 하나는 그 반대되는 것에 의해서도 서술되고, 더 이상 나눌 수 없는 것은 나눌 수 있는 것에 의해서 서술되고 뚜렷해지는데, 그 까닭은 '많음'이나 나눌 수 있는 것 쪽이 아무래도 더는 나눌 수 없는 것보다 더 감각적이고 뚜렷하기 때문이며, 그 설명에서도 이 감각적이라는 사정 때문에 '많음' 쪽이 더 이상 나눌 수 없는 것보다도 앞에 서기 때문이다.

그러나 하나[또는 일(一)]라고 해도, 앞서 우리가 반대되는 여러 개념들을 구별한 부문에서 열거했듯이 같음[동(同)], 비슷함, 동등함[등(等)] 등의 여러 뜻이 있고, '많음'에도 다름, 비슷하지 않음, 동등하지 않음[부등(不等)] 등의 여러 뜻이 있다. 그리고 '다름'에도 많은 뜻이 있어서 (1)어떤 뜻에서는 때때로 수에서 (개별적으로) 하나는 같다 말하고, 또 (2)설명 방식에서나 수에 있어서 하나인 경우에도 예를 들어 당신이 당신 자신과 형상에서, 또 질료에서 같다고 말한다. 또 (3)그것의 제1실체(본질)의 설명 방식이 하나일 경우에, 예를 들어 동등한 직선들은 모두 어느 것이나 그 설명 방식이 같고, 똑같은 등각(等角)의 사각형들도 그 설명 방식이 모두 같다. 그 밖에 이와 같은 예는 많지만, 이들의 경우 동등성은 통일성이다.

다음으로 어떤 사물들이 비슷하다고 일컬어지는 경우에는, (1)비록 그 사물들이 단적으로 다르다고 해도, 즉 그들이 결합적 실체로서는 차이가 있다고 해도 적어도 형상에서 같을 경우, 예를 들어 큰 정사각형은 작은 정사각형과 유사하며, 길이가 같지 않는 두 개의 직선은 서로 비슷하다고 하는 경우와 같다. 왜냐하면 이들은 닮았기는 하지만 단적으로 같지가 않기 때문이다. 또 (2)같은 형상을 가졌지만, 이 형상들 서로 간에 보다 더 크거나 보다 더 작은 정도의 차이가 생길 수 있는 형상들이 있다. 실제로는 어느 쪽이 보다 더 크지도 작지도 않을 경우에, 그들은 비슷하다고 한다. 더 나아가서 (3)어떤 사물들이 그 형상이 같고 하나인 속성(예를 들어 하양)을, 정도의 차이는 있지만 공통으로 지녔을 경우에도 이들은 그 형상이 하나라는 이유로 비슷하다고 한다. 또 (4)어떤 사물의 속성이, 일반적인 속성이든 주요한 속성이든 다른 사물들보다 많이 서로 같은 사물들이 있다면, 그 사물들은 비슷한 사물들이다. 예를 들어 주석은 은과 함께 하얗다는 점에서, 또 황금은 황색과 적색을 지녔다는 점에서 불과 비슷하다.

따라서 분명히 '다름'과 '비슷하지 않음'에도 많은 뜻이 있다. 어떤 의미로, 다름은 같다와 대립적이다. 그렇기 때문에 이 뜻에서는, 온 사물들이 모든 것에 대해서 같거나 다른 관계에 있다. 그러나 그 질료와 설명 방식이 함께 하나가 아닌 사물들은(그렇기 때문에 당신과 당신 이웃은), 서로 다르다고 말한다. 또 다름의 제3의 뜻은, 수학적 여러 대상들의 예에서 볼 수 있는 그것들(수들의 실체로부터 독립한 수적 사물들)이다. 이렇게 해서 '다르다' 또는 '같다'가 생겨나며, 이 말은 모든 사물들의 모든 사물들에 대한 관계에서 일컬어진다(단, 이 사물들이 저마다 하나이며 존재한다고 말하는 한에 있어서이다). 그 까닭은, '다르다'는 것이 '같다'는 것과 모순되는 말이 아니기 때문이다. 따라서 '다르다'는 존재하지 않는 사물에는 이야기하지 않는다(단, '같지 않다'는 존재하지 않는 사물에도 말할 수 있지만). 그러나 존재하는 사물이라면 그 어떤 사물에 대해서도 '다르다' 말할 수 있다. 왜냐하면 거의 존재하며 그것이 하나인 사물이라고 한다면, 어느 것이나 그 본성상 다른 어느 것과 하나이거나 하나이지 않기 때문이다.

그런데 다름과 같음은 위와 같은 방법으로 대립하지만, 차별성(차이)과 이이타성(異他性)은 별개이다. 왜냐하면 어떤 사물에 대해서, '다른 사물'과 이 어떤 사물은, 반드시 어느 특정한 사물과의 관계에서 이처럼 서로 다름을 필요로 하지 않는다(어떤 사물이든, 그 사물이 존재한다면 다르거나 같음의 어느 한쪽일 것이다). 그런데 어떤 사물이 차이를 갖는 까닭은, 이 사물이 어느 특정한 사물과의 관계에서 무언가 차이점이 있기 때문이다. 따라서 거기에는, 이들이 그들과 차이가 있는 관계에 어떤 동일성이 존재해야 한다. 그리고 이 동일성은 유(類)이거나 종(種)이다. 대부분 차이가 있는 사물들이 그와 같은 까닭은, 이 사물들의 유나 종에 따라서이다. 그리고 이들이 유(類)에 의해서 차이가 생기는 건 이들이 공통된 질료를 가지지 않는 사물들이고, 서로 다른 사물로부터는 생성되지 않는 사물들인 경우(예를 들면 서로 다른 술어 형태에 속하는 것들일 경우)이며, 종(種)에 의해 차이가 생길 때는 이들이 같은 유의 사물들인 경우이다(여기에서 '유'는 차이가 있는 어떤 두 사물의 공통된 실체로서, 이 사물들의 술어가 되는 그 공통 부분, 같은 사물을 말한다).

상반되는 사물들은 차이가 있으며, 반대성은 하나의 차이점이다. 이런 우리의 생각이 옳다는 사실은 귀납법으로 따져보면 분명하다. 왜냐하면 이 반대의 사물들이 모두 차이가 있음이 뚜렷이 제시되기 때문이다. 즉 이 사물들은 그저 단순히 서로 다를 뿐만 아니라, 어떤 것은 그 유에 있어서 서로 다르며,

어떤 것은 술어와 같은 울타리 속에 즉 같은 유(類) 속에 넣을 수 있고, 유에서는 같다. 그러나 어떠한 사물들이 유(類)가 같거나 다르다고 하는 경우는, 다른 곳에서 구별된 대로이다.

제4장

반대성은 완전한 차이이다. 반대성과 결여된 상태 및 모순적 대립과의 관계에 대해서.

차이가 있는 사물들은, 서로의 사이에 더 많은 차이를 갖기도 하고, 한결 적은 차이를 갖기도 하기 때문에 가장 큰 차이점도 있다. 그리고 이 가장 큰 차이점을 나는 반대성이라고 부른다. 가장 큰 차이점을 반대성이라 하는 이 유는 귀납법을 보면 분명하다. 왜냐하면 유에 의해 차이가 있는 사물들(유를 달리하는 사물들)은 서로 다름으로 통하는 길조차 없고, 너무나 간격이 멀어서 비교가 불가능하며, 또 종에 의해 차이가 있는 사물들은 저마다 생성이 시작되는 두 극이 서로 반대이고, 이 두 극 사이의 간격은, 따라서 이들 반대 사물들 사이의 간격도 가장 크기 때문이다.

그러나 차이가 가장 큰 사물(예를 들어 같은 유의 동물에 날개가 '있다'와 '없다'의 차이)이라면, 어쨌든 저마다의 유 안에서는 완전한 것이다. 왜냐하면 사물이란 그것을 넘어서는 사물이 (같은 유에서는) 아무것도 없다는 뜻이고, 완전하다는 사물은 그것 말고는 아무것도 인정되지 않는다는 말이기 때문이다. 즉 완전한 차이는 어떤 끝을 가지며[마치 다른 사물도 끝을 가질 때는 완전하다(완료되었다, 완성되었다)고 하듯이], 종말 말고는 아무것도 아니기 때문이다. 왜냐하면 어떤 사물들에게도 이 사물들의 끝은 이들의 두 극(極)이며, 이 모든 사물들을 포함하고, 그래서 이 끝 말고는 아무것도 없으며, 따라서 이 끝의 사물은 다시 그 이상으로는 아무것도 필요로 하지 않는 완전한 사물이기 때문이다. 이로 미루어 반대성이 완전한 차이점임이 분명해졌다. 그리고 반대의 사물에도 온갖 뜻이 있으므로, 그 완전성 여부는 반대 사물에 속하는 반대 속성에 따라 여러 가지이다.

사실이 이러하니, 하나의 사물에 대해서는 하나보다 많은 반대의 사물들이 있을 수 없음은 명백하다. 왜냐하면 (1)하나의 극한보다도 더 앞의 극한은 있을 수 없고, 또 하나의 간격에는 둘보다 많은 두 극이 있을 수 없기 때문이다.

또 일반적으로 (2)만약에 반대라는 사물이 하나의 차이점이며, 차이점이나 완전한 차이점이 두 극 사이에서 이루어진 하나라고 한다면, 그런 한에 있어서 뚜렷하다.

그리고 반대의 사물들에 대한 그 밖의 여러 정의가 참인 사실도 필연적이다. 왜냐하면 (1)완전한 차이가 가장 많은 차이이고[유에 의해서 차이가 있는 사물들과 종에 의해 차이가 있는 사물들 말고는 어떤 차이도 인정할 수가 없기 때문이다. 즉 앞서 제시한 바와 같이 어떤 유에 속하는 사물과 그 밖의 유에 속하는 사물들 사이에는 어떤 차이가 있다고 할 수도 없으며, 같은 유에 속하는 사물들 중에서는(즉 종에 의해 차별되는 사물들 사이에서는) 완전한 차이가 가장 큰 차이이기 때문이다], 뿐만 아니라 (2)같은 유에 속하는 사물들 가운데에서 가장 많은 차이가 나는 사물들은 반대의 사물들이며[왜냐하면 완전한 차이란 이들(같은 유에 속하는 종과 종) 사이에서 가장 크기 때문이다], 또 (3)같은 수용체(受容體) 안에 있는 물질들 중에서 가장 많은 차이가 나는 물질들은 반대의 물질들이고(왜냐하면 질료는 반대의 사물들에 대해서도 같기 때문이다), (4)같은 능력의 부류에 들어가는 물질들 중에서 가장 많은 차이가 나는 물질들도 그러하기 때문이다[예를 들어 학문은 하나의 유에 속하는 일들에 대해서는 하나이지만, 이 사물(이 학문의 여러 대상)들 가운데에서 완전한 차이는 가장 큰 차이이다].

그러나 제1의 반대성은 소유 상태와 그 결여 상태이다. 단, 여기에서 결여 상태란 모든 의미에서의 결여 상태가 아니라(왜냐하면 결여 상태에도 많은 뜻이 있기 때문인데) 완전한 결여 상태의 의미이다. 그리고 그 밖의 사물들을 반대되는 사물들이라고 하는 까닭은, 이들 소유 상태와 결여 상태의 관련에 따라서이다. 즉 어떤 사물들은 그 속성을 지녔기 때문에, 어떤 사물들은 이들을 만들어 내는 질료 또는 만들어 내는 능력을 소유했기 때문에, 어떤 사물들은 그 밖의 여러 반대를 소유하거나 결여된 사물들이기 때문에 저마다 그렇게 말한다.

그런데 사물들의 대립 방법도 모순과 결여, 반대성, 상대 관계가 있다고 한다면, 그리고 이 대립 방법들 가운데 제1의 대립은 모순이며, 모순에는 어떤 중간 사물도 존재하지 않는데 반대 사물들에는 중간 사물이 존재한다면 모순과 반대가 같지 않음은 분명한 일이다. 그러나 결여(소유 상태와 그 결여된 상태와의 대립)는 모순의 하나이다. 왜냐하면 무엇인가가 결여됐다는 것은 그 무엇인가가 전적으로 결여됐거나 어느 한정된 방법으로 결여됐다는 뜻이기 때문에, 어느 경우나 그 무엇인가를 소유하는 일이 전혀 불가능(무능)하다는 말이거나, 또는 자연적으로 소유해야 할 그 무엇인가가 없다는 말이므로(이미 다른 데서 우리가 구별한 대로, 여기에서 이 말의 많은 뜻이 나타나고 있지만) 결여는 하나의 모순(즉 두 극 가운데 한쪽)이다. 또는 그 자체가 결정적인 무능력성이거나, 결여를 지닌 수용태와의 결합 관계까지도 모순이다. 그렇기 때문에 모순에는 중간이 존재하지 않는데, 어떤 종류의 결여에는 중간이 존재할 수 있다. 모든 사물은 동등하거나 동등하지 않거나 어느 한쪽이지만, 반드시 모든 사물이 '동등'이냐 '부등(동등함의 결여)'이냐 어느 쪽이어야 하는 건 아니다. 만약에 그렇다고 한다면, 그것은 단지 동등함을 받아들일 수 있는 사물 안에서의 일에 지나지 않는다. 따라서 만일 질료 안에서 이루어지는 생성이 반대의 질료들로부터이고, 더욱이 형상이나 형식의 소유 상태로부터, 또는 그 형상이나 형식의 결여 상태로부터 생성되었다고 한다면, 분명히 모든 반대 사물들은 어떤 종류의 결여 상태일 테지만, 아마도 모든 결여가 반대이지는 않을 것이다(그 이유는, 결여될 수 있는 사물은 많은 다른 방법으로도 결여될 수 있기 때문이다). 전화(轉化)가 이제부터 시작되려 하는 이들 두 극, 이것이 곧 (완전한) 반대가 된다.

이것은 귀납에 의해서도 명백하다. 모든 반대성은 반대되는 사물들 가운데 어느 한쪽에 대해 결여 상태를 지니는데, 이것은 모든 경우에 같지는 않다. 왜냐하면 예를 들어 부등성(不等性)은 등성의 결여 상태이고, 유사하지 않음은 유사의 결여 상태이지만, 죄악 또한 덕의 결여 상태이기 때문이다. 그러나 이들 사이에는 앞서 말한 바와 같이 차이가 있다. 즉 어떤 경우에는 그저 무엇인가가 결여된 사물을 뜻하지만, 어떤 경우에는 무엇인가가 어떤 특정한 때에 어떤 특정한 점에서(예를 들어 어떤 나이 무렵에, 또는 어떤 중요한 점에서) 결여되어 있다는 것, 또는 모든 점에서 완전히 결여되어 있다는 것을 뜻한다. 따라서 어떤 경우에는 중간이 있지만[예를 들어 (죄악과 덕의 경우) 선인도 아니지만 악인도 아닌 사람이 있다], 어떤 경우에는 중간이 존재하지 않고 (예를 들어 수는) 반드시 홀수이거나 짝수이다. 즉 어떤 반대되는 사물들은 어떤 한정된 기체를 가지고 있지만, 다른 반대되는 사물들은 그렇지 않다. 그렇기 때문에 분명히 반대되는 사물들 가운데 어느 한쪽은 늘 결여적인 뜻을 가진다. 그런데 이것은 제1의, 즉 유(類) 안에서 가장 반대인 두 극—예를 들어 하나와 많음—은 이렇게 반대되어 있기만 하면 그것으로 충분하다. 왜냐하면 나머지 모든 사물들은 환원되기 마련이기 때문이다.

제5장
큰 것과 작은 것은 어떠한 대립인가? 하나에는 반대도 하나이지만, 동등은 동시에 큰 것과 작은 것 둘로 대립된다.

하나인 사물에 대해서는 단 하나의 반대되는 사물이 있을 뿐이므로, 어떻게 하나(一)와 많음이 대립하는가, 또 어떻게 해서 '동등함'이 보다 더 큰 것이나 작은 것과 대립되는가 이런 어려운 문제가 제기된다. 그 이유는 이러하다. '만약에' 우리가 '포테론(과연…… 어느 쪽인가)'이라는 말을 언제나 다음과 같은 반대적인 대립의 경우에만 사용한다고 하면, 즉 예를 들어 우리는 '과연 그것은 흰가 검은가, 둘 가운데 어느 것인가' 또는 '과연 그것은 흰가, 희지 않는가' 묻는데, '과연 그것은 인간인가 흰가' 이렇게 묻지는 않기 때문이다[단 어떤 예상의 참 거짓을 묻는 경우, 예를 들어 '과연 어느 쪽이 왔는가, 클레온인가 소크라테스인가' 묻는 경우는 별도이다. 그러나 이와 같은 양자택일 방법은 어떤 유(類)에서나 필연적으로 타당하지는 않다. 그러나 여기에서는, 이 방법도 앞의 경우에서 나왔다. 왜냐하면 완전히 반대되는 질료들만 동시에 같은 사물 안에 있을 수 없는데, 이러한 원칙이 지금 여기에서도 적용되고, 어느 쪽에서 왔느냐고 물을 경우에도 적용되기 때문이다. 만약에 이 두 사람이 함께 올 수 있었다면, 이 물음이 오히려 이상하다. 그러나 함께 올 수 있었다고 해도, 게다가 하나와 많음의 대립, 즉 '과연 둘 다 왔는가, 그렇지 않으면 어느 한쪽만인가' 이런 물음을 만나게 된다].

여기서 '만약에' '과연…… 어느 쪽인가' 물음이 늘 이처럼 대립되는 사물에 대해서이고, 더욱이 우리가 '과연 그것은 보다 큰가, 보다 작은가, 같은가, 이들 가운데 어느 쪽인가' 묻는다면, 이 둘에 대한 '동등함'의 대립성은 무엇인가? 왜냐하면 동등함은 둘 가운데 어느 한쪽에게만, 또 이 둘에 대해서도 반대로 대립하는 것이 아니기 때문이다. 즉 (1)어떻게 해서 동등함이 보다 작은 것보다 더 큰 것에 반대라는 일이 있을 수 있는가? 또 (2)동등은 부등에 반대되므로(만약에 동등이 보다 더 큰 것과 보다 더 작은 것에 반대라고 한다면) 동등이 하나에 대해서 반대가 아니라, 많은 것에 대해서 반대된다고 하는 (불합리한) 일이 된다. 그러나 만약에 '부등'이, 동시에 보다 더 큰 것과 보다 더 작은 것의 두 사물을 의미한다면, 동등은 둘에 대립한다는 말이 되겠지만[그리고 이 어려운 문제가 '부등'을 '이(二)'라고 주장하는 사람들에게는 도움이 되고 있는데], 이렇게 되면 하나인 사물이 두 개의 사물에 대해서 반대라는 말이 된다. 그러나 이는 불가능하다. 또 (3)동등은 언뜻 보기에 분명히 큰 것과 작은 것 가운데에 있다. 하지만 반대인 사물은, 겉보기(경험)에서나 반대성의 정의로 말해도 중간의 사물이 될 수 없다. 만일 거기에 어떤 중간이 있으면 이는 완전한 반대성이 아니고, 중간은 오히려 (반대되는 둘 사이에 있는) 반대 그 자체이기 때문이다.

따라서 남은 결론은 오직 (중간 위치의) 동등은 큰 것과 작은 것에 대해서 부정으로서 대립하든가, 결여로서 대립하든가 둘 중 하나이다. 그러면 동등은 큰 것과 작은 것 가운데 어느 한쪽의 부정이거나 결여 상태일 수는 없다(왜냐하면 동등한 것과 작은 것이 반대인 이상으로 동등한 것과 큰 것이 반대라는 일이 있을 수 없으므로). 그렇다면 동등은 둘의 결여적 부정이 틀림없다. 그리고 그 때문에 '과연…… 어느 쪽인가'는 둘에 대한 물음이지 둘 중 어느 한쪽에만 대해서는(예를 들어 '그것은 과연 보다 더 큰가 같은가', 또는 '그것은 과연 같은가 보다 더 작은가' 이런 식으로는) 묻지 않는다. 그렇지 않고 오히려 언제나 (보다 더 큰가, 같은가, 보다 더 작은가의) 세 가지가 있다. 그러나 동등은 (이와 같이 둘의 결여 상태이기는 하지만) 필연적인 결여 상태는 아니다. 왜냐하면 보다 큰 것도 아니고 보다 작은 것도 아닌 사물이 반드시 모두 같은 사물이 된다는 말이 아니라 그저 자연(본성)적으로 그렇게 같아질 수 있도록 되어 있는 사물에게만 그렇기 때문이다.

그래서 이와 같이 동등함은 큰 것도 아니고 작은 것도 아니지만, 큰 것이기도 하고 작은 것이기도 하도록 자연적으로 그렇게 되어 있다. 그리고 동등은 이들 둘에 대해 결여적 부정으로서 대립한다. 그렇기 때문에 둘의 중간이기도 하다. 그런데 선도 아니고 악도 아닌 것은 이들 둘에 대립하는데, 이런 것에는 이름이 없다. 그 까닭은 선이라는 속성도 악이라는 속성도 저마다 여러 뜻이 있고, 또 이들 둘의 수용체도 하나가 아니기 때문이다. 이에 비하면, 오히려 희지도 않고 검지도 않은 속성의 사물 쪽이 앞의 경우보다 더 하나라고 말할 수 있다. 그러나 이것도 하나의 이름으로 불리지는 않는다. 다만 이처럼 이들의 부정이 결여적으로 불리는 이것(희지도 않고 검지도 않은 사물) 쪽은 조금은 한정되어 있다는 만큼 다르다(여기서 '약간 한정된다'의 뜻은 거무스름하다거나 창백하다거나 그 밖에 그러한 빛깔이라고 정해져 있기 때문이다).

따라서 이와 같은 어법(語法)이 모든 경우에 한결같이 옳다고 생각하는 사람들의 비난은 합당하지 않다. 그 사람들은 마치 모든 사물에 어떤 중간이 있는 것처럼 생각해 만약에 선도 아니고 악도 아닌 어떤 속성이 선과 악의 중간이라고 한다면, 구두도 아니고 손도 아닌 것(사물과는 별도로 떨어져 있는 어떤 관련적인 중간자)이 구두와 손 사이에 존재한다는 결과가 된다고 말하며 비난하지만, 이런 결과는 필연적으로는 나올 수가 없다. 왜냐하면 대립하는 둘을 동시에 부정할 수 있는 경우에는, 이 둘 사이에 그 어떤 중간, 또는 자연적으로 그 어떤 간격에 놓여 있는 것이 있다고 해야 하는데, 그러나 그 둘(구두와 손) 사이에는 어떤 차이도 없기 때문이다. 그래서 선과 악의 경우에 동시에 부정되고 있는 둘은 저마다 다른 유에 속해 있으며 따라서 이들의 기체는 하나가 아니다.

제6장

하나와 많음의 대립 의미. 적다·작다와 많다·크다(소수·소량과 다수·다량)의 대립 의미.

마찬가지로 하나와 많음에 대해서도 사람들은 어려운 문제를 제기한다. 왜냐하면 만약에 많음이 하나에 대해 단적으로 대립한다면, 거기에서 다음과 같은 몇 가지 불가능한 결론이 나오기 때문이다. 먼저 (1)하나〔一〕는 적다〔少〕의 단수형 또는 적다의 복수형이라는 말이 된다. 다음으로 (2)둘〔二〕은 많다〔多〕라는 말이 된다. 적어도 두 배는 많음의 배라는 뜻으로 둘과 관련해 말하기 때문이다. 따라서 또 하나는 적다라는 말이 된다. 처음부터 무엇과 비교해서 두 개를 많다고 하는가, 만약에 한 개와 비교해서가 아니라면, 그래서 하나는 적은 게 아닌가? 왜냐하면 하나보다도 적은 것은 없으니까. 또 (3)만약에 마치 긴 것과 짧은 것이 길이에서 대립하듯이, 많은 것과 적은 것이 양에서 대립한다면, 그리고 많음은 많이 있는 사물이고, 많이 있는 사물은 많음이라고 한다면(구분하기 쉬운 연속적인 사물에서도 이 차이가 없다고 한다면), 그렇다면 적음(적다라는 단일성의 유)도 많음이 될 수 있다. 따라서 하나도 만일 적다라고 한다면 어떤 많음을 나타낼 수 있다는 말이 된다. 그리고 하나는 적다라는 말은 또 둘이 많다라고 보는 한 필연적이다.

아마도 사물이 많이 있다는 말은, 분명 어떤 경우에는 그 사물이 많다는 뜻이기는 하지만, 거기에는 어떤 차이가 있을까? 예를 들어 물은 많다(다량이다)고는 해도 많이 있다(수없이 많다)고는 하지 않는다. 그렇지 않고 많이 있다는 말은 분할되어 있는 것들에 대해서이다. 그리고 이들 가운데 어떤 경우는 단적으로, 또는 상대적으로 초과된 많음을[따라서 적음은 (단적으로나 상대적으로) 부족한 많음을] 뜻하지만, 다른 경우에는 수를 의미한다. 그리고 이 의미에서만 많음은 하나에 대립한다. 왜냐하면 우리가 '하나 또는 많음'이라고 이야기할 경우, 우리는 마치 사람들이 '하나와 하나들' 또는 '흰 것과 흰 것들'이라고 말하거나, 어떤 척도(측정하는 것)에 대해서 이걸로 잴 수 있는 사물들을 말하는 하나와 같은 뜻으로 그렇게 말하기 때문이다. 이와 마찬가지 뜻으로, 몇 배라는 말도 한다. 왜냐하면 수 저마다가 많다는 건 수가 하나들이기 때문이며, 그 저마다가 하나에 의해서 측정되기 때문이다. 그리고 이 뜻에 있어 많음은 하나에 대립하지 적음에 대립하지는 않는다. 또 분명 이런 뜻에서는 둘 또한 많음이다. 다만 둘은 상대적 또는 단적으로 초과된 많음이 아니라, 제1의 많음으로서이다. 그러나 단적으로는 둘은 적음이다. 왜냐하면 둘이 부족한 많음(즉 둘이)의 제1의 것이기 때문이다[그래서 아낙사고라스가 '모든 사물이 함께였다. 그 많음에 있어서든 작음에 있어서든 무한한'이라고 말하는 데 그쳤으나 이는 부당하다. 그는 '작음에 있어서도' 대신에 '적음에 있어서도'라고 말해야 했으나, 그렇게 되면 사물이 (적음에 있어서도) 무한하다고는 할 수 없기 때문이다]. 왜냐하면 적음은 어떤 사람들이 말하듯이 하나에서 나온 게 아니라 둘에서 나왔기 때문이다.

이처럼 하나가 많음에 대립하는 건 수적인 많음에 대해서이며 재는 척도가 그것으로 재어지는 사물들에 대립되는 이치와 같다. 그리고 이들의 대립 관계는 이들 자체에서는 상대적이 아닌 사물들 사이의 어떤 상대적 관계이다. 앞서 우리가 용어를 구별한 곳에서 말한 바와 같이, 상대적(또는 관계적)이라는 데에는 두 가지 뜻이 있다. 그 하나는 반대 사물들 상호의 관계(예를 들어 하양과 깜장)로서이고, 다른 하나는 인식이 인식되는 사물에 대한 (유비) 관계(예를 들어 선과 악)로, 여기에서 어떤 사물이 상대적이라는 것은 (그 사물 자체 때문이 아니라) 다른 사물이 이 어떤 사물에 대해서 상대적이기 때문이다. 그런데 하나는 비록 어떤 것보다도, 예를 들어 둘보다 더 적어도 아무런 지장이 없다. 왜냐하면 비록 보다 더 적어도 그것 때문에 하나가 적다는 말은 아니기 때문이다. 많음(양)이란 말하자면 수의 유(類)와 비슷하다. 왜냐하면 수는 하나에 의해 측정할 수 있는 많음이기 때문이며, 하나와 수는 어떤 의미에서는 대립하지만 반대의 것으로서가 아니라, 지금 말한 대로 어떤 상대적인 대립 관계에 있기 때문이다.

즉 하나는 재는 것(척도)이고 수는 측정되는 것이라는 바로 이 관계에서 하나와 수는 대립한다. 그러나 바로 그 이유 때문에 무엇이든 하나이기만 하면 반드시 수라고는 할 수 없다. 예를 들어 더는 나눌 수 없는 것은 (비록 하나라고 해도) 수가 아니다. 이와 마찬가지로 상대적인 대립 관계에 있다고 해도 인식과 인식되는 것과의 관계는, 이 하나와 수의 경우와 마찬가지로 취급하지 않는다. 왜냐하면 인식은 재는 것이고 인식되는 사물은 측정되는 처지라고 생각할 수 있을지도 모르지만 비록 모든 앎이 인식되어지는 것이라 해도 인지되는 사물들 모두가 반드시 인식이라고 할 수는 없기 때문이다. 어떤 뜻에 있어서는, 인식이 반대로 지각되는 사물에 의해 측정되기도 하니까 말이다.

많음(양)은 적음의 반대가 아니다. 오히려 적음의 반대가 많음이다. 마치 초과한 많음이 초과된 부족한 많음의 반대이듯이 또 하나에 대해서도 많음은 모든 의미에 있어서 반대는 아니다. 오히려 그저 이들은 어떤 면에 있어서는 앞서 말한 바와 같이 많은 쪽은 나눌 수 있는 것이고, 하나인 쪽은 나눌 수 없다는 뜻으로 서로 반대이지만, 다른 한편으로는 만일 '많다'가 수이고 하나가 그것을 재는 것(척도)이라 한다면, 마치 인식이 지각되는 것에 대한 관계와 같은 뜻으로 상대적인 관계에 있다.

제7장

반대인 사물들 사이에 있는 중간에 대해서. 또 이 중간의 상호 관계 및 이 중간과 반대 사물들과의 관계. 이 중간이 두 극의 반대의 것들로 이루어진다는 사실에 대하여.

반대 사물들 사이에는 어떤 중간이 존재하는 일이 허락되고, 또 그 몇 가지 경우에는 실제로 중간이 존재하기 때문에, 중간들이 반대되는 사물들로부터 이루어진다는 사실은 필연적이다. 그 이유는 이러하다. 먼저 (1)중간은 '그들'의 중간인 '그들(두 끝의 것들)'과 같은 유에 속한다. 그런데 (a)지금 우리가 말하는 중간은 무엇인가로 전화되어 가는 사물이, 무엇인가가 되기에 앞서 '그것들'까지 전화하지 않으면 안 되는 '그것'들을 말한다. 예를 들어 가장 긴 현(絃)의 음에서 가장 짧은 현의 음으로 조금씩 간격을 두고 옮겨가려는 경우, 먼저 그보다 앞서 중간의 어떤 음으로 옮겨가지 않으면 안 되고, 또 색채로 예를 들어 말하자면 하양에서 깜장으로 가는 경우, 먼저 깜장이 되기 전에 빨강이나 잿빛으로 옮겨가지 않으면 안 된다. 그 밖의 경우도 이와 마찬가지이다. 그러나 (b)어떤 유에서 다른 유로 변화할 때는, 그저 부대적으로(예를 들면 빛깔에서 모양으로와 같이) 말고는 달리 방법이 없다. 따라서 중간들은 서로 같은 유이어야 하며, 동시에 이들은 바로 그들의 중간 사물들인 그들(두 끝의 것들)과도 같은 유(類)이지 않으면 안 된다.

하지만 (2)중간들은 거의 (a)모두 어떤 대립을 이룬 사물들 사이에 있다. 왜냐하면 전화(轉化)란 자체적으로는 대립한 사물들로부터만 일어날 수 있기 때문이다(그렇기 때문에 대립하지 않은 사물들 사이에는 중간 사물이 있을 수 없다. 만약에 중간 사물이 있다면, 대립한 사물들로부터가 아니라도 전화가 있을 수 있기 때문이다). 그러나 (b)여러 종류의 대립 가운데 (i)모순으로서의 대립에는 중간이 존재하지 않는다. 왜냐하면 바로 이것이 모순의 모순다운 원인이기 때문이다. 그 한쪽의 항(項)은, 다른 쪽 항이 어떤 부류에 속하든 상관없는 반정립(反定立)이며, 따라서 거기에는 중간이 전혀 존재하지 않는다. (ii) 그 밖의 종류의 대립에는, 상대 관계로서의 대립과 결여로서의 대립, 반대로서의 대립이 있다. 상대 관계적으로 대립하는 사물들 중에서, 반대 관계가 아닌 대립을 하는 사물들은 중간을 가지고 있지 않다. 그 이유는 이처럼 대립하는 사물들은 같은 유에 속하지 않기 때문이다. 인식과 인식되어지는 사물 사이에는 어떠한 중간이 있을 수 있을까? 그런데 큰 것과 작은 것 사이에는 중간이 있다.

그러나 (3)만약에 중간들이, 지금 말했듯이 같은 유에 속하며 반대 사물들의 중간에 있다고 한다면, 중간 사물들은 이 반대되는 사물들로부터 합성되지 않으면 안 된다. 거기에는 이 중간들을 포함하는 어떤 유가 ⓐ존재하느냐, ⓑ존재하지 않느냐 어느 한쪽이다. 그래서 만약 거기에 ⓐ어떤 유가 존재하며 더욱이 그 중간자가 이들 반대되는 것들보다도 어느 정도 상위에 서는 유로서 존재한다면, 어떤 유(類) 안의 반대되는 종(種)들을 반대의 종이게 하는 종차(차별성)들은, 이들의 종보다도 상위에 서는 반대의 종차들이다. 왜냐하면 종은 유와 종차로부터 이루어지기 때문이다.

예를 들어 하양과 깜장을 반대되는 사물들이라 하고 하양은 분산적인 색이며 깜장은 수축적(收縮的)인 색이라고 한다면, 이들의 종차, 즉 분산성과 수축성은 종(種)인 하양과 깜장보다도 상위(상위의 차별성)이다. 따라서 이 종차들 상호의 반대성은 종인 하양과 깜장과의 그것보다도 상위의(나중에 생겨나는) 반대성이다. 그러나 이들과 반대적으로 차별(종차)지어진 종들(하양과 깜장) 쪽이, 종차들(분산성과 수축성)보다도 한결 더 진정으로 반대되는 속성들이다. 그리고 그 밖의 종들, 즉 중간들도 그런 유와 종차들로 이루어진다(예를 들어 하양과 깜장의 중간에 있는 여러 색들은 모두 그런 유(類)—색채—와 그 어떤 종차들로 이루어진다고 말해야만 된다). 그러나 이 종차들은 제1의 반대 종차들은 아니다. 그렇지 않으면 모든 색은 다 하양이나 깜장이라는 결과가 되기 때문이다. 따라서 이들은 제1과는 다르다. 그렇기 때문에, 이들은 제1의 반대 종차들의 중간에 있다. 그리고 이 제1의 종차들은 분산성(확대성)과 수축성이었다.

다음으로는 (b)이러한 제1의 반대 사물들 가운데 같은 유(類)에 속하지 않는 사물들에 대해서, 우리는 이 사물들의 중간들은 무엇으로 합성되는가를 탐구하지 않으면 안 된다[왜냐하면 같은 유에 속하는 사물들은, 필연적으로 유를 그 합성 요소로 하지 않고 (종차들만으로) 합성되어 있든가, 아니면 그들 스스로 비합성적이든가 어느 한쪽이기 때문이지만]. 그런데 반대되는 사물들은 저마다 서로 그 반대되는 사물로부터 합성되지 않고, 따라서 저마다 원리이다. 그런데 중간들은 모두가 비합성적이거나, 또는 모두가 합성적이거나 둘 중 하나이다. 그러나 반대되는 사물들로부터 그 어떤 중간 속성이(즉 어떤 중간 종차가) 생기기 때문에, 거기에는 그들의 한쪽이 다른 쪽으로 전화하기 전에 먼저 이 어떤 중간으로의 전화가 있다. 왜냐하면 이 어떤 중간은 아직 다른 쪽보다는 이하이긴 하지만, 이미 한쪽보다는 이상의 어떤 성질을 지닌 존재가 되어 있기 때문이다. 따라서 이 중간의 종차가 또 이들 반대 종차들의 중간에 있다. 이렇게 해서 그 밖의 중간들도 모두 합성물이다. 왜냐하면 다른 쪽보다는 이하이지만 한쪽보다는 이상인 어떤 성질이라 하는 어떤 (중간) 사물은, 어떤 방법으로 그렇게 (중간자의 속성 중 하나와 같게) 일컬어지는 한 쪽 것과 다른 쪽 것으로부터의 합성물이기 때문이다. 그리고 반대되는 사물들 보다 상위이며 더욱이 중간자들과 같은 종류인 사물들 말고는 아무것도 존재 하지 않으므로, 중간들은 모두 이 반대되는 것들로부터 합성되어 있음에 틀림 없다. 따라서 이들보다 하위인 사물들은 반대 사물들도 그 중간 사물들도 모 두 제1의 반대되는 사물들로부터 합성되어 있음에 틀림없다.

이것으로 중간들이 (1)모두 같은 유에 속한다는 것, (2)반대되는 사물들 사 이에 있다는 것, 그리고 (3)그 모두가 반대되는 사물들로부터의 합성이라는 사 실이 뚜렷해졌다.

제8장
종에서의 차별이란 무엇인가? 종 사이의 차별성은 그 유(類) 안에서의 차별성 이자 이타성(異他性)이다.

종(種)에서 무언가와 다른 사물은, 어떤 사물 안에 그 무엇과 다른 것이며 이 어떤 사물은 이들 둘에 공통되지 않으면 안 된다. 예를 들어 만약에 사물 이, 그 종에서 무엇인가와 다른 어떤 동물이라고 한다면, 이들 둘은 모두 동물 이다. 따라서 필연적으로 종에 있어서 서로 다른 것들은 같은 유(類) 안에 있 다. 왜냐하면 여기에서 내가 말하는 유는, 이 두 가지를 하나의 같은 유로서 (조화롭게) 서술하는 일과 같은데, 그것이 질료로서 존재하든 그 밖의 어떠한 방법으로 존재하든 그 안에 어떤 차별성(종차)을 부대적으로서가 아니게 포 함하기 때문이다. 단지 그 둘 안에 이 공통성이 포함되어 있어야 할 뿐만 아니 라, 즉 예를 들면 그 둘 모두(말도 인간도) 동물이어야 할 뿐만 아니라 더 나아가서 이들 둘이 저마다 바로 그러한 동물다워야 한다. 말(馬)이 말 됨과 인간이 인간 됨이 서로 달라야 하고, 이에 따라 이 공통된 것이 다른 것과 그 종에서 차별되기 때문이다. 이와 같이 해서 그들은 그 자체에서 어떤 동물은 이러이러한 동물이며, 다른 동물은 이러이러한 다른 동물이다. 예를 들면 어떤 동물은 말, 다른 동물은 인간이다. 필연적으로 이러한 차별성은 유(類)의 어떤 이타성(異他性)이다. 그 까닭은 내가 말하는 유 안의 차별성이란 유 자체를 그 밖의 다른 것으로 만드는 어떤 이타성을 말하기 때문이다.

그런데 이 차별성은 하나의 반대성이다(이것은 귀납에 의해서도 분명하다). 모든 차별성은 대립되는 사물들에 의해서 분할되며, 그리고 반대되는 사물들이 같은 유 안에 있다는 말은 앞서 증명해 보인 대로이다. 즉 저기서는 반대성은 완전한 차별성이었다. 그리고 종에서의 차별성(즉 종차)은 모두 어떤 사물들 중에서 무엇인가와 다르다는 말이며, 따라서 이 어떤 사물은 서로 다른 둘에 있어서 같은 유(類)였다[그렇기 때문에 유에 있어서가 아니라 종에서 차별되는 모든 반대의 사물들은 저마다 (반대되는 두 항의 어느 쪽도) 술어의 같은 울타리 안에 있으며, 동시에 (그 두 항 저마다는) 서로 가장 두드러지게 다르다—여기에는 그 차별성이 완전하기 때문이다. 서로 다른 항(예를 들어 동물 중에서 날개가 있는 동물과 없는 동물)이 동시에 나타나서 존재하는 일은 있을 수 없다]. 따라서 차별성은 하나의 반대성이다.

그렇기 때문에 사물들이 '종에서 다르다'고 말한다. 즉 같은 유에 속하는 사물들임과 동시에 저마다 스스로는 나눌 수 없으면서도 그들이 서로 반대성을 지닌다(또 '같은 종'이라고 하는 사물들은 나눌 수 없으면서도 반대성을 가지지 않는다). 왜냐하면(왜 같은 종들을 나눌 수 없다고 말하는가 하면) 분할 과정에 아직 나눌 수 없는 것(가장 아래의 종 또는 고유의 개체)에 이르지 않은 중간들 사이에도 몇 가지 반대성이 생기기 때문이다. 따라서 분명히 먼저 우리가 유(類)라고 부르는 사물들은, 그 유로서의 저마다의 종이 어느 것이나 종으로서는 유와 같지도 않고 다르지도 않다[바로 그 자체이다. 왜냐하면 사물의 질료는 부정(그 사물의 형상, 종차의 빼냄)에 의해서 뚜렷하게 되고, 사물의 유는 그 사물의 질료, 즉 그 사물의 유라고 불리는 사물의 질료를 말하기 때문이다. 단, 여기에서 유를 헤라클레이데스의 유(일족) 같은 뜻에서가 아니라, 사물의 자연 속에 실재하는 자연물로서이다]. 또한 같은 유에 속하지 않는 사물이 종에서 그 다른 사물들과 같거나 다른 일은 있을 수 없다. 다만 그 사물은 그 유에 있어서 이 사물들과 다르며 종에서는 자신과 같은 유에 속하는 다른 사물과 다를 뿐이다. 왜냐하면 사물이 종에서 다른 사물과 구별되는 차별성은 필연적으로 하나의 반대성이고, 이러한 반대성은 그저 같은 유에 속하는 사물들 사이에서만 존재하기 때문이다.

제9장
어떤 사물의 종이 달라지게 하고, 다른 사물은 종에 있어 달라지지 않게 하는 반대성은 어떠한 것인가?

그렇게 되면, 다음과 같은 어려운 문제가 제기된다. 무엇 때문에 여자와 남자는 종에서 차별되지 않는가? 여성(암컷)과 남성(수컷)은 반대되는 속성이고 이들의 차별성은 반대성인데 말이다. 또는 무엇 때문에 수컷 동물과 암컷 동물은 그 종이 같다고 하는가? 이러한 차별성은 하양과 깜장처럼, 부대적으로가 아니라 자체적으로 동물에 속하며 동물인 한 어떠한 동물에도 암수 그 어느 하나가 속해 있는데 왜 같은 종이라고 하느냐는 어려운 문제이다. 이 문제는 거의 다음과 같다고 볼 수 있다. 무엇 때문에 어떤 반대성은 사물의 종에 있어서 다르다고 취급하는데, 어떤 다른 반대성은 그렇게 취급하지 않는가? 예를 들어 다리나 날개가 있고 없음은 (동물을 그 종에 있어서 서로 다르다고) 보는데, 무엇 때문에 하양과 깜장은 그렇지 않은가 이런 어려운 문제이다.

그 까닭은 아마도 다리나 날개는 그 유의 특유한 속성인데, 하양과 깜장은 그다지 특유한 속성이 아니기 때문이 아닐까? 그런데 (사물의 구성 요소로서) 한편에는 설명 방식이 있고, 다른 한편에는 질료가 있다. 설명 방식 안에 있는 반대성은 종의 차별성을 만들지만, 질료와 결합된 사물 안에서 볼 수 있는 반대성은 그런 차별성을 만들지 못한다. 그렇기 때문에 인간이 (그 얼굴색이) 희다거나 검다거나가 그 종에서의 차별성을 만들지 못한다. 또 하얀 인간과 검은 인간 사이에도—비록 이들 둘이 저마다 어떤 한 마디 말로 표현된다고 해도—종에서의 차별은 존재하지 않는다. 왜냐하면 여기에서 인간은 질료로서의 인간인데, 질료는 차별성을 만들지 않기 때문이다. 저마다의 인간이 인간이라는 종(種)인 까닭은 이 일에 의해서가 아니기 때문이다. 비록 이 인간이나 저 인간을 이루는 (질료로서의) 저마다의 살이나 뼈는 서로 다르다고 해도 말이다. 그렇지 않고 비록 결합체로서 서로 다르다고 하더라도, 그들(저마다의 인간)은 종에서는 다르지 않다. 왜냐하면 그 설명 방식 안에는 서로의 반대성이 포함되지 않기 때문이다. 그리고 이 반대성이 포함되지 않는 인간의 설명 방식이, 바로 극한의 더는 나눌 수 없는 가장 아래의 종이다. 예를 들어 칼리아스는 질료가 따르는 설명 방식이다. 그렇다면 칼리아스는 하얗기 때문에, '하얀 인간' 또한 그렇다. 그러나 이 경우 인간은 그저 부대적으로 '하얄' 뿐이다. 또 청동의 원(圓)과 목제(木製)의 원은 종에 있어서는 다르지 않다(종에 있어 다른 것은 원과 삼각형이다). 그리고 청동의 삼각형과 목제의 원이 종에 있어서 다른 것은 저마다의 질료 때문이 아니라 저마다의 설명 방식 안에 반대성이 들어 있기 때문이다.

과연 사물의 질료 그 자체는 어느 정도 서로 다를 수도 있는데 이 질료는 종에 있어서 다른 사물로 만들지는 않는가? 아니면 어떤 방법으로는 그렇게 하는 게 아닐까? 무엇 때문에 '이' 말이 '이' 인간과 종에서 다른가? 게다가 이들의 설명 방식은 이들의 질료와 결부되어 있는데 말이다. 아마도 그 까닭은 그 설명 방식 안에 어떤 반대성이 들어 있기 때문이 아닐까? 왜냐하면 하얀 인간과 검은 말 사이에도 (어떤 반대성이) 있지만, 그것은 종에서의 반대성이지 인간이 하얗고 말이 검다는 점에서의 반대성이 아니다. 왜냐하면 비록 둘 다 하얗다고 해도 여전히 그들은 종에서 다르기 때문이다. 그러나 수컷과 암컷은, 동물 특유한 속성(성질)이기는 하지만 동물의 실체(설명 방식)에 관련되지는 않고, 질료 즉 육체 안에 있다. 따라서 씨(정자)는 같아도 그 작용을 받는 방법에 따라 수컷이 되기도 하고 암컷이 되기도 한다.

이로써 종에서 다르다는 말은 무엇인지, 또 왜 어떤 속성들은 종에 있어서 다르며 다른 어떤 속성은 그렇지 않은지에 대해서 이야기했다.

제10장
소멸적인 사물과 영원적(불멸적·형상적)인 사물은 유를 달리하는, 전혀 다른 사물이다. 이 점이 이데아설(說)이 받아들여지지 않는 이유이다.

반대되는 사물들은 그 종(형상)에 있어서 다르고, 소멸적인 사물과 비소멸적인 사물(불멸적인 것)은 서로 반대이다[결여(또는 소멸)는 한정된 뜻에서의 무능력성이기 때문이다]. 그렇다면 소멸적인 것과 불멸적인 것이 그 유(종류)에 있어서 다르다고 함은 필연적이다.

그런데 지금 우리는, 이들을 보편적인 이름으로서 말했다. 따라서 마치 모든 하얀 존재가 반드시 모든 검은 존재와 종(형상)에서 다름을 필요로 하지 않듯이, 모든 비소멸적인 사물도 반드시 모든 소멸적인 사물과 그 형상(종)에서 다를 필요는 없지 않을까 생각할 수도 있다. 왜냐하면 같은 사물이 둘의 어느 것에 속할 수 있기 때문이다. 특히 그 사물이 보편적인 사물로 존재할 때는 같은 시간에 둘 가운데 어느 쪽일 수도 있고(예를 들어 일반적으로 인간은 하얄 수도 있고 검을 수도 있듯이), 또 그것이 개별적인 경우에도 그러하다. 이 경우에도 같은 개인이 시간적으로 같은 시점이 아니라면, 하얄 수도 있고 검을 수도 있기 때문이다. 더욱이 하양은 검정과는 반대되는 것인데도 그렇다.

그러나 여러 종들의 반대 사물들 가운데 어떤 종의 반대 사물들(예를 들어 지금 말한 하양과 검정이나 그 밖의 많은 반대되는 사물들)은, 저마다의 사물에 부대적으로 속하는데, 어떤 다른 종의 반대되는 사물들은 그처럼 부대적인 속성이 되는 일이 불가능하다. 그리고 '소멸적'과 '비소멸적'은 반대되는 종이다. 왜냐하면 그 무엇도 부대적으로 소멸적일 수는 없기 때문이다. 거의 부대적인 속성은 무엇인가에 '존속하지 않을 수도 있는' 속성이지만, 소멸적이라는 속성은 그것이 존속하는 그 무엇인가에 '필연적'으로 존속하는 속성의 하나이다. 만약에 그렇지 않고 어떤 사물에 존속하는 소멸적이라는 속성이 이 같은 사물에 존속하지 않는 일도 있을 수 있다면, 이러한 사물이 소멸적이며 불멸이라는 (불합리한) 일이 되므로, 소멸성은 소멸적인 사물들에게 있어서 그 실체(본질)이거나 또는 그 실체에 존속하는 본질적 속성이거나 둘 중 하나여야 한다. 이와 같은 설명은 불멸이라고 하는 불멸성에 대해서도 마찬가지로 타당하다(즉 불멸적 사물의 실체나 본질적 속성은 불멸성일 것이다). 왜냐하면 소멸성이든 불멸성이든 어느 것이나 사물에 필연적으로 존속하기 때문이다. 따라서 사물이 소멸적이게 되는 어떤 원인 또는 직접 제1의 원인 때문에 어떤 사물은 소멸적이고, 또 어떤 사물은 불멸이라 하는 원인들은 대립적이다. 그러므로 이것들은 그 유(종류)에서 다르지 않으면 안 된다.

그렇기 때문에 어떤 사람들이 말하는 그러한 종(형상, 즉 이데아)이 존재할 수 없음이 분명하다. 왜냐하면(그들에 의하면) 같은 인간이라도, 어떤 감각적 개체로서의 인간은 소멸적이고, 다른 어떤 이데아로서의 인간은 불멸이라는 말이 되기 때문이다. 더욱이 저마다의 형상(이데아)은 물체들과 단지 동음이의어일 뿐만 아니라, 그 종(형상)에서도 같다고 한다. 하지만 그 유(종류)가 다른 존재들은 종(형상)이 다른 존재들보다도 훨씬 멀리 떨어져 있다.

$K^{카파}$[제11권]

제1장

이 책 제3권 제2-3장 개요

지혜가 원리를 대상으로 하는 어떤 종류의 학문(인식)은, 여러 원리에 대한 다른 사람들의 많은 의견에 우리가 어려운 문제를 제기한 처음 몇 개의 장(章)으로 보아 명백하다. 그러나 [1]이 지혜를 과연 하나의 학문이라 이해해야 하는가, 아니면 많은 학문이라 이해해야 하는가 이런 문제가 되리라고 본다. 왜냐하면 만약에 그 지혜가 하나의 학문이라면, 일반적으로 하나의 학문은 반대의 존재들을 대상으로 하는데, (이 지혜가 대상으로 해야 할) 여러 원리들은 모두 반대되는 존재들이 아니기 때문이다. 하지만 만일 그 지혜의 학문이 하나가 아니라고 한다면, 그러한 지혜인 여러 학문들 자체는 도대체 어떠한 학문들이라고 생각해야 한단 말인가?

[2]논증상의 여러 원리를 연구하는 일은 하나의 학문이 하는 일인가, 또는 하나보다 많은 학문이 하는 일인가? 만약에 하나의 학문이 하는 일이라면, 무엇 때문에 다른 학문이 하는 일이 아니라 특히 이 학문이 하는 일인가? 또 만약에 하나보다 많은 학문이 하는 일이라면, 그러한 학문들 자체는 어떠한 학문들이라고 생각해야 하는가?

[3]과연 그 여러 학문들은 모든 실체들을 대상으로 하는가, 아니면 모든 실체들을 대상으로 하지는 않는가? 왜냐하면 만일 모든 실체들을 대상으로 하지 않는다면 특별히 어떠한 실체를 대상으로 삼아야 하는데, 이것을 지적하기란 쉬운 일이 아니기 때문이다. 또 만약에 하나의 학문이면서 그 학문이 모든 실체를 대상으로 한다면, 어떤 식으로 같은 하나의 학문이 많은 종류의 실체들을 다룰 수 있는지가 뚜렷하지가 않다.

[5]정말 그 학문은 오로지 실체만을 대상으로 하는가, 또는 더 나아가 실체에 뒤따르는 여러 속성도 대상으로 하는가? 실체에 뒤따르는 여러 속성에 대

해서는 논증이 있을 수 있지만, 실체에 대해서는 논증이 있을 수 없기 때문이다. 그러나 만약에 이들(실체의 학문과 속성의 학문)이 서로 다르다고 한다면, 이들 저마다는 무엇인가, 또 그들 가운데 어느 쪽이 지혜의 학문인가? 만일 그것이 논증적인 학문이라면 여러 속성에 대한 학문이 지혜의 학문이고, 만약 그것이 제1의 것들에 대한 학문일 때는 여러 실체에 대한 학문이 지혜의 학문이다.

하지만 저 자연에 대한 저술 속에서 서술된 여러 원인들을, 지금 우리가 추구하는 학문이 대상으로 한다고 생각해서는 안 된다. 왜냐하면 (A)이 학문은 그것을 위한 그것(목적으로서의 원인)을 대상으로 하지 않기 때문이다[이런 종류의 원인으로서 선(善)을 들 수 있지만, 선은 행위된 사항 안에 있고 운동하는 사물 안에 있다. 그리고 선은 그들의 제1작용인(작용인)이며 목적은 바로 이러한 작용인이지만 이러한 제1작용인은 움직이지 않는 사물 안에는 존재하지 않기 때문이다]. 또 (B)일반적으로 [4]어쩌면 지금 우리가 추구하는 학문이 감각적인 실체를 대상으로 하지 않거나, 또는 그렇지 않고 다른 어떤 종류의 실체를 대상으로 하지는 않을까 이런 문제도 있기 때문이다. 그리고 만약에 감각적인 사물과는 다른 실체를 다룬다고 하면, 그것은 여러 에이도스(이데아, 형상)이거나, 또는 여러 수학적인 대상임에 틀림없다.

그런데 ⓐ에이도스에 대해서는 그러한 수학적 대상물이 존재하지 않는다는 사실이 틀림없다[그러나 비록 어떤 사람들이 생각하듯이 에이도스가 존재한다고 해도, 여전히 무엇 때문에 에이도스들이 속한다고 여겨지는 저마다의 감각적인 사물에 대해서는, 수학적 여러 대상에 대해서 일컬어지듯이 그렇게 이야기할 수 없는가 하는 문제가 남아 있다. 왜냐하면 그 사람들이 생각한 바에 따르면, 수학적 여러 대상은 여러 에이도스와 감각적인 여러 사물의 중간들이고, 말하자면 에이도스로부터도 이 세상의 사물로부터도 떨어져서 존재하는 제3의 것들이기 때문이다. 더욱이 여기에는 제3의 인간이나 제3의 말(馬)들이, 그 자체와는 개별적인 사물들로부터 떨어져서 존재하지는 않을 거라는 뜻이다. 그러나 다른 한편으로 만약에 그 사람들이 이야기하는 대로가 아니라고 한다면, 수학자는 어떠한 것을 그 연구 대상으로 해야 할까? 이 세상의 사물을 그러한 대상으로 할 수는 없다. 사물들 중에는 수학적 여러 학과에서 구하는 존재가 하나도 없기 때문이다]. 또 (b)오늘 우리가 추구하는 학문은 수학적 여러 대상을 대상으로 하고 있지도 않다(이 수학적 대상들은 모두 떨어져서 존재하지 않기 때문이다). 하지만 또 우리의 학문 대상은 그 어떤 감각적 실체도 아니다. 그 까닭은 이들이 소멸적이기 때문이다.

일반적으로 수학적 여러 대상의 질료에 대한 의문을 검토하는 일은 어떠한 학문이 하는지 문제를 제기하는 사람도 있을 것이다. 이러한 질료에 대한 연구는 자연학이 하는 일도 아닐 테고[왜냐하면 자연학자들이 전념하는 일은, 그 자체 속에 그 운동과 정지의 원리를 가지고 있는 사물들(자연적 여러 사물)만을 대상으로 삼기 때문인데], 또 논증이나 인식에 대해서 연구하는 학문이 하는 일도 아니다. 이 질료에 대한 학문은 바로 이 유(類)(논증이나 인식 등)를 탐구 대상으로 하기 때문에, 그렇게 되면 남은 결론은 이 수학적 대상들의 질료에 대한 고찰을 하는 학문은 그저 우리가 마주한 지혜의 추구(즉 철학)가 있을 뿐이다.

그러나 또 [6]지금 우리가 추구하는 학문은(그것이 철학이기도 하지만), 어떤 사람들이 스토이케이아(스토이케이온의 복수형, 구성 요소·여러 원소)라 부르는 여러 원리를 그 연구 대상으로 해야 하지 않겠느냐는 문제를 제기하는 사람도 있을 것이다. 이들 구성 요소가 결합적 여러 사물 안에 포함되어 있다고 그들 모두가 생각하지만 말이다.

하지만 이보다도, 오히려 보편적인 사물들이 지금 우리가 추구하는 학문의 대상이 되어야 하지 않는가 그런 의견도 있을 것이다. 왜냐하면 모든 언론(설명 방식, 의견), 모든 학문(인식)은 보편적인 사물에 대해서이지 극한의 사물(사물의 개체에 무엇보다 가까운 가장 낮은 종)에 대해서가 아니기 때문이다. 따라서 [7]지금 우리가 추구하는 학문도, 제1(최고)의 여러 유(類)에 대해서이다. 그리고 이 최고의 유들은 존재와 하나(一)로 환원된다. 왜냐하면 이들은 다른 그 무엇 못지않게 모든 존재 사물들을 포괄한다고 여겨지며 또 그 자연에서 제1의 것(가장 높은 위치의 것)이므로 가장 뛰어난 원리라고도 생각할 수 있기 때문이다. 만약에 이들이 소멸하면 남은 모든 사물들 또한 (유를 잃고) 멸망한다. 왜냐하면 모든 사물들은 존재이자 하나(一)이기 때문이다. 그런데 만일 이 사물들을 유라고 생각하면 한편으로 존재나 하나(一)의 여러 차별성(특수 존재나 하나)은 반드시 저마다 이들에게 관여해야 되는데, (그러니까 이들이 모든 차별성의 술어가 되어야 한다) 그러나 어떤 차별성(종차)도 유에는 관여하지 않는다

(즉 존재나 하나는 유이기 때문에 종차의 술어일 수 없다).

그렇다면 이들을 유라고 하면 안 되고, 원리라고 해서도 안 된다. 하지만 만일 보다 더 단순한 사물 쪽이 그만큼 단순하지 않은 사물보다 그만큼 뛰어난 원리이며 유에서 파생된 극한의 것(가장 낮은 종)이 유보다도 한결 더 단순하다고 한다면(그 까닭은 이 극한의 것은 이제 더는 분할되지 않고, 유는 더욱 차별된 많은 종으로 분할되기 때문인데), 오히려 종 쪽이 유보다도 더욱 뛰어난 원리라고 생각된다. 그러나 종이 그 유와 함께 멸망하는 것인 이상 오히려 유 쪽이 한결 뛰어난 원리 같기도 하다. 왜냐하면 다른 쪽을 자신과 함께 멸망시킬 수 있는 쪽이 보다 원리적이기 때문이다. 이상으로 여러 점에서 어려운 문제가 있다.

제2장

이 책 제3권 제4-6장 개요

〔8〕과연 우리는 사물들과는 별도로 그 무엇인가가 존재한다고 생각해야 하는가, 또는 그렇지 않고 오히려 이 사물들을 우리가 추구하는 학문의 대상으로 해야 하는가? 하지만 사물들은 무한하다. 그렇다고 해도 사물들과는 따로 존재하는 어떤 것은 유나 종이겠지만, 지금 우리가 추구하는 학문의 대상은 아니다. 이들이 대상이 될 수가 없는 까닭은 이미 앞에서 말했다. 그러나 과연 떨어져서 존재하는 어떤 실체가 감각적인(이 세상에 있는) 여러 실체와는 별도로 존재하고 있을까? 또는 그렇지 않고 이들 감각적 실체만 진정으로 존재하며, 이 감각적 실체들이 우리가 추구하는 지혜에 관여해야 할 것인가? 이는 일반적으로 어려운 문제이다. 왜냐하면 확실히 우리는 어떤 다른 종류의 실체를 탐구하기 때문이다. 그리고 이것이 우리가 마주한 문제인데, 무엇인가가 사물과 떨어져서 그 자체로 존재하며, 어떤 감각적인 존재에도 속하지 않는 존재가 과연 존재하고 있는지를 알려 하기 때문이다. 또 만약에 감각적 실체와는 별도로, 게다가 이에 대응하는 어떤 다른 실체가 존재한다면, 어떤 종류의 감각적 실체가 특히 이 대응하는 다른 실체를 갖는다고 생각해야만 하는가? 무엇 때문에 인간이나 말(馬)에는 특히 저마다에 대응하는 다른 실체(인간 자체나 말 자체 등)가 있다고 생각하면서 그 밖의 동물 또는 일반적으로 무생물에

는 그렇지 않다고 하는지 그 까닭을 모르는 게 아닐까? 그렇다고 해도 감각적이고 소멸적인 여러 실체들과 같은 수의, 다른 영원적인 여러 실체를 구상하는 일은 정당한 의견의 영역 밖이라 생각된다.

그러나 만약에 지금 우리가 추구하는 원리가 물체로부터 떨어져 존재하지 않는다고 한다면, 그러한 원리가 되기에 적당한 다른 무엇이 있을 수 있는가? 아니면 다만 질료만 있는 게 아닐까? 하지만 질료는 현실태에서는 존재하지 않고 오직 가능태에서만 존재할 뿐이다. 그렇다고 한다면 오히려 질료보다도 한결 뛰어나 원리에 알맞은, 형상 또는 형식이라고도 생각할 수 있다. 그러나 이것도 소멸적이다. 이렇게 일반적으로 떨어져서 그 자체로 존재하는 영원적인 실체는 존재하지 않는다는 말이 된다. 그렇지만 이는 불합리하다. 왜냐하면 무엇인가 그처럼(떨어져서 존재하는) 어떤 원리 또는 실체가 존재한다 여겨지고, 또 실제로 가장 뛰어난 사람들 거의 모두가 그러한 실체가 존재한다고 생각하며 탐구할 정도이기 때문이다. 뿐만 아니라 만약에 어떤 영원적인, 따로 떨어져서 존재하는, 영구적인 그 무엇인가가 존재하지 않는다고 한다면 어떻게 (이 세계에) 질서가 존재할 수 있을까?

더 나아가 〔10〕만약에 어떤 실체가 있어서, 이 실체야말로 우리가 지금 추구하는 그러한 본성을 가진 원리라 하고, 이 실체가 모든 사물을 통해서 하나의 원리이며, 영원적인 사물에서나 소멸적인 사물에서나 같은 원리라고 한다면, 거기에는 다음과 같은 어려운 문제가 생긴다. 원리가 모두 같다고 하는 한, 도대체 왜 같은 원리 아래에 있는 모든 사물들 가운데 어떤 부분은 영원적인데 다른 부분은 그렇지 않은가 이런 의문이다. 이는 불합리한 일이기 때문이다. 그러나 만일 어떤 하나의 원리는 소멸적인 사물이며 다른 하나는 영원적인 사물이라 해도, (영원적인 사물의 원리뿐만 아니라) 소멸적인 사물의 원리도 영원적이라고 한다면 마찬가지로 우리는 어려운 문제에 부딪힌다. 즉 원리가 영원적인 한, 그 원리 아래에 있는 사물들은 모두 영원적일 텐데 어째서 어떤 사물은 영원적이 아닌가 하는 의문 말이다. 그렇지만 원리를 소멸적이라고 한다면, 더욱이 이 소멸적 원리 때문에 다른 원리가 필요하고, 원리에서 원리로 무한히 거슬러 올라가게 된다.

그러나 〔11〕만약에 특히 뛰어나고 움직이지 않는 원리라 생각되는 존재와 하나〔一〕를 (우리가 추구하는 원리라고) 예로 들려면, 먼저 이들 저마다가 '이것'이라는 개체, 즉 실체를 의미하지 않는다면 어떻게 이들이 떨어져서 그 자체로 있는 존재일 수 있을까? 우리는 이처럼 떨어져서 그 자체로 있는 존재로서 영원적인 제1의 원리를 구하는데 말이다. 하지만 만일 실제로 이들이 '이것'인 개체, 즉 실체를 의미한다면 존재하는 모든 사물['있다' 또는 '존재한다'고 하는 (서술되는) 모든 사물]은 전부 실체이다. 왜냐하면 '있다'(또는 존재한다)고 하는 술어는 모든 사물에 주어질 수 있기 때문이다(하나 또한 몇 가지 사물에게는 그렇지만). 이렇게 존재하는 모든 사물들이 실체라고 하면 거짓이다. 또 어떤 사람들은 제1의 원리를 일(一)이라 말하고, 이것은 실체라 생각하며, 이 일(一)과 질료에서 수를 먼저 생성한 다음에 이 수를 실체라고 주장한다. 그런데 어째서 이 사람들의 많은 의견이 참일 수 있을까? 예를 들어 어떻게 해서 이(二)를, 또는 그 밖의 복합체인 수들을, 일(하나의 실체)이라고 생각할 수가 있겠는가? 그 일에 대해서 그들은 아무 말도 하지 않았으며 또 이야기하려고 해도 이것은 쉬운 일이 아니다. 그러나 사람들은 선(線)이나 이에 이어지는 것[제1의 면(面)을 말하는데]마저도 원리라 말하겠지만, 이들은 적어도 떨어져서 존재하는 실체가 아니라 선은 면(面)의, 면은 물체(입체)의 (그리고 점은 선의) 절단이자 구획(분할)이며, 다시 또 이들은 저마다의 한계이다. 요컨대 이들은 모두 다른 사물 안에 존속하며 어느 부분도 떨어져서 존재하지 않는다. 또 어째서 일(一)이나 점이라는 실체가 있다고 생각해야 할까? 그 어떤 실체에도 생성 과정이 있지만, 점에는 그 과정이 없는데 말이다. 그리고 점은 어떤 분할 부분에 지나지 않기 때문이다.

〔12〕그 어떤 인식(학문)도 보편적인 사물들에 관여하는, '이와 같은'이라 불리는[유적(類的)인] 사물들에 대한 것인데, 실체는 보편적인 사물이 아니라 오히려 '이것'이라 지칭할 수 있는 떨어져서 존재하는 것이다. 그렇다면 이로 인해 다음과 같은 어려운 문제가 생긴다. 만일 원리에 대한 인식(즉 우리가 추구하는 학문)이 있다면, 어떻게 해서 그 원리를 실체라 생각해야 하는가?

과연 결합체(질료 또는 질료를 수반하는 것)와는 떨어져서 따로 어떤 그 무엇인가가 존재하는가, 존재하지 않는가? 만약에 따로 떨어진 그 무엇인가가 존재하지 않는다면 질료 안에 있는 존재는 소멸적이다. 그러나 만약에 존재한다면 그것은 형상 또는 형식이다. 그런데 이 형상 또는 형식이 어떤 경우에는 떨어져서 존재하고, 어떤 경우에는 그렇지 않은가를 결정한다는 일은 쉽지 않다.

어떤 경우는 분명히 형상은 떨어져서 존재하지 않기 때문이다. 예를 들어 집의 경우가 그렇다(집의 형체는 사라져도 형상, 즉 집에 대한 이데아는 있다. 이 집의 이데아는 하나의 점으로부터 시작된 원리의 설명 방식으로써 형성되어 존재한다).

또 [9]과연 (이 집의) 원리(설명 방식)는 종(種)에서 같은가, 수(數)에 있어서 같은가? 만약에 수에서 하나라고 한다면 모든 사물(저마다 하나의 실체에서 시작되는 사물들)이 같다는 이야기가 된다.

제3장

이 책 제4권 제1-2장 개요

지혜를 좇는 사람(철학자)의 학문은 존재를 존재로서, 부분적(특수적)으로가 아니라 전체적(보편적)으로 다루므로, 더욱이 존재에는 많은 뜻이 있으므로 하나의 존재에 입각해서(같은 의미로) 쓰이지 않기 때문에, 따라서 만일 이를 동음이의어로 사용하며 조금도 공통점에 바탕을 두지 않는다면, 이러한 존재는 그저 하나의 학문에만 속하는 존재일 리가 없다[왜냐하면 이러한 존재에는 (이들에 공통되는 하나의) 유(類)가 없기 때문이다]. 그러나 만일 이런 존재들이 어떤 공통된 사물에 입각해서 쓰인다면 하나의 학문에 속할 수도 있다.

그런데 이 '존재'(또는 '있다')라는 말은 생각건대, 지금 말한 대로의 방법으로 쓰일 수 있다. 즉 '의술적'이나 '건강적'이란 말처럼 쓰일 수 있다. 이 말들을 우리는 많은 뜻으로 사용하고 있지만, 이들이 이와 같이 쓰일 수 있는 까닭은 의술적인 경우에는 어떤 '의술'과의, 건강적인 경우에는 '건강'과의, 그 밖의 경우에는 그 밖의 무엇인가와의, 요컨대 어느 경우나 저마다 어떤 '같은 사물과의 관계에 있어서' 쓰인다. 예를 들어 어떤 설명이나 메스(작은 칼)도 '의술적'이라고 하는데, 여기에서는 의술에서의 설명이기 때문이며 메스는 의술용 도구이기 때문이다. '건강적'이라는 말도 이와 마찬가지이다. 즉 무엇인가가 '건강적'이라고 하는 경우 어떤 때에는 그것이 건강의 징후이기 때문에, 어떤 때에는 그것이 건강을 가져오기 때문에 그렇게 말한다. 그 밖의 경우에도 이들과 마찬가지 방법으로 그렇게 말한다. 그래서 '있다' 또는 '존재한다' 하는 모든 사물들도, 이와 같은 방법으로 그렇게 말한다. 즉 이 사물들은 존재로서의 존재 속성이기 때문에, 또는 소유 상태이기 때문에, 또는 그 상황에 있기 때문에, 아니면 그 운동이기 때문에, 그리고 그 밖에 어떤 관계가 있기 때문에 모두 그와 같이 '있다'(또는 존재한다)고 한다.

그래서 이처럼 '있다'고 하는 모든 사물들이 결국 어떤 하나의 공통 사물과의 관계에서 (술어적으로) 존재하므로, 저마다의 반대성도 모두 존재의 제1의 차별성 또는 반대성으로 귀착될 수 있다. 비록 이 존재의 제1차별성이 많음과 하나에 있든 비슷함과 비슷하지 않음에 있든, 또는 그 밖의 무엇과 무엇에 있다고 해도, 이들의 관계에 대해서는 이미 연구가 끝났다고 생각하자. 또 존재하는 사물이 존재에 귀착되든, 하나에 귀착되든 그것은 어느 쪽이라도 상관이 없다. 왜냐하면 비록 이 '존재'와 '하나'가 같지 않고 다르다 해도, 적어도 이들은 서로 위치를 바꿀 수 있기 때문이다. 즉 하나는 그 어떤 뜻에서는 존재이고 존재 또한 하나이기 때문이다.

그런데 반대되는 사물들은 모두 같은 하나의 학문으로 연구되어야 한다. 그리고 이 반대되는 사물들의 어느 한쪽은 결여태(缺如態)로 나타내지만, 어떤 반대되는 사물들의 경우, 예를 들어 부정(不正)과 정(正) 같이 이들 사이에 무엇인가 중간이 있을 수 있는 반대되는 사물들의 경우에는, 어떻게 해서 그 반대성을 결여태로 나타낼 수 있는가 하는 어려운 문제가 제기될 수도 있다. 그러나 모두 이와 같은 경우에는, 설명 방식 전체가 결여태가 아니라 단지 가장 낮은 종의 결여태를 거론해야 한다. 예를 들어 옳은 사람이라는 말이 '어떤 일정한 몫으로 법률을 따르는 사람'을 지칭한다고 해도, 부정한 사람이 반드시 모든 점에서 이 옳은 사람에 대한 설명 방식 전체를 결여한다고 말할 수는 없다. 다만 '어떤 점에서 법을 따르지 않는다'는 뜻일 뿐이며, 이러한 경우에만 결여태가 이 사람에게 귀착된다. 또 그 밖의 경우도 이와 마찬가지이다.

그런데 마치 수학자가 추상적인 사물을 연구하듯이, 그는 그 연구에 앞서 모든 감각적인 사물을, 이를테면 무거움과 가벼움, 단단함과 연함, 더 나아가 뜨거움과 차가움, 그리고 그 밖의 감각적인 반대적 성질을 벗어던진다. 그리고 그저 양적인 속성과 연속적인 속성(그 어떤 것은 일차원적으로, 어떤 것은 이차원적으로, 어떤 것은 삼차원적으로 양적 또는 연속적인 속성) 및 이들의 양적이며 연속적인 한에 있어서의 여러(수학적 부동의) 속성들만을 남겨서, 이 속성들을 다른 그 어떤 관련에서가 아니라 오직 그 자체로서 연구한다. 또한 어떤 사물들은 서로의 위치나 여러 속성을, 어떤 사물들은 통약성(通約性)이나 비통약성을, 어떤 사물들은 비(比)를 연구한다. 그러나 어쨌든 우리는 이 사물 모두를 연구 대상으로 하는 하나의 같은 학문을, 즉 기하학을 설정한다. 바로 이와 같은 일을 존재에 대해서도 말할 수가 있다. 왜냐하면 존재인 한, 존재의 부대적 온갖 속성들이나 존재가 존재로서 갖는 여러 반대적 성질들은 철학만의 대상이기 때문이다. 이와 달리 자연학은, 사람은 존재로서가 아니라 오히려 운동과 관련한 여러 존재의 연구에 맡긴다.

한편 변증론이라든가 궤변술은 여러 존재에 부대하는 온갖 속성을 대상으로 하기는 하지만 이들을 존재로서 연구하지 않고, 존재 그 자체를 존재라는 점에 입각해서 연구하지도 않는다. 따라서 결국은 철학자야말로 앞서 말한 여러 사물들을 그 존재라는 점에 바탕을 두고 연구하는 사람이다. 그런데 사물은 많은 뜻에서 '있다'(또는 존재한다)라고 하는데, 이 사물들은 모두 어떤 하나의 공통된 사물에 입각해서 그렇게 말하며 반대의 사물들도 마찬가지 방법으로 말한다(왜냐하면 이들은 존재의 제1반대성 또는 차별성으로 환원되기 때문이다). 그리고 이와 같은 사물은 하나의 학문 아래에 있을 수 있다. 따라서 처음에 제기한 어려운 문제는 이로써 해결되었다. 그 문제란, 유(類)를 달리하는 많은 존재들에 대해서 어떻게 어떤 다른 하나의 학문이 있을 수 있는가였다.

제4장

이 책 제4권 제3장 개요

수학자도 어떤 특별한 방법으로 공통된 여러 공리(公理)를 사용하므로, 그 수학자들의 원리 연구도 제1철학이 하는 일이다. 왜냐하면 예를 들어 '같은 양의 두 사물에서 같은 양을 빼면 나머지 양은 같다' 이런 명제는 모든 양적인 사물에 공통되지만, 수학은 따로 분리해서 그 고유 질료의 어떤 특정한 부분(예를 들면 선 또는 각, 아니면 수 또는 그 밖의 어떤 양)만을 연구하기 때문이다. 더욱이 이들을 존재로서가 아니라, 다만 그들 저마다를 일차원적으로 또는 이차원적으로 아니면 삼차원적으로 연속적인 사물로서 연구한다. 그런데 철학은 부분적인 사물들에 대해서는 그들이 어떤 부대적 속성을 가지는 한, 이 부분들 자체를 고찰한다기보다는 그러한 사물들에 대해서도 그들 저마다가 어떤 존재인 한, 이 존재를 존재로서 연구한다. 그리고 자연학은 수학의 경우와 상황이 같다. 왜냐하면 자연학은 부대적 여러 속성을 연구하고, 또 존재하는 여러 사물들의 원리를 연구하기는 하지만, 이들을 존재로서가 아니라 운동하는 사물로서 연구하기 때문이다(우리가 제1이라 부르는 학문은 사물들의 기체 자체가 존재한다는 점에 따라서 그들을 연구하는 학문이지 그 밖의 다른 무엇으로서가 아니기 때문이다). 이 학문(자연학)은 수학과 함께 지혜의 부분으로 생각해야 한다.

제5장

이 책 제4권 제4장 개요

그런데 여러 존재들('있다'고 하는 사물들) 안에 있는 어떤 원리는 그 사물에 대해 거짓일 수는 없다. 오히려 그 반대, 즉 그 사물의 참(진리)이라는 게 늘 필연적인 어떤 원리가 있다. 그러니까 같은 사물이 같은 때에 있으면서 동시에 없을 수는 없고, 또 어떤 사물도 이와 같은 조건에서 그 무엇임과 동시에 무엇인가에 대립하는 다른 무엇인가일 수도 없다는 말이다. 그리고 이와 같은 원리에 대해서는 단적인 논증이 있을 수가 없다. 그러나 저마다에 대한 것(옳고 그름을 가리는 논증)은 있을 수 있다. 왜냐하면 저마다 이러한 원리 그 자체를 한결 더 확실한 전제 원리에서 추리할 수는 없고 게다가 단적인 논증이 되기 위해서는 그런 전제 원리가 필요하기 때문이다. 그렇지만 대립하는 두 개의 판단을 똑같이 참이라고 말하는 사람에게 그 판단이 거짓임을 밝히려는 사람은, 같은 사물이 같은 시간에 있으면서 없다고는 할 수 없는 경우와 같지는 않지만 실은 같다는 어떤 비슷한 사실을 그 사람이 인정하게 만들어야 한다. 왜냐하면 오직 그런 방법으로만 같은 사물에 대해 대립하는 두 개의 판단이 참이라고 주장하는 그 사람에 대한 논증을 할 수 있기 때문이다. 그러나 서로 대화를 나누길 바라는 사람들은 조금이라도 상대를 이해하려 해야 한다. 만약 그렇지 않으면 어떻게 그들이 서로 의사소통을 할 수 있겠는가? 그렇다면 각 용어는 저마다 이미 알고 있는 것이고 무엇인가를 뚜렷이 지시할 수 있어야 한다. 더욱이 많은 사물이 아니라 단 하나의 사물을, 그리고 만일 하나보다 많은 사물을 의미하는 말이라면 그 많은 사물들 가운데 어느 하나를 뜻하는 것으로서 이 말을 사용하는지에 대해 분명히 하지 않으면 안 된다.

따라서 (1)누군가가 '이것은 있으면서 없다' 말할 경우, 그 사람은 스스로가 '있다'고 긍정한 사물을 동시에 '없다'고 부정했다. 그러므로 이 말이 의미하는 '있다'를 이 말은 '있지 않다'고 말하는 셈이다. 그러나 이것은 불가능하다. 그래서 '이것이 있다'는 말이 무엇인가를 의미하는 명제인 한, 이에 모순되는 주장이 참일 수는 없다.

더 나아가 (2)만약에 이 말이 무엇인가를 의미하며 참된 말이라면, 이 사물은 필연적으로 있어야 한다. 그런데 필연적으로 '있는' 사물이 때로는 있지 않을 수도 있다는 말은 불가능하므로, 같은 사물에 대해서는 대립적인 긍정과 부정은 모두 참일 수가 없다.

(3)만약에 무엇인가를 긍정하는 일이 이를 부정하는 일보다 더 참이 아니라고 한다면, 그 무엇인가를 '인간이다' 말하는 사람도, 그것을 '인간이 아니다' 말하는 사람도 다 같이 참을 말하는 사람이 된다. 그렇게 되면 '인간은 말이 아니다' 말할 때, 이렇게 말하는 사람은 인간을 '인간이 아니다' 말하는 것 이상으로 참을 말하는 사람으로도 여겨지고, 따라서 이렇게 말하는 사람이 같은 인간을 '말이다' 말해도, 역시 이 사람은 진실을 말하는 사람으로 여겨질 수 있다(이런 모순은 대립하는 두 개의 판단이 똑같이 참이라는 가정에서 출발했기 때문이다). 그러나 그렇게 되면 같은 인간이 인간이기도 하고, 말이기도 하며, 그 밖의 어떤 동물이기도 하다는 말이 된다.

그런데 이와 같은 원리에 대한 논증이 단적으로는 전혀 존재하지 않으나, 이들을 부정하는 사람에 대해서 옳고 그름을 가리는 논증은 있을 수 있다. 그리고 아마 헤라클레이토스조차도 만약에 누군가가 이런 방법으로 그에게 묻는다면, 대립하는 두 개의 판단이 같은 사물에 대해서 똑같이 참이라는 일은 결코 가능하지 않다는 사실에 동의하지 않을 수 없었을 것이다. 하지만 실제로 그는 자기가 하는 말이 무엇을 뜻하는지도 모르고 그런 견해를 보였다. 그러나 어쨌든 일반적으로, 만약에 그가 한 말이 참이라면 바로 이 말 자체가 참이 '아닐' 수도 있다. 즉 같은 사물이 같은 때에 '있기'도 하고 '없기'도 하다는 그 자체가 참이 아니다. 왜냐하면 마치 이렇게 한 말(갑은 있으면서 없다)을 두 개의 판단(갑은 있다, 갑은 없다)으로 나누어서 보았을 때 부정판단(갑은 없다)도 긍정판단(갑은 있다) 못지않게 참일 수 있듯이, 바로 그와 마찬가지로 이 둘이 이어져 복합된 어떤 하나의 긍정판단('갑은 있으면서 없는 것'이다')이라고 보았을 경우, 이에 대한 부정판단(갑은 있으면서 없는 것이 '아니다')도 하나의 긍정판단으로서의 전체에 못지않게 참일 수도 있기 때문이다. 만약에 그 어느 것(어느 의견)도 참이라 긍정할 수 없다면 바로(긍정하지 못하는) 이 일 자체도, 즉 어떠한 참다운 긍정판단도 존재할 수 없다고 주장하는 그 자체도 거짓이다. 그러나 만일 어떤 참다운 긍정판단이 존재한다면 이런 반대론을 내세워 정당한 토론을 처음부터 부수는 사람들의 여러 주장도 마찬가지로 (맺어진 복합적 논박에 의해) 파기되고 말 것이다.

제6장

이 책 제4권 제5-8장 개요

프로타고라스의 말도 위에서 이야기한 여러 주장들과 거의 마찬가지이다. 왜냐하면 이 사람이 '만물의 척도는 인간이다' 말했을 때 그 뜻은, 저마다에게 그렇게 '여겨지는' 사실이 분명히 그렇게 '있다'는 말이었는데, 그렇다고 하면 여기서도 같은 존재가 있으면서 없고, 악이기도 하고 선이기도 하다는 말이 되므로 그 밖에 일반적으로 대립된 술어를 갖는 판단이 똑같이 참이 된다. 왜냐하면 자주 어떤 특정한 사물이 어떤 특정한 사람에게는 아름다움인 것처럼 나타나고(여겨지고), 어떤 다른 특정한 사람에게는 그 반대인 것처럼 나타나며, 더욱이 이 저마다에게 나타나는 발현(發現)이 (긍정과 부정의) 척도이기 때문이다.

그런데 이 어려운 문제는 이런 견해가 시작된 기원을 살펴보면 해결된다. 왜냐하면 이와 같은 견해는 (1)어떤 사람에게는 자연학자들의 의견에서 생겼다고 여겨지며, (2)다른 어떤 사람들에게는 반드시 모든 사람이 같은 사물에 대해서 같은 인식을 갖지는 않고 오히려 어떤 특정한 사물이 어떤 특정한 사람들에게는 기분 좋게 나타나고 다른 특정한 사람들에게는 그 반대로 나타난다는 사실에서 생긴 듯하기 때문이다.

(1)'아무것도 아닌 것(비존재, 무)으로부터는 생성도 없고, 모든 것은 있는 것(존재, 유)으로부터' 생성된다고 하는 말이 자연에 대해 논하는 사람들 거의 모두에 공통된 의견이다. 그런데 어떤 점으로 보아도 결코 희지 않은 것이 아닌

완전한 하양이 존재한다면, 새삼스레 또다시 '하양이 생성된다'는 일(사물이 하얗게 됨)은 있을 수 없기 때문에, 하양의 생성은 '희지 않은 것'으로부터임에 틀림없다. 따라서—그들은 추리한다—만약에 같은 존재가 하얗기도 하고 희지 않은 것이기도 하다면(즉 하양이면서 하양이 아닌) 그것은 있지 않는 것(비존재)에서 생성된 존재가 된다. 그러나 이 문제의 해결은 어렵지 않다. 그것은 자연에 대한 논문에서, 생성하는 사물이 어떠한 방법으로는 비존재로부터 생성되고, 또 어떠한 방법으로는 존재에서 생성된다고 서술된 그대로이기 때문이다.

하지만 (2) ⓐ서로 다투는 여러 사상가들의 견해나 표상(表象)들에 대해서 똑같은 신뢰를 보인다면 사람 좋은 이가 할 일이다. 분명히 그중 어느 한쪽은 거짓임이 틀림없으니까. 그리고 이것은, 감각적으로 일어나는 여러 사실로 보아도 뚜렷하다. 왜냐하면 결코 같은 사물이 늘 어떤 사람에게는 달게 나타나고 다른 어떤 사람에게는 그 반대로 나타나거나 하지 않고, 단지 어느 한쪽 사람들의 감각기관, 즉 그 액체의 맛을 판정하는 감각기관이 파괴되고 상처를 입었을 때에만 반대로 나타날 수 있기 때문이다. 사실이 이러하므로, 정상적인 감각기관을 지닌 사람들 쪽을 척도로 여겨야 하며, 그 밖에 다른 사람들을 척도로 여겨서는 안 된다. 그리고 이것은 또 선과 악, 아름다움과 추함, 그 밖에 이와 같은 여러 성질들의 경우에도 마찬가지라고 나는 주장한다. 왜냐하면 그와 같은 견해의 정당성을 주장하는 일은, 마치 자기 손가락으로 눈 아래를 눌러서 하나의 대상을 두 개(이중)로 보이게 하는 사람이, 그 겉모습(나타남)을 실제로 이만한 수(즉 두 개)로 보인다는 이유로 두 개임에 틀림없다고 주장하는 일이나 다름없고, 또 그 눈 아래를 누르지 않고 보는 사람에게는 하나의 대상이 하나로 '보이기' 때문에 '하나이다' 주장하는 일과 전혀 다르지 않기 때문이다.

또 ⓑ일반적으로 이 지상의 사물이 늘 전화(轉化)하며 결코 자기 동일(同一)에 머물지 않는 듯이 보이는 이 실재 현상을 바탕으로 하여 진리에 대한 판정을 내린다면 이는 불합리하다. 진실을 좇기 위해서는 영원히 자기와 동일성을 유지해야 하고, 결코 전화하는 일이 없는 사물에서 출발해야 하며, 여러 (자연적) 천체야말로 그러한 사물이다. 왜냐하면 이들은 때로는 '이렇게' 나타나 이윽고 '이렇게'가 아니라 '저렇게' 나타나는 그런 사물이 아니라, 영원히 같으며 그 어떤 전화에도 관여하지 않는 사물들이기 때문이다.

또 (c)만약에 운동이 있다면 거기에는 운동하는 그 무엇이 있으며, 그리고 운동하는 사물은 모두 어떤 물질로'부터' 어떤 물질'로' 운동한다. 그렇다면 운동하는 사물은 먼저 그 운동이 시작되는 어떤 물질 안에 존재하며, 거기서 어떤 다른 사물 '안으로' 운동해 가거나, 다른 사물 안에 생성하는 무엇이지 않으면 안 된다. 따라서 그 사람들이 말하는 모순적 주장이 동시에 참일 수는 없어야 한다.

또 (d)이를테면 지상에 있는 사물들의 양이 끊임없이 흐르며 운동한다고 해도(그리고 물론 이것이 참은 아니지만 누군가가 이렇게 주장한다고 해도), 무엇 때문에 이 사물들이 성질에서도 같은 상태로 머물러 있으면 안 되는가? 생각건대 서로 모순된 술어가 같은 사물에 주어진다는 그들의 견해는, 물체에 있어서 그 양이 같은 상태에 머물러 있지 않다는 생각에서 나왔다고 여겨진다. 이 생각에서 그들은 같은 사물이 '4쿠빗이면서 4큐빗이 아니다'라고도 말하기에 이르렀다. 그러나 사물의 실체(즉 그 사물이 무엇인가)는 그것의 성질(어떠한 것인가)에 관련되어 있고, 이 성질은 규정된 어떤 자연에 속하는데, 사물의 양(어느 정도 있는가)은 규정이 없는 자연에 속한다.

더 나아가 (e)의사가 그들에게 어떤 특정한 음식(예를 들어 빵)을 먹도록 지정했을 때, 무엇 때문에 그들은 스스로 그 음식을 먹는가? 즉 무엇 때문에 그 음식이 빵이 '아니다' 말하기보다는 오히려 빵'이다' 말하는가? 따라서 (만약에 그 음식이 빵이냐 아니냐에 차이가 없다고 한다면) 그것을 '먹는다'와 '안 먹는다'에도 차이가 없게 된다. 그런데 사실 그들은 마치 자기 자신을 참을 알고 있는 사람이라 여기며 자기에게 먹도록 지정된 음식이 빵이라고 정한 듯이 그 음식을 먹는다. 그러나 그들은 빵을 먹지 않을 것이다. 만일 (그들 스스로의 주장처럼) 감각적인 사물 안에는 확실하게 같은 상태에 머무는 실재도 존재하지 않고 모든 사물이 늘 운동하며 흐른다면 말이다.

또 (f)만약에 우리 스스로가 늘 변화하며 결코 같은 상태로 머무는 일이 없다고 한다면, 비록 사물이 우리에게, 마치 환자에게도 그러하듯이 동일하게 나타나지 않는다 해도 전혀 놀라운 일이 아니지 않는가? 왜냐하면 환자는 건강했을 때와 마찬가지 상태로는 놓여 있지 않기에, 감각으로 느껴지는 사물이 환자에게 똑같이 나타나지(표상되지) 않기 때문이다. 다만 이 감각적 사물 자체는 결코 그 자체 때문에 어떤 전화에 관련되는 일도 없이, 그저 이 환자 안에 어떤 다른 동일하지 않는 감각 표상을 만들어 낼 뿐이다. 그리고 아마도 이와 같은 현상이, 만약에 지금 말한 바와 같은 전화가 (우리 자신에게) 생긴다면 틀림없이 일어나게 된다. 그러나 만일 우리가 전화하지 않고 똑같은 우리로서 존재를 계속한다면, 같은 상태로 머무는 그 무언가가 우리 안에 존재할 것이다.

그런데 언어상의 근거로 위에서 말한 바와 같은 문제(동일한 사물이 동시에 있기도 하고 없기도 할 수 있겠느냐는 문제)를 가진 사람들에 대해서는 그들이 무엇인가를 조정(措定)하지 않는 한, 그리고 이 무엇인가에 대해서는 더 이상 어떤 설명도 요구하지 않는다는 조건을 달지 않는 한 그 문제를 풀기란 쉽지가 않다. 그렇게 해야만 모든 논의, 논증이 성립될 수 있기 때문이다. 즉 그 무엇도 조정하지 않은 사람들은 토론 자체를 무(無)로 돌려버리고 만다. 또 일반적으로 논의가 없다고 간주해 버림으로써, 스스로에게 있어 논의가 존재할 수 없게 한다. 그러나 예부터 이어온 여러 문제로 고통받는 사람들은 손쉽게 그들에게 대응할 수 있고, 또 그들 안에 문제를 자아내는 원인이 되는 문제들도 쉽게 푼다. 그리고 이러하다는 사실은 이미 앞에서 말했다.

이상으로 명백한 일은, 모순적으로 대립하는 판단이 같은 사물에 대해서 같은 시간에 참일 수는 없으며 또 반대적으로 대립하는 판단도 마찬가지이다. 왜냐하면 거의 반대성은 결여 상태로 나타나기 때문이다. 그리고 이는 반대되는 사물들의 설명 방식을 저마다의 원리로까지 환원해 보면 분명하다.

마찬가지로 (반대되는 사물들 사이에 있는) 어떤 중간도 (반대되는 사물들 가운데 어느 것인가로 서술되는) 그 동일한 하나의 사물에 대해 술어가 될 수는 없다. 예를 들어 어떤 기체(基體)가 흰 것일 때, 만약에 우리가 이 기체를 검지도 않고 희지도 않다(즉 하양과 검정의 중간에 있다)고 말한다면 우리는 거짓을 말하는 셈이다. 왜냐하면 같은 사물이 하얗기도 하고 하얗지 않기도 하기 때문이다. 검정과 하양이라는 두 말 가운데 어느 한쪽이 사물에 대해 참일 테지만, 이는 하얗다고 하는 말(또는 검다고 하는 것)과는 모순되기 때문이다.

그렇기 때문에 헤라클레이토스를 따라서 이야기하는 사람들이나 아낙사고라스를 따라서 말하는 사람들은 모두 참을 말하는 사람일 수가 없다. 만약에 그렇다고 한다면, 동일한 사물에 대해서 반대되는 속성들을 서술할 수 있다는 뜻이다. 왜냐하면 아낙사고라스가 모든 사물들 안에 모든 부분들이 있다고 말했을 때, 그는 그 무엇이나 달지만 그에 못지않게 맵기도 하고, 그 밖의 어떠한 반대되는 속성들이기도 하다고 이야기했기 때문이다. 모든 사물 안에 모든 부분들이 포함되어 있고, 더욱이 그저 가능적으로만이 아니라 현실적으로도 분리되어 포함되어 있다는 말이기 때문이다. 마찬가지로 모든 판단이 모조리 거짓이라고 할 수도, 또 모조리 참이라고 할 수도 없다. 그 까닭은, 이러한(논리 과정상의) 조정(措定)에 의해서 고민을 함께하는 다른 수많은 문제들이 일어나기 때문이기도 한데, 또 만약에 모두가 거짓이라고 한다면 이렇게 모두가 거짓이라는 주장하는 그 자체까지도 거짓이고, 만일 모두가 참이라고 말한다면 모두가 거짓이라고 말하는 그 자체는 거짓일 수 없고 참이라는 말이 되기 때문이다.

제7장
이 책 제6권 제1장 개요
모든 학문은 저마다 그 학문에 속하는 인식 대상들에 대해서 어떤 원리나 원인을 탐구한다. 예를 들어 의학이나 체육학, 그밖에 창조적 또는 수학적인 여러 학문들이 그러하다. 즉 이 학문들은 저마다 자신들의 연구 대상으로 어떤 특정한 유(類)를 뽑아내 그 연구에 전념한다. 그리고 그러한 학문들의 대상은 현존하는 존재이면서 어떤 존재인데, 그러나 이 여러 학문들은 그러한 대상들을 '존재로서' 연구하지 않는다. 그렇지 않고 (여러 존재들을 특히 존재로서 연구하는 학문으로는) 이들 여러 학문과는 별도의 어떤 다른 학문이 있다. 앞서 말한 여러 학문들은 저마다 그 대상으로 하는 특정한 유의 사물들이 '무엇인가(그것의 본질, 실체)를 어떤 방법으로 파악하고, 그 밖의 사물(여러 속성)들을 어떤 학문은 비교적 소홀하게, 어떤 다른 학문은 꽤 엄밀하게 논증하려고 시도한다. 그리고 어떤 학문은 그 '무엇인가'를 감각으로 파악하고, 다른 어떤 학문은 그 무엇인가를 가정으로 삼는다. 그렇기 때문에 이와 같은 귀납에서는 분명히 그 사물의 실체, 즉 그 사물이 '무엇인가'는 논증의 대상이 되지 않는다.

자연에 대한 어떤 학문을 보면, 이 학문(자연학)이 실천적인 학문도 아니고 창조적인 학문도 아님은 명백하다. 창조적인 학문에서는 운동 원리가 만드는 사람 안에 있고, 만들어진 사물 안에는 존재하지 않는다. 그리고 그 원리는 어떤 기술, 또는 그 밖의 어떤 능력이다. 마찬가지로 실천적 학문에서도, 실천되는 사항 안이 아니라 오히려 실천하는 사람 안에 운동이 있다. 그런데 자연학자의 학문은 자체적으로 운동 원리를 내포하는 사물(자연물)을 대상으로 한다. 따라서 이상으로 보아 분명하듯 이 자연학은 실천적인 학문도 창조적인 학문도 아닌 어떤 이론적인 학문이라는 사실이 필연적이다[자연학은 반드시 이들 세 부류(실천·창조·이론 학문) 가운데 어느 하나에 속해야 하므로]. 그런데 여러 학문들은 반드시 그 어떤 방법으로든 그 대상이 되는 사물이 무엇인가를 알지 않으면 안 되고, 이 대상을 원리로서 사용하지 않으면 안 되기 때문에, 여기서 우리가 잊어서는 안 되는 것은, 자연학자에 의해서 그 사물이 어떻게 정의되어야 하며, 또 그 실체의 설명 방식을 어떻게 파악해야 하는가, 그것은 '시몬(들창코)'처럼 (형상적으로) 파악해야 하는가, 아니면 차라리(단적으로) '움푹 파임'으로 파악할 것인가이다. 생각건대 이들 둘 가운데 '시몬'의 설명 방식은 그 사물의 질료와 '함께' 표현되지만, '움푹 들어감'의 설명 방식은 질료로부터 '떨어져' 있다. 왜냐하면 시몬성(性)은 코에서 생기기 때문이다. 그러므로 시몬성의 설명 방식은 코와 함께 생각해야 한다. 왜냐하면 '시몬'이란 '움푹 들어간 코'를 말하는 것이니까. 분명히 그렇기 때문에 살이나 눈, 그 밖의 어떠한 신체 부분도 이들의 설명 방식은 언제나 그 질료와 '함께' 제시되지 않으면 안 된다.

그러나 존재로서의 존재를 연구하며 또 사물로부터 떨어져 있는 존재를 연구하는 어떤 하나의 학문이 있기 때문에, 우리는 과연 이러한 학문을 자연학과 같은 학문이라 보아야 하는가, 아니면 오히려 다른 학문으로 보아야 하는가, 이 점을 검토해 보지 않으면 안 된다. 그런데 자연학은 그 운동 원리를 그 자체 안에 포함하는 사물을 대상으로 하며, 수학은 그 자체에 멈춰 있기는 하지만 떨어져서는 존재하지 않는 사물을 연구하는 이론적인 학문이다. 그렇다고 한다면, 떨어져서 존재함과 동시에 움직이지 않는 어떤 존재를 연구하며 이들 두 학문과는 별도로 어떤 다른 학문이 있을 것이다. 만약에 그와 같은 실체—이것은 (사물로부터) 떨어져서 존재하는 움직이지 않는 실체를 말하지만—가 존재한다면 말이다. 그리고 그 연구 대상, 즉 사물로부터 떨어져 존재하는 움직이지 않는 실체가 그대로 존재한다는 일에 대해서는, 나중에 증명을 시도해 볼 생각이다. 또한 적어도 세계의 모든 존재들 안에 무엇인가 이와 같은 실체가 존재한다면, 여기에는 분명히 또 신적(神的)인 존재가 실재하고, 이 실재야말로 제1의 그리고 가장 권위 있는 (존재의) 원리임에 틀림없다. 분명히 이렇게 해서 이론적인 학문에는 세 종류, 즉 자연학과 수학과 신학이 있다. 그런데 이론적인 부류의 학문이 가장 뛰어나지만, 이 부류 중에서도 마지막으로 말한 학문(즉 신학)이 무엇보다 뛰어나다. 왜냐하면 이 학문은 모든 존재 중에서 가장 존귀한 존재를 대상으로 하며, 일반적으로 학문들의 우열이 정하는 요소는 학문 저마다에 특유한 인식 대상 무엇인가에 달려 있기 때문이다.

하지만 존재로서의 존재에 대한 학문은 본디 보편적인 학문으로 여겨야 하는가 그렇지 않은가라는 문제를 제기하는 사람도 있을지 모른다. 왜냐하면 수학에서는 수학적 여러 학과들 저마다가 어느 한정된 하나의 유(類)를 그 연구 대상으로 하지만, 보편적인 학문은 (유를 뛰어넘어) 모두에게 공통되기 때문이다. 그런데 만약에 자연적 실체가 모든 존재 중에서 제1의 실체라면, 자연학이 모든 학문 가운데 제1의 학문이 된다. 하지만 만일 어떤 다른 실체가 있다면, 즉 떨어져서 존재하는 움직이지 않는 실체가 있다면 필연적으로 이에 대한 학문은 어떤 다른 학문이며 자연학도'보다 먼저'의 학문(사물의 시작에 대한 학문)이다. 또한 보다 먼저라는 이유로 보편적이다.

제8장
이 책 제6권 제2-4장 개요. 《자연학》 제2권 제5-6장 요지—우연에 대해서.

그러나 단적으로 말하는 존재에도 여러 뜻이 있고, 그 가운데 하나는 부대적인 의미로서의 존재이므로, (1)먼저 이런 부대적인 뜻에서의 존재를 검토하지 않으면 안 된다. 그런데 예부터 이어 내려온 여러 학문들은 모두 다 부대적인 사물 연구는 아니다. 이것은 뚜렷한 사실이다. 왜냐하면 다음과 같기 때문이다. 예를 들어 건축술은 건축하는 집의 사용자들에게 부대적으로 일어나리라 예상되는 일들(이 사용자들이 이 집에서 고통스러운 생활을 할지, 아니면 그 반대일지)에 대해서는 연구하지 않는다. 마찬가지로 베를 짜는 기술도 신발을 만드는 기술도 과자를 만드는 기술도 그러한 부대적인 일에 대해서는 연구하지 않고, 다만 저마다에 따른 특수한 대상—저마다의 고유한 목적—에 대해서만 연구를 한다. 또 '교양 있는 사람이 읽고 쓸 수 있게 되었을 그때서야 그는 교양 있으며 글을 읽고 쓸 수 있는 사람이지 그 이전에는 그런(부대성을 갖춘) 사람이 아니었다. 따라서 그 사람은 그때까지 늘 그렇지 않았던 사람이 그렇게 된다. 그래서 그는 이제 비로소 교양 있는 사람과 읽고 쓸 수 있는 사람, 두 가지를 모두 갖춘 사람이 된다' 이런 논의도, 일반적으로 인정받는 여러 학문에서는 전혀 문제되지 않는다. 문제는 지자(知者)의 술(궤변술)뿐이다. 왜냐하면 오직 이 궤변술만이 부대적인 사물에 전념하기 때문이다. 그렇기 때문에 플라톤도, 정당하게 소피스트(궤변론자)들은 있지 않은 것(비존재)에 대한 한가로운 이야기에 빠져 있다고 말했다.

그러나 부대적인 사물에 대한 학문이 (예부터 내려온 여러 학문 안에 존재하지 않을 뿐만 아니라) 존재할 수 없다는 사실은, 처음부터 부대적인 사물이란 '무엇인가' 알려고 애쓰는 사람들이면 명백하게 알고 있다고 말할 수 있다. 그런데 우리가 '……이다' 말하는 사물은 (1)언제나 그리고 필연적으로 그러한가 (여기에서 필연이란 강제적인 뜻이 아니라 우리가 논증할 때 사용하는 의미, 즉 필연적으로 그렇게 있을 수밖에 없다는 의미에 있어서이지만), 또는 (2)거의 모든 경우에 그러한가, 아니면 (3)거의 모든 경우에 그러하지도 않고 늘 필연에 의해서도 아니고 단순히 우연히 그러한가, 셋 중의 하나이다. 예를 들어 삼복더위 때 추운 날씨가 있기도 하는데, 이런 현상은 언제나 그리고 필연적으로 일어나는 일도 아니고, 또 흔히 일어나는 일도 아니라, 다만 '이따금'(우연적, 부대적으로) 일어날 뿐이다. 따라서 부대적인 사물은 일어나지만(생성되고 존재하지만) 언제나도 아니고 필연적으로도 아닌, 드물게 일어나는 사물이다.

이것으로 우리는 부대적인 사물이 무엇인가를 살펴보았다. 그리고 무엇 때문에 이와 같은 부대적 사물에 대한 학문이 존재할 수 없는가도 분명해졌다. 왜냐하면 본디 학문은 늘 그렇게 있는 사물이나 거의 모든 경우에 그러한 사물을 대상으로 하는데, 부대적인 사물은 이들 어느 쪽에도 속하지 않기 때문이다.

하지만 부대적 의미로서의 존재 원인이나 원리가 자체적인 의미로서의 존재 원인이나 원리와 같지는 않다는 사실도 분명하다. 만약에 같다고 한다면, 모든 부대적 사물들도 필연에 따라서 존재한다고 해야 하기 때문이다. 예컨대

A(어떤 부대적인 사물)는 B가 존재할 때 존재하며, 이 B는 C가 존재할 때 존재한다고 한다면, 더욱이 이 C의 존재는 단순히 우연이 아니라 필연에 의해서라고 한다면 B의 원인이었던 이 C의 존재는, 말하자면 마지막의 피원인자(被原因者)인 A에 이르기까지 필연으로써 존재한다는 말이 된다[더욱이 A는(가정에 의하면) B의 부대적 의미로서의 존재였다]. 이렇게 되면 모든 사물이 필연에 의해 존재한다고 말해야 되고, 사물이 우연히 일어난다는 일은 없게 되며, 어떤 사물이 생길 수도 생기지 않을 수도 있다는 경우는 이 생성 세계에서는 전혀 없다는 말이 되어버린다. 또 비록 원인은 존재한다기보다는 생성된다고 해도, 결론은 마찬가지이다. 모든 사물이 필연으로 생성된다는 말이 된다. 왜냐하면 예를 들어 내일의 음식은 (내일이 되기 전에) A가 생겨야만 생긴다고 하자. 그러나 이 A는 그 전에 다른 어떤 일 즉 B가 생겨야만 생기고, 이 B는 또 다른 어떤 일 그러니까 C가 생겨야만 생긴다고 할 때, 이렇게 해서 오늘 이 시각부터 내일까지의 한정된 시간 범위의 시간을 (차례로) 없애 나가면, 언젠가 우리는 현존하는 하나의 원인에 이른다. 그런데 이 원인은 존재하기 때문에, 앞으로 (밥이 생길 때까지) 일어나게 될 모든 사물은 필연에 의해 생기게(생성하게) 된다.

〔2〕참으로서의 존재와 부대적 의미로서의 존재를 생각해 보면, 참인 존재는 사상과 이어져 있으므로 사상 안의 어떤 모습이다[그렇기 때문에 이와 같은 참의 존재에 대해서는 원리를 탐구하지 않고, (학문에 의한) 원리 탐구는 (사상 밖으로) 떨어져서 존재하는 사물에 대해서이다]. 또 부대적인 존재는, 즉 부대적 의미로서의 존재는 필연적이 아니라 규정이 없다. 그리고 이와 같은 사물은 그 원인이 무질서하고 무한하다.

무엇인가를 위한 목적의 적합성은, 자연에 의해 생성되는 사물 안에서나 사상에서 생성되는 사물 안에서도 찾을 수 있는데, 그러나 〔3〕우연은 이러한 사물 안의 어떤 속성이 부대성에 의해 생성되는 경우에 볼 수 있다. 왜냐하면 마치 사물의 존재 원인이 그 사물의 자연에 의해서거나, 아니면 부대성에 의해서이듯이, 사물의 원인도 그러하기 때문이다. 그리고 우연이란, 어떤 의도에 따라 일어나는 목적에 알맞은 사물 안에 있는 어떤 부대적인 원인이다. 따라서 우연이 관계되는 범위는 사상의 범위와 같다. 왜냐하면 의도는 사상에서 떨어져 존재할 수 없기 때문이다. 하지만 우연적인 사물을 생기게 하는 여러 원인은 규정이 없다. 그래서 우연은 인간적인 사고에서는 불분명하며 부대적인 원인이고, 단적으로 말하자면 어떤 사물의 원인도 아니다. 운이 좋은가 나쁜가는 그 결과가 선인가 악인가에 따르고, 행운인가 불운인가는 그 결과가 더 큰 규모의 선인가 악인가에 따른다.

부대적인 사물은 어느 것이든 자체적으로 존재하는 사물보다 먼저가 아니다. 따라서 부대적인 뜻으로서의 원인도 보다 먼저가 아니다. 비록 우연이나 자발성이 이 세계의 어떤 원인이라 해도 이성과 자연은 그보다 앞선다.

제9장
《자연학》제3권 제1-3장 개요—가능태·현실태·운동에 대해서.

어떤 사물은 현실적으로만 존재하고, 어떤 사물은 가능적으로만 또 어떤 사물은 가능적으로도 현실적으로도 존재하지만, 이들 가운데 어떤 사물은 존재(실체)로서, 어떤 사물은 양으로서, 또는 그 밖의 방법으로 (그 밖의 술어 형태에서) 존재한다. 그런데 그 어떤 운동도 사물로부터 떨어져서 따로 존재하지 않는다. 왜냐하면 전화(轉化)는 늘 존재의 술어 형태 안에 있으며, 더욱이 이 존재의 여러 술어 형태들에 공통된, 그 어느 술어 형태에도 속하지 않는 전화란 전혀 존재하지 않기 때문이다. 그리고 이들 저마다는 이면적(二面的)인 방법으로 모든 기체에 속한다[예를 들어 '이것'이라고 지시할 수 있는 존재(술어 형태로서의 실체)에서 한쪽은 형식(型式)으로서, 다른 한쪽은 그 결여태로서, 또 '성질'에서는 한쪽이 하양이라면 다른 한쪽은 검정, 또 '양'에서는 한쪽은 완료적이고 다른 한쪽은 미완료적, 그리고 '이동'에서는 하나는 위쪽으로 다른 하나는 아래쪽으로, 아니면 하나는 가볍게 다른 하나는 무겁게 이런 식으로(이면적인 방법으로) 기체에 관련된다]. 따라서 운동이나 전화에는 존재의 종류와 같은 만큼의 종류가 있다.

그리고 존재의 여러 유 저마다에는, 가능적인 사물과 완전 현실적인 사물과의 구별이 있는데, 가능적인 한 가능적인 사물의 현실태(현실 활동)를 나는 운동이라고 한다. 그리고 나의 말이 참임은 다음과 같은 일로 분명하다.

우리가 건축 가능적이라고 말하는 건축 가능한 물체가 현실태에 있을 때는 현재 건축되고 있다는 뜻이고, 이것이 건축 활동(건축의 현실태=건축 운동)이다. 마찬가지로 학습하는 일과 치료하는 일, 걷는 일, 뛰어오르는 일, 나이 드는 일, 성장하는 일 등의 여러 활동도 가능적 일들의 현실태이다. 그리고 이러한 운동의 생성은 바로 그 완전 현실태 자체가 존재할 때 일어나며, 그보다 먼저도 그보다 나중도 아니다. 따라서 가능적인 어떤 사물이 그 완전 현실태로 존재하며 현실적으로 활동할 때, 더욱이 어떤 사물 자체'로서'가 아니라 운동이 가능했던 사물'로서' 그처럼 활동할 때, 이러한 가능적 존재가 완전 현실태로 이동하는 게 곧 운동이다. 여기에서 나는 '로서'라고 말했는데 그 뜻은 이러하다. 예를 들어 청동은 가능적으로는 상(像)이지만 그것이 청동인 한, 청동의 완전 현실태는 운동[조상(彫像) 활동]이 아니다. 왜냐하면 지금 청동으로 있다는 사실은 가능적으로서의 일이 아니기 때문이다. 만약에 설명 방식에서 (청동상과) 단적으로 같다면 청동 그 자체의 완전 현실태도 그 어떤 운동(전환)이겠지만, 같은 일은 아니다[이런 일이 분명한 건 반대 사물들의 경우이다. 예를 들어 건강할 수 있다(건강 가능성)는 말과 병들 수 있다(병 가능성)는 말은 같은 뜻이 아니다. 만약에 같다면 건강함과 병이 듦은 같은 것이 될 테니까. 그러나 그 기체는, 즉 건강하기도 하고 병이 들 수도 있는 그 자체는 수분이건 혈액이건 같은 하나이다]. 이처럼 마치 (막연하게) 색이라는 말과 볼 수 있는(볼 수 있는 색)이라는 말이 같지 않듯이 같은 일이 아니기 때문에 (내가 이야기한 대로) 가능적인 사물의, 가능적인 한에서의 완전 현실태, 이것이 바로 운동이다. 그런데 이것이 바로 운동이라는 사실, 그리고 바로 이러한 완전 현실태가 존재할 때 비로소 운동이 이루어지며, 그보다 먼저도 나중도 아니라는 사실은 틀림없다(그러나 운동은 때로는 현실 활동적이고, 때로는 그렇지도 않을 수 있다. 예를 들어 건축할 수 있는 사물로서의 건축 가능적 사물이 그러한데, 이 건축 가능한 사물이 건축 가능한 사물로 있는 한에서만 그 현실태는 건축 활동이다. 왜냐하면 이 건축 활동이 현실태이든 집이 현실태이든 어느 한쪽인데, 이미 집이 존재할 때는 더 이상 그것은 건축 가능적이 아니라, 건축 가능적인 것이 건축된 상태이기 때문에 필연적으로 건축 활동이 현실태이다. 그러나 건축 활동은 어떤 종류의 운동이며, 그 밖의 여러 운동의 경우에도 이와 마찬가지라고 말할 수 있다).

또 우리의 서술이 어떻게 정당한가는, 다른 사람들이 운동에 대해 말하는 내용으로도 뚜렷하며, 다른 방법으로 정의하는 일이 쉽지 않다는 사실로도 분명하다. 아무도 운동을 다른 유(類) 안으로 넣을 수가 없기 때문이다. 그리고 이는 사람들이 말하는 바로 미루어 보아도 틀림없는 일이다. 왜냐하면 어떤 사람들은 운동을 이타성(異他性)이나 부등성(不等性)이나 비존재라고 보는데, 이들 모두 반드시 운동하는 속성은 아니지만 변화도 이 속성들에게 또는 이 속성들로부터 생겨나는 만큼, 이 속성들에 대립해 생성하기도 하기 때문이다. 더욱이 그 사람들이 운동을 이 속성들의 부류에 넣는 까닭은, 운동이 어떤 규정이 없는 속성이라 생각하기 때문이고, 또 반대 개념 대조표의 한쪽 칸에 속하는 여러 원리들이 모자란 개념이므로 규정이 없다고 생각하기 때문이다(왜냐하면 이러한 반대 속성들은 모두 '이 사물' 또는 '이와 같은' 성질의 사물이라 말하지 않고, 또 그 밖의 어떤 술어 형태에도 넣을 수 없기 때문이다).

그리고 운동이 이처럼 규정이 없다고 하는 이유는, 운동을 존재 사물의 가능태 안에도 현실태 안에도 넣을 수 없기 때문이다. 왜냐하면 어느 정도의 양일 수 있는 가능한 사물도, 또 현실적으로 얼마만큼의 양을 지닌 사물도 필연적으로 운동하지는 않기 때문이며, 더욱이 운동은 어느 현실태이기는 하지만 미완료적이기 때문이다. 그렇게 생각하는 이유는, 그 현실태가 운동이라는 가능적인 상태는 미완료적 상태와 같기 때문이다. 그리고 그렇게 운동 가능적, 미완료적이기 때문에 운동이 무엇인지 파악하기 어렵다. 왜냐하면 운동은 결여태 안이나 가능태 안, 또는 단적인 현실태 안 가운데 어느 안쪽으로 넣지 않으면 안 된다고 생각하지만, 사실 분명하게 이들 가운데 어느 쪽일 수도 없기 때문이다. 따라서 결국에는 우리가 말했듯이 운동은 어떤 현실태이며, 지금 말한 대로의 현실태이다. 그리고 운동이란 이해하기 어렵지만 존재할 수 있다.

또 운동이 운동 가능적인 사물 안에 있다는 사실도 틀림없다. 생각건대 운동은 이 운동 가능한 사물의, 작용인(움직이게 할 수 있는 것)에 의한 완전 현실태이다. 그리고 이 작용인의 현실태(현실 활동)는 바로 운동 가능한 사물이다. 왜냐하면 이 현실태는 이들 둘(작용인과 운동 가능한 사물)의 완전 현실태여야 하기 때문이다. 또한 무엇인가가 작용인이라는 말은 그렇게 운동을 일으키는 일이 가능하기 때문이며, 그것을 작용인이라고 부르는 까닭은 현재 활동하기 때문인데, 그러나 그 작용인의 현재 활동은 운동 가능적인 사물에 있어서이기 때문이다. 따라서 양자(작용인과 운동 가능한 사물)의 현실 활동은 하나이다. 그들은 마치 일(一)에서 이(二) 사이의 간격과 이에서 일 사이의 간격과 같으며 또한 오르막길과 내리막길이 같지만, 그들의 존재 양식(설명 방식)은 하나가 아니다. 그리고 이와 마찬가지로 움직이는 사물(작용인)과 움직여지는 사물의 경우도 그렇다.

제10장
《자연학》 제3권 제4·5·7장 개요—무한에 대해서. 현실적으로 무한한 것(특히 무한한 물체)은 존재하지 않는다는 명제에 대해서.

무한한 존재란 ⒜그 존재가 본디(그 본성(本性)으로 보아) 지나갈 수 없는 존재이기 때문에 통과가 불가능(마치 음성을 볼 수 없는 것, 즉 보는 게 불가능한 것이라 하듯이)하거나, 또는 ⒝그 통과가 끝나는 일이 없거나 거의 통과할 수 없거나, 또는 ⒞본디 통과할 수 있었는데 통과할 수 없는, 혹은 한계가 없는 존재이다. 더 나아가 무한한 존재에는 (무한하다고 하는 사물에) 더해 가는 일에 따르는 경우와, 제거해 가는 일에 따르는 경우 그리고 이들 둘에 의한 경우가 있다.

그런데 (A)무한한 존재란 스스로 떨어져서 있는 존재일 수가 없다. 왜냐하면 (1)만약에 그처럼 떨어져서 존재한다면, 크기도 없고 양도 없는 무한한 존재라는 그 자체(무한성 그 자체)가 실체이지 부대성(속성)이 아니라는 말이 되며, 그 실체는 나눌 수 없다(크기 또는 양은 나눌 수 있기 때문이다). 그렇지만 더는 나눌 수 없는 존재는 무한한 존재(통과가 불가능한, 또는 볼 수 없는 존재)는 아닐 것이다(단, 음성이 보이지 않는다는 뜻과는 별도의 경우이지만). 그러나 일반적으로 사람들은 무한한 존재를 이와 같이 볼 수 있다고 생각하지 않는다. 또 우리가 지금 탐구하는 존재는 이처럼 보이지 않는 존재가 아니라, 그저 통과할 수 없는 무한한 존재이다. 또 (2)무한이라는 속성을 갖는 수나 크기까지도 그 자체로는 존재하지 않는데, 어떻게 어떤 무한한 존재가 그 자체로 존재할 수 있겠는가? 더 나아가 (3)만약에 그 무한한 존재가 어떤 존재 사물에 부대하는 속성이라면, 무한한 존재인 한 그 존재하는 실재 사물의 구성 요소가 될 수는 없다. 마치 음성이 볼 수 없는 것임에도 그 볼 수 없다는 말이 음성의 구성 요소일 수가 없는 것과 마찬가지이다. 그리고 (4)무한한 존재가 현실태가 아님도 분명하다. 만일 현실태라면, 사물의 어느 부분을 살펴보아도 모든 부분들이 저마다 무한이어야 한다[왜냐하면 여기에서는 적어도 이 무한한 존재가 실체이지 어떤 기체(基體)에 대한 (속성적, 술어적인) 것이 아니라고 하는 한, '무한하다'와 '무한한 것'은 같기 때문이다]. 따라서 그 무한한 실체는 더는 나눌 수 없는 실체 또는 기체이거나, 또는 만일 그것에 부분이 있다면 무한히 나눌 수 있는 실체이거나 기체이다(마치 공기의 부분이 공기이듯이, 무한한 것의 부분은 무한이다. 만약에 그 무한한 존재가 실체이자 원리라고 한다면 말이다). 그런데 기체는 부분이 없고 더 이상 나눌 수 없음이 틀림없다. 그러나 완전 현실적인 존재가 무한한 것일 수는 없다(왜냐하면 현실적 존재는 반드시 어느 만큼의 양을 가지기 때문이다). 따라서 무한성은 어떤 기체에 부대적으로 속하는 속성이다. 하지만 그렇다고 한다면 위에서 말한 대로 무한성은 원리일 수가 없고, 오히려 부대적으로 속하는 그 사물, 예를 들면 공기나 홀수 같은 것의 원리이다.

이상의 탐구는 일반적이지만, 더 나아가 (B)무한한 존재가 감각적 사물 안에는 존재하지 않는다는 사실은 다음 점들을 보면 뚜렷하다. 즉 (1)만일 물체의 설명 방식이 '몇 가지 면(面)에 의해 한정되어 있다'면 무한한 물체는 감각적이든 사유적이든 존재하지 않을 것이고, 또 (2)수(數)도 떨어져서 존재하는 무한한 것으로는 존재할 수 없다. 왜냐하면 수 또는 수를 갖는 실체는 셀 수가 있기 때문이다.

그리고 (3)자연적으로는 다음을 보면 감각적 사물 안에 무한한 존재가 없음이 분명하다. 무한한 물체는 (a)복합 물체나 (b)단순 물체일 수도 없기 때문이다. 먼저 (a)물체의 구성 요소가 그 양에서 유한한 이상, 무한한 무엇인가가 복합된 물체라는 일은 있을 수 없다(왜냐하면 상반되는 구성 요소는 서로 동등해야 하고, 그중 어느 하나도 무한이어서는 안 되기 때문이다. 이들 물체 가운데 어느 한쪽의 능력이 다른 한쪽보다 조금이라도 뒤떨어져 있다면, 유한한 물체는 무한한 존재에 의해서 멸망되고 만다. 또 이들 물체 저마다가 무한한 존재인 것도 불가능하다. 왜냐하면 물체는 모든 방향으로의 확대를 갖고, 또 무한한 존재는 한없이 더 크게 되므로, 만약에 무한한 존재가 물체라면 이 물체가 모든 방향으로 무한해야 하기 때문이다). 또 (b)무한한 물체는 하나이자 단순한 물체일 수도 없다. 즉 어떤 사람들이 말하듯이 여러 원소들이 생기는 그 어떤 원인물도 될 수가 없고[왜냐하면 여러 원소들이 생길 수 있는 더 단순한 물체는 존재하지 않기 때문이다. 모든 사물은 이 사물들의 원인물인 '그것'으로 해소되어 가는데, 해소되어 가는 '그것'은 단순한 여러 물체(여러 원소) 말고는 분명히 아무것도 인정되지 않기 때문이다], 또 불도 될 수 없으며, 그 밖의 여러 원소(단순한 물체)일 수도 없다. 왜냐하면 이 여러 원소들 가운데 어느 원소가 무한한 원소인가는 별도의 문제로 하더라도, 이 세계의 모든 존재들이 비록 한정된 존재라 해도, 이 여러 원소들 중의 어느 하나이며 또는 어떤 하나가 된다는 일—예를 들어 헤라클레이토스가 말하는 바와 같이 모든 사물들이 언젠가는 불이 된다고 하는 일—은 불가능하기 때문이다. 그리고 이 여러 원소들 가운데 하나에 대해서도, 또 저 자연학자들이 여러 원소들 말고도 있다고 한 하나인 것(최초의 실체)에 대해서 하는 말과 같은 말을 할 수가 있다. 왜냐하면 사물의 전화란 반대되는 사물로부터 반대되는 사물로의 이동이기 때문이다. 예를 들어 뜨거운 것으로부터 찬 것으로의 변화이기 때문이다.

또 (4)감각적인 물체는 어떤 장소를 차지하여 (물체 저마다의) 전체와 그 부분—예를 들어 흙과 그 부분(흙덩어리)—은 같은 장소를 차지한다. 따라서 ⓐ만약에 무한한 물체들이 종(種)이 같다면, 그 물체들은 움직이지 않거나 아니면 늘 이동할 테지만 이는 불가능하다[무엇 때문에 그 무한한 존재가 특히 위쪽으로나 아래쪽, 또는 다른 어딘가에 정지 또는 이동할 뿐, 그 밖의 다른 것이어서는 안 되는가? 예를 들어 만일 흙덩어리가 무한한 물체의 부분이라고 한다면, 이(실체적) 흙덩어리는 어디로 운동하거나 또는 정지해야 하는가? 이와 같은 유(類)의 물체(즉 무한한 물체)가 차지해야 할 장소는 무한인데, 그러면 이 흙덩어리는 전체가 차지할 장소를 차지하는가? 차지한다고 한다면 어떻게 차지하는가? (이것은 전적으로 불가능하다) 그렇다면 정지라든가 운동이란 무엇인가? 그것은 모든 장소에 정지해 있는가, 또는 모든 장소에서 운동하고 있든가의 어느 하나이지만, 정지라고 한다면 그것은 운동하지 않고 있고, 운동이라고 한다면 정지하지 않은 채 있을 것이다]. 그러나 ⓑ만약에 그 무한한 부분들 '모두'가 무한한 존재의 부분으로서의 부등(不等)한 존재들이라면, 이 무한한 존재가 차지할 장소도 그 부분의 부등한 것(운동이나 정지)이고, 한편 이 '모두'라는 물체는 (부분들의) 접촉에 따르지 않고서는 하나가 아니다. 그런데 이 여러 부분들은 종(種)에 있어서 유한하거나 또는 무한할 것이다. 하지만 그 여러 부분들이 유한한 존재일 수는 없다[예를 들어 만일 모두가 무한하다면 불 또는 물과 같은 여러 부분 가운데 그 어떤 부분은 (양에 있어서) 무한하지만, 다른 부분은 무한하지 않을 수 있다. 왜냐하면 이와 같이 어떤 원소가 무한하다면 이와 반대되는 유한한 다른 여러 원소들은 멸망하기 때문이다]. 그러나 만일 그 여러 부분들이 무한하며 단순한 것이라고 한다면, 이들이 차지하는 장소도 무한히 많이 있게 되고, 또 무한히 많은 원소가 있다는 말이 된다. 하지만 만약에 이렇게 무한한 장소와 무한한 원소로 있는 일이 불가능하고, 이들 장소도 유한하다면 '모두'도 필연적으로 한정된다.

또 일반적으로 (5)물체가 무한하고 여러 물체에 대한 장소도 무한한 일은 불가능하다. 만일 모든 감각적 물체가 무게를 가지고 있다면 말이다. 물체는 중심이나 위로 이동하지만, 무한한 존재는—전체든 절반이든—어떠한 방향으로도 이동이 불가능하다. 그러니까 어떻게 해서 당신은 무한한 존재를 구획지으려 하는가? 달리 말하자면 어떻게 해서 무한한 존재 안에 있는 그 어떤 부분은 위쪽으로, 다른 부분은 아래쪽으로, 또는 가장자리로 또는 중심으로 가는 일이 있겠는가? 또 (6)감각적인 물체들은 모두 그 어떤 장소에 있고, 그 장소의 종류는 여섯 가지인데, 이들 여섯 장소는 무한한 물체에서는 존재하지 않는다. 또 일반적으로 만약에 무한한 장소가 존재하는 일이 불가능하다면, 무한한 물체가 존재하는 일도 불가능하다. 그리고 (사실 무한한 장소는 존재할 수가 없다) 그 까닭은 거의 장소 안에 있는 물체는 어딘가에 있지만, 이 어딘가란 위쪽 또는 아래쪽 또는 그 밖에 그 어떤 방향을 뜻하고, 이들 저마다는 모두 어떤 종의 한계이기 때문이다.

무한한 존재라는 말은, 어떤 하나의 실재로서는 이것을 그 크기(확대와 거리)로 말하는가, 운동으로 말하는가, 시간으로 말하는가에 따라서 다르며, 더욱이 이 존재들 가운데 보다 더 뒤의 것이 보다 앞의 것과의 관계에서 무한하다고 한다. 예를 들어 운동은 사물이 (크기로) 운동하고 변화해 증대하는 데 따라서 무한하다고 하며 시간의 무한성은 운동에(시간이 걸리는 그만큼에) 따라서이다.

제11장

《자연학》 제5권 제1장 개요—전화에 대해서. 운동에 대해서. 생성과 소멸은 운동이 아니라는 것에 대해서.

전화(변화)하는 사물들 중 (a)어떤 사물은 그 부대성에서 전화한다. 예를 들어 교양 있는 사람이 걷는 경우와 같다. 또 (b)어떤 사물은 그 사물 안의 무엇인가가 전화할 때, 단적으로 전화한다고 한다. 이는 그 무엇이 되었든 간에 그 사물의 어떤 부분이 전화할 경우, 예를 들어 (그 신체의 일부분인) 눈이 좋아졌을 때 신체가 건강해졌다고 말하는 경우이다. 그러나 (c)그 자체에 있어서 제1로(자체적, 직접적으로) 움직여지는 무엇인가가 있다. 그리고 이것은 그 자체로 가동적(可動的)이다. 이와 마찬가지의 구별은 움직이게 하는 작용인에서도 볼 수가 있다. 즉 어떤 물체는 (a)부대적으로 움직이게 하고, 어떤 물체는(b) 부분적으로 움직이게 하며, 어떤 물체는 (c)자체적으로 움직이게 한다. 그리고 거기에는 어떤 제1의 움직이게 하는 작용인이 있다. 또 어떤 움직여지는 물체가 있다. 더 나아가서 이 물체가 '그것' 안에서 움직이는 '시간'이 있고, '그것'으로부터 움직이기 시작하는 '그것(작용인)'이 있으며 또 '그것'까지 움직여 가는 '그것(목적)'이 있다. 그러나 움직여지는 사물들이 움직여 '그것'까지 가는 그런(목적으로서의) 형상이나 모습, 장소는 움직이지 않는다. 예를 들어 인식이나 뜨거움이 그렇다. (여기에서 '뜨거움'이라고 말했는데) 그 까닭은, 뜨거움은 운동이 아니라 뜨겁게 하는 일(뜨겁게 하고, 뜨거워지는 일)이 운동이기 때문이다. 그런데 부대적이 아닌 의미에서의 전화는 어느 사물들 사이에서나 이루어지지는 않고, 반대되는 사물들과 그 중간의 사물들 사이에서, 또는 모순되는 사물들 사이에서 이루어진다. 그리고 이 실체에 대한 확신은 귀납에 의해 얻을 수 있다.

전화하는 사물의 전화는 (1)기체(갑)에서 기체(을)로인가, (2)기체가 아닌 것[비갑(非甲)]에서 기체가 아닌 것[비을(非乙)]으로인가, (3)기체(갑)에서 기체가 아닌 것(비갑)으로인가, 또는 (4)기체가 아닌 것(비갑)에서 기체(갑)로인가 중의 어느 하나이다[단, 여기에서 내가 말하는 '기체'는 긍정적(적극적) 표현을 말한다]. 따라서 필연적 전화에는 세 경우가 있다. 왜냐하면 기체가 아닌 것(비갑)에서 기체가 아닌 것(비을)으로의 경우(즉 (2)의 경우)는 그 어떤 전화도 아니기 때문이다. 둘(비갑과 비을)은 서로 반대되는 관계도 아니고 모순 대립되는 관계도 아니기에 여기에서는 아무런 대립 관계도 없기 때문이다.

그런데 기체가 아닌 것(비갑)으로부터 이에 모순적으로 대립하는 기체(갑)로의 전화는 생성이다. 그리고 이중에서도 단적인 전화는 단적인 생성이며, 부분적인 전화는 부분적인 생성이다. 반대로 기체(갑)에서 기체가 아닌 것(비갑)으로의 전화는 소멸로서, 그 단적인 전화는 단적인 소멸, 부분적인 전화는 부분적인 소멸이다. 그런데 만약에 '있지 않은 것(비존재)'에도 여러 뜻이 있다고 한다면, 그리고 결합 또는 분리에 대해 말하는 거짓된 비존재와 단적인 존재에 대치되는 가능적인 존재에도 운동하는 일이 있을 수 없다고 한다면[왜냐하면 과연 희지 않는 것도 선(善)이 아닌 것도—희지 않는 것(또는 선이 아닌 것)이 인간일 경우도 있으니까—부대적인 뜻으로는 운동할 수 있지만, 단적으로 '이 것'이라 지시할 수 없는 사물은 결코 운동한다고 이야기할 수 없기 때문인데], 만약에 그렇다고 한다면 비존재가 운동한다는 말은 불가능하다[그러나 이렇게 비존재물의 운동이 불가능하다고 생각한다면, 생성이 운동이라고 말할 수도 없다. 왜냐하면 생성이란 비존재물의 운동이기 때문이다. 그 까닭은 비록 비존재물을 생성하는 일이 거의 모두 부대적이라고 해도, 비존재가 단적인 뜻으로서 생성(실체의 생성)에 관여한다는 사실은 참이기 때문이다]. 마찬가지로 비존재물이 정지하는 일도 불가능하다. 이렇게 해서 (생성을 운동이라고 하면) 이와 같은 곤란한 점이 생긴다. 또 운동하는 물체들은 모두 장소 안에 있다고 하는데, 비존재물은 장소 안에는 없지 않은가(만약에 있다고 하면 어딘가에 있다는 말이 되므로) 이런 곤란도 생긴다. 또 소멸도 운동일 수는 없다. 왜냐하면 운동에 대한 반대는 운동이나 정지이지만, 생성에 대한 반대는 소멸이기 때문이다.

그런데 모든 운동은 전화의 하나이고, 전화에는 앞에서 말한 세 경우가 있어서, 이들 가운데 생성과 소멸의 뜻에서의 전화는 운동이 아니다. 이들 둘(소멸과 생성)은 모순적으로(가장 차이가 많은, 다른 유로서) 대립하는 사물들에 대한 전화이므로 필연적으로 기체(갑)에서 기체(을)로의 전화만이 운동이다. 그리고 이들 기체는 반대의 것이나 그 중간 것이며(왜냐하면 결여태 또한 반대의 것으로 보아야 하기 때문이지만) 긍정적으로 표현된다. 예를 들어 '벌거벗은' '이가 빠진' '검은' 이런 식으로 말이다.

제12장

《자연학》 제5권 제2장 개요—성질에서의 운동(변화)과 양에서의 운동(증감), 장소에서의 운동(이동)에 대해서. 실체에 대한 운동은 없다는 것에 대해서.《자연학》 제5권 제3장 개요—장소적·물리적 관계를 나타내는 여러 개념의 정의.

그런데 만일 존재의 술어 형태가 실체와 성질·장소·능동 또는 수동과 관계와 양으로 분류된다면, 운동의 종류는 필연적으로 성질의 운동(변화)과 양의 운동(증가·감소), 장소의 운동(이동)의 세 가지이다. 실체에 대해서는 운동이 없다(그 까닭은 실체에 대해서는 아무런 반대의 것이 없기 때문이다). 또 관계의 운동도 없다[왜냐하면 만일 관계들 가운데 한쪽이 전화하면 다른 한쪽은 전혀 전화하지 않아도 (한쪽과의 관계에 있어서) 참이 아니게 되므로 이들의 운동은 부대적인 의미에 지나지 않기 때문이다]. 능동적인 물체와 수동적인 물체의 운동, 또는 움직이는 것(작용인)과 움직여지는 것의 운동도 있을 수 없다. 그 까닭은 운동의 운동이나 생성의 생성, 또는 일반적으로 전화의 전화라는 말은 있을 수 없기 때문이다. 그런데 (A)운동의 운동에는 두 가지 뜻이 있을 수 있다.

(1)그 하나는, 기체(基體)로서의 운동이 운동하는 경우이다. 예를 들면 인간이 흰색에서 검은색으로 전화할 때로, 인간이 운동한다는(변화한다는) 식으로 그와 같이 운동으로 물체가 뜨거워지고, 차가워지며 장소를 바꾸고, 양이 늘어나는 등의 (성질적, 장소적, 양적 운동을 하는) 경우이다. 그러나 이것은 불가능하다. 왜냐하면 전화란 그 어떤 기체도 아니기 때문이다. (2)또 하나는, 어떤 다른 기체가 어떤 변화에 따라서 다른 종(種)으로 전화한다는 뜻으로, 예를 들어 병든 인간이 나아서 건강으로 전화하는 경우이다. 하지만 이러한 전화 또한 부대적인 의미의 전화로서만 가능하다. 왜냐하면 운동이란 거의 어떤 사물로부터 다른 사물로의 전화이기 때문이다[또 생성과 소멸도 이와 마찬가지이지만, 단 이들(생성과 소멸)은 어떤 특정한 방법으로 대립하는 속성으로서, 운동은 이들과는 다른 방법으로 전화한다는 차이가 있다].

그런데 (2)이 경우, 어떤 기체는 건강에서 병으로 전화함과 '동시에' 이 전화 자체로부터 다른 전화로 바뀐다. 그렇게 되면 분명히 그 어떤 기체는 그 기체가 병에 걸려 있을 경우에는 이미 어떤 다른 전화로 또다시 전화한다(물론 그대로 정지하고 있을 수도 있지만). 더욱이 그 전화는 언제까지나 우연적이 아닌 전화이다. 그리고 이 새로운 전화 또한 어떤 일정한 상태로부터 다른 일정한 상태로 변화한다. 따라서 이 전화는 앞서 상태에 대립하는 전화, 즉 다시 건강해진다. 그러나 (이에 대해 우리는 이렇게 대답한다) 이것은 단지 부대적으로 일어나는 일에 지나지 않는다. 예를 들어 상기(想起) 과정에서 망각(忘却) 과정으로의 전화도 실은 이 과정이 부속된 그 사물이 지금은 지(知)로, 이윽고는 무지(無知)로 바뀐다는 말이다.

또 (B)전화의 전화, 또는 생성의 생성이 있다고 하면, 이 기체의 전화 과정은 무한히 거슬러 올라가게 된다. 그러니까 이 경우에는 뒤의 전화 또는 생성이 앞의 전화의 전화이거나, 뒤의 생성이 앞의 생성의 생성이듯이, 앞의 사물도 필연적으로 더 나아가 그보다 앞선 그 사물의 전화 또는 생성이기 때문이다. 예를 들어 만약에 이 단적인 생성이 이전에 언젠가 생성되어야 할 사물이었다면, 이 이전에 생성하는 것(앞의 생성) 그 자체 또한 이전에 생성되어야 할 사물이었다. 따라서 이제까지 단적으로 생성되는 사물이 있었던 적은 없었고, 오히려 거기에는 어떤 생성되어야 할 사물이 생성되어 이미 존재하고 있었다. 더욱이 이 사물은 그 이전에도 생성하는 사물이었다. 그래서 이 사물은 다른 어떤 사물로도 생성될 것이 아니었다. 그런데 무한히 많은 사물에는 그 어떤 제1의 시원물(始原物)도 존재하지 않기 때문에 여기에도 (이러한 생성의 생성의 무한한 누적에도) 그 제1의 시원물은 존재하지 않으며, 따라서 (이 시원물 없이는) 이에 이어지는 그 어떤 사물도 존재하지 않는다. 이렇게 해서 (이 가정으로 보면) 그 어떤 사물도 생성되는 일이 없고, 운동하는 일도 없으며, 전화하는 일도 없다는 (불합리한) 일이 된다.

(C)어떤 운동을 할 수 있는 그 같은 기체가 또 그 반대의 운동을 하거나 멈출 수 있고, 생성할 수 있는 사물이 또 소멸할 수도 있기 때문에, 따라서 생성되는 사물의 기체는 생성될 바로 그때에 소멸하게 된다. 왜냐하면 이 소멸하는 기체는 생성되기 전에 그대로 곧 소멸되지는 않고, 생성된 뒤에도 아니기 때문이다. 왜냐하면 만일 그렇다고 한다면 이미 소멸한 것(기체)이 여전히 존재하지 않으면 안 되기 때문이다(그러나 생성되는 것이, 바로 이 생성되는 그때에 소멸한다고 하는 일도 불가능하다). 또 (D)생성되는 사물이나 전화하는 사물의 바탕에는 (일반적으로) 어떤 질료가 존재해야 하는데, (지금 여기에서는) 그 질료가 과연 무엇인가? 즉 마치 신체 또는 영혼이 변화하는 바탕이 되는 기체(변화를 받는 기체)이듯이, (지금의 경우) 운동 또는 생성의 생성하는 바탕이 되

는 기체는 과연 무엇인가? 또, 어떤 것으로까지 그들은 운동해 가는가? (무엇인지는 모르지만) 그 까닭은 (일반적으로) 운동 또는 생성이란 어떤 사물이 어떤 상태로부터 어떤 상태로 운동하거나 생성되는 일이기 때문이다. 그렇다면 어떻게 해서 이런 일이 일어날 수 있는가? 학습의 학습과 같은 일은 있을 수가 없다. 따라서 생성의 생성 또한 마찬가지이다.

그런데 실체의 운동도 관계의 운동도 능동과 수동과의 운동도 존재하지 않기 때문에, 성질과 양과 장소에 대해서만 운동이 존재할 수가 있게 된다(왜냐하면 이들 저마다에는 반대적 대립이 있기 때문이다). 여기에서 내가 말하는 '성질'이란, 실체의 종차도 성질의 하나이긴 하지만 실체에 내재하는 이런 성질들이 아니라, (변화하는 사물이) 바로 그 점에 대해서 수동(受動)한다(변화를 받는다)거나 비수동적이다(변화를 받지 않는다) 하는 바로 '그' 수동적 성질을 말한다(그러므로 자연학적 사물에는 수동적 성질과 운동 성질이 있다). 그리고 '움직이지 않는 사물'이란 (1)움직이거나 움직여지는 일이 전혀 불가능한 사물, 또는 (2)오랜 시간 동안 조금 움직이거나 서서히 움직이기 시작하는 사물, 또는 (3)자연적으로는 움직이고 움직일 가능성이 있는 사물이면서도, 자연적으로는 움직여도 좋을 '때'에, 또 움직여도 좋을 '곳'에서, 또는 움직여도 좋은 '방법'으로는 움직이지 않는 사물을 말한다. 그리고 이들 세 가지 움직이지 않는 사물 가운데 마지막 사물, 즉 자연적으로 움직일 수 있으면서 움직이지 않는 사물만을 나는 '정지하고 있다' 말한다. 왜냐하면 정지는 운동에 대립하는 반대이고, 따라서 운동 수용성(受容性)의 결여태이기 때문이다(그러므로 운동과 정지는 같은 종에 속한다).

여러 사물들이 장소적 의미에서 '함께' 있다는 말은, 그 사물들이 제1의적(意的)으로 하나의 장소에 있다는 뜻이고, '떨어져서' 있다는 말은 이들이 저마다 다른 장소에 있다는 뜻이다. 그리고 '접촉한다'는 말은 이들의 가장자리와 가장자리가 함께 있다는 뜻이다. 어떤 사물이 '중간에' 있다는 말은 전화하는 사물이 그 자연에 따라서 연속적으로 전화해 갈 경우, 이 사물이 목표로 삼고 가는 마지막 사물에 이르기 전에 자연적으로 '그것'에 다다르게 되는 '그' 어떤 상태의 사물을 말한다. 장소적 의미로 '반대 사물'이란, 그 사물과의 직선적 거리가 가장 큰 사물을 말한다. '계속적인'이란, 처음 사물이 뒤에 있는 사물에 대해서 하는 말로 그 앞뒤의 순위 결정은 그 위치에 따를 때도 있고, 형상(종)에 따를 때도 있으며, 그 밖에 여러 방법에 따를 수도 있다. 그리고 이 사물과 이 사물로 이어지는 것(이 사물보다 앞의 것, 처음 것)의 중간에 '같은' 유(類)의 것(종차)이 아무것도 존재하지 않을 경우, 예를 들어 선(線)에는 여러 가지 선이, 단위에는 여러 가지 단위가, 그리고 집에는 여러 집이 이어진다(단, '다른' 유의 사물이라면 중간에 무엇이 있어도 상관없다). 왜냐하면 계속적인 사물이란 어떤 일정한 사물에 이어지는 동시에 어떤 일정한 사물이 되기 때문이다. 예를 들어 일(一)은 이(二)로 계속된다고 할 수 없다. 달의 첫째 날이 둘째 날로 이어진다고 하지는 않는다. 그러나 '접속적'은 계속적인 것이 접촉해 있을 경우이다[보통 전화란 대립적인 질료들 사이에서 이루어지지만, 대립되는 질료들 가운데 어떤 질료는 반대적으로 대립하고, 어떤 질료는 모순적으로 대립한다. 그리고 모순적 대립에는 중간 항목이 없기 때문에 분명히 중간은 반대되는 질료들 사이에 있다].

그리고 '연속적'인 사물이란 접속적인 사물들이다. 내가 어떤(둘 이상의) 사물을 연속적이라고 하는 경우는, 이들 사물이 저마다의 한계에서 접촉하며 연속하여 그 저마다의 한계가 같아지고 하나가 되는 경우이다. 따라서 연속적이라고 하는 사물들을 인정할 수 있는 이유는, 서로 접촉함으로써 자연적으로 어떤 하나의 사물이 생길 수 있는 (두 개 이상의) 사물에서라는 게 뚜렷하다. 또 계속적인 사물의 실체야말로 (이상의 접속적, 계속적, 접속적, 연속적인 사물 중에서) 제1의 사물이라는 사실도 명백하다[왜냐하면 계속적인 사물의 실체는 반드시 접촉하지는 않지만, 접촉하는 사물들은 모두 계속적이기 때문이다. 또 여러 사물들이 연속적이면 그들은 접촉하고 있지만, 그렇다고 해서 반드시 그들이 연속적이라고는 할 수 없다. 그리고 이들 사이에 접촉이 없으면, 거기에는 자연적 합생(合生)도 있을 수 없다]. 따라서 점은 단위와 같지 않다. 왜냐하면 점에는 접촉하는 일이 있을 수 있으나, 단위에는 접촉이 없고 다만 연속이 있을 뿐이기 때문이다. 또 점과 점 사이에는 (자연적 합생 현상으로서의) 어떤 중간이 있지만 단위와 단위 사이에는 없다.

$\Lambda^{람다}$[제12권]—실체에 대하여

제1장
우리의 연구 대상은 실체이다. 실체는 다른 모든 사물보다 먼저이다. 실체의 세 가지에 대하여. 소멸적이고 감각적인 실체, 영원적이고 감각적인 실체, 그리고 영원적이고 부동적인 실체.

이 연구는 실체에 대해서이다. 여기서 탐구하는 원리와 원인은 실체의 원리이고 원인이다. 그리고 만약에 존재하는 모든 사물을 어떤 전체로 본다면, 그 모든 사물의 실체야말로 제1의 부분이다. 만일 모든 존재가 그저 서로 이어지는 어떤 계열을 이루고 있을 뿐이라 해도, 이 또한 실체가 제1의 존재이며 그 다음은 성질로서의 존재, 그다음은 양으로서의 존재이기 때문이다. 그러나 이들(실체 말고 술어적 여러 존재들)은, 단적으로 말하자면 존재하는 사물이 아니라 그저 실체의 성질이며 운동이다. 만약에 그렇지 않다면, 희지 않은 색이라든지 직선이 아닌 선마저도 존재한다는 이야기가 된다. 어쨌든 우리는 이들도, 예를 들어 '하얗지 않은 것으로 있다' 또는 '하얗지 않게 있다' 이런 식으로 '있다'고 말한다.

또 실체를 떠난 존재는 아무것도 없다. 그리고 이와 같은 일은 이미 옛날 사람들도 그 실적으로 증거를 제시했다. 왜냐하면 이 사람들이 탐구했던 원리나 구성 요소(원소), 원인은 실체였기 때문이다. 그런데 오늘날의 사람들은 어느 쪽이냐 하면, 오히려 보편적인 사물이 보다 더 실체라고 말한다. 그 까닭은 유(類)는 보편적이지만, 이러한 유를 그들은 그들의 논리적인 탐구 방법에 따라서 한결 뛰어난 원리이자 실체라고 주장하기 때문이다. 그런데 저 옛날 사람들은 개별적인 사물을, 예를 들어 불이나 흙을 실체라고 했다. 그러나 이들에 공통된 결합물, 즉 물체를 실체라고는 하지 않았다.

그런데 실체에는 세 가지가 있다. 그 하나는 (A)감각적인 실체로 (1)영원적이지만, 다른 어떤 것은 (2)소멸적이다. 이 소멸적 실체는 모든 사람들이 일반적으로 인정하는 실체, 예를 들어 식물이나 동물 등이다―이 두 종류의 실체에 대해서는, 그 구성 요소(한 종류이건, 많은 종류이건)를 파악해야 한다. 하지만 또 하나의 실체는 (B) (3)부동(不動)의 실체로서, 이것을 어떤 사람들은 떨어져서 존재한다고 주장한다. 그리고 이 사람들 가운데 ⓐ어떤 사람은 이 사물을 두 개(에이도스와 수학적 대상의 두 종류)로 나누고, ⓑ다른 어떤 사람들은 에이도스와 수학적 대상을 같은 하나의 실재로 돌린다. 또 ⓒ다른 어떤 사람은 이 사물들 가운데 그저 수학적 대상만을 인정한다. 그런데 앞서 말한 (두 종류의 감각적인) 실체, 즉 영원적 실체와 소멸적 실체는 운동을 수반하기 때문에 자연학의 대상이지만, 부동의 실체는 앞서의 운동적 실체와 공통되는 아무런 원리가 존재하지 않는 한 다른 학문(수학)의 대상이다.

감각적인 실체는 전화적(轉化的)이다. 그런데 전화는 대립하는 사물로'부터' 이거나, 대립하는 두 항(項)의 중간에 있는 사물로'부터'인데, 모든 뜻에서 대립하는 사물로부터라는 말이 아니라―예를 들어 음(音)은 희지 않지만 흰색으로 전화하지 않는다―오로지 반대의 사물이기 때문이다. 그렇다고 한다면 그 사물에게는 반드시, 반대 상태로 변화하는 무엇인가가 그 전화의 바탕에 늘 존재한다. 왜냐하면 반대되는 사물 자체는 전화하지 않기 때문이다.

제2장
전화에는 그 원리로서 형상과 결여태 말고 질료가 필요하다.

더 나아가서 어떤 무엇인가가 (반대 사물로부터 반대 사물로의 전화를 통해서) 바탕에 늘 존재하지만, 반대의 사물 그 자체는 늘 존재하지 않는다. 따라서 어떤 제3의 질료가 반대되는 사물들 그 자체 말고 존재하는데, 질료가 바로 그것이다.

그런데 전화에도 네 가지가 있다. 즉 (1)실체에서의 전화인가, (2)성질에서의 전화인가, (3)양에서의 전화인가, (4)장소에서의 전화인가이다. 그리고 단적인 뜻에서의 전화, 즉 '이것'이라고 지칭할 수 있는 개체(실체)에서의 전화는 생성과 소멸이다. 양에서의 전화는 증대와 감소이고, 속성(성질)에서는 변화, 장소에서는 이동이지만, 만약에 그렇다고 한다면 일반적으로 전화는 이들 저마다의 경우에서 (저마다 주어진 하나의 상태에서) 반대 상태로의 이행이라고 할 수 있다. 그렇게 되면 질료가 전화하기 위해서는 반드시 이 질료들의 상반되는 두 상태가 모두 될 수 있어야 한다. 그런데 사물이 '있다' 또는 사물의 '존재'에는 두 가지 방법이 있으므로, 사물의 전화도 모두 가능적으로 무언가(가능적 존재)로부터 현실적으로 무언가(현실적 존재)이다(예를 들어 가능적으로 하얀 존재로부터 현실적인 하얀 존재로이며 또 이와 마찬가지로 증대나 감소 등의 경우에도). 따라서 무엇이든 그저 단순히 '비존재에서' 부대적으로 생성할 수 있을 뿐만 아니라, 모든 사물은 '존재물로부터' 생성한다. 단, 이 '있는 사물로부터'라는 말은 가능적으로 어떤 사물로부터라는 뜻이지 현실적으로는 아직 그 사물이 아니다. 그리고 이것이 곧 아낙사고라스의 '일(一)'이다. 그처럼 '모든 사물은 함께였다'는 말보다도, 또는 엠페도클레스(그리고 아낙시만드로스)처럼 '혼합물'로 설명하거나, 데모크리토스*¹처럼 설명하기보다, 모든 존재들은 '가능적으로는 함께였다. 그러나 (아직은 원자나 혼합의 설명이 불충분했으므로) 현실적으로는 그렇지 않지만'이라고 말하는 편이 한결 좋았다. 하기야 이 사람들도 이미 이러한 질료에 대해서 감을 잡고 있었던 듯하다. 어쨌든 모든 사물은 전화되는 한 그 어떤 질료를 가지고 있다. 단, (전화하는 방법이 달라짐에 따라) 저마다 다른 질료를 말이다. 예를 들어 영원적인 질료 중에도 생성은 하지 않지만 이동으로서의 운동을 하는 질료들은, 생성을 위한 질료는 아니어도 '어디'에서 '어디'로의 '그것'(장소적 전화의 질료)을 가지고 있다.

그러나 (지금 말한대로 현실적으로 있지 않은, 존재하지 않는 사물로부터 생성된다고 말하면) 아마도 사람들은 이렇게 물을지도 모른다. 그렇다면 그 생성은 어떤 뜻으로 존재하지 않는 사물들로부터 생성되는가? 그것은 '존재하지 않는다'(또는 있지 않다)에도 세 가지 뜻이 있다. 비록 (어떤 뜻에서는 존재하지 않는다고 일컬어지는) 어떤 사물이 가능적으로는 존재한다고 해도, [그리고 이 (가능적) 존재로부터 생성된다고 해도] 그래도 여전히 그러한 임의의 어느 존재들로부터 멋대로 (모든 사물이) 생성된다는 말은 아니고, 저마다 다른 어떤 (특정) 사물로부터 다른 어떤 (특정) 사물이 생성된다는 말이다. 그러므로 '모든 사물들이 함께 있었기 때문에'라고 말해서는 충분치가 않다. 왜냐하면 이 모든 사물은 저마다 그 질료가 다르기 때문이다. (만약에 그렇지 않다면) 어떻게

---

*1 Democritos. BC 460?~370?. 진실로 실재하는 것은 불생불멸의 아토마(atoma)와 그것이 존재하는 장소로서의 공허뿐이라 하여 원자설에 바탕을 둔 유물론을 제창했다.

해서 단 하나만이 아니라 무한히 많은 사물들이 (함께 있었던 모두로부터) 생성될 수가 있겠는가? 그 이성은 하나였기 때문에, 그리고 만약에 질료도 하나라고 한다면 이 질료로부터 가능적으로 그랬던 하나만이 현실적으로 생성될 수 있기 때문이다.

이렇게 해서 사물의 실체에 대한 원인과 원리는 세 가지가 있다. 그 가운데 두 가지는 반대적 대립으로 한쪽은 설명 방식 또는 형상이고, 다른 한쪽은 그 결여태이다. 그리고 제3의 원인은 질료이다.

제3장

마지막 질료나 형상에는 생성 과정이 존재하지 않는다. 실체의 세 가지 뜻—질료와 자연(형상), 그리고 이 둘로 이루어진 사물. 사물의 작용인은 그 사물보다 먼저 존재할 수 있지만, 그 형상은 같은 시간에 존재한다. 따라서 인간처럼 자연적인 사물에서만 형상이 먼저 존재할 수 있고, 다른 사물에서는 그 사물보다 형상(에이도스)이 먼저 존재할 수 없다.

다음으로 질료도 형상도 생성물이 아니라는 사실에 주의해야 한다. 단, 마지막(최근)의 질료나 형상을 생성물이라 하지만 말이다. 그 까닭은 이러하다. 거의 사물이 전화한다고 하면 어떤 것(갑)이 어떤 것(을)에 의해서 어떤 것(병)으로 변화한다는 말인데, 여기서 어떤 것에 의해라는 말의 어떤 것'을'은 제1의 작용인, 어떤 것이라는 말의 어떤 것 '갑'은 질료, 그리고 어떤 것으로라는 말의 어떤 것 '병'은 형상이다. 그래서 만약에 청동이 둥근 모양으로 될 뿐만이 아니라, 더 나아가 그 둥근 모양 자체나 청동 자체가 마찬가지로 저마다 형상과 질료로부터 만들어졌다면, 이러한 생성 과정은 무한히 거슬러 올라가게 된다. 그러나 [무한한 누적은 불합리한 일이므로] 반드시 거기에는 멈추는 곳이 있어야 한다[그렇기 때문에 최근의(마지막) 질료와 형상은 생성되지 않는다].

그다음에 실체들은 저마다 그와 같은 이름을 가진 질료에서 생성된다. 왜냐하면 자연에 의한 사물뿐만 아니라 그 밖의 다른 사물도 그러한 실체이기 때문이다. 무릇 사물의 생성은 (a)기술에 의해서이든가, 또는 (b)자연에 의해서, (c)우연에 의해서, (d)자기 우발에 의해서인데 그중 기술에 따른 생성은 그 기술로 생기는 사물(예를 들면 집)과는 다른 어떤 것(예를 들어 건축가) 안에 있는 원리(작용인)이고, 자연은 그 사물 자체 안에 있는 원리이며—예를 들어 인간은 인간을 낳기 때문에—그리고 나머지 두 개의 원인(우연과 자기 우발)은 저마다 이 기술이나 자연의 결여태이다.

실체에는 세 가지가 있다. (1)그 하나는 질료로, 그 발현에서는 '이것'(이라고 지시할 수 있는) 존재로서 있다. 왜냐하면 자연적 합성에 의해서가 아니라 접촉에 의해서 존재하는 사물들은 질료이자 기체이기 때문이다. 예를 들어 불이나 살, 머리 등은 모두 질료이고, 마지막(최근) 질료는 가장 뛰어난 실체 부분이다. (2)그다음은 자연, 즉 이미 '이것'(이라고 지시할 수 있는 사물)으로서 존재하는 실체이며 (이러한 자연적 실체를 향한 생성이) 바로 목적물로서의 '이것'의 일정한 상태이다. (3)더 나아가서 제3의 존재는, 이 둘(목적물로서의 자연 실체와 질료적 실체)로 이루어진 개별적인 실체, 예를 들어 소크라테스 또는 칼리아스이다. 그런데 어떤 사물의 경우에 제3의 '이것'은 둘이 결합한 실체로부터 떨어져서는 존재하지 않는다. 예를 들어 집의 형상이 그러하다[단, 집의 기술(로서의 형상)은 그렇지 않다. 왜냐하면 집에는 생성도 소멸도 없고, 더욱이 질료가 없는 집이나 건강 등 이와 같은 기술적인 존재 안에 있는 건축가나 의사의 기술적 형상들은 생성되고 소멸하는 사물들과는 다른 방법으로, 존재하거나 존재하지 않기도 하기 때문이다]. 그러나 만약에 그렇지 않고 (형상이) 떨어져서 존재한다면, 그것은 자연에 따른 사물의 경우이다. 그래서 자연에 의한 사물이 존재하는 만큼 에이도스가 많이 존재한다고 말한 점에서 플라톤은 잘못이 없다. 만약에 정말로 이들 사물과는 따로 이들 사물의 에이도스가 존재한다고 하면 말이다.

그런데 사물을 움직이게 하는 원인(생성의 작용인)은 그 생성 결과보다도 먼저 존재하지만, 사물에 대한 설명 방식으로서의 원인(형상인)은 그 결과와 나란히 존재한다. 예를 들어 인간이 건강할 때는 동시에 건강(건강의 형상)이 존재하며 청동구(靑銅球)의 모양은 청동구와 함께 존재한다[그러나 더 나아가서 이러한 원인들 중 어떤 원인은(그 결과와 동시에 존재할 뿐만 아니라 결과가 없어지고 난) 뒤에도 늘 존재하지 않을까? 이 점은 검토가 필요하다. 그 어떤 원인에는 그 원인이 늘 존재하는 일을 방해하는 요소가 아무것도 없기 때문이다. 예를 들어 영혼이 그렇지 않을까? 단, 모든 영혼이 아니라 이성으로서의 영혼이. 아마도 모든 영혼이 그렇기는 불가능할 것이기 때문이다].

분명히 그렇기 때문에, 적어도 (생성의 사실을 설명하기 위해서라는) 단지 그 이유만으로는 이데아를 존재한다고 말할 필요는 조금도 없다. 어쨌든 인간이 인간을 낳고, 어떤 개인(아버지라는 사람)이 어느 특정한 개인(자식인 인간)을 낳기 때문이다. 또 기술의 경우도 이와 마찬가지이다. 예를 들면 의술은 건강의 설명 방식이다.

제4장
사물의 구성 요소는 그 사물이 달라짐에 따라 수적(개별적)으로는 다르지만 그 종(種)에서는 같다. 즉 이들은 모두 세 가지 구성 요소—형상·결여태·질료—를 가지며, 더 나아가서 이 사물들은 최근 및 가장 먼 외적 작용인을 갖는다.

서로 다른 사물의 원인이나 원리는 (A)어떤 방법에서는 서로 다르지만, (B) 어떤 방법에서는, 즉 보편적이나 유비적(類比的)으로 말하는 경우에는 서로 다른 사물들 모두가 서로 같다. 왜냐하면 이런 어려운 문제를 제기하는 사람들이 있기 때문이다. 즉 사물의 원리나 구성 요소는 그 사물이 실체일 경우와 관계적인 사물일 경우에 서로 다른가, 또 그 밖의 술어적 여러 존재들 가운데 어느 것일 경우에도 저마다 다른가, 또는 서로 다른 모든 사물의 원리나 구성 요소 등은 같은가?

그러나 (A)만약에 이들 원리나 구성 요소가 이 사물 모두에 대해서 같다면 불합리한 일이 된다. 만일 그렇다면 같은 원리나 구성 요소로부터 모든 관계적인 사물들도 실체들도 결과된다고 해야 하기 때문이다. 하지만 무언가 이들에 공통된 원리나 구성 요소가 존재할 수 있을까? (1) (a)실체 및 그 밖의 술어적 여러 존재들 말고는 사물들에게 공통된 그 무엇도 존재하지 않으며, 더욱이 구성 요소들은 이를 그 구성 요소의 하나로 삼는 사물보다도 먼저이다. 그러나 (b)실체는 어떤 관련적인 사물의 구성 요소가 아니고, 반대로 이 구성 요소들은 그 어떤 실체 자체도 아니다. 더 나아가서 (2)어째서 모든 사물의 구성 요소가 같을 수 있을까? 어느 구성 요소이든 이 요소들로 구성된 그 사물과 같을 수 없기 때문이다. 예를 들어 자음과 모음은 A이든 B이든 이들로 이루어진 어절(語節) BA와 같을 수가 없다[따라서 사유적인 것(추상적 보편 개념)은 모두, 예를 들어 '존재'도 '일(一)'도 구성 요소가 아니다. 왜냐하면 이들은 모두 복합체(구성된 사물)에 똑같이 그 술어로서 속할 수 있기 때문이다]. 이렇게 해서 어떤 구성 요소이든 실체가 아니거나 관계적인 사물이 아니어야 한다. 그러나 그 가운데 어느 하나여야 한다. 따라서 모든 사물에게 있어 그 구성 요소가 같은 경우는 있을 수가 없다.

그보다는 오히려 우리는 지금도 말하려는 바와 같이, (B) (1)그 구성 요소는 어떤 방법으로는 같고 어떤 방법으로는 다르다고 말하고 싶다. 예를 들어 감각적인 물체는 아마도, 형상으로서의 뜻에서는 뜨거움이 그렇고, 다른 면에서는 그 뜨거움의 결여태로서의 차가움이 구성 요소이며 질료로서는 첫 번째로 (직접적으로) 또 자체적으로 이 차가움과 뜨거움의 어느 쪽이기도 할 수 있는 가능성을 가진 무엇인가가 그 구성 요소이다. 그리고 실체는 형상이나 결여태, 질료의 각각이기도 하고, 이들을 그 원리로 해서 이들로 구성된 3자의 결합체이기도 하다. 또는 무엇인가 차가움과 뜨거움에서 생성되어 어떤 일체를 이룬 사물이 있으면 그것도 실체이다. 예를 들어 살이나 뼈가 그렇다. 이 구성 요소가 여기에서 생성된 사물과는 필연적으로 다르지만 그렇게 되어 있는 한, 이들 사물은 같은 구성 요소와 같은 원리를 가진다. 단, 이 사물들이 다르면 그만큼 그 구성 요소 또는 원리도 다르다. 다시 말해 이 뜻에서는 모든 사물이 같은 구성 요소, 또는 원리를 가지고 있다고는 이야기할 수 없다. 그러나 유비적(類比的)으로는 같다고 말할 수 있다. 어떤 사물에도 형상·결여태·질료라는 세 가지 원리가 있다고 우리가 말하는 뜻에서는 같다고 할 수 있다. 하지만 이 세 가지(사물의 실체를 구성하는 형상, 형상의 결여, 질료)는 사물이 그 유(類)를 달리하는 데에 따라 달라진다. 예를 들어 색에서 그 세 가지는 하양과 검정과 표면이고, 낮과 밤이 생기는 것은 빛과 어둠과 공기이다.

그러나 사물에 들어 있는 요소만이 그 사물의 원인이 아니라, 밖으로부터의 원인도 있다. 예를 들어 그 사물을 (밖에서) '움직이게 하는 것(작용인)'이 있기 때문에, 분명히 원리와 구성 요소는 다르다. 그렇지만 어느 쪽이나 원인이다. 이렇게 (넓은 뜻의) 원리는, 이 두 가지(사물 내부의 작용인과 외부의 작용인)로 나눌 수 있다. 그리고 사물을 움직이거나 멈추는 작용인은, (좁은 뜻의) 원리이자 실체이다. 따라서 유비적으로는 구성 요소가 세 개(형상·결여태·질료), 원인 또는 원리는 네 개(질료인·작용인·목적인·형상인)가 있다. 그러나 사물이 다르면 그만큼 그 내재적 구성 요소도 다르고, 이처럼 또 다른 사물에 대해서는 그 시동자로서의 제1원인(가장 가까운 작용인)이 저마다 다르다. 예를 들어 건강과 병과 신체(이 세 가지를 그 구성 요소로 하는 사물)의 경우에는 이 구성 요소들을 움직이는 시동자는 의술이지만, 어떤 형상과 어떤 무질서(그 형상의 결여)와 벽돌을 움직이는 시동자는 (의술과는 달리) 건축술이다. 그리고 이 움직이게 하는 시동자는 자연적인 사물, 예를 들어 인간에 있어서는 인간이지만, 사상에 의한 사물(인공품)에 있어서는 어떤 형상 또는 그 반대(형상의 결여)이기 때문에, 그 원인은 어떤 경우에는 세 개이겠지만 어떤 경우에는 네 개이다. 의술은 어떤 뜻에서는 건강이며 건축술은 집의 형상이고 인간은 인간을 낳기 때문이다.

또 이들과는 별도로, 모든 사물들 안에 제1의 사물로서 움직이는 작용인이 있다.

제5장

사물의 가능태와 현실태도 어떤 방법에서는 모든 사물에 공통된 원리이지만, 그 방법은 경우에 따라 다르다. 원리·원인이 서로 다른 사물을 통해서 같을 수 있는 근거는 유비적(類比的) 관계에 의해서이지 일의적(一義的)으로서가 아니다.

(2)어떤 사물은 떨어져서 존재하고, 다른 어떤 사물은 떨어져서는 존재하지 않으며 실체는 떨어져 있는 존재이다. 그렇기 때문에 모든 사물의 원인은 (이 방법에서는) 같다. 즉 실체 없이는 모습도 운동도 존재하지 않는다. 또 이러한 원인으로서의 실체는 영혼과 신체, 또는 이성과 욕구와 신체와 같다고 할 수 있다.

또 (3)어떤 다른 방법에서도, 유비적으로는 같은 사물을 원리라 여긴다. 즉 현실태와 가능태가 그러하다. 그러나 이들도 다른 사물에서는 그만큼 다르며 그 존재 양식 또한 다르다. 그리고 그 존재 양식이 다르다는 말은 (a)어떤 사물의 경우에는 같은 존재가 때로는 현실태에 있기도 하고 때로는 그 가능태에 있기도 한데, 예를 들어 술·살·인간이 그러하다. [그리고 이들(현실태와 가능태)도 앞서 말한 (형상·결여태·질료의 세 가지) 원인 가운데 어딘가에 속하게 된다. 즉 형상이 만약에 떨어져서 존재한다면 이때 형상은 현실태에 있고, 마찬가지로 이 둘로 이루어진 결여태도, 예를 들어 어둠 또는 병든 몸도 그렇지만, 질료는 가능태에 있다. 왜냐하면 질료는 형상이든 결여태든 둘 가운데 어느 쪽도 될 수 있기 때문이다.]

그러나 (b)사물의 질료와 그 사물의 원인물의 질료가 다른 사물의 경우에, 그 사물은 현실태에서의 존재 양식과 가능태에서의 존재 양식이 일치하지 않는다(그리고 이러한 경우들 가운데에는 그 형상이 같지가 않고 다른 경우도 있다). 예를 들어 인간에 대해서 말하자면 그의 원인은 ⓐ그의 구성 요소(즉 질료로서의 불이나 흙, 그에게 특유한 형상)뿐만 아니라 (b)무엇인가 다른, 밖으로부터의 원인(예를 들어 그의 아버지)이 있고, 또 이들 원인과는 별도로 ⓒ태양이나 그 비스듬한 원[황도(黃道)]이 있다. 그리고 이들(태양이나 황도)은 그의 질료도 아니고 형상도 아니며 결여태도 아니다. 또 그와 같은 종(種) 같은 형태인 그의 아버지도 아니면서 그를 움직이게 한다.

또 어떤 종류의 원인은 보편적으로 이야기할 수 있지만 어떤 다른 원인은 그렇지 않다는 사실을 알아두어야 한다. 실은 모든 사물의 제1의(최근의) 원인은 현실태에서 제1(최근)인 '이것(개별적인 형상)'과, 또 하나는 가능태에서의 '이것(개별적인 최근의 질료)'이다. 저 보편적인 원인이란 존재하지 않는다. 왜냐하면 개별적인 사물을 낳는 원리는 개별적이기 때문이다. 하기야 보편적으로는 인간이 인간으로부터 태어난다고는 하지만, 그러한 보편적 인간이란 한 사람도 존재하지 않는다. 다만 펠레우스가 아킬레우스의 원리이고, 당신의 아버지가 당신의 원리이며, 그리고 이 B가 '이' BA의 원리이다. 물론 일반적으로 자모 B는 단적(보편적)인 뜻에서 어절 BA의 원리(구성 요소=자음과 모음)이기는 하지만 말이다.

또 만약에 실체의 원인이 그 밖의 존재 사물들의 원인이 되기는 하지만, 앞서도 말한 바와 같이 사물들이 다르면 그만큼 그 원인이나 구성 요소 또한 다르다고 한다면, 즉 같은 유(類)에 속하지 않는 사물[예를 들면 색·음(音)·실체·성질 등]의 원인들은 저마다 다르고, 단지 유비적으로만 같을 뿐이라고 한다면, 그리고 같은 종(種)에 속하는 사물의 원인도 저마다 다르다고 할 경우, 종에 있어서 다른 것이 아니라 개별적인 뜻에서, 예를 들어 '당신의' 질료나 형상이나 당신을 움직이는 작용인이 나의 그것들과 다르다는 뜻으로는 다르지만 보편적인 설명 방식에서는 같다고 한다면, 그리고 만일 누군가가 여러 실체나 관계나 성질 등의 원리 또는 구성 요소들에 대해서 이들이 같은지 다른지 묻는다면 그 대답은 분명 이러하다. 이들(원리·구성 요소 등과 같은 원인 개념)이 여러 뜻으로 쓰이는 경우에는 사물 저마다의 실체, 관계, 원리 등은 같다고 할 수 있지만, 이들 말의 뜻을 구별해서 사용할 경우에는 그들은 같지 않고 다르다. 단, 이 경우에도 (1)질료와 형상과 결여태와 시동자가 모든 사물에 공통되어 있다는 뜻에서는 같다. 또는 유비적으로 같다. 또 (2)실체가 없어지면 (다른 술어적 여러 존재도) 사라지기 때문에, 실체의 원인은 다른 모든 사물의 원인이라는 뜻에서도 마찬가지이다.

또 (3)완전 현실태에서 제1의 원인이 모든 사물의 원인이라고 하는 뜻에서도 같다. 그러나 다음과 같은 뜻에서는 이들은 다르다. 즉 유(類)로서도 말할 수 없고 다의적으로도 말할 수 없는 (개별적) 반대적 여러 성질들이 개개의 사물에 속한 만큼 많은 서로 다른 제1의 (개체에 가장 가까운) 여러 원인이 있다. 또 그만큼 많은 서로 다른 제1의 여러 질료가 있다.

이상으로 감각적인 사물의 원리는 무엇인지, 어느 정도 있는지, 또 그들이 어떤 방법으로는 같고 어떤 방법으로는 다른지 살펴보았다.

제6장

다음으로는 영원적이고 부동한 비감각적 실체에 대해서. 이러한 부동한 실체는 존재해야 한다. 또 운동이 영원적인 한에서는, 영원히 움직이는 사물이 존재해야 하고, 이 영원한 운동의 움직이는 사물은 그 본질에 가능태를 포함하지 않는 전적인 현실태여야 하며, 세상에 똑같은 운동이 존재하기 위해서는 영원히 똑같이 작용하는 어떤 영원적 원리로서 있어야 한다.

세 종류의 실체가 있었다. 그 가운데 두 개는 자연적인 실체(자연학이 다루는 실체)이고, 다른 하나는 부동(不動)한 실체(수학이 다루는 실체)였다. 따라서 이 부동의 실체에 대해서, 다음으로 우리는 어떤 영원한 부동의 실체가 존재한다는 필연적인 까닭을 설명해야 한다. 먼저 그 까닭은 실체가 모든 존재 중에서 제1의 존재이기 때문이며, 만일 모든 실체가 소멸적이라면 모든 존재들이 모조리 소멸적이 되기 때문이다. 그런데 운동이 생성되거나 소멸하는 일은 불가능하다[왜냐하면 운동은 늘 (영원히) 존재해 왔기 때문이다]. 또 시간도 생성되며 소멸하는 일이 불가능하다. 왜냐하면 '보다 앞'이나 '보다 뒤'라는 말은 시간이 존재하지 않으면 존재할 수 없기 때문이다. 그렇다고 한다면 운동 또한 시간이 그러하듯이 연속적이다. 왜냐하면 시간은 운동과 같거나, 또는 운동의 어떤 한정이기 때문이다. 단, 이 운동이 연속적이기 위해서는 장소에서의 운동(이동의 뜻으로서의 운동)일 수밖에 없고, 더욱이 이 장소적 운동 중에서도 특히 원운동(圓運動)이어야 한다.

그러나 비록 무엇인가를 움직이는 능력이 있는 작용인, 또는 그 작용인에 작용하는 능력이 있는 어떤 존재가 있다 해도, 만일 그 존재가 현실적으로 그 무엇인가에 작용을 하지 않는다면 사물의 움직임 자체(즉 운동)가 존재하지 않는 일도 있을 수 있다. 왜냐하면 움직이게 하는 가능성(능력)을 가진 사물이라도 그 능력을 현실적으로 작용시키지 않고 있을 수 있기 때문이다. 그렇기에 비록 우리가 저 에이도스를 주장하는 사람들처럼 실체를 영원적인 존재로 여긴다고 해도, 만일 그 실체 안에 사물을 전화할 수 있는 어떤 원리가 들어 있지 않는다면 아무 쓸모가 없다. 아니, 들어 있다고 해도 아직 그만큼으로는 충분치 않다. 비록 그것이 에이도스와 다른 실체라 해도 말이다. 왜냐하면 만약에 그것이 현실적으로 작용하지 않는다면 운동은 존재하지 않기 때문이다. 뿐만 아니라 더 나아가 비록 현실적으로 작용을 한다 해도, 만약 그 실체 중에 가능성이 들어 있다면 이 또한 운동은 불충분하다. 왜냐하면 (이 경우에는) 운동이 영원하지 않을 수도 있기 때문이다. 가능적으로 존재하는 것은 존재하지 않을 수도 있다. 그렇다면 실체(본질)가 현실태인 어떤 원리가 존재해야만 한다. 또 이런 실체는 질료 없이 존재해야 한다. 왜냐하면 만약에 영원적인 것이 있다고 한다면 바로 이러한 실체야말로 영원적이어야 하기 때문이다. 따라서 현실태이다.

그렇지만 여기에 어려운 문제가 있다. 왜냐하면 일반적으로 무엇인가에 현실적으로 작용하는 모든 작용인은 그 무엇인가를 그처럼 작용하게 하는 가능성을 지니고 있지만, 그 가능성을 지니고 있는 작용인이 반드시 그 가능한 모든 것에 현실적으로 작용하지는 않는다고 생각하며, 따라서 가능성이 먼저라고도 생각하기 때문이다. 만일 그렇다고 한다면 존재하는 사물들은 아무것도 존재할 필요가 없다고 할 수 있게 된다. 이들 모두가 존재 가능한 것이기는 하지만, 아직 하나도 (현실적으로는) 존재하지 않는 일도 있을 수 있기 때문이다.

그러나 비록 신들에 대해 이야기하는 사람들의 말처럼 세상의 모든 존재들이 '밤'에서 생겨났다고 해도, 또는 자연학자들의 말대로 '모든 존재들은 함께 였다'고 해도 마찬가지로 불가능(불합리)한 결론이 나온다. 만일 거기에 어떤 원인이 현실태로 존재하지 않는다면 어떻게 해서 그들이 운동을 할 수 있었겠는가? 왜냐하면 예를 들어 나무 그 자체는 분명히 그 자신을 움직이게 하지는 않으니까, 만약에 건축술이 그 목재에 작용하지 않았다면 목재는 움직이지 않기 때문이다. 마찬가지로 월경이나 토양도 종자가 (토양에) 작용하거나, 또는 정자가 (월경에) 작용하지 않는다면 식물 또는 아이가 스스로를 낳지는 않기 때문이다.

그런 까닭에 어떤 사람들은 영원에도 현실적 작용이 있다고 했다. 예를 들어 레우키포스나 플라톤과 같은 사람들은 운동이 늘 있다고 말했다. 그러나 그들은 이 운동이 왜 있는지, 무엇인지는 설명하지 않고, 또 그것이 '이와 같이' 운동한다거나 '저와 같이' 운동한다면 그와 같은 운동 원인을 (설명해야 하는데) 설명하지 않는다. 그 무엇도 그저 멋대로 운동하지는 않고, 거기에는 (그것을 움직이게 하는) 그 무엇이 언제나 현존하고 있지 않으면 안 되는데 말이다. 예를 들면 지금 이 경우에는 자연에 의해 '이와 같이' 움직여지고, 다른 경우에는 강제에 의해서, 또는 이성에 의해서, 또는 다른 무엇인가에 의해서 '그와 같이' (저마다 독특한 방법으로) 움직여지기 마련이다. 어떠한 운동이 제1의 운동인가? 여기에도 중요한 문제가 있다. 하지만 어쨌든 적어도 플라톤은 그가 자주 (운동의) 원리라고 생각하던, 스스로 자신을 움직이는 (인간의) 영혼을 이제 여기에서 (영원한 운동의 원인으로서) 꺼내는 일은 허락하지 않는다. 왜냐하면 그의 의견에 따르면 영혼은 (천체의 영원 운동보다) 나중이자 천계(天界)와 동시적이기 때문이다.

따라서 가능태를 현실적인 작용(현실 활동)보다도 먼저라고 생각한다면 어떤 의미에서는 옳지만, 어떤 의미에서는 옳지 않다(그리고 어떤 뜻으로 그렇게 여겨지는가는 앞서 말한 대로이다). 그러나 현실 활동 쪽이 먼저임은 아낙사고라스가 밝혔으며(왜냐하면 그의 '이성'은 현실태이기 때문이지만), 또 엠페도클레스도 '우애'와 '미움'으로 입증했고, 그 밖에 운동이 늘(영원히) 있다고 말하는 사람들, 예를 들어 레우키포스 같은 사람 또한 현실태를 먼저로 보았다. 따라서 저 '혼돈'이나 '밤' 등이 무한한 시간에 걸쳐 있지는 않고 적어도 현실태가 가능태보다 먼저라면, 어떤 같은 존재들이 고리 형태의 운동에서, 또는 다른 어떤 일정한 방법으로 '언제나' 있다. 그래서 만약에 이 같은 운동이 늘 고리 형태로 이루어진다면, 거기에는 그 무엇인가가 언제나 일정한 방법으로 현실적으로 작용하면서 늘 존재했다는 말이 된다.

다음으로 만약에 생성과 소멸이 일어나야 한다고 하면 (이를 위해서는 더 나아가) 여기에는 언제나 어떤 다른 방법으로 현실적으로 작용하는 어떤 다른 작용인이 존재해야만 한다. 그러나 이 다른 작용인은 필연적으로, 어떤 방법으로는 그들 스스로, 어떤 방법에서는 다른 작용인에 의해 현실적으로 작용한다. 그리고 이 다른 작용인에 의해서란 또 하나의 다른 것에 의해서인가, 그렇지 않으면 저 (최초의) 제1의 작용인에 의해서인가 둘 가운데 어느 하나이다. 하지만 모든 사물들이 제1의 사물에 의한다는 것은 필연적이다. 왜냐하면 만일 그렇지 않다고 하면, 이 제1의 작용인은 앞서 말한 다른 것에 대해서뿐만 아니라 더 나아가 또 하나의 다른 것에 대해서도 그 원인이라는 말이 된다. 그렇다고 하면 오히려 제1의 실체에 의한다고 하는 편이 좋다. 왜냐하면 이 제1의 실체야말로 늘 일정한 방법으로 현실적으로 작용하는 운동의 원인이었기 때문이다. 그리고 다른 것은 다른 방법으로 운동하고, 늘 다른 방법으로 작용하는 원인은 분명히 이들 둘(제1의 실체와 다른 것과의 협력)이다. 어쨌든 실제로 이와 같은 방법으로 (천체의) 여러 운동이 이루어진다. 그렇다고 하면 그 밖에 어떤 다른 (영원적) 원리를 찾을 필요도 없지 않은가.

제7장

영원적인 운동을 일으키는 영원적인 동자(動者)는 전적인 현실태이기 때문에, 그 자체는 전적으로 변하지 않고 움직이지 않는 실체로서, 마치 사유의 대상이나 욕구의 대상이 사유자나 욕구자를(또는 애인이 사랑하는 사람을) 움직이듯이, 자신은 움직이지 않고 다른 모든 사물들을 움직인다. 이 제1의 움직이지 않는 동자에게 세계의 모든 존재들은 의존한다. 이것은 선이며, 생명이며, 끊임없이 자신을 사유·관조하는 순수이성이며, 이것이 신이다. 그 관조의 생활은 전적으로 완전하다.

(영원한 운동의 원인에 대해서는) 이와 같이 설명할 수 있다. 만약에 이와 같지 않다고 하면, 세상의 모든 존재는 '밤'으로부터 생겼다거나, '모든 존재는 함

께였다'거나, 또는 '비존재'로부터라는 말이 되니 이상으로 문제가 해결되었다고 보아도 좋다. 그래서 어떤 존재가 있고 이것은 언제나(영원히) 움직여지면서 쉬지 않고 운동한다. 그리고 이 운동은 원운동이다(이는 말뿐만이 아니라 사실에 있어서도 분명하다). 그러므로 이 제1의 천계(天界)는 영원적일 것이다. 그러나 그렇기 때문에 이 제1의 천계를 움직이는 어떤 존재가 있다. 움직여지면서 움직이는 운동자는 중간 위치에 있는 것(작용인)이므로 움직여지지 않고서도 움직이는 어떤 것이 있고, 이것은 영원적이며 실체이자 현실태이다. (그러면 어떤 방법으로 움직이게 하는가?) 그것은 마치 바라는 욕구 대상이나 사유적인 사유 대상이 (욕구자나 사유자를) 움직이게 하는 방법으로 움직이게 한다. 즉 움직여지지도 움직이지도 않고 움직이게 한다. 그런데 욕구의 대상과 사유의 대상은 저마다 제1의 원인에서는 같다. 단순히 바라는 비이성적 욕구의 대상은 현상적으로 그렇게 있는 착하고 아름다운 대상이지만, 소망하는 이성적 욕구의 대상 가운데 제1의 대상은 참으로 존재하는 선하고 아름다운 것이다. 그런데 우리가 그 욕구의 대상을 바라는 원인은 그것이 선하고 아름답게 느껴지기 때문이지, 우리가 그것을 바라기 때문에 선하고 아름답게 느껴지는 게 아니다. 그 까닭은 사유가 시작이기 때문이다. 그리고 이성(사유자)은 사유적인 것에 의해서 움직여지는데, 저 대조표의 한쪽 칸(긍정적 개념의 칸)에 있는 욕구 대상들은 그 자체에 있어서 사유적인 것(진정으로 사유의 대상이 되는 것)이다. 그리고 이 칸에 있는 것 중에서는 실체가 제1이며, 실체 중에서는 특히 단적인 현실태에 있어서의 실체가 제1이다[여기에서 단적이라고 말했는데, 단적이라는 말과 일(一)이라는 말은 다르다. 일(一)은 어떤 척도를 의미하지만, 단적이란 그 자체에 어떤 특유한 성격을 갖추고 있다는 뜻이다]. 그런데 (욕구의 대상인) 착하고 아름다운 사물이나 그 자체가 바람직한 사물 또한, 같은 칸에 속한다. 어쨌든 제1의 사물의 실체는 언제나 최선이고 적어도 유비적으로 최선이다.

그런데 무엇인가가 목적으로 하는 그것이 움직이지 않는 사물에 속한다는 말은, 그 뜻을 나눠보면 뚜렷해진다. 즉 무엇인가가 지향하는 '그것(목적)'에는, (a)어떤 일이 다른 '무엇인가(의 이해·선악)를 위해' 하는 그 '무엇인가'를 의미하는 경우와, (b)어떤 일이 지향하는 목적으로서의 '무엇인가'를 의미하는 경우가 있는데, 이들 두 가지 뜻 가운데 목적으로서의 무엇인가는 움직이지 않는 사물에 속하는 반면에 무엇인가를 위해 하는 그 무엇인가는 그렇지가 않다. 따라서 목적으로서의 무엇인가는 사랑을 받는 사물이 움직이게 하듯이 움직이게 하는 (부동의) 시동자이다. 그리고 다른 것은 움직여져서 움직이게 한다.

한편 만약에 그 무엇이 움직여진다고 한다면, 그것은 '다른 것일 수도 있다'는 말이다. 어떤 사물의 현실 활동이 이동(장소적 전화) 중의 제1의 원운동이라면, 그 어떤 사물은 그와 같은 운동을 하는 사물인 한, 여전히 다른 사물이 될 수도 있다(비록 실체에 있어서는 아니라고 해도 장소에 있어서는 다른 사물이 될 수도 있다). 그런데 스스로는 움직이지 않는 사물이면서도 움직이게 하는 어떤 사람이 존재하며 현실태에서 존재하기 때문에, 이런 사람은 결코 다른 사람일 수는 없다. 왜냐하면 여러 종류의 전화 중에서도 제1의 전화는 이동이며, 이동 중에서도 제1인 이동은 (천체의) 원운동이지만, 이것을 다시 움직이게 하는 시동자는 이 사람이기 때문이다. 그렇다고 한다면 이 어떤 사람은 필연적으로 있는 존재이다. 그리고 필연적으로 존재하는 한 착하고 아름답게 존재하며, 이와 같이 존재하는 한 이 어떤 사람은 바로 원리이다. 왜냐하면 '필연적'이라는 말에도 여러 가지 뜻이 있어서, '강제'에 의하는 일이 충동을 거스른다는 이유로 필연적이라고 하는 경우가 있고, 또 '그것이 없으면' 착함도 '있을 수 없는' 그러한 꼭 필요한 조건을 가리키는 경우도 있으나, 더 나아가서 그렇게 있을 수밖에 '다른 것일 수가 없는', 단적으로(단순히) 그렇게 있음을 '필연적'이라고 말하는 경우도 있기 때문이다.

이런 원리에는 그렇기 때문에 천계(天界)와 자연이 의존하고 있다. 그리고 이 어떤 사람의 생활은 우리에게 가장 좋은, 그러나 우리에게는 기껏 얼마 안 되는 시간밖에 즐길 수 없는 최선의 생활이다. 이 사람은 언제나 이와 같이 (최선의 즐거운 생활 상태에) 있기 때문이다(이와 같이 존재한다는 일은 우리에게는 불가능하지만). 그 까닭은 그의 현실태는 동시에 쾌락이기 때문이다(그리고 그렇기 때문에 그런 사람에게 있어서는 그 각성도 감각도 사유도 가장 쾌적하며, 그의 희망이나 추억도 이 원리 때문에 쾌적하다). 그리고 그 (원리의) 사유는 자체적인 사유이며 스스로 가장 선한 사람을 그 대상으로 하고, 그것이 가장 뛰어난 사유이기 때문에 그만큼 그 대상도 가장 뛰어난 사람이다. 그 이성(사유하는 것)은 그 이성 자체를 사유하지만, 그 이성이 그 사유 대상의 성질을 공유하는 한에서이다. 왜냐하면 이 이성은 그 사유 대상에 접촉해 이 대상을 사유할 때 이미 스스로 그 사유 대상 자체가 되어 있기 때문이다. 이렇게 해서 여기에서는 이성(사유하는 것)과 그 사유 대상(사유되는 것)은 같다. 왜냐하면 사유의 대상을, 즉 실체(형상)를 '받아들일 수 있는' 주체는 이성이지만 이 이성이 현실적으로 작용하는 때는, 이성이 그 대상을 (받아들여서, 실제로 그것을) '소유하고 있을' 때이기 때문이다. 따라서 이 이성이 유지하고 있다고 여겨지는 신적(神的)인 상태는 그 대상을 받아들일 수 있는 상태(가능태)보다는 오히려 실제로 소유하고 있는 상태(현실태)이다.

그리고 이 관조는 가장 쾌적하고 가장 선(善)하다. 그래서 만일 이와 같은 좋은 상태에—우리는 아주 잠시 동안밖에 있을 수 없지만—신은 늘 영원히 있다고 한다면 그것은 경탄해야 할 일이다. 게다가 더 뛰어나서 좋은 상태라면, 그만큼 더 경탄해야 한다. 그런데 신은 실제로 그러하다. 더욱이 그에게는 생명까지도 속해 있다. 왜냐하면 신적 이성의 현실태는 생명(경탄)이고, 더욱이 그는 그러한 현실태이기 때문이다. 그리고 신의 전적인 자체로서의 현실태는 최고선의 생명이자 영원한 생명이다. 그렇기 때문에 우리는 주장한다. 신은 영원하고 최고선인 살아 있는 자이며, 따라서 연속적이고 영원적인 생명과 영겁(永劫)이 신에 속한다고. 바로 이런 존재가 신이다.

그러나 어떤 사람들은, 예를 들어 피타고라스학파나 스페우시포스와 같은 사람은 가장 높은 아름다움이나 가장 높은 선 등은 원리 자체에 존재하지 않는다고 생각한다. 그리고 그 이유는 예를 들어 식물이나 동물에서는 이들의 원리(예를 들어 씨)가 이들의 원인이지만, 아름다움이나 완전성은 (원리인 씨 안에 있지 않고) 원리에서 생긴 결과 (완전히 자란 식물이나 동물) 안에 있기 때문이다. 하지만 그들의 생각은 옳지 않다. 그 씨는 그보다 앞서 있는, 이미 완전한 다른 것 (부모인 식물 또는 동물)에서 생긴다. 즉 제1의 원인은 씨가 아니라 이 완전체이다. 따라서 우리는 예를 들어 씨(정자)보다도 인간이 먼저라고 말해야 한다. 씨에서 태어난 인간(자식)이 아니라 씨를 낳은 다른 인간(부모) 완전체라고 말이다.

그런데 위에서 말한 대로 어떤 영원적이고 움직이지 않는 그리고 감각적인 사물에서 떨어져서 독립적인 실체가 존재한다는 사실은 명백하다. 그리고 이 실체가 어떤 크기도 가질 수 없고, 오히려 부분이 없고 더 이상 나눌 수 없다는 사실도 이미 제시했다. 이 실체는 무한한 시간에 걸쳐 (천계를) 움직이지만,

유한한 것은 그 어떤 것도 무한한 힘을 가지고 있지 않다. 그런데 크기란 무한 하다든가, 유한하다든가의 어느 한쪽이지만, 이 실체는 위에서 말한 대로 유한한 크기를 가질 리가 없고, 또 일반적으로 무한한 크기는 존재하지 않기 때문에, 그리고 무한한 크기를 가지고도 있지 않기 때문에 부분이 없고 더 이상 나눌 수 없다고 한다. 뿐만 아니라 이 실체가 비수동적이며 변화가 없다는 사실도 이미 제시했다. 왜냐하면 다른 모든 운동은 장소적 이동보다 뒤이기 때문이다.

제8장

여러 천체(천구)의 운행을 다스리는 여러 운동을 위해서는, 이중에서도 제1의 천구를 움직이는 제1의 움직이지 않는 동자(動者:神) 말고, 그만큼 많은 동자가 존재해야 한다. 에우독소스와 칼리포스가 여러 천구들을 설정한 일, 아리스토텔레스 자신이 설정한 일, 그 수는 대략 합계 55 또는 47이다. 제1의 움직이지 않는 동자는 단 하나이고 세계도 하나이다.

따라서 이 천계들이 무엇 때문에 이와 같이 존재하는가는 분명하다. 그러나 이런 실체를 단 하나라고 해야 하는지, 하나보다도 많이 있다고 해야 하는지, 또 (하나보다도 많다고 한다면) 얼마나 많이 있다고 해야 하는지, 이 문제를 우리는 잊어선 안 된다. 뿐만 아니라 다른 사람들의 여러 의견에 대해서 우리가 생각해야 할 일은, 그들이 그 양(천계들 실체의 수)에 대해서 명확히 말할 수 있는 점까지도 조금도 말하지 않았다는 사실이다. 이데아에 대한 의견에도 (이 양에 대한) 특수한 연구는 하나도 없다(예를 들어 이데아를 주장하는 사람들은 여러 이데아를 여러 수라고 말한다. 그리고 그 수들은 때로는 무한히 많다고 주장하며 때로는 10까지로 한정된다고 말한다. 하지만 어떠한 이유에서 수의 양이 이 정도 있어야 한다는 데에 대해서는 조금도 논증적인 엄밀성을 가지고 말하지 않기 때문이다).

그러나 우리로서는, 우리가 전제하고 규정한 데에서 출발해 이 문제를 논하지 않으면 안 된다. (그에 의하면) 저 원리, 즉 모든 존재의 제1의 궁극적 원리는 그 자체에 있어서나 부대적으로나 움직이지 않는 존재이면서도, (천계의) 제1의 영원적이고 오직 하나의 운동을 움직이게 하는 제1의 움직이지 않는 동자이다. 그런데 (a)움직여지는 존재는 반드시 어떤 존재에 의해 움직여져야 하고, (b)움직이게 만드는 제1의 시동자는 그 자체가 움직이지 않는 존재여야 한다. 그리고 (c)영원적인 운동은 어떤 영원한 존재에 의해, 유일한 운동은 어떤 하나뿐인 존재에 의해 움직여지지 않으면 안 되므로 그리고 (d)우리의 시야 안에서 제1의 움직이지 않는 실체가 그것을 움직이게 한다고 우리가 주장하는 그 이동은, 온 우주의 단적인 이동[항성(恒星)들의 원운동] 말고 다른 종류의 이동, 즉 여러 행성들의 영원적인 운동이다(이를 영원적이라고 하는 까닭은 고리 형태의 운동을 하는 물체는 영원적이고 멈추지 않기 때문이다. 이에 대해서는 자연학의 여러 논문에서 설명되어 있다).

그렇기 때문에 필연적으로 이들의 운행은 저마다 어떤 그 자체로 움직이지 않으며 영원한 실체에 의해 움직여져야 한다[왜 어떤 실체에 의하지 않으면 안 되는가 하면, 별들 저마다의 본성은 어떤 종류의 실체이기에 영원하고, 그 별을 움직이게 하는 실체는 마찬가지로 영원하지만 움직여지는 실체(별의 실체)보다 먼저이고, 또 어떤 실체보다도 먼저인 실체는 필연적으로 어떤 실체여야 하기 때문이다]. 분명히 그렇기 때문에 (이들 별의 운행이 많을수록) 그만큼 많은 실체가 있으며, 이들 실체의 본성은 영원하며 그 자체는 움직이지 않고, (앞서 말한 이유로) 크기가 없다.

이리하여 이들(별들 저마다의 운행을 움직이게 하는 시동자들)이 실체이며, 그리고 각 별들 저마다의 운행에 (위아래의) 순위에 따라 (저마다를 움직이게 하는) 실체에도 마찬가지로 그 어떤 실체는 제1위, 어떤 실체는 제2위 이런 식으로 순위가 있음은 명백하다. 그런데 이들 운행 수의 양은 수학적 여러 학문들 가운데 철학에 가장 친근한 학문, 즉 천문학의 연구로 결정해야 한다. 왜냐하면 이 학문은 감각적이지만 영원적인 실체에 대한 관찰 연구를 하고 있으며, 그 밖의 수학적 여러 학문, 예를 들어 산수학이나 기하학은 그 어떤 실체도 연구하지 않기 때문이다.

그런데 운행의 수가, 운행되어지는 (별들의) 수보다 많다는 사실은 조금이라도 (이들 현상에) 관심을 가진 사람들에게는 명백하다[왜냐하면 떠돌아다니는 별들(여러 행성) 저마다는 정해진 운행이 아니라 많은 운행을 하기 때문이다]. 그러나 이들 운행의 수가 과연 몇 개인가에 대해서는, 우리는 여기에서 먼저 어떤 예비지식을 얻기 위해, 어느 수학자들의 여러 의견을 들어보기로 하자.

그러면 그 수가 확정적으로 몇 개가 있는지 우리의 사상 안에서 생각할 수가 있기 때문이다. 하지만 그 밖의 문제에 대해서는 그 어떤 부분은 우리 스스로가 탐구하지 않으면 안 되고, 다른 어떤 부분은 그것을 탐구한 다른 사람들로부터 들어서 배우지 않으면 안 된다. 그리고 만약 이러한 연구에 종사하는 사람들 가운데 누군가가 지금 우리의 말과 반대되는 어떤 견해를 인정한다면 어느 쪽 견해도 존중해야 하지만, 보다 정확한 견해를 따라야 한다.

에우독소스가 설정한 바에 따르면, 태양과 달의 운행은 모두 세 개의 천구 안에서 이루어진다. 그리고 이들 세 천구 가운데 제1의 천구는 항성의 천구이고, 제2의 천구는 황도대(黃道帶)의 중간선[평분선(平分線)가로선]을 세로로 가로지르는 원을 따라 움직이며, 제3의 천구는 황도대를 가로질러 비스듬히 달리는 원을 따라 움직인다(단, 달이 그 안에서 운행되는 천구 쪽이 태양의 천구보다 큰 각도로 기울어져 있다). 다음으로 여러 행성들의 운행은, 그의 설정에 따르면 어느 행성이든 저마다 네 개의 천구 안에서 이루어진다. 그리고 이들 네 개의 천구 중에서도, 항성의 천구인 제1의 천구와 제2의 천구는 앞서 말한 것(태양이나 달)과 마찬가지이다[왜냐하면 항성의 천구는 다른 모든 천구를 운행시키고, 이 제1의 천구 하위에 배치되어 황도대의 평분선을 세로로 가로질러 달리는 원을 따라 운행하는 제2의 천구는 모든 행성(항성의 주위를 도는 별)들에 공통되기 때문이다]. 그러나 모든 행성들의 제3천구에서는 그 극(極)이 황도대를 가로지르는 원 안(원주의 선상)에 있고 제4천구에서는 그 운행이 제3의 천구 평분선에 비스듬히 교차하는 원을 따라 이루어진다. 또 다른 행성에서는 그 제3천구의 극(極)이 저마다 다른 곳에 있는데, 예를 들어 금성의 극과 수성의 극은 같다.

다음으로 칼리포스도 에우독소스의 설정과 마찬가지로 여러 개의 천구를 설정했다. 그러나 천구의 수에 대해서 그는 목성과 토성에는 에우독소스와 마찬가지로 네 개의 천구를 적용하면서, 태양과 달에는—적어도 일어난 사실을 설명하려고 한다면—다시 두 개의 천구를 덧붙여야 한다고 생각했다. 그리고 나머지 여러 행성들에는 저마다 하나씩의 천구를 덧붙였다.

하지만 만약에 모든 천구들의 종합으로 일어난 사실을 설명하려고 한다면, 이를 위해 필연적으로 저마다의 행성에 또다시 역방향으로 움직이는 천구가 있어야 한다. 그래서 이 천구가 저마다 늘 자기보다 하위에 배치되어 있는 별의 제1천구를 자기와 같은 위치로 되돌리는 역할을 하지 않으면 안 된다. 왜 냐하면 이들의 이러한 작용에 의해서만 (실제로 보이는 대로의) 여러 행성들의 운행이 이루어지기 때문이다. 그래서 여러 행성들 저마다가 그 안에서 운행되 는 여러 천구들의 수는 어떤 행성들에게는 모두 여덟 개, 그 밖의 행성들에게 는 (다섯 개씩) 모두 스물다섯 개이며, 이들 천구 중 가장 하위에 배치된 달의 운행이 그 안에서 이루어지는 천구만 역방향으로 작용하는 천구를 필요로 하 지 않는다. 그러나 제1의 두 행성(토성과 목성)에 대해서 역방향으로 작용하는 천구의 수는 (세 개씩) 모두 여섯 개, 그리고 그다음의 네 행성(화성·금성·수성· 태양)에 대한 역방향 천구는 (네 개씩) 모두 열여섯 개이다. 따라서 운행을 하 게 만드는 천구들과 또 이 천구들에 역방향인 천구의 수는 총 쉰다섯 개이다. 그리고 만약에 달과 태양에게는 우리가 말한 운동을 더하지 않는다면 천구의 수는 모두 마흔일곱 개이다.

어쨌든 천구의 수는 이만큼 있다고 하자. 그렇게 되면 (스스로는 움직이지 않 고 이들 천구를 움직이게 하는) 움직이지 않는 여러 실체들 또는 여러 원리들도 마땅히 그만큼 많이 있다고 생각해도 좋다[여기에서는 마땅하다 말하는데 그 치고) 필연적으로 그렇다고 단언하는 일은 보다 더 유력한 그 방면의 학자에 게 양보하기로 한다]. 그러나 만약에 어떤 별도 운행을 의도하지 않았던 이동 (장소적 운동)이 하나도 없다면, 그리고 그 어떤 것의 작용도 받지 않고 (전적 으로 비수동적으로) 최고의 선을 자체적으로 갖추고 있는 그런 모든 실재, 모 든 실체들을 모두 어떤 끝(목적)이라고 여겨야 한다면, 이들(움직이지 않는 여 러 실체) 말고는 그 어떤 다른 실체도 있을 수 없고, 오히려 그러한 끝에 있는, 목적으로서의 움직이지 않는 여러 실체들의 수만큼 있어야 한다. 만일 이들 말고도 다른 (마찬가지로 움직이지 않는) 실체가 있다면, 이들이 어떤 다른 운 행을 그 목적에 따라 움직이게 할 것이다. 하지만 앞서 말한 여러 별들의 운행 말고는 어떤 다른 운행도 불가능하다. 그리고 이것은 운행되어지는 여러 별들 도 마땅한 이치라 추정된다. 만약에 (별을) 운행시키는 시동자가 본디 (필연적 으로) 운행되어지는 것을 '위해서' 있고, 운행 그 자체가 운행되어지는 것이 하 는 일이라고 한다면, 모든 운행은 운행 그 자체를 위한 운행도, 다른 운행을 위 한 운행도 아니고, 오히려 여러 별(운행되어지는 것들)을 위한 운행이 되지 않 으면 안 된다. 왜냐하면 만일 어떤 운행 '갑'이 어떤 다른 운행 '을'을 위해서 있어야 한다면 이 운행 '을'은 다시 다른 어떤 운행 '병'을 위해 있지 않으면 안 되고, 이렇게 해서 무한히 거슬러 올라가게 되기 때문이다. 그러나 무한히 거슬러 올라가는 일은 허용되지 않는다. 따라서 (운행에는 끝이 있고) 운행의 끝(목적)은 어느 것이나 모두 바로 천계에서 운행되어지는 신적 여러 물체(여러 행성)들 가운데 그 어느 것이다.

[천계가 하나라는 사실은 틀림없다. 만약에 천계가 마치 인간이 그러하듯이 수많이 있다면, 저마다 천계를 움직이는 원리가 그 종(형상)에서는 하나이면서도 그 수에서는 많게 된다. 그런데 거의 수가 많은 사물은 질료를 가지고 있지만(왜냐하면 설명 방식은 많은 사물들에 통하기 때문이다. 예를 들어 인간의 설명 방식은 많은 인간을 통해 하나이며 같다. 그러나 소크라테스는 하나이기에―그가 질료를 가지고 있기 때문에―본질은, 특히 제1의 본질은 질료를 가지지 않는다. 이는 완전 현실태이기 때문이다. 그래서 제1의 움직이지 않는 동자(動者)는 설명 방식에서나 수에서나 하나(유일)의 존재이다. 따라서 이에 의해 언제나(영원히) 연속적으로 움직여지는 것도 그러하다. 그러므로 천계는 하나이며 하나밖에 없다.]

우리의 조상들이 먼 옛날에 신화 형식으로 사람들에게 남긴 전승(傳乘)에 따르면 이와 같은 움직이지 않는 실체는 신들이며, 신적(神的)인 사물들이 자연 전체를 둘러싸고 있다. 이 전승의 나머지 여러 부분은 대중을 이해시키기 위해서 또는 그 법률과 생계의 복리를 위해서 나중에 신화적으로 덧붙인 것으로, 거기에서 이 신들은 인간의 모습을 한 존재, 또는 어떤 동물과 비슷한 존재로서 이야기되며, 그 밖에 지금 말한 바에 이어서 일어나는 사건이나 비슷한 일들을 이야기한다. 그래서 만약에 누군가가 이 덧붙인 부분을 잘라내고 처음 대목만을, 즉 조상들이 제1의 여러 실체를 신들이라고 생각한 부분만을 들추어 본다면, 그는 이것이야말로 진실로 신들처럼 이야기한 대목이라고 생각할 것임에 틀림없다. 그리고 아마도 기술들이나 철학이 이룰 수 있는 발달을 이룩한 뒤에는, 이윽고 다시 그동안 쇠퇴해 없어져 간 데 비해서, 이러한 조상들의 견해만은 오늘날에 이르기까지 마치 남겨준 보물처럼 소중하게 보존된다고 생각할 것임에 틀림없다. 어쨌든 우리 조상들의 견해, 선인(先人)들의 견해는 그저 이 정도까지 우리에게 분명하다.

제9장

신의 이성에 대한 문제. 사유 대상은 그 자신이어야 한다. 신의 사유는 사유의 사유이다. 비질료적이고 비물질적인 존재에 대한 사유와 사유 대상은 같다.

이 이성에 대한 일들에는 몇 가지 어려운 문제가 있다. 왜냐하면 이 이성은 여러 현상들 중에서 가장 신적인 것처럼 보이지만, 이 이성이 어떻게 해서 그런지(신적인 존귀함이 있는) 몇 가지 이해하기 힘든 점이 있기 때문이다. 즉 (1) 만약에 이 이성이 아무 대상도 사유하지 않는다면 어디에 그 존귀함이 있겠는가? 그렇게 되면 오히려 잠자는 사람과 마찬가지가 아닌가? 그러나 (2)만일 그 이성이 무엇인가를 사유한다면, 어떤 다른 사물이 그 사유에 대해서 지배적이라고 한다면 바로 이 이성의 실체는 사유(현실태에 있어서의 사유)가 아니라 그 가능태(사유 능력)에만 머물기 때문에, 그 이성은 최선의 실체가 아니게된다. 왜냐하면 존귀함이 이성적 실체에 귀속되는 까닭은 ('사유할 수 있기' 때문이 아니라, 실제로) 사유하기 때문이니까. 또 (3)이 이성의 실체는 단순한 이성(사유 능력)인가, 또는 사유(사유 현실태)인가, 그리고 무엇을 사유하는가? 이성의 실체는 그 자체를 사유하든가 아니면 다른 무엇인가를 사유한다. 그리고 만약에 다른 무언가를 사유한다면 그 사유 대상은 언제나 같은가, 그렇지 않으면 다른 대상을 사유하는가의 어느 하나이다. 그렇다면 그 사유하는 대상이 착하고 아름다운가, 또는 임의의 대상인가 이런 차이에 따라 거기에 어떤 차이가 있지는 않은가, 또는 아무래도 좋은 일인가?

사물에 따라서는 이성의 실체가 그와 같은 사물에 대해서 이리저리 추리하고 사색한다는 일에 불합리한 점도 있지 않을까? 그렇다고 한다면 분명히 그것은 가장 신적(神的)이고 가장 존귀한 대상을 사유하고 있으며, 전화하지 않는다. 왜냐하면 그 대상의 전화는 보다 더 나쁜 것으로의 전화이고, 이 전화는 이미 어떤 종류의 운동이기 때문이다. 그래서 먼저 만약에 이 이성이 사유(현실태에 있어서의 사유)가 아니라 그 가능태라면, 마땅히 그러한 이성에게 있어서는 계속 사유하는 일이 고생스러운 일이 된다. 다음으로 만약에 그렇다고 한다면 그러한 (사유의 가능태로서의) 이성보다도 한결 존귀한 어떤 것, 즉 사유 대상이 다른 것으로서 훨씬 존재한다는 일도 사실임이 분명하다. 왜냐하면 '사유한다'거나 '사유' 등은 가장 열악한 사물을 사유하는 사람에게도 속해 있고, 그리고 만일 이와 같은 사물들은 기피해야 한다면(그리고 사실 그것들 중에는 그것을 보는 일보다 보지 않는 편이 좋은 사물이 있기 때문에 기피해야 하지만) 이와 같은 사유는 가장 선(善)한 것이 될 수 없기 때문이다. 그래서 (이 신적인 이성은) 그 자체를 사유하는(적어도 가장 뛰어난 이성이라고 한다면), 바꾸어 말하면 그 사유는 사유의 사유이다.

그러나 (4)(어떻게 해서 이처럼 스스로를 대상으로 하는 사유가 있을 수 있는가?) 겉보기에는 분명히 인식도 감각도 억견(臆見)도 추리지(推理知)도 언제나 주로 다른 것을 대상으로 하며, 가끔 스스로를 대상으로 하는 경우가 있어도 그것은 단지 부업적일 뿐이다. 또 (5)'사유한다'와 '사유된다'가 서로 다르다면, 이 둘 가운데 어느 쪽 때문에 이성에 그 선함이 귀속될 수 있는가? 사유하는 일과 사유되는 존재란, 저마다의 존재 양식(본질)이 같지 않다. 하지만 (이에 대해서는 이렇게 대답할 수 있다) 어떤 인식은 그 대상 자체이다. 즉 제작적 인식(제작 기술)에 있어서 그 인식은 이걸로 만들 수 있는 대상의 질료를 뺀 실체이자 본질이다. 그리고 이론적 인식(이론적 여러 학문)의 경우에는 그 설명 방식, 즉 그 사유가 인식의 대상 자체가 아닌가? 그렇다면 질료를 가지지 않는 사물의 경우에는, 이성으로 사유되는 대상과 사유하는 이성은 서로 다르지 않고 같으며 그 사유는 사유되는 대상과 같이 하나이다.

그렇지만 또 하나의 어려운 문제(6)가 남아 있다. 즉 사유되는 신적 이성의 대상은 복합체인가 아닌가? 만약에 그렇다고 한다면 이것을 사유하는 이성은 이 전체(복합체)의 부분에서 부분으로 전화하는 일이 되지는 않을까? 그러나 (그렇지 않고, 우리는 이렇게 대답해야 한다) 무릇 질료를 가지지 않는 사물은 더는 나눌 수 없다. 그러므로 마치 인간적인 이성이, 또는 오히려 질료와의 결합체에 있어서의 이성까지도, 어느 정도의 시간 동안에는 그러한 (더 이상 나눌 수 없는) 상태에 있듯이[어느 만큼의 시간 안에란, 이들 이성의 선(善)함이 그때 또는 이 경우 등에 있지 않고, 이들 이성은 어느 전체의 시간(전 생애) 동안에 자기와는 다른 최고의 선을 소유하는 일이기 때문이다] (신적 이성) 스스로를 사유하는 사유는 모든 영겁에 걸쳐 그러하다.

제10장
선은 세상의 여러 사물들에게 어떤 존재인가? 선은 이 사물들 모두에게 내재하는 질서의 원리임과 동시에, 이들을 초월하는 통일적 지배의 원리이다. 이에 대한 자연학자나 철학자들의 여러 견해와 그 곤란한 점들

더 검토해야 할 일은 선 또는 최고선이 전체의 자연(실재하는 세상의 모든 존재들)에 대해서 다음 중 어떤 관계에 있는가, 즉 (1)선이나 최고선은 세상의 모든 존재들에서 떨어져 독립적인 그 자체로 존재하는가 그렇지 않으면 (2)세상의 모든 존재들에 내재하는 질서인가 이런 문제이다. 어쩌면 오히려 (3)이들 가운데 어느 쪽이라도 될 수 있는 게 아닐까? 예를 들면 군대에 있어서 그 군대의 선(善)함은 그 질서에도 있지만, 또 (그 위에 서는) 지휘관도 선이어야 하기 때문이다. 다만 거기에서는 선이 지휘관 쪽에 더욱 많이 있다. 왜냐하면 지휘관은 그 군대의 질서에 의해서 존재하지 않고, 오히려 지휘관(스스로의 선)에 따라서 그 질서(질서의 선함)가 존재하기 때문이다. 그리고 모든 사물에는 헤엄치는 물고기나, 나는 새나 식물도 같은 방법은 아니지만, 어쨌든 저마다 어떤 방법으로 공동 질서가 주어져 있다. 이들 모두는 저마다 다른 사물과는 관계없이 존재한다기보다, 서로 어떤 관련을 가지고 있다. 그 모든 사물들은 어떤 하나의 사물을 향해 모두가 공동으로 질서가 정해져 있기 때문인데, 그러나 그것은 마치 집 안에서 볼 수 있는 사물들처럼 질서가 정해져 있다. 즉 자유인들에게는 저돌적인, 제멋대로의 행동을 하는 일이 거의 허락되지 않으며 그들이 하는 모든 일, 또는 그 많은 부분은 처음부터 질서 정연하게 정해져 있지만, 노예나 가축들은 공동의 선이나 질서를 위해서 하는 일이 거의 없이 제멋대로 행동하며 살아간다. 왜냐하면 그들 저마다의 자연이 바로 그들의 그와 같은 (생활) 원리이기 때문이다. 이 말의 뜻은 이러하다. 즉 모든 자연적 사물들은 이윽고 필연적으로 분해될 운명이므로 예를 들어 지금은 전체를 위해 다른 어떤 일을 공동으로 하지 않아도 되기 때문이다.

아울러 우리는 얼마나 많은 불가능한 결론 또는 불합리한 결론이 우리와 다른 주장을 가진 사람들로부터 나오는가, 그리고 한결 뛰어난 사람들은 어떠한 주장을 했는가, 또 어떤 주장이 가장 곤란한 점이 적은가 검토하는 일도 잊어서는 안 된다. 그런데 (1)모든 사람들은 모든 사물들이 반대의 사물들로부터 생긴다고 한다. 그러나 '모든 사물들'이라고 해도, '반대의 사물들로부터'라고 해도 모두 옳지 않다. 또 반대되는 물질들이 속하는 사물이 어떻게 해서 반대의 것으로부터 생기냐는 문제에 대해서 그들은 아무 말도 하지 않았다. 왜 문제냐 하면, 반대되는 사물들은 서로 다른 것으로부터 작용받는 일이 없기(비수동적이기) 때문이다. 그런데 우리로서는, 마땅히 거기에 어떤 제3의 실체(형상과 질료가 결합한 실체)가 존재한다고 하면 이 문제는 해결된다. 그들은 반대되는 사물 가운데 한쪽을 질료라고 하는데, 그것은 마치 '부등(不等)'을 '등(等)'의 질료라 하고, 또는 '많음'을 '하나'의 질료라 하는 사람들의 말과 같다. 그러나 이것 또한 마찬가지 방법으로 해결된다. 즉 반대의 사물들 모두를 통해서 하나인 질료는, 그 반대 사물들 가운데 어느 것에 대해서도 반대되지 않기 때문이다. 또 '하나[一]' 말고 모든 것은 [이 사람들(플라톤학파)의 주장에 따르면] 해악에 관여된다. 왜냐하면 악 자체가 두 구성 요소의 다른 한쪽이라고 생각하기 때문이다. 하지만 다른 사람들은 선도 악도 원리로 하지 않는다. 더욱이 무엇보다도 선이야말로 가장 뛰어난 원리인데 말이다. (이 사람들에 비하면) 앞의 사람들은 정당하게도 선을 원리라 했다. 그러나 이 사람들도 어떻게 해서 선이 원리인지, 즉 목적으로서인가, 움직이게 하는 시동자로서인가 여기에 대해서 대답하지 않았다.

불합리한 결론은 엠페도클레스로부터도 나온다. 그는 '우애'를 선이라고 했는데, 그 '우애'는 (한데에 모은다고 여기는 점에서는) 시동자로서의 원리라고 여겼던 듯하나, 또 질료로서의 원리라고도 여긴 것 같다(왜냐하면 '우애'도 혼합물의 부분이기 때문이다). 하지만 비록 같은 사물이 우연히 질료로서의 원리이자 시동자로서의 원리였다고 해도, 적어도 그 존재 방식에 있어서는 (질료와 움직이게 하는 작용인은) 같지가 않다. 그렇다고 한다면 '우애'는 어느 쪽인가(질료인가, 시동자인가)? 그러나 또 불합리한 점은, '미움'을 불멸이라 여기는 사실이다. 왜냐하면 나쁜 본성의 자연은 (그의 말에 따르면) 바로 이 '미움'이기 때문이다.

아낙사고라스는 선을 (목적인으로서가 아니라) 시동자의 원리로 보았다. 왜냐하면 그의 '이성'은 사물을 움직이기 때문이다. 하지만 사물을 움직이는 까닭은 무엇인가를 '위해서'이며, 따라서 이 이성은 (그 자체가 목적으로서 선이 아니라) 다른 무엇인가를 목적으로 한다(단, 우리의 설명 방식으로 말하자면 다른 무엇인가라고는 할 수 없다. 왜냐하면 우리는 '의술'도 어떤 뜻에서는 '건강'이라 말하기 때문이다). 또 불합리한 점은 그가 선에 대해서, 즉 '이성'에 대해서 반대되는 사물을 정하지 않았다는 사실이다. 그러나 일반적으로 반대되는 사물들을 이야기한 사람들도, 우리가 그들의 이야기를 분석하고 정리하지 않는 한 그들 자신은 그 반대되는 사물들을 나름대로 활용하고 있지 않다. 또 무엇 때문에 어떤 사물은 소멸적이고 다른 어떤 사물은 사라지지 않는가에 대해서, 그 누구도 이유를 설명하지 않았다. 왜냐하면 그들은 (소멸적인 존재와 사라지지 않는 존재의 구별 없이) 모든 존재를 같은 원리에서 생긴다고 여기기 때문이다. 그리고 어떤 사람들은, 비존재에서 존재가 생긴다고 한다. 그러나 다른 어떤 사람들은, 이와 같은(비존재로부터 생성된다고 해야만 하는) 필연성으로 빠지는 일이 없도록 모든 사물들을 하나라고 말하기도 한다.

또 (2)무엇에 의한 생성은 언제나(영원히) 있는가, 무엇이 생성의 원인인가, 이에 대해서도 아무도 설명하지 않았다. 그리고 원리가 두 개 있다고 하는 사람들에게는 다시 다른 (제3의) 한결 중요한 원리가 존재해야 하는데, 그와 같이 에이도스를 말하는 사람들에게도 더욱 중요한 다른 원리가 필요하다. '무엇'에 의해서 (저마다의 사물이 그 에이도스에) 관여하게 되는가, 또 관여하는가 (이 제3의 '무엇'인가가 필요하지 않은가)? 또 다른 사람들에게는 지혜에 대해서, 즉 가장 존귀한 학문(제1의 철학)에 대해서 그 반대되는 무엇인가가 존재해야 하지만, 우리에게는 그러한 반대 존재가 필요 없다. 왜냐하면 (우리가 보기로는) 제1의 존재에 대해서는 아무런 반대되는 존재가 없기 때문이다. 반대되는 존재들은 모두 질료를 가졌으며 질료를 가진 존재는 가능태에서 존재할 뿐이기 때문이다. 그런데 만일 무지(無知)가 지(인식)와는 반대라고 한다면, 무지는 (인식의 대상과는) 반대되는 것을 대상으로 하게 된다. 그러나 제1의 인식의 대상에게는 반대되는 존재가 없다.

또 만약에 감각적 사물 말고는 다른 그 무엇도 존재하지 않는다면, 원리도 질서도 생성도 천계의 여러 운행도 존재하지 않으며, 어떤 원리에는 언제나 지금 원리와는 다른 어떤 원리가 있다는 말이 된다. 마치 신들에 대해서 이야기하는 사람들이나 모든 자연학자가 그러하듯이 말이다. 비록 에이도스나 수 같은 형상적 대상이 존재한다고 해도, (a)이들은 그 어떤 사물의 원인도 아니다. 또는 그만큼은 아니라 해도 적어도 (에이도스나 수가) 운동의 원인일 수는 없다. 또, (b)어떻게 해서 크기가 없는 형상적인 실체들에게서 크기가 있는 사물이, 즉 연속적인 사물이 만들어질 수 있겠는가? 왜냐하면 수는 움직이게 하는 원인으로서나 형상으로서나 연속적인 것을 만들어 내지는 않기 때문이다. 뿐만 아니라 (c)어떤 반대되는 사물도, 반대되는 존재인 한, 생성하는 원리나 움직이게 하는 원리는 될 수 없다. 왜냐하면 그 반대 사물은 존재하지 않는 일도 가능하기 때문이다. 아니면 적어도 그것이 실제로 만들어 내는 일은 가능태보다도 뒤의 일이다. 그렇다고 한다면 모든 존재를 영원적이라고 할 수는 없게 된다. 그러나 실제로 영원한 존재가 있으므로, 이들(여러 전제)의 어떤 부분을 부인하지 않으면 안 된다. 그리고 이 문제를 어떻게 처리해야 하는가는 이미 우리가 말한 그대로이다.

하지만 (d)무엇에 의해서 여러 수가 하나인가, 또는 영혼과 육체가, 또는 일반적으로 에이도스와 사물이 무엇에 의해 하나인가, 아무도 이에 대해서는 조금도 말하지 않았다. 그리고 사실, 그 누구도 우리의 말대로 '움직이게 하는 시동자'가 그것들을 하나로 한다고 말하는 것 말고는 아무 말도 할 수가 없다. 또 (e)어떤 사람들은 수학적인 수가 제1의 대상이라 말하고, 이 수처럼 언제나 어떤 실체와의 접촉에 의해서 어떤 다른 실체가 존재하며, 이들(수들) 저마다에 서로 다른 원리가 있다고 하는데, 이는 온 우주의 실체가 단순한 삽화라 여기며[왜냐하면 여기에서는 하나의 실체(제1의 수 일)는 다른 실체들이 존재하든 안 하든 아무런 관련도 없기 때문이지만], 또 그 원리[원수(元首)]를 다수로 만든다. 그러나 모든 존재는 나쁜 지배를 바라지 않는다. '다수의 통치는 선이 아니고, 하나의 통치자야말로 바람직하다.'

M^{μ}[제13권]

제1장

감각적인 실체 말고 움직이지 않으며 영원적인 실체가 존재하는가 아닌가의 연구. 이러한 실체로서 수학적 대상과 이데아가 논의되므로, 우리는 먼저 ⑴수학적 대상에 대해서, 다음으로 ⑵이데아에 대해서, 마지막으로 ⑶수나 이데아가 감각적 사물의 실체인가 아닌가에 대해서 검토하자.

우리는 감각적 사물의 실체가 무엇인가를 알기 위해, 앞서 자연학의 연구에서는 질료(로서의 실체)에 대해서, 그리고 뒤에는 현실태에서의 실체(형상으로서의 실체)에 대해서 말해 왔다. 따라서 앞으로 우리의 연구는 과연 감각적인 실체 말고 무엇인가 움직이지 않으며 영원한 여러 실체들이 존재하는가 하지 않는가, 만약에 존재한다면 그것은 무엇인가에 대해서인데, 이를 위해 먼저 다른 사람들의 여러 의견을 살펴볼 필요가 있다. 만일 그들이 하는 말에서 부당한 점이 발견되면 우리는 그들과 같은 잘못에 빠지지 않도록 주의할 수도 있고, 또 그들의 여러 의견 가운데 우리와 같은 그 어떤 견해가 있다면 우리는 이 공통점에서 우리 자신만 혼자 불만스럽게 생각하지 않아도 된다. 왜냐하면 사람은 누구나 자기 주장이 어떤 점에서는 다른 사람들보다 뛰어나며, 다른 점에서도 그들보다 뒤떨어지지 않는다고 하면 그걸로 만족해야 하기 때문이다.

그런데 이 마주한 연구 과제(감각적 실체 말고 움직이지 않으며 영원한 어떤 실체가 있는가)에 대해서 두 가지 견해가 있다. 즉 수학적 여러 대상—예를 들어 숫자와 선(線) 그 밖에 이와 비슷한 기하학적 형상들—을 어떤 사람들은 실체라고 주장하지만, 여러 이데아가 실체라 하는 사람들도 있다. 그런데 어떤 사람들은 이데아와 수학적인 수를 서로 다른 두 개의 유(類)라고 하며 어떤 사람들은 둘을 그 실재성에서 같다고 한다. 그리고 어떤 사람들은 단지 수학적 대상들만이 실체라고 주장하기 때문에, ⑴우리가 맨 먼저 연구해야 할 일은 수학적 여러 대상들에 대해서이다. 다만 지금 여기에서는 이 수학적 대상들에게 다른 실재성을 덧붙이는 일 없이, 예를 들어 과연 이 수학적 대상들이 저마다 이데아인가 아닌가, 또는 과연 이들이 여러 존재의 원리 또는 실체인가 아닌가 이런 문제는 다루지 않고, 수학적 대상으로서의 이 사물들이 과연 존재하는가 아닌가, 만약에 존재한다면 어떻게 존재하는가를 연구하겠다. 그리고 그다음으로 (2)우리는 이 사물들과는 별도로 이데아 자체에 대해서 단적으로, 그러나 법이 허용하는 한에서 연구하지 않으면 안 된다. 왜냐하면 (이데아에 대해서는) 이미 많은 사실들이 학계 밖에서도 되풀이해서 입에 오르내리고 있기 때문이지만, (3)그 연구에는 더욱더 자세한 설명이 필요하다. 여러 존재들의 실체나 원리는 과연 수나 이데아인가 아닌가라는 문제를 우리가 연구할 때 이것이 이데아에 대한 연구 다음으로 우리에게 남겨진 제3의 연구 과제이기 때문이다.

그런데 (1)만약에 여러 수학적 대상들이 존재한다면 그들은 (A)어떤 사람들이 말하듯이 감각적 사물 안에 존재하든가, (B)감각적 사물로부터 떨어져서 존재하든가(왜냐하면 어떤 다른 사람들은 또 이와 같이도 말하기 때문인데), 그 어느 쪽이다. 또는 만약에 그 어느 쪽도 아니라면 그 수학적 대상들은 전혀 존재하지 않거나, (C)어떤 다른 방법으로 존재한다고 할 수밖에 없다. 따라서 우리에게 논의의 대상은 수학적 여러 대상들이 존재하느냐 않느냐가 아니라, 오히려 그 존재하는 방식에 대해서이다.

제2장
수학적 대상으로서의 사물에 대하여. 이들은 감각적 사물 안에 있는 특정한 실체가 아니고, 또 감각적 사물에서 떨어져서 존재하는 실체도 아니다.

그러나 (A)수학적 대상이 감각적 사물 안에 존재하는 일이 불가능하다거나, 이러한 주장이 만들어 낸 이야기에 지나지 않는다는 사실은 이미 '어려운 문제의 권(卷)'에서 말했다. 거기에서는 (1)두 개의 고체가 함께 존재할 수는 없다고 했으며, 또 (2)그 주장에 따르면 (수학적 대상뿐만 아니라) 그 밖의 여러 능력이나 여러 실재들도 감각적 사물 안에 존재하게 되고 그 어느 것도 떨어져서는 존재하지 않게 된다. 그런데 이와 같이 물체 안에 어떤 능력과 실재가 들어 있음은 이미 말했지만, 그뿐만 아니라 더 나아가 (3)그 주장에 따르면 분명히 그 어떤 물체도 나눌 수 없다는 말이 된다. 왜냐하면 물체는 면(面)으로 나눠지고 면은 선, 선은 점으로 나눠지므로, 만일 점이 더는 나눌 수 없다면 선도 마찬가지이고, 만약에 선이 그러하다면 그 밖의 것도(면도 물체도) 마찬가지로 나눌 수 없다고 해야 하기 때문이다. 이렇게 되면 감각적인 사물은 그 본디 성격상 그런 더 이상 나눌 수 없는 실재(수학적 대상)인지, 그렇지 않으면 감각적 사물 자체는 그런 본성(本性)을 가진 실재는 아니지만 사물 안에 그런 실재가 포함되어 있다는 말인지, 그 구별이 어디에 있는지 알 수 없다. 그러나 어느 쪽이든 결론은 마찬가지이다. 즉 감각적 사물의 실재가 나눠진다면 감각적 사물 속도 나눠질 수 있고, 만약에 이것이 나눠지지 않는다면 감각적 사물의 실재도 나눠질 수 없다.

하지만 또 (B)이와 같은 실재(수학적 대상)가 감각적 사물로부터 떨어져서 존재하는 일도 불가능하다. 왜냐하면 (1)예를 들어 여러 감각적 고체 말고 이들로부터 떨어져 있는, 더욱이 감각적 고체보다도 먼저인 다른 어떤 고체(수학적 고체, 즉 입체)가 존재한다면, 분명히 ⓐ여러 감각적 고체의 면들 말고 필연적으로 이들로부터 떨어져 있는 어떤 다른 면이 존재하고, (또 이와 마찬가지 이유로) 어떤 다른 선이나 점이 존재하기 때문이다. 그러나 이들이 존재하게 되면 더 나아가서 (b)저 수학적 고체(입체)의 면이나 선, 점 말고도 (c)이들로부터 떨어져 있는 다른 어떤 면이나 선, 그리고 점이 존재해야 한다. [왜냐하면 일반적으로 복합되지 않는 물질이 복합된 물질보다도 논리적 필연적으로 보다 더 먼저이기 때문이다. 그런데 만일 감각적인 물체보다도 감각적이 아닌 물체 쪽이 더 먼저라고 한다면, 이와 같은 이유로 움직이지 않는 고체(수학적 입체) 안에 있는 면보다도 면 자체로 존재하는 면이 더 먼저이다. 그렇기 때문에 그 자체로 존재하는 면이나 선은 떨어져서 존재한다고 하는 고체와 함께 존재하는 면이나 선과는 다른 어떤 면이자 선이다. 고체에 존재하는 선이나 면은 수학적 고체와 함께 존재하는데, (실재하는) 고체에 존재하는 선이나 면은 수학적 고체보다 먼저 존재하기 때문이다.]

또 (d)이러한 면 안에도 선이 있으며, 따라서 같은 이유로 이 선보다도 앞에 있는 어떤 다른 (실재하는) 선이 있고, 또 점이 있어야 한다. 그리고 (e)보다 먼저 있는 (실재하는) 선 안의 점보다도 더 먼저 다른 어떤 점이 (이제 이보다 더 앞에는 그 어떤 다른 점도 있을 수 없는 어떤 다른 점이) 존재해야 한다. 그러나 이와 같이 쌓아올려 간다면 다음과 같은 불합리한 결과가 생기게 된다. 즉 여기에서는 감각적인 고체 말고 다른 한 가지 고체가 있으며, 감각적인 면 말고 다른 면이 세 가지—즉 감각적인 (운동성) 면 말고 그 밖에 존재하는 면과 수학적 (비운동성) 고체 안에 있는 면, 수학적 고체 안에 있는 면으로부터 떨어져서 달리 존재하는 면이—있고, 다시 감각적 선이나 점 말고 네 가지 선과 다섯 가지의 점 있다. 하지만 이렇게 되면 이 가운데 어느 선, 어느 점을 수학적인 여러 학문이 연구 대상으로 한다는 말인가? 설마 움직이지 않는 고체(입체) 안에 있는 면이나 선, 그리고 점을 대상으로 할 수는 없으리라. 왜냐하면 학문은 언제나 보다 앞의 것(감각적 고체)을 대상으로 하기 때문이다.

또 이와 마찬가지 논의는 (2)수에 대해서도 이루어질 수 있다. 왜냐하면 점들 말고 그와는 다른 단위들이 있고, 그와 같이 또 존재들 말고 감각적인 물체, 더 나아가 사유적인 물체들 밖에도 저마다 이들과는 다른 어떤 것이 존재할 수 있게 되며, 따라서 수학적인 수에도 마찬가지로 몇 가지 유(類)가 있을 수 있게 되기 때문이다.

또 (3)앞서 우리가 '어려운 문제의 권'에서 제기한 그 문제도 어떻게 해결할 수가 있을까? 왜냐하면 천문학의 연구 대상도 기하학이 그러했듯이 감각적 사물 밖에 (따로 떨어져서) 존재한다고 해야 하기 때문이다. 그러나 그와 같이 (따로 떨어져서) 존재한다면 저 천계(天界)나 그 여러 부분에 대해서, 또는 그 밖에 무엇이 되었든 일반적으로 운동을 가지는 일이 어떻게 가능할까? 마찬가지로 광학(光學)이나 화성학의 대상도 떨어져서 따로 존재하게 된다. 왜냐하면 음성이나 시각 등이 감각적인 물체들로부터 떨어져서 존재하기 때문이다. 따라서 분명히 다른 감각이나 다른 감각 대상도 따로 떨어져서 존재한다. 왜냐하면 '그것'이 그렇다고 말할 수 있으면, '이것'도 그렇다고 말해도 좋지 않은가? 그러나 만약에 이와 같이 떨어져서 존재한다면, 동물도 감각적 동물들로부터 떨어져서 존재한다는 말이 된다. 왜냐하면 거기에도 어떤 감각이 존재하기 때문이다.

또 (4)수학자들에 의해서 이들(수학적인) 여러 실체 '말고' 수학에서의 어떤 몇 가지 보편적인 명제가 제시되는데, 그렇게 하면 여기서도 이 어떤 다른 실체가 이데아들과 중간자들 사이의 중간에 떨어져서 따로 존재하게 된다. 더욱이 이 어떤 다른 실체는 수도 아니고 점도 아니며 크기도 시간도 아니다. 하지만 만약에 이것이 불가능하다면, 저 (수학적인) 여러 실체도 감각적 사물로부터 따로 떨어져 존재하는 일이 불가능하다.

그리고 일반적으로 (5)만약에 누구나 수학적 대상을 이처럼 떨어져서 따로 존재하는 어떤 실재라고 가정한다면, 진실에도 어긋나고 상식적 견해에도 반하는 결론이 나온다. 왜냐하면 이들은 논리를 위해 필연적으로 그와 같이 존재하는 수학적 대상이므로 여러 감각적인 크기보다 '더 먼저'이지만, 사실은 '보다 뒤'에 존재하는 대상들이기 때문이다. 미완성인 크기는 (완성된 현실적인 크기보다도) 그 생성(발생) 순위에서 '보다 더 먼저'이지만, 그 실체에서는 '보다 더 뒤'이기 때문이다. 마치 생명이 없는 존재가 생명이 있는 생물보다도, 그 실체에서는 보다 더 뒤이듯이 말이다.

더 나아가서 (6)수학적 크기는 '무엇'에 의해서, 또 '언제' 어떤 '때'에 하나일까? 감각적 사물 세상에서는 이들 사물(예를 들어 생물)이 하나인 까닭은 영혼 때문이라든가, 영혼의 어느 부분 때문이라든가, 또는 어떤 다른 이성적인 것 때문이지만[이들이 없으면 (하나가 아니라) 많아져서 분산되지만], 나눌 수 있으며 양적인 수학적 크기에서는 무엇이 그 하나이자 합쳐진 하나의 원인일 수 있는가?

또 (7)(수학적 크기의) 생성 과정도 우리의 반론(反論)이 옳음을 뚜렷이 나타내고 있다. 즉 크기는 먼저 길이에서 생성되고, 다음에는 넓이에서, 그리고 마지막에는 깊이가 되어, 이것으로 그 생성 과정은 완성되는데, 그렇다고 한다면 만일 생성 순서에서 '보다 뒤'의 사물이 그 실체에 있어서는 '보다 더 먼저'라면, 물체(입체) 쪽이 면이나 길이(선)보다도 (그 실체에 있어서는) 마찬가지로 보다 먼저이다. 더욱이 이쪽이, 다음과 같은 뜻에서는 보다 완성체임과 동시에 보다 더 전체적인 존재이다. 즉 물질은 생명이 있는 생물체도 될 수 있기 때문이다. 그런데 선이나 면은 어떻게 생명이 있는 존재일 수가 있을까? 이와 같은 생각은 우리 인간의 감각을 뛰어넘는다.

또 (8)물체(육체)는 어떤 종류의 실체이지만(이미 어떤 뜻으로는 완성되어 있기 때문이다), 어떻게 선이 실체일 수가 있을까? 선은 형상 또는 어떤 종류의 형식으로서의 실체(예를 들어 영혼이 그러하듯이)도 아니고, 또 질료로서의 실체[예를 들어 물체(육체)가 그러한데]도 아니다. 현재 분명하듯이 (이 현상계에서는) 여러 가지 선이나 면, 점으로 형성될 수 있는 사물은 아무것도 인정할 수 없기 때문인데, 만약에 이들(기하학적 도형들)이 그 어떤 질료적인 실체라고 한다면 수동(受動)적으로 무언가로 형성되는 일이 가능하다는 것이 우리에게도 분명하게 나타나야 한다.

그런데 하기야 설명 방식에서는 수학적 사물 쪽이 (다른 감각적 사물들의 설명 방식보다) 먼저라고 해도 좋다. 그러나 설명 방식에서 먼저인 것이 반드시 모두 그 실체에서도 먼저일 수는 없다. 왜냐하면 어떤 사물의 실체가 다른 것보다도 먼저라는 말은 그 어떤 것(형상적 실체)이 다른 것(사물)으로부터 떨어져서 (독립적으로) 존재하며 이 존재 양식으로 말미암아 다른 사물보다 우월해진다는 뜻이고, 또한 어떤 것이 그 설명 방식에서 다른 것보다도 먼저라는 말은 다른 것의 설명 방식이 이 어떤 (앞선) 것의 설명 방식으로 이루어져 있다는 말인데, 이들 두 규정(형상적 실체와, 설명 방식이 최초인 사물)은 (반드시) 함께 한 가지 것에 존속하지 않기 때문에 감각적 사물이 먼저라고 했다. 어떤 모습(술어)이 그 실체(주어)로부터 떨어져서는 존재하지 않을 경우(예를 들면 '움직일 수 있'거나 '하얀'과 같은 경우), 이 '하얀'은 그 설명 방식에 있어서는 '하얀 사람'보다 먼저이지만, 그 실체에 있어서는 '하얀'이 먼저일 수가 없다. 왜냐하면 '하얀'은 떨어져서 존재할 수 없고, 언제나 그 결합체('하얀 사람')와 함께 존재하기 때문이다.

따라서 반드시 추상(抽象)에 의한 술어적 형상(설명 방식)이 보다 더 먼저이지 않고, 또 설명이 덧붙여진 실체가 더 뒤도 아님이 명백하다. '하얀 사람'의 설명 방식은 ('사람'에 대한 설명 방식인) '하얀'을 그 실체에 덧붙임으로써 얻어지기 때문이다.

그런데 수학적 여러 대상이 물체와 비교해 보다 더 실체는 아니라는 것, 또 그 수학적 대상들이 존재 양식에서 감각적 사물보다 먼저가 아니라, 다만 그 설명 방식에서만 먼저(가능적)라는 것, 그리고 이 설명 방식들은 어딘가에 떨어져서 존재하는 일이 가능하지 않다는 점, 이에 대해서는 이상으로 충분히 설명되었다. 설명 방식들은 감각적 사물 안에서 존재할 수 없었기 때문에 분명히 이들은 전혀 존재하지 않거나, 또는 어떤 특정한 방법으로만 존재하거나 어느 하나이다. 그러므로 이 설명 방식들은 단적으로 존재한다고는 볼 수 없는

데, 그 이유는 존재에도 여러 의미가 있기 때문이다.

제3장

그 설명 방식들은 단지 추리되어 상상 안에서만 존재할 뿐이며, 수학적 여러 학과는 감각적 사물을 그저 수로서, 크기로서만 고찰한다. 그러나 수학이 미 (美)의 고찰과 관계 없지 않느냐고 비난한다면 이는 부당하다.

그러나 (C)마치 수학적 여러 명제들 가운데 보편적인 명제들이, 여러 크기나 수의 밖에 떨어져서 존재하는 사물들을 대상으로 하지 않고, 오히려 크기나 수를 대상으로 하면서도 이들을 어떤 크기를 갖는 사물'로서', 또는 나눌수 있는 사물'로서'가 아닌 대상으로 삼듯이, 그와 같이 여러 감각적인 크기에 대해서도 이들을 그러한 감각적인 사물'로서'가 아니라 '그와 같은'(부류의) 것 '으로서'의 한에서 대상으로 하는 명제나 논증이 있을 수 있다는 사실은 틀림없다. 마치 움직일 수 있는 감각적 사물에 대해서도 그러한 사물 저마다가 무엇인지(본질)와 이들에 부대하는 여러 속성들을 추리해서 이들을 단지 움직일수 있는 것'으로서'만 대상으로 하는 많은 명제들이 있듯이, 게다가 그래서 감각적인 사물에서 추리된 어떤 움직일 수 있는 존재를 또는 감각적 사물 안에그와 같이 (움직일 수 있다고) 한정된 어떤 실재의 존재를 반드시 필요로 하지않듯이, 이처럼 또 움직일 수 있는 것에 대해서도 대상으로 하기는 하지만 움직일 수 있는 것으로서가 아니라 단지 물체로서만 이 물체를 대상으로 하는명제나 학문이 있을 것이다. 그처럼 또 단지 면'으로서'만, 또는 선'으로서'만, 또는 나눌 수 있는 것'으로서', 또는 위치를 갖는 나눌 수 없는 것'으로서', 또는 전혀 나눌 수 없는 것'으로서'만 그것을 저마다 대상으로 하는 명제 또는학문이 있을 수 있다.

따라서 단순히 떨어져서 (구체적으로) 존재하는 사물에 대해서만이 아니라떨어져서는 존재할 수 없는 (추상적인) 것들(예를 들면 저 움직일 수 있는 것)에대해서도, 이들이 '존재한다'고 단적으로 말할 수가 있는 이상, 수학적 여러 대상에 대해서도 더욱이 그들(수학자들)이 말하는 의미로서의 대상(물체로부터따로 떨어져 존재하는 대상)들에 대해서도 그러한 대상들이 '존재한다'고 단적으로 말하는 것은 참이다. 마치 다른 여러 학문들에 대해서도 다음처럼 단적으로 말할 수 있듯이 말이다. 즉 다른 여러 학문도 저마다 어떤 특정한 사물을 대상으로 하지만, 이 사물에 부대하는 사물로서가 아니라[예를 들어 건강한 사물을 대상으로 하는 학문에서, 건강한 사물이 (부대적으로) 하얗다고 해도, 하얀 것으로서가 아니라] 오히려 학문들 저마다가 그 대상으로 하는 것(기체 자체)을 대상으로 하며 예를 들어 건강한 것을 대상으로 하는 학문은 그 대상물을 건강한 것'으로서'의 범주에서, 또는 인간을 대상으로 하는 학문은 그것을 인간'으로서'의 범주에서 연구한다고 단적으로 말할 수 있다. 마찬가지로 기하학에 대해서도 그렇게 말할 수가 있다. 즉 기하학의 대상이 비록 부대적으로는 감각적이라 해도, 기하학은 그 대상을 물론 감각적인 것'으로서' 연구하지는 않으며, 따라서 수학적인 여러 학문은 감각적 사물을 대상으로 하지는 않지만 감각적 사물로부터 따로 떨어져서 존재하는 다른 사물들을 대상으로 하지도 않는다.

그런데 (어떤 사물에 부대하는 속성들 중에서도) 많은 속성들은 그 사물에 자체적으로 사물 저마다가 가진 특질로서 부대한다. 예를 들어 동물에는 암컷이나 수컷으로서의 특유한 속성이 있다[암컷(여성)이나 수컷(남성)이라는 어떤 속성이 동물로부터 따로 떨어져 존재하지는 않는다]. 따라서 단지 길이만의, 또는 면만의 사물에는 그것이 단순한 만큼 더 많은 속성이 덧붙여질 수 있다. 그리고 설명 방식에서 보다 더 먼저이고 보다 더 단순한 존재를 대상으로 하는 학문은 그만큼 많은 엄밀성(바꾸어 말하면 단순성)을 지닌다. 그러므로 크기를 빼고 연구하는 학문 쪽이 크기를 포함해서 연구하는 학문보다도 더 엄밀하고, 운동을 빼고 연구하는 학문은 가장 치밀하지만, 운동을 포함하여 연구하는 학문 중에서는 제1의 운동에 대해 연구하는 학문이 가장 정밀하다. 왜냐하면 이 운동이 가장 단순하기 때문이다. 그러나 더 나아가 이 운동 중에서도 균일한 운동이 가장 단순하다.

그런데 위의 설명은 화성학이나 광학에도 적용할 수 있다. 왜냐하면 이들은 저마다 볼 수 있는 사물이나 음성을 볼 수 있는 사물'로서' 또는 음성'으로서' 고찰하지 않고, 선'으로서' 또는 수'로서' 고찰하기 때문이다(단, 이 선이나 수는 저마다 볼 수 있는 사물이나 음성의 고유한 속성이다). 기계학도 이들과 마찬가지 방법을 쓴다. 따라서 만약에 누군가가 이러이러한 부대성(속성)을 그 밖의 여러 부대성으로부터 따로 떼어내어 특별히 이런 부대성은 이것이것'으로서' 연구한다고 해도 결코 이렇게 했기 때문에 거짓에 빠져 있다고는 할 수 없다. 그것은 마치 누군가가 땅 위에 선을 그려놓고, 이 선의 실제 길이가 1미터는 아니지만 1미터라고 가정하겠다고 말하는 일과 같다. 왜냐하면 그의 전제(가정)에는 거짓은 없으니까.

따라서 문제들을 가장 잘 살펴볼 수 있으려면 이와 같은 방법으로 해야 한다. 즉 떨어져서 존재하지 않는 것을 떨어져서 존재한다고 가정하는 방식으로 말이다. 마치 산수학자나 기하학자가 하듯이 가정을 한다. 왜냐하면 예를 들어 인간으로서의 인간은 어떤 하나의 나눌 수 없는 존재이기 때문이다. 그런데 산수학자는 먼저 하나의 나눌 수 없는 존재를 가정해 두고 난 뒤에, 이러한 나눌 수 없는 존재로서의 인간에 그 어떤 속성이 부대하는가의 여부를 고찰했다. 그러나 기하학자는 이 인간을 인간으로서도 아니고 나눌 수 없는 존재로서도 아닌, 어떤 입체로서 연구한다. 왜냐하면 비록 인간이 나눌 수 없는 존재가 아니었다고 해도, 그 인간에 속하리라 여겨지는 여러 속성들(예를 들어 입체성)은 분명히 이들의 여러 속성(예를 들어 인간성이나 나눌 수 없는 성질)이 없어도 그 인간에 속할 수가 있기 때문이다. 그러므로 기하학자들의 말은 정당하다. 그들은 여러 존재들을 대상으로 논의하며, 그들의 대상은 존재하는 사물이기 때문이다. 존재에는 두 가지 형태가 있다. 즉 완전 현실태에서의 존재와 질료적 존재의 두 형태 말이다.

그런데 선함과 아름다움은 서로 다른 속성이다[선함은 늘 행위 안에 있지만 아름다움은 움직이지 않는 존재(수학적 대상) 안에도 있다]. 따라서 수학적 여러 학문들이 아름다움 또는 선함에 대해서 아무 말도 하지 않는다고 주장하는 사람들은 잘못 되었다. 왜냐하면 (실제로 이들 여러 학문은 아름다움과 선함에 대해) 많이 이야기를 하고, 많은 견해를 나타내기 때문이다. 비록 그것이라고 지목해서 말하지는 않지만 이들의 작용이나 설명 방식을 나타내는 한, 이들 여러 학문이 아름다움과 선함에 대해서 아무 말도 하지 않았다고는 할 수 없다. 아름다움의 가장 중요한 형상(형식)은 질서·균형·피한정성이다. 그런데 이러한 미적 요소들을 특히 주로 수학적 여러 학문이 제시한다. 그리고 이들 질서나 피한정성 등이 뚜렷하게 모든 사물들의 원인으로도 보이는 점에서 보면, 분명히 수학적 여러 학문은 이와 같은 종류의 원인을, 즉 아름다움을 어떤 의미에서의 원인으로서 이야기한다고 볼 수도 있다. 그러나 이에 대해서는 더 알기 쉽게 다른 곳에서 이야기할 생각이다.

제4장
〔(2)이데아에 대해서. 이데아를 생각하게 된 이유, 이데아설(說)의 유래. 소크라테스는 보편이 감각적 사물로부터 떨어져서 존재한다고 하지 않았다. 이데아설 비판─이데아는 감각적 사물의 존재 이유에 대한 설명에서 어떤 뜻에서는 불필요하고 어떤 뜻에서는 부족하다.

그런데 수학적 여러 대상들에 대해서, 이 수학적 대상들이 존재하는 사물이라는 점, 어떤 방법으로 존재하는가, 또 어떤 방법으로는 보다 먼저이며 어떤 방법으로는 보다 나중인지에 대해 위에서 모두 이야기했다고 해두자. 그래서 다음으로(2), 이데아에 대해 우리는 먼저 이데아에 대한 견해 그 자체를 여러 수의 본성(수적인 여러 실재)과는 전혀 관련지우지 않고, 다만 처음에 이데아의 존재를 주창한 사람들에 의해서 생각된 본디 모양으로 검토하며 음미하지 않으면 안 된다. 그런데 이 에이도스(이데아, 형상) 주장을 하게 된 까닭은, 그들이 진리의 문제에 대해서 헤라클레이토스의 말을 따랐기 때문이다. 그의 말에 따르면, 모든 감각적 사물은 끊임없이 흘러간다. 따라서 적어도 어떤 실체에 대해서 인식이나 사려(지혜)가 있다면, 감각적 사물 말고도 언제나 같은 상태로 있는 실재가 (인식의 대상으로서) 존재해야 한다. 왜냐하면 끊임없이 흐르는 사물에 대해서는 학문적 인식이 있을 수 없기 때문이다. 그러나 소크라테스가 윤리상의 여러 덕(德)들에 전념해 이들 덕에 대해서 '처음으로' 보편적인 정의를 구하려 애썼을 때에는[자연학자들 중에서는 데모크리토스가 간단히 이 보편성을 언급하며, 뜨거움과 차가움 등을 어떤 방법으로 정의했다. 한편 피타고라스학파는 그보다 이전에, 어느 조금의 사물에 대해 이 속성을 언급하며 이들의 설명 방식을, 예를 들어 '좋은 기회'나 '정의'나 '결혼' 등이 무엇인가를 저마다의 수에 연결했다. 그러나 소크라테스가 사물이 무엇인가를 묻고 구한 데에는 마땅한 이치가 있다. 왜냐하면 그는 추리하는 방법을 찾고 있었고, 추리의 출발점(전제)은 바로 이 '무엇인가'에 있기 때문이다. 하지만 변증론은 이 무렵에는 아직 사물이 무엇인지 몰라도 반대의 사물들에 대해 논할 수 있었으며, 또 과연 같은 하나의 학문이 동시에 반대되는 것들을 대상으로 하는가 안

하는가를 논할 수가 있을 만큼 강하지는 않았다. 따라서 두 가지 일이 정당하게 소크라테스에 귀속될 수 있다. 즉 귀납적인 논법과 보편적인 정의를 내리는 일이다. 이 두 가지는 모두 인식이나 학문의 출발점이기 때문이다] 그 보편적인 여러 개념이나 여러 정의를 떨어져서 존재한다고는 생각하지 않았다. 그런데 어떤 사람들은 이 보편적 개념과 정의들을 사물로부터 분리했다. 그리고 그와 같이 떨어져서 존재하는 개념과 정의들을 이데아라고 불렀다. 그 결과 ⑴그들에게는 이와 같은 이유로 보편적으로 이야기할 수 있는 사물에는 모두 저마다의 이데아가 있게 되었다. 그것은 마치 물건을 세려 할 경우에 수가 적으면 셀 수 없다고 생각하여 그 수를 많게 해서 헤아리려 하는 사람과 같다. 왜냐하면 그들이 여러 사물들에서 출발해서 이들의 원인으로서 찾아낸 여러 에이도스의 수는 감각적 사물의 수보다도 더 많이 있다고 말할 수 있을 정도였기 때문이다. 즉 이 여러 사물들 저마다의 각각에 대응해 어떤 동일한 이름을 가진 것이 저마다 그 실물과 떨어져서 따로 존재하고, 또 그 밖의 사물에 대해서도—이 세상의 많은 존재들에 대해서, 또는 영원적인 많은 존재들(여러 천체)에 대해서—이러한 '많은 사물들 위에 서는 하나의 존재'가 있다고 했다.

또 ⑵에이도스의 존재는 여러 방법으로 증명되는데, 그 어느 존재도 진실한 것 같지가 않다. 왜냐하면 어떤 방법으로부터는 (그 에이도스에 대해) 아무런 필연적인 결론도 나오지 않고, 다른 어떤 방법으로부터는 그들이 상응하는 에이도스가 없다고 생각하는 사물에도 에이도스가 있는 결과가 되기 때문이다. 즉 ⓐ학문적 인식의 존재에서 추론하는 바에 따르면, 학문적 인식의 대상이 되는 한 모든 사물에는 저마다 에이도스가 존재하게 되고, 또 ⓑ저 '많은 존재들 위에 서는 하나의 존재'라는 설에 따르면 부정적으로 일컬어지는 사물에도 그 하나가 존재하게 되며, 또 ⓒ소멸된 사물에 대해서도 사유가 있을 수 있다는 논의에 의하면 소멸하는 사물에도 그 에이도스가 있다는 말이 된다. 왜냐하면 이 소멸된 사물에 대해서도 어떤 심상(心象)이 존재하기 때문이다. 그러나 이들보다 한층 정밀한 증명 중에서도 ⓓ어떤 논의는 사물들 간의 관계에도 그 에이도스를 조정(措定)하게 된다. 더욱이 그들의 주장에 따른 사물의 관계에 있어서는 자체적으로 (떨어져서) 존재하는 그런 것은 없을 텐데 말이다. 또 ⓔ어떤 다른 논의는 '제3의 인간'을 논하게 된다.

또 일반적으로 ⑶이 에이도스설(說)은 에이도스를 말하는 사람들이 이데아의 존재 이상으로 존재하기를 바라는 그러한 이데아의 실재는 없다고 하고 만다. 왜냐하면 이 에이도스설에서는 그 이(二)가 제1이 아니라 수(數)가 제1이고, 수보다도 관계적인 쪽이, 자체적인 것보다도 더 먼저가 되며, 그 밖에 더 이 에이도스에 대한 의견에 따라가면 모든 점에서 이 설의 여러 전제와 모순되기에 이르기 때문이다.

또 [4]그들이 이데아가 존재한다고 주장하는 이유에 따르면, 단순히 실체(기체)에 뿐만 아니라 많은 사물(속성)들에도 저마다 에이도스가 있다는 말이 된다. 왜냐하면 사상(개념)은 단순히 많은 실체에 대해 하나일 뿐만 아니라 실체가 아닌 속성들에 대한 경우에도 하나이며, 학문적 인식은 실체에 대해서만은 아닐 것이기 때문이다. 그 밖에 이와 같은 어려운 문제가 수없이 나온다. 더욱이 이 설의 논리적 필연성으로 보아도, 또 에이도스에 대한 그들의 견해로 보아도 에이도스가 '관련되는' 것이라면, 필연적으로 단지 실체의 이데아가 존재할 따름이라는 것이 된다. 왜냐하면 @그 에이도스는 부대적으로 '관련된다'기보다는, 오히려 각 사물이 그 에이도스, 즉 어떤 기체(基體)가 아니라 (그 에이도스 자체가 기체가 되는) 에이도스에 '관련되어야' 하기 때문이다. 여기에서 (부대적으로 관련된다) 내가 말하는 뜻은, 예를 들어 그 무엇인가가 두 배 그 자체(라는 에이도스)에 관련될 경우, 그것은 또 부대적으로는 영원 그 자체에 관련된다고도 말할 수 있는 것이나 같다. 즉 여기에서 '부대적'이라고 하는 까닭은 두 배 그 자체에도 (에이도스이기 때문에) 영원이라는 속성이 부대하고 있기 때문이다. 그러므로 에이도스는 모두 실체라는 이야기가 될 것이다.

그러나 ⓑ이 세상의 실체(감각적 개체)를 가리키는 그 동일한 형상이 저편의 그것(영원적 실체)을 가리키는 데에도 사용되지 않으면 안 되었다. 그렇지 않으면 이런 개체로부터 떨어져서 있는 다른 어떤 존재가, 즉 저 '많은 존재들 위에 서는 하나의 존재'가 존재해야 한다는 주장의 뜻을 알 수 없게 하는 것이 아닐까? 또 만약에 어떤 이데아와 이에 관련되는 개체가 같은 형상의 것이라면, 이들 둘에 공통된 (제3의) 그 무엇이 존재해야 되는 것이다. 왜냐하면 무엇 때문에 그가 소멸적인 2(감각적 개체의 둘)의 경우와 많기는 하지만 영원한 2(산수학에서 말하는 둘)의 경우와 하나이자 같으면서도, 2 그 자체의 경우와 이에 관련되는 개체의 둘인 경우와는 같지 않은지, 그는 알 수 없게 되기 때문이다. 하지만 만일 같은 형상의 것이 아니라면, 두 가지는 단지 이름이 같을 뿐 다른 것이 될 것이다. 즉 그것은 마치 누군가가 칼리아스와 목상(木像)을 같은 '인간'이라는 이름으로 부르면서, 이 둘 사이에 아무런 공통성을 인정하지 않는 것이나 같다.

그러나 만약에 우리가 그 밖의 점에서 어떤 사물의 공통적 설명 방식이 그 자체인 에이도스, 예를 들어 '원(圓) 그 자체'의 경우에는 '평면도형'이나 그 밖에 설명 방식의 여러 부분이 '원 그 자체'에 일치 대응해야 한다고 상정하면서도(에이도스에 대해서만은) 그 위에 (달리) '존재하는' 무엇인가 설명을 덧붙여야만 한다면, 과연 이것이 전혀 쓸데없는 일인가 아닌가, 우리는 이를 검토하지 않으면 안 된다. 즉 그 설명 방식의 어느 부분에 이 '존재 방식'을 덧붙이면 되는가? 원의 설명 방식인 평면도형의 '중심'에인가, '평면'에인가 또는 그 전부에인가? (그들에 의하면) 사물의 실체(본질)에 포함된 모든 구성 부분은 어느 것이나 저마다 이데아이므로(이데아는 '존재하는' 것이기 때문에), 예를 들어 (인간의 본질에서는) '동물'이나 '두 다리'를 가진 것이나 나아가서 또 분명히 필연적으로 어떤 사물 자체가, 이를테면 평면 자체가 존재해야 하고 그 평면은 어떤 유(類)로서, 그 모든 종류(즉 에이도스)에 내재할 것으로 여겨지는 어떤 실재가 아니면 안 된다.

제5장
이데아설 비판의 계속—이데아의 상정(想定)은 감각적 사물의 전화(轉化)를 설명할 수가 없다.

특히 (5)가장 의문을 가져도 좋을 문제는, 도대체 에이도스가 감각적인 사물에 대해서[영원한 사물(여러 천체)에 대해서나 생성되고 소멸되는 사물에 대해서도] 어느 정도 쓸모가 있는가 하는 점이다. 왜냐하면 에이도스는 ⓐ이들 사물에 일어나는 그 어떤 운동이나 전화의 원인이 아니기 때문이다. 뿐만 아니라 에이도스는 ⓑ다른 사물을 인식하는 데 아무런 쓸모가 없다. 왜냐하면 에이도스는 이들 사물의 실체가 아니기 때문이다. 만약에 에이도스가 실체(기체)라고 한다면, 그것은 이미 이 사물들에 내재하고 있을 테니까. 또 ⓒ만약에 에이도스가 그에 관련되는 사물에 내재하지 않는다면, 에이도스는 이들 사물이 존재하는 데에도 쓸모가 없다. 혹 쓸모가 있다고 해도, 그것은 아마 예를 들어 하양 그 자체가 어떤 물질과 혼합됨으로써 이 물질을 하얀 것으로 한다는 의미에서 그 원인이라고 여겨질 뿐이다. 그런데 이런 생각은 앞에서는 아낙사고라스가 주장했고, 그 뒤에는 에우독소스가 어려운 문제를 토론할 때에 주창했으며, 또 다른 사람들도 주장했는데, 이것은 손쉽게 뒤집힐 수 있다. 왜냐하면 이와 같은 생각에 대해서는 쉽사리 그 불합리한 점을 많이 지적할 수 있기 때문이다.

그러나 또 〔6〕다른 사물이 에이도스로'부터'라고 하는 것도, 이것이 흔히 말하는 의미에서의 '부터'라는 것은 아무리 생각해도 불가능하다. 에이도스는 원형이며, 다른 사물은 여기에 '관련된다'고 말하는데, 이렇게 하는 말은 헛소리이고, 시적으로 비유하는 데에 지나지 않는다. (a)예를 들어 이데아를 바라보면서 만들어 내는 사람이란 어떤 사람인가? 또 (b)어떠한 사물이든 무엇인가를 모사(模寫)하지 않더라도 그처럼 존재할 수 있고 또 생성될 수 있다. 이렇게 해서 소크라테스 그 자체라는 존재가 있든 없든, 소크라테스와 같은 사람은 생성될 수 있다. 그리고 이것은 분명히, 소크라테스라고 하는 사람이 영원한 존재이든 아니든 마찬가지이다. 또 (c)같은 하나의 사물에 대해서 많은 원형이 있고, 따라서 또 많은 에이도스가 있게 된다. 예를 들어 같은 한 인간(즉 두 다리의 동물)에 대해서 '동물'도 '두 다리'도 그 원형이고, '인간 그 자체'도 그렇다는 것이다. 또 (d)에이도스는 단순히 감각적인 사물의 원형일 뿐만 아니라, 에이도스 자체의 원형이기도 하다는 것이 된다. 예를 들어 어떤 유(類)가 여러 종(種)의 유일 경우에 그러하듯이, 따라서 같은 것이 원형이기도 하고 모상이기도 하다.

다음에 또 〔7〕어떤 사물의 실체가 바로 이로부터 사물에서 떨어져서 존재한다는 것은 있을 수 없는 일이라고 생각될 것이다. 그렇다고 한다면 어떻게 해서 어떤 사물의 이데아가 바로 이 사물의 실체이면서 이 사물에서 떨어져서 따로 존재할 수 있겠는가? 《파이돈》에서는 에이도스가 사물의 존재와 생성의 원인인 것처럼 말하고 있다. 그러나 사물에 에이도스가 생성 원인으로서 존재하고 있다 해도, 사물은 여전히 이 에이도스를 움직이는 작용인이 없으면 생성되지 않을 것이다. 그런데 다른 많은 사물들, 예를 들어 집이나 반지 등 이들 사물에 대해서는 에이도스가 존재하지 않는다고 그들은 주장하는데도, 이 사물들은 실제로 생성되고 있다. 따라서 분명히 그들이 그것들에는 그것들의 에이도스가 있다고 주장하고 있는 '그런' 사물도, 지금 예를 든 사물과 같은 원인에 따라서 존재하고 또 생성될 수 있는 것이다. 하지만 그런 에이도스에 의한 것은 아니다.

그러나 어쨌든 이데아에 대해서는 이상과 같은 방법으로도, 또는 한결 더 논리적이고 더욱 엄밀한 논의에 의해서도 우리가 고찰해 온 것과 마찬가지로 많은 난점이 있는 것이다.

제6장

⑶수를 감각적 사물로부터 떨어져서 존재하는 실체이자 감각적 사물의 원인이라고 하는 여러 견해에 대해서. 수학적인 수는 비교 가능하다는 것. 이데아와 수학적인 수라는 두 종(種)만을 실체로 하는 플라톤의 설과, 수학적 수만을 실체로 하는 스페우시포스의 설과 그 밖의 것에 대한 검토.

그런데 이들에 대해서는 결정이 되었으므로, 다음에는 ⑶다시 수에 대해서, 만일 수가 어떤 사람들이 주장하듯이 떨어져서 존재하는 실체라 하고 여러 존재 사물의 제1원인이라고 한다면 거기에서 어떤 결과가 생기는가, 그 여러 결과들을 살펴보는 게 마땅할 것이다. 그런데 만약에 수가 어떤 사람들의 주장대로 어떤 실재이며, 수의 실체가 따로 있지 않고 바로 수 자체가 실체라면, 그 결과는 필연적으로 다음 중 어느 하나이다. 즉 (1)수 안에 어떤 제1의 존재와 이에 이어지는 어떤 제2의 존재가 있는데, 그 각각은 서로 종(種)에 있어서 다른가, 그리고 이 경우에 ⒜이것(종에서 다르다는 것)이 바로 여러 단위에 대해서도 참이며, 따라서 어떤 임의의 단위가 다른 임의의 단위와 비교할 수 없는가, 또는 (b)모든 단위가 바로 (예외 없이) 계속적이고, 따라서 그 어느 단위도 다른 그 어떤 단위와 서로 비교할 수 있는가(예를 들어 어떤 사람들은 수학적인 수가 비교 가능하다고 말하는 것처럼, 수학적인 수의 단위는 다른 단위와 다르지 않기 때문인데), 또는 ⒞어떤 단위들은 서로 비교 가능하지만 어떤 다른 단위들은 그렇지 않은가[왜냐하면 예를 들어 2가 1에 이어지는 제1의 수이고, 그다음에는 3이 그러하고, 다시 그와 같이 그 밖의 이어지는 수의 계열이 있다고 하는 경우 이들 각 수 안에 있는 단위들은 서로 비교가 가능하기 때문이다. 예를 들어 제1의 2 안에 있는 하나의 단위는 다른 단위와, 또 제1의 3 안에 있는 어떤 하나의 단위는 다른 단위들과, 마찬가지로 그 밖의 수에서도 비교가 가능하다. 그러나 (실체로서의 에이도스적인 수 계열에서는) 2 그 자체 안에 있는 단위들은 3 자체 안에 있는 단위들에 대해서는 비교가 가능하지 않다. 그리고 그 밖에 서로 이어지는 (에이도스적인) 수의 경우도 이와 마찬가지이다. 그렇기 때문에 또 수학적인 수는 1의 다음에는 이 1 외에 다른 1을 보태서 되는 2가, 그리고 그다음에는 이 2 외에 다른 1을 보태서 되는 3이, 그리고 다시 이와 마찬가지로 그 밖의 이어지는 수가, 그런 식으로 셀 수가 있다. 그러나 이 (실체의 에이도스적인) 수는 1 다음에는, 이 제1의 1을 빼고 어떤 다른 2가, 그리고 이 2를 빼고 난 3이, 그리고 다시 마찬가지로 그 밖의 그러한 수가, 하는 식으로 이루어지기 때문이다]. 이 수들은 ((a)인가 (b)인가 (c)인가 중) 어느 하나인 것이다. 또는 오히려 (2)어떤 종류의 수는 처음에 말한 바와 같은 (1) (a)의 경우이지만, 어떤 다른 종류의 수는 수학자들이 말하고 있는 것 같은 (1) (b)의 경우이며, 그리고 제3의 종류는 마지막으로 말한 (1) (c)의 경우라고 해야 할 것이다.

또 이들 여러 종류의 수는 여러 사물로부터 떨어져서 존재하는가, 또는 떨어지지 않고 감각적 사물 안에 있는가, 그 어느 것이라야 한다[단 (사물 안에 있다는 것은) 우리가 처음에 검토한 그 방법으로서가 아니라, 마치 감각적 사물이 그 안에 있는 수들로 이루어진다고 하는 의미에서이지만]. 그리고 또 뒤의 경우에는 어떤 종류의 수만이 사물 안에 있는가, 아니면 모든 수가 사물 안에 있는가 가운데 하나가 될 것이다.

그런데 필연적으로 수는 단지 위에서 말한 그 어느 방법으로만 존재할 수가 있지만, 그 사람들도 1을 만물의 시작이라 말하고, 실체라 말하며, 구성 요소라 말하고, 그리고 수를 이 최초의 실체적 1과 다른 어떤 1로 이루어지는 그러한 수들이라고 말하는 사람들도, 거의 모두가 이 여러 방법들 가운데 어느 한 가지를 말하고 있다. 다만 말하지 않고 있는 것은 그 어느 단위도 다른 수와 비교가 불가능할 때뿐이다. 더욱이 여기에도 마땅한 이치가 뒤따르고 있다. 왜냐하면 위에서 말한 방법 말고는 어떤 방법도 있을 수 없기 때문이다. 그런데 (A)어떤 사람들의 주장에 따르면 두 종류의 수가 존재하여 그중 한 종류는 앞과 뒤를 가진 수, 즉 이데아(로서의 수)이고, 또 하나의 종류는 이데아로부터도 감각적 사물로부터도 떨어져서 존재하는 것이다. 그러나 (B) (1)어떤 사람들은 다만 수학적인 수만이 존재하고, 이러한 여러 존재 가운데 제1의 것으로, 감각적인 사물로부터 떨어져서 존재한다고 보고 있다.

그리고 (2)피타고라스학파도 한 종류의 수, 즉 수학적인 수를 인정하지만, 단이 사람들은 이 수가 떨어져서 존재한다고 생각하지 않을 뿐만 아니라, 이 수학적인 수로부터 감각적인 여러 실체들이 합성된다고 말하고 있다. 그들은 전우주를 여러 수로써 만들어 내고 있는데, 그 수란 단위적인 수가 아니라 오히려 단위 자체에 어떤 크기가 있다고 해석한다. 하지만 크기를 갖기 위해서는 어떻게 해서 최초의 1이 합성될 수 있었는가, 여기에는 그들도 당황했던 것 같다. 또 (C)어떤 다른 사람은 어떤 제1의 수, 즉 에이도스들의 수만이 존재한다 하고, 또 어떤 사람들은 이것을 수학적인 수와 마찬가지라고 했다.

마찬가지 견해는 또 길이(선)나 면, 고체(수학적 고체=입체)에 대해서도 볼 수가 있다. 즉 (A)어떤 사람들은, 수학적 대상으로서의 이 기하학적 요소들을 이데아에 이어지는 사물들과는 다른 존재로 본다. 또 다른 설을 주창한 사람들 중에서도 (B)어떤 사람들은 이들 수학적 대상들을 수학적으로 주장하고 있다. 이것은 이데아를 수라고도 하지 않고, 이데아가 존재한다고도 말하지 않는 사람들이다. 그런데 (C)어떤 다른 사람들은 이러한 수학적 대상들을 주장하기는 하지만, 수학적으로는 주장하지 않는다. 그들의 생각으로는 반드시 모든 실체들의 크기가 어떤 몇 가지 크기로 절단될 수 있지는 않고, 또 임의의 단위들이 2도 아니기 때문이다. 그러나 1을 여러 존재의 구성 요소이자 원리라고 이야기한 사람들은, 피타고라스학파를 제외하면 모두 수를 단위로 이루어졌다고 보고 있다. 다만 이 학파들은 앞서도 말한 바와 같이 수를 크기를 갖는 것으로 생각하고 있다.

그런데 얼마만큼의 방법으로 수에 대해서 말할 수 있는가, 그리고 그 방법 모두를 살펴보았음은 이상으로 뚜렷하다. 하지만 이것은 모두 불가능하다. 그리고 이들 중에서도 아마 그 어느 것은 다른 것보다도 더 불가능할 것이다.

제7장
플라톤의 수론(數論). 특히 에이도스적인 수에 대해서. 저마다의 수를 이루는 단위들이 서로 비교 가능해야 한다면, 수학적인 수 말고는 에이도스적 수는

있을 수 없다. 동일한 수 안의 단위들이 비교 가능하다고 해도, 이들에게 에이도스적인 수는 있을 수 없다.

그런데 (A)첫째로 우리가 검토해야 할 일은, 수학적 수는 비교 가능한가 아니면 비교 불가능한가, 만약에 비교 불가능하다면 앞서 우리가 구별한 방법 가운데 어느 것인가에 대해서이다. 왜냐하면 어떤 임의의 단위가 다른 임의의 단위와 비교 불가능하다는 일은 있을 수 있고, 또 2 자체 안에 있는 단위들이 3 자체 안에 있는 단위들에 대해서 비교 불가능할 수도 있기 때문이다. 그래서 (1)만일 모든 단위가 비교될 수 있고 차별이 없다면 거기에 수학적인 수가 생겨, 오직 하나 이 종류의 수만이 수이고, 여러 이데아는 수가 될 수 없게 된다. [인간 자체나 동물 자체, 그 밖에 그런 임의의 에이도스가 도대체 어떠한 종류의 수일 수가 있겠는가? (이데아 논자에 의하면) 하나의 사물에는 저마다 하나의 이데아가 있다. 예를 들어 인간 자체에는 하나의 이데아가 있고, 동물 자체에는 다른 하나의 이데아가 있다. 그러나 유사적이고 무차별적인 수가 무한히 많기 때문에 (이를테면 9 안에 있는) 어떤 특정의 3만이 다른 어느 3보다도 특히 뛰어나, 그것이 인간 자체라고는 할 수 없다(그러므로 이데아는 수일 수가 없다)]. 그러나 만일 이데아가 수가 아니라면, 일반적으로 이데아 그 자체는 모두 존재할 수가 없다[도대체 이데아는 어떠한 원리로부터 생겨서 존재하게 되었다는 것인가? 수는 1과 '부정(不定)의 2'로 이루어졌고, 이런 구성 요소 또는 원리가 수의 구성 요소 또는 원리라고 하며, 이데아는 수보다 앞에 든 뒤에든 배열될 수 없기 때문이다].

그러나 (2)만약에 단위들이 비교 불가능하다고 한다면, 더욱이 임의의 단위가 다른 임의의 단위와 비교 불가능하다는 의미로 그렇다면, ⒜이와 같은 (비교 불가능한) 수는 수학적인 수일 수도 없고[왜냐하면 수학적인 수는 차이가 없는 단위들로 이루어졌고, 이런 종류의 수에 대해 논증된 사물(수학적 여러 진리)은 이와 같이 무차별적이고 비교 가능한 단위들로 이루어진 경우에만 타당하기 때문이다], 또 에이도스들의 수일 수도 없다. 만일 그렇다 하면 2가 그 '1'과 '부정의 2'에서 생긴 제1의 것이라는 것은 있을 수 없을 테고, 또 이것 다음에는 하나가 '2, 3, 4……'로 이어져 세도록 계속하는 여러 수도 이어지지 않을 것이기 때문이다. 제1의 (에이도스적인) 2 안에 있는 단위들은, 이 학설의 창시자가 말했듯이 부등(不等)한 것들로부터 생성되기도 하지만(즉 그들이 동등하게 되어 생성되는데), 이와 동시에 또 그들은 다른 방법으로도 생성하게 될 것이기 때문이다. 즉 만약에 그중 어떤 단위가 다른 단위보다도 먼저라고 한다면, 먼저인 이 단위는 또 이들 두 단위로 이루어지는 2보다도 먼저가 될 것이기 때문이다. 왜냐하면 어떤 것은 먼저이고 어떤 것은 나중일 경우에는, 이들 양자로 이루어지는 것은 이들 가운데 어떤 것보다는 나중이지만 어떤 것보다는 먼저이기 때문이다.

또 (b)먼저 1 그 자체가 제1의 것으로서 존재하고, 그다음에 어떤 특정한 1이 있어서, 이것은 그 밖의 수들 중에서는 제1이지만 1 자체의 다음 것으로서는 제2의 것이고, 다시 어떤 제3의 것이 있어 이것은 제2의 것에서 보면 바로 그다음 것으로서 제2의 것이지만 1 자체로 보자면 제3의 것이다. 따라서 (수 안에 있는) 단위들은, 이들이 몇 있는가를 나타내고자 하는 그 수 자체보다도 먼저 존재하게 된다. 예를 들어 3이 존재하기 전에 이미 2 안에 어떤 제3의 단위가 존재하며, 그와 같이 4 또는 5라는 수가 존재하기 전에 이미 3(또는 4)이라는 수 안에 어떤 제4 또는 제5의 단위가 존재한다는 것이 된다. 그런데 그 사람들은 누구도 이와 같은 의미로 단위들이 비교 불가능하다고 말하지는 않지만, 그들의 여러 원리로 보자면 이와 같은 의미로도 비교 불가능함이 마땅한 이치이다. 왜냐하면 비록 실제로는 이와 같은 일이 있을 수 없다고 하더라도, 적어도 어떤 제1의 단위 또는 제1의 1이 존재한다고 하는 이상, 단위들 안에 보다 더 먼저의 단위와 보다 더 나중의 단위의 차별이 존재해야만 당연하므로, 더욱이 적어도 제1의 2라는 수가 존재한다고 하는 이상 그 2의 단위들에 대해서도 그렇게 하는 것이 마땅하기 때문이다.

이렇게 하여 제1의 것 다음에는 당연히 또 필연적으로 어떤 제2의 것이 존재하고, 그리고 제2의 것이 존재하면 그다음에는 어떤 제3의 것이, 또 그와 같이 해서 차례로 2에 이어지는 다른 것이 존재해야 되기 때문이다[또 어떤 단위는 1 그 자체에 이어지는 제1의 단위이고 어떤 단위는 1 자체에 이어지는 제2의 단위라는 사실과, 어떤 2가 1 그 자체에 이어지는 제1의 2라는 사실과의 양쪽을 함께(동시에) 주장하기는 불가능(불합리)하다]. 단 그들 스스로는 단위 또는 1을 제1의 것으로 하고는 있지만 아직도 그것을 제2의 것, 제3의 것으로까지는 하지 않고, 또 2를 어느 제1의 것으로 하고는 있지만 아직도 그것을 제2의 것, 제3의 것으로까지는 하지 않는다.

그리고 (c)만약에 모든 단위가 비교 불가능(덧셈 불가능)한 것이라면, 2 그 자체나 3 자체, 그 밖에 이와 같은 각각의 수 자체가 존재한다는 것도 있을 수가 없음이 분명하다. 이를테면 단위에 차이가 없는 비교 가능한 것이라 해도, 또는 서로 차이가 있는 비교 불가능한 것이라 해도 수를 세기 위해서는 반드시 덧셈에 의해야만 하기 때문이다. 예를 들어 2를 세기 위해서는 1에 다른 어떤 1을 더함으로써, 3을 세기 위해서는 이 2에 어떤 다른 1을, 그리고 4의 경우에도 마찬가지로 거기에 어떤 1을 더하지 않으면 안 된다. 따라서 실제가 이러하므로 여러 수들의 생성은, 여러 수들을 생성하고 있다는 식, 즉 2와 1로부터라고 하는 것은 불가능하다. 왜냐하면 실제로 덧셈을 할 경우에 2는 3의 부분이 되며, 3은 또 4의 부분이 되며, 또 그 밖의 수도 마찬가지로 그렇게 되면서 여러 수가 생성되기 때문이다. 그러나 (그들의 학설에 따르면) 4는 제1의 2와 부정(不定)한 2로부터 생성된 것이다. 이렇게 해서 2 그 자체 외에 다른 두 개의 2가 있는 것이다. 하지만 만약 그렇지 않다면, 2 그 자체는 4의 부분이 되고, 또 다른 하나의 2가 더해진 것이 된다. 그리고 2는 1 그 자체와 또 하나의 1로 구성되는 것이다. 그러나 만약에 그렇다고 한다면 다른 하나의 구성 요소는 부정의 2일 수는 없다. 왜냐하면 그것은 단위를 생성할 뿐, (부정의 2가 생성되게) 어떤 일정한 2를 생성시키지는 않기 때문이다.

　또 (d)3 그 자체나 2 자체 말고 어떻게 해서 어떤 다른 3이나 2가 있을 수 있을까? 그리고 어떠한 방법으로 이 수들이 보다 앞과 보다 뒤의 단위들로부터 구성되는 것인가? 이 수들은 모두 (불합리한 것이고) 만들어 낸 하나이다. 그래서 또 어떤 제1의 2 그 자체가 있고 그다음에 어떤 3 자체가 있다고 하기는 불가능하다. 더욱이 1과 부정의 2가 구성 요소라고 하는 한, 필연적으로 그렇게 된다. 그러나 실제로 그렇게 불가능한 여러 결과들이 나온다면 이들을 (1과 부정의 2)가 원리라고 하기도 불가능(불합리)한 것이다.

　그런데 이와 같이 만약에 단위들 가운데 임의의 단위가 다른 임의의 단위와 서로 차이가 있는 것(따라서 비교 불가능한 것)이라고 한다면, 필연적으로 앞서 말한 여러 결과들이나 이들과 비슷한 다른 여러 결과들이 나온다. 하지만 (3)예컨대 다른 수들 안의 단위와 단위는 서로 차이가 있지만, 같은 수 안의 단위들만은 서로 다른 것과 차이가 없다고 해도, 여전히 앞서 말한 경우에 못지않게 곤란한 여러 결과들이 나온다. 왜냐하면 예를 들어 10 그 자체 안에는 열 개의 단위들이 있는데, 이 10은 열 개의 단위들로 구성될 수도 있고, 또 두 개의 5들로 이루어질 수도 있기 때문이다. 그러나 (a)10 자체는 어떤 임의적인 수라 할 수도 없고, 또 어떤 임의적인 5들—그러한 단위들—로 구성되는 것도 아니므로, 필연적으로 이 10 자체 안의 단위들은 서로 다르다.

왜냐하면 만약에 이 단위들이 서로 다르지 않다면, 이 10을 구성하는 5들은 구별될 수가 없기 때문이다. 이 5들이 서로 다르므로 이런 단위들도 서로 구별되어 있게 될 것이다. 그러나 만일 이 5들이 서로 다르다면, 과연 이 10 자체 안에는 단지 이 두 개의 5만 있고, 그 밖의 5는 포함되어 있지 않을까, 포함되어 있을까? 만약에 다른 5들이 포함되어 있지 않다면 그것은 불합리한 일이다. 하지만 만일 포함되어 있다면 어떠한 10이 그것들(다른 5들)로 이루어질수 있을까? 그 10 안에는 그 10 자체 말고는 다른 어떠한 10도 존재하지 않기 때문이다. 뿐만 아니라 (그들에 의하면) 4도 임의의 10들로부터는 구성되지 않는다는 것이 필연적이기 때문이다. 그들의 주장에 의하면 부정한 2가 규정된 2(에이도스적인 2)를 받아들임으로써 두 개의 2가 만들어졌으니까. 부정의 2는 그것이 수용한 2로부터 2를 만들었기 때문이다.

또 (b)2가 그 두 개의 2 단위들과는 별도의 어떤 실재라는 것, 그와 같이 또 3이 그 세 개의 단위들과는 별도의 어떤 실재라는 것, 이와 같은 일이 어떻게 가능할까? 그것은 마치 '하얀 인간'이 '하얀'이나 '인간'과는 다르면서 이 두 가지에 관련된다고 말하듯이 한쪽이 다른 한쪽에 관련된 경우이거나, 또는 '인간'이 '동물'이나 '두 다리'와도 별개이듯이 한쪽이 다른 한쪽의 어떤 차별성(종차)인 경우이거나, 둘 중 어느 하나이다.

더 나아가서 (c)사물들이 하나인 경우는 어떤 사물들은 접촉에 의해서, 어떤 사물들은 혼합에 의해서, 또 어떤 사물들은 위치에 의해서인데, 그 어느 것이나 2 또는 3을 구성하는 단위들의 경우에는 있을 수가 없다. 오히려 마치 두 사람이 이들 둘과는 별도인, 어느 하나의 것은 아니듯이 단위들의 경우도 필연적으로 그렇다. 그리고 이들이 나누어질 수 없는 것이라고 해도, 그 때문에 이런 것에 아무런 구별도 생기지는 않는다. 예를 들어 점은 나눌 수 없지만, 그렇다고 해서 결코 두 개의 점이 그 두 점과 다른 별도의 어떤 하나인 것은 아니다.

그러나 (d)결코 잊어서는 안 될 일은 (그들의 전제로 보면) 최초의 2에 의해 앞의 2에 이어 뒤의 2가 있게 되고, 그와 같이 그 밖의 수에 대해서도 마찬가지 결과가 나온다는 것이다. 즉 예를 들어 4 안에 있는 2들이 (그중 어느 2가 먼저도 뒤도 아니고) 서로 동시적이라고 하자. 더욱이 이 2들은 8 안에 있는 2들보다는 먼저이고, 마치 저 2(제1의 2)가 이 2들을 생성시켰듯이, 이 2들은 그 뒤의 8 자체 안에 4들을 생성시킨다. 그렇기 때문에 만일 저 제1의 2도 어떤 이데아라면, 이(뒤의) 2들도 저마다 그 어떤 이데아일 것이다. 그리고 이와 동일한 논법은 단위들의 경우에도 해당된다. 즉 제1의 2 안에 있는 단위들이 4 안에 있는 단위들을 생성시킴으로써, 모든 단위들이 저마다 이데아가 되어 이데아가 이데아들로 구성되는 것이다. 따라서 분명 이와 같이 구성된 이데아를 우연히 자신의 이데아로 삼고 있는 사물도 이와 같이 구성되었다고 하는 것이 된다. 예를 들어 동물에 이런 이데아가 있다고 할 경우 동물은 동물들로 구성되었다고 말할 수 있다.

일반적으로 (e)단위들에게 서로 차별이 되도록 하는 것은, 어떻게 차별을 두든 불합리한 일이고 조작이 될 뿐이다(여기에서 내가 '조작된 것'이라고 하는 말은 어떤 가정에 합치되도록 억지로 만들어졌다는 뜻이다). 우리는 사물의 양에 대해서도, 성질에 대해서도 어떤 단위와 다른 단위 사이에 차이를 인정하지 않고, 수는—어떠한 수이든, 특히 단위적인 수는—같든가 같지 않든가 그 어느 것이 되지 않으면 안 되며, 또 (어떤 수가 다른 수보다) 더 많지도 적지도 않다면 같다고 해야 한다. 그런데 우리는 같은 수를, 또 일반적으로 차이가 없는 수를 수에 대해서 말할 경우에는 같은 수로 알고 있다. 그러나 만일 그렇게 같지 않다면, 10 자체 안에 있는 2들에게도 서로 차이가 없는 것이 아니라는 이야기가 된다. 더욱이 이 2들은 같은 것이 되므로. 그러면 이들이 같다고 주장하는 사람들에게는 또 어떠한 이유로 그렇게 말할 수 있을까?

더 나아가서 (f)모든 2 단위들 가운데 어느 하나와 다른 하나로 어떤 2가 될 수 있다고 하면, 2 그 자체 안의 하나의 단위와 3 자체 안의 하나의 단위로 어떤 2가 될 수 있어야 한다. 그리고 이 2는 (α)차별된 단위들로 이루어진 셈이다. 그러나 (β)3보다도 먼저의 것이 될까, 뒤의 것이 될까? 오히려 이 2는 필연적으로 3보다도 앞선 것으로 여겨진다. 왜냐하면 그 두 단위들 가운데 하나는 3과 동시에 있지만 다른 하나는 2와 동시에 있기 때문이다. 그런데 '우리는' 요컨대 '1과 1로써', 혹 그들이 같은 것이든 같지 않은 것이든 예를 들어 좋은 것과 나쁜 것이라 해도, 사람과 말이라고 해도 그렇다는 것이다. 그런데 그와 같은 학설을 주장하는 사람들은, 두 개의 단위까지도 2가 된다고는 생각하지 않는다.

하지만 (g)만약에 3 자체의 수가 2 자체의 수보다도 더 많다고 하면, 이것은 놀라운 일이다. 만일 또 그것이 2 자체의 수보다도 더 많다고 한다면 틀림없이 그 안에는 또 2와 같은 수가 포함되어 있고, 이 수는 2 자체와 다르지 않게 된다. 그러나 그와 같은 일은 있을 수가 없다. 만약에 어떤 제1의 수가 있고, 또 어떤 제2의 수가 있다고 한다면 말이다.

그렇지만 또 (h)여러 이데아들이 저마다 수일 수는 없을 것이다. 그런데 분명히 이 점에서는, 단위들이 저마다 차별된 것이어야 한다고 주장하는 사람들의 말은 여러 이데아가 존재해야 하는 한 정당하다. 이는 앞서 말한 그대로이다. 왜냐하면 에이도스는 저마다 하나씩이기 때문이다. 그런데 만약에 단위들이 서로 다르지 않은 것이라면, 무차별한 것이라는 뜻이다. 그렇기 때문에 그들은 사람들이 보통 '하나, 둘, 셋……' 하고 세어갈 경우, 그 사람은 이미 거기에 주어져 있는 수에 무엇인가를 덧붙여 가고 있는 것은 아니라고 말해야만 했던 게 된다. [그 까닭은, (혹시 사람이 그렇게 세어간다고 하면) 수는 부정(不定)의 2에서 생성된 것이 아니어서 이데아가 될 수도 없기 때문이다. 이 경우에는 어떤 이데아가 다른 이데아 안에 포함되고, 모든 에이도스가 어떤 한 에이도스의 부분이 된다]. 그렇기 때문에 그들 하는 말은 그들 자신의 가정에 대해서는 (충실하고) 정당하지만, 일반적으로는 정당하지가 않다. 왜냐하면 그것은 전적으로 소용없는 일이기 때문이다. 또한 그들은 바로 그 문제 자체를, 즉 우리가 사물을 세어서 '하나, 둘, 셋……'이라고 말할 경우 우리는 무엇인가를 덧붙여 가면서 세는가, 또는 부분으로 끊으면서 세는가, 과연 그 어느 쪽인가 하는 문제 그 자체에 있어 또 하나의 어려운 문제를 만들어 내고 있음을 인정하지 않을 수 없을 것이기 때문이다. 사실상 우리는 그 어느 방식으로든 세고 있는 것이다. 이 차이를 더 거슬러 올라가서 (수에 있어서의) 중대한 실체적 차별로까지 가지고 간다는 것은 웃기는 일이다.

제8장

스페우시포스나 피타고라스학파 등의 실체로서의 수 이론에도 플라톤 학설과 똑같은 문제점이 있다. 다시 에이도스적 수의 설에 대한 반론—어떻게 해서 수의 여러 단위들이 부정(不定)의 2에서 생성될 수 있는가, 수의 계열은 무한한가, 유한한가, 1 그 자체가 어떠한 실체일 수 있을까?

그러나 (i)무엇보다 먼저 해도 좋을 것은, 무엇이 수의 차이인가를 결정하는 일이다. 그리고 단위에도 만일 거기에 차이가 있다면 그것이 무엇인가를 결정하는 일이다. 그런데 단위들이 서로 차별된다고 한다면 그것은 양에 있어서거나 성질에 있어서거나 어느 한쪽이 되어야 한다. 하지만 분명히 그 어느 쪽도 (양도 성질도) 단위 자체에는 속할 수 없는 것 같다. 그러나 수가 수인 한, 양에서 차별될 것이다. 더욱이 만약에 단위도 양으로 차별된다고 한다면 수와 수는 그들이 갖는 단위들에 따라, 양이 같아도 서로 다를 것이다. 또 제1의(보다 먼저의) 단위들은 (보다 뒤의 단위들보다) 더 많을까 아니면 더 적을까, 그리고 보다 더 뒤의 단위들은 늘어날까 아니면 줄어들까? 이와 같은 것은 모두 불합리하다. 단위들의 성질에 차이가 있다는 일도 있을 수가 없다.

왜냐하면 이 단위들에게는 그 어떤 수동태(성질이 주어지는 일)도 속할 수가 없기 때문이다. 수에 있어서까지도, 성질이 속하는 것은 양보다 뒤라고 그들은 말하기 때문이다. 만일 이 수들에게 성질이 생긴다면, 그것은 1로부터든가 2로부터든가, 그 어느 쪽도 아니라고 여겨진다. 왜냐하면 그 1에는 성질이 없고, 그 2는 양을 만드는 것이기 때문이다. 그리고 이 2라는 실재는 사물이 많다는 것의 원인이기 때문이다. 그런데 사실은 이와 같지 않고 어딘가 다르다. 그렇다면 그들은 먼저 이 다른 점을 설명해야 하고, 단위들의 차별에 대해서 특히 '무엇 때문에' 이 단위들에게 그러한 차별이 없어서는 안 되는가를 뚜렷하게 규정해야 한다. 그리고 만약에 규정을 할 수 없다면 그들은 이 차별을 무엇이라고 말할 것인가?

단순히 (그들이 가정하는 대로) 이데아가 각각 수라고 한다면, 분명히 단위들은 그 모두가 서로 비교 가능하지도 않고, 또 이들이 그 어느 쪽인가의 의미로는 비교 불가능하지도 않다.

그러나 (B)(1)어떤 다른 사람들(피타고라스학파의 수학자들)이 수에 대해서 설명하는 방식으로도 전혀 올바르게 설명되지는 않는다. 이 방식은 이데아를 단적으로 존재한다고 인정하지 않을 뿐만 아니라, 수로서의 이데아 중 그 어떤 존재도 인정하지 않지만, 수학적 여러 대상들은 존재한다고 생각하여, 여러 수들은 존재하는 여러 사물들 가운데 제1의 것이며, 1 자체가 이들 여러 수의 원리(출발점)라고 생각하는 사람들에 대한 것이다. (왜 그들의 주장이 옳지 않은가 하면) 그 원인은 어떤 1은 그들이 주장하고 있는 1들(수학적 여러 단위) 중 제1의 것으로서 존재하고 있을 텐데, 2 또는 3에 대해서는 그러한 제1의 2 또는 어떤 3이 존재하지 않는다고 하면 불합리하기 때문이다. 왜냐하면 어떤 1에 대해서 말하는 것과 같은 것이 있다고 한다면, 마찬가지로 다른 모든 수들도 있다고 할 수 있기 때문이다. 그래서 만일 수에 대해서는 사실 이대로이고, 사람들이 가정하고 있듯이 단지 수학적인 수만이 존재한다고 하면, 1은 원리가 아니다[만약에 그렇다고 한다면 이와 같은 1은 다른 여러 단위들(다른 일들)과는 차별된 것이어야 하기 때문이다. 그리고 만약에 이렇다고 한다면, 그와 같이 어떤 2가 다른 2들 가운데 제1의 것으로서 따로 존재하고 있지 않으면 안 되고, 또 2들에 이어지는 그 밖의 여러 수들에 대해서도 마찬가지이기 때문이다].

그러나 만약에 1이 원리라고 한다면, 오히려 플라톤이 말한 그러한 수가 진실이어야 하고, 어느 제1의 2, 제1의 3이 존재하지 않으면 안 되며, 또한 이러한 수는 서로 비교 가능한 것이 되어서는 안 될 것이다. 그리고 또 누군가가 혹시 이와 같은 것을 가정하게 되면, 여기에서 많은 불가능한 결과가 생기리라는 것은 앞서 말한 대로이다. 하지만 어쨌든 이와 같은 결과가 되든가, 그와 같은 결과가 되든가 그 어느 쪽일 것이다. 따라서 그 어느 쪽이든 불가능한 이상, 수가 떨어져서 존재하는 일은 있을 수가 없다.

그러나 이와 같은 사실로 보아 (C)세 번째의 설명 방식—즉 에이도스들의 수와 수학적인 수를 같다고 하는 방식—이 가장 서투르다는 것도 명백하다. 왜냐하면 하나의 견해 가운데 두 개의 잘못이 겹쳐 있기 때문이다. 그 잘못의 하나는, 수학적인 수는 이와 같은 방식으로 존재하지 않는데, 더욱이 이 제3의 설(달리 존재하리라 여겨지는 어떤 존재)을 주창하는 사람은 그의 독자적인 가정을 여러 가지로 가정해서 그것을 조작해야 한다는 것이고, 또 하나는 에이도스들의 수를 주장한 사람들을 만나는 것과 같은 결과가 될 학설을 그도 주창하지 않을 수 없다는 것이다.

(B)(2)피타고라스학파가 설명하는 방식은, 한편에서는 앞서 말한 사람들(플라

톤의 이데아론자들)보다도 조금 더한 어려움을 가지고 있으나, 다른 한편에서는 그 학도들 나름의 독자적인 또 다른 어려움을 지니고 있다. 즉 한편으로 수가 물체로부터 떨어져서 존재한다고 여기지 않았던 점에서는, 그들(피타고라스 수학도들)의 방식은 앞서의 불가능한 여러 많은 결과로부터 벗어나 있다. 그러나 다른 한편으로 그들은 물체가 수로부터 구성되어 있다 하고, 이 수를 수학적인 수라 하고 있지만, 이것은 불가능하다. 왜냐하면 나눌 수 없는 크기라는 말은 진실이 아니기 때문이며, 만일 이와 같은 나눌 수 없는 크기가 있다고 해도 단위들은 모두 크기를 가지고 있지 않기 때문이다. 그렇다고 하면 나눌 수 없는 크기들로 구성된다는 것이 어떻게 가능하단 말인가? 더욱이 수는, 산수학적인 수인 한, 단위적이기 때문이다. 하지만 그 사람들은 수를 존재 사물(存在事物)이라 말한다. 적어도 그들은 마치 물체가 그렇게 존재하는 수들로 이루어진 것처럼, 여러 물체들에 대하여 그들의 여러 정리(定理)를 적용하고 있다.

그런데 만약에 이와 같이 수가 그 자체로 존재하는 어떤 실재라고 여겨지는 한 필연적으로 위에서 말한 그 어느 방식으로 존재해야 한다면, 더욱이 이 수들은 그 어느 방식으로도 존재할 수 없다고 한다면 분명히 수는 수를 떠나서 존재하는 것이라고 생각하는 사람들이 만들어 내고 있는 그와 같은 본성(실재성)을 가지고 있지 않다.

다음에 〔1〕과연 그 저마다의 단위는 ⑴동등화된 큰 것과 작은 것으로 이루어지는가, 아니면 ⑵어떤 단위는 작은 것으로부터 이루어지지만 다른 단위는 큰 것으로부터 이루어지는가? 여기서 만일 뒤의 경우⑵라면 ⓐ각각의 단위는 그 구성 요소들 모두로 이루어져 있지 않고, 또 ⓑ그들 단위는 서로 차이가 있을 것이다(왜냐하면 어떤 단위 안에는 큰 것이 포함되고, 다른 단위 안에는 작은 것이 포함되어 있어, 이 작은 것은 그 본성에 있어서 큰 것과는 반대의 것이기 때문이다). 또 ⓒ3 그 자체 안에 있는 단위들에 대해서는 어떻게 설명할 수 있을까? 왜냐하면 이런 것 안에 있는 하나는 이상한 (나누어 떨어지지 않는 여분의) 단위이기 때문이다. 그러나 아마도 그렇기 때문에 그들은 1 그 자체를 홀수 한가운데에 있는 것으로 생각했을 것이다. 그렇지만 ⑴만약에 두 개의 단위 모두가 동등화된 큰 것과 작은 것으로 이루어졌다면, ⓐ어떻게 해서 그 2 자체는 어떤 단 하나의 실재인데 동시에 큰 것과 작은 것으로 이루어질 수가 있을까? 또는 어떻게 해서 2가 그 단위의 하나와 구별되는가? 또 ⓑ2보다도 그 2 속에 있는 단위 쪽이 먼저 있었다는 것이 된다[왜냐하면 이 단위가 없어지면 2 자체도 없어지기 때문이다]. 이렇게 해서 이 단위는 어떤 이데아(즉 2 그 자체)보다도 먼저 존재하고 있었기 때문에, 어떤 이데아의 이데아가 아니면 안 되고, 그 2보다도 먼저 태어난 것이 되지 않으면 안 된다는 것이다. 그렇다면 무엇으로부터 태어났는가? [부정(不定)의 2로부터는 아닐 것이다.] 왜냐하면 부정의 2는 (단위를 만든다기보다는) 2를 만들었기 때문이다.

또 (2)수는 무한이든 유한이든 그중의 어느 것이어야 한다. 왜냐하면 그 사람들은 수를 떨어진 존재로 여기고 있으므로, 따라서 수가 이들 가운데 어느 것도 아니라는 것은 있을 수 없는 일이기 때문이다. 그러나 (1)수가 무한일 수 없다는 것은 뚜렷하다. 왜냐하면 (a)무한의 수는 홀수도 짝수도 아니나, 수의 생성은 언제나 홀수의 생성이나 짝수의 생성 중 그 어느 것이기 때문이다[즉 어떤 방식(덧셈)에서는 1이 짝수에 작용할 경우에 홀수가 생기고, 다른 방식(곱셈)에서는 2가 짝수에 작용할 경우 1에서 그 갑절로 얻어지는 짝수가 생기고, 같은 다른 방식에서도 홀수가 짝수에 작용할 경우에는 그 밖의 짝수가 생긴다]. 또 (b)만약에 모든 이데아들이 저마다 무엇인가의 이데아이며, 그리고 수가 저마다 이데아라면, 무한의 수도 무엇인가(감각적 사물이나 또는 그 밖의 어떤 무엇인가)의 이데아일 것이다. 그럼에도 이것은 그들 자신의 전제로부터나 이론적으로나 불가능하다. 적어도 그들이 그대로 이데아를 배치해 본다면 그러하다. 그러나 (2)만약에 수가 유한하다고 한다면 그것은 몇 개까지인가? 이에 대해서는 단지 그 수가 몇 개까지 '있다'고 하는 사실뿐만 아니라, '무엇 때문에' 그만큼 있는가 하는 이유도 설명되어야 한다. 하지만 만일 어떤 사람들이 말하는 것처럼 수가 10까지밖에 없다고 한다면, (a)맨 먼저 제기되는 문제는 그 수만으로는 곧 에이도스가 모자라지나 않을까 하는 것이다. 예를 들어 3이 인간 자체라고 한다면, 말(馬) 자체는 어느 수일까? 왜냐하면 각각의 수가 그 무엇인가의 자체여야 하고, 수가 10까지(1에서 10까지의 열 개)밖에 없다고 하니까, 말 자체의 수도 반드시 이들(열 개의 수) 중 어느 것이 되지 않으면 안 되기 때문이다(실체이자 이데아인 것은 이들 열 개의 수뿐이니까 말이다). 그러나 어쨌든 이 수만으로는 모자랄 것이다.

왜냐하면 동물의 종(種)은 열 개보다 많기 때문이다. 동시에 또 (b)뚜렷이 만약에 이와 같이 그 3이 인간 자체라면 다른 3들도 각각 그러하며(예를 들어 같은 수 가운데 있는 3들은 어느 것이나 마찬가지 것이기 때문이지만), 인간들의 수는 무한하다는 이야기가 된다. 다시 말해 3들이 각각 하나의 이데아라고 한다면 이들은 저마다 인간 그 자체가 되고, 혹시 그렇지 않다고 해도 적어도 그들은 인간들일 것이기 때문이다. 그리고 (c)만일 보다 작은 수가 보다 큰 수의 부분이라고 한다면(즉 같은 수 안에서 그 수를 이루는 여러 단위가 비교 가능한 수라고 한다면) 그러한 경우에는 4 자체가 무엇인가의, 이를테면 말 또는 흰색의 이데아라면, 그리고 인간이 2라고 하면 인간은 말의 부분이라는 이야기가 될 것이다.

그러나 (d)10에는 10의 이데아가 존재한다고 하는데, 11의 이데아는 존재하지 않고, 그 밖의 이런 여러 수에 이어지는 여러 수들에 각각 그 수의 이데아가 존재하지 않는다는 것은 불합리하다. 하지만 또 (e)(그들에 따르면 각 사물의 에이도스는 그 사물의 존재나 생성의 원인일 텐데) 어떤 사물에는 그 에이도스가 존재하지 않는다(고 그들은 말한다). 그런 사물도 (실제로는) 존재하고 생성되고 있는데, 그렇다면 무엇 때문에 이와 같은 사물에만 그 에이도스가 존재하지 않는가? 그러므로 에이도스는 사물의 원인이 아니라고 할 수밖에 없다. 또 (f)만약에 10까지의 수가 10 그 자체보다도 무엇인가 한결 뛰어난 존재이자 에이도스라고 한다면, 더욱이 이 10까지의 수는 저마다 어떤 하나의 존재로서 조금도 생성되지 않는데 10 자체는 생성된다고 한다면 이것도 불합리한 일이다. 그런데도 그들은 1에서 10까지의 수를 완전한 수로 보고, (그 학설을 완성시키려) 노력하고 있다. 적어도 그들은 이 수들 안에 파생적인 여러 실재들을, 예를 들어 공허·유비·홀수 그와 같은 여러 실재를 생성하고 있다. 왜냐하면 그들은 운동과 정지, 선과 악 등을 원리적인 것으로 삼고 그 밖의 사물들을 수로 귀속하고 있기 때문이다. 이렇게 해서 그들은 홀수(홀수의 원리)를 1 그 자체와 동일시하는 것이다. 만약에 홀수가 3 안에 있다고 한다면 어떻게 5가 홀수일 수 있겠는가? 또 (그들의 설명으로는) 크기나 그 밖에 그런 유(類)의 것도 모두 어느 몇 개까지로, 예를 들면 제1의 불가분의 선, 다음으로는 2 등등, 그리고 이들도 10까지로 한정되어 있다.

또 (3)만약에 수가 따로 떨어져서 독립적으로 존재한다고 하면, 다음과 같은 어려운 문제가 제기된다. 과연 어느 쪽이 먼저인가, 1이 먼저인가, 그렇지 않으면 3이나 2 같은 수가 먼저인가라는 문제이다. 그런데 수가 (여러 단위의) 복합체인 한, 저 1이 어느 수보다도 먼저이지만 보편적(전체적)인 것 또는 형상이 먼저라는 뜻에서는 (일반적) 수 쪽이 먼저이다. 왜냐하면 저마다의 여러 단위가 수의 부분으로서 그 질료에 상당한다고 하면, 형상으로서의 수 그 자체는 이들의 (보편적) 형상에 상당하기 때문이다. 또 직각은 예각(銳角)보다도 어떤 의미에서는 직각이 결정자이고, 그 설명 방식에서 먼저라는 뜻에서도 먼저이지만, 예각이 직각의 부분이고, 직각은 예각으로 분할된다고 하는 뜻으로는 예각 쪽이 직각보다도 먼저이다. 따라서 질료적 뜻으로는 예각 또는 구성 요소, 단위 쪽이 먼저이지만 그 형상적 뜻으로는, 즉 설명 방식으로서의 실체에 있어서는 직각 쪽이, 또는 질료와 형상으로 이루어진 전체 쪽이 먼저이다. 왜냐하면 이 양자로 이루어진 쪽이 그 형상에, 또는 그 설명 방식으로 표현되는 것에 보다 가깝기 때문이다. 물론 그 생성의 순서로 보면 뒤이기는 하다.

그렇다면 어떻게 해서 저 1이 원리(시작)인가? 그것은 1이 나눌 수 없기 때문이라고 그들은 말한다. 하지만 나눌 수 없다고 하면 보편적(전체적)인 존재도 그렇지만, 또 부분적(특수적)인 존재나 구성 요소도 나눌 수 없다고 할 수 있겠다. 그러나 이들은 저마다 서로 다른 방식으로인(원리 또는 시작인) 것이다. 즉 전자(보편적 존재)는 그 설명 방식에서(원리인 존재)이고, 후자(부분적 존재)는 시간적 관계에 있어서(시작인 존재)이다. 그렇다면 이중 어느 방식으로 저 1은 원리인가? 왜냐하면 지금도 말했듯이, 직각이 예각보다 먼저라고도 생각되지만 또 예각이 직각보다 먼저라고도 생각되며, 그 어느 쪽도(즉 전체이든 부분이든) 하나이기 때문이다. 그러기에 그들은 양쪽의 방법으로 1을 원리라고 하는 것이다. 그러나 이것은 불가능한 일이다.

왜냐하면 한쪽(보편적인 존재, 수)은 형상이나 실체로서이고, 다른 한쪽(구성 요소, 단위)은 부분으로서, 질료로서이기 때문이다. 양쪽 모두(수도 그 단위들도) 어떤 방식으로는 하나이기 때문이다. 하지만 '진실로는'―적어도 수가 어떤 하나의 것이고, 더욱이 곡식알이 쌓인 하나의 더미처럼이 아니라 오히려 저마다 다른 수는 다른 단위들로 이루어진다고 그들도 말하듯이 그러한 수인 한― 예를 들면 2라는 수를 이루는 단위들의 각각은 다만 '가능태에 있어서' 존재하고 있을 뿐이고, '완전 현실태에서' 존재하고 있지는 '않은' 것이다. 이것이 진실인데, 그들이 오류를 범하게 된 원인은 그들이 그 탐구를 수학적 관점에서 진행시킴과 동시에 (개체 개념이 아닌) 보편적 개념 규정을 구하는 관점에서 진행시킨 데에 있다.

그래서 ⓐ수학적 관점에서는, 그들은 그 1이자 원리를 점으로 다루었다. 왜냐하면 단위는 위치가 아닌 점이기 때문이다. 그리고 여기에서 어떤 다른 사람들이 아주 작은 부분에서 긁어모아 여러 존재들을 만들어 내듯이, 그들도 그와 같이 하여 결국 단위는 여러 수의 질료라는 것이 될 수 있고, 2보다도 먼저의 것이 되는데, 동시에 다시 또 2보다 뒤의 것으로도 되어 있다. 왜냐하면 그 2를 어느 전체적인 존재로서, 하나의 존재로서, 하나의 형상으로서 보고 있기 때문이다. 또 ⓑ보편적 존재를 탐구하는 그들의 견해 때문에, 수의 보편적 술어로서의 1이, 수를 이루는 단위와 마찬가지로 수의 부분으로서 다루어졌다. 그러나 이들(1과 단위)이 동시에 같은 것에 속할 수는 없었다.

하지만 만일 1 자체가 단지 그것만의, 위치가 없는 것(또는 단위적인 것)이어야 한다면[이것은 (단위와) 다른 원리일 뿐이기는 하지만], 그리고 2는 나누어질 수 있는 것이지만 단위는 그렇지 않다고 하면, 이 나눌 수 없는 단위 쪽이 2보다도 더 1 그 자체에 비슷하게 될 것이다. 그러나 만약에 단위가 그렇다고 하면 1 자체는 2보다도 단위에 더 많이 유사적이어야 할 것이다. 따라서 2 안에 있는 두 단위의 각각은 어느 것이나 이 2 자체보다도 먼저의 것이지 않으면 안 된다. 하지만 그들(피타고라스학파들)은 이것을 부정한다. 적어도 이 2를 첫째로 생성하고 있다. 만일 2 자체가 어떤 하나이며, 3 자체도 어떤 하나라면, 이들 양자로 둘(두 개)이 되는데, 그럼 2는 무엇에서 생성하는 것인가? (사실 보편적 수와 개별적 수, 즉 이데아 수와 실물적 수는 양쪽 모두 부정할 수 없는 수이다.)

제9장
수학적 여러 대상들, 특히 점·선·면·입체 등(기하학적 여러 대상)의 생성 원리에 대한 여러 견해의 검토. 수가 하나와 많음으로부터 생성된다는 주장, 크기가 하나와 많음으로부터 생성된다는 주장 등의 비판. 에이도스적인 수에 대한 비판의 총괄. 다시 이데아론에 대해서. 이데아 논자는 결국, 이데아를 보편적인 동시에 개별적인 것이라고 보는 사람들이다.

더 나아가 수와 수 사이에는 접촉이 없고, 단지 단위와 단위가 서로 이어지는 관계, 즉 그 중간에는 아무것도 존재하지 않는 단위와 단위가(예를 들어 2

안의 단위와 3 안의 단위가) 서로 이어지는 관계에 있을 뿐이므로, 여기에 과연 이들(2와 3)이 1 자체에 이어지는 것인가 아닌가, 또 과연 이것에 이어지는 존재들 중에는 2가 먼저인가, 아니면 2 안에 있는 두 단위의 어느 쪽이 먼저인가 하는 어려운 문제도 제기될 것이다.

또 ⑷마찬가지 어려운 문제는, 수보다 뒤의 여러 유(類)(기하학적 여러 대상), 예를 들어 선·면·물체(입체) 등에 대해서도 생긴다. ⑴어떤 사람들은 이들을 '큰 것과 작은 것'의 여러 종(種)으로부터 생성하고 있다. 예를 들어 길이(즉 선)를 길고 짧은 것으로부터 생성시키고, 면을 넓거나 좁은 것에서 생성시키며, 부피를 깊고 얕은 것으로부터 생성시킨다(이들 길고 짧음, 넓고 좁음, 길고 얕음은 큰 것과 작은 것의 종이므로). 그러나 이와 같은 사물(즉 기하학적 여러 대상들)의 저 1(유)에 상응하는 원리에 대해서는, 서로 다른 사람들이 서로 다른 주장을 내세운다. 그리고 이들 여러 주장 가운데에도, 분명히 불가능한 것이나 조작된 것이나, 또는 마땅한 이치에 어긋나는 것이 수없이 많다.

아마도 ⒜이 기하학적 여러 대상들은, 만약 이들 저마다의 원리가 서로 다른 원리를 포용하기에, 예를 들어 넓고 좁음이 길고 짧음이기도 한 관계에 있지 않은 경우에는 서로 다른 원리로부터 해방되게 되기 때문이다(그러나 만약 서로 포용하는 관계에 있다면 면이 어떤 선이기도 하고, 입체가 어떤 면이기도 하는 것이 된다. 또 각이나 도형, 그 밖에 대해서는 어떻게 설명을 하겠는가?). 또 ⒝여기에서도 수에 대한 경우와 같은 (불가능한) 결과가 생긴다. 왜냐하면 이들(길고 짧음 등)은 크기의 양태일 뿐, 여기에서 크기가 구성되는 것은 아니기 때문이다. 바꾸어 말하면 이들이 크기의 질료가 아니기 때문이다. 그리고 이것은 마치 길이(선)가 곧거나 구부러진 것으로 구성되지는 않고, 입체가 매끈하거나 거친 것으로 구성되지 않는 것과 마찬가지이다.

[이 주장들 모두의 공통점은, 유(類)와 종(種)으로서 종의 경우에 생기는 어려운 문제이다. 즉 누군가가 보편적인 존재를 조정(措定)할 경우, 과연 동물 자체가 어떤(특정한 종의) 동물 안에 존재하는가, 그렇지 않고 동물 자체와는 다른 그 무엇인가라는 문제이다. 이 경우 만약에 누군가가 그 특정한 동물로부터 떨어져서 존재한다고 조정하지만 않으면, 이것은 아무런 문제가 안 된다. 그러나 그와 같은 주장을 하는 사람들의 말처럼, 저 1이나 여러 수가 떨어져서 존재하는 것이라고 하면 해결은 쉽지 않다. 여기에서 '쉽지 않다'는 말은 '불가

능한 일이다'라는 의미로 보아야 한다. 누군가가 2 속에 있는 1을 생각하거나, 또는 일반적인 수 안에 있는 1을 생각할 경우, 과연 그는 어떤 존재 자체를 생각할까, 아니면 어떤 또 다른 존재를 생각할까?]

어떤 사람들은 크기를 그와 같은 질료(길고 짧음 등)로부터 생성시키고 있는데, (2)어떤 다른 사람들은 크기를 점과 어떤 다른 질료에서 생성시키고 있다[단 이 사람들의 견해로는, 점은 1과 다르지만 1과 비슷한 것이고, 또 그 질료라고 하는 것도 많음과 비슷하지만 많은 것은 아니라고 한다]. 그러나 이들에 대해서도 아까의 것에 못지않게 몇 가지 마찬가지 어려운 문제가 나온다. 즉 ⓐ만일 그 질료가 하나라고 한다면, 선과 면과 입체가 같다고 해야 할 것이다

(왜냐하면 같은 구성 요소로 이루어진 것은 같고, 하나라고 해야 하기 때문이다). 하지만 ⓑ만약 질료(의 종류)가 하나보다도 많이 있다고 한다면, 즉 선에는 어떤 질료가 있고, 면에는 다른 질료가 있으며, 더 나아가 이들 말고도 입체의 질료가 따로 있다고 한다면, 이들 질료는 서로 다른 질료를 받아들이고 있거나 받아들이고 있지 않거나 그 어느 쪽이지만, 그 어느 쪽이라고 해도 같은 (불가능한) 결과가 나온다. 즉 면은 선을 포함하고 있지 '않다'는 결과가 되거나, 또는 면은 선'이다'라는 결과가 나오거나 그 어느 쪽이기 때문이다.

더 나아가서 이렇게 선이나 면 등의 종(種)들이 서로 다른 질료로 되어 있다고 한다면 [5]어떻게 해서 하나와 많음으로부터 수가 생성될 수 있는가, 이 설명도 전혀 시도되고 있지 않다. 그러나 비록 그들이 어떻게 말하든, 그들에 대해서도 저 1과 부정(不定)의 2로부터 수를 생성시킨 사람들에 대해서와 마찬가지의 곤란한 여러 결과들이 나온다. 왜냐하면 전자(선과 면 등의 질료가 저마다 다르다고 하는 사람들)는 수를 어떤 특정한 많음으로부터가 아닌 보편적으로 서술되는 많음으로부터 생성하고 있지만, 후자는 어떤 특정한 많음으로부터, 더욱이 제1의 것으로부터 생성시키고 있기 때문이다(왜냐하면 제1의 2가어떤 많음이기 때문이다). 따라서 이 양자 사이에는 거의 차별이 없다고 해도 된다. 오히려 양자에는 같은 어려운 문제가 따른다. 즉 (1)(저 두 요소를 하나로 하자면) 혼합인가 배치인가, 조화인가 생성인가 등등이 문제가 된다.

그러나 (2)무엇보다도 가장 큰 문제는, '만약에 각각의 단위가 하나라고 한다면, 이 하나의 단위는 무엇으로부터 생성되는가'이다. 왜냐하면 틀림없이 이 단위들 각각은 1 자체는 아니기 때문이다. 그렇다고 한다면 이 단위의 각각은

1 자체와 많음으로부터이든가, 또는 1 자체와 많음의 어느 부분으로부터 생성되어야 한다. 그런데 단위가 어떤 많은 것이라고 주장하는 일은 불가능하다. 왜냐하면 단위는 나눌 수 없기 때문이다. 하지만 또 단위가 많음의 어떤 부분으로부터 이루어진다고 하는 것에도 다른 많은 곤란이 생긴다. (a)그러기 위해서는 이러한 부분들 각각이 나누어질 수 없는 것이어야 할 필요가 있고, 만일 그렇지 않다면 그 부분들은 어떤 많은 것이며, 따라서 (거기에서 생기는) 단위가 나누어질 수 있게 될 것이기 때문이다. 그리고 또 구성 요소는 하나와 많음으로부터는 아닐 것이기 때이다(왜냐하면 여기에서는 각각의 단위는 많음과 하나로부터는 아니니까).

또 (b)이 학설을 주장하는 사람들이 하는 것은 다름 아니라, 단지 수를 다른 수로부터 생성하고 있을 뿐인 것이다. 왜냐하면 나눌 수 없는 것들의 많음이라고 하는 것이 (그들에 의하면) 수라고 보고 있기 때문이다. 더 나아가서 (3)이와 같은 주장에 대해서도 탐구되어야 할 것은 수가 과연 무한한가, 그렇지 않으면 유한한가, 하는 문제이다. 왜냐하면 처음에 어떤 유한한 많음도 있었고 (그렇게 그에게는 여겨졌다) 이 유한한 많음과 하나로부터의 유한한 단위들이 있었기 때문이다. 그리고 (그들에 따르면) 많음 그 자체인 어떤 많음이 있고, 그 밖에 어떤 다른 무한한 많음이 있다. 그러나 그렇다고 한다면, 많음 자체와 무한한 많음 가운데 어느 쪽 많음이 1과 함께 구성 요소가 되는 많음인가? 하지만 마찬가지로 또 (4)그들이 구성 요소로서 여러 가지 크기를 만들어 내고 있는 점(點)에 대해서도, 탐구되어야 할 문제가 있다. 왜냐하면 이것만이 하나의 유일한 점은 아니기 때문이다. 그렇다면 그 밖의 점들은 무엇으로부터 오는가? 설마, 어떤 간격과 점 그 자체로부터는 아닐 테니까. 그러나 또 이 간격에 나눌 수 없는 여러 부분들이 있듯이, 마치 많음에도 나눌 수 없는 여러 부분들이 있어서, 이들로부터 여러 단위가 구성된다는 것도 있을 수 없다. 왜냐하면 수는 나눌 수 없는 여러 단위들로부터 이루어지지만, 크기는 그렇게는 되지 않을 테니 말이다.

그런데 이런 모든 것이나, 그 밖에 이와 같은 것은, 수나 크기가 따로 떨어져서 존재할 수 없다는 것을 뚜렷이 하고 있다. 그리고 수에 대한 그 사람들의 각 설명 방식에 불일치(不一致)가 존재한다는 것은 그들이 인정하는 사태 그 자체가 진실이 아니기 때문에 그들에게 혼란을 주는 증거이다.

그런데 (1)어떤 사람들은 수학적 여러 대상들만을 감각적 사물 외에 따로 존재하는 것으로 생각하고, 또 이데아에 대해서는 거기에 있는 문제점이나 허구를 알아차려 에이도스적인 수를 내버리고 수학적인 수를 원리로 했다. 또 (2)어떤 다른 사람들은 에이도스를 동시에 또 수로 하려 했으나, 이와 같은 원리를 세운다면 어떻게 수학적인 수가 에이도스적인 수 외에 따로 존재할 수 있는가(라는 문제점)는 알아차리지 못하고, 에이도스적 수와 수학적인 수를 말로 설명함에 있어서는 같다고 여겼다. 단, 실제상으로는 수학적인 수는 무(無)가 된다(왜냐하면 그들은 수학적인 가정이 아니라 그들의 독자적인 가정을 말하고 있으니까). 그러나 (3)최초로 에이도스의 존재를 가정하고, 에이도스를 수라 하여, 수학적 여러 대상들이 존재하는 것으로 본 사람은 당연히 (수학적 여러 대상들을 에이도스로부터) 분리시켰다.

따라서 결국 이와 같은 주장은 어느 것이나 어떤 점에서는 이치에 맞지만, 전체로서는 부당하다. 그리고 그들 스스로가 서로 상반되는 주장을 함으로써 그 부당함을 확신시켜 주고 있다. 그리고 그 원인은, 그들의 가정이나 원리가 어느 것이나 거짓이라는 데에 있다. 부정(不正)을 바탕으로 해서 올바른 말을 하기는 어렵다. 에피카르모스*¹에 따르면 '그것을 말하자마자 곧 그 부정이 드러난다.'

하지만 수에 대한 여러 어려운 문제의 검토나 해결은, 이것으로 충분하다고 해두자. 왜냐하면 앞으로 더 말해 보아도 이미 이해하고 받아들이고 있는 사람은 더욱더 잘 받아들이겠지만 아직 그렇지 못한 사람을 설득시키는 데는 소용이 없기 때문이다.

그러나 (A)제1의 여러 원리들, 제1의 여러 원인들, 그리고 여러 구성 요소들에 대해서 보자면, 감각적인 실체에 대해서만 그 규정을 정한 사람들의 설명 가운데 어떤 것은 자연에 관한 여러 논문 안에서 서술되었고, 어떤 것은 당면한 연구와는 상관이 없다. 하지만 감각적인 사물 말고 어떤 다른 실체가 존재한다고 주장하는 사람들의 학설은 앞서 언급된 여러 주장들 다음에 연구되어

---

*1 Epicharmos. BC 530~440. 그리스의 희극작가. 현실적이고 비제의적인 시칠리아풍 희극을 썼다.

야 한다. 그런데 어떤 사람들은 이데아와 수가 이와 같은 실체라 말하고, 그리고 이런 것의 구성 요소가 바로 존재 사물의 구성 요소이자 원리라고 말하고 있기 때문에, 우리는 이들에 대해 그들이 무엇을 주장하고 또 어떻게 설명하는가를 검토하지 않으면 안 된다.

그런데 수만을, 더욱이 수학적인 수만을 원리라고 하는 사람들의 주장에 대해서는 다음에 검토하지 않으면 안 되지만, 이데아를 내세우는 사람들의 주장에 대해서는 그 설명 방식과 동시에 그에 대한 문제점도 연구해야 할 것이다. 왜냐하면 그들은 저마다 이데아를 보편적 존재로 삼고 있으면서 동시에 또 다시 보편성을 떠난 개별적인 존재로 삼고 있기 때문이다. 이것이 얼마나 불가능한가 하는 것은 이미 앞선 문제들을 통해 깊이 밝혀 논한 대로이다. 더욱이 이들(보편성과 따로 존재하는 개별성)이, 그 실체를 보편적인 것이라고 말한 사람들에 의해 동일한 것 안에서 결합될 수 있었던 이유는, 그들이 그 실체를 감각적 사물과 동일하다고 보지는 않았던 점에 있다. 그들은 감각계의 개별적인 사물은 유전(流轉)하고 있으며, 그 사물들의 어느 것도 동일하게 멈추는 것은 없다 생각했고, 보편적인 것은 그들 밖에서 존재하며, 그들과는 다른 어떤 것이라고 여겼다.

하긴 이와 같은 생각을 일으킨 것은, 앞서도 말한 바와 같이 바로 소크라테스이며, 그가 추구한 정의에 따른 것이다. 단, 그는 그 여러 정의를 개별적 사물로부터 분리하지는 않았다. 그리고 이 분리하지 않았던 점에서는 그의 생각이 옳았다. 이것은 그 여러 결과를 보아도 분명하다. 왜냐하면 물론 보편적인 존재 없이는 인식을 얻을 수 없지만 이를 개별적 사물로부터 분리한다면, 그것은 곤란한 여러 결과들이 이데아에 대해서 생기는 원인이 되기 때문이다. 그런데 그들(소크라테스의 후계자들)은 적어도 감각적이고 유전적인 사물 외에 어떤 실체가 존재해야 한다면, 이들 실체는 (감각적인 개별적 사물로부터) 떨어져서 존재해야 한다 생각했고, 더욱이 그들은 따로 그와 같은 실체를 가지고 있지 않았기 때문에 그처럼 (개별적 사물에 대해서) 보편적으로 서술되는 것들을 떠나서 존재하는 실체라고 했다. 그 결과 보편적인 것과 개별적인 것이, 거의 같은 본성의 실재가 될 수밖에 없었다. 그러나 이것 자체가, 위에서 말한 견해가 갖는 곤란한 점의 하나가 된다.

제10장

　이데아를 말하는 사람들이나 이데아를 말하지 않는 사람들에게 존재하는 어떤 어려움, 즉 처음으로 여러 문제들을 지적한 데에서도 언급된 어려움에 대해서 우리는 이제부터 논하기로 한다. 왜냐하면 (이 어려운 문제란) 만약에 누군가가 실체를 떠나서 존재한다고 상정하지 않는다면, 더욱이 개개의 존재 사물이 그렇게 말한 것 같은 방식으로 (따로 떨어져 독립해서) 존재한다고 상정하지 않는다면 우리가 말하는 의미에서의 실체는 무(無)로 돌아가고 말기 때문이다. 그러나 만약에 누군가가 실체를 떠나서 존재한다고 상정한다면, 그들은 어떻게 이 실체들을 이루는 여러 요소들과 여러 원리들을 생각해 낼 것인가? (이러한 어려운 문제가 있다.)

　그래서 (1)만약에 이 실체들이 개별적인 것으로, 보편적인 것이 아니라면, (a) 존재하는 여러 사물들은 구성하는 여러 요소가 있는 수만큼 있게 되고, (b)모든 구성 요소들은 인식할 수 없게 될 것이다. (a)이를테면 언어에 있어서의 어절(語節) 각각을 실체라고 하고, 어절을 이루는 자모들(예를 들어 a와 β)을 실체의 구성 요소라고 한다면, 어절 βa는 오로지 하나만 있고 그 밖의 어절도 저마다 단 하나일 뿐이라는 말이 되기 때문이다. 적어도 어절의 각각이 보편적이지 않고 종(種)에서가 아니라 저마다 그 수에서 하나이며, 다른 의미를 가진 같은 말이 아니라 '이렇다' 하는 특정한 것이 되어 있는 이상은 말이다. [뿐만 아니라 그들(이데아를 말하는 사람들)은 사물이 그야말로 그것이라고 하는 그 자체를 저마다 오직 하나(유일)라고 상정하기 때문이다.]

　그리고 만약에 각 어절이 저마다 하나라고 한다면, 마찬가지로 각 어절을 이루는 자음과 모음들도 저마다 그러할 것이다. 그렇다면 하나보다 많은 a들은 존재할 수 없고, 그 밖의 자음과 모음들도 각 어절이 서로 다른 어절과 달리 하나보다 많이 존재하지는 않는다는 같은 논리로, 저마다 하나보다 많이는 존재할 수가 없을 것이다. 그러나 만약에 이대로라면 구성 요소 말고는 다른 어떤 존재 사물도 없고, 존재하는 사물들은 단지 이들의 구성 요소들뿐이라고 하는 (불합리한) 결과가 된다. 또 (b)구성 요소들은 인식될 수 없게 될 것이다. 왜냐하면 구성 요소들은 (지금 여기에서는) 보편적인 것이 아닌데, 인식은 보편적인 것에 대한 것이기 때문이다. 그리고 이것은 여러 논증이나 여러 정의들에서 보아도 분명하다. 왜냐하면 예를 들어 '이' 삼각형의 내각(內角)의 합이 두 직각이라는 것은 '모든' 삼각형의 내각의 합이 두 직각이라는 사실 없이는 추리할 수 없고, 이 인간이 동물이라고 하는 추리도 모든 인간이 동물이라고 하는 사실 없이는 성립할 수 없기 때문이다.

하지만 (2)만약에 이러한 여러 원리(또는 구성 요소)들을 보편적인 것이라고 한다면, 이 구성 요소들로부터 구성되는 실체도 보편적이 되든가, 아니면 실체가 아닌 것이 실체보다 먼저라고 하는 (불합리한) 일이 되든가 그 어느 쪽이다. 왜냐하면 보편적인 것은 실체가 아니며, 구성 요소 또는 원리가 보편적인 것이고, 그리고 구성 요소 또는 원리 쪽이 이것을 그 구성 요소로 하고 또는 원리로 하는 사물보다 먼저이기 때문이다.

그런데 이런 모든 곤란한 결과는 그들이 구성 요소들로부터 여러 이데아를 만들어 냄과 동시에, 그와 같은 형상을 갖는 여러 실체와는 따로, 이데아들을 어떤 유일하고 분리되어 있는 존재라고 주장할 때에는 언제라도 마땅히 생기게 된다. 그러나 ⓐ만약에 예를 들어 언어의 구성 요소들(즉 자음과 모음들)의 경우가 그러하듯이, 'α'나 'β'가 수많이 있어도 지장이 없고, 반드시 'α 그 자체'나 'β 그 자체'가 수많은 그들과는 따로 존재하지 않아도 좋다고 한다면, 적어도 이 경우에 한해서는 같은 유(類)의 어절들은 또한 무한히 많이 존재하게 된다. 그렇지만 ⓑ인식은 보편적이라는 사실, 따라서 존재하는 여러 사물들의 여러 원리도 필연적으로 보편적이지 않으면 안 되고, 떨어져서 (따로따로) 존재하는 여러 실체여서는 안 된다는 사실, 여기에도 분명히 위에서 말한 여러 문제들 중에서 가장 중대한 문제가 포함되어 있다. 그런데 이와 같은 말은 어떤 의미에서는 참이지만, 어떤 의미에서는 참이 아니다. 왜냐하면 '인식'이라는 것에도 '인식한다'고 할 적에 그러하듯이 두 가지 경우, 즉 가능태에서의 인식과 현실태에서의 인식이 있기 때문이다.

그런데 가능태는 질료로서 그 자체가 보편적이고 무규정적임과 동시에 보편적이거나 무규정적인 것에 대한 것이지만, 현실태는 그 자체가 규정된 존재인 동시에 규정된 존재에 대한 것이고, 그 자체가 '이것'이라고 하는 어떤 특정한 사물임과 동시에 '이것'인 어떤 특정한 사물에 대한 것이다. 단 부대적으로는 시력(의 현실태)도 보편적인 색을 보고 있다는 의미는, 그것이 보는 색은 이러이러한 특정한 색이지만 '이' 색도 하나의 색(보편적인 색의 하나)이기 때문이다. 그와 같이 또 문법 공부를 하는 사람이 실제로 공부하는 것은, '이' 특정한 α

에 대해서이지만, '이' a도 어떤 a(보편적인 a의 하나)이기 때문이다. 원리가 필연적으로 보편적일 경우에는, 예를 들어 논증에서도 그러하듯이 이 원리에서 나오는 실체도 필연적으로 보편적인 것이다. 그리고 만약에 이대로라고 한다면 떨어져서 (개별적으로) 존재하는 그 어떤 원리도, 따라서 그 어떤 실체도 존재하지 않을 것이다. 그러나 분명한 인식은, 어떤 의미에서는(즉 그 가능태에 있어서는) 보편적인 것에 대한 인식이지만, 어떤 의미에서는 그렇지가 않다.

$N^{\bar{\tau}}$[제14권]

제1장
원리는 반대적 대립일 수 없다는 것. 플라톤학파는 그 원리를 반대적 대립으로 하여, 그 한쪽을 질료[부정(不定)한 2]라고 했다. 이 학설의 여러 형태. 하나와 많음의 대립에 의한 수 원리의 해명.

(B)이와 같은 종류의 (부동한) 실체에 대해서는, 이것으로 모두 언급된 것으로 해 두자. 그런데 그 사람들은 모두 그 원리를, 마치 자연적 사물에 있어서처럼, 부동의 실체에 대해서도 마찬가지로 반대되는 것이라 여긴다. 그러나 모든 사물의 원리보다 앞서는 것이 아무것도 존재할 수 없다고 한다면, 그 원리가 다른 어떤 것의 속성이면서도 원리라고 하는 것은—예를 들어 누군가가 하양을, 다른 그 어떤 것으로서가 아닌 하양으로서의 하양을 원리라고 말하면서, 이것을 다른 어떤 기체(주어)에 대한 속성(술어)으로서, 이 다른 어떤 존재를 하얗다고 말하는 것과 같은 일은—불가능하다. 왜냐하면 (만약에 이렇게 말할 수 있다고 한다면) 이 다른 어떤 것 쪽이 원리보다도 먼저가 되기 때문이다. 그러나 실은 일반적으로 사물이 반대되는 것들로부터 생성된다고 한다면, 그 것은 모두 어떤 기체이기 때문이다. 따라서 무엇인가에 기체가 있다고 한다면, 그것은 주로 반대되는 것들에 있어야 한다. 그렇기 때문에 언제나 모든 반대되는 것들은 어떤 기체의 속성이고, 어느 것이나 그 기체를 떠나서 존재할 수 있는 것일 수는 없다. 이에 반해 실체에 대해서는 그 어떤 반대되는 것도 존재하지 않는다는 사실은, 현상적인 사실이 분명히 나타내듯이, 이론도 이를 밝히고 있다. 따라서 어떠한 모든 반대되는 것들도, 모든 사물의 참다운 의미에서의 원리가 아니라 다른 것이 원리이다.

그런데 이들은 반대되는 것들 가운데 한쪽을 질료로 하고 있고, 그 가운데 어떤 사람들(플라톤 등)은 많음의 실재적 본성으로서의 부등(不等)을 1에 대한 질료로 하고 있으며, 다른 어떤 사람들(스페우시포스 등)은 많음을 1에 대한 질료로 하고 있다(즉 어떤 사람들은 여러 수는 부등의 2'에서', 즉 큰 것과 작은 것 '으로부터' 생성된다고, 다른 사람들은, 많음'에서' 생성된다고 보는데, 그러나 양자 모두 1의 실체'에 의해서' 생성된다 보고 있다). 왜냐하면 부등과 1을 구성 요소, 부등을 큰 것과 작은 것으로 이루어진 2라고 말하는 사람도, 부등 또는 큰 것과 작은 것을 하나로서 말하고 있고, 이들을 설명 방식에서는 하나이지만 수에 있어서는 그렇지가 않다는 차별은 명확히 되어 있지 않기 때문이다. 뿐만 아니라 그들은, 구성 요소라고 부르는 원리조차도 올바르게 규정하고 있지 않다. 즉 ⓐ그들 중 어떤 사람들은 큰 것과 작은 것 1과 함께 들어, 이들 세 가지가 수의 구성 요소이며, 이들 가운데 두 가지는 그 질료이고, 하나는 그 형식이라 말하고 있고, ⓑ어떤 사람들은 큰 것과 작은 것은 그 본디 성격상 수라고 하느니보다는 오히려 크기의 구성 요소에 어울린다는 이유로 많음과 적음을 들고 있으며, 또 ⓒ어떤 사람들은 오히려 이들(큰 것과 작은 것, 많은 것과 적은 것)에 공통되는 보편적인 것이, 즉 초과한 것과 초과당한 것이 수의 원리라 하고 있다. 그러나 이 여러 주장들 사이에는, 거기에서 나오는 결과에 대해서는 아무런 차이가 없다고 해도 좋다. 다만 논리적인 문제점에 대해서만 (마지막 사람들의 주장이 다른 사람들의 주장과) 차이가 있다. 그리고 이 문제점을 그들(마지막 사람들)은 스스로 논리적인 논증을 행함으로써 피하려 애쓰고 있다. 단 이 사람들이 하고 있는 것처럼, 초과하는 것과 초과당하는 것이 원리이지 큰 것과 작은 것이 원리가 아니라고 해도, 그렇게 하는 그 같은 논리에서 수 쪽이 2보다도 먼저 그 구성 요소로부터 생긴다는 결론이 나온다. 왜냐하면 양자 쪽이(즉 초과하는 것과 초과되는 것 쪽이 큰 것과 작은 것보다도, 또 그와 같이 수 쪽이 2보다도) 한결 더 보편적이기 때문이다. 더욱이 실제로는, 이 사람들은 둘 가운데 한쪽에 대해서는 그렇게 말하면서 다른 한쪽에 대해서는 그렇다고는 말하지 않다. 또 ⓓ어떤 사람들은 다름(異)과 다른 것(他)을 하나(一)에 대립시키고, ⓔ어떤 사람들은 많은 것을 하나에 대립시키고 있다. 그러나 만약에 그들이 바라는 대로 여러 존재들이 반대되는 것으로부터 인식되고, 하나에 대해서는 반대되는 것이 아무것도 없거나, 만일 있다고 할 때 그것이 많음이라고 한다면, 그리고 부등(不等)은 등(等)에 대해서, 이(異)는 동(同)에 대해서, 타(他)는 자(自)에 대해서 반대되는 것이라고 한다면, 가장 알맞은 방법은 하나를 많음에 대립하는 사람들의 견해라고 해야 할 것이다. 하지만 이 사람들도 충분치가 않다. 왜냐하면 (그들의 주장에 따르면) 하나가 적은 것이 될 테니까. 많은 것은 적은 것에 '대립되고', 많은 것은 적은 것에 '대립되어 있기' 때문이다.

그러나 (1)1이 척도를 뜻한다는 사실은 틀림없다. 그리고 그 어떤 사물의 경우에도 저마다 다른 어떤 특정한 척도가 그 바탕에 놓여 있다. 예를 들어 음계에는 4분음이, 크기에는 손가락 또는 발 또는 그와 같은 무엇인가가, 운율(韻律)에는 박자 또는 음절이, 마찬가지로 무게에는 어떤 규정된 추(錘)가 있다. 그리고 모든 경우에 이와 마찬가지 방법으로, 즉 성질의 경우에는 어떤 일정한 성질이, 양의 경우에는 어느 일정한 양이(그리고 그 척도는 성질의 경우에는 그 종에 있어서 나누어질 수 없으며 양의 경우에는 감각에 대해서 나누어질 수 없다), 그리고 이 1이 1 그 자체로는 어떤 사물의 실체도 아님을 나타내고 있다. 여기에는 정당한 이유가 있다. 왜냐하면 1은 어떤 많은 것을 재는 척도(단위)를 의미하고, 수는 (이 척도로) 측정된 많은 것, 또는 그 척도(단위)들의 많음을 의미하기 때문이다[이런 의미에서 1이 수가 아니라는 것은 당연하다. 왜냐하면 척도는 척도들이라기보다, 오히려 척도도 1도 원리(재는 출발점)이기 때문이다]. 척도는 늘 측정되는 모든 사물에 적용할 수 있는 어떤 자기 동일적인 것이지 않으면 안 된다. 예를 들어 그러한 사물이 말(馬)이라면 그 척도는 '말'이고, 인간이라면 척도는 '인간'이다. 그리고 만약에 그러한 사물이 인간과 말과 신이라고 한다면, 이들의 척도는 아마도 '생물'일 것이다. 또 이들의 수는 이 세 생물의 많음, 즉 3일 것이다. 그러나 그러한 사물들이 인간과 흰 것과 보행자일 경우에는, 이 사물들 모두가 수적으로 하나인 같은 것에 속하기 때문에 이들에게는 거의 수는 존재하지 않는다. 또는 존재한다고 해도 이 수는 이 유(類)의 수, 또는 그와 같은 (다른 호칭을 갖는) 그 무엇인가의 수일 것이다.

하지만 (2)부등을 어떤 하나라 하고, 2를 큰 것과 작은 것으로 이루어진 부정한 어떤 것이라고 하는 사람들은, 우리의 생각이 닿는 일이나 가능한 일로부터 동떨어진 이야기를 하는 사람들이다. 마치 ⓐ이들은 수 또는 크기의―즉 많음과 적음은 수의, 또는 큼과 작음은 크기의―기체가 아니라 어떤 양태이자 부대적 속성이고, 마치 홀수와 짝수, 미끄러움과 거칠음, 곧음과 굽음이 그러하듯이. 이 오류에 더하여 ⓑ대부분 큰 것과 작은 것, 그 밖의 이와 같은 것들은 관계적이어야 한다. 그런데 관계적인 것은, 모든 사물들 중에서도 어떤 실재 또는 실체인 경우가 가장 적은 것이고, 성질이나 양보다도 나중의 것이다. 그리고 관계적인 것은 이미 말한 바와 같이, 양의 어떤 양태이지 질료는 아니다. 오히려 다른 무엇인가가, 일반적으로 공통된 관계적인 것에 대해서나, 또는 이 관계적인 것의 부분이나 종(種)에 대해서나 저마다 질료가 되어 있다. 왜냐하면 그 어떤 것도, 거기에 어떤 다른 것이 (기체로서, 질료로서) 존재하고 있고, 이 어떤 것이 많음 또는 적음이거나, 많거나 적고 크거나 작고 그 밖에 그와 같은 관계적인 것이 아니고서는, 많거나 적은 것도 크거나 작은 것도 그 밖에 일반적으로 그 어떤 관계적인 것도 있을 수가 없기 때문이다. 그리고 관계적인 것이, 모든 사물 가운데 어떤 실체이자 어떤 존재가 되는 일이 가장 적다는 하나의 증거는, 단지 관계에 있어서만의 그것에 특유한 생성이나 소멸 또는 운동이 존재하지 않는다는 사실이다. 즉 양에 대해서는 증대와 감소가 있고, 성질에 대해서는 변화가 있으며, 장소에 대해서는 이동이 있고, 실체에 대해서는 단적인 생성과 소멸이 있는데, 이들에 상응하는 생성이나 소멸이나 운동이 (상호) 관계에 대해서는 존재하지 않는다. 그 까닭은, 관계적인 것은 어떤 다른 것(기본, 질료)이 양에 대해서 운동하는(늘어나거나 또는 줄어드는) 경우에, (관계적인 것으로서는) 운동하는 일 없이 때에 따라서는 보다 더 크고, 때로는 보다 작으며, 때로는 똑같기 때문이다. 또 (c)각 사물의 질료는, 따라서 그 실체도 그 가능태에서는 이와 같이 되어야 한다. 그러나 이 관계적인 것은 그 가능태에서나 현실태에서도 실체는 아니다. 그러므로 실체가 아닌 것을 어떤 실체의 구성 요소로 하거나, 실체보다도 앞선 것으로 한다는 것은 불합리한 일이다. 또는 오히려 불가능한 일이다. 왜냐하면 실체 이외의 술어 형태는 (관계되는 존재들은 물론이고) 모두 실체보다도 나중의 것이기 때문이다. 그러나 더 나아가서 (d)어떤 사물의 구성 요소는 그것을 그 구성 요소로 하는 그 어떤 것에 대한 술어일 수는 없다. 그런데 많음과 적음은 따로따로이든 함께이든 수의 술어이고, 길고 짧음은 선의 술어이며, 면(面)은 넓음일 수도 좁음일 수도 있다. 그런데 만일 어떤 수가 있어서, 그 수에 대해서는 늘 단 하나의 술어 '적음'만이 주어진다면, 즉 2가 그것이라고 한다면[왜냐하면 만약에 2가 (적은 게 아니라) 많다고 한다면 1이 적은 것이 되기 때문인데], 또한 단적으로 (단지 그것만이) 많은 어떤 일정량이 있지 않으면 안 된다. 예를 들어 10이 (단적으로) 많은 것 (10보다 많은 수는 없다고 생각하고서의 이야기이지만), 또는 1만이 많은 것이 될 것이다. 그러나 그렇게 되면 어째서 수가 동시에 적은 것과 많은 것으로부터일 수가 있을까? 왜냐하면 적은 것과 많은 것은 모두 수의 술어이든가, 또는 그 어느 쪽도 수의 술어가 아니든가 해야 하는데, 지금 여기에서는 단지 그 어느 한쪽만이 술어이기 때문이다.

제2장

영원한 실체는 구성 요소로 이루어지지 않는다는 것. 플라톤의 임무는 파르메니데스가 존재의 유일성을 주창한 데 반해서, 그 존재는 사실상 다수성(多數性)임을 설명하는 데에 있었으나, 1과 부정의 2로는 그 설명을 할 수 없었다. 에이도스적인 수도 수학적인 수도 떨어져서 존재하는 실체일 수는 없다는 주장에 대해서.

그러나 (3)일반적으로 우리가 검토하지 않으면 안 되는 일은, 도대체 영원한 사물이 구성 요소로부터 합성되는 일이 가능한가, 그렇지 않은가 하는 문제이다. 왜냐하면 (만약에 이것이 가능하다면) 영원한 사물이 질료를 가지고 있다는 말이 되기 때문이다. 구성 요소로 이루어진 것은 복합체(질료와 형상의 결합체)이니까 말이다. 그런데 무엇인가로부터 구성되어 존재하는 사물은 비록 그 사물이 늘(영원히) 존재한다 해도 그것이 언젠가 생성된 사물인 한, 반드시 이 무엇인가로부터 생성되어야 하는 것이고, 대부분 사물이 생성되는 것은 그 사물 됨이 가능한 어떤 가능적인 존재로부터이며[왜냐하면 그 사물의 생성 재료로서 불가능한 것으로부터는 아무것도 생성되지 않을 테고 또 (그것이 구성되어) 존재하지도 않을 것이기 때문이다], 더욱이 무엇인가로 생성될 가능성이 있는 물질 재료는 현실적으로 그것이 무엇인가로서 존재할 수도 있지만 그렇지 않는 경우도 있으므로, 따라서 비록 수가, 또는 질료를 갖는 다른 그 무엇인가가 제아무리 늘 존재하는 것이라 해도 이들까지도 존재하지 않는 일이 있을 수 있는 셈이다. 그것은 마치 고작 하루의 수명밖에 가지지 않는 생물이나 몇 년의 수명을 갖는 생물이나, 다 같이 존재하지 않을 수도 있는 것과 같다. 그렇다고 한다면 한없는 시간을 통해서 존속할 수 있는 것 또한 그와 마찬가지이다. 그렇기 때문에 (이러한 가능적 존재는) 영원한 존재는 아닐 것이다. 만약에 (다른 논문에서도 가끔 논한 바와 같이) 존재하지 않는 일도 있을 수 있는 존재는 영원한 존재가 아니라고 해야 한다면, 그래서 오늘 우리가 하는 말이, 즉 어떠한 실체도 현실적으로 존재하는 것이 아니라면 영원한 실체가 아니라는 말이 만약에 일반적으로 참이라면, 그리고 구성 요소는 실체의 질료라고 한다면 어떠한 영원적인 실체에도 이를 구성하고 여기에 내재하는 요소(내재적 구성 요소)는 없을 것이다.

어떤 사람들은 부정(不定)한 2를 1과 함께 작용하는 구성 요소로 들기는 하지만, 부등(不等)한 요소들(큰 것과 작은 것 등의 관계적 요소들)에 대해서는 이들을 구성 요소로 삼는 데에서 생기는 불가능(불합리)한 여러 결과들 때문에, 정당하게도 이를 비난하고 거부하며 물리치고 있다. 그러나 이 사람들도, 다만 부등한 요소 또는 일반적으로 관계적인 것을 구성 요소로 하기 때문에 이것을 주장하는 사람들에게 필연적으로 생기는 곤란한 여러 결과로부터 자유롭다는 것일 뿐, 이 견해에서 생기는 것과 다른 곤란은 필연적으로 이들에게도 포함된다. 비록 그들이 그것들(1과 부정의 2)로부터 에이도스적인 수를 만들어 내든, 수학적 수를 만들어 내든 그러하다.

그런데 그들을 유도해서 이런 곤란한 여러 결과를 일으키는 원인자로 만든 원인들은 수많이 있으나, 그 원인은 주로 그들이 낡은 방식으로 어려운 문제를 낸 데에 있다. 즉 그들에게는 만약에 누군가가 저 파르메니데스의 말, "왜냐하면 '있는 존재를 없다고 하는 것', 이것은 어떻게 해서도 증명되지 않기 때문이다"를 논리적으로 파헤치지 않고 이에 보조를 맞춘다면 모든 '있는 것(존재)'이 하나이며, 이 하나[─]가 바로 존재 자체가 된다고 여겨져, 따라서 오히려 '있지 않는 것(비존재)'이 '있다'고 하는 명제를 증명해 보여야 할 필요가 있다고 생각되었다. 왜냐하면 이렇게 함으로써, 즉 존재와 다른 어떤 것(비존재)으로부터 여러 존재들이─많이 있다면 많은 그것들이─'있다'는 것이 되리라 여겨졌기 때문이다.

그러나 (1)먼저 만약에 '존재'라는 말에 많은 뜻이 있다고 한다면(즉 어떤 경우에는 '실체'를 뜻하고, 어떤 경우에는 '성질'을, 어떤 경우에는 '양'을, 그 밖에 그러한 술어의 여러 형태를 의미하지만), 그리고 비존재는 존재하지 않는다고 한다면 도대체 어떤 뜻으로 모든 존재들이 하나라고 하는가? 그것은 여러 실체가 하나라는 뜻인가, 또는 여러 속성들이나 그 밖의 술어 여러 형태들도 마찬가지로 하나라는 것인가, 그렇지 않으면 이들 모두가 하나라는 말인가? 따라서 '이것'도 '이와 같은 성질'도 '이만한 양'도, 그 밖에 무엇인가 하나라는 것을 의미하는 것은 모두 하나가 되는가? 하지만 존재의 어떤 부분은 '이것'이고 어떤 부분은 '이와 같은 성질'이며, 어떤 부분은 '이만한 양'이고 어떤 부분은 '이러이러한 장소'이다—라는 결과를 가져오는 원인으로서 어떤 하나의 실재(즉 비존재)를 들고나온다면, 그것은 불합리하다. 뿐만 아니라 오히려 불가능한 일이다.

다음에 (2)어떤 뜻으로서 비존재(있지 않는 것)와 존재로부터 여러 존재가 생긴다고 하는가? 왜냐하면 '비존재'라고 하는 것에도, '존재'와 마찬가지로 많은 뜻이 있을 것이기 때문이다. 예를 들어 '인간이 아닌 어떤 존재'란 이러이러한 실체가 아닌 것, '곧지 않은 것'은 이와 같은 성질이 아닌 것, '3큐빗이 아닌 것'은 이만한 양이 아님을 뜻한다. 그래서 여러 존재가 많다고 하는 것은 어떤 뜻에서 어떠한 존재와 비존재로부터라고 하는가? 그가 말하는 뜻으로는 '비존재'란 거짓이고, 그와 같은 (거짓 성격의) 실재로, 이 허위와 존재로부터 여러 존재들이 많다는 것이 된다. 그렇기 때문에 그는 또 무엇인가 허위라는 것이 가정되지 않으면 안 된다. 마치 '기하학자들이 한 자가 안 되는 길이를 한 자라고 가정해서 추리하듯이'라고도 말한 것이다. 그러나 사태는 그와 같을 수가 없다. 왜냐하면 기하학자들은 조금도 허위를 가정하지 않고(왜냐하면 그와 같은 전제는 추리 과정 자체와는 무관하기 때문이지만), 또 (사실상의) 여러 존재도 이와 같은 의미에서의 비존재로부터는 생성되지 않으며, 게다가 소멸되지도 않으니까 말이다. 하지만 실은 그렇지 않으며, 비존재라는 것에도, 그 여러 양상에 있어서는 여러 술어 형태들의 수만큼 많은 뜻이 있고, 더 나아가 그 밖에도 허위로서의 비존재가 있고, 또 가능태에 있어서의 존재도 (현실적으로는) 비존재이기 때문에, 여러 존재의 생성은 바로 이런 뜻에서의 비존재(즉 가능태에 있어서의 존재)로부터 나올 수 있다. 예를 들어 인간은 (현실적으로는) 인간이 아닌 것으로부터, 그러나 가능적으로는 인간인 것으로부터 생성되는 것이고, 하얀 색은 하양이 아닌 무엇인가로부터, 하지만 가능적으로는 하양인 것으로부터 생성된다. 그리고 이것은, 거기에서 생성되는 존재가 하나이건 많건 마찬가지이다.

그러나 문제는 '어떻게 해서 실체적 의미로서의 존재가 많은가'에 있다는 것은 분명하다. 왜냐하면 거기에서 생성되고 있는 것은 여러 수이며 선이며 물체이기 때문이다. 하지만 무엇인가(본질, 실체)로서의 존재에 대해서는 이것이 어째서 많은가를 추구하면서, 성질로서의 존재나 양으로서의 존재에 대해서는 이를 좇지 않는다는 것은 불합리하다. 왜냐하면 분명히 저 부정한 2는, 즉 큰 것과 작은 것은 무엇 때문에 흰색이 두 개 있고, 또 무엇 때문에 색이나 향기나 모양이 많이 있는가에 대한 원인일 수는 없기 때문이다. (만약에 그것들이 이들 원인이었다면) 이들 또한 수나 단위에 지나지 않았을 테니 말이다. 그러나 만일 그들이 이들[실체(주어) 이외의 술어의 여러 형태]의 경우도 파고들어 문제로 삼고 있었더라면, 그들은 또한 그것들(여러 실체들)에서 대해서도 그(그것이 많은 까닭의) 원인(보편성 또는 공통성)을 발견할 수 있었을 것이다. 왜냐하면 그것들의 경우에도 이것들의 경우에도 마찬가지인 것, 또는 그것과 유비적으로 같은 것이 그러한 (실체의) 원인(질료로서의 원인)이기 때문이다. 그렇지만 바로 그들의 이러한 일탈이야말로, 그들이 존재와 하나에 대립되는 무엇인가를 구하여, 이것과 그것들로부터 여러 존재를 생성시키기 위해서 어떤 관계적인 것을, 특히 저 부등한 것을 가정한 까닭이다. 더욱이 부등한 요소는 실은 존재와 1에 반대적으로 대립하는 요소도 아니고 모순적으로 대립하는 요소도 아니며, 실체로서의 존재나 성질로서의 존재 등이 그러하듯이 여러 존재들 가운데 어떤 하나의 실재인데도 말이다.

또 그들은 어째서 관계적인 것이 '하나가 아니라 많은가'에 대해서도 추구했어야 했다. 그러나 실제로는 저 제1의 1(일 그 자체) 외에 어째서 많은 단위들이 있는가를 추구할 뿐, 저 부등(不等) 자체 외에 어째서 많은 부등한 요소들이 있는가는 전혀 문제시하지 않고 있다. 그럼에도 그들은 이 부등한 요소들을 사용하고 있으며, 그리고 큰 것과 작은 것, 많은 것과 적은 것(여기에서 수가 생긴다), 긴 것과 짧은 것(여기에서 길이, 곧 선이 생긴다), 넓은 것과 좁은 것(여기에서 면이 생긴다), 깊은 것과 얕은 것(여기에서 입체가 생긴다)을 말하고 있다. 뿐만 아니라 그들은 관계적 요소들의 더 많은 종(種)에 대해서도 이야기하고 있다. 그렇다면 이 관계적인 요소들에 대해서도, 이들이 많다고 하는 원인은 무엇인가?

그래서 필요한 것은 앞서도 우리가 말한 바와 같이, 이들 저마다에 대해서 가능태의 존재를 가정하는 일이다. 그런데 이것을 말하는 사람은, 덧붙여 말해서 가능적으로는 '이것'이고 실체이지만, 그 자체에 있어서는 비존재인 요소들이 무엇인가를 뚜렷이 하여, 그것을 관계적인 요소라 하고, 그리고 그것을 (마치 성질적인 요소에 대해 이야기하듯이) 가능적으로는 하나[―]도 존재도 아닌, 또 하나나 존재의 부정도 아닌, 그러면서도 여러 존재 가운데 하나라고 하고 있다. 그러나 한결 더 필요한 것은 앞서 말한 바와 같이, 적어도 그가 어째서 여러 존재가 많은가를 추구한 이상, 어째서 실체로서의 존재가 많은가, 어째서 성질로서의 존재가 많은가 하는 식으로, 동일한 술어 형태들 안에 있는 존재에 대해서 탐구하는 일이 아니라, 일반적으로 이러한 여러 존재들이 어떻게 해서 이와 같이 많은가를 추구하는 일이었다. 왜냐하면 이러한 여러 존재들 가운데 어떤 것은 실체이고 어떤 존재는 속성(성질이나 양 등)이며 어떤 것은 관계이기 때문이다. 그런데 실체 이외의 술어로서의 여러 형태들 경우에는, 어째서 이들 여러 존재가 많음인가 하는 문제에 대해서는 더 주의해야 할 어떤 다른 어려움이 있다. 왜냐하면 (실체 또는 기체로부터) 떨어져서는 존재하지 않는 술어들이라는 이유로, 성질로서의 존재나 양으로서의 존재는, 각 기체가 많은 것이 되고, 이에 따라서 저마다 많은 것이기 때문이다. 즉 저마다의 유(類)(술어 형태)에는 저마다 어떤 질료가 존재해야 하는데, 그러나 이 질료는 각각의 실재로부터 떨어져서 존재할 수는 없기 때문이다. 하지만 '이것'이라고 하는 여러 실체들의 경우, '이것'인 실체가 어떻게 해서 많은 것인가에 대해서는, 단지 어떤 것을 '이것'(개별적)인 실체로 이해함과 동시에 이와 같은(유적, 보편적인) 어떤 실재로 이해하지 않는다면 그 어떤 합리적인 설명도 가능하다. 그러나 그보다는 오히려 이 실체에 대한 경우 (그들에게) 어려운 문제가 되는 것은, 어떻게 해서 현실적으로 존재하는 실체가 하나가 아니라 많은가 하는 문제이다.

하지만 또 만약에 실체로서의 존재와 양으로서의 존재가 같지 않다고 하면, 또 무슨 까닭으로 이들 여러 존재들이 많아지는가? 이것도 (그들의 원리로부터는) 설명되지 않고, 다만 어째서 양으로서의 존재가 많은가만이 설명될 뿐이다. 왜냐하면 수는 어느 수이든 어떤 양을 의미하고, 단위도 척도로서의 양, 또는 양적으로 나눌 수 없는 것으로서의 양만을 설명할 뿐이기 때문이다. 그런데 이와 같이 만약에 실체로서의 존재와 양으로서의 존재가 다르다고 한다면, 실체로서의 존재가 무엇으로부터인가, 또 그것이 어째서 많은가 이 설명은

(그들에 의해서는) 이루어지지 않고 있다. 그러나 만약에 이들을 같은 것이라 보고 그 설명을 하려고 한다면, 그 설명자는 많은 반대 의견에 부딪힐 각오를 하지 않으면 안 된다.

그러나 (A)우리는 또 (1)수에 대해서 다음과 같은 문제도 주의해서 살펴보아야 할 것이다. 즉 그것은 수가 (독립적·실체적으로) 존재한다는 확신은 무엇을 근거로 정당화되는가 하는 문제이다. 생각건대 이데아를 상정하는 사람에게는, 만약에 적어도 각각의 수가 어떤 이데아이며, 그 이데아는 다른 여러 사물들에 대해서 그 어떤 방법에 의해 존재의 원인인 이상(왜냐하면 이것이 이들의 근본 가정이라고 여겨져도 좋을 것이므로), 수가 여러 존재 사물에 대한 어떤 종(種)의 원인으로서의 역할을 한다. 하지만 이 이데아설(說)에 여러 어려운 문제점들이 내재함을 보고 이러한 주장을 따르지 않고서 수학적인 수를 설정하는 사람들에게는, 무엇을 근거로 이러한 수학적인 수의 존재를 확신할 필요가 있는가, 또 이러한 수가 다른 사물에 대해서 무슨 쓸모가 있다는 말인가? 왜냐하면 이러한 수학적인 수가 존재한다고 말하는 사람은, 이 수를 그 어떠한 것이라고도(원인이라고도) 말하지 않고, 오히려 그들은 그 수를 그 자체로 존재하는 어떤 실재라고 주장하고 있어, 뚜렷하게는 그 어떤 원인이 된다고 인정되지 않기 때문이다. 산수학상의 여러 정리는 모두, 앞서도 말한 바와 같이 감각적 사물에 대해서도 타당하기 때문일 것이다.

제3장
수를 실체라고 하는 온갖 견해에 포함된 여러 문제점에 대하여. 피타고라스학파는 수학적 여러 대상들을 영원하다고 하면서, 이 대상들을 생성하는 사물로 보고 있다.

그런데 ⓐ이데아를 존재하는 것으로 가정하고, 또 이것을 수라고 하는 사람들은 (저마다 많은 것으로부터) 많은 것과는 별도로 각 수를 뽑아내는 방법에 따라, 이 각각의 수 자체를 하나라고 이해함으로써 수가 무엇 때문에 존재하는가를 어떻게든 설명하려 시도하고는 있지만, 이러한 설명 이유는 필연적이지도 않고 가능적이지도 않으므로, 적어도 이러한 이유로는 수가 존재한다고 말할 일이 아니다. 또 (b)피타고라스학파는 수의 많은 속성들이 감각적인 여러 물체에도 내재하는 것을 보았기 때문에 여러 존재 사물들이 여러 수라고 하기는 했지만, 이들 수를 (이들 사물로부터) 떨어져서 존재한다고는 하지 않고, 오히려 여러 존재 사물들이 여러 수들로 이루어진다고 했다. 그렇다면 무엇 때문에 그렇게 생각했을까? 그것은 수의 여러 속성들이 음계(音階)에도 천계(天界)에도, 그 밖에 많은 사물에도 내재하기 때문이다. 그러나 (c)수학적인 수만이 존재한다고 말하는 사람들에게는, 이와 같은 말을 한다는 것은 그들의 이 가정으로 보면 전혀 허용되지 않는 일이므로, 오히려 그들은 이와 같은 (감각적인) 사물에 대해서는 그 어떤 학문(인식)도 존재하지 않는다고 말했다. 하지만 우리는 존재한다고 주장한다. 그것은 앞서 우리가 이야기한 그대로이다. 그리고 수학적 여러 대상들이 떨어져서 존재하지 않는다는 사실도 틀림없다. 왜냐하면 만약에 떨어져서 존재한다면, 수의 그 어떤 속성도 물체에 내재하지는 않을 것이기 때문이다. 그런데 피타고라스학파는 이 점에서는 아무런 비난을 받을 점이 없으나, 그들이 수로부터 자연적인 여러 물체들을 만들어 낸 점에서는, 즉 무게나 가벼움을 가지지 않은 것으로부터 무게나 가벼움을 가진 사물을 만들어 냈다는 점에서는 그들은 어떤 다른 천계나 여러 물체에 대해서 이야기하고 있는 것 같아서, 눈에 보이는 천계나 감각적인 여러 물체에 대해서 이야기하고 있는 것으로는 여겨지지 않는다. 그러나 수가 따로 떨어져서 존재한다고 하는 사람들은 수학상의 여러 공리들이 감각적 사물의 경우에는 타당하지 않다는 이유로 더욱이 수학상의 여러 명제들은 진실이고 영혼에 의존한다는 이유로, 수는 존재하되 떨어져서 존재한다고 생각하고 있다. 이와 마찬가지 일은, 수학적인 여러 크기에 대해서도 말할 수 있다. 그런데 물론 분명히, 이와 반대되는 주장(피타고라스학파)은 이와는 반대되는 말을 할 것이다. 그리고 바로 전에 든 문제, 즉 만일 수가 (사물로부터 떨어져서 있는 존재이고) 결코 감각적인 사물에는 내재하지 않는다고 한다면, 무엇 때문에 수의 여러 속성들이 감각적인 사물에 이렇게 내재하는가 하는 문제는 물론 바로 이 견해를 갖는 사람에 의해서 해결되어야 한다.

하지만 또 (d)어떤 사람들은 점(點)이 선(線)의, 그리고 선은 면의, 더 나아가 면은 입체의 그 한계이자 극한이라는 사실로 미루어, 그와 같은 (떨어져서 존재하는) 실재가 존재한다는 일은 마땅하다 보고 있다. 그래서 우리는 이 주장에 대해서도, 너무나 그 논거가 모자라지는 않은가를 조사해 보지 않으면 안 된다. 생각건대 (i)이들의 여러 극한은 실체가 아니라, 오히려 이들은 모두 (어떤 다른 것의) 한계이다. 왜냐하면 예를 들어 걷기에는, 또는 일반적으로 운동에는 어떤 한계가 있으나, 이 걷기나 운동 일반까지도 (이 주장에 의하면) 어떤 '이것'이며 어떤 실체가 될 것이기 때문이다. 그러나 이것은 불합리한 일이다. 따라서 실체는 아니지만 (ii)예컨대 이들이 실체라고 해도, 이들은 모두 '이' 감각계의 여러 사물들의 실체일 것이다(왜냐하면 이 주장은 이러한 사물의 경우에 적용되기 때문에). 그렇다면 무엇 때문에 이들이 떨어져서 존재한다고 말할 수 있었는가?

더 나아가서 (2)한결 더 신중하게 생각하는 사람은 모든 수가 수학적 여러 대상에 관해서, 그것들이 서로 다른 수에 대해서, 앞의 것(상위의 것)이 뒤의 수에 대해서 아무런 기여하는 바가 없다는 점을 문제로서 지적할 것이다. 왜냐하면 (a)단지 수학적 여러 대상들만이 존재한다고 주장하는 사람들에게는, 수가 전혀 존재하지 않아도 크기(수적인 크기)는 존재하고 있는 것이 되고, 또 이 수들이 존재하고 있지 않아도 영혼이나 감각적 여러 물체는 존재하는 것이 되기 때문이다. 그러나 자연(실재계)은, 현상적 사실이 나타내는 바로는, 졸렬할 비극 작품과 같은 삽화들의 모임이라고는 여겨지지 않는다. 하지만 (b)이데아를 상정하는 사람들(플라톤학파)은 바로 이 문제점에서는 벗어나 있다. 왜냐하면 그들은 크기를 질료와 수로부터 만들어 내어, 2에서 길이(선)를, 그리고 아마도 3에서 면(面)을, 4에서 입체를 만들어 내고 있기 때문이다(또는 다른 수에서 만들어 냈다고 해도 여기에서는 문제 밖이지만). 그러나 (i)이러한 크기들은 과연 이데아인가, 또 이들의 존재 양식은 어떠한가, 그리고 존재하는 여러 사물에 대해서 이들은 무엇을 기여하는가? 왜냐하면 그 수학적 여러 대상들이 그 무엇도 기여하지 않는 것과 마찬가지로, 이들도 기여하지 않기 때문이다. 뿐만 아니라 (ii)이들에게는 그 어떤 정리도, 누군가가 감히 수학적 여러 대상을 바꾸어서 어떤 독자적인 억설(臆說)이라도 만들어 내지 않는 한, 타당하지 않다. 단, 멋대로 여러 가정을 설정해서 이 가정들을 연장하거나 이어붙이거나 하는 것은 곤란한 일은 아니다. 요컨대 이러한 사람들은, 이데아에 수학적 여러 대상들을 결부하려고 욕심을 부린 데에서 길을 잘못 들고 있다. 그러나 (c)에이도스들의 수와 수학적 수의 두 종류를 상정한 최초의 사람들은, 수학적인 수가 어떻게 존재하는가, 또 무엇으로 이루어져 있는가에 대해서는 조금도 말하지 않았고, 또 이들에 대해 설명하려고 해도 설명할 수가 없었을 것이다. 왜냐하면 그들은 수학적인 수를 에이도스적인 수와 감각적인 수의 중간자로 삼고 있었기 때문이다. 즉 (i)만약에 이 수가 크고 작은 것으로 이루어진다고 하면(그들은 다른 크고 작은 것으로부터는 크기를 만들어 내고 있지만), 이 수학적인 수는 그 수, 즉 에이도스들의 수와 같은 것이 되기 때문이다. 하지만 (ii)만약에 어떤 다른 것(크고 작은 것 말고 다른 구성 요소)을 든다면, 그는 그의 구성 요소를 더욱 많게 하는 결과가 될 것이다. 그리고 만일 이들 두 종류의 수 저마다의 원리가 그 어떤 하나라면 1이 무엇인가 이 양자에 공통되는 것이 될 터이므로, 여기서 우리는 한쪽에서는 이렇게 이들 많은 것이 하나(1)가 되는데, 동시에 다른 한쪽에서는 수의 생성이 (그들 자신이 하는 말에 의하면) 1과 부정한 2로부터 되는 방식 말고는 불가능하다고 하는 까닭은 어째서인가를 물어 해결하지 않으면 안 된다.

그러나 생각건대 이러한 일은 아주 비이성적이며 그 자체로도 상식에도 어긋난다. 그리고 거기에서는 시모니데스의 '장광설(長廣舌)'을 듣는 착각이 든다. 일반적으로 장광설이 시작되는 것은 노예들의 경우에서 보듯이, 거기에 건전한 화제가 없는 경우이다. 예를 들어 그 장광설에서는, 그 구성 요소로 여겨지는 크고 작은 것 자체가, 자기들이 받고 있는 학대를 호소하여 울부짖고 있는 현상을 볼 수가 있다. 왜냐하면 수의 생성은 1에서 시작하여 그 곱절로 늘어나는 것 말고의 방법으로는 (제아무리 큰 것과 작은 것에서 생성시키려고 해도) 전혀 불가능한 일이기 때문이다.

또 (B)영원적인 여러 존재에 생성이 있다고 하는 것도 불합리한 일이다. 어쩌면 오히려 불가능한 일의 하나이다. 그런데 피타고라스학파가 그것에 생성이 있다고 하는가의 여부는, 물어볼 필요도 없는 일이다. 왜냐하면 분명히 그들은 이와 같은 뜻의 말을 하기 때문이다. 즉 그것에 따르면, 1이 합성되자마자—그 합성이 면에서이건, 표면에서이건, 종자로부터이건, 또는 그들이 표현할 수 없는 그 무엇으로부터이건—즉시 이것에 가장 가까운 무한한 것의 부분이 이 1로 끌어당겨져서, 그러한 경우에만 한정되었다 하고 있으니까. 그러나 그들은 (여기에서는) 세계를 창조하며, 이것을 자연학적으로 설명하려 하고 있으므로,

공정을 기한다면 그들의 자연학설에 대해서도 그 어떤 탐색을 해야 하지만 맞닥뜨린 우리 연구로부터는 자연학은 제외해도 좋을 것이다. 왜냐하면 지금 우리가 추구하는 것은 부동한 것들 안에 있는 원리이며, 따라서 이와 같은 (부동적, 영원적인) 것으로서의 수에 대해서 그 생성을 검토하는 일이 우리의 과제이기 때문이다.

제4장

사물의 구성 요소 또는 원리와 선(善)과 미(美)의 관계에 대해서. 원리는 선일 것이다. 그러나 선은 실체라기보다는 술어가 아닐까? 만약에 하나(一)과 부등 (크고 작음)이 원리라면 하나는 선이고 부등은 악인가? 그러나 원리는 선이다. 선은 원리인가, 원리로부터의 결과인가?

홀수에는 생성이 없다고 그들은 말한다. 그 뜻은 물론 짝수에는 생성이 있다는 데에 있다. 그리고 어떤 사람들(플라톤학파)은 최초의 짝수를 부등(不等)한 것들로부터, 즉 큰 것과 작은 것으로부터 이들이 동등화됨으로써 생성된다고 생각한다. 따라서 이들이 동등화되기 '이전에는', 이들에게 부등성이 속해 있다고 하는 전제는 필연적이다. 그리고 만약에 이들(크고 작음)이 '언제나' 동등화된 것들이라 한다면, 이전에는 부등했던 일은 없었을 것이다[왜냐하면 '언제나'(영원히) 있는 것들 이전에는 아무것도 없기 때문이다]. 그렇다고 한다면 분명히 그들이 수를 생성되는 것이라 한 것은 순이론적인 관심에서가 아니다(즉 자연학적, 발생론적 관점에서이다).

더 나아가서 (C)선이나 악에 대해서 그 여러 구성 요소나 여러 원리가 어떠한 관계를 갖는가, 여기에도 하나의 어려운 문제가 있고, 이를 쉽게 처리해 버리려는 사람은 비난을 면치 못한다. 그 어려운 문제란 이러하다. 즉 과연 그 여러 요소의 어느 것인가가 선 자체나 최선이라는 말로 우리가 뜻하고 있는 것과 같은 무엇인가, 또는 (이들 쪽이 여러 원리, 여러 요소보다도) 나중에 생겨난 것인가 하는 데에 있다.

생각건대 먼저 (1)신들을 언급하는 사람들(호메로스나 헤시오도스 등)도 오늘날의 어떤 사람들(피타고라스학파나 스페우시포스)의 생각에 동의하는 듯하다. 즉 이 사람들은 이 문제에 나타나는 전조(前條)(선을 원리로 하는 것)를 부정하고, 사물의 자연(자연계)이 조금씩 발전해 가는 동안에 선이나 아름다움 등이 나타나는 것이라 하고 있다. [이 사람들이 이렇게 생각한 까닭은, 다른 어떤 사람들(플라톤 등)처럼 1을 원리라고 말하는 경우에 그 사람들에게 생기게 되는 문제점을 알아차리고 이것을 피하려고 했기 때문이다. 그리고 이 문제점이란, 선함을 원리의 속성으로서 원리에 귀속시키는 데에 있지 않고, 1을 원리로 하여, 더욱이 구성 요소로서의 원리로 하여, 수가 이 1에서 생긴다고 하는 데에 있다.] 옛날 시인들도 다음과 같은 점에서 오늘날의 그들과 마찬가지이다. 즉 이 세계의 왕자이자 지배자는 생성에서 제1의 것들, 예를 들면 밤이나 우라노스(하늘의 신), 카오스(혼돈), 오케아노스(물의 신) 등이 아니라, 오히려 (이들보다도 나중에 생긴 신, 즉) 제우스라고 말하고 있는 점에서 말이다. 그러나 실은 이 시인들로 하여금 이렇게 말하게 한 원인은, 이 세계의 지배자들이 전화(轉化)하는 (흥망성쇠하는 과정의) 모습을 보았기 때문일 것이다. 따라서 이 시인들 중에서도 모든 것을 신화적으로 이야기하지 않았던 점에서 (자연학자와 시인의) 두 면을 다 갖추고 있던 사람들, 예를 들어 페레키데스*¹나 그 밖의 시인들은 제1의 산출자(産出者)를 최선으로 삼았고, 마기*²들도 그러했으며, 또 그들보다 뒤에 나타난 지자(知者)들 중에도 엠페도클레스나 아낙사고라스도 그러했다. 즉 전자는 우애를 최선의 구성 요소라 했고, 후자는 이성(理性)을 최선의 원리라고 했다. 그러나 (2)부동한 여러 실체들이 존재한다고 말하는 사람들 중에서 어떤 사람들은 1 그 자체가, 선 그 자체라 주장하고 있다. 단 이 사람들은 그것이 1이라는 것이 오히려 주로 그 실체라 생각하고 있었다.

그래서 과연 어느 쪽 말에 따를 것인가, 여기에 어려운 문제가 있다. 만일 제1의 영원적이고 가장 자기 충족적인 것에 바로 이 성질—즉 이 자기 충족성과 영원 지속성—이 선으로서가 아니라 제1에 속한다면 그것은 이상한 일이다. 하지만 사실 그것들이 불멸적이며 또는 자기 충족적인 것은, 그것이 좋기 때문이라는 이유 말고는 그 어떤 이유에 의해서도 아니다. 따라서 이 점에서는, 원리란 이와 같은 (좋은 성질의) 것이라는 주장은 거의 참이다. 그러나 1을

---

* 1 Pherecydes. BC 580~520. 시로스섬의 페레키데스는 만물의 제1의 산출자로서 '제우스(하늘)' '크로노스(시간)' '크토니아(땅)'를 들고 있다.

* 2 Magi. 메디아의 6지족의 하나로 조로아스터교의 세습적 제사 계급의 지자(知者)들.

이와 같은 원리로 한다는 것은, 또는 그렇지 않다고 해도 적어도 어떤 구성 요소로 삼으면서 동시에 수의 구성 요소로 삼는다는 것은 불가능하다. 왜냐하면 (이 견해로 하자면 다음의 (1), (2), (3)과 같은) 많은 곤란한 문제가 생기기 때문이다. [이 곤란을 피하려고 어떤 사람들(스페우시포스 등)은 이 견해를 버렸다. 즉 이들은 1을 제1의 원리라 하고 어떤 구성 요소로 삼는 데에 동의하면서도, 그 1을 단지 '수학적인 수만의' 구성 요소라고 했다.] 즉 먼저 (1)이 견해로 보자면 모든 단위들이 저마다 그대로 어떤 종(種)의 선(善)이 되어, 선들이 매우 많이 있게 된다. 더 나아가 (2)만약에 에이도스가 저마다 어떤 수라고 한다면, 모든 에이도스는 저마다 그대로 어떤 종(種)의 선(善)이 될 것이다. 그런데 (플라톤의 이데아설에 따르면) 사람은 임의의 사물에 대해서 그 각각의 이데아를 가정해도 좋을 테지만, 그렇게 했을 경우 만약에 (반대는 없고) 단지 선한 것들의 이데아만 있게 되면 모든 동물, 모든 식물, 그 밖에 각 이데아에 관여되는 사물들 모두가 선이라는 말이 될 것이다.

이와 같은 불합리한 결과가 될 뿐만 아니라, 또 (3)그 반대의 구성 요소(선으로서의 1에 대치되는 구성 요소)는 그것이 많건, 부등 또는 크고 작건, 악(惡) 그 자체라는 말이 된다[이렇게 되기 때문에 어떤 사람(스페우시포스)은 선을 1에 결부시키는 것을 피했다. 왜냐하면 생성이 반대되는 것으로부터일 수 있는 한, (그리고 선이 본디 성격상 일이라고 여겨지는 한 그 반대인) 악이 본성상 많다고 함은 필연적이라고 생각했기 때문이다. 그러나 어떤 사람들(플라톤과 크세노크라테스)은, 부등을 본성상 악이라 말하고 있다]. 그렇게 되면 ⓐ1 그 자체 말고 모든 존재물(유비적 부등 관계)은 모두 다 악에 관여하게 되고, 또 ⓑ크기보다도 수 쪽이 보다 더 순수하게 악에 관여하게 된다. 또 ⓒ악은 선의 공간(선이 실현되는 장소, 또는 가능적 질료)이며, 선을 파괴하는 자에 편들어 이것을 바라고 구하는 결과가 된다. 생각건대 무엇인가를 파괴하는 자는 그것에 반대되는 무엇인가에 반대하는 자이기 때문이다. 더 나아가서 ⓓ만일 앞에서도 우리가 말한 바와 같이, 각 사물의 질료가 가능태에서의 각 사물이라고 한다면, 예를 들어 현실태의 불의 질료가 가능태에서의 불이라고 한다면 악은 바로 가능태에서의 선 자체라고 하는 것과 같은 (불합리한) 일이 된다.

요컨대 이와 같은 여러 결과들이 생기게 되는 까닭은, 그들이 (1)그 원리를 모두 구성 요소로서의 원리로 삼고 있다는 것, 다음으로 (2)반대되는 것들을 원리로 하고 있다는 것, 더 나아가 (3)1을 원리로 한다는 것, 그리고 (4)수를 제1의 실체로 하여 (사물로부터) 떨어져서 있는 존재로 보고, 에이도스라고 하는 데에 있다.

제5장
그들은 여러 수들을 어떻게 그들의 원리, 구성 요소로부터 생성할 수 있는가? 또 수가 어떻게 다른 존재하는 여러 사물들의 원리일 수가 있는가? 요컨대 수는 그 어떤 수이든 사물의 작용인도 아니고 질료도 아니며, 형상도 아니고 목적도 아니다.

그래서 만약에 이와 같이 선을 여러 원리들 가운데 하나로서 생각하지 않은 것도, 생각하는 것도 다 같이 불가능하다고 하면, 여러 원리들도, 제1의 여러 실체들도 올바르게 설명되지 않고 있음이 분명하다고 할 수 있다. 마찬가지로 만약에 사람(스페우시포스)이 동물이나 식물 등의 경우, 무규정적이고 불완전한 것들로부터 보다 많이 완성된 것이 생기는 현상이 상례라는 사실에서, 전 우주의 여러 원리들을 이러한 동물이나 식물의 여러 원리와 비교해서 생각한다면—더욱이 저 사람은, 바로 이 사실을 근거로 해서 제1의 것들의 경우에도 사정은 그대로(불완전한 것으로부터 완성된 것으로)라고 주장하여, 1 그 자체는 전혀 존재하지 않는 것으로 보지만—여러 원리나 여러 실체에 대한 하나[一]를 올바르게 파악하지 못하고 있다. 왜냐하면 사실 이 동물이나 식물의 세계에서도 그것들을 낳는 여러 원리는 완성된 것이기 때문이다. 생각건대 인간이 인간을 낳는 것이지 정자가 제1의 존재는 아니기 때문이다.

또 마찬가지로 불합리한 일은, 장소가 수학적인 고체(입체)와 동시에 만들어졌다고 여기거나(왜냐하면 장소는 개개의 사물에 대해 특유한 것이고, 따라서 개개의 사물은 저마다 장소적으로 떨어져서 있는 존재인데, 수학적 대상에는 '어디에'라는 게 없기 때문이다), 또 이들(수학적 여러 대상들)이 '어딘가에' 있는 것처럼 말하면서도 그 장소가 어떤 곳이라고 말하지 않는 것이다.

그런데 (D)'여러 존재들은 여러 구성 요소로부터'라 말하고, 여러 존재들 가운데 제1의 것은 수라고 말하는 사람들은, 먼저 어떤 요소가 다른 어떤 요소로'부터'라고 하면 그것은 어떠한 방법으로 그러한가, 그 구별을 명확하게 한 뒤에 그 가운데 어느 방법으로 해서 수가 그 여러 원리'로부터' 이루어지는가를 설명했어야 했다.

과연 그것은 (화학적 결합인) (1)혼합에 의해서인가? 그렇지는 않을 것이다. 왜냐하면 (a)반드시 모든 것이 혼합 가능한 것은 아니기 때문이다. 또 (b)혼합에 의해서 생긴 것은 그 여러 구성 요소들과는 다르지만, 그렇게 되면 1은 그 여러 구성 요소들로부터 떨어져서 존재하는 것일 수도 없고, 또 그와 다른 실재도 될 수 없기 때문이다. 더욱이 그들은 1이 그러한 것이기를 바라고 있는데 말이다.

그렇지 않고 (2)[기계적(역학적) 결합인] 복합(병치)에 의해서—예를 들어 어절(語節)이 그러하듯이—일까? 그러나 만약에 그렇다고 한다면 (a)그것(어절을 이루는 자모, 실은 수의 구성 요소)이 어떤 위치를 가지지 않으면 안 되게 되고, 그리고 (b)수를 사유하는 사람은 하나와 많음을 분리해 사유할 수 있게 될 것이다. 그렇게 되면 이것이, 즉 단위와 많음이, 또는 하나와 부등이 수라는 것이 된다.

더 나아가 사물이 그 무엇인가'로부터'라고 하는 것에도, 어떤 방법에서는, 이것으로 된 사물에 내재하는 것(내재적 구성 요소)이며, 다른 방법에서는 그렇지 않기 때문이다. 수가 '무엇인가'로부터라고 하는 것은 어느 쪽 방법에 의해서 그럴까? 모름지기 이루어진 사물에 내재하는 구성 요소로부터라고 하는 것은, 다만 (실체에 있어서의) 생성에 따라서 생긴 사물의 경우뿐이다. 그렇다면 수는 씨로부터(작용인)와 같은 생성일까? 그러나 어쨌든 나눌 수 없는 것으로부터는 아무것도 나오지 않을 것이다. 그렇다면 바탕에 늘 존재하는 것이 아닌 반대의 것으로부터 생성되는가? 하지만 이와 같은 방법으로 그렇게 있을 수 있는 것은 늘 존재하는 것으로도 있을 수 있다. 더욱이 어떤 사람(스페우시포스)은 하나를 많음에 대한 반대의 것으로 대치(對置)하고, 다른 어떤 사람(플라톤)은 하나를 동등함이라는 뜻으로 사용해서 부등에 대한 반대로 세우고 있으므로, 수는 반대되는 것으로부터 나온다고 할 수 있다. 그러나 이렇게 되면 늘 존재하는 다른 것이 있어서, 앞으로도 이들의 타자(이것과 반대의 것)로부터 나올 수가 있거나 또는 생성되는 것이 된다. 또 반대되는 것으로부터 생성된 것, 또는 반대되는 존재를 갖는 것은, 비록 반대되는 것 모두로부터 이루어졌다고 해도 결국 다 소멸하는데, 도대체 어떻게 해서 수만이 소멸하지 않는다는 말인가? 이에 대해서도 그들은 아무런 설명을 하고 있지 않다. 더욱이 반대되는 것은, 앞으로 생성될 사물에 내재하는 것이든 그렇지 않은 것이든 이 사물을 멸망시키는 것이다. 예를 들어 '미움'이 '혼합물'을 멸망시키듯이. 그러나 실은 저것이 이것을 멸망시키는 일은 있을 수 없다. 왜냐하면 이것에 대한 반대되는 것이 아니기 때문이다.

또 (E)어느 방법으로 수가 실체나 존재의 원인인가도 전혀 규정되어 있지 않다. 즉 (1)과연 한계로서인가? [예를 들면 점이 크기의 한계인 것 같은 방법으로서인가? 마치 에우리토스*3가 어느 수는 어느 사물의 수—예를 들면 어떤 수는 인간의 수, 다른 어떤 수는 말의 수—라고 정한 방법, 즉 사람이 삼각이나 사각의 도형에 수를 적용한 것처럼, 각 생물(인간이나 말 등)의 윤곽을 본뜨는 데에 몇 개의 조약돌을 쓰고, 그 조약돌의 수에 따라서 각 생물을 수치로써 정하는 것과 같은 방법에 의해서인가?] 또는 (2)화음(和音)이 수의 비(比)이고, 그와 마찬가지로 인간도, 그 밖의 여러 사물들도 수의 비이기 때문인가?

그러나 어째서 여러 속성이, 예를 들어 희다거나 달다거나 뜨겁다거나가 수일 수 있는가? 수가 실체가 아니라는 사실, 즉 형식(型式)의 원인(형상인으로서의 실체)이 아니라는 것은 분명하다. 왜냐하면 (그들에 의하면) 비(比)는 실체일 수 있지만, 수는 질료일 뿐이기 때문이다. 예를 들어 살(肉)의 실체가 수라고 하는 것은, '불 세 개와 흙 두 개'라고 하는 식이 된다. 뿐만 아니라 수는 그 어떤 수이건 언제나 무엇인가의 수이다. 이를테면 불의 어떤 부분의, 흙의 어떤 부분의, 여러 단위들 가운데 몇 개의 수이다. 그런데 사실 혼합에 있어서는 '이것'의 어느 만큼에 대한 '저것'의 어느 만큼이라는 비율이다. 즉 그것은 이미 수가 아니라, 물체적인 수의, 또는 임의적인 성질을 가진 수의 혼합비이다.

그렇기 때문에 수는 일반적으로 말하는 수나, 단위적인 수나 사물의 능동적 원인이 아니고, 또 그 질료도 아니며, 비(또는 설명 방식)도 아니고, 형상도 아니다. 하물며 목적인으로서의 원인도 아니다.

---

*3 Eurytos. 에우리토스는 피타고라스학파인 필로라우스의 제자.

제6장

수는 사물의 원리로서 무슨 쓸모가 있는가? 피타고라스학파의 수론(數論)에 대해서. 그들이 생각한 수와 사물 사상(事象)과의 관계는 유비적, 비유적, 공상적이어서 원인 결과의 관계는 존재하지 않는다.

그러나 사람은 또한 사물의 혼합이 수에 의해서 (계산하기 쉬운 수 또는 홀수에 의해서) 표현될 수 있으므로, 그러한 수에서 얻어지는 좋은 점이 무엇인가 하는 어려운 문제를 제기하기도 할 것이다. 왜냐하면 (1)사실 꿀물은 그것이 세 개의 3(3에 대한 그 세 배)이라고 하는 비로 혼합되어 있으므로 그만큼 건강에 좋다는 말이 아니라, 오히려 그 혼합의 비는 뚜렷이 표시되어 있지 않아도 적당하게 많은 물이 섞인 것 쪽이, 그 비는 수에 의해서 표시되어도 물이 섞이지 않은 쪽보다도 한층 효과적이기 때문이다. 또 (2)혼합의 비는 단순히 수에 의해서 표시되는 것이 아니라, 수를 수에 더함으로써 표시된다. 예를 들어 세 개의 2(2×3) 하는 식으로서가 아니라 3을 2에(2+3) 하는 식이다. 그런데 곱셈에 있어서는 그 각 항이 속하는 유(類)가 반드시 같아야 한다. 따라서 1×2×3은 그 인수(因數) 1로 측정할 수가 있고, 4×5×7은 4로 측정할 수 있지 않으면 안 된다. 따라서 일반적으로 어떤 인수를 포함하는 여러 수의 곱은 그 같은 인수로 측정할 수가 있다. 그렇다고 한다면 불의 수가 2×5×3×7이고, 물의 수가 두 개의 3(3×2) 등과 같은 일은 있을 수가 없다.

그러나 (3)만일 모든 사물들이 수를 공유하고 있지 않으면 안 된다고 한다면, 그 결과 (a)많은 사물들이 같은 사물이어야 하고, 같은 수가 이것에도 또는 저것에도 속해 있지 않으면 안 된다는 이야기가 된다. 그렇다면 수가 원인이며, 사물이 존재하는 것은 그 수 때문인가? 그런데 이런 사실은 명백하지 않은가? 예를 들어 태양의 운행에는 어떤 수가 있고, 달의 운행에도 어떤 수가 있으며, 온갖 동물의 수명이나 한창때에도 저마다 그 수가 있다. 하지만 비록 이들의 수가, 그 어느 수는 제곱수이고, 다른 어떤 수는 세제곱수이며, 또 동등한 수이거나 두 배의 수여도 무슨 지장이 있단 말인가? 왜냐하면 이것을 방해하는 것은 아무것도 없기 때문이며, 뿐만 아니라 이들 모두는 이들(제곱수, 세제곱수 등등)의 범위 안에서 여기저기 엇갈리고 있을 것이기 때문이다. 만약에 (그들이 가정하고 있듯이) 모든 사물들이 수를 공유한다면 말이다. 또 그들은 (b)서로 다른 것들이라 해도 같은 수 아래로 넣을 수가 있었다. 따라서 만일 어떤 것들에 같은 수가 속해 있었다고 한다면, 이들은 같은 형상의 수를 갖는 사물들로서, 서로 다른 것과 같은 것이 되었으리라. 예를 들어 태양과 달이 같았을 것이다.

그렇지만 무엇 때문에 이들 수가 원인인가? 모음(母音)은 일곱 개가 있고, 음계는 일곱 개의 현으로부터이며, 플레이아데스 성단(묘성)의 별은 일곱 개 있고, 젖니는 일곱 살 때 빠진다(그렇지 않은 경우도 있으나, 적어도 어떤 동물에서는 그러하다). 그리고 테베로 떠난 장군들은 일곱 명*4이었다. 이런 경우 이 7이라는 수가 무엇인가 이러한 본성(本性)을 가진 것이기 때문에, 저 장군들은 일곱 명이 되었고 묘성에는 일곱 개의 별이 있다는 뜻인가? 또는 저 장군들의 경우에는 거기에 일곱 개의 문이 있었기 때문이었는가, 또는 어떤 다른 원인에 의해서일 것이고, 묘성의 경우에는 그 별이 일곱 개가 있다고 '우리가 셀 수 있기 때문'이라고 여겨진다(실제로 곰자리는, 우리가 이것을 열둘이 있다 보고 있으며, 다른 사람들은 어느 별자리이든 별이 더 많이 있다고 보고 있다). 그러나 그뿐만 아니라 그 사람들은 Ξ(크시)와 Ψ(프시)와 Z(제타)를 저마다 화음이라 주장하고 있다. 그리고 그 이유는 화음이 세 개 있기 때문에 이들(의 중자음 문자)도 세 개가 있다는 것이다. 하지만 이와 같은 문자라면 무수히 많이 있을 수 있다는 가능성에 대해 그들은 조금도 주의하지 않고 있다[왜냐하면 예를 들어 ΓΡ(감마+로)의 결합음에도 이것을 나타내는 하나의 기호가 있을 수 있기 때문이다]. 그러나 지금 그 밖의 자음 결합으로 성립될 수 있는 중자음은 단지 그 세 가지뿐이고, 그 밖에는 하나도 없다고 해도, 그리고 그 이유는 입에 세 개의 자리(입천장, 입술, 치아)가 있고, 그 어느 쪽인가의 자리에서 하나의 음이 Σ(시그마)음에 붙어서 발음되기 때문이라고 한다면, 오로지 이로 말미암아 저 세 개의 음이 있는 것이지, 화음이 세 개 있기 때문이 아니다. 실제로 화음은 세 개보다 많이 있을 수 있으나, 중자음의 경우에는 그렇지 않다. 어쨌든 그 사람들은 작은 유사점은 찾아내지만 큰 유사점은 놓치는, 저 오래된 호메로스 해석자들과 비슷하다. 즉 어떤 사람들은 그와 같은 유사점들이 많이 있다고 해서 다음과 같은 예를 든다. 가운데 두 현(絃)들 중 하나는 (6에 대한) 9의 음을 가지고, 다른 하나는 8의 음을 가지고 있는데, 그와 같이 서사

---

*4 고대 그리스 비극 시인 아이스킬로스 작품 《테베를 공략하는 일곱 명의 장군들》(BC 467)로 유명한 장군들.

시의 각 행은 17의 음절, 즉 두 현과 같은 수의 음절을 가지고 있으며, 더욱이 그 전반(前半)은 9음절, 후반은 8음절로 끊어서 낭독된다. 또 언어에서 알파에서 오메가까지의 간격은, 플루트에서의 최저음에서 최고음까지의 간격과 같고, 그리고 그 수는 천계의 모든 조직과 같다. 그러나 여기서 그냥 지나쳐서는 안 될 일은, 영원한 사물들 사이에서 이와 같은 유사점을 발견하거나 이러한 수치적 공통성을 세는 일들이 그다지 곤란하지 않았으리라는 점이다. 왜냐하면 소멸적인 사물들 사이에서조차도 그것은 쉬운 일이기 때문이다.

그러나 여러 수들이 갖는 놀랄 만한 여러 성격들이나 그 반대되는 성격들, 그리고 일반적으로 수학적 여러 관계들을 지니는 성격들, 그런 뜻에서 그 사람들이 그것들을 자연의 원인으로서 이야기하는 성격들—이들의 여러 성격은 지금 우리가 하고 있는 방법으로 검토하고 음미한다면 모두 없어지고 말 것처럼 여겨진다. 왜냐하면 그것들은 어느 것이나, 우리가 원리에 대해 규정한 모든 방법에서 원인은 아니기 때문이다. 단 그 사람들은 '어떤 의미에서는' 수학적 여러 관계들 가운데 어느 관계인가에 좋은 점이 속해 있다는 것을, 그리고 홀수와 직선과 어떤 수의 제곱이나 세제곱이, 저 대조표의 아름다운 요소들 쪽에 분명히 속한다는 사실만을 뚜렷이 하고 있다. 왜냐하면 계절(사계)과 어떤 특정한 수(2의 제곱)는 잘 들어맞기 때문이라는 것이다. 그리고 그 밖에도 그들은 그 수학상의 여러 정리에서 (이들에 잘 들어맞는) 이러한 사례들을 모으고 있지만, 이들 모두는 단지 '이것만의 뜻'을 가진 데에 지나지 않는다. 그리하여 이들은 우연의 일치라고 여겨진다. 왜냐하면 그것들은 분명히 부대적(우연적)인 일임에는 틀림없지만, 대부분 이와 같이 일치하는 사물들은 서로 어떤 상응성을 가지고 있으며 유비(類比)에서 하나이기 때문이다. 존재 술어들의 여러 형태에서는 그러한 유비적인 관계를 볼 수가 있다. 예를 들어 길이에서의 직선은 마치 넓이에서의 평면과 같고, 아마도 그것은 또 수에서의 홀수, 색에서의 하양과 같은 것이다.

더 나아가서 (4)에이도스들 안에 있는 수들이 음계나 그 밖의 음악적인 여러 관계의 원인도 될 수가 없다. 왜냐하면 그와 같은 수는, 똑같은 수라고 해도 저마다 서로 그 (에이도스에 있어) 종류가 다르기 때문이다. 단위까지도 (에이도스적 단위는) 그러하기 때문이다. 이런 까닭으로도 에이도스를 상정할 필요는 없다.

이 경우들이 저 학설에서 나오는 곤란한 여러 결과들[에이도스적 수들이 종 (種)을 이루듯이 다르게 존재하기 때문에 따르는 곤란]이다. 물론 이들과 함께 (그 밖에도) 끌어내면 더 많은 것이 나오지만 말이다. 그리고 그들이 수의 생성에 대해서 많은 고생을 했다는 것, 더욱이 그것을 그 어떤 방법으로든 정리된 설로 할 수 없었다는 것은 수학적 대상이, 그들 가운데 몇몇 사람들의 주장과는 달리 그렇게 감각적 사물들에서 떨어져서 존재하지 않는다는 사실의 증거라고 여겨진다.

아리스토텔레스 생애 사상 저작

생애

디오게네스 전기(傳記) 자료들

아리스토텔레스의 전기로 가장 많이 인용되는 책은, 디오게네스 라에르티오스(기원후 3세기)가 쓴 《고대 그리스 철학자의 생활과 의견 및 저작 목록》(10권)이다. 이 책은 다른 철학자들을 연구할 때도 많이 사용되는데, 그들의 철학 내용을 깊이 있게 다루기보다는 그들마다의 일화를 기록하고 있다. 또한 이런 종류의 책들 가운데 오늘날까지 남아 있는 것이 거의 없다는 점이 이 책이 가장 널리 이용되는 이유이기도 하다. 이 책에서는 먼저 온갖 전승(傳承) 자료를 바탕으로 아리스토텔레스의 생애를 기록하고, 그가 남긴 말과 다른 사람들의 비평을 소개했다. 그리고 마지막에 저작 목록과 간단한 내용 해설을 실었다.

물론 그 저작 중에는 검토해 봐야 하는 사항도 있다. 다음의 내용은 잉마르 뒤링(Ingmar Düring)의 저서 《고대의 전기적 전승 속의 아리스토텔레스(Aristotle in the Ancient Biographical Tradition)》를 참조한 것이다.

디오게네스 라에르티오스의 기록을 살펴보기로 한다. 거기서 그는 이렇게 말한다.

"아폴로도로스(BC 180년 무렵 출생)의 연대기에 따르면, 아리스토텔레스의 삶은 다음과 같다. 아리스토텔레스는 99회 올림피아기(紀) 제1년(BC 384~3년)에 태어났다. 그는 17세에 플라톤의 제자가 되어 플라톤이 죽을 때까지 20여 년간 그곳에 머물렀다. 108회 올림피아기 제4년(BC 345~4년) 에우불로스가 집정관(아르콘)일 무렵, 아리스토텔레스는 미틸레네로 옮겨갔다. 플라톤은 올림피아기 제1년(BC 347~6년), 테오필로스가 집정관일 때 이미 세상을 떠난 상태였다. 그때 아리스토텔레스는 헤르메이아스를 찾아가, 그곳에서 3년 동안 머물렀다."

아리스토텔레스의 고향은 칼키디케 반도(마케도니아에서 에게해로 뻗어나간

반도)의 스타게이로스라는 도시로, 그곳은 이오니아인의 식민지였다. 그는 대대로 마케도니아 왕을 섬기는 의사 집안에서 태어났다. 아버지 니코마코스는 알렉산드로스 대왕의 할아버지인 아민타스 3세(BC 393~BC 369년)의 주치의였다. 그래서 아리스토텔레스는 아버지와 함께 펠라 왕궁에서 어린 시절을 보냈다. 그의 아버지는 일찍 세상을 떠났는데, 그 정확한 시기는 알 수 없다. 그 뒤 프로크세노스가 아리스토텔레스의 후견인이 되었다.

프로크세노스와 아리스토텔레스가 어떤 관계였는지는 명확하지 않다. 어떤 전승 자료에는 프로크세노스가 아리스토텔레스의 외삼촌으로 기록되어 있지만, 그가 아타르네우스 출신이며 아리스토텔레스의 매형이었다고 전하는 자료도 있기 때문이다. 그의 유언과 여러 전승 자료를 바탕으로 아리스토텔레스의 가족 관계를 추측해 보면 다음과 같은 가계도가 나온다.

아리스토텔레스의 가계(家系)

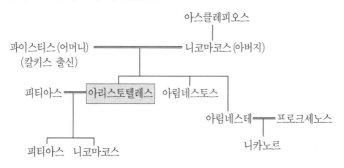

아리스토텔레스의 집안은 유복했다. 게다가 형제인 아림네스토스가 후손을 남기지 못하고 죽었으므로, 집안 재산은 모두 아리스토텔레스가 물려받았다. 그가 상속받은 재산이 얼마인지는 정확히 알 수 없으나, 어쨌든 매우 많았을 것으로 추측된다. 그리고 이 가족 관계로 미루어 보았을 때, 프로크세노스도 의사였을 가능성이 높다. 따라서 아리스토텔레스는 프로크세노스와 함께 지낸 아타르네우스에서도 유복하게 지냈음이 틀림없다. 그런데 만약 프로크세노스가 어머니의 형제였다면, 그와 누이 아림네스테와의 결혼은 외삼촌과 조카딸의 만남이라는 결론이 나온다. 하지만 이런 사례는 그즈음의 그리스 사회에서는 일상적인 일이었다. 친척끼리 결혼하는 것이 상속받은 재산을 확보하기 위한 수단으로 이따금 이용되었던 것이다.

　프로크세노스는 아리스토텔레스를 아타르네우스의 집으로 데려가 돌보아 주었다. 그러나 그가 그곳에서 보낸 어린 시절에 대해서는 알려진 바가 전혀 없어 그저 추측만이 가능할 뿐이다. 아리스토텔레스는 유복한 의사 집안의 사람으로서, 어린 시절부터 그 시대의 최상급 기초 교육을 받았을 것이라고 짐작된다. 그는 의사가 되기 위해서 기초적 과학 지식과 철학적 교양을 익혀야만 했을 것이다. 그러므로 아리스토텔레스는 지적 환경에서 자라났으며, 어린 시절부터 학문적인 책을 가까이했으리라 추측된다. 물론 그중에는 플라톤이 쓴 책도 있었을 터이므로, 그는 그 책을 읽고 플라톤의 철학에 깊은 감명을 받았을 것이다. 그래서 프로크세노스와 함께 아테네에 갔을 때, 수많은 학파(그중에서도 이소크라테스의 수사학이 위세를 떨치고 있었다) 가운데에서 플라톤의 아카데메이아를 선택했던 것이 아닐까?

아카데메이아 학생 시절

　아리스토텔레스는 17세가 되던 BC 367~6년 무렵 플라톤의 아카데메이아에 입학했다. 그가 아카데메이아에 들어가기를 바랐기 때문에 프로크세노스가 그 소원을 들어주었던 덕분이다.

　그즈음 아카데메이아의 상황이 어떠했는지 알아보자. 플라톤은 60세임에도 두 번째 시칠리아 여행 중이었다. 그 무렵 시칠리아섬 남동부에 있는 도시 시라쿠사의 참주(僭主) 디오니시우스 1세가 죽었다. 그래서 그의 처남인 디온이 새로운 지배자인 디오니시우스 2세를 위해 플라톤을 초빙했고, 디온은 플라톤의 이상정치를 실현하고자 플라톤에게 디오니시우스 2세의 스승이 되어달라고 부탁했다. 플라톤은 기쁜 마음으로 출발했다. 그러나 결과는 좋지 않았다. 디온은 궁정의 파벌싸움에 휘말려 추방된 한편, 플라톤은 성안에 갇혀버렸다. 플라톤은 돌아가고 싶어했지만 왕은 그를 보내주지 않았다. 디오니시우스 2세는 짧은 기간이나마 플라톤의 가르침을 받는 과정에서 그의 위대함을 깨닫고 그를 옆에 두려 했던 것이다. 그런 의미가 아니었다면 시라쿠사의 참주로서 여론을 생각해, 그를 국내에 머무르게 했었는지도 모른다. 그러던 어느 날 디오니시우스 2세가 출정으로 성을 비우게 되었고, 그제야 겨우 플라톤은 귀국할 수 있었다. 단, 석방에는 참주가 원할 때 언제든 시칠리아로 돌아와야 한다는 조건이 붙어 있었다. 그 뒤 BC 361년 첫무렵, 플라톤은 세 번째 시칠리아 여행을 하게 된다. 그 여행을 떠나기 전까지 플라톤은 3년째 아테네에 머무르고 있었다 전해지므로, 그가 두 번째 시칠리아 여행을 끝내고 아테네로 돌아온 시기는 BC 365~4년이었다고 추측된다.

그리하여 아리스토텔레스가 입학한 무렵 아카데메이아에서는 플라톤 대신 에우독소스가 학장 대리를 맡고 있었으므로 아리스토텔레스는 에우독소스의 영향을 받았으리라 생각된다. 디오게네스 라에르티오스에 따르면, 크니도스 출신인 에우독소스는 기하학, 천문학, 의술, 법률을 연구하는 뛰어난 학자였다. 그는 아르키타스에게서 기하학을 배웠다. 에우독소스는 동심구(同心球)로 천체 운동을 설명했는데, 그것도 아르키타스의 영향을 받은 결과였다. 그는 BC 365년에 전성기를 맞이했다. 그가 태어난 때는 BC 408년 무렵이며, 53세에 세상을 떠났다는 기록으로 보아 BC 355년쯤 죽었다고 추정된다. 그는 23세 되던 해(BC 385년)에 소크라테스학파의 명성을 듣고 의사 테오메돈과 함께 아테네로 왔다. 에우독소스는 매우 가난했으므로 피레우스에 머무르면서 날마다 아테네까지 걸어 다녔다. 그는 2개월 동안 철학이나 설득술 등의 강의에 출석했으며, 특히 플라톤의 강의를 열심히 들었다. 그가 아르키타스에게 기하학을 배우고 필리스티온에게 의학을 배운 시기는 아테네에 오기 전이었다고 짐작된다. 그 뒤 에우독소스는 아테네를 떠나 크니도스로 돌아간다. 그리고 아게실라오스 왕의 소개장을 받아 이집트로 건너갔다. BC 381~0년 무렵의 일이었다. 그는 이집트에서 16개월쯤 머무른 뒤 키지코스로 가서 학교를 세웠다. 그리고 많은 제자들을 받아들였다. BC 368년, 에우독소스는 제자들을 데리고 아테네로 이주했다. 플라톤과 에우독소스의 관계에 대해서는 많은 이견이 있다. 에우독소스가 늘 플라톤을 적대시했다는 말도 있고, 반대로 두 사람이 이집트까지 동행했다는 이야기도 있다. 또 BC 361년에 둘이 함께 시칠리아로 갔다는 주장도 있다. 그러나 이들 가운데 믿을만한 의견은 아무것도 없다.

17세 아카데메이아에 입학한 아리스토텔레스의 눈에는 40대에 접어든 에우독소스의 원숙한 모습이 권위 있게 비쳤음이 틀림없다. 뒷날 아리스토텔레스는 《니코마코스 윤리학》에서 에우독소스의 '쾌락이 선(善)이다'라는 주장을 인용한다. 아리스토텔레스는 여기서 이렇게 말한다.

"이 논의는 그 자체의 훌륭함보다는, 에우독소스의 뛰어난 윤리적 성상(性

狀) 덕분에 많은 지지를 얻었다. 그는 매우 절제된 생활을 하는 사람이었다. 그래서 사람들은 그가 쾌락에 사로잡혀 그런 주장을 하지는 않았으리라 생각하고 그의 주장을 믿었다."

그는 《형이상학》에서도 에우독소스의 저서인 《속도에 대하여》 일부를 인용했다. 이렇게 아리스토텔레스는 에우독소스에게서 인격적, 학문적으로 적지 않은 영향을 받았다고 볼 수 있다.

드디어 플라톤이 귀국했다. 플라톤은 이 시기에 대화편 《파이드로스》, 《파르메니데스》, 《테아이테토스》 등을 썼다. 그는 이 책들을 쓸 때, 발전 중기로 절정에 이르렀던 이데아론에 성찰을 덧붙여 정확함을 추구하려고 노력했다. 그러나 이 책들은 이데아론을 둘러싼 많은 논쟁을 불러일으킨 것으로 추정된다. 이는 아카데메이아의 분위기가 매우 자유로웠기 때문이다. 학장은 자신의 도그마(신념, 학설)를 학생들에게 강요하지 않았으며 제자들은 자유롭게 토론했다. 어쩌면 그 와중에 학생들 사이에서는 뜨거운 논쟁이 벌어졌는지도 모른다. 그리고 베르너 예거의 주장과는 대치되지만, 바로 이 시기에 아리스토텔레스의 《이데아에 대하여》가 구성되었을 수도 있다. 예거는 이 단편이 BC 348년부터 BC 345년 사이, 즉 아리스토텔레스가 아소스에 머물던 시절에 만들어졌다고 주장하지만, 이에 대해서는 나중에 사상편에서 자세히 알아보도록 하겠다.

플라톤의 세 번째 시칠리아 여행

플라톤은 매우 바쁜 사람이었다. BC 361년, 디오니시우스 2세가 플라톤을 다시 불렀다. 디오니시우스 1세의 처남 디온과 아르키타스도 플라톤이 와주기를 바랐다. 그래서 플라톤은 세 번째이자 마지막이 될 시칠리아 여행을 떠난다.

플라톤의 기대와는 달리 디오니시우스 2세는 디온과 협력하려 하지 않았다. 두 사람 사이에는 깊은 골이 있었고 피할 수 없는 파국은 시시각각 다가오고 있었다. 디오니시우스 2세는 플라톤을 마치 인질처럼 다루면서 그가 돌아가지 못하도록 막았다. 1년이 지난 뒤, 디오니시우스 2세의 군대 안에서 반란이 일어났다. 왕은 한 장군에게 그 책임을 물었는데, 플라톤은 온갖 어려움을 무릅쓰고 그 장군을 도와주었다. 왕은 분노의 화살을 플라톤에게 돌려 그를 비난했다. 카르타고의 지배를 받는 그리스 도시들을 해방하여 혁신을 꾀하는 일이 자신의 사명인데, 플라톤이 쓸데없는 기하학 따위를 가르쳐서 그 일을 방해했다는 이유에서였다. 마침내 플라톤은 궁정 출입을 금지당한 채 거의 감금 상태로 지냈다. 그러나 아르키타스의 중재 덕분에 플라톤은 그런 상황에서 가까스로 벗어났다. BC 360년이 끝나갈 무렵, 플라톤은 겨우 귀국할 수 있었다. 이상정치를 이루고자 하는 그의 꿈은 이렇게 하여 다시 한 번 좌절되고 말았다.

그 뒤에도 시칠리아에서는 정권 다툼이 이어졌다. 마침내 디온마저 무력에 의지하기 시작했다. 그는 군대를 일으켜 정치적 지위를 손에 넣었다. 하지만 그것은 일시적 성공에 그쳐 디온은 칼에 맞아 죽고 말았다. BC 353년의 일이었다. 플라톤은 그의 죽음을 애통해했다. 그는 스승인 소크라테스가 죽었을 때만큼이나 슬퍼했다고 한다. 디온은 학문적인 면에서뿐만 아니라 인간적인 면에서도 자신을 무척이나 따르던 인물이었기 때문이다. 그리고 그로부터 5년이 지난 BC 347년 플라톤도 81세의 나이로 생을 마감한다.

그럼 플라톤이 세 번째 시칠리아 여행을 하던 때의 상황을 다시 한 번 살펴보기로 한다. 그는 그때 스페우시포스, 크세노크라테스 등과 함께 갔다. 그가 없는 동안 폰토스 출신인 헤라클레이데스(BC 388~BC 310년)가 아카데메이아의 학장 대리를 맡았다. 그는 아리스토텔레스보다 4살 위로, 부유한 명문가 출신이며 BC 364년에 아테네에 왔다. 헤라클레이데스는 스페우시포스의 소개로 아카데메이아에 입학했다. 그는 플라톤이 죽은 뒤에도, 스페우시포스 학장 밑에서 8년간 아카데메이아에 남아 있었다. BC 338년에 스페우시포스가 세상을 떠나자 학장 선거가 열렸다. 그때 헤라클레이데스는 유력한 학장 후보로 떠올랐다. 그러나 선거 결과 크세노크라테스가 뽑히고, 헤라클레이데스는 떨어졌다. 그 때문에 실의에 빠졌는지 그는 고향 폰토스로 돌아가 BC 315년부터 310년까지 그곳에서 살았다고 한다. 아무튼 그가 학장 대리로 선택되었던 이유는 뚜렷하지 않다. 다만 한 가지 추측은 가능하다. 플라톤은 성실한 연구자를 만날 때마다, 늘 똑같은 질문을 던졌다고 한다. '유성의 조화롭고 질서 있는 역행운동에 대해 어떻게 생각하느냐'는 질문이었다. 이 문제에 도전한 사람으로는 에우독소스와 헤라클레이데스 등이 있다. 그런데 헤라클레이데스는 평소부터 수성과 금성의 운동을 연구했다. 말하자면 그는 아카데메이아의 중심 과제를 연구하는 가장 뛰어난 학자였던 것이다. 단순한 추측이긴 하지만 그가 학장 대리로 선택된 이유는 이 때문인 듯하다. 실제로 헤라클레이데스는 뛰어난 천문학자여서, 지구는 움직이지 않으며 천구가 회전한다는 이제까지의 학설에 반대했을 정도이다. 그는 지구가 회전하고 천구는 움직이지 않는다고 주장했다. 그러므로 그는 코페르니쿠스의 선조인 셈이다. 이러한 인물이 학원 내에서 중요한 역할을 맡았다는 사실을 보면, 그 무렵 아카데메이아가 어떤 문제에 중점을 두었는지 알 수 있다. 그리고 그런 분위기는 자연스레 아리스토텔레스에게도 영향을 주었을 것이다.

플라톤과 아리스토텔레스

플라톤은 BC 360년 끝무렵에 아테네로 돌아왔다. 그때 그의 나이는 70에 가까웠다. 그는 최후의 야심찬 계획으로서 3부작인 《티마이오스》, 《크리티아스》, 《헤르모크라테스》 등을 구상했다. 이 3부작은 신의 창조부터 인류의 역사까지를 포함하는 내용으로, 그중 《크리티아스》에는 9000년 전의 아틀란티스 대륙 이야기가 등장한다. 아틀란티스가 지중해를 공격했을 때, 아테네가 용감하게 싸워서 지중해의 운명을 구했다는 이야기다. 그 뒤 커다란 지진과 해일이 일어나자, 솔론은 그 난리를 평정하고 질서를 바로잡는다. 플라톤은 이러한 역사를 《크리티아스》에서 서술할 예정이었다. 한편 《헤르모크라테스》는 시라쿠사의 정치가 겸 군인인 헤르모크라테스를 다룬 것으로, 그는 BC 415년부터 BC 413년에 걸쳐 일어난 시라쿠사 해전에서 아테네 해군을 모조리 무너뜨렸다. 투키디데스의 저서 《역사》에서 보면, 헤르모크라테스는 BC 424년부터 활약했다고 기록되어 있다. 그런데 아테네와의 해전에서 승리를 거둔 뒤, 그는 민주파(民主派)에 의해 추방당한다. 그는 그 지위를 되찾으려고 노력했지만 끝내 실패하고, BC 407년에 숨을 거두고 만다. 이런 약력으로 보면 헤르모크라테스는 아테네 제국주의의 야망을 가로막고, 시라쿠사를 구한 인물이다.

플라톤은 앞서 말한 대로 대화편 《크리티아스》에서 아틀란티스의 침략을 막아낸 아테네 역사를 기술하려 했다. 그러므로 그 뒤에 '헤르모크라테스'의 등장은 자연스러운 흐름이었다. 플라톤은 헤르모크라테스를 새로운 사회조직을 만드는 인물로서 제시하려 했던 것이다. 그러나 《크리티아스》의 집필은 중단되었고, 《헤르모크라테스》는 계획으로 그쳤다.

이들 3부작 가운데 플라톤이 살아 있을 때 완성된 것은 《티마이오스》뿐이다. 플라톤은 이 야심찬 저작 계획을 실현하기 위해 한 인물이 필요했다. 서방학파 소속으로서, 과학 및 수학에 뛰어난 재능을 드러내는 사람을 자신의 작품에 등장시킬 필요가 있었다. 플라톤은 BC 388년에 아르키타스라는 사람을 만난 적이 있는데, 그는 걸출한 수학자였던 데다가 타렌툼에서 일곱 번이나 장군 자리에 올랐다. 플라톤의 생각에 아르키타스는 그 조건에 꼭 맞는 사람이었다. 그러나 그는 크리티아스 및 헤르모크라테스와는 세대가 너무 달랐다. 그래서 플라톤은 티마이오스라는 새 인물을 창조하게 되었다. 그는 로크리스 출신의 서방학파 인물이었다. 아마도 플라톤은 아르키타스를 모델로 티마이오스를 새롭게 창조했을 것이다. 이렇게 만들어진 대화편 《티마이오스》는, 신이 우주를 창조하는 이야기에서부터 시작된다. 우주 창조로부터 인간의 본성을 규정하는 내용까지 다루고 있다. 이 3부작을 구상할 때 플라톤의 첫 번째 목적은 인간의 본질을 우주론적으로 다루는 탐구(《티마이오스》)였다. 두 번째 목적은 인간의 본질을 기초로, 인간 사회의 역사를 논술하는 탐구(《크리티아스》)였다. 그리고 마지막 목적은 이상적인 사회구조를 다루는 탐구(《헤르모크라테스》)였다.

이때 아리스토텔레스는 무슨 연구를 하고 있었을까? 이에 대해 전해지는 이야기가 없는 이상, 미루어 짐작할 수밖에 없다. 먼저 아리스토텔레스가 입학할 무렵, 아카데메이아의 상황부터 알아보기로 한다. 그때 아카데메이아에서는 《소피스테스》, 《파르메니데스》에서 볼 수 있는 논리적 문제와, 《티마이오스》에서 엿보이는 자연철학(특히 우주론) 문제 등이 주로 논의되고 있었다. BC 355년 무렵까지는 아카데메이아에서 논리적 문제가 논의의 중심을 이루었고, 그 뒤에는 자연철학 문제가 대두되었다. 이 사실은 플라톤 대화편의 연대를 통해 추정할 수 있다. 아마 이러한 현상은 아카데메이아의 학생이었던 아리스토텔레스의 저작에도 영향을 미쳤을 것이다. 즉 개념을 규정하는 수단인 각 단어의 분류(《범주론》), 단순한 명제의 해석(《명제론》), 추리의 형식(《분석론 전서》), 과학적 증명에 대한 저술(《분석론 후서》), 변증법에 대한 저술(《토피카》) 등 '오르가논'이라고 통틀어 이르는 저작들이 BC 355년 이전에 쓰였다고 추측할 수 있지 않을까? 게다가 에우독소스의 영향까지 고려한다면 《형이상학》 제12권은 거의 이 시대에 집필되었다고 볼 수 있을지도 모른다. 그리고 천체론과 자연철학에 대한 저작 가운데 대부분은 BC 355년부터 플라톤이 죽은 BC 347년 사이에 쓰였다고 추정된다.

위와 같은 추측은 매우 그럴듯하지만 결국 가설일 뿐이고, 이를 확인하는 일은 현재로서는 불가능하다. 그러나 이러한 가설 없이는 아리스토텔레스의 철학을 총체적으로 파악하기 어렵다. 그러므로 나중에 저작에 대해 이야기할 때 이 문제를 다시 언급하도록 하고, 당장은 이 정도의 서술로 그치도록 한다.

편력(遍歷) 시대

BC 348년 8월에서 9월 사이 마케도니아에 의해 올린토스(그리스의 도시국가)가 함락되었다. 그 이듬해인 BC 347년 처음, 고대 그리스의 장군 데모스테네스가 반(反)마케도니아 연설을 반복했다. 데모스테네스의 주장은 아테네 외교정책의 기조가 되었다. 이해에 플라톤이 죽고, 그의 조카인 스페우시포스가 아카데메이아의 학장이 되었다. 아리스토텔레스는 아테네를 떠났다. 이때 그가 어떤 곳에 들렀는지는 확실하지 않다. 아니, 처음부터 아리스토텔레스가 아카데메이아를 떠난 시기가 플라톤이 죽은 뒤가 맞는지조차 의문이다. 사실 그가 플라톤이 살아 있을 무렵에 아카데메이아를 떠났다는 설도 있다. 디오게네스 라에르티오스에 따르면, 플라톤이 이런 말을 했다는 기록도 있다.

"아리스토텔레스는 망아지가 어미를 차버리듯이 나를 걷어차 버렸다."

플라톤이 했다고 전해지는 이 말이 뜻하는 바는 무엇일까? 어쩌면 아리스토텔레스가 아카데메이아를 떠났다는 의미일지도 모른다. 그렇다면 그는 플라톤이 살아 있을 때 아카데메이아를 떠났다는 뜻이 된다. 전승 중에는 이와 비슷한 말이 세 개나 더 있다. 만약 이것이 사실이라면, 플라톤이 죽은 뒤에 벌어진 학장 계승 문제 때문에 아리스토텔레스가 아카데메이아를 떠났다는 이야기는 거짓이 된다. 또한 이것은 아리스토텔레스가 아카데메이아 학생일 때부터 그와 플라톤 사이에 매우 큰 의견 차이가 있었음을 뜻한다. 실제로 아리스토텔레스는 쾌락, 명예, 재산 등이 선(善)을 위해 필요하다고 주장했다. 또 이데아의 존재를 부정하기도 했다. 이런 그의 주장이 플라톤의 학설과 충돌하지 않았을 리 없다.

이처럼 아리스토텔레스와 플라톤의 관계에는 불확실한 점이 많다. 물론 아리스토텔레스가 플라톤을 적대시했다는 말은 아니다. 그가 살아 있는 동안에 플라톤을 존경했다는 사실은 분명하다. 학설상의 대립은 두 사람의 우정과는 별개의 문제이다. 하지만 그들의 관계는 제쳐두더라도, 반(反)마케도니아 체제로 돌입한 아테네의 정세는 아리스토텔레스에게 불리했다. 그가 아카데메이아를 떠난 까닭은 이런 복합적 이유에서가 아니었을까?

아소스

아리스토텔레스는 아카데메이아를 떠나 소아시아 시리아 지방의 소도시인 아소스로 향했다. 아소스는 헤르메이아스가 다스리는 도시였다. 헤르메이아스는 그리스 용병 출신으로서, 소탈한 성격의 지도자였다. 그는 이다산(山) 지방의 산촌을 소유했는데, BC 386년에 그 사실이 세간에 알려졌다. 그는 그 기회를 이용해 돈으로 지배자의 칭호를 얻었다. 그는 아타르네우스에 정착한 다음 정치적 세력을 키웠다. 그리고 그 무렵 저명한 그리스인들과 마찬가지로, 아테네에 와서 아카데메이아를 방문했다.

이 사실은 플라톤의 편지로 알 수 있다. 헤르메이아스와 플라톤이 특별히 친교를 나눴던 것은 아니지만, 어쨌든 플라톤의 편지에 따르면 그 시기는 BC 350년 무렵이었다고 추정된다. 플라톤은 정치적 조언자로서 제자인 에라스토스와 코리스코스를 시리아의 헤르메이아스 곁으로 보냈다. 헤르메이아스가 아카데메이아를 방문했을 때 아리스토텔레스를 만났고, 그 시기부터 두 사람은 친교를 나누었다. 이것은 아리스토텔레스의 인생에 영향을 미친 결정적 계기였다. 그 뒤 반(反)마케도니아운동으로 아리스토텔레스가 아테네에 더는 머물기 어려워졌을 때, 헤르메이아스가 그를 아소스로 초청했다. 그래서 아리스토텔레스는 아소스로 떠났다. 하지만 아소스에 아카데메이아처럼 훌륭한 학교가 있었으리라고는 생각하기 어렵다. 그곳의 학자들은 적당히 모여서 논의나 논쟁을 하는 데 그쳤을 것이다.

마케도니아

BC 345~4년, 헤르메이아스는 페르시아 세력의 공격을 받는다. 그래서 아리스토텔레스는 아소스를 떠나 레스보스섬의 미틸레네로 옮겨갔다. 이 시기에 그는 테오프라스토스를 만나 친교를 맺는다. 테오프라스토스는 훗날 아리스토텔레스의 뒤를 이어 소요학파(페리파토스학파)를 계승한다. 테오프라스토스는 레스보스섬의 작은 마을 에레소스 출신이었다. 아리스토텔레스는 그의 도움을 받아 생물학 연구를 위한 자료를 모았다.

　시간이 흘러 BC 343~2년이 되었다. 아리스토텔레스는 마케도니아의 필리포스 왕에게 초청을 받는다. 필리포스는 아리스토텔레스에게 알렉산드로스 왕자의 가정교사가 되어달라고 부탁했다. 그래서 아리스토텔레스는 마케도니아의 수도 펠라로 이주했다. 필리포스와 헤르메이아스는 예전부터 막역한 사이였는데, 아마 그 때문에 필리포스가 아리스토텔레스를 초청했으리라 생각된다. 어쩌면 아리스토텔레스의 아버지 니코마코스가 살아 있던 무렵, 어린 아리스토텔레스와 필리포스가 친분을 쌓았었는지도 모른다. 필리포스 주위에 있던 저명한 정치가들은 저마다 훌륭한 철학자들을 곁에 두고 그들에게서 말하는 방법을 배웠다. 그 모습을 본 필리포스는 왕자를 큰 인물로 기르기 위해 아리스토텔레스를 불렀다. 필리포스는 아리스토텔레스를 극진하게 대접했다. 그리하여 아리스토텔레스가 엄청난 재산을 얻었다는 이야기까지 전해져 내려올 정도이다.

　그런데 그 무렵 13세이던 알렉산드로스 왕자는 아리스토텔레스와 어떤 관계에 있었을까? 한 사람은 뒷날 최고의 제왕이 될 왕자였고, 또 한 사람은 당대 최고의 현자였다. 그러나 둘은 진심으로 서로를 이해하는 사제지간이 되지는 못했던 것 같다. 알렉산드로스 대왕은 원정길에서 《일리아드》를 자주 읊조렸다고 한다. 이를 가르친 사람은 분명히 아리스토텔레스였을 테고, 그는 전통적 교과과정에 따라 알렉산드로스를 교육했을 것이다. 13세의 왕자에게 과학을 가르치는 일은 무리라고 판단한 그는 아마도 과학교육에 집중하지는 않았을 것이다. 또한 군사적 재능이 매우 뛰어났던 왕자는 아리스토텔레스와 성격이 많이 달랐을 것이다. 그래서 알렉산드로스는 자신에게 암송을 강요하는 고지식한 선생님을 좋아하지 않았을지도 모른다.

　BC 341~0년, 페르시아군은 헤르메이아스를 붙잡았다. 아소스의 왕 헤르메이아스는 페르시아로 옮겨져 타국에서 고난의 생애를 마친다. 이때 아리스토텔레스는 자신의 고향인 스타게이로스에 머무르고 있었다. 헤르메이아스의 조카딸인 피티아스는 조국을 떠나 마케도니아로 왔고, 두 사람은 그곳에서 만나 결혼했다. 아리스토텔레스의 유언에 등장하는 헤르필리스는 이 시기에 피티아스가 데려온 여성이었다. 아리스토텔레스와 헤르필리스 사이에서 그의 아들 니코마코스가 태어났다고 하는데, 이것이 사실인지는 알 길이 없다. 이 무렵 아리스토텔레스는 테오프라스토스와 함께 생물학 연구에 몰두해 있었고, BC 335년까지 이 지방에 머물렀다.

연구 과제

이 시기 마케도니아는 주도권을 확립해 가고 있었다. 한편 아테네에서는 데모스테네스가 민중의 지도자로 나서 반(反)마케도니아운동을 펼쳤다. 그 결과, 아테네를 중심으로 한 연합군과 마케도니아 군대 사이에 충돌이 일어났다. BC 338년, 두 군대는 카이로네이아에서 대치했고, 전선(戰線)은 한동안 교착상태에 있었다. 그런데 마케도니아의 한 기병대가 전광석화처럼 그리스 연합군 사이에 뛰어들면서 교착상태가 무너졌다. 이 기병대의 지휘자가 바로 알렉산드로스 왕자였다. 이때 그의 나이는 겨우 18세였다. 마케도니아는 이 전투에서 승리했고, 그리스 연합군은 패배했다. 이 일로 아테네는 몰락하고 마케도니아가 일어서기 시작했다. 하지만 이 전투의 의의는 그뿐만이 아니었다. 이 전투는 긍지 높은 전사(戰士) 공동체이자, 자유와 독립을 표방하는 고대 그리스에서 폴리스적 세계(도시국가들로 이루어진 세계)가 무너짐을 의미했다. 그리고 강대한 용병 군대를 능숙하게 조직해 드넓은 제국을 형성하는 헬레니즘 세계가 닥쳐왔음을 알리는 예고이기도 했다.

필리포스 왕은 마케도니아의 주도권을 세웠다. 그러나 그는 궁정 내 파벌 싸움의 희생자가 되고 말았다. 그가 암살된 BC 336년, 알렉산드로스는 20세의 나이로 즉위했다. 그리고 마케도니아의 장군인 안티파트로스가 총독이 되어 아테네를 다스렸다. 아리스토텔레스는 안티파트로스 장군과 가까운 사이였던 관계로 막대한 연구비를 지원받을 수 있게 되었다. 그리하여 아리스토텔레스는 스타게이로스를 떠나 다시 아테네로 돌아왔다.

이제 아리스토텔레스의 편력 시기를 정리해 보자. 이 시기는 BC 347년에서 BC 335년에 해당하며, 이때 그는 36세에서 49세의 나이였다. 말하자면 이 편력 시기는 가장 활발한 활동을 펼쳤을 만한 때이다. 아리스토텔레스는 이 기간 동안 어떤 연구를 했을까? 이는 매우 흥미로운 문제이지만, 이에 대한 확실한 사항은 그리 많지 않다. 하지만 소아시아 지방에만 사는 동물 이름이 실려 있는 《동물지》는 이 시기에 쓰인 작품임이 틀림없다. 그리고 이 저술은 그가 이 시기에 생물학에 전념해서 생물학 자료를 모으는 일에 치중했음을 보여

준다. 그리고 필리포스 살해사건을 기록한 《정치학》 일부분도 이때 쓰였을 것
으로 추측할 수 있다. 그렇다면 아리스토텔레스는 이 시기에 주로 과학자로서
활동했다고 볼 수 있다. 그는 생물학과 인간 생활 측면에 관련된 자료를 모으
고, 그것을 정리하는 일에 몰두했다. 이는 그의 이전 활동과는 분명히 다르다.
이 편력 시기에는 이전 활동에 비해 추상적·수학적 경향이 약해지고, 구체적·
생물학적 경향이 강해졌다고 할 수 있다.

다른 견해 중에는 이 시기가 아리스토텔레스 철학의 결정적 전환기였다는
주장도 있다. 이 주장에 따르면, 아리스토텔레스는 아카데메이아 학생 시절에
는 철저한 플라톤주의자였으나 아카데메이아를 떠난 뒤로 이데아론과 결별하
고, 그 이론을 공격하기까지 했다고 한다. 그러므로 이들은 아리스토텔레스는
아카데메이아를 사실상 탈퇴한 것과 마찬가지라고 주장한다. 즉 플라톤의 죽
음으로 스승의 권위에서 해방되어 자유로운 연구자가 된 아리스토텔레스가,
이데아론을 공격하고 비판하게 되었다는 말이다. 이 주장에 따르면, 아리스토
텔레스는 편력 시대에 접어들고 나서야 비로소 《이데아에 대하여》와 《형이상
학》 중 제1권, 제4권, 제5권 등의 온갖 저서를 썼다고 한다.

물론 이 주장에도 일리가 있다. 아리스토텔레스가 그러한 저서들을 집필하
면서 구체적 개체에 깊은 관심을 가지게 되었다고 볼 수도 있고, 또 그로 인
해 생물학적 연구를 시작했다고 추측할 수도 있다. 하지만 이 이야기에는 무리
가 많다. 이 주장에 따르면, 아리스토텔레스가 짧은 시간 내에 급격한 심리적
태도 변화를 일으킨 듯하다. 그러나 한 사상가가 연구 활동을 펼칠 때 그토록
급격한 변화를 일으키는 일이 과연 가능할까? 게다가 플라톤의 아카데메이아
는 종교 단체처럼 꽉 막힌 조직이 아니어서, 어떤 이야기에 의하면 플라톤이
살아 있을 무렵 아리스토텔레스가 이데아론을 비판했다고도 한다. 그리고 이
러한 점들을 고려하면 위의 주장을 그대로 받아들이기는 어렵다.

아테네로 돌아오다

아리스토텔레스가 아테네로 돌아온 때는 BC 335년으로, 그의 나이 49세였
다. 이때부터 BC 323년까지, 아리스토텔레스는 거의 10년간 리케이온에서 연
구 및 강의를 했다. 리케이온은 본디 공설 운동장으로서 소피스트들의 모임장
소로도 널리 알려졌던 곳이다. 공공장소인 리케이온은, 엄격히 말하자면 아리

스토텔레스가 세웠다고 할 수는 없다. 그래서 어떤 학자들은 아리스토텔레스가 이곳에서 강의를 했지만, 학장이라는 지위를 가지지는 않았다고 주장하기도 한다. 그가 소요학파(페리파토스학파)의 기초를 다진 거장이란 사실은 분명하지만, 실제로 학교 건물을 세우고 초대 학장을 지낸 사람은 테오프라스토스라고 한다. 어쨌든 소요학파라는 명칭은 아리스토텔레스가 산보하면서 강의를 했다는 데에서 비롯되었다는 설이 일반적이다. 그러나 학교(넓은 의미로는 강의) 자체를 페리파토스라고 부르기도 했던 것 같다. 그 무렵 테오프라스토스의 학교는 특히 인기가 있었고, 그래서 보통명사였던 페리파토스가 그의 학교를 가리키는 고유명사로 바뀌었을 가능성도 있다.

아리스토텔레스의 죽음

아리스토텔레스의 옛 제자인 알렉산드로스 대왕이 동방 원정길에 올랐을 때, 아리스토텔레스는 친척인 칼리스테네스를 대왕 곁으로 보냈다. 칼리스테네스는 대왕의 시중을 들기는 했으나, 대왕의 충고를 무시하고 주제넘게 나서다가 자신의 죽음을 재촉했다. 그리고 BC 323년, 마케도니아의 알렉산드로스 대왕이 원정 도중에 병사했다.

이를 기회로 아테네 사람들은 마케도니아에 대해 반란을 일으켰다. 아리스토텔레스도 마케도니아 성향이라는 이유로 그들의 공격을 받게 되었다. 그는 안티파트로스에게 편지를 썼다. 아테네인이 또다시 철학에 폭행을 가하려 하는데, 자신은 그 모습을 보고 싶지 않다는 내용이었다. 아리스토텔레스는 난리를 피해 에우보이아 칼키스로 옮겨갔다. 그곳은 어머니의 고향이었다. 그로부터 1년 뒤, 그는 62세의 나이로 생을 마감했다.

사상

논리학

BC 5세기, 아테네는 그리스의 꽃이었다. 이 도시제국은 해상동맹의 우두머리로서 많은 조세를 걷어들였으며, 그 거주자의 숫자는 2만 명이 넘었다. 게다가 이곳의 민주제도 속에서 생활하는 시민들은 말재주가 뛰어났다. 이런 상황으로 인해 아테네에서는 그리스 여러 지방 소피스트들의 교류가 빈번히 일어났고, 변설(辯舌), 즉 말에 대한 유행적 관심이 일어났다. 소크라테스의 문답법은 그 산물로서 플라톤의 이데아론을 이끌어 내고, 이윽고 아리스토텔레스의 논리학으로 이어졌다.

플라톤의 초기 대화편 《라케스》를 보면, 소크라테스는 '용기란 무엇인가?'를 묻고 있다. 물론 이것은 철학하는 생활인으로서 용기 있는 사람이 되라는 뜻에서 한 질문으로 보인다. 따라서 해답자는 용기라는 것에 대한 여러 가지 구체적 행위의 예를 들고 있다. 아마도 전통적으로는, 단지 이러한 구체적 행위를 본보기 삼아 실천하도록 강조해 온 모양이다. 그러나 소크라테스 시대에는 그러한 과거의 소박한 생활관은 없어지고, 스스로 깨달아 덕을 몸에 담는 길이 열리게 되었다. 소크라테스는 그 덕이 무엇인가를 추구하기 위해, '이 모든 행위에서 공통된 점은 무엇인가?' 묻는다. 해답자는 이에 대해 '영혼의 인내이다' 대답했다. 그러자 소크라테스는 인내는 용기와 공통점을 갖고 있으면서도 다르다고 말한다. 그리고 결국에는 자신을 비롯한 어느 누구도 참된 용기가 무엇인지 알지 못한다고 인정하면서 대화를 끝낸다. 플라톤의 초기 저작들은 이렇게 여러 미덕에 대한 소크라테스의 가르침을 충실히 전달하고 있는데, 어떤 결론을 내리지는 않는다. 하지만 그는 스승의 가르침 중에서 '아름다움'에 대한 부분에 이르러서는 그것을 존재론적으로 전화(轉化)한다.

플라톤의 이데아론이 소크라테스적 방법에 뿌리를 두고 있다는 사실은 아리스토텔레스도 크세노크라테스도 인정하고 있다. 그런데 이데아론의 논의 중에서는 곧 '그 자체인 존재(kath hauto)'와, '다른 존재와의 관계에 따른 존재(pros ti)'와의 구별이 앞쪽에 나온다. 이것으로 보아 '그 자체인 존재'를 '참된 존재'로 보고, 또 '다른 존재와의 관계에 따른 존재'를 '참으로 보이는 존재'로 여겨 이들을 구별하는 일은 BC 370년부터 BC 350년까지의 20년간 아카데메이아에서 중요한 문제였을 것이다. 이와 같이 플라톤은 소크라테스가 말한 변하지 않는 불멸의 아름다움을 '이데아' 영역에 있는 '참된 존재', 즉 실재의 존재라고 보았다. 그러나 이에 대해 아리스토텔레스는 '그 자체인 것'은 실체 범주로, 그리고 '다른 것과의 관계에 따른 것'은 관계 범주로 서술된다고 생각했다. 그리하여 그는 이렇게 말로써 규정 작용을 하는 체계적 이론을 전개하기 시작했다고 여겨진다.

이렇게 보면 아리스토텔레스는 처음부터 이데아론을 공격하는 위치에 있었다. 이미 초기 작품인 《이데아에 대하여》에서, '모든 사물들에 통해 있는 하나, 즉 보편은 있을 수 있다. 하지만 저마다의 개별적인 물건과 무관하게 존재하는 보편은 존재하지 않는다'고 생각하고 있다. 말하자면 그는 존재론적 개념보다는 과학의 대상으로서의 보편을 문제 삼고 있다. 그 결과 그는 실체, 성질, 관계 등의 개념을 정확하게 정하는 일, 또한 일반적인 서술어의 기능을 탐구하고 그 의미를 규정하는 문제 등을 다루었다. 그것이 《범주론》으로서 정리되었는데, 이 책을 두고 범주를 존재 질서라고 해석하는 견해가 있다. 그것은 아리스토텔레스가 아카데메이아 학생으로서 이들 개념의 존재론적 의미에 대해 무관심할 수는 없었으리라는 추론에 바탕을 둔 주장이다. 그러나 아리스토텔레스 자신은 서술하는 일은 현실을 묘사하는 일이며, 현존하는 것만이 참된 존재의 근거라 생각하고, 따로 존재의 구별을 세우지 않았다. 또한 주로 '범주'라는 말 자체는 주어에 대해 주장할 수 있는 서술을 나타내기 위한 말로서, 이와 같이 서술한다는 뜻으로 사용한 사람은 아리스토텔레스이다. 이 용어의 선택 자체가, 즉 아리스토텔레스가 아카데메이아 선배들이 논하는 존재론에 거리를 느끼고 있었음을 말해 준다. 다시 말하면 그는 자기 과제는 말로 표현할 수 있는 의미의 분석이라고 생각했던 것이다.

《형이상학》

《형이상학》에서 아리스토텔레스는 스승 플라톤의 이데아론을 뛰어넘어, '실체'를 추구하면서 존재의 네 가지 원인을 밝히고자 한다. 그리고 그 가장 깊숙한 곳에 존재하는 제1원인으로서 신의 존재를 인정하고 있다.

본디 형이상학(metaphysica)이란 말은 아리스토텔레스 책에는 나오지 않으나 아리스토텔레스의 제1철학이 편찬되는 과정에서 《자연학》 뒤에 놓였기 때문에 '자연학(physica) 다음의(meta) 책'이란 뜻에서 이름지어졌다고 한다. 그러므로 형이상학은 최고 실재로서의 순수한 형상을, 사고를 통해 인식하려는 학문을 가리키게 되었다. 형이상학은 실재하는 모든 것들의 가장 궁극적이고 가장 일반적인 본질 즉 '근본적인 무언가'나 '모든 일에는 원인이 존재한다' 등의 주제에 대한 고찰이다.

따라서 여기에서는 형이상학을 '형태를 초월한 것, 형태가 없어서 감각으로는 파악할 수 없는 것, 경험의 범주에서 벗어나 자연적·물리적 존재를 뛰어넘은, 감각적으로는 파악할 수 없는 것'이라는 사전적 의미로 정의해 두겠다.

아리스토텔레스는 지금으로부터 2500년 전에 태어나 19세기까지 철학계에 꾸준한 영향을 미친 위대한 철학자이다. 또한 아우구스티누스, 토마스 아퀴나스 등 중세 스콜라 철학자들은 아리스토텔레스의 신학을 바탕으로 그리스도교 철학을 세웠다. 이처럼 후세 철학에 커다란 영향을 미친 아리스토텔레스의 주요 저서가 바로 제1철학이라 불린 《형이상학》이다. 그럼 《형이상학》에서 어떤 철학적 구명(究明)이 이루어지는지, 다섯 가지 주제를 바탕으로 살펴본다.

보편 지향

《형이상학》의 제1부 제1장은 유명한 다음 문장으로 시작된다.

"모든 인간은 태어나면서부터 앎을 원한다. 그 증거로서는 감관지각(감관)을 좋아한다는 사실을 들 수 있다."

확실히 우리는 호기심을 지니고 있다. 그게 무엇이냐는 물음을 연발한다. 게다가 이런 질문은 감각에서 비롯되는 경우가 대부분이다. 이때 감각 가운데에서도 특히 눈을 통한 감각(시각)이 주로 쓰인다. 우리는 무언가를 보려고 할 때뿐만 아니라 딱히 그럴 생각이 없을 때조차, 청각·미각·후각 등의 다른 감각보다 시각을 더 중시한다. 즉 보는 행위를 즐겨 선택하는 것이다. 왜냐하면 본다는 행위야말로 다른 어떤 감각적 행위보다도 우리의 사물 인식에 도움을 주며, 그 대상을 다른 것들과 뚜렷하게 구별할 수 있도록 해주기 때문이다.

중세 스콜라 철학, 칸트와 헤겔의 인식론, 로크와 베이컨의 경험론, 실존주의자들의 이론 등, 몇 세기에 걸쳐 철학계의 중심에서 각 철학의 비판적 기반을 구축한 것이 바로 위 문장이다.

이는 인간과 지식의 관계를 설명한 문장이다. 여기에서는 인간에게 있어 지식이란 사명이나 직업이 아닌, 자연이 부여한 본능이라고 설명한다. 인간은 지식 없이는 자연스럽게 살아가지 못한다. 혹 그 지식이 불확실하고 불명확한 감각적 지식에 지나지 않더라도, 그것은 인간에게 매우 소중한 존재이다.

또 인간은 감각 중에서도 보는 것을 특히 좋아한다고 아리스토텔레스는 주장한다. 확실히 우리는 텔레비전이나 컴퓨터에 둘러싸여 살아간다. 이제는 스마트폰에서도 영상을 볼 수 있다. 아리스토텔레스는 오늘날의 이런 현상을 미리 꿰뚫어 본 모양이다.

이는 앞서 소개한 플라톤의 생각과는 대조적이다. 플라톤은 우리가 바라보는 개나 고양이는 실체가 아닌 그림자에 지나지 않는다고 말했지만, 그의 제자인 아리스토텔레스는 그것과 반대되는 주장을 했다. 이어서 그는 인간과 동물의 차이를 '기억력'을 바탕으로 설명한다.

"동물은 감각을 지닌 존재로서 자연스럽게 태어난다. 그리고 어떤 종류의 동물에게서는 이 감각으로부터 기억력이란 것이 발생한다."

우리는 뜨겁다든가 차갑다는 감각을 느낀다. 이런 감각은 '불은 뜨겁다'든가 '얼음은 차갑다'라는 기억과 연결된다. 따라서 기억력이 있는 동물은 없는 동물보다 더 똑똑하며 가르치기와 배우기를 잘한다. 그런데 기억력은 있으나 소리를 못 듣는 동물은, 똑똑하긴 하지만 가르치거나 배우질 못한다. 아리스토텔레스는 이렇게 주장하면서 붕붕 날아다니는 벌을 예로 들었다. 그렇다 해도 벌의 학습 능력에 대한 현대 동물학계의 의견을 여기에서 굳이 다룰 필요는 없을 것이다.

다음으로 그는 이렇게 말한다.

"그러나 기억력과 청각을 갖춘 동물은 가르치고 배우는 일이 가능하다."

이는 아리스토텔레스가 《자연학》에 대해 설명한 부분이라고 봐도 된다.

철학적 의미로 보자면, 이는 기억력이 감각에서 비롯되는 것이며 시각뿐 아니라 귀로 듣는 능력을 지닌 동물, 더 나아가 언어가 기억력에서 얼마나 중요한지를 보여주는 문장이다. '귀동냥'이라는 말이 있듯이, 우리는 청각을 통해 시각에 뒤지지 않을 만큼 많은 정보를 얻고 있다. 기억력이 좋은 동물이란 잘 듣는 귀를 가진 동물을 가리킨다. 그래서 사람들이 남의 이야기를 잘 들으라고 말하는 것이다.

또한 《형이상학》에서는 '경험'에 대해서도 말한다. 인간과 다른 동물들과의 차이점은 '경험'의 유무이다.

"이처럼 다른 동물들은 감각 표상이나 기억을 통해 살아가지만, 경험을 갖는 동물은 인간 말고는 거의 없다. 게다가 인간이라는 동물은 기술이나 추리력까지 갖추고 살아간다."

아리스토텔레스는 위와 같이 주장한 뒤, 인간의 경험을 낳는 것은 바로 기억이라고 덧붙인다.

그런데 경험은 학문이나 기술과 거의 비슷하게 다루어지지만, 사실 인간이 학문이나 기술을 익히기 위해서는 경험이라는 매개체가 필요하다. 아리스토텔레스는 '경험은 기술을 낳지만 무경험은 우연을 낳는다'라는 폴로스의 말이 옳다면서 흥미로운 지적을 한다.

아리스토텔레스는 여기에서 인간과 다른 동물들과의 차이점을 밝힌다. 즉 인간은 경험으로부터 기술이나 추리력을 얻어 살아가며, 이런 것들을 '학문'으로서 지니게 되었다는 것이다. 이런 의미에서 아리스토텔레스는 경험주의자이다. 하지만 그다음 내용에서부터는 단순한 경험주의에서 벗어난다.

"경험이 주는 수많은 심상(이미지) 가운데 몇몇 비슷한 것들에 대해, 하나의 보편적 판단이 생겨났을 때 기술이 탄생한다."

여기에서 말하는 '기술'이란 '학문'과도 같다. 다시 말해 인간은 수많은 경험으로부터 기술을 배운다. 많은 것들 사이에서 공통점을 찾아내 보편적 판단을 내릴 때 '기술' 및 '학문'이 탄생하는 것이다.

그는 그 예로 의학을 들었다.

"카리아스가 이러이러한 병에 걸렸을 때 그런 처방을 하니 효과가 있었으며, 소크라테스를 비롯한 다른 많은 사람들의 경우도 마찬가지였다고 판단하는 것은 경험에 따른 일이다. 그러나 같은 체질을 지닌 사람들이 이러이러한 병에 걸렸을 때(예를 들어 점액질인 사람들 혹은 담즙질인 사람들이 열병에 걸렸다면) 그 체질인 환자들 모두에게 그런 처방이 효과가 있다고 보편적 판단을 내리는 것은, 기술에 따른 일이다."

확실히 보편적 효력이 없으면 의학이라고 부를 수 없다.

여기에서 우리는 보편이 무엇인지 알 수 있다. 아리스토텔레스는 하나 또는 몇몇 사례에서만 효과가 있는 경우를 경험이라 불렀다. 이와 달리 어떤 체질을 지닌 모든 사람들에게 효과적인 처방은 보편적이라는 말로 표현했다. 아리스토텔레스의 《형이상학》의 핵심어인 '보편적'이라는 단어는 여기에서 등장한 것이다.

이어서 그는 목수 반장과 수하 목수들에 대해 이야기한다.

"목수 반장은 그 아래에서 일하는 사람들보다 훨씬 존중받아야 한다. 왜냐하면 그는 그 일 전체의 원인을 알고 있기 때문이다. 수하 목수들은 자기들이 맡은 일의 의미를 모르는 채로 일한다. 마치 불을 붙인 물체가 그대로 타는 것처럼 말이다. 목수 반장은 보다 지혜로운 사람이다. 그 까닭은 그가 실천자라서가 아니라, 원칙을 파악하고 원인을 알고 있기 때문이다. 사람이 무언가를 아는지 모르는지는, 그것을 다른 사람에게 가르쳐 줄 수 있느냐 없느냐로 알수 있다. 이런 이유로 기술은 경험보다 더 큰 학문이라 불릴 수 있다. 왜냐하면 기술자는 남을 가르칠 수 있지만, 경험만 있는 사람은 남을 가르칠 수 없기 때문이다."

말하자면 설계자가 현장 인부보다 더 중요하다는 이야기다. 그 까닭은 현장 인부보다는 설계자가 원인, 목적, 원리 등을 잘 알기 때문이다. 다시 말해 이론적인 '지식'이 단순한 기술보다 한결 더 큰 지혜이기 때문이다.

지자(知者)=학문
아리스토텔레스는 '지자'가 누구인지 정리한다. 조목으로 나눠 설명하자면 다음과 같다.
① 모든 것을 인식하는 사람.
② 평범한 사람은 쉽게 알 수 없는, 어려운 것을 알 능력이 있는 사람.
③ 정확한 사람.
④ 무언가의 원인을 잘 아는 사람.

⑤ 그 자체가 바람직하여 그것을 아는 일이 바람직한 지식이, 효과가 바람직한 지식(기술)보다 더 큰 지혜이다.

⑥ 지배적(최고의) 지식이 그에 예속되는 지식보다 더 큰 지혜이다.

①에서는 보편적인 것에 대한 인식이 무엇보다 중요하다. ②에서 가장 보편적인 인식은 가장 어려운 일이다. ③에서 가장 정확한 지식은 제1원인을 대상으로 하는 지식이다. 제1원인은 운동의 궁극적 원인이다. 그 자체는 운동하지 않지만 다른 운동의 원인이 된다. '부동(不動)의 동자(動者)'라고도 한다. 종교에서 이는 곧 만물의 창조자이자 지배자인 '신'이다. ④에서 깨닫는 지식의 특징은, 모든 제1원인을 연구하는 이론적 지식에서 가장 두드러진다. ⑤의 경우, 그저 알고 싶어서 알고 인식하고 싶어서 인식한다는 것의 특징은, 무엇보다 먼저 인식할 수 있는 것이 대상일 때 가장 두드러진다. 즉 모든 제1원인에 대해 인식하면 그에 예속되는 것들을 알 수 있지만, 예속되는 지식으로는 첫째가는 인식을 알 수 없기 때문이다. ⑥이 성립되는 까닭은, 모든 지식들 위에 군림하는 최고 지식이란, 저마다의 모든 것들이 무엇을 위해(무슨 목적으로) 이루어져 있는지를 아는 지식이기 때문이다.

아리스토텔레스는 이처럼 설명한 뒤, ⑥의 최고 지식은 제1원리나 원인을 연구하는 이론적 지식이어야 한다고 말한다. 이를 '제1철학'이라고 부른다.

여기에서 주목할 사실은, 아리스토텔레스가 이 최고 지식을 모든 것의 원인(작용인)이며 신만이 소유할 수 있는 지식이라고 말한다는 점이다. 이 생각은 아우구스티누스의《고백록》에서 볼 수 있듯 그리스도교 신학의 바탕이 되었다.

네 가지 원인

제1철학의 주된 관심은 '실체'이다. 아리스토텔레스는 실체를 '그 자체 말고의 다른 무엇에도 의존하지 않고 실재하는 것'이라고 정의했다. 전통적 의미로는 그 자체의 성질이나 특성을 떠받치는 히포케이메논(基體)을 가리킨다. 아리스토텔레스는 플라톤의 이데아론과 대립하는 학설로 실체에 대해 이야기한다.

"자연을 통해 만들어진 실체 이외에 다른 실체가 없다면, 자연을 대상으로 하는 학문이 제1학문이다. 만약 부동의 실체가 존재한다면, 이 실체에 대한 학문을 우선해야 하며 이것이 제1철학이어야 한다."

그는 이런 제1철학은 보편적인 철학이어야 한다고 말한 뒤, 보편적인 것에 대한 탐구가 '제1철학'이라고 선언한다.

제1철학의 주된 주제는 '존재로서의 존재'에 대한 고찰이다. 다시 말해 존재란 무엇이며, 존재로서의 존재에 속하는 것의 속성은 또 무엇인지 살피는 일이다. 아리스토텔레스는 이것이 제1철학의 유일한 사명이라고 말한다.

이리하여 그는 실체의 의미에 대한 구체적 연구를 시작한다. 여기에서 등장하는 것이 두 가지 대립 개념과 4원인설(原因說)이다.

먼저 '질료'와 '형상', '가능태'와 '현실태'라는 대립 개념부터 살펴보기로 한다.

질료는 형상과 상관적인 개념. 집에 비유하자면 집의 기능이나 구조가 형상이며, 집의 소재로 쓰인 나무나 돌이나 흙 등이 질료다.

형상은 다른 것과 구별하게 해주는 본질적 특징. 소재가 되는 질료와 대조적인 개념.

가능태는 질료가 아직 형상을 지니지 못한 상태. 즉 규정되지 않은 질료를 가리킨다.

현실태는 사물의 운동·변화, 질료가 형상으로 변화되는 과정으로 파악할 수 있다. 질료가 형상을 실제로 이루어서 모습을 나타낸 것이 현실태이다.

나무 탁자를 예로 들어보자. 이 탁자는 이미 나무의 '형태를 이루고' 있다. 이것이 '질료'이다. 이 나무는 탁자라는 형태를 이룬다. 이것이 '형상'이다. '질료'에 '형상'이 주어진 것이 바로 이 탁자이다. 이때 나무가 탁자로 변화하기까지는 시간적 경과가 필요하다.

'가능태'와 '현실태'에 대해서는 민들레꽃을 예로 들어 생각해 보자. 이 경우에는 씨가 '질료'이며 노랗게 핀 꽃이 '형상'이다. 이 둘은 얼핏 봐서는 무슨 관계인지 알 수 없다. 그러나 여기에는 '가능태'와 '현실태'라는 존재 방식이 숨어 있다. 씨는 언젠가 푸르른 잎사귀를 펼치고 노란색 꽃을 피워 낼 '가능태'로서 존재한다. 노랗게 핀 꽃은 우리가 지금 눈으로 볼 수 있는 '현실태'이다. 참나무와 도토리의 관계도 이와 같다.

이를 바탕으로 아리스토텔레스는 네 가지 원인에 대해 고찰한다. 나열하면 다음과 같다.

① 질료인
② 형상인
③ 작용인
④ 목적인

활짝 핀 민들레꽃을 다시 한 번 예로 들어보기로 한다.

민들레 씨는 원인에 해당하는 '질료인'이다. 그리고 일의 전개(민들레꽃이 됨)를 규정하는 형태로서 '형상인'이 존재한다. 그 과정의 움직임을 일으키는 것이 '작용인'이며, 그 결과가 '목적인'이다. '목적인'은 성숙한 민들레의 완전한 상태를 가리킨다.

아리스토텔레스의 이런 생각은 이데아를 실체로 보는 플라톤의 생각과 크게 다르다. 즉 아리스토텔레스의 생각은 이데아의 존재를 부정한다.

스승 플라톤에 대한 비판

플라톤은 모든 현상의 배후에는 그것의 원인이 되는 영원하고도 움직이지 않는 존재한다고 생각했다. 그는 그것을 '이데아'라 불렀으며, 영혼을 통해 이를 파악할 수 있다고 주장했다. 감각으로 인식할 수 있는 민들레꽃이나 탁자 등은 끊임없이 변화하고 언젠가는 소멸하므로, 이들은 참된 의미에선 실재가 아니라고 플라톤은 말했다. 따라서 참된 지식은 '이데아' 또는 '에이도스(형상)'라는 비감각적 지성을 통해 파악할 수 있는 것뿐이라고 결론지었다. 플라톤의 말에 따르면, 우리가 현실에서 감각으로 인식하는 민들레꽃이나 탁자는 이데아의 '그림자'에 지나지 않는다.

이때 본보기가 되는 것은 피타고라스의 수학적 지식이다. 우리는 완전한 원이나 삼각형을 개념 및 정의로서 지성으로 파악할 수 있다. 이것들은 현실의 감각적 대상이 아니다. 다시 말해 완전한 원이나 완전한 삼각형은 현실적으로는 존재할 수 없다.

이에 대해 아리스토텔레스는 다음과 같이 반론한다.

"사물과 따로 떨어져 실재하는 존재로서 설명되는 이데아나 에이도스(형상)를 사물의 원인으로 보는 것은, 사물의 생성에서나 존재에서나 전혀 쓸모없는 일이다."

말하자면 이데아라는 다른 세계를 생각할 필요가 없다는 것이다. 즉 그 질료 속에 형상을 원인으로 하는 무언가가 있다면, 그것만으로 충분하다는 주장이다. 소크라테스와 카리아스는 질료부터가 서로 다르며, 이러한 질료인에 의해 소크라테스와 카리아스라는 형상이 탄생한 것이라고 아리스토텔레스는 말한다.

신의 존재

아리스토텔레스의 이 같은 존재론은 신이라는 제1의 존재자에 대한 주장으로 이어진다.

예를 들면 벽돌과 돌로 된 집이 한 채 있다. 이 집이 집인 이유가 무엇이냐고 묻는다면, 집의 집으로서의 요소(집의 본질·형상)가 이것들에 내재해 있기 때문이라고 대답할 수 있다. 나아가서 그 구성 요소인 벽돌과 돌에 대해서도 마찬가지로 묻고 답할 수 있다. 이런 문답이 세 번, 네 번 계속되고 마침내는 무한히 이루어진다.

이때 궁극적으로는 구성 요소가 아닌 '무언가'에 다다를 것이다. 그 무언가야말로 그것을 그것이 되게 하는 그 자체의 실체이다. 이를 '제1원인'이라 부른다. 제1원인은 구성 요소가 아닌 '원리'이다.

이것이 아리스토텔레스가 말하는 '부동의 동자'이다. 이는 현실에서 일어나는 모든 운동의 궁극적 원인이 된다. 그리고 이것 자체는 아무런 가능성도 가지지 않는 완전한 현실이다. 이것이 '제1동자(動者)'이자 '부동의 동자'이며 곧 '신'이다.

아리스토텔레스의 이러한 형이상학은 이후 그리스도교의 교리에 큰 영향을 미쳤다. 궁극적 절대자인 신이라는 존재는 그리스도교 철학과 신학의 발전에 기여했을 뿐만 아니라, 지성과 이성에 대한 그리스 사람들의 숭배 대상에 정합성(무모순성)을 부여했다.

범주에 대하여

구체적으로 아리스토텔레스는 어떻게 하여 범주를 이끌어 냈을까? 아리스토텔레스의 강의 방법은, 예를 들면 코리스코스(이 인물은 그의 강의에 출석해 있었다)와 같은 현존하는 개인을 상대로 서술을 하는 식이었다. 그리하여 그는 이 학생에 대해 열 가지 개념에 맞춘 질문을 하여 다음과 같이 정리했다.

① 그는 사람이다. (실체)

② 그는 어느 정도의 키이다. (양)

③ 그는 교양이 있다. (성질)

④ 그는 친구보다 키가 크다. (관계)

⑤ 그는 학원에 있다. (장소)

⑥ 어저께도 이곳에 있었다. (때)

⑦ 그는 앉아 있다. (상태)

⑧ 그는 구두를 신고 있다. (소유)

⑨ 그는 자르고 있다. (능동)

⑩ 그는 잘리고 있다. (피동)

그는 위의 열 가지 형식에 따른 논의만이 의미 있는 서술이라 생각하고 열 가지 범주를 이끌어 냈다.

아리스토텔레스는 어떤 이유로 이 범주가 나왔는지 설명하지 않았다. 그러나 이것은 그가 플라톤식의 존재론에서 방향을 바꾸어, 말이 수행하는 기능에 기초하여 그 의미를 탐구하는 길로 접어들었음을 뚜렷이 나타낸다. 이로써 그는 실체로부터 피동에 이르는 열 가지 서술어로써 그 뜻을 표현하고 있다. 그리고 많은 논자들은 이 저작이 매우 초기 작품이라는 일치된 의견을 보이고 있다. 즉 초기부터 아리스토텔레스는 스승과는 다른 의견을 내놓았다. 실제로 플라톤은 사물의 분류는 자연에 의해 이미 짜여 있다고 믿고 있었으며, 그 사물은 이데아의 모사(模寫)에 지나지 않는다고 주장했다. 그 주장에 따른다면, 예컨대 선(善)이라는 말은 일의적이 된다. 왜냐하면 선이란 모든 선들의 모사가 되기 때문이다.

그러나 아리스토텔레스는 언어의 일의성이란 그 대상의 의미적 실체를 나타낸다고 생각했다. 그리하여 그는 어법을 경험적으로 연구한 뒤, 말의 기능적 의미를 열 가지 범주로 나누고, 그 가운데 하나인 '실체'에 의하여 말의 일의성 (一義性)을 규정하려고 했다. 틀림없이 플라톤의 《에우티프론》에는 '너는 성질을 생각하기 전에 실체를 알아야 한다'는 말이 있고, 아리스토텔레스 또한 이 실체라는 말을 쓰고 있다. 하지만 그는 이 말을 논리상의 어떤 뜻을 나타내는 용어로서 쓰고 있다. 즉 그는 논리상의 실체란 어떤 경우에도 개수가 하나인 존재로서, 반대 규정(예를 들면 하양과 깜장)까지도 받아들일 수 있는 특징을 띤다고 생각했다. 그는 이러한 실체의 의미에 바탕을 두었는데, 예를 들면 '사람'과 같이 실체를 나타내는 말은 일의적이 될 수 있다고 했다. 이것은 용어의 뜻에 대해 논하는 의미론이라 할 수 있다.

분명히 아카데메이아의 논의 중심은 존재론이었을 것이다. 그러나 아리스토텔레스는 이미 그때부터 존재론을 거부하고 의미론을 주장했던 것이 아닐까? 이 일은 《분석론 후서》 중에서 '실체를 나타내지 않은 서술어는 다른 주어를 서술해야 한다. 아무 대상도 없이('하얗다'고 서술되는 주어) 하얀색만으로는 존재할 수 없다'라는 말로도 알 수 있다. 즉 초기 논문에서 그는 범주의 의미론적 성격을 언급하며 희다는 질(質)이 존재론적 기초가 될 수 없다는 사실을 주장한다. 그리고 이러한 의미론적 분석이야말로 플라톤적 이데아론을 거부하는 무기가 되었다.

실체의 범주

《범주론》에서 가장 중요한 개념은 실체이다. 이에 대해 아리스토텔레스는 다음과 같이 생각한다. 이 실체의 개념에 고유한 점이 있다면, 그것은 '실체는 자신의 동일성을 유지해 수적으로는 하나이면서도 서로 반대의 것을 받아들인다'이다. 이는 앞에서 말했듯이 실체 개념의 논리적 뜻을 나타낸다. 또한 범주는 여러 질문에 대한 답의 형태를 띠고 있으며, 특정 주어에 곁들여지는 하나의 술어이다. 말하자면 참인 존재는 열 가지 범주에 따라서 서술되고 표현되며, 또한 범주의 논리적 의미를 탐구하는 방향을 가리킨다. 그리고 주어가 되는 참인 존재는 '그 자체의 것'이며 그것이 실체이다.

이 생각의 방향을 따라가 보면 아리스토텔레스가 존재를 보는 방법은 플라톤의 존재 질서를 뒤집고 있음을 알 수 있다. 즉 플라톤에게는 이데아가 최고의 존재이고 시공 사이의 사물은 그 모사에 지나지 않는다. 그러나 아리스토텔레스에게 실체란, 범주의 첫 번째 의미로서 우선적으로 존재하는 구체적 개체일 뿐이다. 그렇다 하더라도 그러한 개체들에 대해 하나의 진실을 말할 수 있어야 한다. 그렇지 않으면 학문은 존재하지 않는다. 그러므로 개체를 포함하는 '종(種)'이나 '유(類)'를 보편으로 본다면, 그것이 객관적 존재가 아닐지라도 논리적인 의미에서는 그것을 '제2실체'라고 생각할 수 있다. 그래서 아리스토텔레스는 한 사람 한 사람의 개체를 실체로 보고, 그가 속한 추상적 개념인 '인간'을 '제2의 실체'로 생각한 것이다.

여기서 때때로 좁은 뜻으로의 실체는, '서술될 수 있지만 서술어는 되지 못하는 존재'라고 정의된다. 그런데 '제2의 실체'는 제1실체, 즉 개체를 서술할 수 있다. 그러면 여기서 '제2의 실체'는 성질 부여(=질의 범주) 역할을 맡은 듯이 보인다. 수많은 '흰 것'을 '희다' 하듯이, 수많은 개인을 '인간'이라 규정한다. 하지만 이 둘은 서로 다르다. '제2의 실체'는 '어떤 물건'을 직접 가리키지는 않지만, 그것이 '이러이러한 물건'임을 알려준다. 이를테면 그 사물이 사물다울 수 있는 변함없는 근거의 본질을 규정하지만, 질처럼 그 사물에 덧붙은 우연적인 속성을 나타내지는 않는다. 그러므로 '제2의 실체'는 개체를 내포하고, 그 사물을 다른 사물과 구별하는 동시에 그 사물을 분류하는 기능을 갖고 있다. 예를 들면 어떤 사람과 어떤 말(馬)이 실체라고 할 때 그 실체의 뜻은 틀림없이 개체이지만, '어떤 성질 때문에 이들은 실체인가' 물으면 아리스토텔레스는 유(類)개념으로 대답할 것이다. 즉 이 유개념이야말로 눈앞의 '사물'을 가장 단적으로 나타낸다고 할 수 있다. 그리고 그런 뜻에서 '제2의 실체'는 다른 범주에 대해서는 제1의 실체와 같은 기능을 한다. 그러므로 범주로서는 제1과 제2의 실체가 똑같은 실체이며, 그 구별은 단순히 형식적이라 할 수 있다. 그러나 이에 의하여 개념들 상호 간의 상하 관계가 규정되며, 따라서 개념의 정의(유개념+종차(種差)=정의)의 길도 열리게 된다.

말과 아리스토텔레스

아리스토텔레스는 다음과 같이 말했다.

"마음속에 떠오른 생각을 글로 옮겨, 각 규칙에 따라 정확하게 표현해 발성한 실체의 표현이 말이다."

이렇게 그는 말은 사고의 형상이라고 생각했다. 그는 처음부터 진정한 실재인 이데아와 감각적 사물이 공존한다고 여겼기 때문에 플라톤처럼 언어에 대해 이데아적, 존재론적 기초를 세우는 일을 거부한 것이다. 아리스토텔레스는 말은 전적으로 인위적이 아니고 반자연적이지도 않으며, 오히려 자연적이라는 점을 인정한다. 하지만 그는 그에 덧붙여 인위적인 것도 뒤섞여 있다고 보았다.

여기에는 플라톤과는 근본적으로 시각차를 보이는 그의 논리가 깔려 있다. 자연계나 정신문화계에서 우리가 겪는 모든 일은 진보 과정의 감각적 체험이며 자연에 내재하는 경향에 대한 순응이듯이, 말도 그와 같은 과정을 겪는다는 사고방식이다.

이 사고방식에 따르면 아리스토텔레스는 말의 의미를 확정하는 방법도 플라톤과는 다르다. 플라톤은 변증론을 사용해 최고의 이데아를 확립하고, 그 위에서 언어의 의미를 분할했다. 그러나 아리스토텔레스에게 있어서 말의 뜻은 그 말이 이해되느냐 하는 것만으로 확립되며, 과학적 사유의 대상은 되지 않는다. 즉 그는 말의 중요성은 어떤 존재의 표시와 표현에 있으며, 말 자체만으로는 참도 거짓도 아니라고 생각했다.

이렇게 되면 말이란 우리 사고를 드러내기 위한 인위적인 상징이 된다. 그러므로 '트라게라포스'라는 말이 어떤 실체를 나타내면, 그것에 '이다'라든가 '아니다'가 붙여지지 않는다면 참도 거짓도 아니다. 그렇지만 이 실체를 설명하는 말이 덧붙어서 명제가 될 때, 즉 사고가 작용하고 두 가지 상징이 결합하거나 분리될 때 거기에 진위가 생긴다. 이를테면 '산양 사슴이 있다'는 식의 명제가 있을 때, 그 명제는 사고의 과정을 반영한다. 덧붙여 말한다면 사고란 현상적으로는 말의 결합이며 그 결합은 '존재한다'와 '존재하지 않는다'로 표명되고, 그것이 실재와 대응하는지 아닌지에 따라 진위가 생기게 된다. 이때 말은 단순한 상징에 지나지 않으며 그래야만 일의적 이해가 가능하다. 그러므로 다의적인 단어의 경우에는 먼저 그 말뜻을 규정하고 상징화하는 일이 의론의 전제가 된다. 아리스토텔레스는 이렇게 말에 대한 견해를 정리한 다음 명제를 생각했다.

명제의 형식화
아리스토텔레스는 위와 같이 말에 대한 탐구를 명제를 이루는 문장과 연결하고, 명제의 여러 형식은 사고의 성격을 나타낸다고 생각했다. 아리스토텔레스는 이 연구를 진행하면서 명제의 여러 형식을 알아차려 나눌 수 있도록 했다. 그런데 《명제론》에서 그는 수칭(數稱)으로는 단칭, 전칭, 부정칭을 들었지만, 아직 특칭에는 독립된 위치를 주지 않고 있다. 다만 '어떤 사람도 희지 않다(E 명제)'의 모순명제는 '어떤 사람은 희다(I명제)'라고 했고, 특칭부정명제(O명제)

는 '모든 사람이 흰 것은 아니다'와 같은, 전칭부정명제에 대한 부정으로 표현했다. 그러나 《분석론 전서》에 이르면 전칭과 특칭의 구별이 뚜렷이 되어 있다. 이리하여 형식논리학 교과서에서 우리가 처음 만나는 다른 네 종류의 명제가 탄생한다.

전칭긍정명제(A)
전칭부정명제(E)
특칭긍정명제(I)
특칭부정명제(O)

위의 A, E, I, O의 명칭은 affirmo(긍정한다)와 nego(부정한다)의 두 동사에서 저마다 두 개의 모음을 취하고, 앞의 모음으로 전칭, 뒤의 모음으로 특칭을 나타내도록 한 의미가 된다. 즉 affirmo의 A와 I, nego의 E와O에 의해 네 가지의 명제를 나타낸다.

그런데 형식논리학은 대체 무엇일까? 만일 논리학을 사고의 형식이라고 한다면 이것은 이해하기 어려운 이야기가 된다. 왜냐하면 사고란 논리학과는 관계가 없는 심리적 현상이기 때문이다. 그래서 아리스토텔레스도 논리학에서는 심리적 현상을 다루지 않았다. 소요학파의 해석에 따르면, '형식적'이란 것은 명제의 모든 항이 구체적 내용을 갖지 않은 명사로 표현된다는 뜻이다. 다시 말해서 말은 상징이므로 '사람'이라든가 '소' 등의 말을 사용하지 않고, ……와 같은 기호로 바꿀 수도 있다. 이 상징의 수칭(전칭과 특칭)과 위치(주어와 서술어의 위치), 그리고 그들의 결합과 분리를 나타내는 논리적 정항('이다'와 '아니다')이 바로 논리학의 형식이며, 이러한 형식들을 취급하는 학문이 형식논리학이다. 그러므로 앞서 말했던 4명제도 다음과 같이 기호화할 수 있다.

Aab……모든 a는 b이다=b는 어떤 a에도 귀속한다.

Eab……모든 a는 b가 아니다=b는 어떤 a에도 귀속되지 않는다.

Iab……어떤 a는 b이다=b는 어떤 a에 귀속한다.

Oab……어떤 a는 b가 아니다=b는 어떤 a에는 귀속하지 않는다.

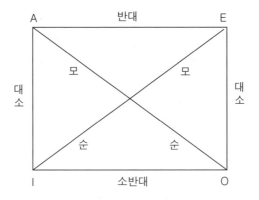

이 기호는 최초의 AEIO를 논리적 정항(定項)과 수칭으로 나타낸 표식인데, 이때 a, b는 상징이며 a가 주어의 위치, b가 서술어의 위치를 나타냈다.

이와 같은 명제의 분류는 무엇 때문에 하는가? 첫 번째 이유는 우리가 이 것으로 명제의 상호 관계를 명확히 알 수 있기 때문이다. 예를 들면 부정의 기 호를 N으로 정하고 '모든 사람은 정당하다(Aab)'를 모두 부정하면, 〈모든 사람 은 정당하다〉고 할 수 없다(NAab)'가 된다. 이것은 '모든 사람이 정당한 것은 아니다(Oab)'와 같다. 그러므로 Oab=NAab가 성립하고 마찬가지로 Eab=NIab 가 성립한다. 또한 이것은 '대등의 사각형'으로 결정되고 직접추리에 중요한 역 할을 한다.

두 번째 이유는 이러한 논리적 표식이 간접추리의 경우에도 중요성을 갖는 다는 점이다. 왜냐하면 이들 명제의 사용을 거듭하는 간접추리가 정당하기 위 한 조건은 명제의 종류(A, E, I, O명제)에 좌우되기 때문이다. 그러나 추리를 행 하기 전에는 늘 그 명제가 무엇을 명시하는가를 '정확히' 알아두어야 한다.

《토피카》

이 책의 원명은 '토피카(Topica)'로, 아리스토텔레스 자신이 붙였다고 한다. 토 피카는 토포스(topos)에서 유래하며 어원적으로는 장소라는 뜻이지만 비유적 으로는 관점을 뜻한다. 그는 '하나하나의 문제를 잘 검토할 수 있는 여러 관점 을 세세하게 설명했다'고 하면서, 변증론적인 항론(抗論)에 지지 않을 기술을 체계적으로 서술했다고 말했다. 그 귀착점은 주어에 대한 술어의 관계를 밝힘 으로써 변증론적 명제를 검증하는 규칙을 발견하는 일이다.

우리는 소크라테스가 '덕(德)이란 무엇인가?'를 묻고 그 덕의 정의를 구했던 것을 알고 있다. 플라톤은 거기서 출발해 이데아를 세우고, 그 이데아를 얻는 변증론을 펼쳐나갔다. 아카데메이아에서 그 변증 명제의 검증 문제가 논의의 중심이 되었던 것은 의심할 바 없다. 그때 그들은 과학적 진리의 존재를 묻고 그것을 확립하려고 했다. 그런데 그 과학적 진리를 표현하는 명제 자체가 어떤 경우에 참이고 거짓인지, 또 그 원인은 무엇이고 몇 가지의 원인이 있는지에 대해서는 아는 바가 없었다.

이 문제에 대한 선인(先人)의 연구는 '이제까지 전혀 없었다'고 아리스토텔레스는 단언했다. 그리고 자신이야말로 과학적 지식의 기초 조건이 되는 이 문제를 최초로 다루어 해결한 사람이라고 자부한다.

아리스토텔레스는 명제가 여러 가지 것을 명시한다면, 그 하나하나를 명시하는 데에는 제한 또는 규칙이 있으리라고 생각했다. 그리고 그러한 것들은 명제를 구성하는 주어와 서술어의 관계 속에 있다고 믿었다. 그리하여 그는 명제에 대한 판단을 내리기 위해서는 술어가 나타내는 논리적인 뜻, 다시 말해 술어 개념이 어떻게 분류되는가를 발견해야 한다는 결론을 내렸다.

《토피카》 제1권은 이에 대해서 명확히 논술한다. 이 1권이 나머지 권들보다 연대적으로 뒤에 쓰였다는 추측은 거기에서 나온 것이다. 왜냐하면 제1권 이외의 책에서는 술어개념의 확정이 서서히 형성되고 있기 때문이다. 그러므로 제1권을 기초로 그것을 설명하려고 한다.

"모든 명제와 모든 문제에는 특유성이나 유(類), 또는 부대성(附帶性)이 포함되어 있다. 거기에는 종차(種差)도 있겠으나, 이런 것은 유(類)적인 것으로서 같은 무리로 정리해야 한다. 그런데 특유성에는 사물의 본질을 나타내는 것과 그렇지 않은 것이 있기 때문에 그 특유성을 위의 두 가지 부분(주어와 서술어)으로 나누어 본질을 나타내는 것을 정의라 부르고, 나머지 것을 그것들과 관계있는 보통 명명법에 따라 특유성이라 부르기로 한다. 그러면 설명한 바로써 뚜렷하듯이, 네 가지 분류가 생기게 된다. 즉 정의, 특유성, 유, 부대성이다."

그렇다면 우리는 모든 명제를 볼 때 그것이 네 가지 가운데 어느 것을 명시했는지 알아야 한다. 그 방법을 정리해서 말하면 이렇게 된다.

유(類) a와 성질 b에 대해 Aab가 주장할 수 있는 가능성으로서, 그때의 a와 b는 다음 네 가지 방법으로 관계를 맺는다.

1. Aab인 동시에 Aba이다. 이 경우 그림처럼 a와 b는 겹친다. 그러나 ㉠ b가 a의 본질을 나타내는 경우 (예) a=사람, b=이성적인 유정(有情)생물.

㉡ b가 a의 특유성(property)인 경우는 다음과 같다.

(예) a=사람, b=학습 능력이 있는 유정생물(단, 이 경우의 학습이란 것은 현대 심리학에서 동물실험을 통해 동물 학습에 대해서 논하는 것과는 다른 뜻). 이 '학습 능력이 있는'은 이성적이라는 본질에서 생겨나기 때문에 본질을 나타내지 않는다.

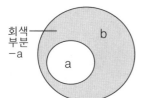

2. Aab이지만 Oba라 한다. 이 경우 위의 그림처럼 b안에는 −a도 포함된다. 이때 ㉢ b가 a의 본질을 나타내는 경우 (예) a=사람, b=온화한 유정생물.

이 경우 −a로서 소나 말도 있으므로 (1)b는 a와 −a를 포함한 유(類; genus)이거나 또는 (2)다른 유 ─b(즉 b가 아닌 것)들의 종차(種差; specific difference)이다.

㉣ b가 a의 본질을 나타내지 않을 때, b는 a의 부대성(accident)이다.

(예) a=사람, b=시장에 어슬렁거리는 유정생물.

위의 것들을 헤아린다면, 어떤 성질이 사물의 정의를 구성하느냐는 문제가 주어졌을 때 그것을 알아낼 수 있을 것이다. 그리고 여러 경우를 혼동했을 때 생기는 오류도 예방할 수 있을 것이다. 《토피카》가 논리적 토론술의 교과서라고 불리는 이유가 바로 여기에 있다.

추리론

여기서 변증론은 대부분의 사람들, 또는 지식인들에게 이미 참으로 인정된 명제를 출발점으로 한다. 이것은 이른바 과학적 추론, 즉 논증과는 다르다. 아리스토텔레스가 논증을 변증적 추론에서 분리한 시기가 언제였는지는 알 수 없다. 《토피카》 제1권을 썼을 때, 그는 논증에서 참이면서도 증명할 수 없는 명제가 허용된다는 것을 알고 있었다. 그러나 이것을 변증론에서 떼어 버리기 위한 방법은 그때까지 발견하지 못했다. 그것은 《분석론 전서》에서 처음 이루어졌다. 거기서 그는 논증도 추리인 이상 변증적 추론과 같지만, 그 전제 명제의 진리 여부가 다르다는 점을 알았다. 즉 후자가 개연적 전제 명제에서 출발하는 데 비해, 전자는 여러 항(項)의 배열이 진리에 맞는 명제로부터 출발한다는 사실을 발견했다. 그리하여 그는 논증을 위한 올바른 전제를 찾아냈으며, 나아가 추리의 특별한 형식도 알아냈다.

《분석론》에서 말하는 분석(analysis)이란 결론을 필연적으로 끌어내기 위해 항들을 서술하고 배열하는 순서를 가리킨다. 항에는 대·중·소가 있는데, 거기에는 자모(字母)로 표현된 것과 현실적으로 존재하는 임의의 것을 대입한다. 아리스토텔레스의 표현대로 적으면 아래와 같다.

　만일 a가 모든 b를 설명하고
　또한 b가 모든 c를 설명한다면
　그때 a는 모든 c를 설명한다.

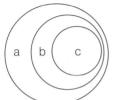

이 경우의 '만일……또한'을 CK로 나타내고, 앞의 판단을 기호화한다면 CK Aba Acb Aca가 되고, abc의 관계는 그림처럼 될 것이다. 그리고 그 순서는 대·중·소의 항이 된다.

이 추리에는 세 개의 A명제가 포함되며, 이른바 바바라(Barbara) 삼단논법이라고 불린다. 이것은 '만일 ……이라면'으로 표현되는 형식과는 다르다. 후자는 if p, then q처럼 나타낼 수 있으나, 그 경우의 pq는 명제이지 항은 아니다. 이것을 앞에서 설명한 것처럼 기호화하면 Cpq가 된다. 그런데 이것은 스토아철학의 논리학이지 아리스토텔레스의 논리학은 아니다. 이들이 사용하던 형식의 차이점은 스토아의 추리는 if α, and β, then γ(만일 α와 β라면 γ이다)로, 아리스토텔레스의 추리는 if α, then β, but α, therefore β(만일 α라면 β이다. 그런데 α이므로 β이다)로 정식화해 나타낼 수 있다. 그러므로 아리스토텔레스의 추리식을 '모든 b는 a, 모든 c는 b, 그러므로 모든 c는 a'와 같이 표현하면, 이것은 본디 그의 형식의 표현으로서 충분치 못하다.

여기서 일반적으로 소·중·대의 세 가지 항을 저마다 S·M·P로 나타내고, 그 위치를 바꾸어 배열하면 네 개의 격(格)이 생긴다. 그것은 순서대로 제1격, 제2격, 제3격, 제4격이라고 불리는데, 아리스토텔레스는 제4격은 추리 내용이 따로 환원 축소될 수 있으므로 생략했다. 그리고 각 격의 항에 자모를 붙여 나타냄으로써 명제를 세 개의 격으로 구별한다. 또 이렇게 항들로 이루어진 명제로는 앞에서 설명했듯이 AEIO의 네 종류가 있고, 그 네 종류의 명제 중에서 임의의 명제들을 세 개씩 임의의 질서로 저마다 격에 따라 배열하면 64종의 조합이 생긴다. 그러므로 가능한 삼단논법의 수는 192종이다. 그 가운데에서 거짓 추리를 제외하고 정리하면 표의 14종 추리만이 맞는 형식임을 알 수 있다. ( )안에 표시한 갖가지 명칭은 유효하고 쓸모 있는 다음의 열네 가지 논리적 추리 형식을 암송하기 위해 나중에 붙여진 표식이다.

〈네 가지 격〉

	제1격	제2격	제3격	제4격
제1전제	M-P	P-M	M-P	P-M
제2전제	S-M	S-M	M-S	M-S
결론	S-P	S-P	S-P	S-P
	(Ⅰ)	(Ⅱ)	(Ⅲ)	(Ⅳ)

〈참 거짓의 판단에 유용한 열네 가지 논리형식〉

(Ⅰ)AAA(Barbara)——(전칭긍정, 전칭긍정, 전칭긍정 명제 종류의 제Ⅰ격 배열)
EAE(Celarent)——(전칭부정, 전칭긍정, 전칭부정, 명제의 제Ⅰ격 배열)
AII(Darii)——(전칭긍정, 특칭긍정, 특칭긍정 명제의 제Ⅰ격 배열)
EIO(Ferio)——(전칭부정, 특칭긍정, 특칭부정 명제의 제Ⅰ격 배열)
(Ⅱ)EAE(Cesare)——(전칭부정, 전칭긍정, 전칭부정 명제의 제Ⅱ격 배열)
AEE(Camestres)——(전칭긍정, 전칭부정, 전칭부정 명제의 제Ⅱ격 배열)
EIO(Festino)——(전칭부정, 특칭긍정, 특칭부정 명제의 제Ⅱ격 배열)
AOO(Baroco)——(전칭긍정, 특칭부정, 특칭부정 명제의 제Ⅱ격 배열)
(Ⅲ)AAI(Darapti)——(전칭긍정, 전칭긍정, 특칭긍정 명제의 제Ⅲ격 배열)
EAO(Felapton)——(전칭부정, 전칭긍정, 특칭부정 명제의 제Ⅲ격 배열)
IAI(Disamis)——(특칭긍정, 전칭긍정, 특칭긍정 명제의 제Ⅲ격 배열)
AII(Datisi)——(전칭긍정, 특칭긍정, 특칭긍정 명제의 제Ⅲ격 배열)
OAO(Bocardo)——(특칭부정, 전칭긍정, 특칭부정 명제의 제Ⅲ격 배열)
EIO(Ferison)——(전칭부정, 특칭긍정, 특칭부정 명제의 제Ⅲ격 배열)

예)

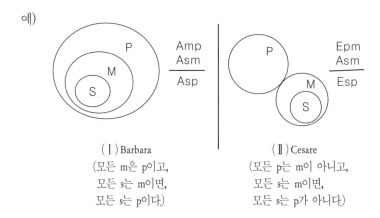

（Ⅰ）Barbara
(모든 m은 p이고,
모든 s는 m이면,
모든 s는 p이다.)

（Ⅱ）Cesare
(모든 p는 m이 아니고,
모든 s는 m이면,
모든 s는 p가 아니다.)

아리스토텔레스 논리학의 의의

앞에서 설명했듯이 아리스토텔레스의 논리학은 추리론에서 볼 때 정점에 이른다. 그러면 이런 추리 형식의 연구는 어떤 의미가 있는가? 대전제, 소전제로부터 결론이 나오지만, 그 결론은 그다지 새롭다고 할 수 없지 않은가? 즉 인식상에서는 아무런 진보도 없지 않은가? 한 번쯤 이런 의문이 생길 수도 있다.

사실 되풀이해서 제기되는 이 의문은 오해에서 온다. 그의 의도는 주어진 전제를 근거로 하여 결론으로 나가는 방법을 가르치려는 것이 아니었다. 그가 목표로 한 바는 그와는 반대로, 주어진 결론에 관련된 증명에 필요한 전제를 어떻게 발견할 수 있을까 하는 실제적인 과제였다. 분명히 제1격은, 유(類)에서의 타당성은 종(種)에서도 타당하고, 유에 대해 타당하지 않은 것은 종에 대해서도 타당하지 않다는 단순한 법칙으로 환원할 수 있다. 그 밖의 사물에 대한 원리들도 이러한 환원으로 타당성이 증명될 수 있다. 그러나 아리스토텔레스는 이러한 형식론적 증명이 아닌 다른 의도를 가지고 있었다.

여기서 제3격의 Darapti를 예로 들어보자.

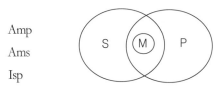

Amp
Ams
Isp

(모든 m이 p이고, 모든 m이 s이면, 최소한 어떤 s는 p이다.)

SPM의 위치를 생각하여,

'만일 모든 고래(M)가 포유동물(P)이고 또한 모든 고래가 수중동물(S)이라면, 그때 수중동물은 포유동물이다'라는 추리를 구성해 보자. 그러면 주어와 술어, 그리고 중간 항목의 관계는 앞의 그림과 같다. 그런데 여기서 주의할 점은 사실 결론이 문제였다는 것이다. 즉 이때의 과제는 '어떤 수중동물은 포유동물이다(Isp)'가 참이냐 아니냐였다. 그러므로 그것을 증명하기 위해서 Amp Ams가 성립되는 M을 발견해야 한다. 그리고 그것을 위해서는 경험적 관찰에 의지해 고래류에 속하는 하나의 동물을 확인하면 된다. 그러면 S와 P의 합의 관계를 확립할 수 있다. 아리스토텔레스의 추리식은 이와 같은 뜻을 가진 논증이었다.

그런데 아리스토텔레스는 어떤 종류의 명제(앞에서 예로 든 대·소 두 전제의 경우)가 필연적인가는 밝히지 않았다. 그렇지만 그는 추론하지 않고도 타당한 명제가 있다는 사실을 잘 알았다. 모든 결론은 필연적이지만 필연적인 존재성이 반드시 결론은 아니기 때문에, 필연적인 것은 결론보다 넓은 범위에 속한다고 생각했다. 즉 그는 자연적으로 합법칙성과 논증적 추리의 정당성은 서로 교환될 수 있다고 여겼다. 그러므로 진리를 구할 경우, 삼단 추리의 3항 질서는 사실 그대로의 현상과 일치하지 않으면 안 된다. 이런 이유로 아리스토텔레스는 정리된 관찰로 명제를 세우려 했고, 따라서 그의 명제는 가공된 내용은 아니었다.

오늘날의 형식논리학은 여러 전제의 진위, 무관계적 추리의 제약이나 결론의 정당성과 연관된다. 이에 따르면 전제가 참이라면 결론도 참이어야 한다. 그러나 아리스토텔레스가 서술한 법칙은 어떤 전제를 기초로 하면 어떤 타당한 결론이 가능한가를 보여주며, 또 주어진 문제에 대하여 정당한 여러 전제를 발견하는 방법을 가르친다. 하지만 이때에도 사실상의 출발점을 발견하는 일은 경험적 관찰에 기초를 둔 과학자의 일이며, 추리론은 과학자에게 이른바 경기를 위한 규칙만 제시할 뿐이다.

아리스토텔레스의 제1원리론

아리스토텔레스의 원리론은 플라톤의 이론과는 근본적으로 다르다. 두 사람은 반대의 출발점에서 문제에 접근했다고 할 수 있다. 플라톤은 그저 주위를 둘러보고 감각되는 사물들에 대해 알려고 해도, 그와 같은 사물들은 학문의 대상이 아니므로 아무것도 알 수 없다고 생각했다. 그것들은 존재하기도 하고 또 존재하지 않기도 하므로 그것들을 대상으로 하는 지식은 참된 지식이 아니라, 기껏해야 억견(臆見)일 뿐이다. 이것이 플라톤의 태도였다. 따라서 자연 인식 자체로는 학문으로서 가치가 없다. 그런데 아리스토텔레스에게는 이것이야말로 《자연학》의 주제가 된다. 아리스토텔레스는 자연의 사물을 바탕으로 일반적으로 인정된다는 견해에서 출발한다. 그는 눈앞에 있는 자연물의 존재를 증명하는 일은 의미가 없다고 생각했다. 그리고 이렇게 말한다.

"명백한 사실을 명백하지 않은 증거에 의해 증명하는 것은, 자명한 일과 그렇지 않은 일을 구별할 수 없는 사람이 하는 일이다. (……) 그 같은 증명을 시도하는 사람들은 사물의 명칭에 대해서 논의할 때 당면한 사실에 대해서는 무엇 하나 생각하지 않는다."

이렇게 보면 아리스토텔레스의 철학 영역 안에 있는 것은 자연적 존재의 생성·발전 과정이며, 플라톤의 경우와 같은 이데아의 존재가 아니다. 그리고 그는 이 자연의 과정을 표현하기 위한 운동을 고찰하며, 자연 과정은 어떤 살아 있는 원운동의 일부이고 각 부분의 운동 과정은 하나의 목적을 현실화하기 위해 협조하고 있다는 결론을 내렸다. 생물은 저마다 그 특수한 목적을 이루기 위해 자기를 펼쳐나간다. 그러므로 그것은 자기 속에 완성된 구조 또는 형태에 이르는 가능성을 가지게 된다. 자연 그 자체로서는 구조를 포함하고 있지 않지만, 그 구조가 원하는 바를 추구한다. 동물이나 식물뿐만이 아니라 흙, 물, 불, 바람과 같은 원소부터 자기 속에 운동과 정지의 원리를 가지고 있다. 자연탐구자의 과제는 이 자연 과정이 어떤 원리에 따라서 진행되는지, 또 이 현상 세계의 구조가 어떻게 성립되는지를 뚜렷이 하는 것이다. 이는 분명히 결과를 보고 원인을 탐구하는 인과적 사고방식이라고 할 수 있지만, 근세 시대의 사고방식과는 차이가 있다. 근세기의 사고 속에는 실험에 따른 검증이 들어 있다. 하지만 아리스토텔레스 시대의 추론 방식은 이 단계에 이르지는 못했다. 아리스토텔레스의 자연에 대한 물음은 언제나 '무엇에 의해?'였다. 그는 자연 속에 있는 원인을 찾아내서 그에 따라서 자연 과정을 규정하고, 그 과정들이 하나의 목적을 향해 있음을 밝히려 했다. 따라서 아리스토텔레스의 과학은 정적이고 불변하는 원리에 연결된다.

아리스토텔레스의 원리론은《형이상학》제12권,《자연학》제1권과 제2권 속에 잘 설명되어 있는데, 그는 이 책들을 집필하면서 이론을 세웠다. 제12권에서는 전체적인 전망이 펼쳐지며 근본 개념이 확립되고 있으나 세부적인 내용은 아직 완전하지 않다. 그러나 여기에서도 그는 이미 세계 전체가 운동을 통해서 기능적으로 통일되어 있음을 증명하기 위해서, 이 세계에 존재하는 사물들과 변화에 노출되는 모든 사물들을 고찰하고, 그 정점에 '부동(不動)의 동자(動者)'를 두고 있다.《자연학》제1권에서는 소크라테스 이전의 사람들과 달리 원소의 생성이 아니라, 생성 그 자체를 논한다. 이러한 논점에서 그는 플라톤의 이데아론에서 떨어져 나와, '형상'과 '형상의 결여'를 대립항으로서 끌어들였다. 또한 비존재도 인식론상의 개념으로서 감지할 수 없는 어떤 것으로 존재와 동일시했다. 그의 새로운 이론의 특징은 다음과 같은 말에 잘 나타나 있다.

"모든 합성된 사물은 합성되지 않은 물질에서 만들어지지 않으면 안 된다. 또 합성되지 않은 물질은 합성된 물질로부터 만들어지지 않으면 안 된다. 또 '없어진다'는 말은 접합된 사물이 '접합되지 않은' 상태가 된다는 뜻이다."

《자연학》제2권은 질료, 형상, 운동, 목적에 관계된 네 개의 원인을 다룬다. 그는 일반적으로 원인이라고 번역되는 아이티온(아이티아)이라는 말로 사물의 구조 원인을 나타냈다. 근대적인 시각으로 평가할 때 이들 네 원인들 가운데 운동 원인만이 원인에 해당하는 개념이다. 하지만 '무엇에 의해'라고 묻는 그에게는 구조 원인을 아는 일이 중요했다.

요컨대 아리스토텔레스는 플라톤의 존재론에 대해서는 처음부터 등을 돌렸다. 그리고 아카데메이아 학원생이었던 시절의 작품으로 추정되는 여러 책들로 판단해 보건대, 그는 자신의 원리론을 일찍부터 세워두었으리라 생각된다. 이제부터 이러한 점을 전제로 하고 그 원리론에 대해 서술해 보기로 한다.

형상(形相) · 결여(缺如) · 질료(質料)

아리스토텔레스가 아카데메이아 시절에 썼다고 추정되는《형이상학》제12권을 단서로 그의 원리론을 알아보도록 한다. 이미《범주론》에서 말한 바와 같이 아리스토텔레스는 실체, 즉 개체를 그 자체인 존재라고 생각했다. 그는 일차적으로 소멸되는 감각 세계의 사물을, 그다음으로는 소멸되지 않는 천체를, 그리고 마지막으로 늘 존재해서 소멸되지 않는 '운동이나 시간'의 원리를 이야기한다. 먼저 등장하는 감각적 실체들에 대해 살펴보자.

감각적인 실체는 변화하는 실체이다. 그 변화란 무엇인가? 예부터 사람들은 '모든 사물은 비존재로부터는 발생하지 않는다'라는 공리를 고민했다. 파르메니데스가 '존재하는 것만 있으며 존재하지 않는 것은 없다'고 하며 유일원론(有一元論)을 주장했을 때, 그 논리와 함께 운동 변화는 부정되어 버렸다. 또한 제논의 운동부정론 또한 유일원론의 주장과 서로 통한다. 이에 비해 아리스토텔레스는 변화하는 사물의 밑바탕에는 무언가 항상적인 요소가 있다 생각하고, 또 상반하는 방향으로 변할 수 있는 요소를 질료라고 이름 붙였다. 모든 사물들은 가능적인 질료가 현실적인 형상과 결합하는 원리에서 생긴다. 그렇지만 그러한 결합은 임의로 일어난다기보다는 언제나 정해져 있다. 따라서 비존재란 가능적 존재로서, 다시 말해 형상의 결여태(缺如態)라고 생각할 수 있다. 여기에 감각적 실체에 대해 형상, 결여, 질료의 3원리가 세워졌다.

아리스토텔레스의 이 3원리는 어떤 의의를 가지는가? 일찍이 철학자들은 엘레아학파식의 유일원론과 헤라클레이토스류의 만물유전론의 조정으로 고민했다. 아낙시만드로스는 만물은 원질(原質)로 이루어지고 그 순수하고 희귀한 원질의 응집에 의해 4원소(흙, 물, 불, 바람)가 만들어진다고 생각했으며, 또 그 응집을 작동하는 것은 이성이라고 주장했다. 또 데모크리토스는 만물의 근원은 원자이고, 그 가볍고 무거운 정도의 차이가 소용돌이 운동을 일으켜 같은 원자의 물질끼리 모이게 함으로써 4원소가 생긴다고 생각했다. 그런데 이러한 이오니아 자연철학계의 사람들은 한결같이 자연 과정을 양적인 속성으로 환원한다. 그에 비해 아리스토텔레스는 질료는 영원하지만, 눈앞에 펼쳐져 있는 사상(事象)은 이 질료가 여러 가지 질로 표현된, 또는 가능성에서 현실성으로 변화된 현상물이라고 생각했다. 다시 말해 그는 자연 과정을 질적인 면에서 다루어 4원소의 생성에 대한 오랜 논쟁을 끝맺었다.

그런데 변화에서는 어떤 것(질료)이 어떤 것(움직이는 것)에 의해 어떤 것(형상)으로 움직인다는 점에서 세 가지로 구별된다. 그때 현실화되는 형상은 절대적으로 우선적이다. 이러한 관점에 따르면 닭이 달걀보다 먼저라고 할 수 있다. 이런 경우 닭의 형상은 그것과 질료(달걀)의 합성물로부터 떨어져서 존재한다고 보여진다. 그러나 사물의 구조를 설명하는 원리(형상인)는 개체(닭)와 동시에 존재하기 때문에, 이런 형상이 떨어져서 존재한다고 생각할 필요는 없다. 그렇다고 한다면 운동인(작용인)만이 사물에 외재하고, 형상이나 질료는 그럴 수 없다는 결과가 된다. 이 생각에는 분명히 플라톤의 이데아 이재설(離在說)에 대한 반대가 의식되어 있었다. 그리하여 다음은 마땅히 운동의 원리가 문제가 된 것이다.

부동의 원동자

모든 실체가 소멸적이라면, 모든 존재도 소멸적이다. 그런데 운동은 언제나 존재한다. 이처럼 운동이 현실화된 이상, 운동의 원리가 있으리라고 생각된다. 더구나 그 원리는 현실 속의 작용으로서 늘 활동하고 있어야 한다. 사물을 움직일 수 있는 가능성은 무언가를 움직이지 않고 있어도 존재하기 때문이다. 그것은 플라톤의 이데아와 같지는 않다고 보인다. 이데아란 감각적 사물을 운동시키거나 변화시키지는 않기 때문에, 이 경우의 가능적 존재에는 아무런 도움도 되지 않는다. 그렇다고 한다면 그 본질이 현실태(現實態)인 실체가 (가능적으로) 존재하고 있을 게 분명하고, 또 그런 실체는 질료 없이도 존재하고 있을 것이다. 그런 실체는 영원할 수 있기 때문이다. 그리고 그럴 때야말로 비로소 그 본질이 완전하게 현실태일 수 있다. 아리스토텔레스는 이처럼 생각했다.

이 생각은 플라톤적 사고의 발전으로 생각할 수 있다. 플라톤은 선의 이데아를 원리로 했지만, 그것을 왜 목적이자 활동하는 형상이라고 했는지 뚜렷하지 않다. 이에 비해 아리스토텔레스는 선의 이데아에 뒤따르는 여러 성질들을 구하면서, 그 여러 성질들을 운동의 원리로 전화했다. 일반적으로 이 원리는 제1동자(動者), 즉 작용인(作用因)이라고 한다. 이것은 어디까지나 추상적 원리로서, 운동 변화가 절대적 0이 되는 지점인 동시에 운동 변화의 출발점이라고 할 수 있다.

이러한 제1의 이데아 원리로부터의 운동 원리는 제1상태의 빈 천공을 움직이고, 또 제1의 천공은 만물을 생성한다. 도대체 이 운동의 원리인 부동의 원동자는 어떻게 움직일까? 여기에서 아리스토텔레스는 목적론을 펼친다. 이 견해는 말하자면 통속적 상식과 극단적 추상의 결합물이다. 아름답고 선한 존재를 욕구한다. 다시 말해 그러한 존재를 목적으로 해야 욕구가 작용한다. 따라서 모든 자연 과정은 제1동자에 의해 통제된다. 제1동자는 이렇게 해서 모든 운동이 이루어지는 한 필연적으로 선하고 아름다운 것에도 존재한다. 그래서 세계 전체는 선하고 아름다운 존재를 향해 사랑(善)의 충동을 가지고 운동하는 것이다.

천계와 자연은 이 운동의 원리, 즉 제1동자에 의존한다. 그 제1동자는 아무런 근심도 없는 생활을 영위한다. 우리 인간이 짧은 순간밖에 즐길 수 없는 최선의 생활을 한다. 사유는 늘 최선을 사유 대상으로 한다. 사유에게는 스스로가 최선 자체이기 때문에, 그 이성(사유하는 것)과 그 사유 대상은 같다. 이성의 활동 상태란 이성이 그 대상을 받아들이는 상태이다. 그러므로 그러한 상태에서 자신의 이성은 늘 현실태의 상태이다. 그리고 그런 관조(觀照)는 쾌적이 최선이다. 신은 늘 이 상태에 있다. '더구나 그에게는 생명도 속해 있다. 이것은 그의 이성의 현실태가 생명이고, 또 그가 그러한 현실태이기 때문이다. 그러므로 그 자체의 현실태는 최고선의 생명이고 영원한 생명이다. 신은 영원히 최고선(最高善)인 살아 있는 자이며, 따라서 연속적으로 영원한 생명과 영원자(아이온)는 신에게 의존한다.' 물론 여기에서의 신은 인격신이나 숭배의 대상이라고 해석해서는 안 된다. 무언가 예상치 못한 일이 생겼을 때 우리는 흔히 그 불가사의를 신의 일이라고 말한다. 다시 말해 신의 개념을 인간의 영역을 넘은 설명 원리로서 사용한다. 아리스토텔레스의 신은 그런 의미이다. 그러므로 이때 신은 세계 전체의 영원성에 대한 설명 원리로 세계를 창조하는 그런 존재는 아니다.

사유(思惟)의 사유(思惟)

이제 앞에서 언급했던 제1동자의(작용인으로서의) 이성이 갖는 신성(神性)에 대해 다시 한 번 알아보자. 아리스토텔레스는 도대체 어떤 기능에 근거를 두고 이성을 신적이라고 했는가? 이성은 사유하는 능력이다. 그러나 만약 이 이성이 잠자고 있어서 사유하지 않는다면, 그런 이성은 신적이지도 않고 존귀할 수도 없다. 그런데 사유란 무언가를 사유하는 행위이며, 따라서 이 사유는 그 무언가에 의해 움직여지는 것이다. 만일 이러한 작용이 일어나지 않는다면 이성은 현실태가 아닌 가능태에 머물게 된다. 그러면 언제나 현실태에 있는 신적 이성은 자기 자신을 사유하는 것 말고는 어찌할 방법이 없다. 그래서 그 사유는 사유의 사유, 즉 순수사유가 된다. 이 생각의 배후에는 철학적 사유야말로 인간 최고의 활동이고 최고의 가치라는, 그 무렵 철학자들의 공통적인 생각이 있었다. 그러므로 철학자는 단순히 모든 일을 해명하고 설명하는 사람이 아니라, 순수한 사유를 좇는 사람이다. 그러나 인간은 이런 순수사유의 상태에는 가끔씩만 이르고 있다. 이에 비하여 철학자보다 고차적인 신의 사유는 마땅히 순수하고 영원하다. 신이란 예지, 그 자체이기 때문이다.

제1동자는 최고선이라고도 불렸다. 그러면 그것은 전체 자연에 대해 어떤 관계에 있는가? 최고선은 자연에서 분리되어 그 자체적으로 존재하는가? 아니면 세계의 모든 것에 내재하는 질서인가? 또는 둘 다인가? 이것에 대해서 아리스토텔레스는 결론적으로 다음처럼 말한다.

"군대의 선이란 그 질서에 있지만, 또 지휘자도 선이 되지 않으면 안 된다. 다만 군대의 선은 지휘관 측에 더 많이 있다. 왜냐하면 지휘관은 그 군대의 질서에 따라 존재한다기보다는 오히려 지휘관에 의해 그 질서가 존재하기 때문이다."

이 비유 속에서 지휘관은 부동의 동자, 즉 질서의 원리이며 군대의 질서는 자연의 사상(事象)이다. 아리스토텔레스는 헤엄치는 물고기도 나는 새도 식물도 저마다 방식은 다르더라도 어떠한 방법으로든 공동적으로 질서를 지키고 있으며, 어느 하나로 향한다고 보았다. 호메로스가 '다수자의 통치는 선이 될 수 없고, 한 사람의 통치자만이 있다' 말한 바와 같이 모든 자연은 부동의 원동자에 의해 통치된다고 그는 생각했다.

이제까지 《형이상학》 제12권을 중심으로 아리스토텔레스의 원리론을 살펴보았다. 여기에서 뚜렷한 사실은 그가 자연 밖에 있는 최고 원리로 부동의 원동자를 설정하고, 그것이 현실태로의 변화를 일으키는 궁극적인 작용자라고 보았다는 점이다. 그와 같이 그는 자연계의 생성 원리, 즉 형상·결여·질료의 3원리, 또 자연 연구 방법으로서의 4원인, 마지막으로 목적론적 철학의 전망도 다루었다. 이것들 중 3원리는 《자연학》 제1권으로, 4원인론은 《자연학》 제2권으로 다루어진다. 이 때문에 《형이상학》 제12권, 그리고 《자연학》 제1권, 제2권은 서로 긴밀한 관계이며, 또 그것들을 통해서 아리스토텔레스의 원리론이 형성 및 확립되고 있다고 생각할 수 있다.

이데아론 비평

앞서 우리는 아리스토텔레스의 제1원리를 다루었다. 이 원리의 성립 시기는 아마도 그가 아카데메이아의 학생이었을 무렵으로 보이며, 따라서 연대적으로 말하자면 기원전 350년 이전이다. 그런데 아카데메이아에 입학했을 때 아리스토텔레스는 먼저 마땅히 플라톤의 원리론, 즉 이데아론에 접했을 것이다. 그리고 아마 그의 학설은 《국가》라는 걸작에서 나타나는 가장 현란한 모양을 한 이데아론이었을 것이다. 그즈음 플라톤은 이데아와 감각적 사물과의 관계, 이데아들의 상호 관계 문제를 논하고 있었다. 아리스토텔레스가 자신의 원리론을 이 시기에 형성해 갔다고 한다면 마땅히 그는 이데아론에 대한 자신의 태도를 정해야만 하지 않았을까?

본디 아카데메이아는 자유로운 분위기 속에서 학문을 추구했기 때문에, 플라톤의 권위를 등에 업고 자유 토의를 할 수 있었다. 그래서 이미 스페우시포스와 크세노크라테스뿐만 아니라 아리스토텔레스의 첫 선생인 에우독소스 또한 이데아론에 대해서는 다른 생각을 가지고 있었다. 이런 환경 속에 있던 아리스토텔레스는 어떤 철학적 문제에 대해서든 확고한 독자적인 견해를 가져야 한다고 확신했다. 그는 결코 아이처럼 플라톤의 이론에 따르기만 하지 않았고, 감히 자신의 견해를 내보이며 논쟁도 했다. 논쟁 상대도 부족하지 않았을 것이다. 왜냐하면 기원전 365년, 플라톤이 귀국한 이후에는 많은 학자가 여러 도시에서 아테네로 모여들었는데, 이 사람들은 가끔 아카데메이아를 방문해서 활발한 논쟁에 참가했다고 추측되기 때문이다. 아카데메이아는 그야말로 황금시대에 있었다.

이 무렵 플라톤은 계속해서 대화편을 썼다. 한 저서가 완성될 때마다 플라톤은 그 대화편을 학생들에게 읽어주고 그에 대해 토의를 진행했다. 아리스토텔레스는 플라톤의 《파이돈》 토의를 마지막까지 들은 단 한 사람이라고 전해진다. 그는 사람들과 다른 해석을 했고, 책도 많이 읽었다고 한다. 한마디로 말하자면, 아리스토텔레스는 너무 성실하고 고지식해서 농담도 통하지 않았다. 그런 만큼 그는 예술가적인 플라톤과는 맞지 않는 점도 있었다. 플라톤에게는 아리스토텔레스가 조금은 건방진 청년으로 보였을지도 모른다. 플라톤이 그를 '책벌레'라고 불렀다는 일화도 어떤 빈정대는 의미를 포함하고 있지는 않았을까 한다. 그렇다고 해도 아리스토텔레스가 눈에 띄는 존재였음은 사실이다. 《파르메니데스》에는 아리스토텔레스라는 인물이 나온다. 물론, 시대를 보면 이 등장인물과 그가 같은 인물이라고는 생각할 수 없다. 하지만 플라톤 이 이 인물을 선택했을 때, 단지 책 속에서 눈앞에 있는 어떤 아리스토텔레스 를 묘사했다고 여겨진다. 이런 사정을 떠올린다면, 그가 이 시기에 플라톤의 이데아론 비판을 썼다고 해도 전혀 이상하지는 않다. 《자연학》 제1권, 제2권에 서도 그가 감각적 사물에 대해 고찰했음을 알 수 있다. 아마도 아리스토텔레 스는 처음부터 그런 비판적 태도로 감각적 사물 고찰에 임했음이 분명하다. 그렇다고 한다면 이데아론의 비판도 마땅히 이 시기의 학설이 아닐까?

예거의 소론과 그 검토

아리스토텔레스의 이데아론 비판에 대해 이야기한다면 누구라도 예거 (Werner Jaeger. 1888~1961. 독일의 고전문헌학자. 아리스토텔레스에 대한 많은 연 구서 집필)의 소론을 떠올릴 것이다. 그는 《형이상학》 제1권과 제13권에 있는 이데아 비판글에서 차이점을 발견했다. 제1권에서는 '우리'라는 일인칭 복수가 주어가 되어 있는 데에 비해, 제13권에서는 삼인칭이 쓰였다. 이 '우리들'이라 는 지칭은 예거가 결정적 의미를 가지게 했다. 즉 제1권은 아리스토텔레스가 자신을 이데아론자 또는 플라톤의 제자라고 자인하는 증거라고 했다. 이로써 예거는 제1권은 아리스토텔레스가 플라톤의 죽음 바로 뒤 아소스에 있는 아 카데메이아 분교에 가서 지내던 시기의 작품이라고 결론지었다. 연대로 보면 기원전 348년~345년 사이이다. 이에 비해 그는 제13권(Met. M 1~9 1086 20)은 그보다 훨씬 뒤에 완전하게 자신의 원리론을 세웠을 시기, 즉 기원전 335년 이 후의 리케이온 학장 시절의 작품이라고 결론 내렸다. 이렇게 해서 예거는, 아 리스토텔레스가 제1기 아카데메이아 학생 시대에는 플라톤의 이데아론을 따 랐고, 제2기의 편력 시대에는 이데아론을 비판함과 동시에 자신의 원리론을 형성해 갔으며, 제3기의 교장 시대에는 거장으로서 제자를 양성하면서 구체적 인 연구를 이루었다고 추론했다.

하지만 아리스토텔레스는 이 책들에서 다른 인칭들을 사용하기는 하지만 같은 표현을 썼다. 그런데도 인칭의 차이가 시기에 따라 달라진다고 결론지을 수 있을까? 또한 장소에 따라 인칭이 달라진다고 확신할 수 있는가? 동료 사 이에서 이야기를 할 때는 '우리'라는 말을 쓰는 것이 마땅하다. 그러나 객관적으로 논하려고 할 때는 삼인칭을 이용할 것이다. 그러므로 이러한 인칭 변화 등으로 시기의 차이를 추정하는 근거를 확보했다고는 할 수 없다. 물론 예거는 이뿐만이 아니라, 제13권이 제1권을 바탕으로 해서 썼음을 나타내는 부분이 있다는 점을 지적하고, 그 점에 의해서도 시기의 차이를 추정한다. 하지만 그 점이 확실한지 아닌지에 대해서는 학자 간의 이론(異論)이 있다. 그래서 예거의 소론은 많은 검토의 여지를 남기고 있다고 할 수 있다.

여기에서 문제는 두 저작의 인칭이 다르다는 점이 아니라, 표현된 내용이 같다는 사실이다. 그 책들 대부분이 비슷한 내용인 데에는 그 나름대로의 이유가 있다고 추측된다. 생각해 낼 수 있는 까닭으로서 가장 간단한 답은, 바탕이 되고 있는 책이 있고 그것을 그대로 반복했기 때문에 책의 내용이 비슷하다는 생각이다. 사실 옛 주석은 제1권을 해명할 때 《이데아에 대하여》를 원용(援用)했고, 또 현존하는 단편 속에 그 단편이 포함되어 있다. 그러므로 이 저작이 밑바탕이 되었음은 틀림이 없을 테고, 문제는 그 저작 자체가 어느 시기에 쓰였느냐이다. 그 저술 시기가 플라톤의 죽음 전인가 후인가에 대한 논증은 뒤로 미루고, 결론을 먼저 말하면 그 저작은 플라톤의 《파르메니데스》가 쓰인 시기에 제작되었다고 할 수 있다. 왜냐하면 그 저작 내용의 결론은 이 단편의 내용을 안 뒤에 나왔다고 생각되기 때문이다.

그런데 이 단편에 따르면, 아리스토텔레스는 '사물의 정의는 보편적이고 영원하다. 모든 개별적 사물은 변화하며 동일하지 않다. 보편은 변화하지 않고 영원한 어떤 것이다' 말하고 있다. 즉 《이데아에 대하여》의 과제는 이데아와 보편개념의 다른 점을 밝히고, 정의의 의미를 확립하는 일이었다. 이 의도로도 이미 그의 이데아에 대한 태도는 아카데메이아와 다르다는 사실을 알 수 있다. 플라톤은 존재론을 문제로 다루었다. 그러나 아리스토텔레스는 논리적, 인식론적으로 문제에 다가간다. 여기에 두 사람 태도의 근본적인 차이점이 있고, 그것은 《이데아에 대하여》에서 전체를 꿰뚫는 근본적인 생각에 연결되고 있다. 결국 아리스토텔레스는, 아카데메이아의 교설은 이데아의 존재를 증명하기보다는 많은 사물들을 하나의 술어가 언명할 수 있음을 보여줄 뿐이며, 또 이데아가 사물 밖에(사물과 떨어져서) 존재함을 인용하는 일은 공연한 이데아계의 확대일 뿐이라는 주장을 했다. 그런데 이런 주장이나 반론은 경우에 따라서는 알맞지 않을 때가 있다. 그리고 그렇게 된 이유는 아리스토텔레스가 존재론의 문제를 충분히 이해하고 있지 않았기 때문일 수도 있다.

이데아론 비판의 논점

이제부터는 《이데아에 대하여》와 《형이상학》 제1권과 제13권을 총괄하여, 이데아론 비판의 논점을 열거해 보도록 한다.

1. 플라톤이 이데아론을 주장하게 된 계기는, 한편으로는 모든 감각적인 사물은 유전한다는 헤라클레이토스의 만물유전설에 영향을 받으면서, 소크라테스가 바랐던 보편적 정의를 세우려고 했기 때문이다.

그 결과 플라톤은 소크라테스와는 달리 그 정의는 감각적인 사물에서 벗어나 존재하는 진실재(眞實在)라고 생각해서, 그러한 존재를 이데아라고 부르게 되었다. 하지만 실제로 이 결론은 감각적 사물을 밝히기 위해 사물의 수를 갑절로 늘린 결과물에 불과하다. 왜냐하면 본디 다수의 경우에 적용되는 하나의 원리를 구하려 했는데, 많은 이데아 중에서 하나의 이데아를 구하는 과정에서 결국 사물의 수보다도 많은 사물 밖에 존재하는 이데아를 세워야 했기 때문이다. 이것은 한 개로는 사물을 셈하기 힘들어서 수를 늘렸을 뿐이며, 불필요한 일이다.

2. 이데아의 존재를 과학적으로 밝히려는 사람들은 아래와 같은 주장을 한다.

① 만약 과학이, 변화하지 않는 동일한 존재를 대상으로 하고 변화하는 존재는 대상으로 하지 않는다면, 각 과학에 대응해 감각적인 것이 아닌, 영원하고 규범이 되는 무엇인가가 거기에 있어야 한다. 그것이 이데아이다.

② 과학의 대상은 존재한다고 추정되는데, 단 과학의 대상은 한정된 것이어야 한다. 그러나 개체는 한정되지 않고 미정이기 때문에 대상이 될 수 없다. 그 까닭에 개체 이외에 이데아가 존재한다.

③ 만일 의학이 특수한 경우의 건강을 뜻하지 않고 그야말로 건강의 과학이라고 한다면, 건강이라는 어떤 형상적 실체가 있어야 한다. 그것이 이데아이다.

이와 같은 방법에 의해 과학적으로 이데아의 존재를 추론할 수 있다는 주장에 아리스토텔레스는 다음과 같이 반론한다.

"이 이론들은 이데아가 존재한다는 논점을 증명하지 않고, 감각적 사물 이외의 사물이 있음을 나타낸다. 그러나 개체 이외의 사물이 있다고 해도, 그 사물이 곧 이데아가 될 수는 없다. 짐작건대 개체 그 밖에 있는, 개체로부터 떨어져 있는 존재는 보편이며 우리는 그러한 실체적 존재를 과학의 대상이라 생각하고 있다."

즉 그는 과학은 보편개념을 취급하지만, 과학의 진리성은 그 보편개념이 분리된 존재이든 아니든 관계가 없다 생각하는 것이다. 그러므로 사물 밖에 존재하는 이데아(즉 달리 떨어져서 존재하는 대응적 실체)를 설정하는 일은 불필요하다.

3. 이데아론자는 다음과 같은 증명을 한다. 만약 많은 인간들 저마다에게 '사람'이라는 말이 서술되고, 또 인간 이외의 모든 사물의 경우에도 그와 같은 공통의 술어가 있다면, 더구나 그 '사람'이 모든 인간에게 서술되면서 그 어떤 인간과도 같지 않다면 그 공통 술어는 하나하나에서 분리된 영원한 존재여야 한다. 어떤 경우에도 수(數)가 얼마가 되든 다른 인간들에게 똑같이 서술되기 때문이다. 그렇다면 많은 사물들에 속한 것 가운데 하나란, 많은 사물들에게서 분리되어 있는 영원한 존재이다. 그것이 이데아이다. 그런데 이데아 존재의 추론에 대해 아리스토텔레스는 다음차람 반론한다.

"만약 위와 같은 증명이 참이라고 한다면 '비인간'의 이데아도 존재해야 한다. 그런데 이데아론자는 그런 이데아를 인정하지 않는다. 이것은 분명히 모순이다. 그러므로 이데아론은 지지하기 어렵다."

4. '지식'이 성립한다는 사실을 기초로 하면 증명 방법은 이렇다. 우리가 인간이나 동물을 생각하는 경우를 예로 들어보자. 우리가 눈앞에 개체로서 실재하지 않는데도 실재하는 어떤 존재를 생각한다면, 그것은 분명히 감각적인 사물과는 별개로, 또 감각적인 사물이 실재하는지와는 관계없이, 우리가 이해하는 어떤 존재가 있음을 뜻한다. 그때 우리가 '존재하지 않는 어떤 것'을 이해하고 있다고는 생각할 수 없다. 그러므로 그 이해의 대상은 존재하며, 그것은 다름 아닌 이데아이다. 이 이론은 사유가 실재를 대상으로 한다는 사실과 이데아의 존재를 설명하려 하고 있다. 그러나 이에 대해서는 이렇게 반론할 수 있다.

이 전제에 선다면 우리는 소크라테스에 대해 생각하는 경우를 들어 소크라테스 개인과는 다른 소크라테스의 이데아도 있다고 주장할 수 있다. 뿐만 아니라 진실재가 아닌 단순한 공상의 동물 켄타우로스의 이데아도 존재한다고 해야 한다.

5. 플라톤은 《파이돈》에서 '동일한 부분들'에 대해 언급하면서, 서로 같은 존재들은 '동일한 부분'을 나누어 가지기 때문에 같다고 말했다. '동일'이라는 말은 관계를 나타내는 말이므로, 앞에서 말한 분유(分有) 또는 공유의 논리는 관계의 이데아를 설정한 셈이 된다. 그러나 자연의 사물 가운데에는 그 종류가 달라도 그리 차이가 없는 부류들이 어느 정도 존재한다. 그러므로 그 부류들이 '동일한 부분'을 나누어 가지고 있다면, 본질적으로는 다른 종류이면서도 하나의 종류를 이룬다는 말이 된다. 따라서 이런 논리는 쓸데없이 자연의 분류를 혼란시키는 장해가 될 뿐이다. 본디 이데아는 아무런 부가적 설명 없이 그 자체로서 있는 것에 대해서만 설정되어야 한다. 그리고 그 자체란 실체를 의미한다. 그러므로 그 자체로서가 아닌 관계의 이데아를 설정하는 일은 받아들일 수 없다.

6. '제3의 인간론'은 다음과 같다. 다수의 사물에 적용되는 서술, 즉 많은 사람에게 서술되는 '사람'이라는 개념이 주어로서 개개의 사람으로부터 떨어져서도 존재한다면, '제3의 인간'이 있다고 할 수 있다. 만약 서술되는 '사람'이 그 문장의 주어로부터 독립적으로 존재하는 이데아라고 해보자. 그러면 사람이라는 서술은 그 이데아로서의 '사람'에게도, 또 개별적인 실존의 사람에게도 똑같이 덧붙을 수 있기 때문에, 개별적인 사람과 이데아로서의 '사람' 양쪽에서 떨어져서 존재하는 '제3의 사람'이 있다는 이야기가 된다. 그런데 이 이론을 밀고 나간다면, '제3의 사람'과 이데아로서의 '사람' 사이에서도 '제4의 사람'이 존재하게 되고, 계속해서 '제5의 사람'도 생겨 무한히 이데아를 설정하게 된다. 그러므로 이것은 지지하기 힘든 이론이며, 이렇게 이데아를 설정한다면 부조리하다.

7. 이데아의 존재를 주장하는 이론은 오히려 그 제1원리를 쓸모없게 만든다. 앞서 플라톤과 아리스토텔레스의 제1원리를 비교할 때 드러난, 플라톤의 제1원리는 1과 부정(不定)의 2였다. 그는 부정의 2는 대소(大小)이며 개별화의 원리라고 말했다. 그런데 대소의 원리를 부정의 2라고 하는 한, 2(2의 이데아)가 먼저 있어야 한다. 따라서 2라는 수가 대소의 원리보다도 먼저이다. 그러면 이때 대소는 제1원리가 될 수 없다. 그뿐 아니라 수는 늘 어떤 사물을 셀 때 필

요하기 때문에 어떤 사물에 관계하는 상관적인 매개 존재이다. 그렇다면 그 자체로 존재하는 사물보다 관계적인 매개 존재가 우선한다는 말이 된다. 5번에서 살펴본 바와 같이 관계적인 매개적 존재에 이데아를 설정하는 것은 받아들일 수 없다. 더군다나 관계적인 매개 존재가 그 자체로 존재하는 사물보다 먼저라는 이론은 인정될 수 없다.

8. '플라톤의 제1원리의 의의'에서 말한 바와 같이, 1은 제1원리이고 자연계 질서의 원인이다. 그리고 이 제1원리에 따라 자연계 사물의 운동과 생성이 규범에 따라서 이루어진다. 만일 이렇게 모든 사물들이 규범에 따라서 만들어진다고 한다면, 그 자체만으로는 독립된 개체적 존재를 가지고 있지 않은 덕과 같은 실체에도 규범, 즉 이데아가 있을 것이다. 그런데 단지 인간의 어떤 상태에 대한 호칭인 덕을 만드는 그런 원칙적 원리 내지 규범은 있을 수 없다.

이 정도로 이데아론 비판의 논점 서술은 마치도록 한다.

이데아론 비판의 의의

아리스토텔레스는 이데아론을 비판하면서 무엇 때문에 이토록 집요하게 이데아론에 얽매이는가? 그에게는 반드시 확실히 해두어야 할 이데아와 관련된 문제가 있다고 생각된다. 이데아론 비판 전체를 보면, 아리스토텔레스는 이데아를 서술어와 같은 의미로 풀이하고 채택해야 하는지, 아니면 이데아론은 '제3의 인간론'처럼 무한한 후퇴로 이끌어도 인식에 도움이 되지 않으므로 그 이론을 전면적으로 물리쳐 버려야 하는지에 대한 선택의 문제에 이르렀음이 틀림없다. 이는 그가 지각되는 사물, 즉 영원한 천체와, 시간의 경과에 따라 변하는 감각적인 사물의 해명에 이데아론이 얼마나 도움이 되는지를 묻고 있는 것으로 보아 알 수 있다. 그러한 고찰 뒤에 그는 다음의 결론을 내린다.

1. 이데아는 변하지 않는다. 그러므로 운동보다 정지를 촉구한다. 따라서 사물의 운동 변화는 행해지지 않음이 분명하다.

2. 플라톤은 인식과 지식은 이데아가 없다면 불가능하다고 생각하고 있다. 그러나 이데아는 사물과 떨어져 있고 그 속에 없기 때문에, 사물의 본질이 아니다. 그러므로 그것은 사물의 인식에는 도움이 되지 않는다. 예를 들어 우리는 말(馬)을 인식하기 위한 말의 이데아를 필요로 하지 않는다. 그런 이데아는 불필요하다.

3. 이데아는 사물과 떨어져서 존재하는 진실재로 생각된다. 그렇다고 한다면 이데아는 실재하는 감각적 사물의 존재에 대해서 아무런 기여도 하지 않게 된다. 즉 이데아는 사물의 해명에는 도움이 되지 않는다.

4. 이데아가 사물에 존재할 때, 그 이데아는 아마도 '하얗다는 것'이 어떤 사물과 혼합될 때 그 사물을 하얗게 만드는 것처럼 그 사물의 원인이 될 것이다. 이 생각에서 여러 혼합 이론이 생기고 있다. 《이데아에 대하여》의 주석에는 '에우독소스와 그 밖의 사람들은 사물의 존재는 이데아와의 혼재(混在)에 따른다고 생각했다. 그러나 아리스토텔레스는 그렇지 않음을 증명하기 위해서, 그 견해로부터 귀결되는 불가능한 결론들을 모았다'는 말이 나온다. 에우독소스의 이론도 하나의 이데아론이었지만 그의 이데아는 초월적이라기보다는 개체에 내재했다. 그렇다면 그의 견해는 개체에 내재하는 보편을 설명하는 아리스토텔레스 의견과 그다지 다르지 않게 보인다. 하지만 에우독소스의 이데아는 여전히 완전한 실체이다. 이에 대해 아리스토텔레스는 갑의 실체 속으로 을의 실체가 들어갈 수 없다는 주장을 근거로 에우독소스에게 완전히 찬성할 수는 없었다.

이데아론에 대한 태도를 볼 때, 아리스토텔레스의 중심 과제는 구체적으로 감각되는 사물에 대한 인식, 즉 그 과학적 해명이었다는 사실을 알 수 있다. 그는 이것을 중점으로 삼고 이데아론이 그에 도움이 될지 검토했다. 이것이 그의 타고난 과학적 기질이었다고 추측한다면, 그가 이데아론을 받아들인 적이 있다고 보기 어렵다. 다시 말해 그는 사람들의 생각보다 훨씬 초기에 이미 이데아론과의 대결을 시작했을 수도 있다는 말이다. 이데아론 비판의 시기를 시사하는 구체적인 일로서는 다음 두 가지를 들 수 있다.

그 하나는 아리스토텔레스가 이데아론 비판에서 지적한 '제3의 인간'이 플라톤의 《파르메니데스》와 무관하지 않다는 점이고, 다른 하나는 에우독소스의 주장을 비판한 점이다. 앞서 말한 바와 같이 이 인물은 아리스토텔레스의 첫 스승이라고 말해도 좋다. 이 두 가지 점으로 이 비판론이 《파르메니데스》 전후에 형성되었다고 추정할 수 있지 않을까? 그리고 만약 이 추정이 바르다면, 아리스토텔레스는 아카데메이아의 시기에 이미 보편 인식을 중심으로 고찰을 진행하고 있었다고 생각할 수 있다.

자연의 사고법

아리스토텔레스의 《자연학》에 대한 전통적 평가는 그의 학설이 자연을 질료인, 형상인, 작용인, 목적인이라는 네 종류의 원인을 기준으로 해석한다는 데에 주목한다. 이러한 평가대로라면, 《자연학》은 체계적으로 통일된 자연 전체관의 기술이다. 하지만 사실 이와는 반대이다. 《자연학》 속에서의 연구 대상은 자연의 과정에서 나타나는 생성, 변화, 운동이고, 제시된 모든 원리는 오직 자연을 설명하기 위해서 있으며, 결코 그 원리 자체만을 목표로 하고 있지 않다. 그는 플라톤과 달리 원리는 어떤 존재자가 아니고, 자연 현상을 해명하기 위한 보조 수단이라고 생각했다. 그리하여 그의 4원인론은 자연 현상의 구조를 탐구하고 밝히기 위한 방법이 되었다. 다시 말해 그에게 원리나 원인은 경험되는 자연계를 이해하기 위해서만 문제가 되었다.

오늘날의 과학에서도, 우리는 주어진 경험 재료에서 가능한 한 전망할 수 있는 모든 연관을 읽어내려 한다. 이 점은 아리스토텔레스 또한 마찬가지이다. 차이가 있다면 그는 경험 재료가 부족하고 실험이라는 방법도 알려지지 않았던 시대에 살았으며, 명제를 수식으로 표현하지 않았다는 것이다. 하지만 《자연학》 연구자들은 이 책에 제시된 원리나 명제만을 문제로 삼고, 아리스토텔레스의 기본적인 태도는 간과했다. 그들은 아리스토텔레스의 《자연학》에서의 방법은 추리로 일관되어 있으며, 생물학에 대한 모든 저작에서 볼 수 있는 경험적 방법을 따르지 않고 연역적 방법을 취하고 있다고 비판했다. 또한 그 책은 이른바 안락의자에 앉아 구상한 자연학을 서술하고 있다고 혹평했다. 그러나 사실 《자연학》과 《동물학》을 비교해 봐도, 방법이나 사고에는 별다른 차이가 없다. 《자연학》에서도 아리스토텔레스의 출발점은 경험이다. 후학을 가르치기 위해 쓰인 부분은 분명 연역적인 어조이지만, 문제를 탐구하고 논하는 부분에서는 그렇지 않다. 또한 거기에서 그는 정밀한 구조 분석을 바탕으로 개별적인 사항을 서로 관련지으려 한다.

직접 경험하는 세계는 혼돈된 인상과 표상의 세계이다. 우리의 사고는 이 세계 안에서 질서를 찾아낸다. 그래서 사고 내용이 말로 표현되고 형상이 주어진다. 그 때문에 사물과 말은 불가분의 관계에 놓인다. 반대로 해당 사물에 관하여 언급되는 언어의 결합을 분석하기만 하면, 사물의 지(知)에 이를 수 있다. 요컨대 아리스토텔레스는 인식의 순서는 경험 재료인 사물 → 사고 → 언어 → 사물의 지(知)라고 생각했다. 플라톤이 말로 표현하는 형식과 관계없는 이데아라는 실재를 인정한 반면에, 아리스토텔레스는 표현되지 않는 실재는 무엇이라도 인정하지 않았다. 그는 사물이나 자연 과정은 우리가 생각하고 말로 표현한 바로 그대로라고 생각했다. 따라서 그의 질문은 언제나 '사물에 관해 우리는……이라고 한다. 그때 우리는 무엇을 생각하는가'였다.

유물론자들은 아리스토텔레스가 사물을 객관적 존재로 생각했던 점, 즉 객관적 실재를 의심하지 않았던 점을 평가한다. 분명 그는 우리의 지각에 대응하는 해당 사물이 지각과는 관계없이 존재한다는 사실을 알고 있었다. 예를 들면 운동은 우리의 지각 여부와는 관계없이 독립적으로 존재한다. 또한 '시간이란 운동에서 수이다'라고 정의할 때 수를 세는 주체는 우리이며, 따라서 시간은 우리에게만 있게 된다. 다시 말해 시간은 객관적 실재를 갖지 않는다. 그러므로 그가 객관적 실재를 의심하지 않았다고 하는 점은 평가받아 마땅하지 않을까? 그렇다면 그 맥락에서는 사물 자체는 무엇인가라고 물어도 의미가 없다. 그보다는 사물에 대해 우리가 무엇을 말할 수 있고, 그때 무엇을 생각할 수 있는가를 묻고, 또 그러한 식의 질문으로 자연과 연관지어 가는 과정, 거기에서야말로 과학이 태어나지 않을까? 자연의 근본적인 현상은 운동이라고 한다. 운동은 연속적이며 시간적이고 공간적이다. 그렇다면 그 운동, 연속, 시간, 공간 등의 단어로 무엇을 생각하고 있는가? 이렇게 하여, 그의 《자연학》 이론적인 핵심이 만들어진다.

현대와는 달리, 아리스토텔레스에게는 기계다운 기계도 기구다운 기구도 없었다. 그의 시대에 존재하던 자연에 대한 관념은 선인들의 소박한 자연상(像) 정도였다. 물론 그의 눈앞에는 플라톤 철학이 있었고, 거기에서는 영혼을 운동의 원리로 삼고 있었다. 그는 맞닥뜨린 이 이론의 극복에 초점을 맞추었다는 의미에서 플라톤에서 출발한다고 할 수 있다. 그가 이론을 구성할 때 의지할 수 있었던 근거는 선인의 업적 말고는 자기 자신의 관찰과 사고뿐이었다. 그만큼 우리는 자연의 기본적 개념에 대한 그의 해명과 그 날카로운 통찰력에 접하게 되면, 차츰 외경의 마음을 품게 된다.

《자연학》 텍스트

앞에서 아리스토텔레스의 제1원리에 대해 설명하며 《자연학》 제1권은 사물의 생성을 해명하는 기초 원리(형상·결여·질료)를, 제2권은 자연 사물의 구조를 연구하기 위한 방법 또는 보조 수단으로서의 4원론을 논한다고 했다. 이어 제3 권부터 제6권까지에서는 운동 과정의 구조가 주제를 이룬다. 그런데 제1권부터 제6권까지 내용면에서 통일감이 있다는 점에서, 그 책들은 모두 순서대로 쓰였 다고 보인다. 이에 비해 제7권은 단편적이며 다듬어지지 않은 것으로 보아, 앞 서 기술한 모든 책보다 그 이전에 쓰였다고 추정된다. 또 마지막 제8권은 그가 다시 아테네로 돌아온 뒤의 저술로 보인다. 《자연학》을 이루는 책들이 쓰여진 시기에 대한 견해는 거의 일치한다. 따라서 먼저 미비한 제7권을 짚어보고, 이 어 제3권에서 제6권을, 마지막에 제8권에 대해 해명해 나가기로 한다.

움직이는 운동자와 움직여지는 운동자는 직접적으로 접촉한다

플라톤은 《파이드로스》에서 이렇게 말했다.

"모든 영혼은 죽지 않는다. 왜냐하면 끊임없이 움직일 수밖에 없는 존재는 죽지 않기 때문이다. 그러나 다른 사물을 움직이는 동시에 또 다른 사물에 따 라서 움직여지는 것은 움직임을 멈출 때가 있고, 그때 죽게 된다. 그러므로 자 기 자신을 움직이는 존재만이 자기 자신을 방치하지 않는 존재이며, 어떤 때 라도 결코 움직임을 멈추지 않는다. 그것은 또 움직여지는 다른 일반적인 존 재에게 움직임의 원천이 되며, 시원(始原)이 된다."

다시 말해 플라톤은 영혼이 스스로 움직이며 다른 존재를 움직이고, 게다 가 다른 존재로 인해 움직여지지 않으므로 운동의 시원이라고 생각했다.

아리스토텔레스는 이 사고에 반대한다. 그는 모든 움직이는 존재는 다른 존 재에 의해 움직여지고 있다고 생각한다. 즉 영혼이 움직이는 존재라면, 영혼 은 다른 존재에 의해 움직여진다. 그는 '운동은 움직이는 것과 움직여지는 것 의 연쇄 작용'으로서 생각할 수밖에 없으며, 자연 현상은 그런 모습을 표현한 다고 보았다. 다시 말해 아리스토텔레스는 이러한 해석에 확신을 가지고 있어 서, 처음부터 운동의 정의를 추구하거나 운동 과정을 분석하거나 하지 않았 다. 그는 먼저 어떤 순간에 무엇이 일어나는가를 물었다. 분명히 A의 운동은 B에 의해, B의 운동은 C에 의해 움직여지며, 이렇게 끊임없이 움직이는 사물 을 찾을 수 있다. 하지만 이처럼 무한히 후퇴해 봐도 운동에 대해서는 아무것 도 규정할 수 없다. 오히려 A의 운동, B의 운동, C의 운동 모두가 동시에 같은 순간에 일어날 수도 있으며, 따라서 그들이 모두 하나의 운동이라고 생각하는 편이 좋다. 그렇게 하면 과거나 현재와 같은 시간적 계기를 생각에 넣지 않게 되어, 운동은 유한한 범위에 있게 된다. 그렇다면 그 하나가 된 운동을 움직이는 동자(動者)가 있을 것이다. 물론 동자는 부동의 원동자가 아니라 움직이는 것으로서, 그 자체도 운동을 수용하는 동자이다. 아리스토텔레스는 이렇게 하여 무한한 후퇴를 피할 수 있었다. 이 논의의 과정을 이해하기는 힘들지만, 하여튼 움직이는 운동자와 움직여지는 운동자와의 관계를 주제로 자연물의 운동·변화 원리를 이끌어 가기 위한 준비는 되었다.

움직이는 운동자와 움직여지는 운동자는 직접적으로 접촉하며, 제3자, 즉 매개적 존재는 허락하지 않는다. 예를 들어 장소적 운동을 보자. 장소적 운동은 끌기 아니면 밀기다. 원운동도 중심을 향하는 운동과 이로부터 벗어나려는 운동, 즉 앞서 말한 두 가지 끌기와 밀기 운동으로 환원할 수 있다. 즉 움직이는 운동자와 움직여지는 운동자의 관계는 끌기와 밀기라는 접촉으로만 나타낼 수 있으며, 그 움직임이 일어나는 동안 양자는 연속적이며 그 전체는 하나가 된다. 직선운동에서 이 점은 뚜렷이 드러나며, 성질의 변화에서도 마찬가지이다. 변화성은 물체의 속성이고, 이 속성은 열과 가까워짐으로써 따뜻해지듯이, 다른 물체의 속성과 직접 접촉함으로 일어나기 때문이다. 감각도 이런 질적 변화와 같다고 생각할 수 있다. 왜냐하면 감각이란 물체와의 접촉을 통해서 물체의 속성이 전달되고, 감각기관이 그에 따라 변화를 받기 때문이다. 물론 변화란 성질적인 변화이기 때문에, 실체 그 자체가 존재하거나 존재하지 않게 되거나 하는 생성 및 소멸과는 다르다. 변화의 밑바탕에는 어떤 변화하는 요소 자체가 있는데, 그 요소는 질료라고 불린다. 예를 들면 고체의 청동이 액체 상태의 청동이 될 때는 그 청동 자체가 질료이지만, 청동으로 어떤 형태가 만들어졌을 때는 그 상을 청동제라고 한다. 다시 말해 새로운 형태를 얻어 생성된 형상은 헤르메스의 상이라 부르고, 질료 그대로의 이름, 즉 청동이라고 하지는 않는다. 따라서 변화의 개념을 연장해 생성을 생각하는 일은, 생성에서는 현재의 실체 그 자체가 전제되고 있으므로 부조리하다. 변화에서 움직이는 운동자와 움직여지는 운동자가 직접 접한다는 사실은 확실하다 할 수 있다. 마지막으로 양적 변화의 경우는 어떤가? 증가란 어떤 사물에 무언가가 덧붙어 하나가 됨을 말한다. 그렇다면 그 양자는 연속적일 뿐, 그 중간자는 없다.

이렇게 총괄해 보면 움직이는 운동자와 움직여지는 운동자는 직접 접하고 있으며, 그 사이에 제3자가 끼어들 여지가 없다는 사실이 뚜렷해진다.

자연의 근본 현상

이제 아리스토텔레스《자연학》의 중핵을 이루는 이론으로 다가가 보기로 한다. 앞서 말한 바와 같이 이 이론은 제1권부터 제6권에서 전개되었다. 여기 에서는 제1권과 제2권에 대해서는 언급하지 않도록 한다.

운동과 변화는 자연의 근본 현상이므로 운동을 이해하지 못하면 자연도 이해할 수 없다. 그런데 운동은 공간이나 시간 없이 있을 수 없고, 또 연속적 이기도 하다. 더구나 그 연속은 무한히 나눌 수 있는 사물이 연속적이듯 무한 과 깊이 결합되어 있다. 그 모든 규정은 운동과 자연의 사물에 귀속되며, 일상 경험 속에서 늘 만나게 되는 현상이다. 그런데 도대체 우리는 이들 용어로 정 확히 무엇을 지칭하는가? 순차적으로 이에 대한 그의 생각을 보도록 한다.

운동

아리스토텔레스가 '키네시스'라 일컬으며 총괄한 운동은 모든 자연 과정을 나타낸다. 장소적 운동, 질적 변화, 양적인 증감의 변화, 사물의 생성과 소멸에 대한 모든 과정을 운동이라고 생각할 수 있다. 운동은 존재하는 사물에서 일 어나므로 사물과 무관하지 않다. 이미 논술한 바와 같이 아리스토텔레스는 플라톤의 영혼처럼 운동은 움직이면서 다른 사물을 움직이게 한다고 인정했 으나, 그 영혼이 스스로 다른 상태로 움직여지지 않는다고는 인정하지 않았 다. 도리어 그 영혼이 '스스로 자연스럽게 움직인다면 다른 자연물들도 다시 움직여질 수 있다. 이들 모두는 움직여짐으로 움직이기 때문이다' 말한다. 운 동이란, 움직여지는 한 움직이는 운동자의 활동이라는 말이다.

움직여진다는 말은 움직여질 가능성이 있다는 뜻이며, 실제로 움직여진다 면 그 가능성의 현실화를 의미한다. 다시 말해 '어떤 사물이 될 가능성이 있 는 존재가 그 가능성을 따라 스스로의 가능성을 현실화해 가는 과정이 운동 이다.' 따라서 단순한 가능성이나 현실성은 운동이 아니다. 예를 들면 건축물 이 될 수 있는 가능적 존재가 스스로의 가능성을 현실화해 가는 과정의 운동이 건축 활동인데, 집 자체는 현실성이고 거기에는 이미 활동이 없다는 뜻이다. 이렇게 운동이란 현실화 과정 그 자체이다. 기술한 바와 같이, 운동은 움직여지는 운동자가 움직이는 운동자와 직접 접촉함으로써 일어난다. 또 운동 그 자체는 움직여질 수 있는 운동자의 현실화이므로, 운동은 움직여지는 운동자 안에서 실현된다. 그리고 움직일 수 있는 운동자는 움직이는 활동 속에서 현실화 작용을 한다. 아리스토텔레스는 자연계에서 볼 수 있는 운동을 이와 같이 파악하고, 그것을 《자연학》의 기초로 삼았다.

그런데 여기에서 다음과 같은 문제가 생긴다. 운동은 움직이는 운동자들 사이에서 일어나는가, 움직여지는 운동자들 사이에서 일어나는가? 또는 양자 사이에서 일어나는가? 그리고 만약 양자 사이에서 일어난다고 한다면 운동이 두 가지인가도 생각해야 한다. 하지만 아리스토텔레스는 이러한 질문은 '단순한 말로서 논리를 흐리며, 표면적인 논의에 지나지 않는다'고 잘라 말한다.

"어떤 사물이 움직일 수 있게 되는 것은 움직일 수 있기 때문이며, 그것이 움직인다면 그것은 실제로 그 가능성을 드러내고 있기 때문이다. 그러나 스스로의 가능성을 실제로 발휘할 수 있게 되는 것은 움직여질 수 있는 대상에 작용한다. 따라서 이런 점에서 생각하면, 움직일 수 있는 것과 움직여질 수 있는 것은 같은 한 가지 현실화 작용을 하고 있다."

다시 말해 위의 질문들은 같은 과정을 두 가지 시점에서 보았기 때문에 제기된 문제일 뿐으로, 두 가지 운동이 일어나고 있는 것은 아니다.

무한

'자연에 대한 지식이란 사물의 확장, 움직임, 시간에 관련되어 있으며, 그 대상의 각각은 무한한 것[부정적(不定的)인 것]이 아니면 유한한 것이다.' 이 점에서 자연학자는 '무한한 존재가 있는지 없는지', '만약 있다고 한다면 존재는 무엇인지'를 고찰하기 시작한다. 아리스토텔레스는 먼저 플라톤의 학설을 인용한다. 플라톤은 무한한 존재란 그 자체로서 있는 존재라고 생각했다. 그는 '우주의 바깥쪽에는 물체가 없으며 이데아도 없다. 왜냐하면 이데아는 어떠한 장소에 있지 않기 때문이다. 그런데 무한한 존재는 감각되는 사물들 안에도, 지성의 대상이 되는 물질들 안에도 있다' 말하며, 무한한 존재에는 대(大)와 소(小)의 두 가지가 있다고 했다. 여기에서 대소(大小)란 앞서 언급했던 부정(不

定)의 2로서, 1과 함께 제1원리가 요소이다. 이에 대해 아리스토텔레스는 플라톤이 말한 두 개의 무한한 존재는 부정의 2라고 해석하게 된다. 그는 플라톤은 증가 쪽이든 감소 쪽이든, 그 부가 또는 감소 활동은 무한히 진행된다고 생각하여 무한한 존재가 두 가지라고 말했다고 보았다. 하지만 사실 그의 이해석은 무한에 대한 자신의 이론을 배경으로 한 것이며 플라톤의 생각이 아니다.

그렇다면 아리스토텔레스가 무한에 대해 어떤 생각을 가지고 있었는지 알아보도록 한다. 먼저 그는 무한한 존재가 크기나 수가 아닌 실체인지 물었다. 그러나 하나의 실체는 분할할 수 없는 개념이며, 무한한 존재는 어디까지라도 분할할 수 있으므로, 두 개념은 일치하지 않는다. 무한한 존재는 본디 수나 크기에 대한 어떤 속성을 의미한다. 더구나 수나 크기는 그 자체로 존재할 수 없으므로, 무한한 존재는 그 자체로 존재하는 실체일 리가 없다. 그럼에도 무한한 존재는 존재한다고 인정된다. 그것에 대한 근거들은 다음과 같다. 시간은 무한하고 크기는 무한으로 분할할 수 있다. 만물의 생성과 소멸은 멈추지 않으며, A를 향하는 B와 B를 향하는 C, 그리고 C를 향하는 D와 같은 수식의 관계는 무한히 계속된다. 또 수나 수학적인 크기, 나아가서 우주의 바깥쪽에 있는 것들은 아무리 생각해도 다 생각할 수 없다. 이러한 사실들로부터 무한을 해명하는 단서를 얻을 수 있으리라 짐작된다.

이 《자연학》의 대상은 감각되는 모든 물체들이다. 이러한 물체들은 평면상에서 제한된다고 생각되기 때문에, 무한대의 물체도 무한소의 물체도 존재하지 않는다. 또 우주에는 흙, 물, 불, 바람의 4원소밖에 없으며, 그들은 저마다 자연적 장소를 가지고 그곳으로 운동한다. 예를 들면 불은 위로 흙은 아래로 향하는 성질을 가지고 있다. 따라서 우주는 4원소가 차지하는 자연적 장소와 일치한다. 즉 우주도 유한하다. 그럼에도 무한을 전제로 하고 싶어지는 이유는 시간에는 시작과 끝이 없고, 크기는 무한히 분할할 수 있으며, 수 계열에도 끝이 없다고 여겨지기 때문이다. 그래서 존재하는가 그렇지 않은가, 이에 대해 분명 무한한 존재가 있음을 완전히 부정할 수는 없다. 여기에 딜레마가 있다.

그러면 단적으로 도대체 무한한 것은 존재하는가 그렇지 않은가? 이에 대해 어떤 의미에서는 있고, 어떤 의미에서는 없다고 말할 수 있다. 즉 무한한 존재는 가능성으로서 존재한다. 그런데 만약 이것이 청동이 동상이 되는 경우의 가능성과 같은 의미라면, 우리가 청동상을 눈앞에서 보듯이 무한한 존재는 우리 눈앞에서 현실화되어야 한다. 하지만 현실적으로 그와 같은 무한한 존재는 없다. 그렇다면 그 가능성은 앞의 경우와는 달리 조금씩 실현되기는 해도 완전하게 실현되지는 않는다는 말이다. 예를 들어 보자. 밤 시간, 올림픽 경기가 아직 시작되기 전에도 낮은 존재한다. 이윽고 낮이 되고 경기가 열렸다. 분명 낮과 경기가 현실화되었다. 그러나 낮은 내일도 그다음 날도 올 것이고, 경기도 4년이 지나면 또다시 돌아온다. 따라서 이러한 낮이나 올림픽 경기 등의 존재는 생성으로서 이루어진다. 그러니까 이러한 경우에는 현실화가 이루어졌다고 해도, 모든 낮이나 올림픽 경기의 현실화는 일어나지 않는다. 이러한 현실화는 오히려 과정에 있다고 할 수 있으며, 무한한 존재도 이런 형태의 현실화가 허용된다. 따라서 무한은 계속해서 현실화된다고 할 수 있어도, 모두 현실화되었다고는 할 수 없다. 예를 들어 시간은 어디까지 거슬러 올라가도 다 올라갈 수 없고(=처음을 추구할 수 없다), 어디까지 끝을 추구해도 다 추구할 수는 없다(=마지막을 추구할 수 없다). 또 크기는 분할 활동을 아무리 반복해도 다 반복할 수 없다. 이렇게 끝없이 일정한 활동을 되풀이할 수 있는 것이 무한이다.

무한이란 '그 외부에 아직 뭔가가 있다는 뜻'이며, 또한 '그 외부에는 이미 아무것도 없는 전체'를 뜻한다. 이 두 개념은 상호 관계하는데, 사유에 따라 비로소 현실화된다. 그래서 무한한 존재의 현실화는 형상이 아니라 형상이 없는 것을 향하며, 무한은 무(無)와 같은 부정적 표현으로 표기된다. 그리고 이에 의해 '아직 한정되지 않은 것'이 합의되고 있는데, 그 근거는 어떤 연속성이다.

장소

'자연학자는 장소에 대해서도 실제로 존재하는지, 만약 그렇다면 어떤 상태로 존재하는지, 장소란 본디 무엇인지 등등을 규명하지 않으면 안 된다.' 장소가 존재한다는 의미는 물체가 서로 장소를 바꾼다는 현상, 또 4원소와 같은 단순 물체가 아래위로 장소적 운동을 하는 현상—불은 우주의 원주 쪽으로, 흙은 그 중심 쪽으로—으로 분명해질 수 있다. 하지만 '장소란 본디 무엇인가'는 어려운 질문이다. 만약 장소가 물체라면, 동일 물체 안에 두 개의 물체가 들어간다는 말이 된다. 이는 불가능하기 때문에 장소는 물체가 아니다. 그러나 지면에서 보면, 장소는 물체의 경계면과 별개로는 존재하지 않는다. 물체의 경계면으로서 장소는 연장(延長)을 가지고 있으며, 이 연장이라는 속성은 장소가 단순한 사고의 산물이 아님을 나타낸다. 그러므로 장소는 비물체적인 어떤 존재라고도 생각할 수 없다. 또한 장소는 그곳에 있는 존재의 질료도, 사물의 형상도, 목적도, 또 그 존재를 움직이는 운동자도 아니기 때문에 그 원인 가운데 하나도 아니다. 만약 장소가 어떤 존재하는 것이라고 한다면 어딘가 어떤 장소에 존재하고 있어야 하는데, 그렇게 되면 그 장소의 장소가 있어야 하고, 나아가서는 무한에서 장소를 찾아야 한다. 이처럼 여러 의문이 장소의 규명 문제와 얽혀 있게 된다.

장소에 대한 해명에 즈음하여, 먼저 모든 물체가 있는 '공통의 장소'와 저마다의 물체의 '고유한 장소'를 구별하자. 그리고 구체적이고 명확하게 장소가 무엇인가를 해명하기 위해, '고유의 장소'에 대해 생각해 보기로 하자. 이 의미에서 장소란 물체 하나하나를 직접 둘러싸고 있다. 그러면 장소는 물체의 경계면과 같으며, 각각의 물체의 형상이고 물체의 크기를 만드는 질료를 한계짓는 작용을 한다고 생각된다. 하지만 장소가 연장성을 가진다는 관점에 서면, 장소는 다른 사물의 형상으로 둘러싸여 그에 의해 정해지는 무규정의 질료라고도 생각된다.

아리스토텔레스에 따르면, 플라톤은 공간은 형상을 받아들이는 것이라고 생각해 나중에는 공간과 질료는 같다고 했다. 하지만 이 비평은 이미 언급한 대로 아리스토텔레스의 오해에 기초해 있다. 《티마이오스》에서 플라톤은, 공간은 이데아를 받아들인다기보다 이데아의 복사본을 받아들이는 실재이며, 또 그에 대한 논의는 생성의 세계가 형성되는 일에 필요한 요소에 대한 논의이고, 원리론에 대한 논의가 아니라고 했다. 어쨌든 장소는 형상인가 질료인가? 무엇보다 형상이라고는 생각할 수 없다. 형상은 사물과 분리할 수 있는데, 장소는 사물이 교대로 들어갈 수 있으므로 사물과는 분류된다.

따라서 장소는 형상이 아니다. 또한 장소는 용기(容器)와 같은 성질을 가지고 있으며 사물의 주위를 둘러싼다. 그 점에서 본다면 장소는 사물의 부분일 리 없고, 따라서 질료도 아니다. 그리하여 고유한 장소를 단서로 한 장소의 해명은 좌절되어 버린다. 이제 우리는 다른 시점에 서야 한다.

도대체 장소란 무엇인가? 이 문제를 풀기 위해서는 먼저 '장소적 운동이 존

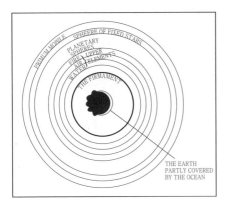

아리스토텔레스의 우주
(달의 바깥쪽으로 에테르가 있다)

재하지 않는다면, 장소는 찾을 수 없다'는 점을 이해해야 한다. 예를 들면 천체는 어떤 장소 안에 존재한다고 생각되는데, 이것은 천체가 운동한다는 것을 근거로 하고 있다. 앞서 장소는 용기(容器)와 같다고 했다. 그런데 용기 안의 물체는 운동하지만, 용기 그 자체는 움직이지 않는다. 용기의 운반성을 빼놓고 장소를 설명해 보면, 장소란 옮길 수 없는 용기라고 할 수 있다. 예를 들어보자. 배가 강을 따라 움직일 때, 배를 감싼 물은 배의 용기처럼 생각된다. 하지만 장소란 그런 용기가 아니라 오히려 움직이는 물을 포함한, 움직이지 않는 물 전체라고 생각할 수 있다. 더 확대해 보면 이렇게 된다. 구상(球狀)의 우주 중심에는 흙이 있고, 가장 가까운 곳에는 달의 궤도가 있다. 이 전체는 회전하고 있으며 흙, 물, 불, 바람의 4원소는 그 본성을 따라서 주변으로, 또는 중심으로 운동한다. 그러나 이런 운동은 움직이지 않는 장소가 있어야만 비로소 어떠한 방향으로 움직이는 운동이라고 할 수 있다. 이렇게 보면 장소란 운동이 가능하도록 하는 어떤 요소임이 분명하다. 그 전체는 용기와 같고, 그 바깥쪽에는 아무것도 없으며, 그 안쪽은 가득 차 있다. 소용돌이 운동은, 저마다의 원리에 따라 중심으로 모여드는 운동과 주변으로 퍼져나가는 운동으로 나누어진다.

시간

시간이란 무엇인가? 이것 또한 자연학자가 탐구해야 할 문제이다. 옛사람들은 시간을 운동이라고 생각했다. 이것을 그대로 인정할 수는 없지만, 만약에 변화가 존재하지 않는다고 한다면 시간 또한 존재하지 않는다. 이를테면 잠자는 숲 속의 미녀가 잠들기 시작한 '지금'과 잠에서 깬 '지금' 사이에 아무런 변화도 의식하지 않는다고 하면, 미녀에게 있어 시간은 흐르지 않는다는 이치다. 그렇다면 시간은 운동 그 자체가 아니라 해도, 운동이 없으면 존재하지 않을 게 틀림없다. 따라서 시간이란 '운동에 관계하는 그 무엇'이다.

하지만 운동하는 운동자는 어떤 것에서 어떤 것으로 움직이고, 그 통과하는 과정은 연속적이다. 한편 운동은 그 과정의 성질과 대응한다. 따라서 과정이 연속됨에 따라 운동 또한 연속한다. 이처럼 운동이 연속하기 때문에, 시간도 흐르고 있다고 생각된다. 운동의 거리량과 대응하면서 시간이 경과한다고 생각되기 때문이다. 또 과정에는 '앞'과 '뒤'의 구별이 있고, 그 구별은 본디 장소 안에서 성립하는 것이다. 예를 들어 구상 우주의 주변에 있었던 흙이 그 본성을 따라 중심으로 운동하는 경우, 처음 흙이 있었던 주변이 '앞'이 되고 중심이 '뒤'가 된다. 운동이 과정에 대응하는 이상 운동에도 앞뒤의 구별이 있을 것이다. 그런데 시간은 운동에 기대어 그와 관계하고 있기 때문에, 시간에도 앞뒤 구별이 생기게 된다. 그렇다고는 해도 앞뒤가 운동의 본질이라는 말은 아니다. 그러나 움직이는 물체의 앞뒤 위치가 운동이라고 생각되기 때문에, 앞뒤는 정의상으로는 운동을 이루는 요소라고도 생각할 수 있다. 시간 또한 우리가 운동을 '앞'과 '뒤'의 도움을 받아 규정할 때 비로소 식별할 수 있다. 다시 말해 우리는 운동에서 '앞'과 '뒤'를 지각했을 때 비로소 '시간이 경과했다'고 할 수 있다.

우리가 운동에서 앞뒤 구별을 할 수 있는 이유는 그 '앞'과 '뒤'가 별개이며, 그 중간도 그 앞뒤와는 다른 것으로 판단하기 때문이다. 이와 마찬가지로 '조금 전의 지금'과 '조금 후의 지금'은 다른 '지금'이며, 그 두 개의 '지금' 사이의 중간도 다른 중간이다. 이때 우리는 그 중간 과정을 시간이라고 한다. 다시 말해 두 개의 '지금'에 의해 한계지어지는 것, 그것이 시간이다. 따라서 한 개의 지금을 순간으로서 고립함으로써, 이 고립된 지금의 순간을 운동으로 그 앞뒤와 연결하지 않는다면, 운동과 시간은 경과하지 않게 된다. 그래서 앞뒤가 덧붙었을 때에만 시간이 지나갔다고 하는 것이다. 여기에서 시간이란 무엇인가의 해답을 얻을 수 있다. 시간이란 바로, '조금 전과 조금 후라는 관점에서 그 중간의 운동을 재는 수(數)이다.' 이렇게 시간은 운동 그 자체는 아니지만, 셀 수 있는 어떤 존재로서 볼 수 있는 범위 내에서의 운동이라고 한다.

위와 같은 내용을 볼 때 아리스토텔레스가 시간을 운동의 한 국면, 한 차원으로 생각하고 있다는 사실은 뚜렷하다. 분명 우리는 눈으로 운동하는 물체를 관찰하고, 그 운동을 수에 의해 헤아릴 때 시간을 파악할 수 있다. 간단한 예로 시계의 초침 운동을 들 수 있다. 하지만 운동을 센다고 하면 어떤 의미일까? 일반적으로 운동하는 물체는 '점'에 비교되며, 시간이 운동에 대응함에 따라 '지금'은 그 '점'에 대응한다. 그렇게 '점'이 운동의 앞뒤를 절단하듯이, '지금'은 시간의 과거와 미래를 절단한다. 그리고 또 다른 '점'이 다시 운동을 절단하듯이, 언제나 전과는 다른 '지금'의 존재가 시간을 절단한다. 그러나 과거와 미래를 연결하고 앞뒤 관계를 안에 포함한다는 관점에서 보면, '지금'은 동일한 존재이다. 이렇게 '지금'은 시간을 분할함과 동시에 연속하고 있다. 왜냐하면 이 연속성과 분할 작용의 관계에서, '시간'과 '지금'이 저마다 장소적 이동과 그 이동을 행하는 물체에 대응하기 때문이다. 한편 운동이나 장소적 이동은 그것을 행하는 물체에 따라서 형성되고, 그 '연속체'라는 명칭이 그 물체가 장소적 이동을 행하고 있는 물체라고 일컬어지는 방법의 하나에 의존하기 때문에 연속적일 수 있게 된다. 그 밖에 그 물체는 앞의 운동과 뒤의 운동을 구분짓기도 한다. 이렇게 물체에 대응하는 '지금'은 장소적 이동에 대응하는 '시간'을 분할함과 동시에 연속시키기도 한다. 그리고 이 분할과 연속의 작용으로 수를 센다는 일이 가능해진다.

그러나 '지금'은 시간의 부분도 척도도 아니다. 시간에는 연속성이 고착되어 있지만 '지금'은 과거와 미래를 결합하는 점인 동시에 가능적으로 시간을 분할하는 점이기도 하기 때문에 그것에는 연속성이 없다. 하지만 이 두 개의 '지금' 사이에서 일어나는 운동은 연속성을 가지고 있고, 시간의 척도도 된다. 그러한 시간의 단편은 크기를 가지며, 따라서 측정될 수 있다. 이런 측정은 일반적으로 수에 의해 이루어진다. 그런데 우리는 운동을 세기 위한 체계를 가지고 있을까? 사람들은 그에 어울리는 단위로 사물을 센다. 예를 들어 말은 한 마리 두 마리, 석탄은 일 톤 이 톤으로 센다. 이제 우리가 할 일은 운동을 올바로 세기 위해 그에 적합한 단위를 제공하는 운동을 찾는 것이다. 그런 표준적인 운동으로는 규칙적이고 일률적인 원운동, 바로 천구 운동이 가장 알맞다. 그러므로 해가 동쪽의 지평에서 떠오른 '지금'과 떠오르기 시작한 '지금' 사이의 시간, 즉 천구가 한 번 회전하는 시간의 길이가 척도로서 선택되는 일은 매우 자연스럽다. 우리의 영혼이 있기 때문에 그 영혼을 센다. 따라서 만약 인간이 존재하지 않는다면 셀 수 있는 시간도 없다고 여겨질 수도 있지만, 만일 인간이 존재하지 않는다 해도 운동은 있듯이 현상으로서의 시간도 존재한다.

다시 말해 영혼의 사고 활동이 없으면 시간 측정은 없어지겠지만, 시간이 영혼 안에만 존재하는 것은 아니라는 이야기이다.

연속

연속의 가장 중요한 특색은 무엇일까? 이것을 묻기 전에 두 개의 물체가 연속적이라고 할 때, 그 의미는 무엇인지 먼저 알아보기로 하자. 연속이라는 말과 비슷한 말로는 계속 혹은 접속이라는 말이 있는데, 이 말들의 관계를 먼저 표로 나타내 보자.

$$
\text{계속}
\begin{cases}
\text{비접속} = \text{비접촉} \\
\text{접속} = \text{접촉}
\begin{cases}
\text{비연속} \\
\text{연속}
\end{cases}
\end{cases}
$$

접속이란 이를테면 집 두 채의 처마들이 서로 붙어 있는 경우처럼, 같은 종류의 것들이 그 한계를 공유하는 경우이다. 그러나 옷이 몸에 달라붙어 있는 경우는 양자가 같은 종류가 아니고, 따라서 이들은 계속되고 있다고 인정될 수 없기 때문에 접속이라고 할 수 없다. 연속은 어떤 접속이지만, 두 개의 물건이 서로 접하는 한계가 하나인 경우이다. 그런데 엄밀한 의미에서는 두 물체의 한계가 하나의 장소에 있을 수 없기 때문에, 두 개의 다른 물체가 연속한다는 일은 불가능할 것이다. 하지만 다른 쪽에서 보면, 한 가지 기체(基體)에 대해서는 성질이 같거나 다르더라도 연속한다고 할 수 있다. 예를 들면 바다의 색깔이라는 기체의 색 부분이 연속한다고 할 때, 우리는 그 색의 옅은 부분과 짙은 부분이 연속하고 있다고 이해할 수 있다. 이러한 사실은 운동이나 변화의 연속을 생각할 때 중요한 의미를 갖는다. 다시 말해 운동이나 변화가 연속한다는 말이 성립하기 위해서는 그 운동이나 변화가 한 가지 기체에 대해서 발생하고, 또 같은 종류여야 한다는 전제가 필요하게 된다. 예를 들어 장소적 운동을 하는 물체(기체)가 운동이 일어난 모든 영역의 어느 부분도 생략하지 않고 전부를 거쳐간다면, 그 운동은 연속적이 된다. 또 마찬가지로 석양이 노란색 범주 내에서 변화할 때, 그 사이의 모든 농도의 색조를 지나간다면 그 변화는 연속적이라고 할 수 있다. 물론 운동과 변화에는 시간의 경과가 없으면 안 된다. 특히 운동과 변화의 연속인 경우에는 상반되는 상태가 직접 연속하기 때문에 시간 경과가 끼어들게 된다.

　이제까지 두 물체가 연속적인 경우를 알아보았고, 연속이란 무엇인지 살펴보았다. 다음은 연속의 가장 중요한 특성을 탐구하겠다. 《자연학》 제1권은 연속이란 무한히 분할할 수 있는 것이라 논술하고 있다. 크기, 시간, 운동 등도 무한히 분할된다. 하지만 '이제 더는 분할할 수 없는 부분'이 될 때까지 분해할 수는 없다. 즉 직선이 '점'으로 구성되어 있다고 할 수는 없으며, 시간과 운동도 저마다 '지금'과 '자극'으로 구성되지는 않는다. 이것은 연속을 분할할 수 없을 때까지 분해할 수는 없음을 의미한다. 그런데 직선, 시간, 운동 등의 모든 요소들은 연속적이라고 일컬어진다. 그렇다면 연속은 그들 현상과 평행하는 무언가가 아니라, 그 현상들에게서 공통으로(일관적으로) 나타나는 어떤 구조라고 볼 수 있다.

제논의 패러독스

```
├──┼─┼────┼──────────┤
A  F E    D    C          B
```
　　　　　　　　연속은 무한히 분할할 수 있다. 하지만 그것은 연속이 '이미 더 이상 분할할 수 없는 부분'으로 이루어져 있다는 의미는 아니다. 연속을 고찰하는 계기가 된 설은 다음과 같은 제논의 패러독스이다. 한 물체가 A에서 B까지 운동하려면 그 중간 지점 C까지($\overline{AC}$)를 이동해야 한다. 또 A에서 C까지 운동하기 위해서는 그 중간 지점 D까지($\overline{AD}$)를 이동해야 한다. 이렇게 하다 보면 무한한 부분을 운동해야 하고, 그 운동에는 무한한 시간이 필요하게 될 것이다. 유한한 시간 내에 무한을 통과하기는 불가능하기 때문에, 그 물체는 결코 B에 다다를 수 없다. 이 패러독스는 아킬레우스가 거북이를 쫓아갈 수 없다는 이야기로 꾸며져 전해지게 되었다. 물론 제논은 아킬레우스가 몇 분 뒤에 거북이를 따라잡을 수 있는지 수학적으로 계산할 수는 있었다. 그러나 그가 이런 패러독스를 주장한 까닭은, 운동은 모순적 개념임을 보여주기 위해서였다.

　아리스토텔레스든 이에 대해 다음과 같이 말했다.

　"무한한 공간을 무한한 시간 동안 통과하는 것에는 어떤 모순도 없다."

　이 말은 제논이 공간에 대해서만 무한한 분할 가능성을 인정하고 시간에 대해서는 그것을 빼놓았다는 점에 대한 지적이다. 이는 곧 의론의 전제 자체가 잘못되어 있다는 말이다. 또한 아리스토텔레스는 시공 무한 분할의 가능성과 현실성을 구분해 이에 대해 반박했다. 즉 시간과 공간이 무한히 분할될 수는 있지만, 실제로 그러한 상태에 있지는 않다고 했다.

이러한 아리스토텔레스의 반론 방법은, 수학적이라기보다는 오히려 자연학적이라고 할 수 있다. 다시 말해 그는 자연계에 운동이나 변화가 있다는 사실을 확인하고, 그로부터 출발하여 연속을 생각했다. 그는 어려운 문제에 부딪히면 언제나 경험적인 관점에 서서 해결하려고 했다. 이러한 그의 태도로 인해 처음으로 운동, 공간, 시간 등이 해명될 수 있었으며, 이 점에서 그의 탐구 방식은 근세의 과학적 사고와 통한다. 하지만 그는 경험이나 사실에 지나치게 기댄 나머지, 낙하 법칙에서와 같이 올바른 사실을 추구하면서도 다른 쪽으로 빗나가기도 했다.

이제까지 자연에서 볼 수 있는 여러 현상에 대해 아리스토텔레스가 제시한 해명을 소개했다. 이러한 해명을 살펴보면서 우리는 아리스토텔레스의 치밀한 논리적 사고에 다시 한 번 감탄했다.

운동의 원리

《자연학》 제8권은 아리스토텔레스가 리케이온에서 강의를 시작한 뒤에 쓰여진 듯하다. 이 작품은 일관성을 띠고 있으며 문체 면에서도 세심한 주의를 기울인 듯 여겨진다. 내용도 논리적 전개를 보이고, 그의 자연학을 모두 포함한다는 의미를 갖는다. 지금부터 소개하는 이 책의 내용을 자연학의 정리로 삼아보도록 한다.

예전에는 존재하지 않던 운동이 언제 생겨났는가? 이미 모든 운동이 남김없이 소멸해 버렸다는 말일까? 그게 아니라면 운동은 생성되거나 소멸하지 않고 늘 존재했다는 말인가? 이러한 운동은 존재하는 사물에 있어 불멸하는 특성으로서 귀속하는가? 마치 자연적으로 구성된 것에 귀속하는 하나의 생명처럼 말이다. 아리스토텔레스는 이렇게 운동의 영원성 문제를 이야기해 나간다.

막대기로 땅에 박힌 돌을 파낼 때를 생각해 보자. 막대기는 돌을 움직이고, 손은 막대기를 움직이고, 사람은 손을 움직인다. 이들 모두의 운동은 저마다 동시적이며, 움직이는 운동자와 움직여지는 운동자는 직접 맞닿아 있다. 따라서 사람이 돌을 움직인다고 말해도, 막대기가 돌을 움직인다고 말해도 같다고 할 수 있다. 분명 일차적인 의미로는 막대기가 돌을 움직인다고 해야 한다. 그렇다고는 해도 모든 운동은 연결되어 있으므로 움직이는 운동자를 향해 무한히 후진하는 일도 가능하리라고 생각된다. 그러나 운동은 모두 동시적이기 때문에, 시간적 후퇴가 아닌 논리적 후퇴가 될 것이다. 그런데 이와 같이 운동 원인의 방향으로 시원(始原)을 찾아 후퇴하면 끝없이 나아가게 된다. 그러므로 이를 피하고자 한다면 어떤 운동 원리를 설정해야 한다. 아리스토텔레스는 그런 원리로서 제1동자(動者)를 설정했다. 그때 그 제1의 의미는 앞에 언급한 내용으로 알 수 있듯이, 결코 시간적 의미가 아닌 논리적인 의미이다.

오늘날의 우리에게 제1동자라는 운동의 원리는 이해하기 힘들 것이다. 하지만 아리스토텔레스가 이러한 원리를 생각해 낸 데에는 그만한 이유가 있다. 그는 뉴턴에 와서야 발견되는 제1운동 법칙, 즉 관성의 법칙을 알지 못했다. 그 법칙에 따르면 힘이 작용하지 않으면 정지했던 물체는 계속 정지한 채로 있으며, 움직이는 물체는 등속직선운동을 계속하게 된다. 다시 말해 한번 일어난 운동은 영원히 계속된다. 물론 공기의 저항과 마찰이 있기 때문에 이 관성의 법칙의 실례를 보는 일은 거의 불가능하다. 그러나 이 법칙의 관점에 서게 되면, 신이 맨 처음으로 힘을 가하고 나면 그 뒤 운동은 영원히 계속되는 것이다.

아리스토텔레스는 이 법칙을 알지 못했음에도, 별 운동을 보면 운동은 영원하다고 생각하지 않을 수 없었다. 그래서 그는 운동의 영원성을 위한 원리가 필요했다. 관성의 법칙을 전제하지 않는 한, 최초의 충격만으로 운동의 영원성을 논증할 수는 없다. 그래서 아리스토텔레스는 운동의 원리로서 항성으로 가득 채워진 가장 바깥쪽 천구의 원운동을 생각하고, 그것이 자연계에서 일어나는 모든 운동의 원천이라고 생각했다. 이것은 다시 '제1동자=부동의 원동자'를 운동의 원리라고 생각하는 방향으로 나아갔다.

이상으로 《자연학》에서 볼 수 있는 제1동자는 자연에 내재하는 잠재적 운동 원리로서 논리적으로 요청되었다. 이는 《형이상학》 제12권에서 볼 수 있었던 목적론적인 설명과는 조금 다르다. 그가 리케이온의 시대에 차츰 사실에 기초한 고찰로부터 자신감을 얻게 되었다는 의미라고 생각된다.

윤리학
인간적 선

오늘날의 우리와 마찬가지로 아리스토텔레스에게도 윤리학의 근본 문제는 '선(善)이란 무엇인가' 또는 '무엇을 근거로 선하다는 것을 알 수 있는가'에 대해서였다. 사람은 다양한 사실을 근거로 결정하고, 그에 따라 행동을 선택한다. 따라서 행위야말로 윤리학에서 다루는 대상이 된다. 이런 결정과 선택에 마주하면 다양한 목적이 보였다가 사라지기도 한다. 이것은 '어떤 기술이나 연구도 마찬가지이며 또 어떤 실천이나 선택도 모두 무언가 선한 것을 추구한다고 생각되기' 때문이다. 그 목적에 따라서 사람은 다양한 의미에서 선을 논한다. 하지만 지금 우리 이야기는 행위가 대상으로 하는 선, 즉 행위가 이루어질 때 그 목적이 되는 선에 대해서이다. 그러나 어떤 선이 다른 선을 이루기 위한 수단이 될 수도 있으므로, 다양한 선 속에서 '우리의 모든 활동을 망라하는 바의 목적', 즉 최종 목적을 탐구하지 않으면 안 된다. 이것은 다른 말로 하면 최고선이라고 할 수 있다. 그렇다 해도 이 최고선은 플라톤의 생각처럼 이데아의 세계에 있지 않고, 또한 여러 가지 선에서 추상된 공통적 보편개념도 아니다. 그 최고선은 행위가 대상으로 하는 선이기 때문에, 어디까지나 인간이 실현할 수 있는 인간적인 선이어야 한다.

선은 무엇이고, 또 어떤 학문과 능력의 영역에 속하는가? 이 질문으로부터 핵심에 접근하도록 하자. 먼저, 다양한 능력들 사이에는 종속 관계가 있다는 사실을 누구나 인정할 것이다. 예를 들어 목수들 사이에서는 그들을 이끄는 우두머리가 있다. 지금 논의할 선은 인간의 능력이나 학문 중에서 가장 대표적인 것을 바탕으로 하는 정치 능력이나 학문일 것이다. '정치는 그 밖의 다른 학문을 사용하고, 또 무엇을 하고 무엇을 해서는 안 되는가를 입법하므로 그 목적은 다른 모든 학문의 목적을 포괄하며, 따라서 정치의 궁극적 목적은 인간적 선이 되어야 하기' 때문이다.

그렇다면 이 정치가 추구하는 선, 다시 말해 우리가 이루어야 하는 모든 선들 가운데 가장 최고선은 무엇일까? 내용적인 면은 별문제로 하고, 일반인이나 교양인들은 거의 '그것은 행복이다' 말한다. 하지만 그 행복이란 무엇인가를 물으면 이론(異論)이 생긴다. 이에 대해 아리스토텔레스는 주요한 세 가지 생활 형태, 즉 향락적 생활·정치적 생활·관조적 생활에서 세 가지의 가치, 즉 쾌락·덕·철학적 통찰을 이끌어 내고, 행복에는 이들이 깊이 관련되어 있다고 생각했다. 이 생각이 바로 아리스토텔레스 윤리학의 핵이다.

정치와 윤리

앞에서 말한 대로, 정치는 대표적인 학문이자 인간 능력으로서 최고선을 추구한다. 그러한 선은 개인이 추구하는 선과 어떤 관계가 있을까? 오늘날에는 개인윤리와 사회윤리가 일반적으로 구별되어 있지만, 이에 비하여 그는 '선이 실로 개인에게도 국가에게도 같은 의미라고 해도…… 민족이나 국가사회 차원에서의 선의 실현은 개인의 경우 이상으로 아름답고 신적인 일이다' 말한다. 이것을 우리의 시각으로 보자면, 아리스토텔레스 윤리학은 사회윤리학이라고 말할 수 있다.

일반적으로 사회윤리를 중시하는 경향은 그리스 윤리학의 특색으로, 그 전형적인 사례가 국가 윤리학을 내세운 플라톤이다. 플라톤을 이해하기 위해서는 폴리스(도시국가)의 성격을 해명할 필요가 있다. 본디 폴리스란 전사(戰士) 공동체의 성격을 띠고 있다. 민족의 이동이 심각했던 그리스 땅에서는, 이동하는 전사 집단이 선주민의 땅을 침범한 뒤 그들을 예속시켜 점령지를 각 구성원에게 나누어 주었다.

이동하는 이 집단은 이윽고 정착하지만, 그 기본적 성격은 여전히 유지된다. 그래서 공격과 방위라는 주목적을 위해 전사는 일정한 곳에 모여 살았고, 그 주위에는 요새가 구축되었다. 폴리스는 본디 요새라는 의미였으며 이 전사들은 폴리스 시민이 되었다. 그러한 변화 뒤에도 구성원 사이의 군 편제는 유지되고 토지도 집단 전체에 귀속되었다. 또한 그 배분에는 집단적 규제가 작용했으며 시민의 인정(認定)이라는 문제와 결부되어 있었다. 그리하여 이른바 전사 공동체로서의 폴리스가 성립하게 된다. 그 기본적인 구조는 위의 그림과 같다. 그림 속에서 C의 클레로스란 각 구성원의 경작지로서, 본디 이 말은

1. A 아고라(집회장)
2. B 오이코스(소박한 이동식 거주지)
3. C 클레로스
4. B와 C 사이에 요새(이중선)가 있다

추첨을 뜻했다. 이 말을 단서로 추정해 보면 점거지는 먼저 균등하게 분배된 뒤, 광장에서 열린 집회(민회)의 추첨에 의해 각 구성원에게 할당되었던 듯하다. 권력자에게는 특별히 얼마간의 훌륭한 클레로스가 테메노스(약탈지)로서 주어졌다. 이 경작지는 해마다 다시 배정되었을 거라고 추측되지만, 그에 대한 확증은 없다. 하지만 철기 사용과 함께 정착 생활이 자리잡게 되면서 재할당은 이루어지지 않고, 클레로스는 상속되는 사유지가 되었을 것이다. 그래도 전사 집단으로서의 공동체 성격은 남아 있었으며, 클레로스를 누가 소유하느냐는 문제는 방위력에도 영향을 미치기 때문에 그 상속은 공동체로부터 감시를 당했다.

이와 같은 사회적인 기초 조건을 생각할 때, 공동체 구성원인 시민들은 공동체에 의해서만 자기 존립을 확보할 수 있었다고 생각된다. 그리고 한번 공동체에서 추방되면, 오이디푸스 왕의 비극에서 볼 수 있듯이 방랑하는 비참한 처지에 놓이게 되었을 것이다. 그러므로 공동체의 유지와 보존은 구성원에게는 가장 큰 소망이자 의무이기도 했다. 특히 전란이 끊이지 않았던 혼란기에 시민들은 점점 자기 폴리스를 중심으로 생활하게 되었고, 또 외부에 대해 배타적이 될 수밖에 없었다.

평등하고 자유로운 전사 공동체라는 폴리스의 기본적 성격도, 시대의 변천과 함께 변질되어 갔다. 기원전 4세기의 아테네는 군사력을 징병에 의존했고, 시민들 간의 빈부 차이는 눈에 띄게 드러났으며, 각지의 시민들은 토지를 저당잡혀 있던 상황이었다. 이미 폴리스의 명맥이 다해 가고 있었다. 펠로폰네소스 전쟁이 일어나자 데모스테네스는 유창한 말솜씨로 애국심을 호소하고, 전쟁 준비를 위한 모든 제도를 실시했다. 하지만 부자는 그 부담을 한탄하거나 또는 다른 이들에게 떠넘겼으며, 가난한 자는 전쟁터로 떠나려 하지 않았다. 이미 시민병이 군사력의 중심인 시대는 지났다. 한낱 폴리스의 경제력에 의존하던 시민병 집단은 왕국 군대에 대적할 수 없었는데, 그 까닭은 왕국 군대가 막대한 부를 배경으로 교묘하게 용병군을 자국 군대에 편입시켰기 때문이었다. 플라톤은 바로 이런 시대에 나타났다. 그래서 그는 《국가》에서 다음처럼 말했다.

"그러므로 우리는 수호자를 정할 때 개인의 최대 행복을 바라는지, 또는 나라 전체에 생기는 최대 행복을 바라는지를 고찰해야 한다. 만약 후자를 택한다면 수호자나 보조자, 그리고 다른 모든 이들에게 각자의 일이 본직으로서 가능한 한 훌륭하게 수행되어야 함을 강제하고 설명해야 한다. 이렇게 하여 나라가 총체로서 생장하면 각 계급은 행복을 나누어 받게 될 것이다."

플라톤이 말하고자 한 뜻은, 공동체의 행복을 위해 개인의 행복은 희생되어야 한다는 것이다. 그는 폴리스에 대한 정열로, 이상의 폴리스를 재현하려 했던 것이다.

아리스토텔레스의 정치와 윤리의 사고

폴리스에 대한 아리스토텔레스의 생각은 플라톤과는 다르다. 이것은 아리스토텔레스가 마케도니아의 지배 아래 있던 스타게이로스 출신으로서, 자유와 독립의 역사를 가진 아테네 시민이 아니었기 때문일 수도 있고, 그렇지 않으면 그 자신이 냉철한 과학자의 성격을 가졌기 때문일 수도 있다. 어쨌든 그는 공동체는 개인의 총체이고 개인이야말로 구체적으로 존재라는 견해를 취한다. 그리고 그 귀착점은 개인의 행복이 없는 행복은 현실에는 존재하지 않고 개념으로서만 존재하며, 개인을 희생해 얻어지는 공동체의 선은 있을 수 없다는 생각이었다. 이 사고의 뿌리를 찾다 보면, 우리는 그의 목적론적 철학과 만나게 된다.

그는 이렇게 생각했다. 모든 존재자는 자신의 완성을 지향하고, 그 완성을 위한 운동 원리를 스스로 내포하고 있다. 그리고 윤리적인 탁월성도 그런 목적 가운데 하나이다. 그런데 인간은 본디 사회적 동물이기 때문에, 인간의 목적은 사회에서만 이루어질 수 있다. 다시 말해 인간은 가족과 마을이라는 소집단에서 저마다 그에 맞는 목적을 실현하며, 폴리스라는 완전한 집단에서 완전하게 그 목적을 이룬다. 또한 폴리스에 계층이 있다면 그 계층에 따라 틀림없이 개인이 이룰 수 있는 목적의 정도가 정해질 것이다. 이런 체계에서는 가장 고귀한 사람들만이 최대 행복을 이룰 수 있으며, 매우 귀족적인 색채가 표출된다. 하지만 이곳의 노예에게는 겨우 '물건과 같은 도구'가 되는 일이 최상이다.

오늘날 우리는 이런 말을 들어도 놀라지 않는다. 국가가 실현하려는 이상이나 목적이 개인이 내세우는 이상 또는 목적과 일치하는 일은 드물기 때문이다. 아리스토텔레스도 이러한 현실을 알고 있었다. 그는 현실의 아테네 정치를 보고 있었다. 후방에 배치된 용병대장은 키타라를 연주하는 창부와 희희낙락거리며 군비만을 청구한다. 그런 행태를 감시하기 위해 파견된 대사는 대장에게 조종당해 귀국한 뒤에는 일어나지도 않은 전쟁 성과를 보고한다. 그의 보고를 들은 시민은 광장에 모여 갈채를 보낸다. 대(對) 국가봉사 의무를 감시하는 부자는 지위를 이용해 자기 부담을 다른 이들에게 떠넘긴다. 절대로 개인의 선과 공동체의 선은 일치하지 않는다. 그는 솔직하게 의문을 제기하며, '좋은 사람과 특정 국가의 좋은 시민은 반드시 같다고 할 수 없다' 말한다. 만약 양자가 일치한다면, 국가가 최고의 입법을 확보한 경우뿐이다. 훌륭한 부모 아래에서 훌륭한 규칙과 습관에 길들면 그 교육적 작용에 의해 훌륭한 성격이 만들어진다. 그런 훌륭한 성격을 소유하는 일이 바로 행복한 생활을 위한 행위를 만들어 내는 전제 조건이다. 아리스토텔레스의 생각은 이러했다. 이런 관점에서 보면 마땅히 '어떤 법률, 어떤 풍속, 어떤 습관이 훌륭한가'를 탐구하게 된다. 그리고 그것이 바로 그가 《정치학》에서 밝히려고 한 문제였다.

이렇게 플라톤이 인간 생활을 위에서 아래쪽으로 고찰했다면, 아리스토텔레스는 아래에서 위쪽으로 연구했다고 할 수 있다. 여기에서 드러나는 둘의 차이도 분명하다. 이 차이는 시대의 변천에 의했던가? 아리스토텔레스는 바로 뒤를 잇는 개인 논리 중시의 헬레니즘 시대 속으로 남들보다 먼저 나아가고 있었는가? 그렇지 않으면 과학자로서 정치도 과학적으로 받아들이려 했던 결과일 수도 있다. 그러나 이러한 차이에도 그 또한 스승과 같이 정치학과 윤리학을 결합하고 있으며, 그의 윤리학 중 사회윤리를 중시한다. 그리고 이 모두가 '폴리스의 윤리학'이라는 점에서 스승과 제자가 보여주는 분명한 공통점이 된다.

가치의 사고

오늘날 윤리학의 중심 문제는 말하자면 '윤리적 진술, 즉 당위(當爲)를 포함한 진술이란 어떠한가'이다. 이것은 비판적 윤리학 또는 도덕형이상학이 다루는 문제이며, 그 관점은 크게 자연주의, 직관주의, 정서주의(비인식설) 등 세 가지로 나누어진다. 이중 마지막 이론은 한때 우세한 학설이었는데, 윤리적 진술이란 행위에 대한 시인(是認) 또는 장려와 같은 화자의 주관적 태도가 표현되는 일이라고 생각했다. 이 관점은 윤리적인 가치가 상대적이고 실제로 볼 수 있는 현상에 따라서 강하게 지지되고 있다고 본다. 이런 현대 윤리학의 주장을 참고하면서, 아리스토텔레스의 윤리론에 대해 알아보도록 하자.

아리스토텔레스의 윤리학을 보면, 그 중심에 '프로니모스'가 있다. 물론 프로네시스, 즉 실천지혜를 가진 사람을 뜻한다. 아리스토텔레스는 '높은 곳에 위치하여 어떤 경우에도 미움받아 마땅하거나 열악한 행위를 하지 않으며', 후회 따위는 생각하지 않는다 말한다. 이렇게 그가 프로니모스를 이상적 인간으로 생각함에 따라, 그의 윤리학은 이에 대한 여러 분석이라고 할 수 있다. 프로니모스는 용감하고 절제를 중시하며, 너그럽고 온화하며, 정의를 사랑한다. 그런데 철학은 그 순수함과 확실함으로 가장 큰 쾌락을 약속하므로, 그는 철학 또한 사랑한다. 다시 말하면 프로니모스는 인간 중의 인간이며, '인간적 선'을 완전히 현실화한 사람이다. 그의 윤리학은 이런 이상적 인간이 갖춘 모든 성질을 가치라고 인정하기 때문에, 그 점에서 자연주의적이라고 할 수 있다. 한편 프로니모스는 다양한 경우의 온갖 행동 방법 속에서 가장 좋은 행위를 선택하고, 그러한 행위들을 거듭하여 습성화 한다. 이 점에서 생각하면, 특정한 경우의 특정 행동 방법을 결정하고 선택하지 않으면 안 된다. 그리고 그것을 위해서는 특수한 능력이 필요하기 때문에, 그의 윤리학에는 그런 직관주의적인 면도 있다. 어쨌든 그는 조금도 가치의 존재를 의심하지 않았다는 점은 확실하다. 다시 말해 그에게서는 정서주의나 비인식설적인 면 등은 볼 수 없었다.

아리스토텔레스는 두 가지 방향에서 가치를 해명하려고 한다. 그는 먼저 모든 생물은 필요한 조건만 주어지면 완전한 형태를 향해 자기 전개를 한다고 전제한다. 이는 단순한 경험에서 얻은 사실이다. 그렇기 때문에 만물에는 자연으로부터 주어진 탁월성이 있으며, 만약 주의 깊게 양성된다면 보다 완전해진다. 마찬가지로 인간 또한 뛰어난 성질을 타고난 자가 더욱 주의 깊게 교육을 받는다면, 인간이 이룰 수 있는 최고의 완전성에 다다를 수 있다. 그리고 이것이야말로 프로니모스이다. 이러한 견해를 보면, 여기서도 다른 연구 영역에서와 마찬가지로 목적론적 철학의 출발점이 되고 있음을 이해할 수 있다. 그다음으로 아리스토텔레스는 플라톤의 《정치가》 속 한 개념을 발전시켜 주장한다. 《정치가》에는, 절대적인 정확성을 나타내기 위해서는 사물들을 이런 저런 방법으로 저마다 달리 비교해서는 안 되며, 어떤 척도를 세워야 한다는 말이 나온다. 이때 방법과 척도는 상호 보완관계에 있으며 어느 것 하나도 빠져서는 안 된다. 그 측량법에도 두 종류가 있다. 수·길이·깊이를 그와 반대되는 적음·짧음·얕음과의 관계로 재는 식이 첫 번째 방법인데, 이것은 수학적인 계량법에 속한다. 두 번째 계량법은 정확한 척도·적절함·적당함을 반대 속성과의 관계로 나타내는 방법이다. 이때에는 일반적으로 극단적인 존재의 메손, 즉 중간에 위치하는 존재가 기준이 되며, 그런 까닭에 이 '메손(중간자)'은 이데아적인 존재가 된다. 아리스토텔레스는 이러한 플라톤의 메손을 개조해 자기 '중용설'을 내세웠다. 그는 메손에서 존재론적인 의미를 배제하고, 현존하는 모든 덕의 존재를 나타내기 위해 그것을 자기 나름대로 이용했다.

이상의 두 방향에서의 해명은 하나로 귀결된다. 즉 '습성적 덕이란, 실체나 본질을 뜻하는 로고스 측면에서 보면 메소테스(중용)이며, 상태의 측면에서 보면 정극(頂極)'이다. 이렇게 말하면 한쪽으로는 현상하는 덕을 서술하면서, 다른 한쪽으로는 목적론적 철학의 최종 목적인 선이 있다는 사실을 나타낸다.

중용설

행위는 욕구를 근거로 발현한다. 따라서 올바른 행위는 올바른 욕구 상태에서 드러난다고 할 수 있다. 욕구에는 초과도 있고 부족도 있다. 그 욕구의 부족에서 초과까지를 AB로 나타내면, 그 '중(中)'의 상태는 그 선상에 있다. 그것을 M이라고 한다. M에서 행위는 정극으로 연결된다. 따라서 그것은 AB 선상의 다른 행위들과 비교하여, 가치적으로는 정점 C와 대응하게 된다. 욕구가 언제나 이 M의 상태에 놓이고 이 상태를 기초로 하여 행위를 선택하는 습성이 만들어지면, 그 습성의 탁월성으로 일컬어지는 습성적 덕이 이루어진다. 아래의 그림에서 M은 AB의 중점이며, AB는 반원을 이룬다. 물론 아리스토텔레스는 이런 수학적인 '중'을 말하고 있지는 않다. 앞에서 이미 이 중용설이 플라톤의 《정치학》에 나오는 '중'임을 언급했는데, 이는 그것에 대한 고찰로도 뚜렷이 알 수 있다. 그렇다면 문제는 '우리에게 있어서의 중'이며, M은 반드시 그 중점은 아니다. 그러나 이러한 도식은 [Ⅱ] [Ⅲ]과 같은 부차적인 경우를 생각할 수 있게 한다.

어느 도표에서건 문제가 되는 이 '중'은 욕구의 종류에 따라 그 존재가 다르다. 예를 들어 용감이라는 덕은 공포 상태와 공포가 없는 상태의 '중'이지만, 공포 없음 쪽에 치우쳐 있다는 점으로 성립한다. 이처럼 저마다의 욕구에 맞게 각각의 덕이 성립하며, 이를 정리해 표시하면 표와 같다.

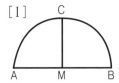 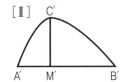 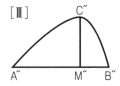

AB:욕구의 지평
A:부족 M:중용 B:초과

감정	행위	과대	중	과소
두려움		비겁	용기	무명
자신감		만용	용기	비겁
촉각의 쾌감		방종	절제	무감동
	금전 수여	낭비	관대	편협
(오른쪽 행위에	금전 수취	편협	관대	낭비
서 생기는 쾌감)	큰 금전 수여	방자	호화	인색
	대규모 명예욕	허영	긍지	비굴
	소규모 명예 추구	야심	무명	무기력
		짜증	온순	패기 없음
노여움	자기에 관한 진실 말하기.	자만	성실	자기 비하
	오락적인 쾌락.	희극	기지	천박
		비굴	사랑	냉소
부끄럼		내성적	신중	파렴치
행불행의 고통		선망	의분	악의

중용의 규정

여기에서는 혼란을 피하기 위해서 습성적 덕의 논의를 빼놓았다. 그 논술과정 속에서 중요한 문제가 언급되지 않고 있기 때문이다. 여기에서 알아보아야 할 사항은 앞서 나온 '중'과 관련한 그림에서 도대체 어떻게 M을 찾아내는가이다. 이것이야말로 가장 중요한 문제로 보인다.

인간은 행위의 주체이며, 그러한 이상 행위라는 운동 원리를 자신 안에 간직한다. 신도 운동 원리였다. 하지만 둘은 다르다. 왜냐하면 신이 일으키는 운동은 필연적이지만, 인간이 일으키는 운동은 분명 필연적이지 않기 때문이다. 이렇게 인간이 운동의 원천이 되는 영역에서 행위는 일어날 수도 있고 일어나지 않을 수도 있으며, 작위와 부작위가 모두 인간에게 의존한다. 한번 작위된다면 그 행위의 결단에 맞닥뜨린 인간은 늘 유의적인 행위자이며, 그 행위에 대해 책임을 지고, 또 칭찬이나 비난도 받게 된다. 그렇다고 한다면 도대체 어떤 표준에 의해 행위를 결단하고 선택해야 하는가? 이것은 매우 중요한 문제이다. 이에 대해 아리스토텔레스는, '이들 다양한 중용을 결정하는 어떤 호로스가 있다'고 말한다. 호로스라는 말은 본디 개인의 토지 경계를 나타내기 위한 한계라는 의미이다. 이 본디 뜻으로 생각해 보면, 앞 그림에서 AB선 위의 M은 그 경계석에 해당한다. 일반적으로 경계석을 놓기 위해서는 먼저 측량을 해야 하는데, 이를 위해서는 밧줄, 자, 컴퍼스 등의 도구가 필요하다. 이 도구들은 수면의 수평선과 광선의 직진 등 자연현상에서 암시를 얻어 만들어졌다. 말하자면 자연 모방의 산물이다. 그런데 이러한 도구들을 사용해 토지를 측량하는 일은 결국 자연의 항상성을 기준으로 하여 행해지며, 그렇지 않으면 분쟁을 일으키게 된다.

자, 당면 문제인 행위의 경우는 어떨까? M점은 자기 행위에 대해서 발견하지 않으면 안 되는 기준점이다. 더구나 그것이 측량, 나아가 자연의 항상성에 의존한다고 한다면, 그 기준점은 인간의 자연을 기준으로 하여 설정되어야 한다. 좀더 자세히 말하자면 행위의 문제는 의지에 관여하므로 인간 영혼의 자연 질서를 기준으로 삼아야 한다는 말이다. 자연적 인간의 영혼은 지배하는 부분과 예속되는 부분으로 이루어진다. 예속되는 부분은, 노예가 주인의 명령에 따르듯이 지배하는 부분에 따라야 한다. 이렇게 인간은 자기에게 내재하는 아르케, 즉 지배 요소를 고려하며 살아가야 한다.

그렇다면 아르케란 무엇인가? 이 말에는 두 가지 의미가 있을 수 있다. 예를 들어 의사가 환자에게 약을 처방한다고 해보자. 이때 의사가 아르케로 삼는 요소는 의학적 지식과 환자의 건강 회복 등, 두 가지이다. 즉 아르케는 근거이자 목적을 의미한다. 이것은 영혼의 사고하는 부분(로고스를 갖는 부분)에도 해당된다. 그 영혼의 부분 속에 있는 이성은 아르케라고 불린다. 이성은 우리에게 내재하는 신이라 할 수 있는 부분이므로, 신과 같이 명령하는 방법에 의해 지배하기 때문으로 보인다. 그리고 프로네시스, 즉 실천자가 명령을 내리고 행위의 결단에 직면하면, 선택도 이성을 위해서 행해지리라고 생각된다. 그런데 이성을 아르케라고 부를 때, 이 아르케는 앞의 의사 예에서 후자인 건강, 즉 최종 목적을 의미한다. 그렇다면 이성이 완수하는 관조적 활동을 충분히 완수하기 위해서 가장 필요한 행위를 선택하고, 그 목적이 되는 선한 존재를 획득하는 일이 바로 프로네시스가 완수할 역할이며, 그런 생활의 지향이야말로 가장 아름다운 기준점이다.

우리는 행동을 할 때 언제나 이 기준점을 지향하면서 바른 사고를 해야 한다. 이 올바른 기준점을 벗어나 너무 많거나 너무 적은 욕구를 근거로 행위를 선택한다면 우리에게 내재하는 신, 즉 이성에 봉사하지 못하고 관조적 생활의 향유를 방해받는 결과를 불러오게 된다. 그것은 바로 악이다. 아리스토텔레스는 악에 원죄의 관념에서 볼 수 있는 적극적인 의미를 결부하지 않고, 단순히 '인간적 선'을 방해하는 소극적인 의미만을 부여했다. 다시 말해 악은 피할 수밖에 없다는 생각을 갖고 그의 주장을 표현하면, 영혼의 불합리한 부분(로고스를 갖지 않는 부분)은 어차피 불합리한 영향을 줄 뿐이므로, 그 부분의 요구를 가능한 인정하지 않아야만 최상의 규정일 수 있는 것이다.

관조적 생활과 윤리적 통찰

'너의 행위가 관조적 생활을 방해하지 않도록 하라.'

만약 칸트의 정언명법을 본떠 말하면, 아리스토텔레스의 명법은 이렇게 된다. 물론 행위의 선택은 윤리적 통찰과 실천자로 통하는 실천이성의 행동이며, 관조적 활동은 이론이성의 행동이다. 칸트는 이론이성보다도 실천이성을 우위로 여겼으나, 아리스토텔레스의 경우는 반대로 이론이성이 실천이성보다 우위에 서 있다. '사려(윤리적 통찰)가 지혜(이론적 지혜)보다 영혼의 더 뛰어난 부분에 속해 있지는 않다'라고 명언했듯이, 아리스토텔레스는 관조적 활동을 가장 훌륭하다 생각했다.

그가 그렇게 높은 가치가 있다고 여긴 관조적 생활이란 무엇일까? 테오리아, 즉 관조란 영혼의 어떤 활동을 말하는가? 앞서 기술한 바처럼, 우주의 신이 모든 존재들을 움직이듯이 인간 내면의 신인 이성은 인간 속의 모든 존재들을 움직인다. 이성이야말로 영혼 속 운동의 시원(始原)이다. 이에 비해 습성적 덕은 실천지혜에 의해 얻을 수 있으나, 실천지혜를 아무리 쌓아도 결국에는 덕에 이르지 못한다. 덕은 지식의 도구에 지나지 않는다. 지(知)보다 뛰어나고 고귀한 것은 없다. 그럼 이성에 의해 얻을 수 있는 그 지(知)란 무엇인가? 이성은 관조적인 활동을 하지만, 지는 신이 가진 관조에 비교될 만하다. 물론 아리스토텔레스의 테오리아에는 그의 두 가지 학문 분야—이론적 학문과 실천적 학문—가 결합되어 있다. 본디 모든 사람은 알기 위해 배우며, 그 지(知)는 사물에 관여한다. 하지만 그러한 이론적 지는 추상적이며 부동(不動)적인 것(예를 들어 운동의 원리나 존재하는 사물의 원리)에 관여하는가, 아니면 운동 원리를 간직하는 사물(예를 들어 천체나 자연의 사물)에 관여하는가? 이에 비하여 실천적 지는 운동 원리를 다른 것 안에 가지는 것, 다시 말해 인간의 의지나 능력을 통해 운동 원리를 가지게 되는 사물에 관여한다. 따라서 어떤 것을 변화시키거나 운동시키거나 하는 일은 실천적 지에 속하며 이론적 지의 일은 아니다. 한편 이론적 지의 행동은 있는 그대로의 존재를 똑바로 보는 것이다. 그리고 그 목표는 존재하는 자연물의 변하지 않는 참된 모습을 파악하는 일, 바로 참된 직관에 도달하는 일이다. 그것이 바로 관조이다.

아리스토텔레스의 관조적 생활이란, 이와 같이 존재자의 진실 직관에 열중하는 생활을 말한다. 그것은 냉정하고 철저한 과학적 정신이라고 할 수 있다. 인격신을 신앙하고 황홀한 상태에서 신의 영광을 찬양하는 것과는 다르다. 그의 눈에 든 존재는, 존재자를 가리고 있는 막이 걷힌, 드러난 진실이다. 그의 눈은 우주의 신비를 열고, 그 비밀을 알아낸다. 그 비밀의 누설을 위해서는 모든 것이 봉사해야 한다. 생각건대 관조야말로 인간의 영혼 속에서 가장 뛰어난 부분의 활동이며, 행복이란 다름 아닌 그런 활동이기 때문이다.

《정치학》

이상(理想)국가의 요건

행복을 추구하고 관조적 생활에 이르렀다. 거기에서 우리가 직시하는 진리에 관해서는 나중에 다루도록 하자. 그에 앞서 사회 속에서의 우리의 행복에 대해 생각해 보자. 인간은 혼자서 생활할 수 없으며 몇몇 예외자를 제외한 개인의 행복은 국가의 상황과 밀접하게 관계한다. 특히 앞서의 기술처럼 폴리스(도시국가)의 구성을 생각하면, 시민의 행복은 폴리스를 떠나서는 생각할 수 없다. 폴리스는 개인의 자유를 가능한 제한하지 않는 가장 편안한 조직, 즉 야경국가가 아니다. 그것은 공동체인 것이다.

각 개인의 행복과 국가의 행복은 동일하다는 것에 누구든 동의할 것이다. 왜냐하면 한 개인으로서 선한 생활을 하는 사람이라면, 국가 전체가 선한 생활을 추구하게 되었을 때 행복하다고 하기 때문이다. 하지만 여기에 한 가지 문제가 있다. 그것은 국가 구성원 모두에게 바람직하든 일부를 제외한 대부분의 사람들에게만 바람직하든 어떤 국가제도와 상태를 최선으로 삼느냐는 문제이다. 형식적으로 말하면, 최선의 국가제도란 '누구라도 그런 제도 그런 상황에 기초하면 가장 선하게 행동하고, 행복하게 생활할 수 있는 곳의 질서가 최선의 국가제도'가 된다. 반대로 입법가의 관점에서 보면 '나라에도 민족에도, 또 그 밖의 모든 공동체에도 그들을 어떻게 하면 선한 생활에 관여케 하고, 그들을 가능한 행복에 관여시킬 수 있는가'를 관찰하고, 그것을 목표로 하여 국가제도를 정해야 할 임무가 있다.

그럼, 이상대로 건국한다고 한다면 이 국가의 전제조건은 무엇인가? 서로가 모두 알 필요가 있기 때문에, 인구는 너무 많아도 너무 적어도 안 된다. '생활의 자족을 목표로 한눈에 쉽게 파악할 수 있는 수의 범위 안에서 가능한 한 팽창한 인구', 이것이 국가의 최선의 한계이다. 국토는 어떤가? 그 넓이와 크기는 '거기 사는 사람들이 휴가를 즐기며 인색하지 않은 생활을 하면서 동시에 절제 있는 생활을 보낼 수 있을 정도'여야 하며, 게다가 한눈에 파악할 수 있을 정도여야 한다. 국가의 위치도 바다나 육지에 대해서 좋은 여건을 갖춘 곳이어야 한다. 다시 말해 도시는 해항으로 통하고, 도시 자체는 성벽으로 둘러싸여야 하며, 또한 무역하는 장소는 항해가 가능해야 하고, 외국과 거래하는 사람을 정해 다른 사람이 관여하지 못하게 해야 한다. 주민의 소질은, 유럽의 여러 민족처럼 기개가 있으면 사려나 기술은 조금 부족해도 괜찮다. 아시아 민족처럼 사려나 기술은 있으나 기개가 부족해 지배를 당해서는 안 된다. 그리스인처럼 중간적 위치에 살고 기개와 사려가 있는 민족이 자유를 유지하면서 뛰어난 국가조직을 가질 수 있다.

나라의 불가결한 부분은 농민·직공·군인·부자·신관·재판관의 여섯이며, 최선의 국가제도에서는 농민·직공·상인처럼 천한 생활은 하찮게 여겨 덕으로 받아들일 수 없으므로 시민권을 주어서는 안 된다. 군인과 재판관은 어떤 의미에서는 동일인들이다. 체력이 좋은 사람 가운데 어떤 소년은 군인이 되고, 나이가 들어 사려가 생기면 재판관이 된다. 이런 사람들만이 시민권을 가지며, 부(富)도 그 사람들에게 속한다. 신관도 재판관이 역임한다. 시민·비시민의 분류에 대한 증거는 이집트에도 있으며, 예부터 있었던 마땅한 체제이다. 토지는 공유지와 사유지로 나뉘며, 공유지는 공동 식사 비용의 지출과 신을 위한 비용의 지출, 이 둘로 나뉜다. 사유지는 전사에게 귀속되는데, 그것도 국경 지역과 국도 부근 지역으로 나뉜다. 그리고 전사로 하여금 저마다 두 개의 할당지를 갖게 한다. 이렇게 하면 국경전이 발발할 때 서로 힘을 합하게 된다. 경작자는 노예·농노로서 경작지 소유자(국가나 전사)의 재산이다. 그 밖의 음료수, 식용 저수지, 도시계획 등도 고려해야 한다.

이상이 최선의 국가제도를 위한 요건이다. 비평은 뒤로하고, 앞으로 나아가자.

이상국가의 시민

완전한 시민은 폴리스에서 일체의 중요 사안에 참가한다. 시민은 자기의 사회적 활동 목적을 뚜렷이 알아야 하며 그 현실화에 책임을 갖는다. 그는 철두철미하며 공동체의 행복에 몸을 헌신하는 사람이다. 그들은 한가하고 평화롭게 살아갈 수 있어야 한다. 그 이유는 이렇다. 관조적 생활 부분에서 논술한 바처럼, 아리스토텔레스에게는 이론이성의 힘이 우위에 선다. 생활면에서도 마찬가지로 전쟁은 평화를 위해, 사업은 한가함을 위해 필요하고, 유용함은 훌륭함을 위해서 존재한다. 더 나아가 인간의 목적은 개인에 대해서도 공동체에 대해서도 동일해야 하며, 최선의 인간과 최고 국가제도의 목적은 같아야 하기 때문에 국가에도 한가함을 얻기 위한 덕이 있어야 한다. 그리고 그 한가함은, 모든 구성원들 중에서도 이론이성 부분에 상당하는 시민에게 무엇보다 필요하다. 이런 이유이다. 이 한가함을 누릴 수 있기 위해서는 더욱더 사업이나 전쟁 부분에서의 덕이 필요하게 되는데, 그것이 곧 용감함과 인내의 덕이다. 여기에서 한가함이란 의무에서 해방된 시간을 뜻하는 것이 아니라, 관조와 동일한 의미로서 '행복한 사람들의 섬에 사는 사람에게 반드시 필요하다. 그러나 평화롭게 생활하고 한가함을 누릴 때, 노예와 마찬가지의 무위(無爲)로 보인다면 그것은 부끄러운 일이다'라고 여겼다. 절제와 정의 등은 이런 부끄럽지 않은 한가함을 가능하게 하기 위해 필요한 덕이며, 그것은 평화 시에

나 전시에도 같다.

이와 같은 시민에 대한 서술은 노예 노동에 의존하는 전사(戰士) 공동체 구성원에게 요구되는 모든 덕에 대한 그대로의 모사라고도 할 수 있다. 아리스토텔레스의 눈에는, 오래되고 소박한 폴리스의 원형밖에 없었던 듯하다. 그가 이어서 전개하는 교육 계획도 결국은 시민에 대한, 앞서 논술한 모든 덕을 양성하는 제도였다. 그것은 먼저 훌륭한 아이들을 낳기 위한 결혼제도에서부터 시작된다. 남자 37세, 여자 18세를 적령기로 생각했고, 유아의 영양 문제와 교육에까지 미치고 있다. 게다가 젊은이는 다음 세대를 짊어지고 국가제도를 이어나가야 하는 사람이므로, 그 교육에 대한 배려는 공적이어야 한다고 주장한다. 그리고 거기에서의 교수과목은 읽기, 쓰기, 체조, 음악, 그림이다.

이상으로 아리스토텔레스의 이상국가론(《정치학》 제7·8권)의 윤곽을 묘사했다. 이 저작이 쓰인 시기는 비교적 젊은 시절이었다고 생각된다. 내용적인 면에서 보면, 이 이상국가론은 플라톤의 《법률》 제5권에 서술된 내용과 비슷하다. 《법률》이 유작이라는 점을 고려한다면, 이 부분은 아리스토텔레스의 편력시대의 저작이라고 추정할 수 있다. 다시 말해 이상국가론을 서술할 때, 그에게는 선행하는 이론으로서 《법률》이 눈앞에 있었던 것이다. 그렇다고는 하나 이 경험을 중시하고 현실을 직시하는 현인이었던 아리스토텔레스가, 밀려오는 새로운 시대(헬레니즘 시대)에는 아무런 감각도 표하지 않고, 지난 시대를 전형으로 하여 이상국가론을 서술한다는 점이 왠지 수수께끼처럼 생각된다.

폴리스적 동물

《정치학》 제1권은 앞의 이상국가론에서는 볼 수 없는 고찰을 하고 있으며, 그 사용하는 개념도 달라져 있다. 또 '원정치학(原政治學)이 제2, 제3, 제7, 제8의 네 권으로 이루어져 있으며, 필리포스 2세 살해사건을 실은 제4, 제5, 제6의 세 권은 아테네에 돌아온 뒤에 쓴 작품이다. 그리고 후기의 세 권보다 앞서 쓰인 네 권을 한데 묶으면서, 다시 전체 서문으로서 쓰인 저작이 제1권이다' 말하고 있다. 하지만 도대체 어떤 증거로, '아리스토텔레스 자신이 그런 식으로 《정치학》 같은 저작을 완성했다'고 증명할 수 있을까? 앞서 말했듯이 아리스토텔레스가 죽은 뒤에 그의 저작들을 결정적으로 편집해 보급한 출판인은 안드로니코스이다. 그가 따로따로 떨어져 있던 모든 책을 함께 엮었다. 그렇다면, 제1권을 따로 존재했던 저작으로 본다면 억지로 이상국가론과 연결짓 거나 다른 모든 책과 관련지으려고 애쓸 필요는 없지 않을까? 여기에서 이런 문제는 논자에게 맡기고, 내용으로 들어가 보기로 한다. 우리에게 익숙한 말 이 나올지도 모른다.

《니코마코스 윤리학》에서는 기둥과 들보가 되는 학문을 지향하는 것이 최 고선이며, 그것이 정치학이 다루어야 할 부분이라고 논술했다. 《정치학》 제1 권은 거기에 근거해, 폴리스는 인간이 선을 실현하기 위한 최고의 공동체이며 최고선을 지향하는 곳이라 논술하고 있다. 그러나 거기에서 아리스토텔레스 는 다른 사고로 옮아간다. '자연의 사물이 처음부터 생성되는 방법'을 관찰하 는 일이 최선의 방법이라고 하여, 인간 생활의 기원에서부터 폴리스에 이르기 까지를 탐색한다. 다시 말해 폴리스로의 발전을 하나의 생물 현상처럼 보고 있다. 가장 원초적인 공동생활은, 출산이라는 자연충동(본능)에 의해 이루어 지는 남녀의 결합이다. 두 번째는 출생 이후 지배자(주인)와 피지배자(노예)의 결합이다. 이 두 가지 결합으로 '식탁을 함께하는' 집이라는 공동체가 태어나 며, 이로써 일상의 일이 채워지게 된다. 또 그 밖의 일을 위해 집은 서로 모여 마을이라는 공동체를 만든다. '그러나 한 개 이상의 마을에서 생겨나 완성된 공동체가 폴리스이며, 이 공동체는 대부분 완전한 자족의 한계에 달해 있고 분명 생활을 확실하게 영위하기 위해 태어났지만, 선한 생활을 실현하기 위해 존재한다.' 하지만 자연물로서 그 완성된 상태가 궁극의 목적인 것처럼, 인간 의 생활에서는 폴리스가 궁극목적이다. 더욱이 동물들이 자연으로부터 주어 진 목적으로 나아가듯이, 인간도 목적을 향해 나아간다. 만일 신이라면 혼자 서도 살아갈 수 있을 것이다. 하지만 인간은 그렇지 못하다. 인간의 가능성을 모두 실현할 수 있는 공동체가 폴리스이며, 그것을 향해 인간은 나아간다. 그 러므로 인간은 폴리스적인 동물이다.

폴리스의 완성은 위와 같이 궁극목적이 된다. 하지만 논리적으로 보면, 이 궁극의 목적지는 공동체 형성 과정의 시발점이라고도 할 수 있다. 폴리스는 자연스럽게 생겨난 도시국가로서 오랜 발전의 종국목적이기 때문에, 개별적인 인간과의 관계에서 보면 본성에 앞선다고 할 수 있다. 신체를 떠난 손발은 더 이상 손발이 아니며, 마찬가지로 폴리스를 떠난 개인도 모두 불완전할 수밖에 없는 존재이기 때문이다. 이 사고는 '개인의 행복만이 존재하며 그 개인의 행복을 희생하여 성립하는 폴리스의 행복은 있을 수 없다'는 윤리학에서의 사고와 모순된다고 생각될지도 모른다. 하지만 실제로는 그렇지 않다. 아리스토텔레스는 개인의 목적도 폴리스의 목적도 같으므로, 그 공동의 목적으로서는 폴리스에 어떤 방식을 적용할 것이냐가 가장 확실하고 알맞다고 생각했을 뿐이다. 그렇다고 해도 개인과 폴리스의 관계를 손발과 신체 관계에서의 유비론(類比論)에서 생각하고, 그 유비론의 근거로서 개인은 폴리스를 떠나면 자족적이지 못하다고 내세우는 논점은 그다지 설득력이 있다고 할 수 없다. 그러한 논리적인 정확함도 나름대로이므로, 정치학의 경우에서는 이 정도의 정확함에 만족해야 하겠다.

폴리스란 무엇인가

《정치학》 제3권은 잘못된 문제를 다룬다. 폴리스란 무엇인가, 선한 개인 덕과 훌륭한 국민의 덕은 일치하는가, 그 개인논리와 국가윤리는 상호 보완적인가, 또 어떤 원리로 국가제도는 구별되어야 하는가 등 이런 모든 문제는 말하자면 국가철학의 문제이다. 이어 저마다에 대한 아리스토텔레스의 견해를 살펴보자.

국가란 무엇인가? 이 질문에 답하기 위해서, 국가가 어느 정도 숫자의 국민으로 이루어져 있는가 하는 점에 주목해 보기로 한다. 하지만 그 국민이란 무엇일까? 아리스토텔레스는 '재판과 부역에 관계한다는 사실'이 국민의 두드러진 특색이라고 생각했다. 물론, 국민에 대한 이 정의는 바뀔 수도 있다. 아테네나 그 밖의 민주제도 아래에서는 적용되지만, 부문별로 재판을 하는 스파르타 등에서는 적용되지 않기 때문이다. 아무튼 대략적으로 말해서 국민이란 그러한 구성원들이며, 국가란 그런 사람들이 생활의 자족을 확립하기에 충분한 수만큼 모인 곳이라고 할 수 있다.

국가가 이러하다고 한다면, 국가제도의 변혁에 따라서 '재판과 부역에 관여할 수 있는 사람'의 수는 많아지거나 적어진다. 그렇게 될 경우 '여전히 국가는 동일성을 유지한다고 해야 하는가, 그렇지 않다고 해야 하는가'가 문제가 된다. 왜냐하면 동일성이라는 전제를 두고서만, 국가가 책임져야 하는 행위를 생각할 수 있기 때문이다. 이것에는 다양한 답이 있을 수 있다. 아리스토텔레스는 자기 답에 다가가기 위해서, 어떤 근거로 국가의 동일성을 말할 수 있는가를 생각해 나간다. 국가는 국민의 공동체이며, 마땅히 국민은 세대교체를 한다. 그리고 하수가 늘 새로이 흘러왔다 흘러가도 강은 변함이 없듯이 국가도 그러하다고 해야 하는가, 그렇지 않으면 강의 비유와 달리 인간은 그대로인데 국가제도가 근본적으로 달라진 경우에만 다르다고 해야 하는가? 마치 합창단이 희극일 때와 비극일 때, 그 등장인물이 같다 해도 전혀 다르다고 말하는 것처럼 말이다. 이렇듯 구성원이 같아도 국가는 달라질 수 있다는 견해가 정확하다고 한다면 특히 그 국가제도에 주목해야 하며, 그것이 변화하지 않는 한에서만 그 국가는 동일하다고 말해야 한다. 앞의 견해에 대해 말하면, 인간이 달라지든 달라지지 않든 국가에는 어떤 이름이라도 붙여지게 되기 때문에, 국가를 강에 비유하여 국가의 동일성을 주장하는 것은 당찮은 일이라 할 수 있다.

윤리적으로 뛰어난 인간과 뛰어난 국민은 일치하는가? 이 질문에 대해서는, 먼저 뛰어난 국민임을 뚜렷이 할 필요가 있다. 국민은 선원처럼 공동체의 구성원이다. 선원은 모두 어떤 특수한 작업에 종사하든 항해의 안정을 꾀해야 한다는 공통된 일을 가지고 있다. 이와 마찬가지로 국민은 어떤 과제를 갖든 공동체의 안전이라고 하는 공통된 일을 가지고 있다. 국민을 하나의 공동체로 통일시키는 요소는 국가제도이며, 따라서 국민의 탁월성은 시행되는 국가제도와 상관관계에 있다. 그렇다면 국민 자체의 절대적인 탁월성은 존재하지 않는다. 이와 달리 개인의 탁월성은 다른 요건들과 관계되는 개념이 아니기 때문에, 개인에게는 안전한 탁월성이 존재할 수 있다. 그래서 선한 인간의 덕과 선한 국민의 덕은 일치하지 않는다. 덧붙여 국가는 귀천이 뒤섞인 다양한 인간으로 이루어지기 때문에, 더욱 일치하기는 어렵다고 보인다. 이상국가에서조차 모든 국민이 완전하고 뛰어날 수는 없다.

국민의 탁월성은 시행되는 국가제도와 관련지어 생각할 수 있다. 그렇다면 국가제도에는 어떤 종류가 있고, 어느 국가제도에서 국민의 탁월성이 완전한 인간의 탁월성에 근접할 수 있을까? 이것이 그다음 문제이다. 국가제도 또는 정치체제(폴리테이아)란 국가의 여러 부역, 특히 최고의 권력을 갖는 부역에 대해 질서를 세운 체계이며, 따라서 그것은 국가의 성격을 결정한다. 아리스토텔레스는 이 국가제도의 비판에 즈음하여 두 개의 기준을 설정했다. 다시 말해 그 국가제도에서는 (1)공통의 이익을 지향하는가, 지배자의 권익만을 지향하는가, (2)주권을 갖는 것이 한 사람인가, 소수인가, 다수인가이다. 이것으로 다음 표에서 볼 수 있는 것과 같이 국가제도가 구별된다. 이들 국가제도 가운데 어느 제도를 우리는 바라는가? 게다가 그 국가제도는 현실의 정치상황 아래에서 가능한 국가제도이다. 단순한 이상국가여서는 안 된다. 다음으로 그런 이상국가에 대해서 살펴보도록 하자.

	전체의 행복을 위해	가치 번호 순서		자기의 행복을 위해
한 사람	군주제	1	6	참주제
소수	귀족제	2	5	과두제
다수	민주제	3	4	중우제(衆愚制)

＊ 중우제 : 조직은 민주적일지라도 반드시 선정이 베풀어지는 것이 아님을 비꼬아서 하는 말.

현실 정치

이에가는 《정치학》 제4권에서 제6권까지에 대해 이렇게 말한다.

"그 책은 현실 국가 생활의 다양한 형태와 그 변종, 상호 형태로의 이행설과 그 처치를 위한 증명 사례 보고이다."

분명 다음과 같이 아리스토텔레스는 말하고 있다.

"국가제도라고 해도 [A]어느 것이 최선의 요소인가, 그리고 외적 조건으로서의 그 국가제도의 실현을 저해하는 요소가 전혀 없는 경우 어떤 성질의 국가제도가 가장 이상에 적합한가(이상국가론), 또 [B]어느 국가제도가 어느 민중에게 알맞은가, 예를 들어 그 제도를 부여할 대상을 고려하면서 어느 국가제도가 아테네에 적합한가, 더욱이 다시 [C]어떤 전제 아래에서 무엇이 최선의 국가제도인가를 연구할 필요가 있다. 마지막 문제는 현존의 국가제도가 어떻게 생겨났는가, 또 어떻게 하면 유지할 수 있는가에 대한 연구이다. 그 결과 문제의 국가제도가 최선의 국가제도와는 거리가 있고, 그 때문에 필요한 조건을 빠뜨리고 있으며, 불가항력인 사정으로 열악한 국가제도를 가지고 있다는 사실을 알게 된다.

"하지만 이 문맥으로만 추측해 봐도, 이를 포함한 모든 책이 이상국가 탐구의 선을 벗어나지 못하고 있다고 판단할 수 있다. 물론 아리스토텔레스의

《정치학》에서 그의 이상국가 추구에 대한 요구는 이상국가론에 비해 훨씬 떨어지고는 있지만, 그 두 가지 이상국가가 전혀 연관이 없다고는 생각할 수 없다.

어떤 국가든 부유층과 빈곤층이 있고, 어떤 부류는 그 중간층을 차지한다. 부유층은 수가 적고 혈통이 좋고 교양도 있으나, 빈곤층은 다수이며 천한 일에 종사한다. 국가제도를 생각할 때는 언제나 이 빈부 차이를 고려해야 한다. 국가제도 종류의 다양성은 농민·직공·상인·군인·재판관·부자·신관의 부분들을 어떻게 조합해야 하는가에 달렸다. 이것이 부자가 지배하는 과두제(몇몇 소수 권력자가 지배하는 정치체제) 안에 여러 가지 세분된 부류들이 생기는 이유이다. 민주제는 다수가, 즉 부자도 빈자도 원칙적으로 동등한 권력을 갖는 국가제도이다. 하지만 이 민주제에도 민중의 여러 부류들이 있다. (1)아무리 작은 직(職)이라도 재산에 의한 관리직은 제한할 것, (2)태생이 건강한 국민은 모두 부역에 관계하며 법률로 지배할 것, (3)태생이 등록되지 않은 국민도 모두 부역에 관계하며 법률이 지배할 것, (4)앞서 기술한 (2)나 (3)과 같으면서, 법률 이외의 대중이 지배할 것, 이와 같은 네 가지 부류가 민주제에서는 있을 수 있다. 제4민주제는 페리클레스 이후의 급진적 민주제이며, 그 나라에서는 민중 지도자가 나타난다. 민중 지도자는 민중에 영합되고 법률이 아닌 민회의 투표를 최고로 삼는 책임자이다. 그 결과 관리들의 위신도 떨어지고 질서도 안정성을 잃게 되므로, 이런 민주제는 국가제도가 아니라고 일컬어진다. 이와 같은 것들을 정리하면 다음 표와 같다.

과두제 아래의 민중 부류	1 재산에 의한 부역 제한 2 막대한 재산에 의한 제한, 결원은 몇몇 특정인이 투표로 선출 3 아들이 부모를 대신하여 부역을 하고, 법률이 지배 4 세습이 이루어지며, 법률 없이 관리가 지배	민주제 아래에서의 민중 부류	1 사소한 재산에 의한 부역 제한 2 태생이 건강한 국민은 모두 부역에 관계하며, 법률이 지배 3 등록된 국민은 모두 부역에 임하며, 법률이 지배 4 2나 3과 같고, 대중이 지배

이들을 생각하면, 최선의 국가제도란 이런 식으로의 타협밖에 없다. 이것은 과두제라고도 민주제라고도 부를 수 있는 국가제도이다. 이 국가제도는 윤리학에서 논술한 원칙, 바로 국민이 가능한 한 완전한 인간이 될 수 있도록 할 수 있는 국가제도를 만들라는 원칙에 기초해 있어야 한다. 그렇다고 목표를 너무나 높게 내걸어 보통 사람이 미치지 못할 덕을 기준으로 하거나, 소질이나 행운처럼 외적 조건을 필요로 하는 교양을 기준으로 하거나, 또 이상국가를 기준으로 하거나 해서는 안 된다. 여기에서 고려할 점은 최대 다수 인간들에게 가능한 생활, 그리고 다수의 국가들이 달성할 수 있는 국가제도이다. 그리고 덕이 중용이라고 일컬어지듯 사람들이 이룰 수 있는 생활의 최선은 중간 정도의 생활이다. 국가제도란 국민의 생활 방법이기 때문에, 이것은 국가제도에도 적용된다. 그렇다면, 국가제도로서는 부자도 빈자도 없는 중간자들이 중요한 역할을 차지하는 체계가 가능한 최선의 국가제도이다. 아리스토텔레스는 '때문에 국가적 공동체도 중간적인 사람들로 이루어지는 식이 최선이다. 그리고 중간적인 부분이 대다수로서 가능하면 그 양 끝의 부분보다 강력하든가, 아니면 그 어느 부분보다도 강력한 국가들에서 분명 좋은 정치가 이루어질 것이다' 분명히 말한다. 이는 중용적 민주주의의 주장이라고 할 수 있다.

　이상으로 아리스토텔레스 《정치학》에서의 인간 생활에 대해 논술했다. 다시 돌이켜 보면, 두 가지 사실에 특히 마음을 빼앗긴다. 하나는 윤리학의 영역에서 볼 수 있는 과학적 정신에 대한 높은 평가이며, 다른 하나는 정치학에서 볼 수 있는 그의 소심한 폴리스관(觀)이다. 분명 그의 정치학은 이론적이며 최선의 국가제도를 구성한다. 하지만 이 이론가는 너무나 편견의 노예가 되어 있지는 않았을까? 마케도니아 왕 알렉산드로스의 정복 시대로서 새로운 헬레니즘 시대의 개막과 함께 아테네 철학 보급의 문이 열리려는데, 더구나 그 시대를 펼쳐나가려는 인물은 다름 아닌 그의 옛 제자들이었는데에도 말이다. 그는 자신의 리케이온 학원에 있으면서, 도대체 어떤 시선으로 알렉산드로스의 원정을 보고 있었을까? 과연 이에가의 말처럼 걱정스런 시선이었을까? 《정치학》에서 보는 한, 그는 폴리스를 인간 공동생활의 표준적 형태로 보았으며 거기에서 나오려고 하지 않았다. 후세의 정치학자에게 커다란 영향을 미친 이 사색가는 스스로의 앞날을 내다보지 못했다는 점, 이것이 우리에게 하나의 아쉬운 반대자처럼 생각되어 견딜 수 없다.

아리스토텔레스의 존재론
존재로서의 존재

《형이상학》에서 남겨진 가장 중요한 부분에 대해 이제부터 살펴보기로 한다. 그것은 《형이상학》 제4권, 제6권, 제7권, 제8권, 제9권 등의 부분이다. 이 모든 책에 대해 일찍이 이에가는 제7, 8, 9권은 나중에 쓰인 저작으로, 제1, 3, 4권과 제6권 제1장까지였던 '원《형이상학》 부문에 덧붙였는데, 그 연결 조작을 위해 제6권 제2장부터 제4장까지가 전체적 내용의 연결부로서 보충되었다고 생각했다. 그러나 《형이상학》 전체가 통일적 구성의 저작으로서 처음부터 기획된 것이 아니라 안드로니코스의 주제별 편집 방침에 따라 구성된 이상, 이에가의 설명은 결정적이라 생각된다. 오히려 내용적으로 보면 제4, 6, 7, 8, 9권 이 다섯 권은 한 가지 문제를 논하며, 이것은 동시대에 쓰였다고 생각해야 타당하지 않을까? 더구나 이 모든 책에는 생물학상의 연구 성과도 수용되어 있으며, 그 생물학 연구는 중기에 행해졌음이 분명하므로 그 뒤, 바로 아리스토텔레스가 리케이온에서 강의했던 원숙한 시대의 저술로 판정할 수 있다. 그렇다면 이 모든 책에서 아리스토텔레스의 가장 원숙한 사고를 볼 수 있는 것이다.

제4권 첫머리에서 아리스토텔레스는 '존재를 존재로서 연구하고, 또 이런 존재에는 그 자체로서의 실체가 있으며 이 실체를 연구하는 한 학문이 있다'고 말한다. 다시 말해 여기에서의 문제는 존재로서의 존재, 즉 제1원인을 파악하는 일이다. '존재'란 많은 의미가 있지만, '존재한다'는 말은 늘 어떤 한 가지 것과의 관계에서 말해지며, 그것을 벗어난 의미로는 말해지지 않는다. '건강한 것'이라는 말이, '건강'이라는 한 가지(예를 들면 '건강을 가져온다'든가, '건강을 유지한다'든가 '건강한 표시이다'와 같이)와의 관계에서 말해지는 이치와 같다. 그처럼 '존재한다' 일컬어지는 경우는 다양하지만 모두 똑같이 '존재한다'고 일컬어지는 이상, 어떤 한 가지 원리와의 관계에서 그렇게 말해지고 있다. 그렇다면 '존재한다'고 말해지는 사물을 존재로서 연구하는 학문은 한 가지로 보인다.

이렇게 말해지는 '존재로서의 존재'란 무엇을 의미하는가? 덧붙여 말하자면, 지금의 논리학은 '있다(is)'의 의미를 다음의 여섯 가지로 나누고 있다.

(1) The rose is red. 이 장미는 붉다.

(2) Rome is greater than Athens. 로마는 아테네보다 크다.

(3) Barbarossa is Frederick I. 붉은 수염은 프리드리히 1세이다.

(4) Barbarossa is legendary hero. 붉은 수염은 전설적인 영웅이다.

(5) To sleep is to dream. 잠자는 것은 꿈을 꾸는 것이다.

(6) God is. 신은 존재한다.

위의 (1)은 '장미'라는 말에 '붉다'는 특성을 귀속시키고 있으며, (2)는 '보다 크다'라는 두 가지 사이의 관계를 주장하기 위한 보조적인 기능을 지니고 있다. (1)과 (2)는, 예를 들어 become(이제 ~한 상태가 되었다)과 같은 다른 동사로도 표현할 수 있다고 주장하고 있을 뿐이다. 이들은 is(~한 상태로 존재한다)의 고유한 의미라고 인정할 수 없다. 나머지 네 개가 문제이며, 각각 다른 관계를 표현하고 있다. 바로 (3)은 동일성(부호는 =), (4)는 어떤 종류 중 하나(부호는 ε), (5)는 필연적인 결과(부호는 ⊂), (6)은 현실존재(부호는 E!)를 나타낸다. 때문에 위의 명제는,

(3) Bardarossa = Frederick I

(4) Bardarossa ε legendary hero

(5) To sleep ⊂ to dream

(6) E! God

과 같이 is(존재)를 여러 가지로 표현할 수 있다. 이것을 배경으로 하여 앞의 '존재 자체 그대로 존재'라는 말을 생각하면, 그것은 E!로 표현되는 현실존재를 가리킨다고 생각되며, 전통적으로는 Existence로 불리는 존재이다. 이 개념을 파악하기 위해서는 마땅히 '존재하고 있는 사물'은 어떤 사물인가라든가, 모든 규정이 그 사물에 귀속하는가를 물을 필요가 있다.

자, '현실에서 존재하는 사람'도 '사람'과 같은 의미이며, '한 사람의 사람'도 '사람'과 같은 의미이다. '현실에 존재하는 사람'과 '한 사람의 사람'은 같은 '사람'이다. '현실에 존재하는 사람'도 '한 사람의 사람'도 같은 의미이며, 나아가서는 '현실에 존재하는' 것과 '한(하나)'은 서로가 서로를 포함하는 말이다. 다시 말해 '하나'는 '존재하고 있는 것'들과 따로 떨어질 수 없고, 반대로 '존재하고 있는 것'은 부속적이지 않으며, 하나이면서 존재인 어떤 것이 이 존재하고 있는 것에 귀속된다. 즉 존재하고 있는 것들은 존재하는 한 (최초의 실체, 즉 하나이자 존재와) 통일되어 있다.

이렇게 하나이자 존재를 다루는 학문은 어떤 학문인가? 이 학문은 의학이 건강과 병이라는 상반성을 다루듯이 그 하나와 존재에 반대하는 것, 바로 많음과 비존재를 다루게 된다.

모든 것이 존재와 비존재, 하나와 많음으로의 환원을 '승인받았다'고 한다면, 모든 것들은 '존재'라는 제1의 것, '하나'라는 제1의 것과의 관련으로 연구되며 그 '하나'나 '존재'를 다루는 학문은 가장 근본적인 한 학문이 된다. 지금 이 '있는 존재 그대로의 존재'를 다루는 학문을 제1철학이라 명명한다면, 이 학문(존재론)은 그 '반대', '완전', '하나', '존재', '같음', '다름' 등에 대해서도 이들이 무엇인지를 연구한다. 이런 문제는 존재하는 어떤 특별한 종류를 다루는 수학만이 다루는 학문이며, 그래서 이 자연주의적 존재론은 수학이 다른 모든 학문들을 전제로 하여 다루는 학문이다. 그래서 제1철학은 보편적이고 제1의적(第1義的)인 존재($E!$)로서 존재와 그 반대인 비존재를 다루며, 또한 1과 다수를 다루는 이론적 연구인 것이다.

보편학과 신학

그러면 이 제1철학은 다른 철학적인 부분들과는 어떤 관계가 있을까? 제1철학에 비교해서 '다른 모든 학문 가운데 어느 것도, 존재를 존재로서 일반적으로 고찰하지 않으며, 단지 어떤 부분을 추려내 그 부분에 대해 그에 부속된 속성을 연구할 뿐이다.' 그리고 제1철학은 존재하는 사물들의 궁극 원인=근거를 탐구하며, 존재자에 대한 여러 종류의 요소들을 모두 한데 모아서 존재하는($E!$), 즉 존재 그대로의 현실존재에 초점을 두고 탐구한다. 실제로 실체에는 여러 종류가 있으며 그에 대응하여 다양한 철학적 부문들이 있기는 하지만, 제1철학은 그 부문적인 철학들이 전제로 하는 것을 다룬다. 그 의미에서 제1철학은 제1이며 동시에 보편적이라고 할 수 있다.

제1철학은 이와 같이 존재의 실상을 파악하려는 존재론이다. 앞서 《자연학》에 대해 논의했을 때, 아리스토텔레스의 설문이 '사물에 대하여 우리가……라고 하는 경우, 우리는 무엇을 사고하는가'와 같은 형식으로 환원되었었다. 그 범위 안에서는 말을 통한 인식이 문제되고 있다. 그때 사물은 이러저러하게 존재한다는 사실의 관찰이야말로 그 출발점이다. 때문에 거기에서는 '이러저러하게 존재(그대로 존재)한다'만이 다루어지고 있다고 할 수 있다. 하지만 지금은 존재 영역을 병렬적으로 본다기보다는 직선적으로 모든 존재가 제1의적 존재인 '존재로서의 존재'로부터의 연역으로 보고 설명하지 않으면 안 되게 되었다. 그는 이렇게 묻고 싶었을 것이다. '도대체 무엇이 존재자에게 현실존재, 통일성, 동일성을 주는가?' 이런 질문 방법 자체는 플라톤과 같은 방법이 아닐까? 플라톤 또한 이 문제에서 출발해 존재 근거로서의 이데아를 세우고, 더욱이 이데아 안의 이데아로서 선=존재=하나라는 이데아를 세우고, 그것을 진실재로 하여 사물의 현상을 그 이데아의 반영물(복사본)로서 설명하지 않았을까? 그러고 보면 이 단계에서 아리스토텔레스는 플라톤의 아카데메이아에서 다루었던 존재론으로 되돌아간 셈이다. 그 질문에 대해 존재자들 가운데 '그 뭔가는 제1의적인 현실존재이며, 그 제1존재와의 관계에 있는 존재는 실제로 있는 존재라고 말하여진다. 또한 실제 현실존재라는 점에서야말로 통일적이고 동일적이다' 대답한다.

위에서 말하는 제1의적인 현실존재란 무엇인가? 그것은 동시에 '존재로서의 존재'이며, 모든 존재한다는 것이 어떻게 해서든 그 제1존재에 관계해 나오지 않으면 제1존재라고 말할 수 없는 유일한 존재 또는 개념이다. 하지만 아리스토텔레스는 이 '존재로서의 존재'를 나타내는 제1실체라는 말을, 뭔가 개체로서 현존하는 사물을 나타낸다고 하며 이렇게 말한다. '만약 뭔가 영원하고 부동하며 (사물로부터) 분리되어 존재하는 것(형상적인 것)이 실제로 존재한다고 한다면, 이에 대한 인식은 어떤 이론적인 학문일 것이라고 생각된다.' 그렇지만 자연학이나 수학은 아니다. 자연학은 운동하는 자연 물질을, 수학은 물질에서 분리되지 않는 그 자체 내의 부동적 물질을 저마다 대상으로 하기 때문이다. 이와는 달리 그것(실체의 학문)은 우리가 보는 신적인 천체 운행의 원인이 되는 어떤 것이다. 실로 신적이라고도 말할 수 있다. 이 이론적인 학문은 앞의 두 가지보다 우선하는 학문, 즉 신학이며, 가장 존경받는 유의 존재를 대상으로 하는 존경의 학문이라고 말하여진다. 그러나 여기에 한 가지 문제가 있다. 이에 대해서는 다음에 논하기로 하자.

앞서 '존재로서의 존재'를 연구하는 학문은 제1철학이며 보편학이라고 했다. 신학은 그들과 어떻게 관계하는가? 아리스토텔레스는, '이렇게 말하면 누군가가 의심을 갖고 이 제1철학은 보편적 학문인가, 그렇지 않으면 어떤 특수한 종류, 즉 어떤 실재를 대상으로 하는 학문인가 물을지도 모른다'라고 말한다.

그리고 그는 이에 다음과 같이 대답한다.

"만약 자연물밖에 존재하지 않는다고 한다면, 자연학이 제1철학이다. 그러나 만약 뭔가 부동(不動)의 어떤 실체가 존재한다면, 그것을 대상으로 하는 학문은 한결 앞선 학문으로서 제1철학이다. 그 학문은 이처럼 제1철학에 의해 또한 보편적일 것이다. 그리고 존재를 단지 존재 자체로서 하는 연구, 존재가 무엇인가에 대한 연구, 또한 존재에 속하는 그 모든 존재의 속성에 대한 연구야말로 이 철학이 해야 할 연구이다."

도대체 두 학문(제1의 철학인 신적인 철학과 그 밖의 자연적 철학)의 관계는 어떻게 되어 있는가? 이것이 문제이다.

보편학과 신학의 관계에 대한 해석

이는 형이상학의 중요한 문제 가운데 하나로서, 여기에는 다양한 해석이 이루어진다. 그 첫 번째 해석은 이렇다. '존재 그대로의 존재'를 다루는 학문은 존재라는 보편을 다루는 학문이며, 신학은 신이라는 특수한 존재자를 다루는 학문이다. 아리스토텔레스는 제1철학의 정의 안에서 이 두 학문의 대립을 조화해 지양할 수 없었다. 두 번째 해석은 다음과 같다. 제1철학의 대상이 된 '존재 그대로의 존재'라는 상투적 문구 속에서 '존재 그대로의 존재'라는 말은 조금도 추상적 보편(모든 사물에 대한 공통성으로서 추상될 수 있는 보편적 하나 ens commune)을 나타는 말이 아니다. 그것은 완전한 의미에서의 존재자를 나타내고 있다. 다시 말해 그것은 신을 뜻한다. 때문에 아리스토텔레스에게는 보편적 형이상학(metaphysica generalis)에 해당하지 않는다. 제3해석은, '존재 그대로의 존재'는 저마다 추상적 보편인 모든 존재자에게 귀속되며, 반면에 제1실체는 보편이 아니라 어떤 하나의 개별적인 것이다. 전자(보편)를 연구하는 학문은 제1 부동의 동자(신)를 대상으로 하는 제1철학이 아니라 본래적인 의미에서의 형이상학, 즉 존재론이다, 이다. 이들 해석은 모두 다 스콜라 철학에서 형이상학 구분을 배경으로 한다.

1 보편적 형이상학(metaphysica generalis)

2 특수적 형이상학(metaphysica specialis)

a 합리적 우주론(cosmologia rationalis)

b 합리적 영혼론(psychologia rationalis)

c 합리적 신학(theologia rationalis)

으로서, 이중에서 1, 2, c가 해석에서 문제가 된다. 즉 제1해석에서는 보편과 특수 모두가 부조화인 채로 이루어져 있다고 주장되어 있고, 제2해석에는 1이 결여되어 있으며, 제3해석에는 둘 다 완전하게 갖추어져 있다. 이들 해석의 분기점은 원리적 실체, 즉 '제1실체'라는 말을 어떻게 해석할까에 있다. 이것이 '존재 그대로의 존재'라는 의미로서의 '제1부동의 동자', 즉 신이라고 해석되지 않는다면 제3의 해석이 생기게 된다.

우리는 이 난해한 문제에 관여하지 않기로 하자. 그리고 아리스토텔레스는 제1철학(신학)이란 보편적 추상적 의미에서의 현실존재 개념을 다루는 보편학이라고 생각했다는 해석의 신학 개념은 그대로 두도록 하자. 하지만 그의 이런 생각은, 초기에 쓰인 그의 《형이상학》 부분에는 보편의 신학 개념이 어디에도 없는 것으로 볼 때, 아리스토텔레스는 이제까지와는 다른 문제, 즉 앞에서 이미 진술한 존재론이라는 문제에 맞닥뜨렸을 때 서둘러 앞의 고찰(형이상학적 존재)에 뒤의 고찰(인간적 유일의 최고 존재)을 함께 합해 버렸던 데에 기인하는 듯하다. 그 결과 보편을 다루는 제1철학이 동시에 '제1실체'를 다루는 학문이 되면서, 보편학과 신학이 혼합되어 버린 것인가? 의문점은 남지만 내버려두고 내용으로 나아간다.

모순율

'존재 그대로의 존재'를 탐구함에 있어, 그 출발점을 어디에서 찾으면 좋을까? 일찍이 이런 문제는 생기지 않았다. 예를 들어 《명제론》 속에서는 '있다는 어떤 물건도 지시하지 않는다'고 하며, 《형이상학》 제3권 (B)에서는 '하나도 존재도 존재하는 사물들 가운데 유일한 유(類)는 없다'고 했다. 그 무렵의 아리스토텔레스로서는, 존재하는 사물을 이러저러한 존재(존재 그대로)로서 파악하고, 존재하는 사물의 구조를 뚜렷이 하는 데에 그 주안점을 두었다. 하지만 문제는 다른 시야에서 볼 수 있고, '존재하는 사물이 존재한다는 의미는 무엇인가'라고 묻게 된다. 그렇게 묻게 된 사정은 이럴 것이다. 존재하는 사물을 서로 비교할 때 어떤 사물은 다른 사물 없이도 존재하지만, 어떤 사물은 다른 사물이 존재해야만 존재한다는 사실이다. 예를 들면 생물은 태양의 운동 없이 자라나지 못하지만, 태양은 생물이 자라나지 않아도 존재하고 운동한다.

그렇다면 태양은, 존재의 질서로 보면 생물에 앞선다고 할 수 있다. 이와 같이 존재의 질서가 있기 때문에, 그 존재란 무엇인가에 대한 물음은 마땅하다. 사정은 이러하다. 지금 '있다는 사물은 무엇인가'라는 질문, 이것이 더 거슬러 올라가 '그 무엇은 무엇인가'라는 질문으로 바뀌어 등장한다.

그렇다면 '있다'고 일컬어지는 한, 그 '있다'는 무언가 하나의 원리에 관련하여 말해져야 하는데, 그 의미를 명확히 하기 위해서는 '존재로서의 어떤 존재에도 타당하다'는 공리를 실마리로 할 수밖에 없다. 여기에서 모순율(참 거짓의 여부)이 존재 탐구의 출발점으로서 나타나게 된다. 아리스토텔레스는 모순율을 다음의 네 가지 형식으로 표현한다.

(1) 같은 사물이 같은 시간에, 그리고 같은 사정 아래에서, 같은 사물에 속하며 또한 속하지 않는 일은 불가능하다.

(2) '같은 사물이 있다, 또한 없다.'

(3) 반대되는 판단에 같은 사물이 속하기는 불가능하다.

(4) 모순적으로 대립하는 판단이 동시에 진실할 수는 없다.

이 네 가지 형식 가운데 (1)과 (2)는 존재론의 기초에 서며, 바로 존재와 비존재의 관계에서 얻은 것으로, 존재론적 정식이라고 불린다. 이에 대해 (3)과 (4)는 논리학의 기초에 서며, 바로 긍정과 부정의 관계에서 얻어진 형식이기 때문에 논리적 정식이라고 불린다. 이 두 종류의 정식 가운데 존재론적 형식이 보다 더 기초적이며, 논리적 정식은 존재론적 정식으로부터 파생된 결과이다. 만약 논리적 정식이 기본이라고 한다면 모순율은 단순한 사고의 원리로 주관적=논리적 원칙이 되어버리며, 진위 개념도 실재와의 연결을 잃고 사고 안에서 멈추게 된다. 그래서 아리스토텔레스는 모순율은 좀더 존재론적이리라고 해석한다. 그러므로 모순율은 진리의 법칙이라고도 할 수 있다. 실제 그는 '만약 반대되는 양자가 같은 것에 동시에 속할 수 없다면, ……그리고 어떤 판단에 대해 반대해 부정하는 판단이 또 그것의 반대여야 한다면, 또한 같은 사람이 같은 사물을 있다고 믿으면서 동시에 없다고 믿는다면, 그것은 분명히 불가능하다. 왜냐하면 이 점이 잘못되면 그 사람은 두 가지 상반하는 판단 또는 의견을 동시에 품게 되기 때문이다'라고 했다. 또 하나의 반대의 것은 '존재의 결여'로서, 뭔가가 특정한 종류에 속한다는 것의 부정이라고도 말한다. 이들은 존재론적 형식이 기초가 되어야 비로소 비존재의 논리적 정식이 성립한다는 사실을 나타내는 표현이라고 할 수 있다.

모순율을 뒤집으면 배중율(어느 것도 아닌 중간 개념은 있을 수 없다는 원리)이 된다. 이것을 아리스토텔레스는 가장 포괄적으로 '두 개의 모순된 사물 사이에는 어떤 중간적인 사물이 있을 수 없으며, 반드시 우리는 어떤 하나에 대해 어떤 하나를 긍정하든가 부정하든가 한다'고 표현한다. 아리스토텔레스를 떠나 논리적으로만 생각하면, 모순율의 범위 안에서는 긍정도 부정도 아닌 제3의 판단 가능성이 남아 있다고 생각된다. 때문에 모순율에서 배중율을 논리적으로 이끌어 낼 수는 없다. 그런데도 아리스토텔레스가 그렇게 제3의 중간 개념을 부정하는 것은, 그의 진위 개념이 배경에 있었기 때문이다. 그는 '진리란 존재하는 사물을 존재한다 하고 존재하지 않는 사물을 존재하지 않는다고 하는 것'이며, '거짓이란 존재하는 사물을 존재하지 않는다 하고 존재하지 않는 사물을 존재한다고 하는 것'이라고 생각했다. 그러므로 긍정·부정은 바로 존재·비존재와 관련하며, 그 위에 진위와 연결된다. 그 어느 쪽도 아닌 판단은 존재·비존재의 어느 쪽과도 관련하지 않으며, 진위의 어느 쪽도 아니다. 아리스토텔레스는 이와 같이 존재·비존재의 어느 쪽에도 관련하지 않는 판단을 인정하지 않았다. 결국에는 긍정·부정의 서로 모순되는 서술이 동시에 거짓일 수는 없고, 저마다의 서술은 진실 아니면 거짓이라는 확신을 가지고 있었다. 그리고 그 확신으로부터 존재와 비존재의 중간은 없다고 하는 배중율의 존재론적 정식을 세웠다.

공리의 확실함

모순율과 배중율 그 어느 쪽이든 아리스토텔레스에게는 '가장 분명한 원리'였다. 그러나 그것을 논증할 수는 없다. 어떤 연구든지 미리 알고 있는 사실로부터 출발한다. 삼각형에 관해 알고자 하는 사람은 '그것이 삼각형이다'에 대해 알지 못하면 연구를 시작할 수 없다. 이처럼 올바른 사고에 필연적으로 전제되는 어떤 원리를 논증하기는 불가능하다. 그것에 대한 논증 방법이 있다고 한다면, 반대론자의 주장을 반박하고 간접적으로 공리(여러 개의 명제로부터의 추림)를 변호하는 방법밖에 없다. 여기에서 그런 '반박'의 방법 하나를 들어보기로 한다.

'어떤 것(X)은 인간(A)인가'라는 질문에 대해, 모순율을 부정하는 사람은 이

렇게 말할 수도 있다. 'X는 인간(A)이며, 동시에 교양적이고 피부가 하얗다(A
가 아닌 것)'라고. 다시 말해 'X는 A임과 동시에 A 그대로는 아니다'라고. 이런
논의에 대해, 아리스토텔레스는 다음과 같이 모순율을 변호하고 반박한다.

"'있다'이든 '없다'이든 말은 일정 의미를 가지며, 대체로 말은 같은 한 가지
를 의미한다. 그렇지 않으면 대화할 수 없게 된다. 지금 'X는 사람이다'라는 명
명(命名)판단의 경우, 사람(A)은 같은 한 가지를 뜻한다. 이것을 만약 '두 다리
동물(a)'이라 하고 한 가지를 의미하는 것이 a=A의 의미라고 하면, Y가 A인 경
우에도 a=Y인 A임을 나타낸다는 말이다. 이처럼 사람이라는 말(A)이 일정한
의미를 가진다고 한다면, '개념적인 사람이라는 것(A의 의미)'과 '개념적인 인
간이 아닌 것(A가 아닌 것의 의미)'은 같지 않다. 인간과 비인간이라는 말이 저
마다 다른 일정한 의미를 갖지 않는 한, '개념적으로 사람이라는 것(A가 아닌
것의 의미)'과 '사람이 아니라는 것(A의 의미)'은 다르지 않고, 꼭 '옷'과 '의복'이
라는 말이 달라도 같은 것을 의미하듯이, 인간과 비인간과는 명칭이 다를 뿐
같은 의미이다. 그러나 A가 a를 뜻한다면, A는 비(非)a를 의미할 수 없다. a가
a인 것은, a가 비(非)a가 아니기 때문이다. 그런 까닭에 인간과 비인간은 같은
의미를 가질 수 없다."

그런데도 왜 그런 모순율의 부정론(참 거짓 중 하나가 아닌, 둘 모두를 성립시
키는 논리)이 생겼을까? 예를 들면 'X는 A인가 아닌가'라는 질문에 대해 상대
가 'X는 A이며, 동시에 비(非)A이다' 대답했다고 하자. 실제로 주어 X는 사람이
기도 하며, 교양적이기도 하다는 이유에서이다. 이때 이들 모두가 X에 대해 술
어로 쓰이고는 있지만, 그 술어가 저마다 틀리다는 사실은 무시된다. X는 A인
가라는 질문은 X의 본질을 묻고 있다. 주어의 본질을 나타내고 그 정의가 되
는 술어도 있지만, 단순히 부속적인 어떤 성질을 나타내는 술어도 있다. 정의
적인 술어에 대해 말하자면, 그 말은 한 가지를 뜻하고 '그 말의 의미(개념적
본질) a는 비(非)a가 아니다'가 성립한다. 거기에서 'a가 a라면 비(非)a는 아니다'
가 성립하며, 따라서 'a는 a 아니면 비a이다'가 성립한다. 이 형식의 첫 a에 X를,
다음의 a에 '두 다리 동물'을 대입하면, 'X는 두 다리 동물이든가 그렇지 않든
가이다'가 성립하고, 마지막에 '두 다리 동물'에 A(인간)를 대입하면, 'X는 인간
이든가 인간이 아니든가(둘 중 하나)이다'가 성립한다. 이것이 모순율이다.

위의 반박은 적어도 명명판단에서 모순율을 변호한다. 그 명명판단에서는

'인간인 것'이라는 표현에서도 볼 수 있듯이, 사람이 사람인 까닭, 즉 본질을 다루고 있으며 긍정적 정의를 예상하고 있다 할 수 있다. 이에 대해 모순율 부정론은 주된 본질과 부속적인 본질을 구별하지 않고 같다고 보는 주장으로, 결국에는 본질을 없는 것으로 만들어 버리는 논리라고 할 수 있다. 그러므로 달리 이야기하면 말이 한 가지를 의미하고, 실체가 한 가지 정의를 가지는 조건 아래에서는 모순율은 타당하다는 말이 된다. 다시 말해 아리스토텔레스의 모순율 반박은 성립하지 않으며, 실체라든가 원리적 본질이라는 개념이 앞서야 함을 알 수 있다. 그리고 그들 개념은 '존재하고 있는 것'과 '존재하고 있는 것이 그렇게 존재하는 이유' 등과 같이, 같은 존재에 관여하는 개념들이다. 때문에 모순율은 존재 해명의 실마리가 될 수 있다.

프로타고라스의 비판

아리스토텔레스는 모순율의 바탕에 실체, 바로 본질(제1의 원리적 본질)의 개념을 두었다. 만약 그런 개념이 없었다면 모순율도 성립하지 않을 것이다. 그렇다면 아리스토텔레스는 그 원리적 본질 개념이 없다고 한 프로타고라스 학설에 대결하지 않을 수 없었을 것이다. 프로타고라스는 '인간은 만물의 척도이다. 존재하는 사물에 관해서는 존재하는 사물의, 존재하지 않는 사물에 관해서는 그 존재하지 않는 사물의'라고 말한다. 예를 들면 바람은 당신에게는 차갑고 나에게는 따뜻하다고 하자. 그러면 바람은 차갑기도 하고 따뜻하기도 하다. 그처럼 인간은 만물의 척도라는 말이다. 그렇다고 한다면 바람이 차갑다는 말도, 바람이 따뜻하다(차갑지 않다)는 말도 함께 진실이 된다. 이런 점에 모순율을 부정한 프로타고라스 학설이 근거한다 할 수 있다.

일반적으로 이전 5세기의 사고에서는, 차갑다와 따뜻하다는 성질은 일정해진 물건의 성질로 여겨졌으며 사람의 느낌에 의해서라고는 생각되지 않았다. 때문에 바람은 따뜻하다와 차갑다로 이루어지는 이원적 성질이라고 생각되었으며, 그 결과 상반되는 사물이 동일한 사물에 속할 수 있다고 여겨졌다. 하지만 이 사고는 비존재에서 존재가 생성되지는 않듯이, 어떤 사물에 상반되는 사물은 그 어떤 사물이 생성되기 이전에 이미 함께하고 있었다는 사고가 전제되어 있었을 것이다. 이 존재론에 대해서 아리스토텔레스는, 존재는 어떤 의미에서는 '현실태에서의' 반대 의미인 비존재에서 생성될 수 있고, 또 어떤 의미에서는 '가능태에서의' 존재에서 생성될 수 있으며, 또한 생성·소멸하지 않는 존재가 있다는 사실에 주의하며 반론한다. 다시 말해 존재론적 전제가 잘못되었다 말하고 있다.

특히 프로타고라스 학설에 대해 말하면, 이 학설은 '감각이 인식의 유일한 원천이다'라는 인식론적 명제에서 출발한다. 인간의 감각에는 개인차도 있고, 다른 동물의 감각과 다른 점=종차(種差)도 있다. 그리고 같은 인간이 한 가지 물건에 대한 다른 의견을 가질 수 있으며, 또한 그 의견을 확신하는 사람의 수에 따라 투표로 진위를 판정할 수도 없기 때문에, 객관적으로 바른 의견을 세우기 위한 기준은 없다. 그래서 각 사람에게 생각되는 대로가 진실이라고 설교한다. 이 인식론의 바탕에 있는 존재는 감각적인 존재만을 뜻하며, 본질은 없다는 생각이다. 그리고 감각 대상에게는 무규정의 성질이 붙어 있기 때문에 그 영역에서의 진실은 있을 수 없으며, 감각 대상에 대한 인상도 늘 변화하기 때문에 진실도 있을 수 없다고 생각한다. 이런 프로타고라스 생각의 결과는 차츰 아리스토텔레스의 모순율을 부정하게 되었다.

이에 대한 아리스토텔레스의 반론은 이렇다. 과연 사물이 변화하는 속성이라면, 그 사물은 존재하지 않는다고 생각할 수 있다. 그 의미는 모순율 부정의 논거도 된다. 하지만 없어지는 사물도 사라지는 무엇인가를 유지하고 있으며, 생성되고 있는 사물도 그 뭔가는 틀림없이 존재한다. 다시 말해 생성과 소멸은 존재를 배경으로 두고 있어야만 가능하다. 게다가 변화라 해도 양적인 변화와 질적인 변화가 있으며, 문제는 질적인 변화이다. 하지만 거기에서도 우리의 인식은 사물의 종류와 성질을 향하고 있으며, 사물 자체의 동일성이 전제되고 있다. 질적 변화도 불변의 존재를 전제한다고 할 수 있다. 나아가 새로이 생성하는 세계는 우주의 작은 부분에 지나지 않으며, 그것 너머에 영원한 존재가 있다는 점을 생각하면 오히려 사물은 정지 상태에 있다고 해도 된다. 변화(예를 들어 바람이 차갑기도 하고 따뜻하기도 한 무규정의 성질을 가지고 있어서, 우리 감각에 따라 그 인상이 변한다는 프로타고라스의 생각)를 앞세울 필요는 없다. 다시 말해 아리스토텔레스의 논점은, 프로타고라스 학설의 핵심인 인식론적 근본 명제가 근거 없는 존재론에 기대고 있으며, 거기에서 나온 모순율 부정론은 잘못되었다는 이야기이다.

또한 어떤 반대론은 감각과 인상은 다르며, 감각은 감각 영역 안에서는 진실이지만 인상의 경우는 모든 인상이 진실은 아니라고 생각한다. 그러면 인상의 진실을 결정하는 척도를 잃게 되므로, 그것을 회피할 방법으로서 모든 것은 사람들 저마다에게 인상적으로 나타나도록 존재한다는 결론을 이끌어 낼 수 있다. 분명 이론상으로는 그렇게 될지도 모른다. 하지만 그들의 실천 활동을 보면 결코 그 의견을 기준 삼아 행동해서는 안 된다. 예를 들어 똑같은 물체를 어떤 때는 편하게 느끼고 어떤 때는 불편하게 느낀다고 하자. 그런 경우에서도, 편하다고 하는 인상 자체와 불편하다고 하는 인상 자체는 늘 같을까? 그것도 변화한다고 생각하면 반드시 그렇게 존재해야 할 필연성은 아무것도 아니게 되어버린다. 그래서는 행동할 수도 없게 되는 것이다. 이것은 의견이 무너진 논설이다.

이상으로 프로타고라스의 논설은 배척당했다. 이렇게 하여 아리스토텔레스가 확립한 점은

(1) 동일 감각이 동일물에 대해, 어떤 감각적 성질을 긍정하기도 부정하기도 하는 일은 심리적으로 불가능하다.

(2) 감각 내용이 파악되면 시간에 관계없이 불변한다.

(3) 확실한 개념 내용으로 이루어진 판단 활동은 같고 변화하지 않는다.

(4) 개념 내용에 기초를 둔 판단 기능이라면 동시이든 아니든, 어떤 대상에 대한 술어를 긍정함과 동시에 부정할 수 없다.

모순율의 존재론적 의미

이것으로 모순율과 배중율이 확실히 해명되었다고 하자. 하지만 문제의 출발점은 사물이 존재한다고 할 때 그 존재($E!$)란 어떠한 것인가 하는 물음이었다. 그리고 공리는 그것을 위한 실마리였다. 도대체 왜 그렇게 될까? 이제부터 그 점을 해명해 보도록 한다.

어떤 사물이 어떤 사물에 귀속된다는 것은, 양자가 접합 상태에 있다는 말이다. 아리스토텔레스에게 존재란 접합 상태에 있는 것, 비존재란 접합이 없는 상태에 있는 것이다. 예를 들면 '이것은 사람이다'라는 명제의 '이다'는 보통 연어(連語)로서, 아리스토텔레스는 이 명제가 '이것'과 '사람'이 접합 상태에 있음을 뜻한다고 생각했다. 모순율(참 거짓의 상황들)이 이 접합 관계에 대한 공리의 여러 명제가 된다는 점을 생각하면 아리스토텔레스의 관점에서는, '존재하

고 있는 것'이란 이처럼 접합된 사물이 (명제에 의해) 조건적으로 한정된 개체다라는 기본적인 사고가 있었을까? 다시 말해 그의 관점은 '존재($E!$)의 탐구는 먼저 개체(여러 가지 경험적 상황에 따른 명제)에 초점을 맞추는 것이다'라는 의견이 모순율에 반영되어 있었던 듯하다.

다음으로 모순율에는 '동시에'와 '같은 사정 아래에서'라는 말이 포함되는데, '같은 사정 아래에서'라는 말은 대상과 그 인식주체와의 관계가 같다는 사실, 즉 인식주체가 나와 당신처럼 변하지 않음을 의미한다. 이것은 그다지 문제되지는 않는다. 이와 달리 '동시에'라는 부가어가 포함하는 의미는 매우 중요하다. 이 '동시에'라는 한정에 의해 모순율은 변화하는 존재자의 영역에는 적용되지 않음을 나타낸다. 다시 말해 동시에 나오지 않는다면, 어떤 사물이 같은 사물에 대해 어떤 때는 속하고 어떤 때는 속하지 않는 것이 가능하며, 시간이 서로 다르면 어떤 사물에 대한 같은 판단이 진실도 거짓도 될 수 있다. 그것은 질적인 변화의 경우에서라면 분명하게 이해할 수 있다. 하지만 변화는 변화하는 사물에서 일어나기 때문에 변화하는 사물이 분명 있을 것이며, 그것은 변화 이전에도 있었고, 변화 이후의 현재에도 변화한 채로 존재한다. 이처럼 과거에도 또 현재에도 존재하는 사물에 대해 시간 차이를 없앨 때, 그 사물에 대해 모순율이 적용되는 것은 아닐까? 과거와 현재에 존재하는 사물은 그 본질을 그대로 가지고 있다고 생각할 수 있지만, 이 점에서 생각하면 모순율은 존재($E!$)를 본질의 방향에서 탐구해야 한다는 것을 가르쳐 주고 있다고 하겠다.

이렇게 생각하면 아리스토텔레스의 마음속에 있었던 대상은, 먼저 자연에서 변화하는 구체적 개체가 아니었을까? 그리고 그 존재성을 본질에 초점을 맞추어 탐구하려고 했을 것이다. 이 점은 플라톤과는 다르다. 플라톤은 영원하고 보편적인(구체적 개체가 아닌) 것을 세우는 데에서 출발해 이데아를 세웠기 때문이다. 분명 아리스토텔레스는 이데아의 존재성을 나타내는 실체라는 말을 플라톤으로부터 빌려왔다. 하지만 기본적인 사고가 다르기 때문에, 이 말은 많은 의미를 갖게 된다. (1)먼저 플라톤설과 같이 존재하는 것, 존재성($E!$)을 표현해 보자. 실체(우시아)라는 말이 be 동사의 현재분사 여성형이라는 점에서 보면 이 실체가 가장 기본적인 의미로서 그 존재성($E!$)에 알맞는다. (2)아리스토텔레스에게는 판단에서 주어가 되는 것을 실체라고 생각할 수 있지만,

그 실체는 주어인 한 '제1의적 존재', 그리고 독립적으로 존재하는 구체적 개체라는 의미이다. 이 두 가지 실체의 의미는 말하자면 양 끝이며, 이 중간에 개체의 존재성을 탐구해 가는 과정으로 실체에는 다양한 해석이 생긴다.

실체론

모든 연구가들이 아리스토텔레스의 후기 저작 가운데에서도 가장 믿음을 드러내는 《형이상학》 제7권, 제8권, 제9권에 들어가 보도록 한다. 이들 모든 책은 이에가의 표현에 따르면 몸체를 이루는 일련의 권들로서, 그 주제는 감성적 실체에 대해서이며 오히려 자연학에 속한다. 분명 아리스토텔레스는 감성적 실체가 존재한다는 것에 아무런 의문도 갖지 않는다. '실체는 가장 뚜렷한 형태로서, 물체에 속한다고 생각된다'는 표현 등도 그의 관점을 나타낸다. 하지만 그는 감성적 실체와는 별개의 고차원적인 실체가 존재하는가를 묻고, '실체란 존재하는 것의 원인이다' 말한다. 그의 관점에서 보면, 고차원적인 실체는 저차원의 감성적 실체에 그 실재성을 부여하는 관계에 있지는 않은가? 그리고 감각적으로 지각되는 실체는 어떤 점에서 실재한다고 생각할 수 있는가 하는 문제를 분석하면, 존재의 근거가 되는 인식에 다다를 수 있지 않을까? 아리스토텔레스는 이러한 사고에서 출발한다고 말해도 상관없다. 그렇다면 모든 책은 분명 감성적 실체에서 출발하고는 있지만, 그 목표는 존재의 해명에 두고 있다고 말할 수 있다.

"실제로 오래전부터 이제까지, 또 언제나 영원에서 그 답을 찾고 있으며, 어려운 문제에 부딪칠 때의 '존재란 무엇인가'라는 문제는 되돌려 놓아도 '실체란 무엇인가'가 된다."

이것은 실체야말로 단적으로 존재한다고 할 수 있기 때문이다. 그럼, 실체란 무엇일까? 실체란 말은 적어도 다음 네 가지 의미로 이용된다.

(1) 사물은 무엇인가(본질=정의)

(2) 보편적인 것의 의미(보편개념)

(3) 유(類)의 의미

(4) 사물의 기본이라는 의미(a질료 b형식 c질료, 그리고 형식으로 이루어지는 것)

이중 어느 것이 올바른 의미의 적용일까?

먼저 (4)실체=기체론에 대하여 논해 보자. 기체(히포케이메논)는 본디 '밑에 놓인 것'이라는 의미이며, 바꾸어 말하면 다른 사물은 그것의 술어가 되지만, 그 자신은 결코 다른 사물에 대해 술어가 되지 않는 그것(주어 그 자체)이다. 앞에서 실체에 대해서도 주어는 되지만 술어는 되지 않는다고 하며, 다시 주어의 방향에서 실체를 넘어서는 주어를 찾았을 때 찾을 수 있는 것이 기체이다. 누구나가 그와 같은 기체로서 바로 생각하는 것은 질료이다. 이 질료는 모든 속성이 추출되어 빠져나간 뒤에도 여전히 남으며, 동상에 비유해 말하면 그 원료인 청동이다. 이 질료가 실체라고 생각하는 논의는, 가장 소박한 실체론으로서 이오니아의 자연철학에서 볼 수 있다. 하지만 잘 생각해 보면 이와 같은 질료 자체는 무규정이며, '사물의 존재 방법에 따라 규정되는 술어의 어떤 방법에 의해서도 좋게 표현될 수 없는 것'이다. 때문에 이 논의에 따르면, 모든 것은 실체의 존재라는 바닷속에 말하자면 침몰해 버리고 저마다의 개별성은 모두 없어져 버리게 된다.

우리가 생각하는 실체는 그와 같은 무규정이 아니다. 길이·넓이·깊이 등을 그것에 대한 술어로 쓸 수 있는, 그런 제1의 주어이다. 따라서 질료는 실체가 아니다. 질료에 모든 성질이 덧붙음으로써 비로소 하나의 존재가 되기 때문이다.

질료는 실체가 아니다. 실체에 귀속된다고 인정되는 것, 그리고 떨어져 존재하는 것(독립성)과 그렇게 지시될 수 있는 것(개체성)이 질료에는 귀속되어 있지 않기 때문이다. 그렇다고 한다면 형식과 질료의 양자로 이루어지는 결합물, 예를 들면 동상이 더욱 뛰어나고 참된 실체라고 생각될 수 있다. 하지만 이것은 질료와 형식의 결합체이기 때문에, 분명히 질료와 형식 각자에 비해 보다 나중의 실체이다. 그러므로 이 결합체로서의 실체는 실체=형식론을 먼저 살펴본 뒤에 고찰하는 편이 좋다.

문제는 제3의 실체=형식론이다. 여기에 가장 어려운 문제가 포함되어 있지만 앞의 논의에서 기체가 실체라고 했으니, 감각적 사물의 형식을 갖추었을 때만 실체라고 생각해야 한다. 일반적으로 사물이 질료로 이루어지고 그 질료가 실재한다는 생각은 오히려 소박하며, 이에 대해 형식 개념을 추상하고 사물의 존재성을 본다는 생각은 고도의 추상 능력을 필요로 한다. 아리스토텔레스는 실체에 필요한 형식 개념의 탐구는 난해하기 때문에 뒤로 미루고, 다른 실체에 대한 사고를 음미한다. 우리도 그 방식을 따르도록 하자.

실체=본질론

(1)실체=본질론으로 옮겨가기로 한다. 여기에서 본질이란, 토 티 엔 에이나 (to ti ên einai)를 번역한 말이다. 이 합성어 속의 ên은 부정과거이며, 그 점에 주목하여 영어에서는 the-what-was-being이라고 번역된다. 이 과거시제는 일반적으로 시간적 연속을 나타내며, 형상이 특수한 질료에 내재화되기 이전에 실재했었음을 나타낸다고 해석된다. 결국 어떤 개체에 대해 '그것은 왜 있는가' 물었던 그 '무엇인가(ti=what)'가, 과거에도 있었고 현재에도 있음을 나타내는 말이라고 여겨진다. 요컨대 '왜 있는가', 'X를 X답게 하는 요소는 무엇인가, 또 반드시 필연적인 성질은 무엇인가' 등은, 물질을 그대로 명사화하는 물음의 말이다. 그 대답은 유개념에 종개념의 차이를 덧붙인 정의의 형태를 갖게 된다.

그래서 '본질'이라는 말의 의미를 확립하게 되면, 본질이 실체라는 사고가 분명하다. 그것은 이렇다. 《범주론》에서 실체라는 개념을 규정했을 때, 실체는 같은 상태에 있으면서 상반되는 질(質)도 받아들이는 그 무언가라고 여겼다. 본질은 다양한 시제 지칭에 대해 전체적으로 개체를 통일하는 제1의 요소, 바로 상반되는 시제 지칭을 받아들일 수 있는 요소이다. 따라서 본질이 실체가 된다. 그렇다고 해도 어떤 존재에든지 본질이 있는 것은 아니다. 예를 들면 '백인'과 같이 실체와 그 질을 나타내는 술어가 결합된 복합체는 본질이라고 지시받을 수 없으며, 이와 같은 것에는 본질이 없다. 그렇다. 어떤 사물에 대해 그 사물이 무엇인가를 묻고 그것을 설명하는 말 자체와 정의가 사물과 그대로 같은 경우, 그런 사물에 본질이 있다. 그런 사물이라고 생각할 수 있는 것은 무엇보다 개체적인 실체이다. 다시 말해 본질이란 실재하는 개체의 항상적인 제1 요소에 대한 개념적 표현이며, 그런 표현은 유(類)개념과 종차(種差)로 이루어지는 정의가 된다. 예를 들면 '너는 무엇인가'라는 질문의 답, '너인 것(너의 본질)'과 '사람인 것(사람의 본질)'은 같지만, '사람은 동물(유) 중에서도 두 다리의 것(종차)'과 같이 그 설명 방식이 정의된다. 그런 '너'와 같은 것에 본질이 있을 수 있다면 그렇다. 이렇게 본질은 단적으로 실체에 속하고, 정의도 본질의 설명 방식이기 때문에 마찬가지로 실체에 속한다. 물론 본질이 파생적인 방식으로 실체가 아닌 존재에 속하기도 한다.

본질은 실체에 속한다. 그런데 저마다의 사물은 각각의 실체라고 생각할 수 있다. 그렇다면 각각의 사물과 그 본질은 같은가? 그는 정확히 '그 사물 자체로 존재하는 경우에, 그 사물과 본질은 하나이며 같다'고 답한다. 예를 들면 만약에 '선(善) 자체' '동물 자체' '존재 자체'(이들은 이데아라고 생각할 수 있다)와 같이, 이들 저마다의 본질과 다른 것이라고 하자. 그렇다면 이데아와 나란히 본질에 속하는 실체 한 쌍이 있다는 말이 되고, 더구나 두 개가 완전히 끊어져 있다는 말이므로, '선 자체'에는 '선의 본질'이 없게 되며 '선의 본질' 쪽은 선한 존재(선 자체를 받아들이는 존재)가 아니게 된다. 결국 선의 이데아는 존재하지만 그것을 인식할 수는 없고, 선의 본질은 인식할 수만 있을 뿐 실제는 존재하지 않게 된다. 때문에 '선이 그 자체로 제1의적으로 있는 존재라면, 그런 선의 이데아는 본질과 일치하는 선이다.'

본질과 형상

본질이란 이처럼 우리가 그 자체로 있는 존재를 인식하고, 개념적으로 파악한 것이다. 본질은 개념이기 때문에 질료를 동반하지 않는다. 다시 말해 질료를 뺀 실체라고 할 수 있다. 그러나 앞서 구체적으로 있는 존재는 질료와 형상의 결합체라고 말했다. 본질이 질료를 뺀 실체라고도 했다. 그렇다면 누구나 본질과 형상은 같다고 생각하게 된다(앞의 설명을 요약하면 구체적 존재=질료+형상, 즉 형상=구체적 존재—질료. 본질=구체적 존재—질료. 따라서 본질=형상이라는 말이 되므로). 분명히 그렇다. 하지만 관점이 다르다. 형상이라는 말은 본디 '볼 수 있는 것'의 의미이며, 본질이란 개체를 통일하는 주된 요소를 개념적으로 받아들인다. 이 점을 더욱 파고들어 보자.

존재하는 것은 구체적 개체이다. 다시 말해 질료와 형상의 결합체이다. 그렇지만 그것이 진실로 존재한다고 말할 수 있는 까닭은 질료적 부분에 의해서가 아니다. 인간의 손이나 뼈나 살이 인간의 한 부분이듯이, 질료도 결합체를 이루는 부분이다. 하지만 그들 부분은 인간의 설명 방식을 구성하는 부분이 아니다. 그 부분들은 살아 있는 인간이 있어 비로소 기능한 부분이며, 죽은 사람의 손은 손이라 불린다고 해도 손이 아니다. 그것에 대해 인간의 형상적 부분인 영혼 없이는 인간이 인간일 수 없기 때문에, 전체보다 앞선다고 말할 수 있다. 이와 같이 해야만 설명 방식이 있을 수 있다. 그리고 그 설명 방식이 정의가 된다. 따라서 엄밀히 말하면 구체적 개체는, 그 설명 방식은 있을 수 있어도 그것의 정의대로일 수는 없다. 왜냐하면 개체는 본질의 설명 방식에 따라 규정될 수 없는 질료도 포함하기 때문이다. 이에 대해 결합체에 내재하는 형상, 바로 '제1실체'에는 인간의 경우에 영혼의 설명 방식이 있듯이 설명 방식이 있다.

설명 방식은, 어떤 제1의 요소를 설명하는 경우에는 그 설명 자체가 정의가 된다. 본질은 사물의 설명 방식 자체가 사물의 정의가 될 수 있는 그런 사물에만 있다고 말할 수 있기 때문에, 본질은 사물의 제1의 요소를 표현한다. 형상도 사물의 제1실체이며, 그에 대한 설명 방식이 있을 수 있다. 그렇다면 본질이 곧 형상이다. 그러므로 본질 없이도 성립되는 형상이야말로, 진실의 의미에서 실체라고 생각할 수 있다.

실체=보편(류)론

그런데 앞에 논술한 바대로 보편이 실체라고 생각하는 사람도 있고, 또 유(類)야말로 실체라고 생각하는 사람도 있다. 그 사람들의 견해에 대해 반박해 보자.

보편이라든가 또는 유가 실체라고 하자. 예를 들어 인간은 '두 다리 동물'이라고 정의한다면, 그 '동물'이 실체가 된다. 그렇다면 동물은 '지각 능력을 가진 생물'이기 때문에 그 생물이 실체가 된다. 이런 논리는 무한히 거슬러 올라간다. 따라서 그런 것들을 실체라고 생각할 수는 없다. 실체란 제1의적으로는 주어만 될 수 있고 술어가 되지 못한다고 생각할 수 있는데도, 앞에서 실체라고 가정한 보편이나 유는 늘 어떤 주어의 술어가 될 수 있다. 이 점에 대해서도 지지할 수는 없다. 그것을 규명해 나가면 이렇다. 만약 '인간'과 같은 가장 낮은 종(인간 이하에는 개개의 사람, 예를 들면 특정인인 소크라테스라든가 코리스코스 등만 있으며, 그 개인차는 질료에서 생겨나기 때문에 인간보다 덜 보편적인 종은 정의할 수 없다. 보편적이지 않은 종만 정의 가능하다)이 실체라면, '두 다리 동물'과 같은 인간의 설명 방식에 포함되어 있는 모든 요소는, 동물이든 두 다리이든 인간과 관계 없이 존재할 수 없기 때문에 인간들은 그 인간만으로 존재하는 실체는 아니다.

그런데 정의는 '두 다리 동물'과 같이, 유와 종차로 이루어져 있다. 더구나 그것은 인간의 정의 가운데 하나이며, 인간에 대한 최정예의 정의는 더 이상 많지 않다. 두 다리 동물과 같은 둘이 아니다. 이것은 어떻게 설명될 수 있을까? 유(類)는 인간에게 있어서 종(種)과 떼어 존재하는 실체가 아니었다. 다시 말해 유만 존재할 수는 없었다. 하물며 유가 존재하면 그것은 정의를 위한 질료이며, 그 질료들로부터 나온 종차에 의해 종이 만들어져야만 한다. 구체적 개체가 형상과 질료의 결합체이듯이, 종은 형상적인 종차에 의해 질료적인 종이 한정되는 것에서 생긴다. 이렇게 만들어진 종으로부터 다음에 오는 종차에 의해 새로운 종이 생긴다는 사실은, 예를 들면 아래 도식과 같이 뚜렷해진다. 이렇게 되었을 때 앞의 종은 유의 위치를 갖게 된다. 이와 같이 분할을 계속해 나갈 때 더는 분할할 수 없는 종에 다다르게 된다. 그 이상으로 분할하면 구체적인 개체(소크라테스, 코리스코스와 같은 구체적 개인)밖에 없다. 이들은 질료를 포함하기 때문에 규정할 수 없다. 이 종을 인간이라고 하면, 인간은 두 다리(종차)의 동물(유)이라는 설명 방식에 의해 정의된다.

이 정의에 대한 생각에는, 보편은 개체를 주로 하고 그 개체에 연결되는 한도에서만(질료라 해도) 존재한다는 뜻이 담겨 있다. 이것은 플라톤과는 반대의 개념이다. 플라톤은 보편 자체와 유야말로 진실재라 생각했고, 이 보편 자체와 유야말로 최고 이데아로서, 개개의 이데아는 모두 그에 관계한다고 생각했기 때문이다.

```
            ┌─ 무생물
존재 ────┤              ┌─ 식물
            └─ 생물 ───┤            ┌─ 두 다리
                          └─ 동물 ──┤
                                       └─ 두 다리가 아님
```

형상론

개체의 존재성은 무엇에서 비롯하는가라는 물음에, 우리는 본질에서 유래한다 하고 나아가 본질과 형상은 서로 대응적으로 동일하다고 했다. 여기에서 형상의 역할을 보자. 도대체 형상은 생성이라고 할 경우 어떤 위치를 차지하는가? 대략 생성되는 것은 어떤 것에 의해, 어떤 것에서, 어떤 것이 된다. 자연의 생성물인 경우에 생성되는 사물의 질료는 자연이며, 인간이 인간을 낳듯이 그 자연에 의해 그것(시원인)도 생성된 사물과 동종동형의 자연이며, 결국은 형상적 의미에서의 자연이다. 제작을 하는 사물의 경우에도 기술자의 마음속 형상이 질료 속에 나타날 때 사물이 생성된다. 이렇게 보면 생성되는 물체의 어떤 부분, 즉 질료는 이미 존재하는 존재일 것이다. 생성되어 어떤 물체가 되는 것은 이 질료 때문이다. 그렇다면 생성에서는 질료가 주역을 맡는다고 생각된다. 그러나 우리의 보편적 생각에는 인간(기체)에서 건강한 사람이 된다 말하지 않고, 오히려 병약자(건강의 결여체)에서 건강한 자가 된다고 한다. 이 경우 인간의 몸 자체는 병약한 사람이거나 건강한 사람이거나 하는 기체, 바로 질료로 여겨질 수 있다. 그리고 병약이란 건강한 형상의 결여체로서, 건강한 형상일 수도 병약한 형상(결여태)일 수도 있다. 때문에 생성의 경우에는 형상이 주역을 담당하며 질료가 주역은 아니다.

하지만 형상이 만일 생성된다고 한다면, 그 형상이 만들어지는 어떤 질료가 있을 것이다. 거기에 그 질료가 어떤 형상적 물체(질료와 형상의 결합체)라고 한다면, 그 또한 형상을 만들 때 필요한 질료가 있음이 분명하다. 이렇게 무한히 질료를 찾아 거슬러 올라가게 되기 때문에 질료가 생성되지 않고 미리 있었다고 간주되듯이, 형상도(혹은 그것을 뭐라 부르든, 감각적 사물에서의 형식이지만) 결코 만들어지거나 생성되거나 하는 것이 아니다. 예를 들어 청동구슬을 만드는 경우를 생각해 보자. 기체(질료)인 청동을 만들지는 않듯이, 마찬가지로 구슬 그 자체(구슬이라는 형상)를 만들지는 않는다. '청동을 둥글게 만든다'는 뜻은, 둥근 모양 또는 구슬을 새로이 만든다는 말이 아니라, 이 구슬의 형태를 질료인 청동 속에 만든다는 말이다. 따라서 형상은 새롭게 생성되는 것이 아니다. 생성물은 질료와 형상과의 결합체(더구나 그것은 형상으로서 실체의 이름으로 불린다)이며, 생성된 사물에는 반드시 질료가 내재하고, 그 다른 일부는 형상이고 또 일부는 질료가 된다.

형상은 생성되지 않기 때문에 또한 소멸되지도 않을 것이다. 이처럼 형상이 영원하다면 그 또한 질료와 떨어져 존재하게 될까? 다시 말해 개개의 구슬과는 따로 떨어져 존재하는 어떤 구슬이, 또는 벽돌과는 별개인 어떤 집이 존재하게 될까? 플라톤처럼 형상은 본보기가 되는 모형으로서 따로 떨어져 존재한다고 생각해야 할까? 그러나 그렇게 생각되지는 않는다. 예를 들어 자연적인 모든 사물의 생성을 보자. 인간은 인간을 낳는다. 부모와 자식은 수적으로는 두 명이며 한 명이 아니다. 같은 인간으로서 같은 종, 바로 같은 형상을 가지고 있다. 낳는 것만으로도, 생성물과 질료 속에 형상을 원인지음에 충분하다. 그리고 개체란 그 자체의 질료 속에 저마다의 형상이 내재하는 사물이기 때문에, 형상은 '이것'이라고 지시되는 존재가 아니라, '이와 같은' 무리의 존재라고 말해진다. 그러므로 그 자체로 떨어져 존재하는 실체라고 생각할 수 없는 것이다.

여기에는 개체에 대한 아리스토텔레스의 근본적인 견해가 있다. 형상(종)은 영원하고 기원에서 비롯하는 것이 아니라 개체에 내재하며, 개체는 그 내재한 형상(종)에 의해 분명히 다른 종과 구별된다. 더구나 인식 이전에 개체는 형상(종)으로서 스스로를 나타내며, 또한 그것으로 자기동일성을 유지한다. 소크라테스는 젊었든 늙었든 소크라테스로서 자기동일성을 유지하는데, 이런 경우와 같다. 때문에 형상은 개체를 통일시키는 원리이다.

시점의 전환

우리의 문제는 '실체란 무엇인가'였다. 그리고 이제까지는 이론적이고 분석적인 탐구 방향을 취하면서, 본질과 형상을 질료와의 관계에서 고찰해 왔다. 여기에서는 이 시점을 바꾸어, '무엇 때문에'를 묻기로 한다. 예를 들면 '무엇 때문에 이들 벽돌이나 돌이나 목재 등이 이 집이 되는가'처럼, '무엇 때문에 어떤 것(속성과 술어)이 어떤 것(기체와 주어)에 속하는가'라는 물음이다. 이미 이렇게 물은 이상, '어떤 사물이 다른 어떤 다른 사물에 귀속되는 일'은 자명한 사실이어야 한다. '무엇 때문에 달은 작아지는가' 물었을 때, 달이 작아진다는 사실은 자명하기 때문이다. 집의 예로 물음에 답해 보면, 우리는 '이들 벽돌이나 돌, 목재에는 집이 되는 이유인 존재(집의 본질·형상)가 내재되어 있기 때문'이라고 말할 것이다. 마찬가지로 생각해 보면, 일반적으로 질료와 형상의 결합체에 대해 '무엇 때문에 이들 질료가 이것이것인가' 질문을 받게 된다면, '이들 질료에는 이것이것인 이유인 것(형상)이 내재되어 있기 때문'이라고 이야기해야 한다. 다시 말해 '무엇 때문에'를 묻는 이유는, 형상을 원인의 시점에서 보기 때문이다.

고기(肉)와 어절을 예로 생각해 보자. 고기는 불과 흙, 어절은 A나 B로 이루어진다고 하자. 전체로서 하나인 고기나 어절은 그 요소의 단순한 집합체가 아니다. 고기나 어절이 분해되어 버리면 그 각각의 요소는 남겠지만, 이미 고기나 어절로서는 존재하지 않게 된다. 때문에 고기나 어절로서의 존재는 그 요소와는 다르다. 만약 모든 요소가 덧붙은 무엇인가가 요소와 같은 차원이라고 한다면, 예를 들어 고기가 불과 흙과 X로 이루진다고 하면 분해되었을 때는 불과 흙과 X가 남게 된다. 그렇다면 그들 세 가지와 제4의 무엇인가에 의해 고기는 만들어진 셈이 되어, 많은 요소들을 설정해야만 한다. 따라서 어떤 사물이 그 사물로서 존재할 때, 그 구성 요소와는 다른 것으로서 존재하며, 사물답게 만드는 어떤 협상에 의해 존재한다.

이것은 동물의 예에서 분명해진다. 동물은 질료로서의 고기와 형상으로서의 영혼으로 이루어지는 하나의 전체이다. 이 동물이 동물다운 이유를 표시하면 이 동물을 개념적으로 규정할 수 있다. 그런 본질이 갖추어질 때 이 동물은 현실에 존재하게 된다. 다시 말해 사물은 형상을 가졌을 때 비로소 현실적인 존재가 된다. 그러므로 현실에 존재하는 것($E!$)이란, 실제로 눈앞에 있는 사물 안에 형상이 섞여 있다는 말이다.

이상과 같이 시점의 전환은, 존재하는 것($E!$)의 원인이 형상이라는 사실을 나타내 준다. 이 시점에서 질료를 본다면, 질료는 형상을 받아 실제 존재하는 것이라고 생각할 수 있다. 형상과 질료에서 질료만을 떼어내어 말하면, 존재의 가능성을 가진 가능적 존재라고 할 수 있다. 이와 달리 형상이 포함되는 사물은 실제로 존재하는 현실적 존재이다. 다시 말해 보는 시점을 전환한다면 가능성과 현실성이라는 두 시점으로 이끌어 낼 수 있다.

가능성과 현실성

이제까지 형상이야말로 사물을 존재하게 하는 원인이라고 설명해 왔다. 이러한 사물을 보는 시점의 전환에 의해, 존재한다고 일컬어지는 사물이 지금까지와는 달리 가능성과 현실성이라는 양쪽 측면에서 규정되었다.

먼저 둘의 의미를 명확하게 해둘 필요가 있으므로 사물이 보일 가능성에 대해 설명해 보자. 이 말은 일반적으로 운동과 연관지어 이야기하는 경우가 많다. (a)다른 사물 안에 있는가 또는 다른 사물로서 자기 안에 있는가와는 상관없이 그 어느 쪽 안에 있는 전화(轉化)의 원리, (b)수동적으로 전화할 해당 물체 안에 있는 수동적인 전화의 원리, (c)저항하는 비수동적인 상태 등을 의미하는, 한마디로 말하면 가능태는 보여지는 능력이다. 앞의 (c)는 수동적인 부정이기 때문에, (b)의 수동적인 전화의 원리 속에 포함된다. 다시 말해 가능성의 기본적인 의미는, 능동하는 능력과 수동하는 능력이다. 이 두 가지 가시적 능력은 서로 다른 의미로서, 하나는 능동자 속에 그 밖의 다른 것은 수동자 속에 있다는 말이다. 하지만 이 두 가지는 한 가지 작용이 상호 보완하는 양 시점에서 일어나는 두 항목이며, 말하자면 하나의 사실을 상호 보완하는 두 관점에서 본 것이다. 그 의미에서 두 능력은 하나라고 할 수 있다. 이들은 운동과의 관계에서 말하고 있는 가시적 가능성의 의미이지만, 더 넓은 의미로도 가능성은 사용된다. 예를 들어 목재 속에 헤르메스의 상이 있다든가, 선분 전체 안에 그 길이의 반이 포함되어 있다든가, 실제로 집을 세우지 않은 자라도 세울 수 있는 자라면 건축가다, 하는 경우처럼 말이다. 이러한 표현은 어떤 사물의 존재가 가능적으로 존재한다는 경우의 의미이다. 이와 같이 운동과의 관련으로 보다 넓게, 존재의 방법에 관련해서 가능성이라는 말이 쓰인다.

가능의 상태에 대해 대비적으로 현실 상태(현실태)라는 말이 일컬어진다. 현실태에 대해서는, 당면한 사태가 '가능태에서라고 말해지지 않는 방법으로 존재한다'와 같이 소극적으로 말하기로 한다. 집을 세울 수 있는 사람에 대비적으로 실제로 집을 세우는 사람, 자고 있는 사람에 대비적으로 실제로 눈 뜨고 있는 사람, 목재에 대비적으로 헤르메스상, 등의 비슷한 관계 이항 안에서 나중의 상태가 현실태이다.

하지만 이때 주의할 점은, 앞의 예에서도 본 바와 같이 현실태는 운동처럼 보이지만 둘은 서로 다르다는 사실이다. 운동이라는 말은 사물의 경과 과정을 의미하며, 그것이 본질 변화든 장소적 이동이든 연속한다는 뜻이다. 이에 대해 현실태는 한 가지 고정된 현상이고, 보는 동시에 본 순간의 현실이며, 생각과 동시에 생각인 것처럼 현재진행형과 현재완료형이 동시적으로 이루는 과정을 말한다. 반면에 집을 세우면서 동시에 다 지은 것은 아니고, '세우고 있다'는 미완료적인 의미를 포함하며, 세우고 있으면 그 과정은 끝나버리는 것이 운동이다. 둘의 차이를 뚜렷이 하면, 운동에는 그 과정과는 별개의 목적(끝)이 있으며, 그 목적을 현실태는 자기 자신 안에 품고 있다고 말할 수 있다. 단, 그 목적이 운동과 현실태를 품는 상위개념을 나타내는 명목이 아니기 때문에 운동이라는 말과 현실태라는 말도 그(목적의) 대용으로서 사용되며, 현실태가 목적을 안에 포함하기 때문에 완전 현실태(목적을 완전히 실현하고 있는 상태)처럼 이용될 뿐이라는 사실을 주의해 두자.

이렇게 주의한 뒤에, 현실태를 가능태와 비교하면서 생각한 점을 바꾸어 넣기로 하자. 그는 이어 '때문에 사물이 현실태에 있다는 말도 모두 같은 의미는 아니며 A가 B 안에 또는 B와의 관계에 있듯이, 그처럼 병은 C는 D 안에 또는 D와의 관계에 있다고 하는 유비관계에 의해 그렇게 말해진다. 그 이유는 어떤 관계는 운동의 능력(가능성)과 현실 운동의 관계와 같으며, 다른 어떤 관계는 질료와 그 실체(형상·본질)의 관계와 같기 때문이다'라고 한다. 다시 말해 질료와 형상이 상관개념인 것처럼 가능태와 현실태도 상관개념이며, 말하자면 한 가지 사물의 두 가지 측면이 된다. 이 두 개념은 실제로 존재하는 것이 힘을 현재화할 때 비로소 중요해지는 개념이다. 실체는 자기 안의 힘에 의해 운동하는 것으로서 자기 개시를 하지만, 그 전개의 측면은 가능성에서 현실성으로 연결되면서 이 두 개념에 따라서 파악되기 때문이다.

이렇게 보면 이 단계에서는 이론적으로 사물의 본질을 묻는 일은 사라지고, 사물의 작용하는 모습을 직접적으로 바라보는 일이 과제가 됨을 알 수 있다. 진짜 모습을 보는 일, 이론을 이용하지 않고 실체의 모든 모습을 보는 일, 실재성(E!) 그 자체를 보는 일, 이런 일이야말로 철학자의 생각이 이루는 성과이며 진리이다.

현실성의 우위

지금 '가능성에서 현실성으로'라고 말했다. 그러나 이 말은 더 검토해야 한다. 인간이 흙으로 이루어졌다고 해서, 흙이 인간의 가능성이라고는 누구도 생각하지 않는다. 그렇게 생각한다면 모든 사물이 모든 사물의 가능성이라는 말이 되기 때문이다. 실제로는 그렇지 않고, 태아가 인간의 가능성이다. 태아는 인간 안에 자연의 원리로서 인간이 돼야 할 속성을 갖추고 있으며, 밖에서 방해받지 않는 한, 인간으로서 실현된다. 가능성은 먼저 이런 것이어야 한다.

그렇다면 가능태는 현실태보다 '앞'서는가? 그렇지 않다. 먼저 설명의 방법을 보기로 한다. 태아는 인간이 될 수 있다, 건축할 수 있다, 등은 실제로 그렇게 활동할 수 있다는 의미이다. 다시 말해 가능태를 설명하는 방법 속에는 이미 현실태(인용한 예의 인간이나, 실제로 건축 활동을 하는 자)가 포함된다. 이 점만으로도 현실태 쪽이 '보다 앞선다'고 할 수 있다. 게다가 시간이라는 점에서는 어떤가? 분명 태아 쪽이, 이 태아에서 태어나 성장한 현실의 인간보다 시간적으로 앞선다. 하지만 인간이 인간을 낳듯이, 인간이라는 종에 속하는 현실적인 성원이 없으면 인간인 태아도 없다. 가능적으로 존재하는 태아에서 현실적으로 존재하는 갓난아이의 생성도, 늘 현실적으로 존재하는 동족의 부모에 의해서 이루어진다. 때문에 시간이라는 점에서도 현실태 쪽이 '보다 앞'이다. 또 생성이라는 점에서 말을 해도, 한 번도 건축 활동을 한 적이 없는 사람을 누구라도 목수(건축할 수 있는 것)라고 말하지 않는다. 현실적인 건축 활동과 동시에 목수라는 사람이 현실에 태어나 존재한다. 이런 이유로, 어떤 점으로 보더라도 현실태 쪽이 가능태보다 앞선다는 사실이 뚜렷하다.

제3의, 그리고 가장 중요한 의미에서의 '보다 앞'은 '실체에 대해 앞'이라고 일컬어진다. 거기에서의 실체란 존재자($E!$)이다. 앞에서 진술한 바와 같이 존재한 A라는 사물은 B라는 사물이 없어도 존재할 수 있는데, B라는 사물은 A라는 사물 없이는 존재할 수 없는 경우, A의 존재성은 B의 존재성보다 앞선다고 말하고 있다. 그런 의미에서의 '보다 앞'이다. 엄밀한 의미에서 이 논지가 가장 잘 적용되는 경우는 다음이다. 바로 영원한 실체는 소극적인 실체 없이도 존재하지만, 후자는 전자 없이 존재할 수 없는 경우이다. 그러나 여기에서의 의미는, 이것을 가능성과 현실태의 관계로 바꾸어 사용하여 현실태가 보다 존재적=실체적이라고 말하려 한다. 즉 다음과 같다.

질료라는 어떤 형상 안에 들어가 구체적인 존재자가 될 것인가 하는 의미에서는 가능적인 존재이다. 한번 현실태로서 존재하는 단계에서의 질료는 형상과 합체된 구체적 개체이며, 개체로서의 존재성을 확보한다. 분명 형상이야말로 사물의 존재성과 연관되며, 그 형상 쪽이 질료보다 더 존재적이라고 할 수 있다. 그리고 태아에서 성인이 생성되어도, 성인 쪽이 더 인간이라는 형상을 많이 포함하는 까닭에, 더 존재적(실체적보다 앞)이다. 마지막(목적)이 운동 또는 활동인 사물의 경우에서도 마찬가지이다. 예를 들면 목사는 신도가 지식을 받아들일 뿐만 아니라 자신도 지적활동을 하게 되었을 때 자기 일의 끝(목적)을 이루었다고 생각한다. 만일 신도가 습득했다 해도 조금도 지적 활동을 하지 않는다면, 목사는 자기 목적을 달성했는지 어떤지를 알 수 없다. 이것은 자연에 대해서도 적용된다. 예를 들어 자연은 인간에게 시력을 주었다고 해도, 현실적으로 인간이 시각적 활동을 하지 않는다면 자연은 자기 목적을 이루었는지 어떤지를 모르고 있는 상태에 있다고 할 수 있다. 이와 같이 마지막 목표물이 활동하는 사물인 경우에는 현실태는 활동으로서 나타나며, 더구나 그 현실태는 활동자 자신 안에 나타난다. 예를 들어 보는 자가 시각적 활동을 하고, 관조하는 자가 관조 활동을 하며, 영혼을 가진 자가 생명 활동을 한다. 그리고 이와 같이 현실태가 되었을 때 비로소 자기에게 주어진 형상을 보다 완전하게 전개한다고 할 수 있다. 다시 말해 현실태는 가능성에 비해 보다 더 존재적이 되는 것이다.

우리는 여기에서 아리스토텔레스의 존재에 대한 견해를 알아차리게 된다. 그것은 이렇다. 모든 존재하는 사물은 자기에게 내재하는 원리에 따라서 목적=마지막인 활동을 완수하려 한다. 또한 그 활동이야말로 존재물의 참된 존재성이라고 생각한 것이다. 이것이 그의 견해이다.

존재의 질서

어떤 사물은 다른 사물에 비해 보다 존재적(실체적)이라고 일컬어지기 때문에, 존재의 질서가 있게 된다. 그렇다면 그 질서는 어떻게 되는가? 다음 페이지의 그림은 '자연의 발달 과정'이다. 물론 이것은 아리스토텔레스 자신의 생각은 아니며, 그의 생물학적 저작 내용으로 귀결하기 위한 정리를 목적으로 만들어졌다. 이 발달 과정에서 볼 수 있는 동물 분류 방법의 원리는, 18세기 린네에 의해서도 부정되지 않았다. 가장 낮은 종에서 가장 높은 종에 이르는 질서는 훌륭하다고 할 수 있다.

영원적인 존재는 물론 소멸적인 존재보다 실체(존재)에서 앞선다. 그러나 그런 영원적 존재가 가능적으로 존재하는 일은 결코 없다. 만약 그런 존재가 가능적으로 존재한다면, 가능성은 동시에 존재에 상반되는 무엇인가로의 가능성이기 때문에 존재하지 않게 되는, 바로 소멸일 수도 있다. 그렇게 되면 영원이라고 할 수 없다. 따라서 영원불멸인 존재는 모든 현실태로 있는 존재이다. 더구나 그 최고의 존재는 운동하기 위한 질료도 갖지 않고 순수한 형상, 형상의 형상으로서 존재할 것이다. 이어 태양이나 천계 전체는 언제나 현실적으로 활동하고, 이들이 없으면 어떤 사물도 존재하지 않게 된다. 물론 그들 태양이나 천계에는 장소적 운동을 하기 위한 질료('어디에서 어디로'라는)가 있을 것이다. 하지만 소멸적인 존재에서 볼 수 있는 가능성은 그들에게 없다. 그런 까닭에 그들이 운행하는 데 지치거나 고생하거나 할 필요는 없다. 또 언젠가 태양

제1동자(動者)		
천체 (해·달·별 등)		
사람 (다른 생물과 다르며, 마음을 가진다. 따라서 이성 능력을 가진다)	태생생물
털이 있는 네발짐승 (또는 지상의 포유동물)	
바다의 포유동물 (고래·물개·물범 등)	
물고기·파충류·새 (난생)	
갑각류 (난생·무혈)	
곤충 (유충에서 태어남)	
해면·식물·식충류·연체동물 (자연발생·끈적끈적한 것에서 생겨남)	
질료 (흙·물·공기·불)	

이 떠오르지 않게 되지는 않을까 걱정할 필요도 전혀 없다. 왜냐하면 이런 천체는 현실태에 있어 가능성을 포함하지 않는 존재자이며, 그들이 존재의 질서 최고 위치에 있다는 사실은 마땅하기 때문이다. 이것은 앞서 논술한 대로 현실태 쪽이 가능태보다 더 존재적이기 때문이다.

지상은 천계와는 달리, 땅·물·불·바람의 4원소로 이루어진다. 천계의 에테르(한때 빛·열·전기·자기를 전해 주는 매질로, 우주 공간에 가득 차 있다고 여겼던 물질)는 등속(等速)회전운동을 하지만, 지상의 4원소는 저마다의 장소로 상하운동을 한다. 이런 원소들로 이루어지는 개체는 다시 그런 원소들로 분해해 갈 가능성을 가진다. 그러나 지금 여기 있는 사물은 가능성으로부터 나와서 현실태로 진행해 가며, 활동하는 존재이다. 그리고 그 사물의 존재들은 개체의 본질에 따라 모든 존재들 속에 자리잡고 있다. 더구나 본질은 사물에 대한 설명 방식이자 정의이기 때문에 우리가 개념적으로 파악할 수 있다.

이렇게 개념적으로 사물 존재의 실상을 파악하려는 탐구가 바로 아리스토텔레스의 존재론이다.

저작

아리스토텔레스 저작의 전승 및 편집
아리스토텔레스가 남긴 저작의 특수성

현존하는 아리스토텔레스의 저작은, 파피루스 두루마리 한 개를 저작 한 권이라고 계산할 경우 모두 106권에 이른다. 그 밖에 아리스토텔레스의 저작이라고 생각되지 않는 작품도 존재하지만, 이러한 위작(僞作)에 대해서는 따로 언급하지 않겠다.

아리스토텔레스의 저작 대부분은 강의용 원고들이다. 또 강의용 메모도 포함된다. 그중에서 실제로 강의할 때 사용된 원고는 아주 일부분이고, 그 106권의 저작 중에서도 아리스토텔레스가 살아 있는 동안 공개되거나 팔려나간 저작은 거의 없는 듯하다.

아리스토텔레스의 저작은 어느 날 갑자기 한꺼번에 발견되었다. 이런 경우는 매우 드물기 때문에 이 저작과 비교해 볼 만한 자료도 구할 수 없다. 즉 아리스토텔레스와 같은 시대에 활동한 사람들—스페우시포스나 크세노크라테스—이 아리스토텔레스의 저작과 같은 방식으로 글을 썼는지조차 알 수 없다. 또한 제자인 테오프라스토스의 저서 《식물지(植物誌)》는 강연에 알맞은 글이 아니다. 따라서 이 사람의 글과 비교할 수도 없다. 이처럼 아리스토텔레스의 저작은 특수성을 띤다.

어찌 됐든 아리스토텔레스가 이 106권의 저서를 통해, 자신의 가르침을 글로써 표현했다는 사실은 분명하다. 그런데 어떤 사람들은 아리스토텔레스가 그 밖에도 다른 저작들을 많이 남겼다고 주장한다.

그 주장에 따르면, 아리스토텔레스의 다른 저작들 속에는 색다른 견해가 쓰여 있다. 게다가 다른 영역에 대해서도 논한 적이 있다고 한다. 하지만 이 주장에는 근거가 없다. 그러므로 아리스토텔레스의 '잃어버린 저작'은 딱히 없다고 봐도 좋다. 예를 들어 《식물에 대하여》라는 저작을 읽으면, 그가 식물에 대해 어떻게 생각하는지 자세히 알 수 있다. 하지만 《식물에 대하여》란 책이 없어도 큰 문제는 없다. 그의 현존하는 저작들만 봐도 식물에 대한 그 근본적 원리는 얼마든지 짐작할 수 있기 때문이다.

반대로 포괄적인 문제를 다루는 저작들도 마찬가지이다. 그 가운데에서 단편적인 부분들만 봐도 저작 전체의 성격을 짐작할 수 있으므로, 그가 대화편에서 논하는 철학과 강의 노트에서 드러나는 철학이 서로 다르다는 주장은 신빙성이 부족하다. '잃어버린 저작'에 아리스토텔레스의 색다른 견해가 담겨 있다는 주장도 논리성이 부족하다. 그러므로 '잃어버린 저작'을 찾으려고 '단편'에 지나치게 집착할 필요는 없지 않을까 한다.

다음으로 저작의 편집에 대해 알아본다. 저작의 상태를 보면, 아리스토텔레스가 강의 노트를 소중히 보관했다는 사실을 알 수 있다. 또 아리스토텔레스는 여러 문제에 대한 견해를 강의 노트에 계속해서 적었던 듯하다. 그러므로 현존하는 저작은 사상가이자 과학자인 아리스토텔레스의 모습을 잘 보여주는 물증이라고 할 수 있다. 물론 현존하는 저작은 아리스토텔레스의 자필본이 아니다. 그것은 후대 사람들이 그의 저작을 베껴서 편집한 데에 지나지 않지만, 아리스토텔레스의 저작을 편집한 사람은 저자를 존경하는 마음으로 작업했음이 분명하다. 편집자는 분명 조그만 종이쪽지 하나라도 함부로 다루지 않고 신중히 처리해, 현존하는 저작을 완성했다고 생각된다. 그러므로 어휘나 문체로 볼 때 아리스토텔레스의 작품이 아니라고 생각되는 작품은, 현존하는 저작 가운데 아주 일부이다. 이는 매우 바람직한 일이다. 그런데 문제는 오늘날의 편집 방식이다. 아리스토텔레스가 스스로 지었다고 추정되는 제목은 거의 없다. 그가 직접 지은 제목은 《토피카》, 《니코마코스 윤리학》, 《정치학》 정도이다. 그 밖의 저작은 아리스토텔레스가 세상을 떠난 뒤, 제삼자의 손에 정리되고 필사·편집되었다. 이때 제삼자가 각 저작에 제목을 붙였다.

하지만 곰곰이 생각해 보면, 아리스토텔레스의 저작이 후세까지 전해진 것만 해도 다행일지 모른다. 그가 62세라는 비교적 젊은 나이에 여행하다가 죽었다는 점을 생각하면 더욱 그렇다. 아리스토텔레스가 살아 있을 때 공개했던 저작들은 거의 사라지고 단편적으로만 남아 있는 반면, 공개하지 않았던 강의 노트는 오늘날까지 남아 있다. 매우 아이러니하고 기묘한 일이다.

오늘날의 편집 문제와 이러한 비공개 저작의 기묘한 보존 현상. 이 두 요소 사이에는 사실 밀접한 관계가 있다. 그것은 저작의 전승 방법과 관련된다. 지금부터 그 속사정에 대해 알아보도록 한다.

아리스토텔레스의 제자들

아리스토텔레스의 직계 제자는 단 두 명이었다. 테오프라스토스와 로도스 출신인 에우데모스였다. 이 두 사람은 아리스토텔레스의 초고 작업을 도와주었다. 에우데모스는 특히 자연학과 윤리학에 관련된 글의 초고 작업을 도왔다. 그런데 테오프라스토스가 소요학파를 만들었을 무렵, 에우데모스는 고향 로도스로 돌아가 버렸다. 그때 그는 아리스토텔레스의 초고 사본을 몇 편 가지고 갔다. 그중에는 자연학 해석도 포함되어 있었다고 한다. 한편 테오프라스토스도 자신이 가지고 있는 초고를 편집해 완성했던 모양이다. 이 사실은 에피쿠로스가 아리스토텔레스의 저작을 여러모로 이용했던 것으로 알 수 있다.

에피쿠로스는 그가 쓴 편지에서 《분석론》이나 《자연학》을 언급하고 있다. 게다가 《자연에 대하여》라는 저작의 단편으로 추측하건대, 에피쿠로스는 아리스토텔레스의 《천체론》에서 큰 영향을 받은 듯하다. 또 어느 윤리학 저서인지 확실하지는 않으나, 아리스토텔레스의 윤리학에 대해서도 그는 알고 있었던 듯하다. 이러한 사실을 근거로 볼 때, 테오프라스토스가 아리스토텔레스의 초고를 편집해서 알려졌다고 말할 수 있다. 그 밖에 알렉산드리아판(版) 《동물지》 또한 편집된 저작이라고 한다. 그러나 아리스토텔레스의 저작이 세상에 널리 알려져 있었던 것은 아니다. 특히 헬레니즘 시대에서는 그런 사례를 거의 찾아보기 어렵다.

위 사실을 뒤집어 말하자면, 아리스토텔레스의 초고 편집 사업이 대대적으로 이루어지지는 않았다는 뜻이 된다. 물론 산발적인 편집 사업은 이루어졌을지도 모른다. 하지만 그 밖의 많은 초고는 어둠에 묻히고 말았다. 여기서 디오게네스 라에르티오스가 작성한 '아리스토텔레스의 저작 목록'을 한번 살펴보길 바란다. 아마 깜짝 놀랄 것이다. 놀랍게도 디오게네스는, 현존하는 저작 목록을 전혀 모르고 있었다. 예를 들어 《형이상학》이라는 책은 목록에 제5권만 소개되어 있을 뿐 다른 권은 목록에도 없다. 자연과학과 관련된 저작도 예외가 아니다. 《자연학》 제2권, 제3권, 제4권, 그리고 《동물지》 정도만이 목록에 올라 있다. 그렇다면 《형이상학》이 단지 삽입본으로서만 기록된) 이 목록은 무엇을 근거로 만들어졌을까? 아마도 알렉산드리아 도서관에 소장된 아리스토텔레스 초고 목록을 참고했다고 추측된다. 그리고 그 초고 목록은, BC 226~5년에 소요학파 학장을 지낸 아리스톤의 기록을 바탕으로 작성되었다고 한다. 하지만 왜 이런 기이한(숨바꼭질) 현상이 일어난 걸까? 그 이유를 알려면 아리스토텔레스의 저작이 겪은 운명부터 살펴봐야 한다.

알렉산드리아 도서관의 저작

아리스토텔레스의 책은 그 자신이 가지고 있었다. 그리고 그가 세상을 떠난 뒤에는 테오프라스토스가 그의 책을 물려받았다. 테오프라스토스는 아리스토텔레스가 남긴 저작과 자신의 책을 모두 합해서 넬레우스에게 넘겼다. 넬레우스는 아리스토텔레스의 몇 안 되는 친구들 가운데 한 명으로, 그들 중에서 가장 오래 산 사람이기도 했다. 또한 넬레우스는 테오프라스토스와 나이 차이가 그리 많지 않았다. 테오프라스토스가 세상을 떠났을 무렵에는, 넬레우스의 나이도 일흔에 가까웠다.

테오프라스토스가 죽은 뒤, 넬레우스는 아테네를 떠나 고향인 스켑시스로 돌아갔다. 그는 자신이 상속받은 책 대부분을 알렉산드리아 도서관에 넘겼다. 그가 책을 팔았는지, 아니면 기증했는지는 뚜렷하지 않다. 넬레우스는 학문에 관심이 그다지 없었던 모양이다. 하지만 그는 자신의 옛 친구를 존경했다. 그러므로 책 중에서 아리스토텔레스가 손수 쓴 초고를 따로 골라내어, 그것을 스켑시스까지 가지고 갔다. 결국 그 부분은 이후 거의 2000년 동안 그곳에서 잠들게 되었다.

소요학파에는 학파 고유의 도서가 존재하지 않았던 듯하다. 물론 스트라톤이나 그의 후계자 뤼콘, 그리고 아리스톤은 아리스토텔레스와 테오프라스토스의 저작 사본을 몇 권은 갖고 있었다고 짐작된다. 하지만 그것은 학파의 재산이 아니었다. 학파 자체는 법률적으로 인정된 집단이 아니었기 때문이다. 그 책의 소유권은 학파의 대표자에게 귀속되었으리라 여겨진다. 그 뒤 그 책은 사유물로서 다른 사람에게 상속되었을 것이다.

그런데 프톨레마이오스 1세가 테오프라스토스를 알렉산드리아에 초청한 적이 있었다. 그러나 테오프라스토스는 가지 않았다. 대신 스트라톤과 데메트리오스를 알렉산드리아로 보냈다. 스트라톤은 아리스토텔레스의 선례에 따라, 필라델포스 왕자의 교육을 담당했다. 한편 데메트리오스는 알렉산드리아 도서관 설립에 힘썼다. 뒷날 필라델포스는 아리스토텔레스의 저작을 가능한 한 많이 모으려고 노력했다. 이리하여 알렉산드리아 도서관에는 아리스토텔레스의 저작이 모이게 되었다.

이 저작들의 이동 경로는 모두 세 가지였다. 먼저 '테오프라스토스 → 넬레우스 → 도서관' 순서를 거친 초고가 있었다. 그리고 '테오프라스토스 → 스트라톤(데메트리오스) → 아리스톤 → 도서관' 순서로 들어온 초고도 있었다. 마지막으로 도서관이 독자적으로 모은 저작도 있었다. 이렇게 해서 모든 책이 한자리에 모였다. 그 뒤 아리스톤이 이 책을 정리해서 재고 목록을 작성했을 테고 그 목록을 디오게네스 라에르티오스가 참고한 것이다. 말하자면 그 목록은 테오프라스토스의 장서(藏書) 중에서, 알렉산드리아 도서관에 소장된 저작 목록이라고 볼 수 있다. 그러나 넬레우스가 스켑시스로 가지고 간 서적은 그 목록에 실려 있지 않았다. 현존하는 저서와 디오게네스 라에르티오스가 작성한 목록 사이의 모순점은 이러한 이유로 탄생했다.

그런데 알렉산드리아 도서관에 소장된 책은, BC 47년 무렵에 불에 타 거의 사라졌다. 사실 카이사르는 책을 로마로 가져가려고 했었다. 그래서 항구로 책을 운반했는데, 그때 혁명이 일어나는 바람에 4만 권이나 되는 파피루스가 불에 타버렸다.

이 참사가 일어난 뒤에도, 다른 도서관에 소장되어 있던 아리스토텔레스의 저작을 모으는 일은 가능했을 것이다. 하지만 그 무렵에는 이미 기원전 1세기의 해석가들이 작업을 시작한 뒤였다. 그즈음 로마에서는 안드로니코스가 아리스토텔레스 전집을 출판했다. 사람들은 그 책을 연구하느라 바빴으나, 사라진 부분을 복구하려고는 노력하지 않았다.

이제 앞에서 설명한 부분으로 돌아가기로 한다. 아리스토텔레스의 유력한 두 제자 가운데 한 사람으로서 테오프라스토스에게 밀려난 에우데모스는 아리스토텔레스의 수많은 저작을 가지고 로도스로 돌아갔다. 그 저작들은 어떻게 되었을까?

테오프라스토스의 제자 가운데에는 프라크시파네스라는 로도스 사람이 있었다. 그 밖에 히에로니무스, 파나이티오스, 포세이도니오스 등도 로도스 출신

철학자였다. 이들의 저작을 살펴보면 아리스토텔레스의 저작과 관련된 내용을 발견할 수 있다. 스토아학파의 《단편(斷片)》에도 이런 부분이 있다. 몇몇 자료를 보면 그들이 아리스토텔레스의 자연철학 및 윤리학에 대한 견해를 알고 있었다는 사실을 짐작할 수 있다. 그러나 그들이 사용한 자료는 아리스토텔레스의 대화편, 윤리학, 테오프라스토스 등에 대한 해설 저작이었을 뿐, 실제로 현존하는 아리스토텔레스의 원저작에서 직접 인용한 부분은 아니었다.

그래도 이 사실은 매우 중요한 의미를 지닌다. 키케로 시대에 아리스토텔레스의 저작이 널리 읽혔다는 흔적은 없는데도 로도스 출신 철학자들은 아리스토텔레스의 저작에 대해 알고 있었다. 그러므로 로도스가 아리스토텔레스 연구의 중심지였다고 추측할 수 있다. 그것은 아마 에우데모스가 이은 작품의 전통 때문이었을 것이다.

사람들이 아리스토텔레스의 저작을 거의 읽지 않았던 시대는 약 200년간 이어졌다. 그 뒤 디오니시우스라는 사람이 등장했고, 그는 그리스인으로서 최초로 아리스토텔레스를 위대한 철학자라고 말했다. 현존하는 아리스토텔레스의 원저작을 최초로 인용한 사람도 디오니시우스였다.

그렇다면 아리스토텔레스를 처음으로 세상에 소개한 작품은, 안드로니코스가 펴낸 로마판(版)이라는 뜻이 된다. 이제부터 로마판에 대해 알아보기로 한다.

로마판이 출판되기까지

기원전 1세기 처음, 아테네에서 아리스토텔레스 철학의 역사에 큰 영향을 끼친 사건이 일어났다. 이 사건의 주인공은 아펠리콘이라는 한 아테네 시민이었다. 아펠리콘은 유복한 삶을 누리고 있었다. 그는 철학자는 아니었지만 애서가로서, 오래된 책의 사본을 모으고 있었다. 정확한 과정은 알 수 없지만, 아펠리콘은 테오프라스토스의 도서 사본을 갖고 있는 넬레우스의 상속인에 대해 알아냈다. 그는 스켑시스에 살았는데, 그때 그곳을 통치하던 페르가몬 당국 또한 도서관을 정비하기 위해 귀중한 서적을 모으고 있었다. 그래서 아펠리콘은 서둘러 비싼 값을 치르고 그 책을 사들인 다음 아테네로 가지고 돌아왔다. 그는 이 장서를 매우 자랑스럽게 여겼다. 아리스토텔레스의 이름 옆에 자기 이름을 나란히 적을 정도였다고 한다. 그는 이 저작을, 아스칼론 출신인 안티오코스의 주변 사람들에게도 보여주었다. 또한 아펠리콘은 아리스토텔레스와 헤르미아스(아소스의 왕, 아타르네우스의 지배자) 사이의 교우 관계에 대한 자료도 수집하고자 했다.

그런데 그 무렵 아테네는 로마와 전쟁 중이어서 아펠리콘도 장군으로 전쟁에 나서게 되었다. BC 86년, 마침내 로마의 장군 술라가 아테네를 정복했다. 아펠리콘도 죽임을 당했다. 술라는 수많은 도서와 미술품 등을 로마로 가져 갔는데 그중에는 아펠리콘의 장서도 포함되어 있었다. 술라뿐만이 아니라 루쿨루스도 책을 로마로 가져갔다. 루쿨루스는 그리스를 매우 좋아하는 사람이었다. 그래서 그는 아미소스에서 티라니온이라는 학자를 붙잡아 극진히 대접했다. 티라니온은 루쿨루스와 함께 로마로 건너가서 도서를 모으기 시작한다.

티라니온은 로마 명사(名士)들의 부탁을 받아들여, 3만 권이나 되는 도서를 자기 힘으로 모았다. 이 경험을 바탕으로 아티쿠스가 출판인으로서 활동하기 시작한다. 키케로도 BC 59년과 BC 46년에 티라니온을 자주 방문했다. 이때 키케로는 티라니온을 통해 아리스토텔레스의 강의 노트에 대해 알게 되었다. 그 전까지 키케로는 아리스토텔레스의 대화론만 가지고 아리스토텔레스의 산문을 논했는데, BC 45년 이후에는 그의 사고방식이 바뀌어 아리스토텔레스의 산문을 읽을 때는 집중력이 필요하다고 말했다. 이러한 변화로 볼 때, 그가 대화론 말고도 강의 노트의 초고를 조금이나마 읽었음이 틀림없다.

티라니온은 아리스토텔레스의 강의 노트를 출판하려 했을지도 모른다. 확실한 증거는 없지만 어쨌든 그는 강의 노트를 알고 있었다. 아마도 그는 제자인 안드로니코스에게 그것을 출판하라고 했을 것이다. 술라의 자식이 BC 46년에 세상을 떠난 뒤, 술라의 장서까지도 티라니온이 맡아서 보관했다. 그 도서는 그 무렵의 철학자들에게도 어느 정도 공개되었던 모양이다. 사람들은 아리스토텔레스가 플라톤 못지않은 위대한 철학자라는 사실을 깨닫고 경탄했다. 아티쿠스는 작업장에 아리스토텔레스의 흉상을 장식해 두었을 정도라고 한다.

이처럼 아리스토텔레스에 대한 인식이 좋아진 덕분에, 안드로니코스가 그의 전집을 출판할 수 있었다. 안드로니코스가 출판한 뒤로 아리스토텔레스 철학의 역사가 바뀌었다. 안드로니코스는 후세를 위해, 아리스토텔레스에게로 통하는 문을 열어준 인물이다.

안드로니코스가 아테네에서 소요학파의 제11대 학장을 지냈다는 설도 있으나 그것은 사실이 아니다. 그가 어떤 삶을 살았는지는 거의 알려지지 않았다. 안드로니코스가 소요학파 학장이었다는 설을 뒷받침하는 근거는, 그가 훌륭한 학자로 널리 인정받았다고 전하는 말뿐이다. 그는 로도스에서 교육을 받았다. 그 지역은 앞에서도 말했듯이, 아리스토텔레스 연구의 중심지였다. 그 전통은 아직도 남아 있다. 그 지역 출신인 안드로니코스가, 우연히 로마에 와서 아리스토텔레스의 강의 노트를 접한 일은 그야말로 행운이었다.

그런데 안드로니코스는 언제 로마에 왔을까? 키케로가 안드로니코스를 몰랐던 사실로 볼 때 안드로니코스는 키케로가 죽은 뒤 로마로 왔음이 틀림없다. 그러면 출판 연대도 추정할 수 있다. BC 40년에서 BC 20년 사이이다. 한편 앞서 말했듯이 처음으로 아리스토텔레스의 저작을 인용한 사람은 디오니시우스였고, 그가 로마에 온 시기도 BC 30년이었으므로 안드로니코스가 전집을 출판한 시기도 그 무렵이 맞다. 물론 출판이라고는 해도, 오늘날처럼 완벽한 책을 펴내지는 못했다. 강의 노트의 내용은 매우 어려운 데다가 초고는 낡아서 다루기 힘들었다. 결국 안드로니코스가 출판한 내용은, 실제 강의 노트 가운데 일부에 지나지 않았을 것이다. 하지만 그가 출판한 책은 금세 호평을 얻었던 듯하다. 왜냐하면 바로 그 뒤에 엄청난 양의 주석서가 쏟아져 나왔기 때문이다.

이처럼 안드로니코스의 출판은 획기적인 사건이었다. 그러나 그 열렬함이 지나쳐서 사람들은 안드로니코스가 출판한 책에 관심이 쏠린 나머지, 그 전까지 연구 자료로 사용되던 대화편은 소홀히 넘기게 되었다. 이는 매우 안타까운 일이다.

안드로니코스의 편집 방식

로마판에는 중요한 특색이 있다. 포르피리오스도 자신의 스승인 플로티노스의 초고를 정리해 출판하려 했다. 그러다가 안드로니코스가 겪었던 경험과 똑같은 문제에 부딪쳤다. 포르피리오스의 눈앞에 펼쳐진 자료는, 제목이 붙어 있지 않은 강의 노트였던 것이다. 그래서 그는 안드로니코스의 방식을 따랐다. 포르피리오스는 이렇게 말했다.

"안드로니코스는 주제가 같은 텍스트들을 모아서 하나의 그룹으로 만들었다. 그는 이런 방식으로 아리스토텔레스나 테오프라스토스의 저작을 여러 권으로 묶었다."

이 말이 사실이라면, 현존하는 아리스토텔레스의 저작 순서를 전혀 알 수 없게 된다. 안드로니코스가 내용에 따라 임의로 편집했기 때문이다. 게다가 안드로니코스는 출판 서적 전체에 대해 서문을 썼다. 서문의 내용은, 책 내용의 질서에 대한 이야기였다고 한다. 만약 이것이 사실이라면, 그가 자기 나름의 철학적 사고방식을 바탕으로 출판 활동을 펼쳤다는 뜻이 된다. 그렇다면 그의 철학적 사고방식은, 아리스토텔레스의 사고방식과 대체 얼마나 일치했던 것일까?

어쩌면 안드로니코스는, 그 무렵 철학의 특징적 사고방식인 '체계화'에 얽매여 있었을 수도 있다. 그것이 과연 아리스토텔레스의 사고방식과 같았을까? 아리스토텔레스의 초고는 내부적 통일성 및 외부적 상호 관련성이 있는, 교과서 같은 서적은 아니었을지도 모른다. 초고는 제목도 없고 글의 길이도 모두 저마다 다른 강의 노트나 비망록에 불과했을 수도 있다. 그것을 안드로니코스가 임의로 편집했다고 볼 수 있지 않을까? 어쩌면 그가 오늘날 통용되는 제목을 만들어 내고, 유럽 학문의 역사 속에 《형이상학》 같은 단어를 끌어들였는지도 모른다. 이 문제는 반드시 밝혀야 한다.

어쨌든 안드로니코스의 출판은 새로운 아리스토텔레스상(像)을 만들어 냈다. 그로 인해 아리스토텔레스는 체계적 철학자가 되었다. 그런데 진짜 아리스토텔레스는 과연 어떤 사람이었을까? 그는 가까운 문제에 대해 생각하고, 그에 대한 적절한 연구 방법을 고안해 내는 사람이었을지도 모른다. 혹시 그는 늘 부분적인 문제를 더 커다란 문제 속에 배열하여, 그 문제를 해명하고자 하지는 않았을까? 아리스토텔레스는 그런 방식으로 문제를 체계화했을 것이다. 그는 여러 과학 영역에서 관찰 및 경험을 통해 자료를 얻었다. 그리고 그 과학적 자료를 분석하고 분류할 때 논리적 반박의 여지가 없는, 그런 사고방식을 취하고자 했을 것이다.

아리스토텔레스가 동물의 '종(種)'을 구별하는 기준으로서 '생식능력'을 든 사실만 봐도 알 수 있다. 그는 확실한 정보를 서술할 때는 연역적 서술을 가끔 사용했다. 그런 방법이 사용된 서적, 이를테면 《천체론》에서는 독자적인 분위기가 느껴진다. 그러나 아리스토텔레스는 늘 이런 방법을 취하지만은 않았다. 그는 탐구를 계속하면서 자신의 내부와 대화하며 내용을 음미하는 방법을 주로 썼다. 이는 냉정한 과학자의 자세이다. 이런 점에서 생각해 볼 때, 그는 지식 분야마다 다른 방법으로 접근해야 함을 알고 있었던 듯하다. 또 그러기 위해서는 새로운 출발점(아르케)을 찾아야 한다고 확신했던 듯하다. 즉 이미 일정한 형태를 갖춘 주제를 단지 질서 있게 논술하기만 하는 것은 아리스토텔레스가 생각하던 철학적 체계가 아니었을 것이다. 신비롭고 놀라운 문제를 그에 맞는 방법으로 올바른 출발점에서부터 밝히는 일, 그것이 아리스토텔레스의 철학적 태도가 아니었을까? 만약 그러한 아리스토텔레스를 안드로니코스가 '체계적 철학자'의 하나로 만들어 버렸다면 중대한 실수를 한 것이라고 말할 수밖에 없다.

아리스토텔레스의 저작은 그가 죽은 지 2세기 반이나 지난 뒤, 처음으로 세상에 등장했다. 그것도 갑작스럽게 말이다. 플라톤의 저작은 연속적으로 계승되어 끊임없이 연구되었지만 아리스토텔레스의 저작은 그런 과정을 밟지 못했다. 그래서 그의 저작은 해석하기가 매우 어렵다. 게다가 안드로니코스가 전집을 출판하던 무렵에는, 사람들의 기호(嗜好)가 아리스토텔레스 시대의 기호와는 달랐다. 그들은 아리스토텔레스라는 인물을 자기 기호에 맞추어 해석했다. 문제를 제기하거나 토의하는 일에 집중했던 아리스토텔레스는, 후세 사람들에 의해 엉뚱하게도 '체계'라는 시점에서 해석되기 시작했다. 이러한 태도는 후세까지 계속 전해졌다. 사람들은 어구(語句)를 해석하여 저작을 쉽게 풀어쓰고, 주석을 달아 해석하는 일에만 노력을 기울였다. 그들은 아리스토텔레스의 근본적인 문제(자유로운 토의로 실체와 그 설명 방식을 찾아낼 수 있게 하고자 한 의도)를 제대로 생각하지 않고 그냥 넘겨버린 셈이다.

아리스토텔레스 저작의 발전사적 연구
아리스토텔레스의 발전사적 연구

이제까지 기구한 운명을 거친 아리스토텔레스의 저작 운명과 그 전승을 설명해 왔다. 나아가 체계적 철학자로서의 아리스토텔레스상이 생겨난 경위에 대해서도 설명했다. 이것은 분명히 중대한 문제를 담고 있다. 저작 연대를 음미하지 않고, 내용의 유사성을 기준으로 해서 신작과 구작의 저작을 한데 몰아버리려 한다면, 적어도 모든 존재를 역사적·발전적으로 보려고 하는 현대인의 기호에는 맞지 않는다.

만일 한 사람의 저작 가운데 틀린 견해가 있다면 철학 체계의 관점에서는 어떻게 설명하겠는가? 어떤 저작은 일반 대중을 위해서, 또 다른 것은 학생을 위해서라는 구별을 하여 이를 설명할 수도 있을 것이다. 그런데 그 구별은 확실히 설명될 수 있는가? 그것도 의심스럽다.

이럴 때 현대 감각에 맞는 연구는 발전사적 방법을 취하려고 한다. 그러자면 먼저 아리스토텔레스의 저작 연대를 결정할 문제가 생긴다. 아무튼 그의 저작들은 40년이라는 긴 세월에 걸친 탐구자 및 교사로서의 활동 성과이다. 그리고 만일 우리가 그의 각 저작이 그 자신의 생애 가운데 어느 상황에서 쓰였는지를 뚜렷이 나타낼 수 있다면 아리스토텔레스를 더 잘 이해할 수 있을 것이다. 물론 이 상황이라는 말에는 그의 철학적 발전 단계에 따른 내면적 상황뿐만 아니라, 어떤 저작이 어디 있었을 때 쓰였는지 그 외면적 상황도 포함된다. 그리고 적어도 후자, 즉 외면적 상황만이라도 확실하다면 아리스토텔레스를 아는 데 분명 도움이 된다.

예를 들어 그가 아카데메이아의 학생이었을 때, 아카데메이아 내부의 논쟁이 어떻게, 언제, 누구에 의하여 일어났는가, 테오프라스토스와의 만남은 언제였으며, 이때 탐구 방향이 어떻게 되었는지, 또한 같은 시대의 사람들, 또는 그의 제자 에우데모스나 테오프라스토스가 그의 철학적 사색의 진행 방법을 하나하나 보고하고 있는지 등등, 이러한 외부로부터의 증언이 있으면 큰 도움이 될 수 있다. 그런데 사실상 그와 플라톤이나 알렉산드로스와의 관계조차도 확실히 알 수 없다. 즉 외부로부터의 객관적 상황에서 아리스토텔레스의 연대를 결정할 방법이 없다. 그렇다면 발전사적 관점에서도 그 근본 전제가 되는 저작의 연대를 결정할 방법이 없으니, 부족한 근거로 논의하는 길밖에 없다. 그런데 그렇게 하면 하나의 순환론으로 빠질 위험이 있다. 말하자면 먼저 증명해야 할 현재의 전제를 증명 근거로서 사용하는 셈이 되어버리게 된다.

이상과 같이 저작 연대의 결정은 불가능하다고 할 정도이다. 그럼에도 그 저작 연대의 결정은 여전히 저작을 이해하는 데에 꼭 필요한 조건이다. 그 이유는 이렇다. 앞에서 설명했듯이 아리스토텔레스는 틀에 맞는 질서로 논증하는 체계가(體系家)는 아니다. 도리어 그는 그의 사색의 문제를 찾아내기 위해서 그때그때 움직이고 있다. 그래서 연대를 달리하는 저작을 하나로 합칠 수 없게 된다. 그때마다의 철학상 논쟁을 눈앞에 나타내 보이지 않는다면 정확하게 이해할 수 없기 때문이다.

그의 철학에 대해 우리 멋대로의 체계를, 전제를 세워 틀을 만들든지 그의 저작 중 어떤 서술어를 멋대로 골라내서 그 빈도로써 기준을 만들든지 해도 그의 저작을 이해할 수는 없다. 그는 체계가 아니었고, 또한 그 용어도 구체적 문제 설정에 따라 만들어지지 않았기 때문이다. 그렇다고 해서 저작 연대의 결정 자체가 문제라는 말은 아니지만, 연대는 저작 해석을 위한 중요한 보조 수단으로 생각하지 않을 수 없다.

저작의 성립 연대에 대하여

아리스토텔레스의 저작 가운데 저작 자체에 의해 연대를 알 수 있는 일은 드물다. 알 수 있는 저작은 다음과 같다.

《천체론》BC 357년 이후

《기상학 1~3》BC 341/340년 이후~알렉산드로스 원정 이전

《대윤리학》BC 341/340 이후(단, 내용은 그 이전)

《정치학 V》BC 336년 이후(필리포스 살해 후)

《수사학 I,Ⅱ,Ⅲ》리카온으로 개정

《피티아 경기의 역사》30세 무렵, 만일《아테네인의 국가제도》를 그가 쓴 저작으로 본다면 BC 428년 이후에도 한 번 개정된 판이다.

《동물지》편력 시대

《에우데모스 윤리학》BC 354년 전후

《프로트레프티코스》BC 351 전후

등의 저작이 있다. 물론 A저작 중에 B저작을 가리키는 말도 있다. 하지만 아리스토텔레스처럼 강의 노트를 소중히 다루고 언제나 거기에 써넣는 연구자의 경우, 그런 메모의 지시어만으로 저작의 전후를 결정하는 것은 곤란하다. 따라서 표 1, 2를 보면 좋겠다.

표 1, 2는 저마다 예거설과 뒤링설의 주요점을 작성한 도식이다. 한눈으로 보아 알 수 있듯이 두 표는 크게 다르다. 특히 뚜렷한 차이는《형이상학》저작들의 성립 연대이다. 이 차이의 원인은, 연대 설정에서 예거설과 뒤링설이 전제로서 취했던 가설의 차이점에 있다.

아리스토텔레스의 저작물(예거설)

〈표 1〉

		대화편	논리학	자연학	생물학	형이상학	윤리학	정치학	변론술
아카데메이아 학생시절	BC 384 출생 BC 367(17세) 354(30세) 348	에우데모스 프로트레프티코스 신에 대하여	토피카 분석론 전·후서	자연학 I, II, VII III, IV, V VI					
편력 시절	BC 347(37세) 아소스로 345(39세) 미틸레네로 343~2(41세) 펠라로 340(44세) 스타게이로스로	철학에 대하여 이데아에 대하여	M_{9-10}, N	천체론 생성과 소멸에 대하여 기상학	Λ $ABIE$, $ZH\Theta I$ E_{2-4}	에우데모스 윤리학			
아테네 재임 시절	BC 335(49세) 아테네로 오다 323(61세) 322(62세) 죽음		범주론	자연학 VIII 기상학	동물지 동물의 부분에 대하여 동물의 생성에 대하여 영혼론 동물의 운동에 대하여	$M_{1-9}(1086^{a}{}_{20})$ Λ_8	니코마코스 윤리학	IV, V, VI 아테네인의 국가제도	

〈표 2〉

아리스토텔레스의 저작물(튀빙선)

	대화편	논리학	자연학	생물학	형이상학	윤리학	정치학	변론술
아카데메이아 학생 시절 BC 384 출생 BC 367(17세) BC 354(30세) 348	철학에 대하여 신에 대하여 혼에 대하여 에우데모스 프로트레프티코스	범주론 명제론 토피카 II~VII, VIII, I, IX 분석론 전서 분석론 후서	자연학 I, II, VII III~VI		Λ $M_{9\text{-}10}$, N A, I $M_{1\text{-}9}$ B	대윤리학	I VII~VIII	I~II
편력 시절 BC 347(37세) 아소스로 345(39세) 미틸레네로 343~2(41세) 펠라로 340(44세) 스타게이로스로			기상학 I~III	동물지 I~VII, VIII 동물의 부분에 대하여 II~IV 동물의 운동에 대하여		에우데모스 윤리학		
거주 시절 BC 335(49세) 리케이온에서 강의 시작 323(61세)			자연학 VIII	동물의 부분 에 대하여 I 동물의 생성 에 대하여 자연학 소론집 영혼론		니코마코스 윤리학	II V~VI III~IV 아테네인의 국가제도	$\text{II}_{23\text{-}24}$ I~II, III의 개정

아리스토텔레스 연보

BC 384년   그리스 북쪽 마케도니아의 스타게이로스에서 태어났다. 아버지 니코마코스는 마케도니아 왕 아민타스 3세의 주치의였으며, 어머니 파이스티스는 에우보이아 칼키스 출신이다. 일찍 부모를 여의었으므로 친척 프로크세노스가 그의 후견인이 되었다. 그 무렵 플라톤은 43세로 아카데메이아 창립 3년째였으며,《국가》등의 중기 대화편을 쓰기 시작했다.

BC 367년(17세) 사물을 객관적 경험적 시각으로 보는 의사 집안에서 태어났다는 것은 그의 사상과 연구에 많은 영향을 미쳤다. 하지만 그는 아버지의 의학을 이어받지 않고, 독창적인 문화를 꽃피우던 아테네로 떠난다. 플라톤을 찾아가 아카데메이아에 입학한다. 그 즈음 아테네에는 이소크라테스의 학교도 있었으나, 이곳은 주로 변론술을 가르치는 데 비해 아카데메이아에서는 철학을 비롯해 수학과 천문학 등의 교육과 연구 활동을 하고 있었다. 그는 스승 플라톤이 죽을 때까지 20년간 이곳에 머물렀는데, 이때를 아카데메이아 학생 시절이라 부른다. 이 무렵 생활은 잘 알려져 있지 않으나 초기에는 플라톤을 본뜬 대화편을 썼고, 또 플라톤의 영향을 받은 논문을 저술했으나 오늘날 하나도 전하지 않고 있다.

BC 354년(30세) 아카데메이아 학생 시절인 이 무렵에 대화편《프로트레프티코스》《에우데모스》, 논리학적 저작《범주론》《명제론》《토피카》《분석론 전·후서》,《자연학》제1·2·7권,《천체론》제1권,《형이상학》제1·2권,《대윤리학》,《에우데모스 윤리학》등의 저서를 집필한 것으로 전한다.

BC 347년(37세) 플라톤은 80세를 일기로 세상을 떠났다. 아카데메이아는 그의 유언에 따라 조카인 스페우시포스에게 계승되었다. 이러한 사실과 스승의 죽음, 그리고 아테네의 정치적 상황은 아리스토텔레스로 하여금 아테네를 떠나게 했다. 마침 그는 아타르네우스의 참주 헤르메이아스의 초대를 받아 아소스로 떠났다. 사상적인 면에서 본다면 아리스토텔레스의 내면에서 일어난 반플라톤적인 경향이라 할 수 있다. 그는 다시 아테네로 돌아오기까지 12년 동안 아소스, 미틸레네, 마케도니아에서 지냈는데, 이 시기를 편력 시절이라 부른다. 아소스에서는 아카데메이아의 분원이라 할 수 있는 연구소를 세워서 테오프라스토스와 함께 운영했으며,《형이상학》14권 가운데 1권을 강의했다.

BC 345년(39세) 레스보스섬 미틸레네로 떠나다. 테오프라스토스와 함께 생물학 연구를 했다.

BC 343~2년(41~42세) 마케도니아 왕 필리포스의 초청을 받아 알렉산드로스 왕자(13세)의 가정교사로 들어간다. 전하는 바에 따르면 호메로스의 《일리아드》를 가르쳤으며, 없어진 저작 《군주론》과 《식민지론》은 왕자를 위해 썼다고 한다. 그러나 2년 뒤 필리포스 왕의 뒤를 이어 알렉산드로스가 섭정하자 아리스토텔레스는 그의 고향 스타게이로스로 돌아갔다.

BC 341년(43세) 이즈음 아리스토텔레스는 아소스의 통치자 헤르메이아스의 조카딸 피티아스와 결혼해 행복의 절정을 맞았으나 그녀는 젊은 나이에 죽고 만다. 그 뒤 예전에 피티아스가 데려온 여성 헤르필리스와 동거하여 낳은 아들이 니코마코스이다. 이 편력 시절에 《동물지》《동물의 부분에 대하여》《동물의 운동에 대하여》의 일부와 《정치학》제7·8권, 《에우데모스 윤리학》(이보다 앞선 시기로 보기도 함) 등을 쓴 것으로 전한다.

BC 335년(49세) 아리스토텔레스는 마케도니아의 지배 아래에서 정치적 안정을 되찾은 아테네로 돌아와 리케이온 학교를 세웠다. 학문적으로 원숙한 나이에 사변적이고 관념적인 학풍의 아카데메이아와는 반대로 경험적이며 실증적인 학풍을 세움으로써 죽기까지 13년간 자족적인 학구 생활을 통해 그리스 철학의 완성자로서의 결실을 얻는다. 이때를 아테네 시절이라 부른다. 전하는 바에 따르면, 그는 아침에는 산책길을 거닐면서(후세에 아리스토텔레스학파를 소요학파라고 하는 것은 여기에서 비롯한다) 학생들에게 전문적이고 이론적인 학문을 강의했고, 오후에는 일반인들을 위해 쉬운 강의를 했다고 한다. 이 아테네 시절에 《자연학》제8권, 《기상학》, 《동물의 생성에 대하여》, 《영혼론》, 《형이상학》제7~9권, 《니코마코스 윤리학》, 《정치학》제3·4권, 《아테네인의 국가제도》 등을 쓴 것으로 전한다.

BC 323년(61세) 알렉산드로스 대왕이 33세로 급사하자 아테네에는 반(反)마케도니아운동이 일어나, 아리스토텔레스는 마케도니아의 왕당파로 지목되어 정치적 박해를 받는 동시에 헤르미아스 신에 바친 《덕(德)의 송가(頌歌)》가 불씨가 되어 불경죄로 고발당한다. 그래서 그는 "아테네 사람들로 하여금 다시는 철학을 더럽히지 않게 하기 위해"라는 말을 남기고, 리케이온을 테오프라스토스에게 맡기고 어머니의 고향 에우보이아 칼키스로 떠난다.

BC 322년(62세) 에우보이아 칼키스에서 병으로 죽는다. 그의 유언은 전처 피티아스의 뼈와 함께 묻어주고, 하녀들에게도 자유와 재산을 나누어 주라는 것 등이었다. 그가 남긴 책은 권수로는 400여 권, 종류로는 146종에 이르나 오늘날 전해지는 것은 30여 권밖에 되지 않는다.

이종훈(李宗勳)

성균관대학교 철학과를 졸업하고, 성균관대대학원 철학과에서 석사학위와 박사학위를 받았
다. 현재 춘천교육대학교 윤리교육과 교수로 재직하고 있다. 지은책에 《현대의 위기와 생활
세계》《현대사회와 윤리》《철학에 이르는 길》《아빠가 들려주는 철학이야기》 등이 있고, 옮
긴책에 후설의 《엄밀한 학문으로서의 철학》《순수현상학과 현상학적 철학의 이념들》《현상
학적 심리학》《형식논리학과 선험논리학》《유럽학문의 위기와 선험적 현상학》《경험과 판단》
《시간의식》, 컨퍼드의 《소크라테스 이전과 이후》, 수잔 커닝햄의 《언어와 현상학》 등이 있다.

World Book 3
Aristoteles
METAPHYSICA
형이상학
아리스토텔레스/이종훈 옮김
1판 1쇄 발행/2016. 9. 9
2판 1쇄 발행/2019. 10. 1
발행인 고정일
발행처 동서문화사
창업 1956. 12. 12. 등록 16−3799
서울 중구 다산로 12길 6(신당동 4층)
☎ 546−0331~6 Fax. 545−0331
www.dongsuhbook.com
*
이 책의 출판권은 동서문화사가 소유합니다.
의장권 제호권 편집권은 저작권 법에 의해 보호를 받는 출판물이므로
무단전재와 무단복제를 금합니다.
사업자등록번호 211−87−75330
ISBN 978−89−497−1727−2 04080
ISBN 978−89−497−0382−4 (세트)